✳ 完全圖解指南 ✳

1001 TAROT SPREADS

塔羅牌陣

THE COMPLETE BOOK OF TAROT SPREADS FOR EVERY PURPOSE

Contents

關於
1001塔羅牌陣

歡迎閱讀這本
有1001種塔羅牌陣的經典全書

　　七十八張畫面豐富的塔羅牌，象徵著愛情、幸福、旅遊、賺錢、長期的安全保障、新的開端和其他主題，這些都與我們現代生活面臨的困境息息相關，不亞於當初在中世紀創造出塔羅牌的時期。你能從這本書中找到解讀牌義所需的知識，包括每張牌的基本牌義，以及如何玩牌、擺牌陣和解讀的方法。即使你是塔羅牌的初學者，也能運用書中的資訊，嘗試一千零一種擺牌陣方法中的任何一種。

為什麼要解牌？

塔羅牌是充滿驚喜、適用於多方面且方便攜帶的占卜形式，也能讓你察覺並決定自己的命運。塔羅牌不只涉及算命，也能協助你或你解牌的對象做出有關未來的決定。除了為自己解牌，你還可以挑一天晚上和朋友一起解牌，共享樂趣，或藉此機會與有煩惱或焦慮的人促膝談心。你甚至能成為塔羅牌的解牌專家。如果你已經是專業的解牌老手或塔羅牌老師，這本書能提供你素材來改善舊方法，並供應新點子。

無論是為自己，或為其他人解牌，只要我們遵循著特定的指引，解讀塔羅牌就能讓我們有機會看清目前的各種可能性，並提醒我們如何克服途中遇到的挑戰，以及如何將障礙轉化為優勢。有時候，塔羅牌能暗示我們意想不到的因素，藉此能幫助我們做出明智的選擇，讓我們掌握自己的命運，而不是任由生活或其他人擺佈。從牌面朝下的牌組中，隨機抽牌的牌陣，可以暗示我們有關愛情、職涯、健康、金錢、旅行、家庭、職場問題及社交生活的新方法，或是關於目前的問題或困境的替代方案。

塔羅牌也是許多占卜和靈性活動的焦點，也能以牌陣的形式，或以擴展牌陣的形式做為冥想、創造性思維、發覺前世、通靈、魔咒，或展現需求與欲望的基礎。解牌，甚至能使水晶和靈擺的占卜有著更詳細的決策，讓決策與解牌有因果關係，或做為解牌的一部分。

為什麼我們需要一千零一種牌陣？

當你解牌時，也許已經有幾種特別喜歡的牌陣。即使你是塔羅牌新手，當你鑽研這本書，或用自己的方式理解書中內容後，很快就會發現有更多些方法更適合你。擺牌陣和解牌時，並沒有一成不變的規則。在使用塔羅牌時，你能發現有效的方法，如果牌卡的順序或牌義不對勁，請改變一下，並記錄變化。塔羅牌是一門不斷發展的藝術，而我們都能賦予塔羅牌獨特的見解和直覺。

本書列出的所有牌陣，都是由我親自設計，並測試過解牌幾千次以上。有些牌陣是我觀察不同國家的解牌者如何擺牌陣後，加以改編。有些牌陣則是我受到各種民間習俗、魔術及通靈傳統的啟發。塔羅牌陣就像本身的位置，不屬於任何人，也不屬於每一個解牌者，彷彿是活躍且不斷發展的傳統。每當有人指出我沒有考慮到的替代方案，我通常會修改牌陣。經過思考後，我發現替代方案確實能為解牌帶來新的視角。最後，你可能有二十種喜愛的牌陣，能適用於各種情境，其中有些牌陣是你發覺運用的方式後，親自創造。有些經驗豐富的專家已經設計出屬於自己的特殊牌陣，但有可能會發現我的某些牌陣能帶來解牌和擺牌陣的新靈感。

在你的塔羅牌旅程中，無論是自我評估、給朋友和家人建議，或專業的做法，你都可以運用對自己最有幫助的牌陣和我建議的牌陣。如果我的點子不太適合你，請驗證、調整並替換。你會發現，你設計出專屬自己的

塔羅牌陣後，能更容易借助塔羅牌真正的內在魔力。塔羅牌是一門不斷演進的科學，我每天都在進一步學習這門科學。

不同的牌陣適合特定的主題和生活領域，而且每張牌在牌陣中的位置代表疑問的不同層面。如此一來，就能清晰的形成整體的答案，並視為是對日常生活問題或重大人生議題的回應。

有些牌陣只需要一張牌，就可以解出一個簡單明瞭的疑問。或者，兩張牌並排擺放，就可以在不同選項之間做出選擇。另一方面，我也列出了使用總共七十八張牌的牌陣，做為人生回顧或複雜問題的解答。

你會發現適合所有用途的牌陣，例如：關於你的星座、天使、當週的日子、當年的重要人物等。這些牌陣能預測未來十二個月的重人問題。你也能找到與八種月相有關的八階段解牌方式。每一種特殊場合都有專屬的牌陣，範圍涵蓋嬰兒的命名儀式、生日、畢業典禮、婚禮或婚約、週年紀念日、聖誕節、感恩節、退休、搬家，以及積極去處理別人過世時的問題，尤其是在有繼承糾紛的時候。

我們如何選擇合適的牌卡來回答問題？

從牌面朝下的牌組中挑選出來回答特定問題的牌卡，可以指出我們需要什麼，才能找到問題的解決方案。

我們不能精確的解釋，為什麼有些事情一次又一次發生，只知道它會發生。一百多年前，電力這種東西曾經被視為一種魔力。也許有一天，選擇合適的塔羅牌或靈擺移動時背後的力量，將會得到「可用科學測量的能量」的解釋。在此之前，這個過程稱為念力或心電感應。當我們洗牌或切牌，然後從牌面朝下的牌組中抽牌時，透過觸摸喚來吸引我們的力量，能讓我們知道最需要以什麼來解決看似複雜的問題。當你藉著心靈感應抽牌時，越放鬆，能量越容易流動。這就是為什麼你幫別人解牌時，讓他們觸摸牌卡是件重要的事。

如何解牌，以及何時解牌？

只要有塔羅牌，你就可以隨時隨地解牌。當你在特殊場合且有充裕的時間，就可以為特定的議題添加合適顏色的蠟燭，並挑選當週最合適的日子操作。你也可以使用靈擺，並在守護天使、心靈導師的引導下進行，或靠你自己的才智書寫記錄，藉此擴大牌卡的訊息。你甚至能使用選定好的牌卡來擺牌陣，讓牌卡中預測的理想結果或人物融入你的生活。

塔羅牌與日常生活

當然，這本書不純粹是說明書。有些內容包括某些人選擇特定牌陣的小故事、他們需要解牌的原因、選了哪些牌，以及他們如何解讀牌陣。另外還有簡短的敘述，能讓提問者了解在日常生活中，遵循解塔羅牌的建議時產生的效果。

選擇適合你的塔羅牌

市場上似乎有數不清的塔羅牌可供選擇，包括貓、凱爾特人、維京的男女英雄、古埃及人等主題。你能找到塔羅牌上有騎著白色戰馬、穿著盔甲的中世紀騎士，或男男女女追著飛機跑，甚至有駕駛飛機圖案的現代塔羅牌。

最好從一副簡單的塔羅牌開始，一共有七十八張牌，包括二十二張大牌。有些牌組的牌卡數量不一樣，容易讓人困惑。

你還需要四十張小牌，編號是從一號牌到十號牌，牌面上有插畫，而不是只有一張六個聖杯的牌，或者排成一列的聖杯牌。

就這本一千零一種牌陣來說，適合的塔羅牌有：金色版韋特（Golden Waite）、普及版韋特（Universal Waite）或粉彩版韋特（Radiant Waite），這些都是基本且顏色鮮豔的萊德韋特（Rider Waite）塔羅牌。你會發現大多數七十八張牌的牌義，都是依據知名的萊德韋特牌組而設計。這些牌也有插畫，展現了宮廷人物、皇室或名人、侍從或公主、騎士或王子、皇后及國王等。

大多數的書店和歐美的新時代（New Age）商店都有販售塔羅牌。你可以從牌組樣品中看到牌卡，判斷那副牌是否適合你。如果你不確定，可以改天再造訪，或到其他店逛逛。

你也可以在網路上買。購買之前，先挑一個可以讓你看到牌卡樣品的網站。根據我的經驗，瀏覽牌卡的其中一個好的網站是：www.aeclectic.net/tarot/cards。但還是有其他網站可以買得到塔羅牌。只要你上網搜尋「塔羅牌」，就能找到超乎你想像的更多選擇。

這本書有兩個主要部分。第一章到第九章能讓你了解：一張牌到九張牌的解牌有不同的有效牌陣形式，以及每一種牌卡數量有其對應的牌陣。我列出的例子有適合不同用途的牌陣，特別適用於不同的牌卡數量。例如：五張牌的解牌可用於改變、傳達需求、展現才能、投機與冒險、旅遊計畫，以及從不順利的局面中挽回有利的部分，並積極奮勇向前。這種方法能讓你從一開始就有自信的運用牌陣，就算是新手也做得到。

至於其餘的章節，則是關於你可能想問、有幾百個問題的牌陣，全分成不同的主題。

關於書中使用的所有牌陣，洗牌時要讓牌面朝下。翻牌後，要按照順序解牌，牌面朝上，一次只解讀一張牌。解完你翻過的牌後，將下一張牌翻到正面，再解牌，直到你解完牌陣中的所有牌。如果你為了更了解答案而決定增加一張牌，做法跟上述一樣，都要讓牌面朝下。

讓我們開始吧！

第一章
一張卡的牌陣

當你需要立即解牌，或你有一個問題需要直截了當的答案時，一張牌的牌陣很理想。「是或不是」、「去或留」、「說話或保持沉默」、「行動或等待」等疑問，都很適合這種牌陣。單張解牌對特定日期或時間的問題也很有效，例如：「我什麼時候會、我應該、我能夠……？」。如果你用四十張小牌解讀時間，牌卡的數量會依照實際的時間範圍，以及你該怎麼根據花色進行，而給你幾天、幾週或幾個月的答案。選定的牌卡性質，通常能表明否定的答案如何轉變成肯定的答案。

當你過度思考某項議題，或外界的證據與你的直覺不一致時，你也能提出「將會是什麼」的問題，以便澄清你對某個人或某種情況的疑問。

如果有必要，你可以添加第二張牌。將第二張牌放在第一張牌的右邊。你也可以把單張解牌當成用三張牌、六張牌或九張牌形成解牌的第一張牌。

1
當天的牌

用途或背景知識

你可以每天採用這個牌陣，提醒自己在當天該注意的事。如果答案不明確，或當天是很重要的日子，請再加一張牌。

也許，某天你會發現在塔羅牌日記中寫下自己每天抽的牌，是件很有用的事。如果同樣的牌經常出現，或在每週的同一天出現，你可以問問自己在日常生活中，有什麼事或人與這一天有關，以及與這張牌可能產生的關聯。

如果有需要，在你有空的時候，不妨將那張重複出現的牌當作牌陣中的第一張牌，以便增加解牌的廣度。

準備的物品

一整副七十八張牌。從牌面朝下的牌組中，隨機抽一張牌。

時機

每天早上，你剛醒來不久的時候。如果你還是有點想睡，就能以放鬆的狀態憑著直覺解讀自己選的牌，而不是試著靠邏輯思維去分析。

2
一個問題

用途或背景知識

任何需要直接回答「是」或「不是」的簡單問題。

準備的物品

一整副七十八張牌。從牌面朝下的牌組中，隨機抽一張牌。如果答案不明確，請再加一張牌。

時機

簡單的問題需要即時回答。

3

現在是採取行動、公開聲明或全力以赴的好時機嗎？

用途或背景知識

當你不確定是否該行動，或如何行動／反應，但你需要決定最適當的做法。

準備的物品

二十二張大牌，隨機抽一張牌。

時機

你需要行動、發言或加把勁的前一晚。

4

我應該採取什麼策略？

用途或背景知識

每當你有需要解決的問題，但你不確定該如何處理。

準備的物品

四十張牌，四種花色，一號牌到十號牌。抽一張牌。注意一下你選到的花色和牌上的數字，這能幫助你理解牌義。

時機

如果你需要在當天做出正確的策略，請挑清晨的時候。

例子

保羅（Paul）必須盡快湊到錢，才能支付度假的費用。他抽到了錢幣八的牌，圖上有一個人

在打造金幣。保羅本來希望哥哥能借錢給他，但這張牌另有所指。

因此，保羅決定在晚上兼第二份工作，打算做幾週來增加收入。後來，他的哥哥不願意借錢給他，但他還是能靠自己賺到足夠的度假費用。

5

在這種情況下，我最大的優勢是什麼？

用途或背景知識

當你遇到或預期一個有好機會的情況。如果你懷疑（或知道）有人會提出反對意見，你可以將這種牌陣與第六種牌陣結合起來。

準備的物品

從二十二張大牌和十六張宮廷牌中，隨機抽一張牌。你能夠看清更廣闊的前景，並認清誰是你的潛在盟友，或者你擁有什麼樣的致勝優勢。

時機

在你把握機會之前。

6

在這種情況下，我面臨的最大挑戰是什麼？

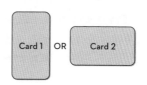

用途或背景知識

如果有已知或潛在的反對者或組織會阻礙你尋求的機會，你可以選一張與第五個牌陣無關的

牌。但是，你有可能想結合第五個牌陣。如果是這樣的話，請用第一張牌確定反對者或障礙的資訊。然後，用第二張牌看看你有哪些盟友或優勢能戰勝對手。

準備的物品

大阿爾克那（二十二張大牌或王牌的別稱）。在你選第二張牌之前，不要換掉牌組中的第一張牌。

時機

當你懷疑或知道有人反對你的計畫。

7
我能通過考試、駕照測驗或面試嗎？

用途或背景知識

從牌卡取得肯定或否定的答案。如果答案是否定的，你可以根據選定的牌，思考一下怎麼讓事情進展得更順利。

準備的物品

小阿爾克那（五十六張牌，有四種花色，每一種花色有十四張牌）。只使用每種花色中的一號牌到十號牌。抽一張牌。如果答案不明確，請將這張牌放回牌組，重新洗牌，再抽一張牌，而不是多抽一張牌。然後把資訊結合起來。

時機

在測驗、大考或面試的前幾天或前幾週，以便你可以修改自己的做法或提升幹勁。

例子

三週後，克莉絲汀娜（Christina）要參加大學入學的數學筆試。她還沒開始準備，因為她每天晚上都和新男友膩在一起，因此她預期牌卡會呈現否定的答案。

然而，她抽到了錢幣三的牌，象徵著努力築牆。牌義暗示她，只要在解牌後和大考前的期間努力讀書，就能通過考試。於是她每天晚上待在家裡讀書，最後考到了入學所需的分數。

8
這個人或這種情況靠得住嗎？

用途或背景知識

你的直覺在提醒你，要看清某個人的真面目或某種情況的真相，尤其是關於投資的事。

準備的物品

如果是針對人，請使用十六張宮廷牌。如果是針對情勢，請使用四十張小牌。抽一張牌。

時機

星期四（西洋傳統上意味著真相大白之日）。

例子

有人要求保羅，在有望取得豐厚紅利的專案中投資一些錢，同時還告知他有十九名投資者也會參與。但這件事讓保羅難以置信。他抽到了寶劍七的牌，牌義暗示著幕後的詭計。他深入調查後，才發現自己其實是唯一的投資者。這代表對方承諾過的豐厚報酬不太可能實現。

9
我多久才能賣掉房子，
或談成生意？

用途或背景知識

當你的房子或生意已經在市場上有一段時間了，卻沒有動靜。

準備的物品

先決定實際的時間範圍（幾天、幾週或幾個月），然後使用四十張小牌（一號牌到十號牌）。抽一張牌。

時機

在你試著找新的房屋仲介，或採取新的策略之前。

10
他和我以後都不會再聯絡了嗎？

用途或背景知識

當你有熟識的人失聯了，而且你試過改善現狀，但都被對方忽視或拒絕了。

準備的物品

七十八張牌。抽一張牌。

時機

你不想結束這段關係，但你不知道還有什麼辦法。

11
搬家意味著我要離開住了大半輩子的地方，但我應該搬到自己想住的地方嗎？

用途或背景知識

當你有機會住在你嚮往的地點。

準備的物品

二十二張大牌，抽一張牌。

時機

星期二（或適合改變的日子）。

12
我的新飲食或健身計畫能產生持久的成效嗎？

用途或背景知識

你已經試過許多不同的方法，卻沒什麼效果。

準備的物品

整副牌。抽一張牌。

時機

當週或當月的開端，或你想許下新年願望的時候。

例子

埃德加（Edgar）是許多健身俱樂部的會員。他有一個裝滿了最新運動器材的櫥櫃，而另一個櫥櫃塞滿了養生飲品，卻沒有效用。現在，他加入了慢跑俱樂部，但他擔心自己會像其他人一樣「熱度三分鐘」。

他抽到的錢幣王牌象徵著新的開始、緩慢卻穩紮穩打，尤其是在熱情減弱的時候需要堅守計畫。他有一份繁重的工作，也經常匆匆忙忙，疲憊不堪。因此，他決定將自己的工作委託給別人，並在週末好好休息。他發現自己漸漸喜歡上了慢跑俱樂部、社交活動及健身。他也遇到不錯的約會對象。總之，他變得很自在，運動狀況也慢慢有進步，不再像以前那樣先瘋狂地投入活動，接著精疲力竭，最後放棄了。

我將在下一章說明如何使用兩張牌解牌，適用於選擇或替代方案不夠明確的情況。

第二章

兩張牌的牌陣

當你很匆忙,或希望突破優柔寡斷,需要立即得到明確的訊息時,就可以使用兩張牌的牌陣。在日常生活中,有很多情況都需要我們快速做出重要的決定。如果你在細節方面陷入困境,並發現自己停滯不前,兩張牌的牌陣通常能幫助你克服遲疑不決。

如果你想問關於未來兩天、兩週或兩個月的問題,你也可以使用兩張牌。這種牌陣能指出是哪兩天、哪兩個時段最適合某個特殊場合或面試,或者哪兩個地點最適合度假。最重要的是,這種牌陣能幫助你在兩個選項、兩個人或兩種情況之間做出決定,非此即彼。

如果兩個選項都不合適,也許答案是「等待」,因為這代表那兩個選項目前都不會讓你感到快樂。但是,你要先試著在第二張牌的右邊加上第三張牌,看看是否有替代的選項出現。另一方面,如果你願意結合兩種牌義,那麼兩個選項都可能是恰當的,只不過涉及到折衷辦法。

13
你應該繼續為了買房子而存錢,還是應該休息一下,到國外享受期待已久的假期?

用途或背景知識

當你為了第一間房子或擴張土地而努力存錢,但卻發覺生活失去了樂趣。

準備的物品

整副牌。在翻牌之前,為每個選項抽一張牌,從左到右解牌。

時機

大家都去度假了,而你感覺受到冷落。

例子

約翰(John)和朱莉(Julie)為了買同住的第一間房子,已經儲蓄五年了。但房價不斷上漲,他們很難買得起房子。

第一張牌是錢幣七,暗示著他們加快儲蓄的腳步,慢慢累積存款。對他們而言,這是明智的選擇。

第二張牌是世界,顯示出世界正在擴展,也就是指他們渴望的選項。但他們必須二擇一,還是兩者都有可能實現呢?

仔細觀察錢幣七,圖上有一個人在累積錢幣,這意味著房地產和金錢有增加或改善的趨勢。約翰和朋友聊天時,得知這位朋友的祖父要搬到養老社區,並打算以便宜的價格賣掉非現代化的房子。約翰和朱莉發現自己現在剛好買得起那間房子,而且在搬進去之前,還有足夠的錢能讓他們到歐洲露營。

14
你該把創意寫作當成職業，還是繼續做正職工作，直到你經濟獨立？

用途或背景知識

如果你要養活自己，就要考慮到財務問題，但你又擔心不投入創意寫作的話，就沒有發揮的機會。

準備的物品

整副牌。

時機

當你不確定自己的才華是否能讓你達到嚮往的境界。

15
你應該爭取重大的升遷機會，還是追求工作之外的幸福生活？

用途或背景知識

當你獲得了晉升或額外的培訓機會，工時變長，也要在週末工作，但你能因此邁向未來的美好前景。

準備的物品

整副牌。

時機

在你申請升職，或為了更高的職位而參加面試之前。

16
你該獨立創業，還是與合作夥伴共事？

用途或背景知識

當你打算獨立創業，但同事、朋友或家人希望你和他們一起創業。

準備的物品

整副牌。

時機

星期日（新的開端）。

17
你應該選哪一個：久負盛名的學校，還是務實的在職培訓學校？

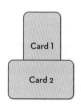

用途或背景知識

當你必須在兩種教育機構或進修課程之間做出選擇。如果你有兩個以上的選項，每增加一個選項，要額外加入一張牌，順序是由左往右。

準備的物品

整副牌。

時機

星期三（或適合決定讀書或培訓的日子）。

18
你應該繼續和認識很久、能讓你放心的男朋友或女朋友交往，還是跟有新鮮感，善於調情的第三者約會？

用途或背景知識

當你在一段長期關係中得不到滿足，需要一點刺激，但又不想和身邊的男朋友或女朋友分手。

準備的物品

二十二張大牌和十六張宮廷牌。

時機

當你有劈腿的欲望。

例子

喬蒂（Jodie）和男朋友史蒂夫（Steve）交往兩年了。但是，第三者亞歷山大（Alexander）每週都到她的辦公室一次，也經常帶她去吃午餐。現在，亞歷山大邀請她到外地度過週末。這種沒有羈絆的邀約，讓她蠢蠢欲動。

關於與史蒂夫堅守愛情，她抽到的第一張牌是錢幣騎士。史蒂夫是典型的錢幣騎士，既善良又可靠，但喬蒂已經厭倦了在晚上陪他看《天空體育台》（Sky Sports），也覺得跟他的家

人在週日吃午餐索然無味。她試過溝通，但史蒂夫不願意改變原本的日常作息。

關於與亞歷山大的關係，她抽到了寶劍騎士的牌，象徵著個性風趣，卻不可靠。這是在提醒她，有可能會受到情傷。她覺得兩張牌都不準確，於是抽了第三張牌女祭司，代表獨立。這時，她意識到史蒂夫不適合她，而且她也還沒準備好和任何人穩定交往。

19
如果你有重大的財務問題，應該要找人協商，還是忽略問題？

用途或背景知識

當你接到債權人的恐嚇電話或信件。

準備的物品

二十二張大牌。

時機

在你和債權人聯繫之前。

例子

菲爾（Phil）服務的公司倒閉後，他失業了。由於鋼鐵廠和供應商都停工，他居住的城鎮有很高的失業率。

他抽到了世界的牌，顯示著世界在擴張。但他不認為這代表要逃走，而是建議他前往新的地點，或到不同的地方工作。即使債權人同意降低債務利息，但他知道自己欠太多錢，根本無法擺脫債務。

他抽到的第二張牌是錢幣八，圖上有一個人在打造金幣。他發現很有意思的是，就在同一

天，他在沙烏地阿拉伯看到一則關於在大學教焊接的廣告，能享有免稅的高薪。他認為，這張牌顯示製作金幣是個好兆頭。

後來，他申請並得到了沙烏地阿拉伯的那份工作，而他的債務也越來越少了。

20
未來兩天、兩週或兩個月的運勢如何？

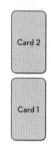

用途或背景知識
當你在未來兩天、兩週或兩個月內會面臨重大變化、機遇或挑戰。

準備的物品
二十二張大牌和四十張小牌。

時機
在未來兩週或兩個月開始之前。

21
在兩個日期之間決定你的婚禮或家庭的慶祝活動

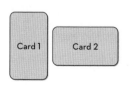

用途或背景知識
有兩個日期。

準備的物品
四十張小牌。

時機
當兩個日期都有優點和缺點。如果有第三個可選擇的日期，你可以在右邊加上第三張牌，看看哪張牌有更吉祥的兆頭。

22
當你無法在兩個場地之間決定舉辦家庭慶祝活動的地點

用途或背景知識
價格和設備都很相似。

準備的物品
二十二張大牌。

時機
你參觀過場地，並將選擇範圍縮小到兩個場地之後。

23

如果你的同伴不願意旅行，你應該要獨自前行，還是堅持說服他？

用途或背景知識

當你找到了合適的度假地點，但你的同伴不想參與，甚至不是為了錢的因素。

準備的物品

整副牌。

時機

當你的旅遊計畫陷入窘境。

24

你在職場上經常被一群人霸凌，應該辭職，還是表達不滿呢？

用途或背景知識

你害怕去上班，但人資團隊不顧官方政策，不願意幫你查明原因。

準備的物品

二十二張大牌和十六張宮廷牌。

時機

不管你怎麼做，情勢對你越來越不利。

例子

湯姆（Tom）剛到大型的工業公司上班，他雖然是技術嫻熟的勞工，但其他人都把「吃力不討好」的差事丟給他，也不斷在客戶面前批評他，連經理也這樣做。他漸漸變得緊張不安，做事也開始出差錯。

他抽到的第一張牌是高塔，圖上有雷霆和閃電，還有人從裂開的高塔上摔落，看起來非常可怕。不過，這並不是預測到災難，畢竟情況已經夠糟了。這張牌是在建議湯姆突破人資部試圖淡化問題的「沉默」陰謀。他抽到的第二張牌是審判，顯示出人們在天使長米迦勒（Michael）吹響號角時重生。這是在告訴湯姆，如果他重視自己的不滿，就能得到理想的結果。

因此，湯姆回到人資部，表示要向法院申訴。由於之前被霸凌過的員工都離職了，人資部不希望引起風波。經過策略性的人事調動後，湯姆能夠在新的部門自在地工作，並獲得了晉升。

我將在下一章描述使用三張牌的牌陣。這種牌陣比一張牌或兩張牌的牌陣有更高的靈活度，也能夠讓你應付不太容易解決的重要問題。

第三章

三張牌的牌陣

　　三張牌的牌陣擴展了解牌的範圍，比一張牌或兩張牌的牌陣提供更多個別位置的牌義細節。然而，當問題很具體或涉及簡單明瞭的選擇時，這種牌陣也能指出明確的重點。

　　三張牌擴展了前一章的兩張牌牌陣，顯示出三種選擇中，何者是適當的答案，例如：度假或特殊場合的場地。

　　當你在兩個人、兩份工作、兩間你正在考慮購入的新房子，或在兩種學習課程之間做選擇時，如果兩種選項都不合適，你也可以使用第三張牌來做額外的考慮。第三張牌能透露出意想不到的路徑，或是你以前遭到拒絕或你沒想到會發生的事。

　　運用在過去、現在及未來的考量因素，也很有效喔！第一張牌代表從你的生活中退出的事；第二張牌代表現狀與影響；第三張牌代表即將發生的事。

　　最重要的是，三張牌也能讓你擺出開放式的牌陣。在這種情況下，這三張牌沒有指定位置的牌義，而是在你每加入一張牌時，提供而出的機會就像你不斷發展的人生故事，更可透過第三張牌建立問題的解決方案。這也讓你能專注於每張牌上插畫的意義，以及你的感受。

　　除非在牌陣中另有說明，否則請使用橫排的形式。抽三張牌後，一次翻一張牌，每次先解牌再翻下一張牌，解牌的順序是從左到右。在你開始解牌之前，牌面都朝下。

　　如果你抽到了陰鬱的寶劍牌，請記住這不代表預測到災難，而是反映出我們的恐懼。用另一張牌取代反映恐懼的牌後，你就能了解恐懼被取代後，會發生什麼事。如果你抽到了另一張反映恐懼的牌，請用另一張牌取代，直到恐懼煙消雲散。

25
以三張牌的開放的解牌形式，回答任何主題的疑問

用途或背景知識

這種牌陣能回應任何問題。請思考一下你對每張牌的感受，並在解完三張牌後，將資訊結合起來。如果你沒把握，可以在第二張牌的正上方加上第四張牌，當作王牌或解牌的摘要。

準備的物品

整副七十八張牌。

時機

在你不會被打擾，可以專心思考的時段。

26
未來三天、三週或三個月的概況如何？

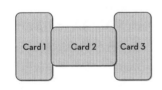

用途或背景知識

接下來的三天、三週或三個月很重要，但是有未知的因素。

第一張牌：代表有助益的因素或人。**第二張牌**：代表可能會阻礙你的因素或人。**第三張牌**：這張牌十分重要，象徵著你在這段期間結束前，能做什麼事來達到預期的結果。

準備的物品

四十張小牌（一號牌到十號牌），以及十六張宮廷牌。

時機

在所選時段開始的前一天。

27
過去、現在及未來

用途或背景知識

當你想從以前遇過的事來做規劃、改變，期望能產生效用。

第一張牌：為了做出改變，你需要捨棄的事，或已經從你的生活中退出的事。**第二張牌**：目前的影響和已經存在的因素，影響著你的決定。**第三張牌**：採取行動的結果，以及你執行後會發生什麼事。

準備的物品

整副七十八張牌。

時機

當你掌握了事實和數據，卻依然猶豫不決。

例子

佩特拉（Petra）的新任未婚夫希望她在結婚後，能和他從英國搬到海外住兩年，好掌握未來升遷、平步青雲的機會。但是，她的前夫西蒙（Simon）認為他會不知道自己的十幾歲孩子長成什麼樣子了，對此舉表達反對，甚至以法庭判令威脅她。她該怎麼辦？

第一張牌：從你的生活中退出的事，代表過去。

皇帝 佩特拉的前夫西蒙有很強的控制慾，經常把孩子當成可利用的工具。因此，即使西蒙很有錢，她也不會為了孩子而向他要錢。不

過，西蒙已經好幾年沒見到自己的孩子，也很久沒聯繫了。

第二張牌：目前的影響。

正義 佩特拉主動表示，她要親自上法院。西蒙在案件進行前表示，只要她依舊不索求撫養孩子的費用，他就允許她帶孩子出國。

第三張牌：行動導致的未來。

世界 佩特拉同意每年帶孩子回家鄉四次，並同意西蒙隨時用電話或通訊軟體聯繫。但過去這兩年來，西蒙只打過一次電話過來。

28
有重大的休閒娛樂支出

用途或背景知識

當你有機會投入休閒活動，而且還有幾種選擇。或許你有自己的喜好，可以將你的願望放入，把我的建議取代掉。

第一張牌：可能是買一台露營車。**第二張牌**：可能是買一艘遊艇。**第三張牌**：可能是一趟長途旅行。

如果你有更多選擇，例如：在野外或岸邊隱居，請加入額外的牌。方法一樣。

準備的物品

整副牌。

時機

當你在比較不同選項的價格。

29
療癒牌陣

用途或背景知識

雖然在醫療方面沒有檢查出什麼大問題，但你已經試過大多數的選項，卻還是常常覺得不舒服，而且感覺疲憊。

第一張牌：涉及必要的生活方式變化。**第二張牌**：涉及減輕心理壓力。**第三張牌**：涉及出乎意料的有益資源或積極投入，能讓身心健康好轉。

準備的物品

整副牌。

時機

星期日或星期三（與改善健康狀況有關的日子）。

30
克服愛情關係中的衝突

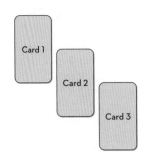

用途或背景知識

當你們一直在爭論同樣的問題，卻不曾解決問題。

第一張牌：揭露真正的潛在問題。**第二張牌**：指出是什麼事情使問題醞釀已久。**第三張牌**：顯示克服問題的方式。

準備的物品

整副七十八張牌。

時機

你們持續為了同樣的問題爭吵，但卻想要和好。

31
搬到新家或新的地區

用途或背景知識

當你不確定正確的做法是什麼。

第一張牌：適用於搬到附近。**第二張牌**：適用於搬到外地。**第三張牌**：適用於待在原地，不搬家。

準備的物品

整副牌。

時機

當你無法當機立斷的時候。

32
改善財務狀況

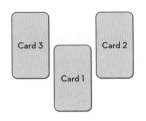

用途或背景知識

當你因重大支出而需要緊急的資金審查，或收支失衡的時候。

第一張牌：你最嚴重的財務漏洞。**第二張牌**：你獲利最高的金融資產。**第三張牌**：收支平衡的方法。

準備的物品

四十張小牌（一號牌到十號牌）。

時機

財務出現危機時，或有大筆開銷之前。

33
是什麼阻礙了你實現目標？

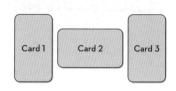

用途或背景知識

當你有計畫或抱負，卻經常在遇到第一個障礙後，就失敗了。

第一張牌：你的抱負。**第二張牌**：代表阻擋你的事物或人。**第三張牌**：代表避開障礙的方法。

準備的物品

二十二張大牌和宮廷牌。

時機

在你遭遇重大的挫折後，再度嘗試之前。

34
凝聚力牌陣：讓兩個家庭團結起來

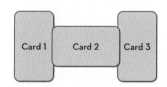

用途或背景知識

當兩邊的孩子捲入一段新關係時。如果有姻親、祖父母和前任會出席的場合，你也可以採用這種牌陣。

第一張牌：你的家人。**第二張牌**：伴侶的家人。**第三張牌**：如何讓兩邊的家庭聚在一起。

準備的物品

整副牌。

時機

在你們一起參加重要的活動之前。

35
你想盡力達到最佳結果

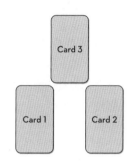

用途或背景知識

當你知道即將有不可避免的變化。

第一張牌：代表改變後的可能最佳結果。**第二張牌**：代表改變後的可能最壞結果。**第三張牌**：如何緩和潛在的糟糕後果，使最好的結果有可能實現。

準備的物品

整副牌。

時機

當你意識到有免不了的變化。

36
適應新工作環境的牌陣

用途或背景知識

了解新工作環境的運作模式,以及誰握有權力。

第一張牌:誰是我的盟友?**第二張牌:**我應該提防誰?**第三張牌:**剛開始,我應該如何行動或做出反應?

準備的物品

整副牌。

時機

在你第一天報到後。

在接下來的章節中,你能了解四張牌的牌陣對安全、穩定性、財產、財務、實際狀況,以及保護等相關問題,都特別有幫助。

第四章

四張牌的牌陣

在西方,「四」是一個很可靠的數字。四張牌的牌陣能對關於安全、穩定性、財產、財務、家庭、房屋、保護等實際狀況和疑問提供深刻的見解。除非在牌陣中有特殊的說明,否則請使用橫排的形式解牌。一次翻一張牌,解牌的順序是從左到右。

37
以開放的形式解四張牌

用途或背景知識

無論是什麼問題，在不指定具體牌義的情況下得到答案。你可以將任何三張牌以開放式的解牌形式（請見第18頁）擴展為四張牌，來總結三張主牌提供的解決方案。

你解完**第一張牌**、**第二張牌**及**第三張牌**後，第四張能以王牌形成答案，並將其他三張牌結合起來。

準備的物品

七十八張牌等任意組合，條件是符合你的問題。

時機

當你需要關於解讀三張牌的其他資訊。

38
未來一個月

用途或背景知識

當你需要評估未來四週的機會、挑戰或策略。

第一張牌代表第一週，**第二張牌**代表第二週，**第三張牌**代表第三週，**第四張牌**代表第四週。根據你所抽的牌，某幾週的重點在於機會或挑戰，能幫助你制定最佳策略，使你的機運變好，並大幅減少衝突。

在每一週的開端解每張牌，然後將所有牌放回牌組（你可能連續兩週抽到同一張牌）。得注意一下你之前抽到了什麼牌。

準備的物品

四十張小牌（一號牌到十號牌），以及十六張宮廷牌。

時機

最好在當月開始之前。但你也可以在當月的任何時候開始解牌，只需要連續做四週。

39
突破恐懼障礙的牌陣

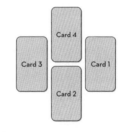

用途或背景知識

當恐懼或恐懼症限制了你的生活方式。

第一張牌：讓我恐懼的真正原因是什麼？**第二張牌**：這件壞事真的有可能發生嗎？還是，只是我很擔心？**第三張牌**：是什麼使我的恐懼感變得更嚴重？**第四張牌**：我可以採取什麼行動，防止或克服我的恐懼？

準備的物品

整副牌。

時機

星期二（勇氣之日）。

40
在財產或事業方面有進展

用途或背景知識

當你越來越不耐煩，而且你買不起夢寐以求的房子，或沒有足夠的創業資金。

第一張牌：你不能或不願意妥協的部分。**第二張牌**：你願意或能夠妥協的部分。**第三張牌**：象徵突破的牌。**第四張牌**：如何盡快實現至少一部分的夢想。

準備的物品

整副牌。

時機

新月份的開端。

例子

瑞克（Rick）與寶拉（Paula）希望擁有並經營一家馬場及訓練業務，但目標似乎遙不可及。

第一張牌是權杖六，圖上有一個人騎著馬迎接勝利。這暗示著馬的生意是他們的首要目標，以及六個月內有可能實現某件事。

第二張牌是權杖四。這張牌的背景有一對夫婦、土地及房子。雖然他們不能在土地方面妥協，但他們可以在住處方面讓步。該如何做呢？

第三張牌是權杖七，圖上有一個人把權杖插在有許多葉子的地方，試著標示土地的範圍。瑞克表示，他們有足夠的錢買土地，能擁有基本的馬廄，也可以在初步階段幫別人訓練馬和飼養馬。但這張牌沒有房子。

第四張牌是錢幣三，象徵著在三年期間按部就班地築牆。寶拉的家人都是建築工人。他倆有

資金的時候，親友們都自願幫忙在土地上打造一間自建的房子。

瑞克和寶拉找到了不錯的牧場，那裡有廢棄的房子和破敗的馬廄。寶拉的家人幫忙把馬廄和訓練場整理得井井有條。最後，她和瑞克搬進了那片土地上的拖車，開始拓展生意。

41
人生旅程的牌陣

用途或背景知識

當你試著了解更長遠的人生之路。

第一張牌：你現在的身分是什麼，以及你處在哪個階段。**第二張牌**：在你的人生旅程中，誰或什麼事物能幫助你。**第三張牌**：在你的人生旅程中，誰或什麼事物會阻礙你。

第四張牌：你即將或能夠成為什麼樣的人。

準備的物品

十六張宮廷牌。

時機

當你處在人生的十字路口。如果這些時期很重要，你可以每三個月重新解牌一次。

42
對抗債務的四點式牌陣

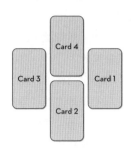

用途或背景知識

這種牌陣適用於債務和還償壓力越來越大時。

第一張牌：你現在最主要的財務負擔是什麼？

第二張牌：有哪些實用的資源能減少款項？**第三張牌**：你如何在短期內賺到更多錢？**第四張牌**：你如何防止同樣的問題再次發生？

準備的物品

二十二張大牌和十六張宮廷牌。

時機

星期六（對抗債務的日子）。

43
克服壞運氣的牌陣

用途或背景知識

你似乎卡在一個接一個不幸的惡性循環中。

第一張牌：是什麼導致了最初的厄運？**第二張牌**：如何突破厄運的循環？**第三張牌**：如何吸引好運氣？**第四張牌**：什麼樣的意外因素能延續新的好運氣？

準備的物品

二十二張大牌和十六張宮廷牌。

時機

星期六（對抗債務的日子）。

44
二十四小時的預測

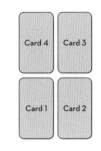

用途或背景知識

未來有一個十分重要的日子。

這種牌陣的時間範圍是從黎明（或你醒來的時候）開始，直到半夜（或你就寢的時候）。理想的情況是，你在當天的不同時段解每張牌。過程中，你得隨身攜帶牌組，並在解完牌後，將所有牌放回牌組。也許你會抽到重複的牌，請留意之前你抽過的牌。

第一張牌：你在醒來後抽牌，基本上是在天剛亮的時候。這張牌能提醒你早上會發生什麼事。**第二張牌**：中午或你休息的時候。無論午休有多麼短暫，這張牌能讓你了解自己還需要努力的方向，以及該注意的警告。**第三張牌**：黃昏、傍晚或你回家的時候。這張牌代表你實現了什麼目標。**第四張牌**：在你睡覺前，基本上是在半夜解牌的時候。這張牌能提供你當天的全面評估。

準備的物品

二十二張大牌。

45
世界旅遊的四角式牌陣

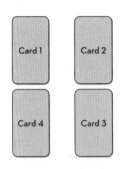

用途或背景知識

當你在計畫環遊世界或前往新的地方做長途旅行。

第一張牌：我準備好迎接這次的大冒險嗎？

第二張牌：我應該一個人去，還是找同伴一起去？

第三張牌：我應該旅行就好，還是需要邊旅行邊賺錢？

第四張牌：我在旅途中絕對不能錯過什麼？

準備的物品

二十二張大牌和十六張宮廷牌。

時機

在你最終確定計畫之前。

46
名聲與財富

用途或背景知識

當你有成名的夢想，並知道自己有才華，但又很怕會失敗。

第一張牌：我有什麼特殊的才能？**第二張牌**：我應該不遺餘力地發揮才華嗎？**第三張牌**：我該怎麼獲得必要的培訓？**第四張牌**：我可以在哪裡或如何公開推銷自己？

準備的物品

二十二張大牌。

時機

當機會出現時，理想的情況是你單獨待在一個塔羅牌的空間裡。

你將在下一章進一步擴大解牌的範圍，做法是運用五張牌的牌陣。這些牌陣對改變和進展都非常有用。

第五章

五張牌的牌陣

　　五張牌的牌陣用在快速又有明確目標時，以及在更複雜的狀況下等過渡期時用的牌陣。關於改變、傳達需求、展現才能、戰勝詐欺、霸凌和惡意等疑問，這種牌陣特別有用。五張牌也適用於財務，尤其是涉及失而復得、投機與冒險、旅行計畫，以及從不順利的局面中挽回有利的部分，並積極的奮勇向前。

47
培養通靈能力的五個步驟

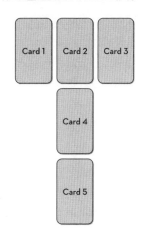

用途或背景知識

別人說你有通靈的能力，但你覺得發展受限。

第一張牌：目前，你的通靈能力如何展現在生活中？**第二張牌**：是什麼阻礙了你發展通靈的天賦？**第三張牌**：你需要透過閱讀、上課等方式來加強這種能力嗎？**第四張牌**：你希望自己的通靈能力發展到什麼程度？**第五張牌**：你想成為專家，幫助別人，還是運用天賦改善自己的生活？

準備的物品

整副牌。

時機

滿月之夜。

例子

雪莉（Shelley）在年幼時期和青少年時期展現過通靈的能力，但她的這種能力漸漸消失了。不過，她最近在無意間有準確的預感，這讓她有點擔心。

第一張牌是權杖八，圖上有相當多的權杖到處飛射。雪莉發現自己無法控制通靈的能力，也

經常無法阻止旅行方面的災難。這種預感變得越來越頻繁。

第二張牌是寶劍九，描繪著一個在床上做了噩夢的女人。雪莉表示很擔心通靈的能力變強，主因是她無法控制自己的力量。

第三張牌是錢幣三，描繪著一個人循序漸進的建造堅固的石牆。也許是漸進式的指導做法，例如：旁聽通靈的課程、加入療癒界的圈子或參加課程，利用塔羅牌這種有明確目標的方式，更顯得平易近人。

第四張牌是太陽，圖上有一個孩子騎著白馬，迎向陽光。雪莉表示，一旦她對自己的力量感到有自信，就會很樂意讓這種力量盡可能出現在日常生活中。

第五張牌是錢幣八，圖上有一個人靠著天賦打造金幣。雪莉坦白說，她一直想成為有洞察力的先知和專業的治療師。

當她真正開發了自己的通靈天賦後，原本讓她恐懼的不祥預感也不再出現了。

48
馬蹄形牌陣

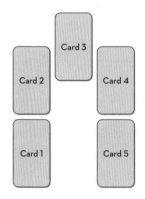

用途或背景知識

你可以使用這個牌陣回答任何問題。

第一張牌：你的選擇、困境或主要疑問。**第二張牌**：能影響目前職位的勢力、人及境遇。**第三張牌**：潛在的影響，包括腦海中來自過去的訊息，以及視野之外的事物。**第四張牌**：建議的行動，目標是改變或保持現狀。**第五張牌**：可能的結果。根據第四張牌採取行動或等待。

準備的物品

整副牌。

時機

有幾項因素發揮影響力時。

49
五芒星牌陣：提升工作或
創造力方面的形象

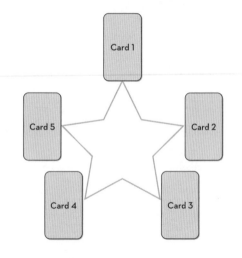

用途或背景知識

你想謀求更高的職位，或展現自己的才能。

第一張牌：你的最終目標。**第二張牌**：如何讓你本人或你的工作，引起那些能幫助你提升形象者的注意。**第三張牌**：下一步是培養動力。

第四張牌：努力達到巔峰。**第五張牌**：未知的因素是什麼？

準備的物品

整副牌。

時機

當你覺得很幸運的時候。

準備的物品

整副牌。

時機

星期三（防備小人的日子）。

50
應付派系鬥爭和霸凌

用途或背景知識

當你在辦公室或社交場合中被排擠、承受酸言酸語或被羞辱時。

第一張牌：誰最明顯排斥我，或什麼事最顯得我格格不入？**第二張牌**：動機是什麼？**第三張牌**：我能夠或應該忽略這件事嗎？**第四張牌**：我應該表達不滿，或直接面對問題嗎？**第五張牌**：我應該設下停損點，離開那個地方嗎？

51
五年的計畫

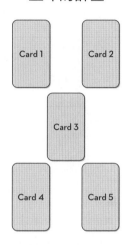

用途或背景知識

當你為生活中的任何事情制定長期的計畫。

第一張牌：我現在處於哪個階段？**第二張牌**：五年後，我想達到的位置。**第三張牌**：我需要哪些額外的資源、培訓或實習？**第四張牌**：我需要克服哪些潛在的挑戰？**第五張牌**：為了實現這個遠程目標，我需要從現在開始擴大業務、展開新的活動，還是維持現狀？

準備的物品

整副牌。

時機

當你需要為自己的未來做決定，而不是聽天由命。

52
企業收購的五張牌牌陣

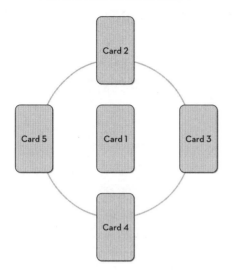

用途或背景知識

當收購是不可避免的事，你需要了解這件事會怎麼影響你，以及你該怎麼應對。

第一張牌：收購對我有好處嗎？如果有好處，那是什麼？**第二張牌**：我該不該換職務，做為預防措施？**第三張牌**：發生收購時，我該怎麼盡量保護自己的職位或部門？**第四張牌**：我應該培養哪些新的技能，才能鞏固不錯的職位，或順利地迎接新的挑戰？**第五張牌**：我錯過了哪些情報？

準備的物品

整副牌。

時機

星期日（新的開端）。

53
搬遷的五張牌牌陣

用途或背景知識

當你為了工作而準備搬遷，或因為親密的家人、伴侶要搬家，你也得跟著遷徙，但你其實不想離開。

第一張牌：有其他可行的辦法能讓你避免搬遷嗎？**第二張牌**：搬遷的缺點是什麼？如何大幅減少缺點？**第三張牌**：搬遷對你或家庭有什麼好處？**第四張牌**：關於你之後搬到的地點，有你不能妥協的方面嗎？**第五張牌**：你願意在哪方面做出讓步？

準備的物品

整副牌。

時機

娥眉月（新月前後的月相），或娥眉月出現後不久的任何星期一（月亮之日）。

54
每週五天工作日的牌陣

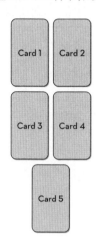

用途或背景知識

如果你在一般公司上班，或自己創業，每週工作五天，那麼這個牌陣對你提前計畫一週事項很有用。

第一張牌：你想在下週達成什麼目標？**第二張牌**：你需要避開預期的挑戰或陷阱。**第三張牌**：可能或即將出現的新機會。**第四張牌**：你需要給誰留下好印象？**第五張牌**：根據你在這週實現的目標，到了下週該有什麼打算？

準備的物品

整副牌。

時機

展開新的工作週期的前一晚。

55
你無法取得金援，需要尋求其他的資金來源

用途或背景知識

當你需要解決現金流或資源的危機。

第一張牌：誰或有什麼資源能幫助你解決這個問題？

第二張牌：你能自行處理嗎？可以的話，該如何處理？

第三張牌：有沒有新的官方消息來源？行得通嗎？

第四張牌：有沒有非官方的消息來源？可靠嗎？

第五張牌：理想的結果。

準備的物品

整副牌。

時機

星期三（發揮巧思的日子）。

你將在下一章認識六張牌的牌陣。這些牌陣能提供你更多不同位置的細節，尤其對愛情和人際關係的問題有幫助。

第六章

六張牌的牌陣

六張牌的牌陣能讓我們詳細探討，如何循序漸進的設計出有組織的解決方案？如果在考量的困境或機會中，涉及密切相關和相互依賴的不同層面，這種牌陣就具有足夠的靈活性。

請使用六張牌的牌陣解惑，尤其是關於和諧、談判與和解、家庭事務、愛情、婚姻、忠貞、生育、友誼、自我形象、健康與體能、自信，或其他關於成長和環境的疑問。這種牌陣也能用於評估未來六天、六週或六個月的情況。

56
以開放式的六張牌牌陣，回答任何主題的疑問

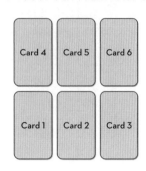

用途或背景知識

適用於多方面的牌陣，能解出任何主題的疑問。

這是從第18頁開放式的三張牌，自然發展出來的牌陣。

當你解牌的時候，要考量到每張牌的圖像讓自己有什麼感受。把一張又一張牌的資訊結合起來，就像說故事一樣。直到第六張牌時，答案就會揭曉。幾乎每張牌上的人物都代表你，或代表影響問題的人。

準備的物品

一整副七十八張牌。

時機

在沒有人打擾你的時候。

57
維持遠距離戀愛

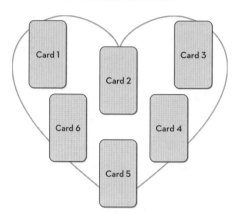

用途或背景知識

當你或伴侶離家工作，或者迫於情勢，不得不暫時分居。

第一張牌：我們之間有充足的信任，或夠穩定的關係嗎？**第二張牌**：我們有明確的長期交往計畫，能盡快在一起嗎？**第三張牌**：我們能一起度過艱難的異地戀嗎？或者，為了盡量多見面，我們能重新安排見面的時間表？**第四張牌**：我們能透過網路或電話，設定日常交流的互動時段嗎？**第五張牌**：為了避免漸行漸遠，我們能事先講好如何調整猝不及防的誤解，或缺乏交流的感情嗎？**第六張牌**：我們各自都有豐富的嗜好和可靠的社交圈，以避免陷入孤獨的陷阱嗎？

準備的物品

整副牌。

時機

在你們分居之前；如果你們已經分居了，可以挑適合遠距離聯繫的任何星期一。

58
我能找到靈魂伴侶嗎？

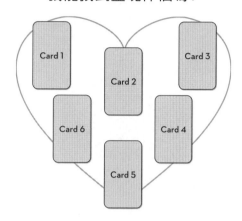

用途或背景知識

你對尋找理想的伴侶已感到絕望。這是心形牌陣。

第一張牌：我該不該放棄尋找，順其自然？**第二張牌**：我該不該嘗試網路交友，或參加聯誼？**第三張牌**：我該不該加入面對面交流，或單身族的團體？**第四張牌**：我該不該參加新的活動？**第五張牌**：我該不該搬遷，或換工作？**第六張牌**：我會遇到另一半，或為了「對的人」而穩定下來嗎？

準備的物品

整副牌。

時機

星期五（愛情日）。

應付難纏的家人或熟識的同事

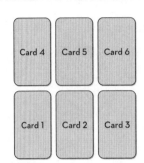

用途或背景知識

如何應付很難相處的人。

第一張牌：我們之間出現麻煩的起因是什麼？

第二張牌：他和其他人都很難和睦相處嗎？還是，他只把怨氣宣洩在我身上？**第三張牌**：我要怎麼避開他的心機，或不被他操縱？**第四張牌**：什麼樣的正向情緒或活動，能幫助我們培養更愉快的關係？**第五張牌**：我的態度應該更強硬、更不寬容嗎？**第六張牌**：我應該跟他斷絕聯繫嗎？

準備的物品

二十二張大牌和十六張宮廷牌。

時機

在你們見面或聯繫之前。

未來六週或六個月的牌陣

用途或背景知識

預測接下來的六週或六個月，讓你能制定策略、迎接挑戰，並避開陷阱。

第一張牌：你希望在未來六週或六個月內，實現什麼目標？

第二張牌：你在尋找哪些明確的機會？**第三張牌**：你擔心哪些挑戰？**第四張牌**：你希望哪些方面維持不變？**第五張牌**：你想改變什麼？或改變誰？**第六張牌**：從長遠來看，你在追求什麼？

準備的物品

整副牌。

時機

所選時段的前一天晚上。

Card 6

Card 5

Card 4

Card 3

Card 2

Card 1

61
我該怎麼克服羞怯，變得更受歡迎呢？

Card 4　Card 5　Card 6

Card 1　Card 2　Card 3

用途或背景知識

你想交朋友，但又太害羞，不敢接近別人。

第一張牌：羞怯是否破壞了我的社交生活或職業生涯？或者，我很享受獨處？**第二張牌**：別人跟我說話時，我最害怕什麼原因阻擋自己接近，或回應對方？**第三張牌**：我需要專業的協助嗎？或者，我可以靠自己克服羞澀心理？**第四張牌**：我能採取哪些初步的措施，讓自己變得更善於交際，而且沒有太大的心理壓力？**第五張牌**：我跟誰相處在一起時，最感到自在？**第六張牌**：我在什麼樣的情況下，能放鬆地練習社交？

準備的物品

二十二張大牌和十六張宮廷牌。

時機

星期三（有效的溝通日）。

62
談判與調解的牌陣

用途或背景知識

當家庭或朋友之間發生爭吵時，這個牌陣也可以用來修補你與伴侶之間不和睦的感情。

第一張牌：什麼事，或誰是阻礙這場爭端得到解決的癥結？

第二張牌：我有相關的證據嗎？還是我太意氣用事或擅自揣測？**第三張牌**：其他人或對方是否準備好妥協？**第四張牌**：我願意妥協或提出折衷方案嗎？**第五張牌**：不該忽略，或不該接受什麼事？**第六張牌**：哪方面是有辦法解決的？哪方面難以解決？

準備的物品

四十張小牌（一號牌到十號牌），以及十六張宮廷牌。

時機

當天或當週結束前。

Card 1

Card 2

Card 3

Card 4

Card 5

Card 6

63
他是真誠的朋友，還是虛假的朋友？

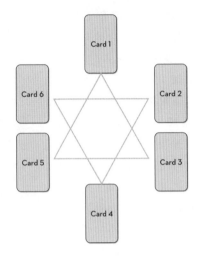

Card 1

Card 6

Card 2

Card 5

Card 3

Card 4

用途或背景知識

有助於揭露一個人的真實自我，這個牌陣也適用於愛情、成功、財富及名譽。

第一張牌：是什麼原因讓我質疑他的忠誠度？

第二張牌：我內心的疑慮，是因為擔心自己不討人喜嗎？ **第三張牌**：我們和其他人在一起時，他讓我覺得不自在，或我感到被冷落嗎？ **第四張牌**：他曾經出賣別人的祕密嗎？ **第五張牌**：在這段關係中，我的付出比得到的更多嗎？

第六張牌：如果我遇到麻煩，他願意幫我嗎？

準備的物品

整副牌。

時機

星期三（揭開騙局的日子）。

例子

瑪麗亞（Maria）是位年輕的母親。最近，安妮（Annie）搬到了隔壁，她有兩個孩子。瑪麗亞邀請她一同參加當地的親子活動，不久她

們變成了好朋友。不過，瑪麗亞最近注意到，安妮在社交活動中拿她的事開玩笑，甚至諷刺她。她曾經向安妮傾訴婚姻的問題，現在卻發現團體裡的其他人都在講她的閒話。之前，她以為安妮是她最好的朋友，事實卻不是如此。

第一張牌是聖杯五。瑪麗亞看著安妮遠離她，留下打翻的聖杯（象徵著失望）。

第二張牌是錢幣二。瑪麗亞表示，她經常很努力取悅別人，因為她不太相信別人會喜歡真實的她。

第三張牌是隱士。只有兩人在場時，安妮才表現出友善的一面。她已經掌握了親子團的話語權，並在安排活動時，不告知瑪麗亞團體內相關的消息。

第四張牌是寶劍五，代表背叛。瑪麗亞只有跟安妮說過自己的煩惱。

第五張牌是聖杯六，圖上有一個人遞東西給伸出雙手的人。安妮經常為了一些瑣碎的原因離家幾個小時，而瑪麗亞一收到通知就得幫她照顧孩子。

第六張牌是錢幣五。每當瑪麗亞在緊急的情況下求助時，安妮總是找藉口說自己太忙了。

瑪麗亞不再與安妮來往，而且聽說安妮在親子團惹事生非，引起了嚴重的爭執。不久之後，安妮就搬走了。

你將在下一章認識七張牌的牌陣。這些牌陣，特別適合你在生活中各方面做選擇、追求好運氣、識破假象、抵禦奇異事件或精神攻擊，以及將挑戰轉化為契機之時。

第七章

七張牌的牌陣

在許多神祕的傳統中，「七」是很特別的數字。在塔羅牌陣中，這個數字也很特別，它能深入解讀影響我們的核心問題，而且牌陣中也沒有過多的資訊。

「七」獲認定是七個古老行星、七種彩虹顏色、七個主要脈輪或體內通靈能量中心的關鍵，也是一週七天的時間度量基準。七張牌的牌陣對於做出各種選擇非常有用，包括海外旅遊或長途旅行，原因是這個牌陣與月亮有關。這當中挑選的主題也包含好運氣、生育（尤其是不容易懷孕）、神祕或靈性疑問、人生回顧，以及如何分辨切實可行的目標和不切實際的夢想。

64
有兩個選項的牌陣

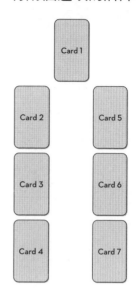

用途或背景知識

當你有兩個主要選項，並需要判斷何者是最有利的選擇（有兩個以上的選項時）。

在發牌之前，你可以自行決定或詢問提問者，每個選項分別代表哪個選擇。

第一張牌：你要做的選擇可能與自己覺得的疑問不同。**第二張牌**：執行選項一（左邊那一排）的建議行動。**第四張牌**：執行選項一後，導致意料之外的狀況（有益或具有挑戰性）。

第六張牌：遵循選項一的路徑後，可能會產生的結果。現在，請解讀選項二。**第三張牌**：建議的行動。**第五張牌**：無法預料的狀況。**第七張牌**：選項二的可能結果。

準備的物品

整副牌。

時機

當你有時間深入研究這些選項時。

牌：頂輪。我想達到什麼位置？我想實現什麼目標？

準備的物品

整副牌。

時機

當事件出現，動搖了你的信心。

65
七張牌的脈輪，或能量中心的牌陣：重大人生回顧

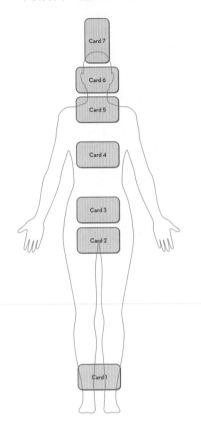

用途或背景知識

重新評估你的人生之路；在一張薄薄的卡片上畫出，或想像身體正面的輪廓。

第一張牌：海底輪。我現在的位置。**第二張牌**：本我輪。我最渴望的事。**第三張牌**：太陽輪。我最大的強項、優勢。**第四張牌**：心輪。我的心聲是什麼？**第五張牌**：喉輪。在我的生活中，我最想和世界各地、重要的人分享什麼事？或說什麼話？**第六張牌**：眉心輪。我的潛在天賦是什麼？（特別與心靈有關）**第七張**

66
神祕的七張牌牌陣

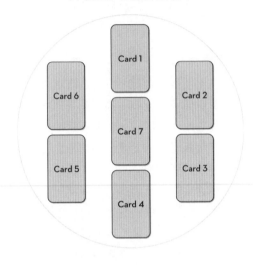

用途或背景知識

開放式的牌陣，適用於心靈或精神方面的疑問，或取決於尚未得到訊息或資訊被刻意隱瞞的情況。

你最後翻到的**第七張牌**能揭露即將發生的事，或被隱瞞的事，同時為你的困境解惑。

準備的物品

二十二張大牌或整副牌。

時機

滿月之夜，或星期一晚上（月亮日）。

67
獲得好運氣的牌陣

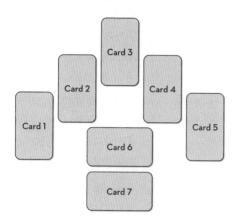

用途或背景知識

當你的冒險活動有一部分需要仰賴運氣，或你在生活的任何方面需要幸運的機遇時，你想知道自己有沒有好運氣。

第一張牌：我在哪方面最需要好運氣，才能讓這個冒險活動或人生階段邁向成功？**第二張牌：**好運氣什麼時候會來？從哪裡來？**第三張牌：**是什麼事或誰阻礙、拖延了我的好運氣？**第四張牌：**好運氣會在我人生中的哪方面出現，以及如何出現？**第五張牌：**我如何讓好運氣更快到來？**第六張牌：**誰或什麼事能幫助我？**第七張牌：**我想通往未來的好運氣，有什麼祕訣嗎？

準備的物品

二十二張大牌和十六張宮廷牌。

時機

娥眉月（新月前後的月相）或滿月之夜，或星期一。

68
七天牌陣：提前計畫重要的一週

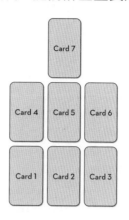

用途或背景知識

制定計畫，以確保未來一週能帶給你需要和渴望的結果。如果你想了解未來七天的概況，也可以用這個牌陣代替每天抽一張牌的牌陣。

第一張牌：星期日。前置作業，你需要準備什麼？**第二張牌：**星期一。你需要注意的潛在趨勢或因素。**第三張牌：**星期二。你需要哪些優勢，或需要爭取什麼？**第四張牌：**星期三。查核事實和數據，或觀察別人有沒有表裡不一的行為。**第五張牌：**星期四。展現你的領導權威或專業知識。**第六張牌：**星期五。應付別人的情緒問題，或談判。**第七張牌：**星期六。鞏固收益，或評估和減少損失。

準備的物品

整副牌。

時機

在重要的一週前的星期六晚上。

長假、公休或特休的牌陣

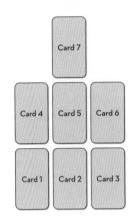

用途或背景知識

當你開始計畫長期的旅行，卻又擔心離開目前的生活狀態太久。

第一張牌：現在是適合我展開大冒險的時機和情況嗎？**第二張牌**：我要怎麼準備資金？我需要邊休假邊工作嗎？**第三張牌**：我能在不破壞職涯的前提下，暫緩未來的規劃嗎？**第四張牌**：我想在出發前，先制定明確的行程計畫，還是在旅途中觀察有什麼新機會？**第五張牌**：我該怎麼和我關心的人保持聯繫？會有人跟我一起去旅行嗎？**第六張牌**：我真正的需求是什麼？去看看新的地方？還是從目前的生活中抽出時間？**第七張牌**：這是重大的轉捩點嗎？如果是，我回來後，能踏上不同的人生道路嗎？

準備的物品

整副牌。

時機

如果是海外旅行，請挑星期一。如果是州際旅行，請挑星期四。

例子

貝拉（Bella）可以享有六個月的特休，但她已經不喜歡手邊的工作了。此外，她的丈夫在結婚三十年後，愛上了更年輕的女人，因此離開她。她想環遊世界，也存夠了錢，但她真正的目標是從事販售自己拍的照片的工作，或許回來後能轉行。

第一張牌是聖杯五，圖上顯示一個人轉身離開時，有三個聖杯打翻了，另外兩個聖杯維持原狀。貝拉認為這張牌象徵著她自己，以及新的攝影愛好。**第二張牌**是錢幣七。她已經存夠了錢，而且她也打算以後將所得的傭金用在五十歲以上的自助旅行。**第三張牌**是聖杯九，圖上有一個人被象徵著成就的聖杯圍繞。貝拉表示，她已經對原本的職業生涯喪失了興趣，並且想自己創業。**第四張牌**是世界。除了最初的目的地是印度之外，她也想到別的地方旅遊，卻又擔心這是沒有責任感的行為。這張牌能消除她的疑慮，代表她可以隨心所欲去做，只要她保持謹慎，全世界都很歡迎她。**第五張牌**是隱士。以前，貝拉沒有家人的時候，她將所有精力投入婚姻。現在，她很期待這次的旅行能讓她更了解自己。**第六張牌**是自由之塔。貝拉的目標是重拾自己的人生，並重新認識自己。**第七張牌**是錢幣八。貝拉打算鑽研攝影，想看看自己能不能、至少在這個領域擁有一份兼職工作。

有一家成立了五十幾年的生活風格雜誌社，發現貝拉在網路上經營部落格後，委託她撰寫或拍攝私人的經歷。她希望這份差事能引導她日後能有出書的機會。

你將在下一章了解強大的八張牌牌陣。這些牌陣能幫助你實現重要的轉變、成功、名聲、財富、事業及自主創業，也能幫助你在各個方面游刃有餘。

第八章

八張牌的牌陣

無論是從重要性或複雜度來看，八張牌的牌陣都能在重大事件中發揮重要的作用，因此使用時不該操之過急。這些牌陣能用在任何問題，尤其適用於重大的轉變、生活變遷、人生回顧、成功、名譽、財富、事業、自主創業、獲勝、自由，以及拓展各方面的視野。當你受到掌權者或頑固守舊的組織或官方機構的威脅時，或者你需要對抗社區鄰居的敵意時，這些牌陣也能派得上用場（請一併參考九張牌的牌陣）。

70
克服強權或組織恐嚇的八個步驟

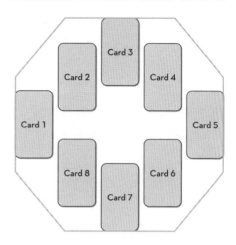

用途或背景知識

當情勢對你不利，而且你擔心被擊垮。

請使用八邊形的陣形，讓每張牌都朝著中心靠攏。

第一張牌：誰或什麼組織設法擊垮你？**第二張牌**：肇事者的動機是什麼？或有什麼樣的實權？**第三張牌**：你有什麼證據能支持自己？**第四張牌**：誰會支持你？**第五張牌**：你能夠或應該離開嗎？還是要繼續戰鬥？**第六張牌**：威脅你的人或組織有什麼弱點或缺陷嗎？**第七張牌**：你能藉著哪些積極的宣傳活動，或者增加曝光的機會來鞏固自己的志業？**第八張牌**：理想的結果是什麼？

準備的物品

四十張小牌（一號牌到十號牌），以及十六張宮廷牌。

時機

星期二（強勢與保護之日）。

71
你們應該試著生孩子嗎？

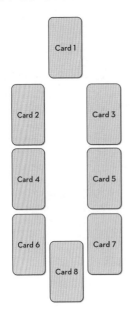

用途或背景知識

生理時鐘繼續運作，而妳和配偶正在衡量生孩子的利弊。你們都意識到，這代表生活方式會發生重大的改變。這個牌陣也能用在任何涉及重大利弊的疑問上。

第一張牌：我們是現在想要生孩子，還是未來才想要有孩子？

第二張牌：如果我們嘗試生孩子，我多快能懷孕？

第三張牌：假設我們有了孩子，在自由或財務方面的最大損失是什麼？

第四張牌：我們組成家庭後，最大的收穫是什麼？

第五張牌：假設我們有了孩子，我們能夠或該如何維持彼此之間的吸引力？

第六張牌：我或配偶該如何盡力改善自己的健康狀況，才能提高受孕的機會？

第七張牌：新生兒會帶來哪些實際的生活方式變化？

第八張牌：我們應該順其自然嗎？這樣做會降低我們生孩子的機會嗎？

準備的物品

整副牌。

時機

星期五（適合生育和成家的日子）。

例子

喬安娜（Joanna）四十歲了。她擔心自己太晚成家。目前，她和伴侶克里斯（Chris）過著很舒適的生活，共同住在市中心的豪華公寓，經常享受著異國情調的假期；但克里斯害怕成家以後，會懊悔失去自由。

第一張牌是皇后，象徵著母親。喬安娜來自幸福的大家庭，她想建立同樣的家庭。**第二張牌**是命運之輪。她擔心時間不多了，應該要盡快生孩子。**第三張牌**是權杖王子（托特）。這張牌暗指克里斯是獨生子，享受著無拘無束的生活型態，沒有金錢方面的煩惱，但他很討厭負責任。**第四張牌**是皇帝。喬安娜認為，克里斯不該再像長不大的男孩，組成家庭能幫助他變得不那麼自私。**第五張牌**是聖杯十，圖上的彩虹下方有一男一女以及孩子，洋溢著長期的幸福感。**第六張牌**是節制。喬安娜承認兩人都有酗酒的習慣，也經常參加聚會。**第七張牌**是權杖四，插畫顯示一男一女在鄉下有一間房子。喬安娜表示，他們討論過搬家和共同在家工作的計畫，卻不曾付諸行動。**第八張牌**是寶劍八。喬安娜表示，除非他們盡快嘗試生孩子，否則會錯過時機，而且克里斯一直猶豫不決。

解牌結束後，他們進行深入的交談。克里斯坦

承自己經歷過不幸的童年，這一點是他之前否認的事實，也是讓他害怕成家的原因。他們為了事業，已經在鄉下買房子。現在，他們想要生孩子了。

72
一週七天加一張牌：
揭開長期的結果

用途或背景知識

當你需要尋找一些日常策略，來確保未來一週能有你需要和渴望的結果。加上第八張牌，能讓你了解採用這些策略後，在接下來的幾週會發生什麼事。

第一張牌：星期日。發展新策略。**第二張牌**：星期一。預期別人的反應或行動。**第三張牌**：星期二。實施你的行動計畫。**第四張牌**：星期三。檢查細節，並找到你可以信任的人。**第五張牌**：星期四。主動或帶頭採取策略。**第六張牌**：星期五。妥協或談判。**第七張牌**：星期六。評估什麼是有效的方案，以及你該重新嘗試或捨棄哪些方案。**第八張牌**：你採用這些策略後，未來幾週會出現什麼新機會，或是可以挽回的機會？

準備的物品

整副牌。

時機

在重要的一週前的星期六晚上。

73
做出孤注一擲的決定

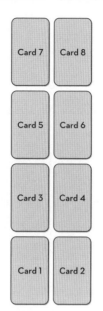

用途或背景知識

任何重大或複雜的決定，答案只有「是／不是」、「行動／等待」、「離開／留下」、「說話／沉默」。

第一張牌：這是我真心想要的決定嗎？**第二張牌**：我做出這個決定後，會有嚴重的不利後果嗎？**第三張牌**：我準備好全心投入嗎？**第四張牌**：我的其他優先事項、承諾該怎麼辦？**第五張牌**：我做出這個決定後，生活方式會變得更好嗎？**第六張牌**：在不傷害別人，或不離開我在乎的人的前提下，我能夠做到這一點嗎？**第七張牌**：我做出這個決定後，最棒的結果是什麼？**第八張牌**：我做出這個決定後，最糟糕的結果是什麼？

準備的物品

四十張小牌（一號牌到十號牌），以及十六張宮廷牌。

時機

清晨（頭腦清晰的時段）。

74
開始實現你最大的抱負或夢想

用途或背景知識

無論機會多麼渺小，當這個機會開啟了一扇門，能通往你渴望已久的契機，即使你知道這條路有破壞性。

第一張牌：這就是我一直在等待的契機嗎？

第二張牌：我認為這一步切實可行嗎？**第三張牌**：我準備好了嗎？還沒的話，我什麼時候才能準備好？**第四張牌**：誰或什麼事能幫助我？

第五張牌：誰會反對我？或什麼事會阻礙我？

第六張牌：我應該調整自己的夢想或做出讓步，來降低這一步的破壞性嗎？**第七張牌**：邁出這一步的短期結果（未來六個月內）。**第八張牌**：長期的結果（未來五年內）。

準備的物品

整副牌。

時機

星期二（重大改變日，有時候具破壞性）。

75
從事或拓展大型的商業冒險活動

用途或背景知識

當你有準備執行的計畫，卻躊躇不前。

第一張牌：我現在有足夠的精力，或能遇到適當的時機去執行嗎？還是應該等待？**第二張牌**：我的計畫行得通嗎？還是有我需要考慮的風險？**第三張牌**：我應該單獨行動，還是邀請目前的夥伴一起參與，或尋求更多元的意見？

第四張牌：讓計畫得以實施的最大優勢是什麼？**第五張牌**：有任何我需要考量的對手，或類似的業務嗎？**第六張牌**：如果我現在展開行動，未來三到六個月的前景是什麼樣子？**第七張牌**：如果我現在展開行動，接下來的十二個月，以及更長遠的未來會是什麼情況？**第八張牌**：我忽略了哪些需要注意的事項嗎？

準備的物品

整副牌。

時機

星期三（商業或創新活動之日）。

你將在下一章認識九張牌的牌陣。這些牌陣能用來回答更複雜的問題，而解牌對正義、結束局勢、原則與倫理、國際議題、生理與情感優勢，以及解決看似不可能的情況都有幫助。

第九章

九張牌的牌陣

　　九張牌的牌陣能提供你深入研究和冷靜反思的機會，包括全面的人生之路回顧和正義，涉及法律、官方制度或個人道德。這種牌陣也適用於繼承糾紛、完成專案、終結不滿意的情況、從艱難的情境中找到解決辦法、國際議題、嚴重的疾病或慢性病。

76
自由之塔：突破限制，讓你能夠按照自己的原則過生活

用途或背景知識

當你想擺脫不再讓你感到快樂的事，卻不敢放手去做。

將九張牌往上排列時，你得調整這些牌的位置，使每張牌位於前一張牌的上方並稍微偏右；讓整體看起來像一座傾斜的高塔。

第一張牌：你在尋求什麼樣的自由或獨立狀態，以及用何種方式追求？**第二張牌**：是什麼事或誰限制了你的自由？**第三張牌**：現在是合適的時機嗎？還是你應該等待？**第四張牌**：通往自由或獨立狀態的第一步是什麼？**第五張牌**：實現自由或獨立後，對你或家人有什麼直接的正面影響？**第六張牌**：在你邁向自由或獨立的初期，你需要克服哪些反對意見或障礙？**第七張牌**：為了實現自由或獨立，你必須犧牲什麼？**第八張牌**：在六到十二個月內，新的自由或獨立狀態會產生哪些長期的正面影響？**第九張牌**：你踏上這條路後，能在五年內達到什麼位置？

準備的物品

整副牌。

時機

新的月份或新年的開端。

77
逃離虐待或有害的情境

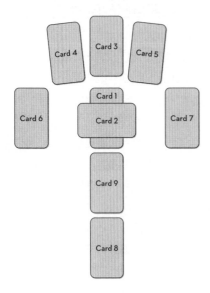

78
克服或處理嚴重的疾病或慢性病

用途或背景知識

當康復的情況慢下來或惡化時。

第一張牌：病情演變成最糟糕的局面是什麼？

第二張牌：有其他傳統療法嗎？**第三張牌**：替代性的醫療或能量療法，能減輕症狀嗎？**第四張牌**：有新的研究報告嗎？有的話，你可以在哪裡找到或取得？**第五張牌**：有哪些可實施的方法，能讓你或病人的生活好過一點？**第六張牌**：你該怎麼盡量減少壓力？**第七張牌**：有哪些不明的積極因素開始起作用？**第八張牌**：你能申請或取得哪些額外的資源？**第九張牌**：可能的最好結果是什麼？

準備的物品

四十張小牌（一號牌到十號牌），以及十六張宮廷牌。

時機

星期三（療癒之日）。

用途或背景知識

當你感到無助，而且你知道自己需要離開現場。

這種牌陣也適用於任何改變人生的事件、重大的人生回顧，或需要一點奇蹟的情況。

第一張牌：關於自我和風險的牌。**第二張牌**：處理你的恐懼感，有關阻礙你的有害、侮辱情形或是人。**第三張牌**：你可以採取的行動。**第四張牌**：誰會拯救你，或幫助你？**第五張牌**：什麼事使你猶豫了？**第六張牌**：第一步。**第七張牌**：邁出第一步的風險。**第八張牌**：你還必須考慮誰，或拯救誰？**第九張牌**：你的新生活開端。

準備的物品

整副牌。

時機

星期六（保護與終止之日）。

通往正義之路

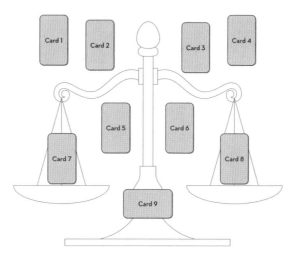

Card 1　Card 2　Card 3　Card 4

Card 5　Card 6

Card 7　Card 8

Card 9

用途或背景知識

關於任何官方、法律或賠償的問題，特別是不公平、貪汙或謊言阻礙了你的去路。

第一張牌：是什麼事或誰造成了不公平的現象？**第二張牌**：是什麼事或誰阻擋你揭露真相？**第三張牌**：你的對手有什麼弱點？**第四張牌**：你的最大優勢是什麼？**第五張牌**：有什麼意外的新實情或證據，能證明對你有利嗎？**第六張牌**：你可以做得更多，還是應該等待？**第七張牌**：你有不錯的代理人嗎？還是需要找新的代理人？**第八張牌**：你能夠或應該在庭外和解，或找人調解嗎？**第九張牌**：理想的結果是什麼？

準備的物品

整副牌。

時機

星期四（正義與真理之日）。

例子

弗林（Flynn）遭到前妻不實的指控威脅，並攻擊她和六歲的孩子。根據法規，他無法再見到自己的兒子。

第一張牌是寶劍皇后。他的前妻不擇手段地奪走弗林的孩子。**第二張牌**是聖杯侍者。弗林不希望別人質疑他的兒子，因為這對小男孩來說太痛苦了。**第三張牌**是權杖五。弗林懷疑前妻很想誇耀自己耍了他。**第四張牌**是寶劍五。弗林的前妻是個很有說服力的騙子。**第五張牌**是錢幣七。弗林知道前妻的動機是從他那裡取得一大筆錢，做為撤回控訴的回報。**第六張牌**是力量。這張牌建議他等待，讓事情自然地發展。**第七張牌**是隱士。弗林為自己辯護，因為他請不起律師。**第八張牌**是節制，代表他沒有透過司法體系來實現正義。**第九張牌**是聖杯六。弗林的唯一心願是與兒子團聚。

解牌後不久，弗林的前妻自豪地跟他們的共同朋友說，這一切都是她編造出來的，目的是敲詐弗林。那位朋友願意出面當弗林的證人後，她撤銷了指控。現在，弗林能定期與兒子見面。

80
神諭占卜

Card 7	Card 8	Card 9
Card 4	Card 5	Card 6
Card 1	Card 2	Card 3

用途或背景知識

關於一般的人生回顧，或者重要的職涯與愛情問題，這種牌陣是很有用的解方。有時會與撲克牌一起使用，九張牌的牌陣被認為是游牧民族施展的占卜藝術。牌卡組成3×3，而且每一排都有不同的主題。

請先翻牌並解讀第一排（**第一張牌到第三張牌**）；這些牌代表你目前的人生道路、人際關係或職業生涯。

第一張牌：已經過去的事件，以及你吸取過的教訓。**第二張牌**：目前的癥結或疑慮。**第三張牌**：你最想從自己的生活、人際關係或職涯中保留的部分。

現在，請翻開並解讀第二排（第四張牌到第六張牌）；這些牌代表外界的影響。

第四張牌：哪些有益的方面和人影響著你的生活？**第五張牌**：潛在的反對意見。**第六張牌**：為了做出積極的改變，或找到持久的幸福感或成功，你必須克服什麼？

最後，請發牌、翻牌並解讀第三排（第七張牌到第九張牌）；這些牌代表行動與結果。

第七張牌：建議的行動。第八張牌：短期的結果。第九張牌：長期的結果。

準備的物品

整副牌。

時機

滿月之夜，或星期一晚上。

81
開放式的九張牌解牌

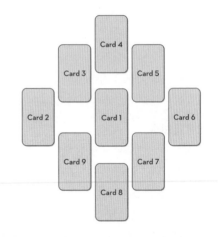

	Card 4	
Card 3		Card 5
Card 2	Card 1	Card 6
	Card 9	Card 7
	Card 8	

用途或背景知識

當你一步步建立完整的情景，九張牌的開放解牌形式能回應任何疑問。如果到了第九張牌還沒有頭緒，可以加上第十張牌做為解牌的王牌。

準備的物品

整副牌。

時機

悠閒的晚上。最後，請在收牌前將你對每張牌的想法，寫在塔羅牌日記中。

我們將在下一章研究更多的牌卡擺放位置，並認識一些經得起時間考驗、更詳細的經典牌陣。

第十章

多張牌的
多元牌陣

這一章的精選牌陣是使用十張以上的牌卡，包括十一張牌的經典凱爾特十字牌陣（Celtic Cross），並拆解成容易操作和理解的說明，還有年輪牌陣能讓你了解未來十二個月的詳細情況。關於牌數較多的牌陣，你可以使用兩副相同的牌組，從每副牌面朝下的牌組中輪流抽牌。在這本書的主題章節中，還有其他更長的牌陣。

82
凱爾特十字牌陣：任何重大的疑問

準備的物品

一或兩副牌組。

時機

寧靜的夜晚。

用途或背景知識

在複雜性方面，這是終極塔羅牌陣的熱門版本，以凱爾特十字的形狀命名。

凱爾特十字牌陣很適合解決錯綜複雜的問題，包括挑戰、機遇及深入性的人生回顧。

我已經把這個牌陣分成三個部分，因此陣形並不像一開始看起來那樣難學習。建議先在薄薄的硬紙板上畫好位置，並在練習的時候把牌卡放在各個位置。

首先，注意一下整體的牌陣，並觀察這個牌陣是怎麼透過不同的階段，從第一張牌進展到第十一張牌。

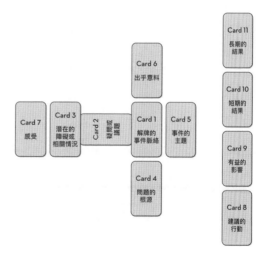

發第一張牌到第十一張牌後，依序翻開三個區域的牌。解完一個區域，再翻開下一個區域的

牌。當你翻開三個區域的牌並完成解牌後，觀察一下各個區域是怎麼拼湊在一起，形成整體局面和答案。

第一區：解牌的中心（第一張牌到第三張牌）

這些牌設定了情景，有助於闡述解牌的事件脈絡與目的。

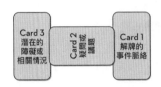

第一張牌覆蓋了**第二張牌**的一部分，代表解牌的事件脈絡，也就是你提出問題的原因，以及引導你解牌的潛在問題。

第二張牌位於**第一張牌**與**第三張牌**的下方，代表目前的實際問題，或需要透過解牌來解決的議題。

第三張牌也遮蔽了**第二張牌**的一部分，代表潛在的障礙或相關情況，包括當事人不願意改變現狀，或是其他人使目前的情況或生活變得艱難，也可能是指生活即將受到變化遭影響的人──任何變化都會引發並形成疑問。

第二區：周圍的區塊（第四張牌到第七張牌）

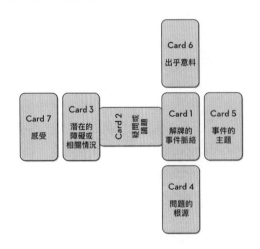

第四張牌到第七張牌包含了解牌的核心，並且與問題涉及到的優勢和劣勢有關。這些牌能幫助你確定什麼是可以解決的部分，或可以納入前程（未來）的部分，以及你必須捨棄的部分。

第四張牌：務實的考量，問題的根源。這張牌是指提問者的生活中有哪些基本要點，包括財務、家庭、日常事務或責任，以及這些事如何影響問題。

第五張牌：對照現實與假象，代表事件的主題。這張牌從可達成的夢想中，將願望的實現和錯覺區分開來。這裡的夢想是指：在任何限制下，有可能實現的夢想。

第六張牌：出乎意料，代表將看似沒有希望的局面，扭轉成實際的可能性。這張牌是該牌陣中的小精靈、小仙子，也是最具預測特性的牌。

第七張牌：感受牌，代表你的真實欲望與夢想，以及你身邊的人可能帶給你的困惑訊息。

通往幸福的牌：第八張牌到第十一張牌

這些是關於行動和決定的牌，能引導你達到期望的結果。即使最後不是你解牌時的預期結果，但這些牌還是能改善並解決前面幾個部分的主題。

第八張牌：建議的行動。這張牌涉及你決定為了解決問題而採取的行動，或至少為了尋找解決辦法而開始行動。

第九張牌：有益的影響。這張牌與第三張牌（沿途的障礙）抗衡，指的是能使行動或決定更有可能成功的人或情況。也許，這些影響讓你出乎意料，並涉及到那些你認為會反對的人，包括個人或機構。

第十張牌：短期的結果。這張牌強調制定計畫

或做出不同決定後的最初結果，有時候它會讓你苦苦掙扎。

第十一張牌：長期的結果。這張牌能讓你了解最可能發生的結果，也有可能暗示著解決的方法。

83
未來十二個月的年輪牌陣

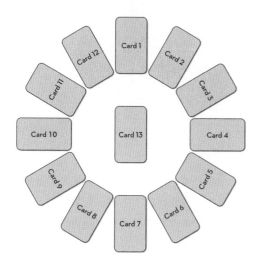

用途或背景知識

當你想知道來年會發生什麼事。

從牌組中替未來的每一個月抽一張牌，然後以順時針的方向將牌卡排成一圈。第一張牌是解牌的當月。

從當年度的任何時候開始都可以，特別是生日月份、新年、個人的轉捩點、週年紀念日、訂婚日、結婚日、孩子的生日，甚或分手日。

你得確定每張牌代表的月份，第一張牌是解牌的當月。請記錄每張牌在特定的月份中所暗示的機會或挑戰。通常，大阿爾克那牌（以下簡稱大牌）暗示著重大事件或外部環境發揮重要的作用。小牌則是指在你評估的那段期間，發生了更普通卻很重要的事件。宮廷牌意味著強

勢的性格、一段新戀情或孕事等。最後，抽一張牌來總結未來十二個月的情況，並將這張牌放在圓圈的中心。如果你願意，可以每個月抽兩張牌。

準備的物品

一或兩副牌組。

時機

當月，如果當月快結束了，就從下一個月開始。

84
開放式的十二張牌牌陣

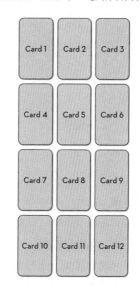

用途或背景知識

當你提出更多細節的疑問，或者問題涉及許多不同的層面。

準備的物品

整副牌。

時機

這是從開放式三、六、九張牌，自然發展出來的牌陣。當你有空思考每張牌的牌義，讓答案慢慢呈現。

二十四張牌的牌陣：過去、現在及未來

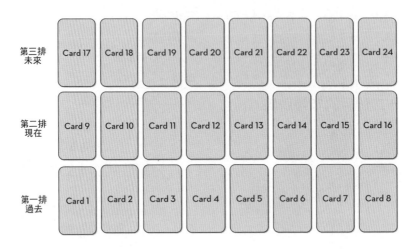

第三排 未來	Card 17	Card 18	Card 19	Card 20	Card 21	Card 22	Card 23	Card 24
第二排 現在	Card 9	Card 10	Card 11	Card 12	Card 13	Card 14	Card 15	Card 16
第一排 過去	Card 1	Card 2	Card 3	Card 4	Card 5	Card 6	Card 7	Card 8

準備的物品

整副牌。

時機

每六個月一次。

用途或背景知識

檢視你生活中的相關連事件，以及過去的事件如何在不知不覺中影響你的未來。

每六個月使用一次此牌陣，因為過去和現在的不同影響會隨著環境的變化而發揮作用。這個牌陣的更複雜版本，多了八張策略牌（請參考第443頁）。

請特別注意每一排的尾端和開端。例如：第一排的開端代表過去。童年的某些創傷或不公平的批評，可能會影響到現在。除非這些癥結得到解決，否則會影響到未來。

第一排：過去

最靠近你的那一排，也就是牌陣的底部，代表已經過去的事，以及正在從你的生活中消失的

事。最靠近這一排開端的牌（左邊）與童年有關，越往右邊越與近期的事件有關。這一排可能包括幾個尚未解決的問題，但也包含了可以在現在或未來再度發揮或培養的才華，以及對目前的成功或幸福狀態做出貢獻的人。

第二排：現在

中間的那一排，代表現在的影響。解牌的順序也是從左往右。「現在」包含了目前的人際關係、家庭、工作機會、挑戰、眼前的目標、成就、願望，以及還沒實現的夢想與抱負。越接近這一排的開端，有越多來自過去的問題尚待確認和克服。

第三排：未來

最上面那一排（請記住，解牌的順序是從下往上）不著重於既定的未來，而是注重潛在的方向。短期內的前景偏向這一排的左邊，而長達十年之遙的未來偏向右邊。位於「現在」那一排尾端的行動與計畫牌卡，可以啟動或克制住

左側「未來」牌卡的短期未來。如果你願意，可以加上第二十五張牌，牌面朝下。這樣做能帶給你意想不到的要素，協助你邁向成功的未來。將這張牌放在解牌區的頂端，也就是第三排（未來）的上方。

86
未來一個月：二十八天至三十一天的詳情

用途或背景知識

當你想了解重要的未來一個月。

分別為未來二十八天、二十九天、三十天或三十一天的每日機遇和挑戰抽牌。你抽的「當天的牌」將會是最佳的使用策略和補充説明（請參考牌陣一）。

準備的物品

一或兩副牌組。

時機

前一個月的最後一天。

下一章是第一個主題章節，能讓你認識愛情與承諾的各種牌陣，包括三張牌的快速解牌，以及更複雜的七張牌以上的牌陣。

第十一章

愛情與承諾
的牌陣

愛情與承諾牌陣的幸運牌

大牌：皇帝、皇后、戀人、命運之輪、太陽、月亮、星星。

小牌：聖杯王牌、聖杯二、聖杯三、聖杯六、聖杯十、權杖四、錢幣十。

宮廷牌：聖杯侍者、聖杯公主（托特）、聖杯騎士、聖杯皇后、聖杯國王、侍者、公主（托特）、騎士、皇后、錢幣國王。

關於愛的牌陣

六張牌的牌陣：愛情的牌數和愛神維納斯（Venus）的行星，特別是與愛情、婚姻及承諾有關。不過，你可以任意運用牌卡的數量，包含兩張牌（簡單的選項）、九張牌（全面的關係回顧）。

87
我上輩子有遇到靈魂伴侶嗎？

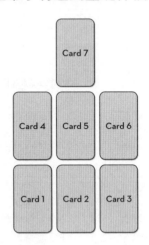

用途或背景知識

當你有交往的對象，或遇到了讓你心動的對象。

第一張牌：他是我的靈魂伴侶嗎？**第二張牌**：我們上輩子是在什麼時候相遇？怎麼認識的？**第三張牌**：我們上輩子有什麼共同點，使我們在這輩子變得更親密？**第四張牌**：這輩子有什麼事或人使我們分開？**第五張牌**：我們上輩子有未完成的事嗎？**第六張牌**：我們的因果報應是什麼？**第七張牌**：我們這輩子會白頭偕老嗎？

準備的物品

四十張小牌和十六張宮廷牌。

時機

星期五（愛情日）。

88
我終於遇到另一半了嗎？

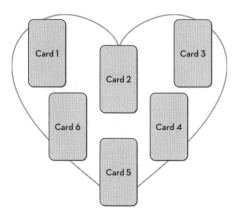

用途或背景知識

當你很確定自己深愛著對方。

第一張牌：你覺得彼此已經認識很久了嗎？

第二張牌：初次見面時，你們是否很快互相欣賞，或熱絡起來？ **第三張牌**：他跟你的家人或朋友合得來嗎？他也和你有共同的興趣嗎？ **第四張牌**：這段關係的進展很快，但你們相處起來很自然嗎？ **第五張牌**：現在，你找到了人生中的缺失部分了嗎？ **第六張牌**：你經常有似曾相識的感覺和心電感應嗎？

準備的物品

整副牌。

時機

當週的同一天和同樣的時間（你們當初認識時或再度聯絡時）。

89
多年後，你與舊愛重逢、重新聯繫

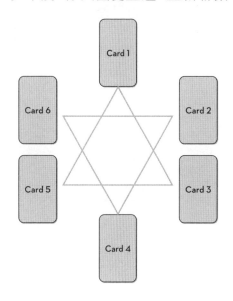

用途或背景知識

好幾年過去了，但你們相處起來似乎沒分開過。

第一張牌：你有一種「彼此沒分手過」的感覺嗎？ **第二張牌**：你們的生活有相似之處嗎？ **第三張牌**：你們可以輕易地在一起嗎？還是有需要克服的難題？ **第四張牌**：你們能夠見面嗎？或者，該怎麼聚在一起？ **第五張牌**：你們有可能共度長遠的未來嗎？怎麼實現？ **第六張牌**：你們已經重新聯繫上了，那麼以後不管發生什麼事，你們還會持續保持聯絡嗎？

準備的物品

整副牌。

時機

滿月的時候，或星期一。

90
靈魂伴侶的牌陣：其中一方或雙方已投入感情

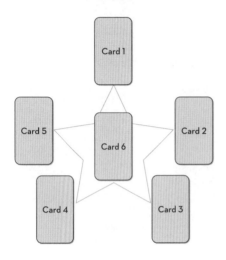

用途或背景知識

當你遇到很特別的新對象，或再度與舊愛聯繫。

請排成五芒星的陣形，但中間多了第六張牌。

第一張牌：我是否遇到、重新聯繫上了靈魂伴侶？**第二張牌**：他對我的感覺也一樣嗎？別人察覺得到嗎？**第三張牌**：我們各自在目前的戀愛關係中，都不快樂嗎？**第四張牌**：為了在一起，我（們）願意做出犧牲，或者與目前的交往對象分手嗎？**第五張牌**：我們現在擁有的一切，足夠讓我們容易在一起，還是我們必須分開？**第六張牌**：我們在一起後，有可能幸福到老嗎？

準備的物品

整副牌。

時機

當週或當月的最後一天。

91
我們會恩愛到老嗎？

用途或背景知識

當你們在考慮結婚或同居。

第一排：同甘共苦

第一張牌：擺脫以前的消極生活經歷。**第二張牌**：是什麼讓你們團結在一起？**第三張牌**：你們都準備好進入下一個階段嗎？

第二排：外界的影響

第四張牌：誰會支持你們未來在一起？**第五張牌**：誰會反對這段關係？**第六張牌**：外部的因素造成壓力，或對你們有利。

第三排：行動與結果

第七張牌：關於未來的計畫和時間表。**第八張牌**：短期的結果。**第九張牌**：長期的結果。

準備的物品

整副牌。

時機

滿月的時候，或星期一晚上。

92
我應該約他出去嗎？

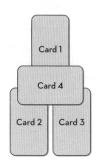

用途或背景知識

你很喜歡某個人，卻擔心他對你沒意思。

第一張牌：他喜歡我的程度，足以答應我的邀約嗎？**第二張牌**：是什麼原因讓我質疑他會不會同意？**第三張牌**：我們需要更多的時間來互相了解嗎？還是，現在就是適當的時機？**第四張牌**：我在尋找一段長期的戀情，還是玩玩而已？

準備的物品

四十張小牌（一號牌到十號牌），以及十六張宮廷牌。

時機

在你準備約他出去的前一天晚上。

93
你應該回到前任身邊，還是繼續與新歡過著目前的生活？

用途或背景知識

當你與新歡共同展開新的生活，你過去視為一生摯愛的前任卻要求復合。

請使用兩張牌的牌陣來釐清情感上的混亂。將左邊的第一張牌當成「與前任復合」，並將右邊的第二張牌當成「維持目前的戀情」。如果兩張牌的答案都不太貼切，請在右邊加上第三張牌，做為「等待合適的對象」。

準備的物品

二十二張大牌和十六張宮廷牌。

時機

日落時分。

94
我的伴侶什麼時候才會做出承諾？

用途或背景知識

你們交往一段時間後，你準備好進入下一個階段。

第一張牌：你有再等一段時間的心理準備嗎？還是，你已經等得不耐煩了？**第二張牌**：是什麼原因阻礙他做出承諾？**第三張牌**：你能夠或該怎麼克服這種阻力？

準備的物品

二十二張大牌。

時機

滿月的時候。

95
當你發現自己愛上了最好的朋友

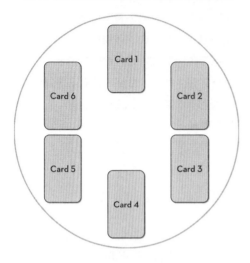

用途或背景知識

當一段長期的友誼突然變得不單純了。

請以順時針的方向發六張牌，從最上方的第一張牌開始，以固定的間距圍成一圈。

第一張牌：你的朋友有表現出想進一步交往的跡象嗎？**第二張牌**：你歡迎或鼓勵這種加深的情感嗎？**第三張牌**：你們能花更多時間，一起探索或培養這種意識嗎？**第四張牌**：你們都準備好要發展性愛關係了嗎？還是，你們應該放慢步調？**第五張牌**：你能夠或該怎麼在不破壞友誼的情況下，將這段關係提升到另一個層次？**第六張牌**：理想的結果是什麼？

準備的物品

四十張小牌（一號牌到十號牌），以及十六張宮廷牌。

時機

某週或某個月的第一天。

96
我們應該同居嗎？

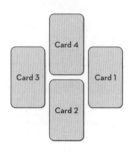

用途或背景知識

當你想確認現在是不是合適的同居時機。

第一張牌：現在是合適的時機嗎？還是我們應該再等一段時間？**第二張牌**：住在一起有什麼好處？**第三張牌**：潛在的缺點是什麼？**第四張牌**：這是我們共度餘生的下一步嗎？

準備的物品

二十二張大牌和十六張宮廷牌。

時機

星期日（新的開端）。

97
你或伴侶發現，自己難以
表達感受或信任感

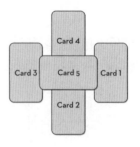

用途或背景知識

當你希望兩人之間有更開放的溝通方式或信任感。

58

第一張牌：你們之間的關係夠牢固嗎？還是有潛在的信任問題？**第二張牌**：有沒有尚未解決的童年問題或過去的陰影，使你或伴侶很難坦白地表達愛意？**第三張牌**：有沒有其他可以表達愛意的方式？**第四張牌**：如果情況沒有改善，你能接受嗎？**第五張牌**：你能採取哪些開放式交流的策略？

準備的物品

四十張小牌（一號牌到十號牌），以及十六張宮廷牌。

時機

星期三（有效的溝通日）。

98
適合你們的蜜月

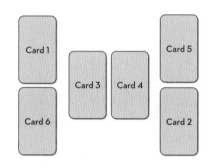

用途或背景知識

第一張牌：我們想現在就度蜜月，還是先存錢，以後再度蜜月？**第二張牌**：希望蜜月旅行是簡樸的國內旅行，或是充滿異國情調的國外旅行？**第三張牌**：如果希望蜜月是選擇到國外，行程應該包含婚禮嗎？**第四張牌**：想度過什麼樣的蜜月時光：冒險風？還是浪漫風？**第五張牌**：想在婚禮結束後，馬上去度蜜月，還是過一陣子再説？**第六張牌**：你們能夠或該怎麼互相妥協，讓雙方都開心？

準備的物品

整副牌。

時機

某週或某個月的第一天。

99
我們很快就會訂婚嗎？

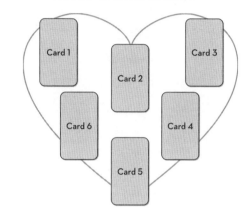

用途或背景知識

當你準備好昭告天下：「我們是一對的！」

第一張牌：我應該等他求婚，還是我主動求婚？**第二張牌**：我想戴上戒指？兩個人都想戴上戒指？我們想讓親朋好友知道訂婚的消息嗎？**第三張牌**：我們想舉辦盛大的慶祝活動，還是比較低調的儀式？**第四張牌**：我們想確定結婚日期了嗎？還是先暫時不討論？**第五張牌**：訂婚能改善或使我們的關係穩定下來嗎？**第六張牌**：我們該怎麼避免或應付突如其來的壓力？

準備的物品

整副牌。

時機

情人節、新年，或者戀情中的任何重要紀念日。

100
當你想擁有低調的婚禮，但你的家人卻幫你規劃高調的婚禮？

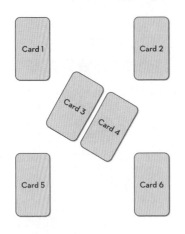

用途或背景知識
當婚禮的安排失控了。

第一張牌：是什麼事或誰促成了不必要的升級？**第二張牌**：背後的因素是什麼？**第三張牌**：有折衷方案嗎？**第四張牌**：你希望自己的婚禮在哪裡舉行？以及舉行的方式？**第五張牌**：你想邀請哪些人出席？**第六張牌**：掌控婚禮安排的策略。

準備的物品
二十二張大牌及四十張小牌（一號牌到十號牌）。

時機
在你不能挽回婚宴場地的預訂之前。

例子
第一張牌是皇后。芙蘿拉（Flora）的母親為了幫她辦一場盛大的白色婚禮，已經存錢好幾年了。**第二張牌**是錢幣五。當初，芙蘿拉的母親匆忙地舉行小型的婚禮，只因為她懷孕了。**第三張牌**是節制。芙蘿拉的計畫是先低調舉行精緻的婚禮，然後去度蜜月。他們回家後，再辦大型的派對。**第四張牌**是寶劍六，圖上有一艘船在水上行駛。芙蘿拉和未婚夫希望在別的國家舉行低調的海灘婚禮。**第五張牌**是錢幣十，描繪出直系親屬的幾代人在一起的幸福感。**第六張牌**是聖杯二。芙蘿拉將穿上飄逸的白色禮服，要讓母親歡喜。這樣一來，她們都能實現自己的心願。

101
我們已經訂婚了，為什麼他不決定確切的結婚日期？

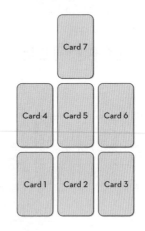

用途或背景知識
時間就這樣匆匆地過了。

第一張牌：這是這段關係的癥結嗎？**第二張牌**：我的伴侶不願意確定結婚日期的真正原因是什麼？**第三張牌**：是經濟因素，還是對婚禮的擔憂引起了問題？**第四張牌**：我的伴侶有過去還沒解決的承諾問題嗎？**第五張牌**：結婚對這段關係有更好還是更壞的影響？**第六張牌**：我們是天生一對嗎？**第七張牌**：我能接受這段關係的現狀嗎？

102
暗戀的牌陣

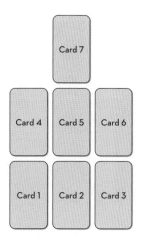

用途或背景知識

當你的心裡只裝得下他一個人。

第一張牌：我不惜任何代價也要跟他相愛？**第二張牌**：我準備好堅持到底了嗎？**第三張牌**：他也會愛上我嗎？**第四張牌**：這段愛情的主要障礙是什麼？**第五張牌**：目前或以前的戀情導致他猶豫不決嗎？**第六張牌**：我應該現在採取行動，還是按兵不動？**第七張牌**：我的等待應該要有期限嗎？**第八張牌**：有其他新歡介入我的生活嗎？

準備的物品

四十張小牌（一號牌到十號牌），以及十六張宮廷牌。

時機

日落時分。

103
這是初戀，還是背叛後的新戀情？

用途或背景知識

當你害怕戀情出錯。

第一張牌：你欣賞新歡的哪些特質？**第二張牌**：在這段戀情中，什麼事讓你感到最開心？**第三張牌**：你的新歡說他最喜歡你的哪一點？**第四張牌**：你在擔心什麼？**第五張牌**：你們有什麼共同的夢想或興趣嗎？**第六張牌**：你希望這段關係在未來幾個月怎麼發展？**第七張牌**：從理想的角度來看，你如何看待這段關係在十二個月後的情形？

準備的物品

四十張小牌（一號牌到十號牌），以及十六張宮廷牌。

時機

娥眉月（新月前後的月相）或盈月（滿月之前）期間。

104
我應該嘗試網路交友嗎？

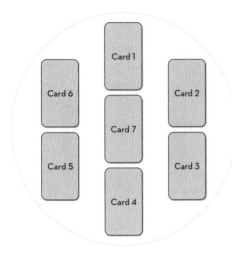

用途或背景知識

基於地點或環境的因素，你很難找到合適的交往對象。

第一張牌：網路交友能幫助你在生活中培養愛情嗎？**第二張牌**：比起面對面、聯誼機構或其他活動，在網路上建立一段關係能讓你更開心嗎？**第三張牌**：你想把網路交友發展成講電話（視訊），或面對面交流的關係嗎？**第四張牌**：你比較喜歡透過正式的網路交友機構去認識朋友，還是參與社群媒體？**第五張牌**：網路交友最讓你害怕的事是什麼？**第六張牌**：你怎麼判斷別人的簡介是否真實？**第七張牌**：你會在網路上遇到另一半嗎？

準備的物品

整副牌。

時機

星期三（適合溝通的聯繫日）。

105
你還沒親眼見過網路上的心儀對象

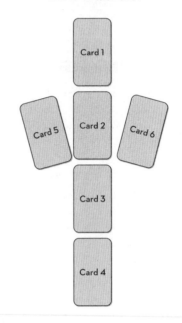

用途或背景知識

你打算和對方見面，卻從來沒有實踐過。

第一張牌：你是否很享受定期打電話和傳訊息，而且對方從不要求你任何事？**第二張牌**：你們之所以在網路上約會，是因為有交通或距離的問題嗎？**第三張牌**：你對這個人有任何疑慮嗎？你相信他透露的個資是真的嗎？**第四張牌**：你們能安排在雙方居住地的中間點見面嗎？**第五張牌**：在你們私下見面之前，你可以接受等多久？**第六張牌**：如果你們無法見面，你會結束這段關係嗎？

準備的物品

整副牌。

時機

你們在網路上聯繫之前。

106
你或你們雙方有孩子了，該結婚還是同居？

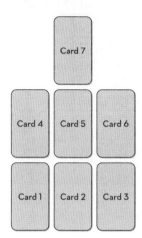

用途或背景知識

當你想讓這段關係順利發展。

第一張牌：即使有困難，什麼原因能讓你們團結起來？**第二張牌**：什麼事或誰，會在新的家庭中引起爭執？**第三張牌**：你們需要解決哪些財務問題，或承受多少子女負擔？**第四張牌**：你們需要和過去的哪些事達成和解？**第五張牌**：你該怎麼將大家的心綁在一起？**第六張牌**：你們需要實際的改變，或共同安排新的生活步調嗎？**第七張牌**：五年後，你們的理想關係狀態會是什麼樣子？

準備的物品

二十二張大牌和十六張宮廷牌。

時機

出現危機的時刻。

107
當你愛上一個沒有人贊成的對象

用途或背景知識

只有你知道對方是唯一適合你的愛人。

第一張牌：針對這段愛，主要的反對意見是什麼？**第二張牌**：你有需要澄清的疑慮嗎？**第三張牌**：愛與善意能克服這些反對意見嗎？還是這些想法已經在社會、宗教或文化差異中根深蒂固？**第四張牌**：誰能幫助你調解或消除鴻溝？**第五張牌**：時間的流逝和放慢步調有幫助嗎？**第六張牌**：無論有沒有人支持，你們能採取什麼方式在一起？**第七張牌**：你們有足夠的資源，並渴望一起遠走高飛嗎？**第八張牌**：你們準備好離開朋友、家人或這個區域嗎？**第九張牌**：這段關係會長存嗎？

準備的物品

整副牌。

時機

下弦月期間。

第十二章

克服愛情難題、和解，以及結束有害關係的牌陣

此牌陣的幸運牌

大牌：力量、節制、戰車、大祭司、教皇、女祭司、太陽、月亮。

小牌：權杖王牌、權杖五、權杖十、聖杯王牌、聖杯二、聖杯六、聖杯十、錢幣王牌、錢幣三、錢幣十、寶劍六。

宮廷牌：侍者、公主（托特）、錢幣皇后、錢幣國王、權杖皇后、權杖國王。

關於愛情難題的牌陣

六張牌的牌陣特別適合揭露在愛情中的和解事項，五張牌的牌陣則適合用在和忠誠度相關的疑問。至於九張牌的牌陣，很適合正義、癥結及結束局勢的問題。你也可以用四張牌的牌陣回應有關安全和穩定性的問題，並用七張牌的牌陣回應不明確的選項和情況；三張牌的牌陣則能指出明確的重點。

108
愛情中的爭吵

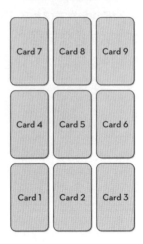

用途或背景知識

兩人都不願意讓步的時候。

第三排：第一張牌：意見不合的外在因素是什麼？**第二張牌**：你的潛在問題是什麼？**第三張牌**：伴侶的潛在問題是什麼？

第二排：第四張牌：有折衷方案嗎？有的話，該怎麼做？**第五張牌**：你有哪些不能或不願意放棄的原則？**第六張牌**：你的伴侶在哪些方面不能或不願意讓步？

第一排：第七張牌：即使沒有解決辦法，你依然希望繼續維持這段關係嗎？**第八張牌**：有其他人「火上加油」嗎？**第九張牌**：最好的結果是什麼？

準備的物品

整副牌。

時機

星期五（和平日）。

109
不成熟的伴侶

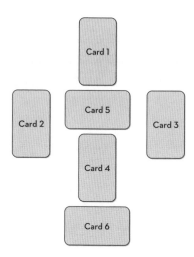

用途或背景知識

伴侶的幼稚行為影響到了你們的關係。

第一張牌：他的行為對戀情造成了什麼負面
影響？**第二張牌**：如果你給他時間，他願意
改變嗎？**第三張牌**：要怎麼樣才能讓他改
變？**第四張牌**：如果他的心智不成熟，我應
該繼續和他交往嗎？**第五張牌**：我能做什麼
事，讓情況好轉？**第六張牌**：他需要避開生
活中有負面影響的哪些人或事？

準備的物品

四十張小牌（一號牌到十號牌），以及十六
張宮廷牌。

時機

殘月期間。

110
控制慾很強的伴侶

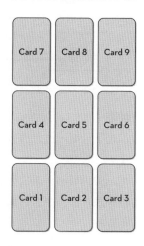

用途或背景知識

伴侶不斷削弱你的信心。

第一張牌：伴侶出現消極行為的潛在原因是
什麼？**第二張牌**：是什麼原因讓你願意承
受？**第三張牌**：你的伴侶有其他不錯的特質
嗎？**第四張牌**：你能夠或應該承受（忽視）
他的行為嗎？他的行為漸漸讓你失去自信
嗎？**第五張牌**：你能夠或該怎麼改變互動的
模式？**第六張牌**：你應該一走了之嗎？**第
七張牌**：外界的干預會讓這個問題變得更糟
嗎？**第八張牌**：你能改變自己的反應，更妥
善地處理這個問題嗎？**第九張牌**：理想的結
果。

準備的物品

整副牌。

時機

星期六（劃清界線的日子）。

111
多管閒事的親戚或朋友

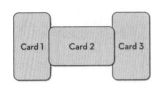

用途或背景知識

親戚或朋友引起了麻煩，但你的伴侶不明白或不相信事實。

第一張牌：干涉者的動機。**第二張牌**：他們採取什麼策略來愚弄你的伴侶？**第三張牌**：如何處理這個問題。

發牌後，在解牌之前，一次將所有牌翻面。

準備的物品

二十二張大牌和十六張宮廷牌。

時機

你預計他們準備採取下一步的時候。

112
情敵

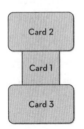

用途或背景知識

有人處心積慮設法勾引你的伴侶。

第一張牌：你的伴侶。**第二張牌**：情敵。**第三張牌**：你們的戀情，以及你該怎麼克服情敵的競爭。

準備的物品

二十二張大牌和十六張宮廷牌。

時機

當你知道他們即將聯繫。

例子

里奧（Leo）的女朋友蘇菲（Sophie）經常為了工作而出差。最近，年輕的男同事葛列格（Greg）剛加入蘇菲的活動策劃團隊。她的戒備心變得很強，不願意再與男朋友里奧聊工作的事。她也經常在晚上外出時，把手機關掉。

第一張牌不是與聖杯或愛情有關的牌（如果有外遇，這是意料之中的牌），而是權杖公主（托特），表明與工作有關。**第二張牌**是魔術師，象徵著情敵是有影響力的商人。里奧覺得葛列格有騙子的特質，對蘇菲沒有愛意。不過，葛列格確實有跟蘇菲調情。**第三張牌**是很重要的感情牌：聖杯二，代表里奧和蘇菲是靈魂伴侶。難怪里奧那麼支持她。就在某個週末，蘇菲流著淚回家，因為葛列格偷走了她最重要的合約。她表示，葛列格之前表現得風度翩翩，讓她受寵若驚，但其他人提醒過她說，葛列格是個無情的人。

有時，這些牌能揭露或暗示與外在跡象十分不同的問題。

113
你禁不住出軌的誘惑

用途或背景知識

當一段長久的關係陷入低潮或停滯期。

第一張牌：這段關係缺少了什麼，讓你想出軌？第二張牌：伴侶的行為或冷漠態度是主要原因嗎？第三張牌：你能在情感不受傷害的情況下出軌嗎？第四張牌：你能在不被別人發現的情況下出軌嗎？第五張牌：你是否厭倦了原本的生活，想要改變？

準備的物品

四十張小牌（一號牌到十號牌），以及十六張宮廷牌。

時機

殘月期間。

114
我還能挽回這段關係嗎？

用途或背景知識

關係出了問題，但你捨不得放手。

第一張牌：你們的關係中還存有愛與善意嗎？**第二張牌**：你能夠在哪方面讓步？**第三張牌**：你不能在哪方面讓步？**第四張牌**：諮詢或調解有幫助嗎？**第五張牌**：彼此暫時分開有幫助？**第六張牌**：換個環境或生活方式能改善這種情況嗎？

準備的物品

四十張小牌（一號牌到十號牌），以及十六張宮廷牌。

時機

星期五（充滿善意和希望的日子）。

115
你的伴侶經常跟別人調情

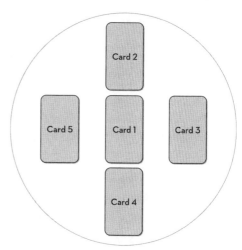

用途或背景知識

當你擔心伴侶可能有不忠的行為。

第一張牌：你不在伴侶的身邊時，你應該信任他嗎？**第二張牌**：是你的伴侶主動引起別人注意，還是別人跟他調情時，他才有回應？**第三張牌**：你的伴侶是否有戒心，或指責你有嫉妒心，讓你懷疑自己？**第四張牌**：你是否擔心或懷疑他有外遇？**第五張牌**：如果他不改變行為，你能接受嗎？

準備的物品

整副牌。

時機

在你們因為調情的事又發生爭吵後。

116
你應該退出這段戀情嗎？

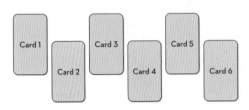

用途或背景知識

當這段關係有破壞性，或毫無進展的時候。

第一張牌：即使你不願意，你也應該離開這段關係嗎？**第二張牌**：你需要幫助或支持，讓你有勇氣轉身離開嗎？**第三張牌**：你離開後，有什麼益處？**第四張牌**：你離開後，有什麼損失？**第五張牌**：你是為了什麼而離去？**第六張牌**：什麼事或誰能阻止你搖擺不定或退縮？

準備的物品

四十張小牌（一號牌到十號牌），以及十六張宮廷牌。

時機

某一週或某個月的最後一天。

117
彼此疏遠或分開後的下一步

用途或背景知識

即使你認為這段關係已經結束，但還是無法忘記對方。

第一張牌：有復合的希望嗎？**第二張牌**：如果還有希望，或者你想嘗試保持交流，能奏效嗎？**第三張牌**：你們分開後，有什麼收穫？**第四張牌**：你最懊悔失去了什麼？**第五張牌**：讓你繼續向前的行動計畫。

準備的物品

四十張小牌及十六張宮廷牌。

時機

某一週或某個月的最後一天。

118
朋友說你的伴侶劈腿了

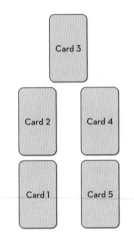

用途或背景知識

你不知道該相信什麼的時候。

第一張牌：你的朋友有（試圖）害你們分手的理由嗎？**第二張牌**：有沒有任何證據，或你和伴侶有過去的問題，能證明你的懷疑是對的？**第三張牌**：你該不該在幕後調查？**第四張牌**：如果你和伴侶當面對質，你能信任他沒有撒謊嗎？**第五張牌**：不管發生什麼事，你都會和伴侶長相廝守嗎？

準備的物品

四十張小牌（一號牌到十號牌），以及十六張宮廷牌。

時機

星期四（真相大白之日）。

119

伴侶離開前沒有解釋，
也不接你的電話

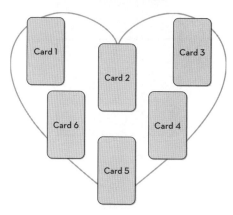

用途或背景知識

你不知道該等待還是放棄的時候。

第一張牌：你的伴侶是否因為工作、家庭或前任的問題而鬱鬱寡歡，或有壓力？**第二張牌**：通常，你的伴侶看起來滿腹心事，還是這不像他平常的狀態？**第三張牌**：你們有沒有尚未解決的問題？**第四張牌**：你信任自己的伴侶嗎？**第五張牌**：有沒有辦法透過其他的聯繫方式來解決問題？**第六張牌**：無論如何，你希望他回到你身邊嗎？

準備的物品

整副牌。

時機

你起床後。

120

你的伴侶很浪漫，有很多不切
實際的計畫，也喜歡自由自在

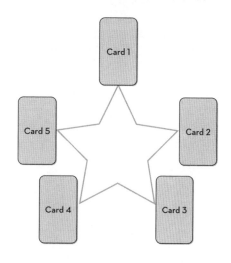

用途或背景知識

當你的伴侶想要兩全其美。

第一張牌：你的伴侶是不是稚氣未脫的夢想家？**第二張牌**：伴侶的酒肉朋友占據了他大部分的生活嗎？**第三張牌**：你們沒有在一起的時候，你能放心嗎？**第四張牌**：你能夠或該怎麼把這段關係導回確實、可行的未來計畫？**第五張牌**：如果你的伴侶無法或不願意改變，你現在或將來能夠接受嗎？

準備的物品

二十二張大牌和十六張宮廷牌。

時機

屬於你們的重要紀念日。

121
前任或繼子女引起麻煩後，你該怎麼維繫彼此團結的關係

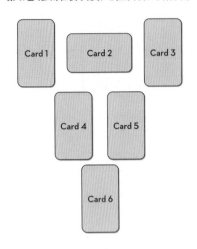

用途或背景知識

當你們爭吵的唯一導火線是彼此的孩子或前任。

第一張牌：什麼人或事是引起爭吵的主要原因？**第二張牌**：你能夠或該怎麼避免讓孩子變成前任的棋子，或財務槓桿？**第三張牌**：你能想出什麼策略來避開或處理導火線？**第四張牌**：你需要調解，或讓官方干涉的方式來解決不公平的監護、探視或財務問題嗎？**第五張牌**：你能做什麼事，與新的家庭成員共度幸福的時光？**第六張牌**：當情勢或其他人試圖拆散你們時，讓你們團結起來的主要因素是什麼？

準備的物品

整副牌。

時機

盈月（滿月之前）期間或星期一

122
你們的感情發展得太快

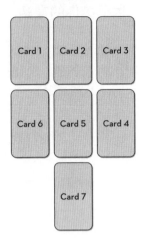

用途或背景知識

在你還沒準備好之前，你覺得被迫倉促地投入一段長期的關係。

第一張牌：你的伴侶是否天生缺乏耐心？**第二張牌**：你平時就是個謹慎的人，還是伴侶的壓力讓你感到焦慮？**第三張牌**：如果你的伴侶放慢感情的進展速度，他會沒有安全感或擔心失去你嗎？**第四張牌**：如果伴侶的朋友們都有穩定交往的對象或組成了家庭，他會覺得有壓力嗎？**第五張牌**：你希望以較慢的步調和他交往嗎？**第六張牌**：哪些策略能讓你們的進展慢下來？**第七張牌**：如果他不肯放慢速度，你會離開他嗎？

準備的物品

整副牌。

時機

殘月期間。

123
伴侶對你不忠

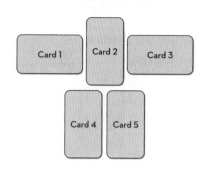

用途或背景知識

你該怎麼辦？

第一張牌：這種不忠的行為是否與伴侶的中年危機，或是人生轉折點有關，而且不像他平常的作為？**第二張牌**：有人刻意、主動勾引他嗎？還是他一股腦地做了傻事？**第三張牌**：他是一時興起，還是認真對待？**第四張牌**：你準備迎戰，還是等他對第三者的熱情熄滅？**第五張牌**：以前發生過這種情況嗎？你是否已經不信任他，準備不顧一切地離開他？

準備的物品

二十二張大牌和十六張宮廷牌。

時機

星期三（拆穿謊言的日子）。

124
是迷戀，還是真愛？

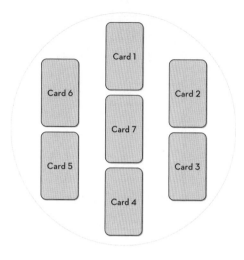

用途或背景知識

你不顧後果，也要與對方在一起。

第一張牌：這種愛的感覺，是否充斥在你清醒的每一刻？**第二張牌**：對方回應了你的感情嗎？**第三張牌**：你的生活或目前的人際關係，是否缺少了什麼？**第四張牌**：你或對方能自由戀愛嗎？**第五張牌**：你準備好放棄一切或不惜代價，也要與對方相愛嗎？**第六張牌**：如果你們無法相愛，你是否想要或需要在生活中做出重大的改變？**第七張牌**：你能夠慢慢花時間培養感情，或放下嗎？

準備的物品

整副牌。

時機

約上午十點左右（思路清晰的時候）。

125
嫉妒的問題

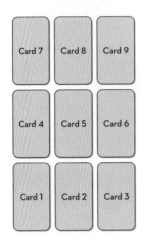

用途或背景知識

伴侶經常懷疑你或調查你的行蹤。

第一張牌：伴侶的過去或童年經歷是否出現過背叛的問題？**第二張牌**：這個問題是否影響到了你的社交、職業生涯或自由？**第三張牌**：當你把注意力放在不構成威脅的家人或朋友身上時，你的伴侶會吃醋嗎？**第四張牌**：你能說服伴侶接受心理輔導嗎？**第五張牌**：有沒有使嫉妒情緒惡化的誘因？**第六張牌**：如果你有耐心和信心，問題就會減少嗎？**第七張牌**：如果這種情況持續下去，你會選擇接受還是離開？**第八張牌**：你害怕什麼樣的結果？**第九張牌**：最好的結果是什麼？

準備的物品

四十張小牌（一號牌到十號牌），以及十六張宮廷牌。

時機

殘月期間（下弦月之後）。

126
你們對生孩子這件事有著不同的意見

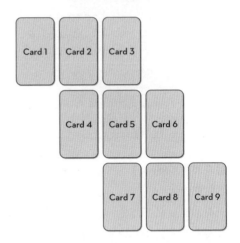

用途或背景知識

當這件事演變成問題的時候。

第一張牌：這種情形是在預料之中，還是出乎意料？**第二張牌**：是否有潛在的問題導致了不情願的反應？**第三張牌**：理由有關財務，還是有關對自由或旅行的渴望？**第四張牌**：不生孩子有什麼好處？**第五張牌**：沒有子女有什麼損失？**第六張牌**：不想有孩子的那一方會改變主意嗎？**第七張牌**：你們的戀情比組成家庭更重要嗎？**第八張牌**：現在不是組成家庭的好時機嗎？**第九張牌**：想要孩子的那一方會改找別的對象，或獨自撫養孩子嗎？

準備的物品

整副牌。

時機

新的月份或新年的開端。

127

你被甩了後，如何修補受傷的心？

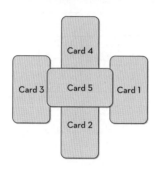

用途或背景知識

當你發現很難忘掉過去的戀情。

第一張牌：你還能夠或想要復合嗎？**第二張牌**：你知道是什麼事或誰導致了分手嗎？**第三張牌**：在未來幾週，什麼樣的應對策略會有幫助？**第四張牌**：誰能協助你度過難關？**第五張牌**：如果你無法挽回前任的心，什麼樣的新歡能進入你的生活，修補你破碎的心？

準備的物品

四十張小牌（一號牌到十號牌），以及十六張宮廷牌。

時機

星期日（新的開端）。

128

你想環遊世界，但你的伴侶想買房子

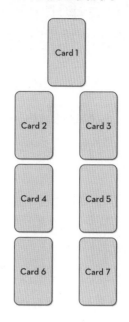

用途或背景知識

當你們的意見不合。

第一張牌：問題背後的原因是什麼？**第二張牌**：沒有經濟負擔的旅行有什麼優勢？**第三張牌**：旅行對感情升溫的實際好處。**第四張牌**：等著買房子的負面結果。**第五張牌**：現在買房子的實際好處。**第六張牌**：延遲旅行對感情升溫的好處。**第七張牌**：延後或修改旅程的負面結果。

準備的物品

整副牌。

時機

星期一。

第十三章

事業興旺和
獲利的牌陣

此牌陣的幸運牌

大牌：魔術師、正義、命運之輪、太陽、星星。

小牌：錢幣王牌、錢幣三、錢幣七、錢幣八、錢幣九、錢幣十。

宮廷牌：錢幣皇后、錢幣國王。

關於事業興旺和獲利的牌陣

根據問題的複雜度及不同因素，獲利的牌陣在牌數方面也不同：跨越了基本的三張牌牌陣、比較簡單的四張牌牌陣（有關安全或財產）、涉及投機的五張牌牌陣、憑直覺而非邏輯的七張牌牌陣、回應複雜問題的八張牌與九張牌牌陣，以及讓你可以每個月思考未來一年財務狀況的十二張牌牌陣。

129
快速賺錢，事不宜遲

用途或背景知識

為未來做出明智的決定。

第一張牌：誰願意或能夠幫助你？附加條件是什麼？**第二張牌：**你能釋出哪些現有的資產或資源？**第三張牌：**哪些才能或技能可以快速增加更多的收入？**第四張牌：**什麼事會暫時阻止或扭轉資金外流？**第五張牌：**有哪些官方或非官方的借貸管道？**第六張牌：**有人欠你錢或人情嗎？**第七張牌：**潛在的障礙。**第八張牌：**未知的援助計畫或拯救者。

準備的物品

整副牌。

時機

星期三（靈活調度財務的日子）。

130
你應徵到海外的工作，
能享有免稅的高薪

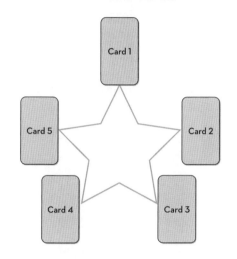

用途或背景知識

當你在生活的財務方面已做好了準備，卻有其他因素干擾你。

第一張牌：如果你短期做這份工作，有哪些好處比其他考量因素更重要？**第二張牌**：如果你長期做這份工作，有哪些優勢？**第三張牌**：可能會出現什麼樣的情感或生活方式的改變？你能克服這些問題嗎？**第四張牌**：潛在的缺點是什麼？**第五張牌**：考慮這四張牌後，然後得出「接受」或「不接受」這份工作的結論。

準備的物品

二十二張大牌。

時機

你醒來後的早晨。

131
將投機或賭博的財務
風險降到最低

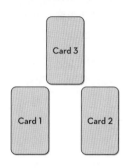

用途或背景知識

先把已知且確定的事當作基礎，接著以最低的風險探討未知。

第一張牌：指出你進入未知的財務領域時，已具備的技能和直覺能力。**第二張牌**：顯示你在資源、有效制度或內幕方面，已具備的優勢。

第三張牌：讓你了解自己應該（能夠）前進的方向和具備的特質。

準備的物品

二十二張大牌。

時機

星期三（適合投機的日子）。

132
你結婚或與伴侶同居
後，將共享經濟資源

用途或背景知識

當你的伴侶希望共同擁有財產。

第一張牌：這是從一開始就需要解決的核心問題嗎？**第二張牌**：你們共享財產後，你必須犧牲獨立運用資金的好處嗎？**第三張牌**：你們應該在各自的獨立帳戶之外，加上一個共同使用的支出帳戶嗎？**第四張牌**：我和伴侶對理財的看法不同嗎？**第五張牌**：不管怎樣，你都想共用財產嗎？**第六張牌**：你們有沒有關於錢的潛在情感問題？**第七張牌**：你們應該達成正式或非正式的協議文件嗎？**第八張牌**：最有效的解決方案是什麼？

準備的物品

四十張小牌（一號牌到十號牌）。

時機

星期六。

133
離發薪日還有四週

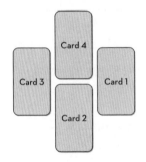

用途或背景知識

當你需要理財，以便順利度過一個月。

第一張牌：未來一個月，有哪些你預期且無法避免的定期開銷？**第二張牌**：這個月會有哪些你預期的收入來源？夠你花嗎？**第三張牌**：什麼事或人的相關活動可以延遲到下個月？**第四張牌**：什麼事對你的財務有利？

準備的物品

四十張小牌（一號牌到十號牌）。

時機

如果你遇到理財上的困難，請挑發薪日的前幾天。

134
你能靠自己的才華賺大錢嗎？

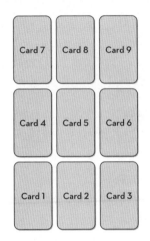

用途或背景知識

當你對於選擇一條未知的路也有所顧慮時。

第三排：第一張牌到第三張牌，代表你目前的定位。

第一張牌：有人説你應該走專業路線嗎？**第二張牌**：你需要哪些額外的資源或培訓課程？**第三張牌**：這是利潤豐厚的市場，還是人才供過於求的市場？

第二排：第四張牌到第六張牌，代表機會與挑戰。

第四張牌：你有什麼與眾不同的特點？**第五張牌**：你應該大舉投資宣傳活動，還是從小處著手？**第六張牌**：你應該承擔財務風險嗎？

第一排：第七張牌到第九張牌，代表行動與結

果。**第七張牌**：你應該持續工作，直到闖出一片天嗎？**第八張牌**：你應該為自己的夢想全力以赴嗎？**第九張牌**：有什麼意想不到的好運在等著你？

準備的物品

整副牌。

時機

星期日（提升你形象的日子）。

135
提前十二個月進行財務評估

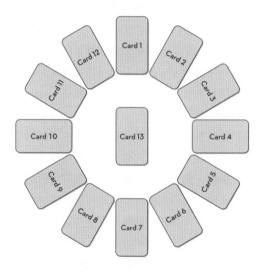

用途或背景知識

當你需要預測未來一年的財務狀況。

請在當年的任何時候開始評估，並從當月開始以順時針的方向，將牌卡排成一圈。先翻牌和解牌，再翻開下一張牌。每張牌都代表一個月份；請記錄每張牌在特定月份暗示的理財契機或挑戰。

最後，請選擇一張牌來總結未來十二個月的情況，並將這張牌放在圓圈的中央。如果你願意，可以為每個月抽兩張牌。

準備的物品

一或兩副牌組。

時機

當月之內；如果當月快結束了，就從下一個月開始。

136
未來的公婆或家人願意幫你買下隔壁的房子，讓你成為有房階級

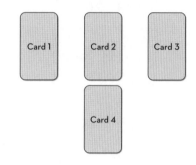

用途或背景知識

這是你擁有房產的唯一辦法，但你覺得私人生活以後會受到干擾。

第一張牌：經濟利益是否比其他考量因素更重要？**第二張牌**：你接受了房產後，很難避開長久的義務關係？**第三張牌**：在接受這份大禮的同時，你和配偶之間的關係有沒有潛在問題？**第四張牌**：你還有其他的住宅選項嗎？

準備的物品

四十張小牌（一號牌到十號牌）及宮廷牌。

時機

星期一（月亮日，情感的吸引力很強）。

137
你應該買不動產,還是投資股票?

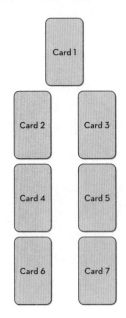

用途或背景知識

你正在考慮要不要投資不動產,或在股票市場冒險。

請使用七張牌的選項牌陣。

第一張牌:你應該買不動產,還是投資?你應該存錢,還是做一些不同以往的事?

順序是解讀選項一(不動產)後,翻開第二張牌、第四張牌及第六張牌,再解讀選項二(投資),接著翻開第三張牌、第五張牌及第七張牌。

請先發牌並解讀第一張牌;接著解讀選項一和選項二。

第二張牌和第三張牌:指定選項的主要優點。

第四張牌和第五張牌:指定選項的主要缺點。

第六張牌和第七張牌:各個選項的結果。

準備的物品

一整副七十八張牌。

時機

星期三(投機日)。

例子

保羅的母親留給他一大筆遺產。這幾年來,他一直在研究股票市場,並進行小規模的投資。現在,他有機會進行大筆的投資。如果他成功,就可以提早退休,並在他熱愛的貨幣市場創業。不過,比較謹慎的伴侶認為他應該買兩棟公寓,做為對未來的投資。

保羅抽到的第一張牌是命運之輪,代表他在恰當的時機投資。由於這張牌與好運氣有關,與安全無關,因此評估內容偏向股票。

選項一是不動產。

第二張牌是錢幣十,象徵著安穩的家。這張意味著小心翼翼的牌,代表他經過多年後,取得了不動產。**第三張牌是權杖八**。保羅與伴侶都是四十幾歲,沒有領養孩子的打算,但他們有旅行的計畫(這張牌的傳統意義:移動)。因此,對充滿可能性的未來而言,現在是參與投資活動的好時機。**第四張牌是錢幣四**,圖上有一個人抓著金幣,代表不動產可以做為安全的投資,卻限制了自由。**第五張牌是寶劍九**,圖上有一個人做了噩夢,代表保羅的伴侶需要保障,因為他行事謹慎,並且容易焦慮。**第六張牌是錢幣侍者**,如果他們受到不動產的束縛,就不能展開新的生活或探索人生。**第七張牌是權杖三**,代表世界對外開放、快速行動以及樹葉生長。這預示著參與投資活動的好兆頭。

此牌陣彷彿在向他們傳達:「加油!」

138
你贏得或繼承了意外之財

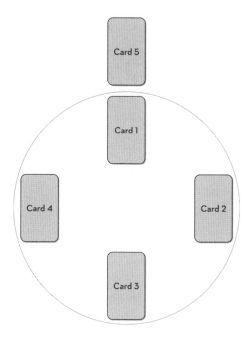

用途或背景知識

當你需要決定如何運用這一大筆錢。

第一張牌：你會存錢，以備不時之需嗎？**第二張牌**：你會把這筆錢用在投資上嗎？**第三張牌**：你會把這筆錢花在特別的用途上嗎？**第四張牌**：你會把一部分的錢花掉、存起來還是投資呢？**第五張牌**：你會把這筆錢用來實現長久以來的夢想嗎？

準備的物品

四十張小牌（一號牌到十號牌）。

時機

從娥眉月（新月前後的月相）到盈月（滿月之前）期間。

139
你該怎麼透過不動產賺錢？

用途或背景知識

當你正在考慮不動產的選項。

第一張牌：你應該以裝修者的立場購買不動產，還是修繕自己的房子後，再出售房屋？**第二張牌**：你應該先買一種不動產，還是先買很多種不動產，然後出租？**第三張牌**：你應該等到擁有必要的資金，或借款（再抵押）的時候再出手嗎？**第四張牌**：你應該在衰退的地區進行不動產的投資活動嗎？**第五張牌**：你應該為了有發展前景的地區，借錢買房子嗎？**第六張牌**：你應該為了自建房屋而買土地嗎？**第七張牌**：你應該考慮商用不動產嗎？**第八張牌**：不動產的擴張或投資，適合你的未來發展方向嗎？

準備的物品

四十張小牌。

時機

星期六（順利的不動產交易日）。

140
現在是我運用財務施展抱負的時機嗎？

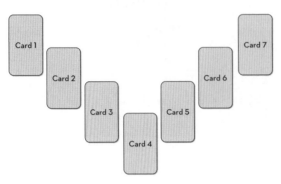

用途或背景知識

當你追求「錢滾錢」或財富自由之時。

此牌陣也適用於旅行和冒險，稱作鳥翼牌陣。

第一張牌：財務狀況有待改變。**第二張牌**：你渴望的財富自由。**第三張牌**：你需要擺脫的債務。**第四張牌**：實現更自由的賺錢新方法。**第五張牌**：誰或什麼事是潛在的障礙？**第六張牌**：你需要搬家或離開家鄉嗎？需要的話，你要去哪裡？**第七張牌**：獲得財富自由，但前提是不犧牲自己或別人的福祉。

準備的物品

整副牌。

時機

月初。

141
你想利用能賺錢的點子

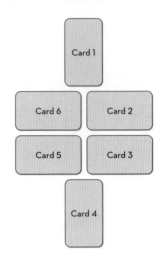

用途或背景知識

你準備好採取行動，別人卻不贊成。

第一張牌：在商業方面，這個點子能有效實施嗎？**第二張牌**：這個點子的獨創性足以和其他點子做出區別嗎？**第三張牌**：剛開始，你們是否需要金援？你們能取得資金嗎？**第四張牌**：你們有現成的市場或既有、潛在的銷售管道嗎？**第五張牌**：現在是好時機，還是你應該等待？**第六張牌**：你現在面臨的已知障礙，或反對意見是什麼？

準備的物品

整副牌。

時機

星期日（適合採用新做法的日子）。

142
你遇到了千載難逢的獲利機會

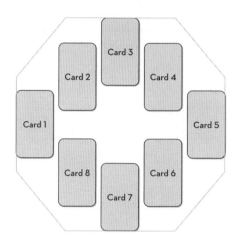

用途或背景知識

你的感性告訴你「要把握機會」，但你的理智告訴你「不要急」。

第一張牌：我應該抱著懷疑的態度，還是我太謹慎了？**第二張牌**：相關的人是否都有良好的理財表現？**第三張牌**：你是否被迫快速做出決定？**第四張牌**：如果你不把握這次機會，以後會後悔嗎？**第五張牌**：你應該嘗試其他選項嗎？**第六張牌**：短期內一定有報酬嗎？**第七張牌**：假設結果不如預期，有保障措施嗎？**第八張牌**：你的直覺告訴你什麼？

準備的物品

整副牌。

時機

星期三上午。

143
你應該再投資自己的退休金、多存錢，還是維持現狀？

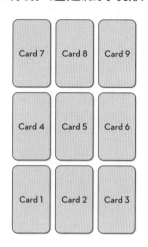

用途或背景知識

當你被迫接受報酬看似更高的投資替代方案。

第一張牌：替代方案是否受到認可和證實？**第二張牌**：這個方案能帶給你實際的報酬嗎？**第三張牌**：改變現狀的潛在困難是什麼？**第四張牌**：維持現狀有什麼潛在的困難？**第五張牌**：我需要客觀的建議嗎？**第六張牌**：還有我沒考慮過的其他選項或方案嗎？**第七張牌**：改成採用其他人推薦的方案，有哪些立竿見影的好處？**第八張牌**：改變現狀的長期優勢是什麼？**第九張牌**：我真的需要或想要轉移資金嗎？

準備的物品

整副牌。

時機

星期六（謹慎用錢的日子）。

144
為未來儲蓄

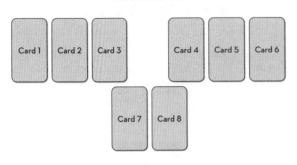

145
成功的理財家

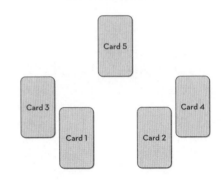

用途或背景知識

當你需要評估自己的經濟條件，無論是開始存錢或已累積多年儲蓄。

第一張牌：你應該為特別的事而存錢嗎？**第二張牌**：你應該先存錢，未雨綢繆嗎？**第三張牌**：從短期的利潤來看，你對目前的儲蓄計畫感到滿意嗎？**第四張牌**：你對自己的長期計畫感到滿意嗎？**第五張牌**：你想要或需要更快速賺錢嗎？**第六張牌**：是什麼事或誰妨礙了你的儲蓄能力？該如何補救？**第七張牌**：你存錢的行動會阻礙自己的幸福，還是增進自己的幸福？**第八張牌**：有哪些意想不到的好處或獎勵在等著你？

準備的物品

四十張小牌（一號牌到十號牌）。

時機

星期四（迎接富足的日子）。

用途或背景知識

當你需要持續處理金錢的問題。

第一張牌：你必須先讓哪些項目的收支，達到平衡？**第二張牌**：是什麼事，或誰造成了失衡的問題？**第三張牌**：為了恢復收支平衡，你能夠或應該永久（暫時）捨棄哪些財務的需求？**第四張牌**：哪些資源，或資金來源可以用來調整失衡的問題？**第五張牌**：該怎麼實現長久的財務穩定性？

準備的物品

四十張小牌（一號牌到十號牌），以及十六張宮廷牌。

時機

在你記帳之前。

146
你應該買下那件特別的商品嗎？

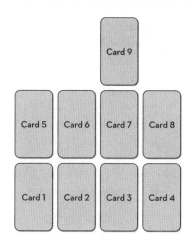

用途或背景知識

當你在考慮其他的資金來源。

第一張牌：我真的需要或想要這件商品嗎？**第二張牌**：我需要這件商品的程度，足以讓我願意盡力拿到手嗎？**第三張牌**：我已經比較過市面上的價格，也了解優惠的價格落在哪嗎？**第四張牌**：如果我需要借錢，應該向正規的機構申請貸款，還是向家人或朋友求助？**第五張牌**：買下這件商品後，我會缺錢嗎？**第六張牌**：我借錢後，以後還得起嗎？**第七張牌**：購買的樂趣會大過於壞處嗎？**第八張牌**：我應該把錢花在別的地方嗎？**第九張牌**：決定「買」或「不買」。

準備的物品

整副牌。

時機

在你做出決定之前。

147
你應該為了改善自己的未來，而花錢上培訓課程嗎？

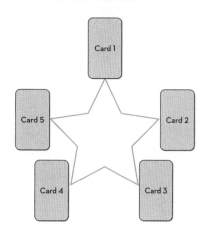

用途或背景知識

當你有機會提升自己能力之時，卻不確定這筆費用是否值得。

第一張牌：這門課程能幫你的職業生涯彌補缺失的部分，或指引你通往下一個重要階段嗎？**第二張牌**：你投資的錢和時間，在經濟方面是否值得？**第三張牌**：現在是學習這門課程的好時機嗎？還是你應該繼續等待？**第四張牌**：有沒有類似的在職培訓課程，或其他的新工作可以節省開銷？**第五張牌**：無論從短期或長期收益來看，你都想上這門課嗎？

準備的物品

二十二張大牌。

時機

星期三（研習與培訓的日子）。

148
逢低買進是潛在的收入來源嗎？

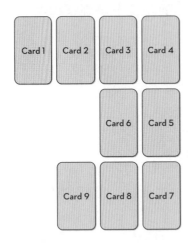

用途或背景知識

當你在關注優惠商品的時候。

第一張牌：我可以在網路上找到不錯的買賣管道嗎？**第二張牌**：我應該仰賴當地的管道，還是尋求更遠的管道？**第三張牌**：我應該遵循驗證過的管道，還是拓展管道的範圍？**第四張牌**：我能將自己的嗜好發展成有利可圖的生意嗎？**第五張牌**：有沒有潛在的好處？**第六張牌**：我多快可以開始進行交易？**第七張牌**：我進行的交易能帶來滿足感和利潤嗎？**第八張牌**：有哪些能避開的陷阱在等著我？**第九張牌**：我想開店、在網路上做交易、在市集擺攤，還是想同時做這三件事？

準備的物品

整副牌。

時機

盈月（滿月之前）之間。

第十四章

解決財務問題的牌陣

此牌陣的幸運牌

大牌：魔術師、戰車、正義、審判、命運之輪、節制、太陽。

小牌：錢幣王牌、錢幣三、錢幣四、錢幣七、錢幣八、錢幣九、錢幣十、權杖王牌、權杖三、寶劍六。

宮廷牌：錢幣騎士、錢幣皇后、錢幣國王。

當你有財務問題困擾時，前一章描述的所有金錢牌陣都很有用。四張牌的牌陣適用於抗債、安全或財產相關的牌陣。五張牌的牌陣有助於你應付潛在的詐欺、陰謀、不明智的投資或涉及投機的情況。六張牌的牌陣很適合金錢導致之情感問題的情況。至於金錢導致或加劇的家庭問題或愛情問題，七張牌的牌陣很有幫助。如果你想了解更複雜的問題，八張牌、九張牌，甚至牌數更多的牌陣有助於解開不明確的問題。

149
不管你怎麼努力，為什麼老是缺錢？

用途或背景知識

當你的財務不斷出現問題，而且錢沒有變多。

第一張牌：是什麼事或誰造成了資金流失？**第二張牌**：缺錢後的情緒影響。**第三張牌**：在短期內停止資金流失。**第四張牌**：從長遠的角度解決問題。**第五張牌**：外界的援助、建議或策略改變，能減少資金短缺的問題嗎？

準備的物品

四十張小牌（一號牌到十號牌），以及十六張宮廷牌。

時機

星期三（突破財務困境的日子）。

例子

蘇（Sue）和安迪（Andy）欠下了大筆貸款和信用卡款項，並準備用一張卡的錢償還另一張卡的款項。同時，債權人不斷增加利息。

第一張牌是寶劍公主（托特）。 他們的女兒維吉尼亞（Virginia）經歷了一段又一段糟糕的婚姻，已與三個男人生下五個孩子。她現在帶著孩子返回家鄉，很缺錢。

第二張牌是錢幣二。 他們試著靠快速上漲的利息來支出，使女兒和孫子的收支需求達到平衡。

第三張牌是錢幣公主（托特）。 即使維吉尼亞有能力工作，卻在孩子上學的時候，寧可待在家裡抽菸和睡覺。

第四張牌是錢幣五。 維吉尼亞在尋求其他管道的幫助，並沒有向前夫們索取福利或贍養費。安迪和蘇讓她了解目前的債務，並鼓勵她去找工作和公營住宅，要她自立自強。

第五張牌是大祭司。 安迪和蘇聯繫了債務相關的慈善機構，正在協商合理的償還方式。

150
為什麼別人會在金錢方面占你的便宜？

用途或背景知識

當你發現自己總是付錢的那一方，但你如果不付錢，就會感到內疚。

第一張牌：是什麼原因導致你不敢拒絕？**第二張牌**：誰占你的便宜最多？**第三張牌**：如果你要開始拒絕，該怎麼應對別人的埋怨或施加的壓力？**第四張牌**：如果你太慷慨，能得到什麼好處？**第五張牌**：你拒絕後，誰會開始反對、抱怨或情緒勒索？**第六張牌**：你是不是和不適合的人來往？

準備的物品

二十二張大牌及十六張宮廷牌。

時機

星期二（勇氣之日）。

151
你應該繼續在經濟方面煎熬嗎？

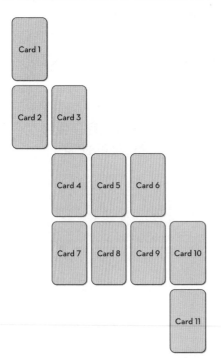

用途或背景知識
似乎沒有任何選項是對的。

第一張牌：你現在的處境。**第二張牌**：你的優勢或有利的條件。**第三張牌**：你的劣勢或障礙。**第四張牌**：如何爭取時間？**第五張牌**：為了生存，你必須捨棄什麼？**第六張牌**：為了生存，你應該避開什麼？**第七張牌**：你有能力重新開始嗎？**第八張牌**：你應該重新開始嗎？應該的話，你應當採取什麼行動？**第九張牌**：誰能向你伸出援手？**第十張牌**：誰或什麼事對你不利？**第十一張牌**：你應該脫身嗎？

準備的物品
整副牌。

時機
月初。

152
面臨還款壓力，你卻缺乏資金

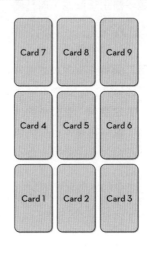

用途或背景知識
當你受到債權人的威脅或騷擾。

第一張牌：你應該（或能夠）還得起一部分的款項嗎？**第二張牌**：你能爭取到更多的時間，或更好的條件嗎？**第三張牌**：有沒有信譽良好的組織能代表你進行談判？**第四張牌**：在你的財務狀況好轉之前，你能夠或應該採取迴避策略嗎？**第五張牌**：你熬得過去嗎？**第六張牌**：有沒有其他快速賺錢的方法？**第七張牌**：你能控制自己的欠款嗎？**第八張牌**：你能出售任何資產嗎？**第九張牌**：長期的前景是什麼樣子？

準備的物品
整副牌。

時機
星期六（掌握失控的財務）。

153

你在分手或遭到背叛後，債務纏身

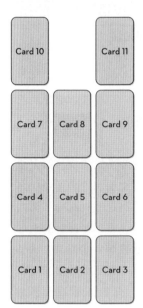

用途或背景知識

第一張牌：你能私下透過談判，直接要回你的錢嗎？**第二張牌**：正規的管道有幫助嗎？**第三張牌**：你能取得哪些共同的資產？**第四張牌**：你能獲得談判的緩衝空間嗎？**第五張牌**：你能和債權人協商合理的解決方案嗎？**第六張牌**：你能拒絕承擔債務嗎？**第七張牌**：你應該撒手不管嗎？**第八張牌**：你能找到可快速入帳的額外收入嗎？**第九張牌**：你能採取哪些決定性的重大舉措？**第十張牌**：明年的前景。**第十一張牌**：長遠的前景。

準備的物品

整副牌。

時機

殘月期間。

154

當你與國稅局或其他官方機構，有付款的爭議

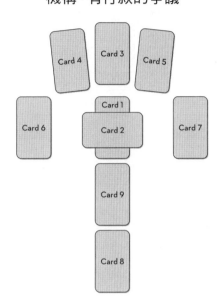

用途或背景知識

當他們不明事理的時候。

第一張牌：你能透過監查人員、民意代表或正規的途徑，針對這件事提出異議嗎？**第二張牌**：該機構採用了哪些不公平的策略？**第三張牌**：在你解決問題之前，該怎麼重新安排日程？**第四張牌**：如果他們堅持要你立即付款，你能暫時轉移哪些資金？**第五張牌**：你能將資產當作臨時的擔保嗎？**第六張牌**：你能暫緩其他的計畫或要求，給自己緩衝的空間嗎？**第七張牌**：短期的結果。**第八張牌**：長期的結果。**第九張牌**：該怎麼避免未來出現類似的問題？

準備的物品

整副牌。

時機

星期六（適合解決、處理公務）。

155
你應該為了鞏固財務狀況，而申請貸款嗎？

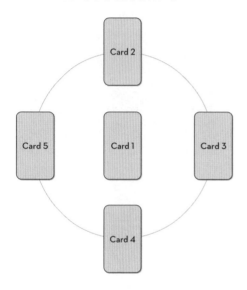

用途或背景知識

當你需要重新安排自己的債務情況。

第一張牌：我需要貸款嗎？或者，我可以節省開支？**第二張牌**：我有哪些貸款選項？**第三張牌**：貸款是鞏固財務的最佳辦法嗎？**第四張牌**：其他選項會更有效嗎？例如再抵押或信用卡？**第五張牌**：我應該向朋友、家人或正規的管道借錢嗎？

準備的物品

四十張小牌（一號牌到十號牌）。

時機

星期三（重新調整資金的日子）。

156
你承受著經濟損失，但這不是你的錯

用途或背景知識

你嘗試挽救財務。

請使用九張牌的傾斜階梯牌陣。

第一張牌：目前需要補救的部分。**第二張牌**：你能挽回什麼？**第三張牌**：你能捨棄什麼？**第四張牌**：恢復常態的關鍵。**第五張牌**：你能從朋友和家人那裡，得到什麼樣的潛在經濟幫助？**第六張牌**：你能取得哪些正規的資金來源？**第七張牌**：造成損失的個人（組織），有可能賠償你嗎？**第八張牌**：你應該重新安排生活，或做出徹底的改變嗎？**第九張牌**：多快能恢復常態？

準備的物品

四十張小牌（一號牌到十號牌），以及十六張宮廷牌。

時機

星期日（新的開端）。

Card 9

Card 8

Card 7

Card 6

Card 5

Card 4

Card 3

Card 2

Card 1

157
你不確定幫忙解決財務問題的人或公司，是否厚道

用途或背景知識

當解決方案看起來太簡易的時候。

快速的一列、三張牌能釐清細節。

第一張牌：這個人或公司的報價合理嗎？**第二張牌**：即使報價合理，對方能夠提供解決方案嗎？**第三張牌**：在你做決定之前，應該多比較其他管道嗎？

準備的物品

二十二張大牌。

時機

清晨（頭腦清晰的時段）。

158
虧損後，挽救財務

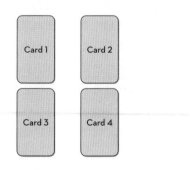

用途或背景知識

生意、工作或經濟方面的損失，突然導致重大的危機。

第一張牌：你可以挽回什麼？**第二張牌**：什麼樣的經濟體制或裁員措施能幫助你東山再起？

第三張牌：什麼樣的新機會，即將出現？**第四張牌**：誰或什麼事，即將拯救你？

準備的物品

四十張小牌，以及十六張宮廷牌。

時機

星期日（新的開端）。

159
計畫出現問題，而且你熟悉的資金來源中斷了

用途或背景知識

當時間很緊迫，你面臨著快速賺錢的壓力。

除了第四張牌之外，請將所有牌都翻過來。你解讀完這些牌，再翻開第四張牌。

第一張牌：是否值得你再試著恢復以前的資金來源？該怎麼做？**第二張牌**：在這場風暴中，什麼是你的第一個避風港？**第三張牌**：你該怎麼避開災難？**第四張牌**：哪些意想不到的積極因素、意見或支援者會介入？

準備的物品

二十二張大牌。

時機

你收到壞消息後的沒多久。

160
找出提升償付能力的重要理財觀

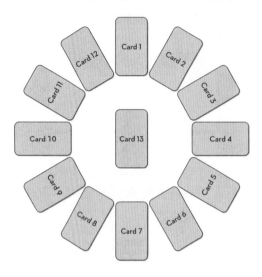

161
要取得意外事故，或索賠的經濟賠償

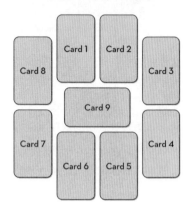

用途或背景知識

在你見到會計或銀行之前，需要理性分析你的財務之時。

請解讀排成圓圈的牌，並將第十三張牌留到最後。

第一張牌：你目前的經濟狀況。**第二張牌**：一定會影響到償付能力的人和情況。**第三張牌**：能影響償付能力，但你可以迴避的人和情況。**第四張牌**：改善財務狀況的短期行動。**第五張牌**：長期的策略。**第六張牌**：潛在的障礙或挑戰。**第七張牌**：潛在的優勢。**第八張牌**：未來十二個月的理財目標。**第九張牌**：收入增加的可能性。**第十張牌**：潛在的經濟狀況、借貸或財務整合的可行性。**第十一張牌**：減少可能的虧損。**第十二張牌**：保留行之有效的理財方法。**第十三張牌**：理想的結果。

準備的物品

整副牌。

用途或背景知識

本來屬於你的款項被保留了。

第一張牌：在公正的制度下，你應該得到什麼賠償金？**第二張牌**：是否涉及到不公正或腐敗的風氣？**第三張牌**：為什麼官方會保留，或拖延本來應該給你的款項？**第四張牌**：誰或什麼事能推動情勢發展？**第五張牌**：幕後發生了什麼事？**第六張牌**：哪些事實或真相會出現？**第七張牌**：你需要注意誰或什麼事，才能避免正義遭到阻礙或進度變慢？**第八張牌**：短期的解決方案。**第九張牌**：長期的解決方案。

準備的物品

二十二張大牌，以及十六張宮廷牌。

時機

星期四（正義之日）。

朋友或親戚向你借錢，卻從不還錢

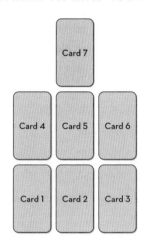

用途或背景知識

當他們又向你借錢時。

第一張牌：對方這次會還錢嗎？**第二張牌**：對方總是有看似合理的不還錢藉口嗎？**第三張牌**：為什麼你覺得有答應借錢的義務？**第四張牌**：對方曾經借錢給你嗎？**第五張牌**：如果你拒絕，對情緒有什麼影響？**第六張牌**：你能提供與財務無關的支援嗎？**第七張牌**：你喜歡這個人出現在自己的生活中嗎？

準備的物品

四十張小牌（一號牌到十號牌），以及十六張宮廷牌。

時機

星期五（適合化解心理壓力之日）。

當你收到更好的報價後，應該將退休基金進行再投資，還是直接動用這筆錢？

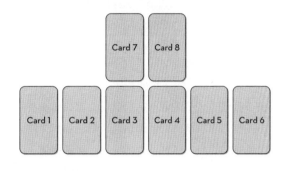

用途或背景知識

當你不確定該不該做出改變。

第一張牌：報價是否來自有經過專業機構驗證或認證？**第二張牌**：報價是否提供合理，而非奇蹟般的報酬？**第三張牌**：潛在的困難或缺點是什麼？**第四張牌**：你真的需要，或想要進行再投資嗎？**第五張牌**：你應該接受客觀的建議嗎？**第六張牌**：還有其他選擇嗎？**第七張牌**：有哪些可以馬上見到成效的好處？**第八張牌**：有哪些長期的優勢？

準備的物品

整副牌。

時機

清晨（頭腦清晰的時段）。

164
你的伴侶阮囊羞澀

用途或背景知識

每當有收入時，錢很快就花光了。

第一張牌：主要的奢侈品是什麼？**第二張牌**：你的伴侶願意解決這個問題嗎？**第三張牌**：這是情感的問題，還是權力的問題？**第四張牌**：你們能設定合理的支出限制嗎？**第五張牌**：你能增加收入，不讓資金匱乏嗎？**第六張牌**：問題越來越嚴重了嗎？**第七張牌**：你們應該分別管理各自的財務嗎？**第八張牌**：如果情況變得更糟，你會考慮分手嗎？

準備的物品

四十張小牌（一號牌到十號牌），以及十六張宮廷牌。

時機

星期三（克制鋪張浪費）。

165
前任經常向你索取更多錢

用途或背景知識

當經濟壓力和心理壓力使你寸步難行之時。

第一張牌：這是需要終極解決方案的持續性問題嗎？**第二張牌**：這是一種操縱你罪惡感的遊戲嗎？**第三張牌**：你是否覺得（為什麼你覺得）有義務任他予取予求？**第四張牌**：有妥協的餘地嗎？**第五張牌**：這些要求是否會在一段新關係中造成問題，或影響你其他的經濟需求？**第六張牌**：你需要透過官方手段來了結這件事，以避開私人衝突？

準備的物品

二十二張大牌及十六張宮廷牌。

時機

在你回應最新的要求之前。

166
你想幫心智不成熟的成年孩子購買奢侈品，但這需要耗費你的存款

用途或背景知識

你的心聲告訴你「買下去」，但你的理智卻讓你質疑。

第一張牌：幫忙消費的後果是什麼？**第二張牌**：這件事值得你付出嗎？**第三張牌**：你提出的條件是什麼？**第四張牌**：這是借錢，還是送禮？**第五張牌**：不幫忙買的話，你有什麼心理壓力？**第六張牌**：如果你答應幫忙買，你還有足夠的資金去實現自己的計畫嗎？**第七張牌**：你需要修改，或延遲自己的未來計畫嗎？**第八張牌**：有沒有與財務無關的方法能提供幫助？

準備的物品

整副牌。

時機

月初。

167
購物成癮的牌陣

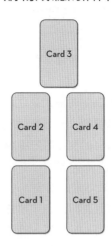

用途或背景知識

你或伴侶把錢浪費在平常不會使用，也沒打開過的商品。

第一張牌：問題是不是越來越嚴重，甚至引發實際的財務困擾？**第二張牌**：問題背後的根本原因是什麼？**第三張牌**：購物成癮的行為有什麼短期的回報？**第四張牌**：你能輕易地掌控這個問題嗎？**第五張牌**：尋求專業的幫助是必要的行動，還是可取的建議？

準備的物品

四十張小牌（一號牌到十號牌）。

時機

殘月期間。

當你有機會投資一間
報酬不錯的財團

用途或背景知識

大家似乎都在快速賺錢，而你有機會參與。

第一張牌：你應該先投入，之後再煩惱嗎？**第二張牌**：你怎麼保證自己不會虧掉所有的錢？**第三張牌**：參與投資的人，平常是很明智的人嗎？**第四張牌**：你能獨立進行調查，確認可行性或解惑嗎？**第五張牌**：你應該進行部分投資，還是退出？

準備的物品

四十張小牌（一號牌到十號牌）。

時機

當天的任何過渡時段，例如黎明或日落時分。

Card 5

Card 4

Card 3

Card 2

Card 1

第十五章

職業生涯的牌陣

此牌陣的幸運牌

大牌：魔術師、皇帝、皇后、戰車、命運之輪、力量、太陽、星星、世界。

小牌：錢幣王牌、權杖王牌、錢幣三、權杖三、權杖六、錢幣七、錢幣八、錢幣九、權杖八、錢幣九、錢幣十。

宮廷牌：錢幣國王、錢幣皇后、權杖國王、權杖皇后。

關於職業生涯的牌陣

如果是非此即彼的問題，解讀兩張牌能直擊問題的核心。三張牌能用來考慮替代方案，而六張牌能用來考慮情感的問題。解讀九張牌則是能探討擴張或衝突的問題，四張牌和八張牌有助於你思考關於穩定性和安全的問題。五張牌適用於面試、演講，以及關於誠實和廉正的疑問。七張牌很適合夢想和野心的主題。

169
你能獲得自己應徵的工作嗎？

用途或背景知識

當你對自己的前景感到不確定。

第一張牌：還有其他對你有利的跡象嗎？**第二張牌**：有其他跡象表明你可能得不到這份工作嗎？

準備的物品

二十二張大牌。

時機

在你應徵工作後。

170
你經常與同事或經理起衝突

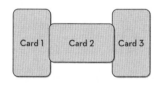

用途或背景知識

無論你做什麼事都會遭到指責，但你不想離職。

第一張牌：發生衝突的明顯原因。**第二張牌**：發生衝突的潛在因素。**第三張牌**：解決方案。

準備的物品

四十張小牌（一號牌到十號牌）。

時機

一週的第一個工作日。

171
職場上出現不老實或惡劣的行徑，你很猶豫該不該發聲

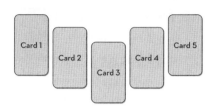

用途或背景知識

你擔心揭發不老實的行徑後，會受到牽連。

第一張牌：詐欺的性質或程度。**第二張牌**：有重大的隱瞞陰謀嗎？**第三張牌**：如果你說出實情，有可能受到牽連嗎？**第四張牌**：在保住目前職務的前提下，你能夠或應該發表意見嗎？**第五張牌**：你應該等到離職，找到新的工作後，才揭穿真相嗎？

準備的物品

整副牌。

時機

殘月期間。

例子

喬西（Josie）在大公司擔任客戶經理。最近，她注意到某位大客戶經常有非法交易的情形。但資深的經理表示，她搞錯了，要她應該專心做自己份內的事。現在，另一個客戶的洗錢金額更大。有人警告喬西，如果她小題大作，就有可能受到不好的牽連。

她抽到的**第一張牌是寶劍七**，圖上有一個人偷走了寶劍。這代表幕後發生了不老實的事情，同時也是在提醒喬西，要小心別人耍陰招，並確保她在行動之前收集好證據。**第二張牌是錢幣六**。錢流出去、消失了，卻沒有看到領錢的

人。經理不只一次警告喬西，不要插手管不關她的事。**第三張牌是寶劍四**，代表戒備心。圖上的寶劍橫放、向外伸出，暗示著維持現狀。喬西需要查明事實和數據，以免受到牽連。**第四張牌是寶劍五**，暗示著鬼鬼祟祟的交易正在進行。喬西認為經理會不擇手段地阻止她揭露事實。**第五張牌是聖杯八**，象徵著喬西離開時，留下了象徵著正直的聖杯。因此，只有在她找到另一份工作，並遠離了餘波後，才是她能說明真相並提出證據的時機。

172
為了解決你與同事或經理的衝突，你需要更詳細的辦法

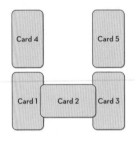

用途或背景知識

當你執行了上述職場問題的牌陣後，需要進一步的資訊。請像之前一樣先發牌，並翻開三張牌。接著，在第一張牌上方加第四張牌，以及在第三張牌上方加第五張牌。請將最後兩張牌翻過來，並解牌。

第一張牌：發生衝突的明顯原因。**第二張牌**：發生衝突的潛在因素。**第三張牌**：你應該找調解人或工會代表，進行正式談判嗎？**第四張牌**：你應該直接處理問題，當面對質嗎？**第五張牌**：你應該只做好自己的本分，試著忽略衝突嗎？

準備的物品

四十張小牌（一號牌到十號牌）。

時機

一週的第一個工作日。

173
如何克服升職或調動時，面臨的激烈競爭和阻力

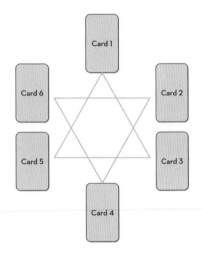

用途或背景知識

當你知道有強硬的反對意見或偏袒的行為對你不利。

第一張牌：誰是你的主要競爭對手？**第二張牌**：這是一場公平的競爭嗎？有任何對你不利的潛在因素嗎？**第三張牌**：如何取得你需要的額外支持或資源？**第四張牌**：你該怎麼避開或克服不利的因素？**第五張牌**：你值得獲勝的原因。**第六張牌**：確保成功的制勝策略或戰術。

準備的物品

整副牌。

時機

在你參加面試或做決定的前一週。

174
你現在做的是臨時性或約聘的工作，未來能轉正職嗎？

用途或背景知識

你希望在目前服務的公司享有保障。

第一張牌：根據你的工作表現，你認為自己能勝任正職工作嗎？**第二張牌**：組織內有什麼人或事務，能幫助你應徵上正職工作？**第三張牌**：你有什麼專業知識，能帶給公司價值？**第四張牌**：你應該考慮與類似的組織簽訂長期合約，或應徵正職工作嗎？**第五張牌**：哪些未知的因素對你有利？

準備的物品

四十張小牌（一號牌到十號牌）。

時機

月初。

175
影響你升遷的主要障礙

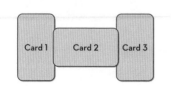

用途或背景知識

當你擔心太受歡迎，或有影響力的大人物會阻礙你時。

左邊的**第一張牌**是你值得贏取新職位的理由。在第一張牌與第三張牌中間的**第二張牌**代表實際的威脅（阻礙你的人或情況），而不是你感受到的威脅。**第三張牌**是為了達到目標的新策略。

準備的物品

二十二張大牌，以及十六張宮廷牌。

時機

參加面試、考試或應徵重要工作的前一天。

176
你現在應該優先考慮正職工作，還是副業？

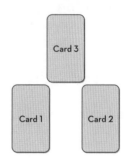

用途或背景知識

當你發現很難維持正職工作與副業之間的平衡。

如果你解讀了**第一張牌**與**第二張牌**後，答案卻不明確，請在這兩張牌之間加上**第三張牌**。

準備的物品

二十二張大牌。

時機

你的工作出現危機時。

177
三角牌陣：在目前的職場，步步高升的三步驟

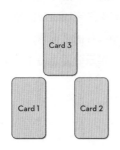

用途或背景知識

你的升遷速度很慢，但你知道自己已經準備好了。

第一張牌：你想升遷，就要邁出的第一步。**第二張牌**：第二步，可能涉及到其他人的支持或推薦。**第三張牌**：你的成功會怎麼呈現？什麼時候會顯現？

準備的物品

整副牌。

時機

你察覺到了機會。

178
你能把新的工作做好嗎？

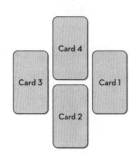

用途或背景知識

當你擔心在一個充滿挑戰的新環境工作時。

第一張牌：你有什麼專業技能，可以確保自己勝任新的工作？**第二張牌**：在新的工作環境中，你特別喜歡哪一點？**第三張牌**：你能做出哪些積極的改變，確保自己受到重視？**第四張牌**：為了適應新環境，你該怎麼或必須妥協或學習新的方法？

準備的物品

四十張小牌（一號牌到十號牌）。

時機

在你開始工作的前一天晚上。

179
第一次找工作，或失業後再找工作

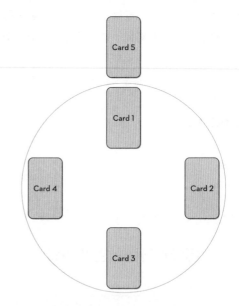

用途或背景知識

你已經找工作一段時間了。

第一張牌：你找遍了嗎？包括在網路上找？
第二張牌：你會為了在市場上立足而搬遷位置

嗎？**第三張牌**：如果你需要再接受培訓，你會在類似的領域應徵工作嗎？**第四張牌**：為了得到工作，你願意學習新知識嗎？**第五張牌**：什麼未知因素會對你的前景產生正面的影響？

準備的物品

四十張小牌（一號牌到十號牌），以及十六張宮廷牌。

時機

在你應徵許多新工作之前。

180
你能達到事業的巔峰嗎？

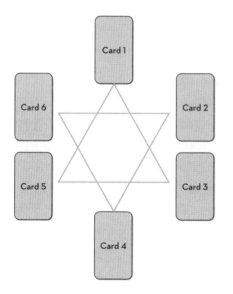

用途或背景知識

當你有飛黃騰達的野心。

第一張牌：你會全心投入職涯的發展嗎？**第二張牌**：你準備好面對競爭對手的嫉妒心和敵意嗎？**第三張牌**：你能成功地建立人際關係網，為自己的晉升之路取得適當的支持嗎？**第四張牌**：你應該為了升遷，而頻繁地換公司或搬家

嗎？**第五張牌**：在目前的公司慢慢往上爬，還是盡量找機會跳槽比較好？**第六張牌**：有什麼好運的因素能夠幫助你？

準備的物品

整副牌。

時機

星期二（有權力並適合行動的日子）。

181
重要的職業生涯回顧

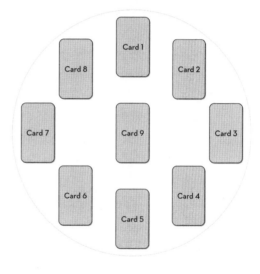

用途或背景知識

當你迷失了方向。

請以順時針的圓圈形式發牌。

第一張牌：我的職業生涯缺少了什麼？**第二張牌**：什麼部分能輕易改變？**第三張牌**：我應該做出哪些重大的改變？**第四張牌**：哪些重大的變化會造成破壞？**第五張牌**：我能在目前的公司大有長進嗎？**第六張牌**：我應該換工作嗎？**第七張牌**：我應該為了升遷而搬家嗎？**第八張牌**：短期的結果；六到十二個月經過改變的結果。**第九張牌**：預測五年的變化。

準備的物品

二十二張大牌和十六張宮廷牌。如果你想要，也可以使用一整副牌。

時機

新年、生日或季節交替的時候。

182
溝通順暢的牌陣：你即將在競爭激烈的場所做簡報，或參加面試

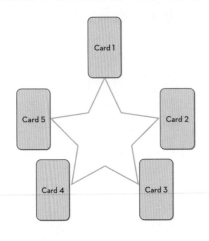

用途或背景知識

擔心到時候會忘記台詞或說錯話。

第一張牌：你打算留給人什麼印象，或傳達什麼樣的明確訊息？**第二張牌**：你認為聽眾，或面試官會帶給你哪些挑戰？**第三張牌**：你想展現哪些特殊的技能？**第四張牌**：能確保成功的策略是什麼？**第五張牌**：從這次的面試或簡報中，你期待的最好結果是什麼？

準備的物品

二十二張大牌，以及十六張宮廷牌。

時機

做簡報或參加面試的前一天晚上。

183
你在家做遠距工作

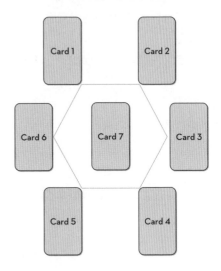

用途或背景知識

事情進展得不順。

請以六芒星（六角形）的形式發牌。先翻開外圍的六張牌。解完牌後，再翻開並解讀第七張牌。

第一張牌：什麼事或誰讓你難以專心工作？**第二張牌**：與公司總部進行遠端溝通的主要問題是什麼？**第三張牌**：對你而言，無法與同事面對面交流是一種問題嗎？**第四張牌**：你可以在總部做兼職工作嗎？**第五張牌**：你該怎麼改善線上會議制度，或其他事項？**第六張牌**：你該怎麼做，才能保持只在工作時段做事，並享有休息時間？**第七張牌**：你該怎麼保有不受干擾的時間或空間？

準備的物品

四十張小牌（一號牌到十號牌），以及十六張宮廷牌。

184
之後會續約嗎？

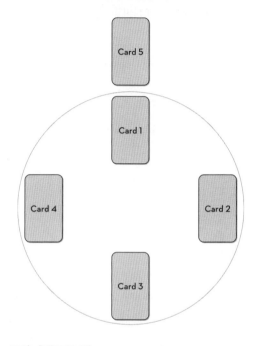

用途或背景知識

你焦慮地等待對方通知你後續的工作合約。

第一張牌：簽約期間，你的表現不錯嗎？**第二張牌**：有其他對續約有利的非正規因素嗎？**第三張牌**：現在是你正式尋求續約的好時機或情勢嗎？**第四張牌**：誰或什麼事，會對續約有幫助？**第五張牌**：如果你無法成功續約，還有什麼出乎意料的新工作在等著你？

準備的物品

二十二張大牌。

時機

合約到期之前的一個月。

185
職場上的重大衝突

用途或背景知識

當工作氛圍造成巨大的壓力。

第一張牌：這是新的衝突，還是為時已久了？**第二張牌**：其他人也受到影響嗎？**第三張牌**：誰或什麼事，是主要的外在因素？**第四張牌**：根本的原因是什麼？**第五張牌**：你能忽略、避免壓力嗎？**第六張牌**：調解或外部干涉對這種情況有幫助嗎？**第七張牌**：最有效的策略是什麼？**第八張牌**：你能在家工作嗎？**第九張牌**：你能調到沒有衝突的部門嗎？**第十張牌**：你應該換工作嗎？**第十一張牌**：公司內部有支持你的人嗎？

準備的物品

整副牌。

時機

一週的第一個工作日。

186
你的事業受到偏見或不公平的阻礙

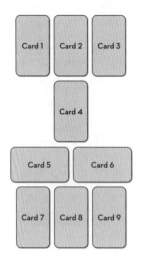

187
我現在的工作很穩定，但我應該辭掉這份沒有前途的工作嗎？

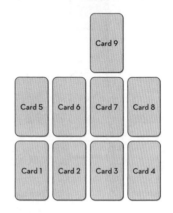

用途或背景知識

公司蔓延著偏見和不公平的氛圍，但大家都否認有這回事。

第一張牌：偏見或不平等的現象是否有特定的來源？**第二張牌**：這是一種心照不宣的態度，或非正規的政策嗎？**第三張牌**：有沒有內部的投訴管道？有沉默的陰謀嗎？**第四張牌**：你需要外界或工會的協助嗎？**第五張牌**：這個問題已經根深蒂固，因此你應該接受現實並離職嗎？**第六張牌**：你離職後，應該提起訴訟嗎？**第七張牌**：如果問題解決了，你還會待在那家公司嗎？**第八張牌**：你留下來後，未來六個月的前景是什麼樣子？**第九張牌**：你離職後，未來六個月的前景是什麼樣子？

準備的物品

二十二張大牌。

用途或背景知識

你對這份工作感到厭倦了。

第一張牌：你應該辭職去碰碰運氣，應該能很快找到新工作？**第二張牌**：你應該留下來，騎驢找馬？**第三張牌**：你應該留下來，在下班後追求小確幸？**第四張牌**：你能在目前的公司獲得其他機會嗎？**第五張牌**：你應該改當自由工作者嗎？**第六張牌**：你想轉換跑道嗎？**第七張牌**：你想改變自己的人生嗎？**第八張牌**：如果你做出改變，六個月後會發生什麼事？**第九張牌**：如果你不改變，六個月後會發生什麼事？

準備的物品

整副牌。

時機

盈月（滿月之前）期間。

188
你能在不久的將來，應徵到理想的工作嗎？

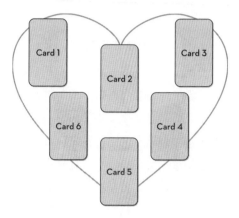

用途或背景知識

當你很清楚自己的最終目標是什麼，但接下來還有很長的路要走時。

第一張牌：你該怎麼制定取得理想工作的計畫？**第二張牌**：你必須採取哪些步驟，才能實現目標？**第三張牌**：為了達到目標，你必須磨練哪些技能？**第四張牌**：什麼人、組織或人際網絡，能加快你的步調？**第五張牌**：你應該慢慢展開行動？還是直接全心投入？**第六張牌**：你能辦得到嗎？多快能實現目標？

準備的物品

整副牌。

時機

下個月的開端。

189
收購或合併後，你能倖存下來嗎？

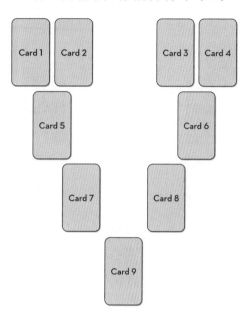

用途或背景知識

謠言滿天飛，而你擔心最糟糕的情況會發生。

第一張牌：這些謠言是誇大不實，或無中生有嗎？**第二張牌**：已知的消息有正面的部分嗎？

第三張牌：你有哪些優勢或特質，能讓你在新的組織中占有一席之地？**第四張牌**：為了順利度過轉變的時期，你需要具備哪些新的技能？

第五張牌：你最擔心什麼事？你該怎麼解決問題？**第六張牌**：在目前的組織之外，可能有哪些機會？**第七張牌**：你能接受工作實務中的哪些變化？**第八張牌**：你不能或不願意妥協哪些事？**第九張牌**：九個月後的情況。

準備的物品

整副牌。

時機

盈月（滿月之前）期間。

190
你能成功地管理大型專案嗎？

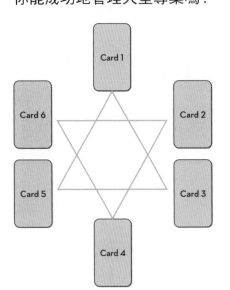

用途或背景知識
當你有很大的機會，但你害怕自己不會成功。

第一張牌：在這次的挑戰中，最大的收穫是什麼？**第二張牌**：為了主導這項專案，你需要什麼樣的特質？**第三張牌**：你需要什麼樣的折衷方案，才能使團隊產生凝聚力，讓每位成員感到備受重視？**第四張牌**：你預計會遇到哪些困難，或有難相處的人阻礙你？**第五張牌**：達成目標後的短期優勢是什麼？**第六張牌**：順利完成這項專案後的下一步是什麼？

準備的物品
整副牌。

時機
滿月的時候，或能實現夢想的任何星期一。

第十六章

商業的牌陣

此牌陣的幸運牌

大牌：魔術師、女祭司、皇帝、皇后、隱士、正義、力量、命運之輪、太陽、星星、審判、世界。

小牌：錢幣王牌、權杖王牌、寶劍王牌、權杖二、錢幣三、權杖三、錢幣四、權杖四、權杖五、權杖六、寶劍六、錢幣七、錢幣八、錢幣九、錢幣十。

宮廷牌：錢幣國王、錢幣皇后、權杖國王、權杖皇后、寶劍國王、寶劍皇后。

關於商業的牌陣

兩張牌和三張牌的牌陣適用於快速做決定，尤其是明確的選項和合夥關係。四張牌的牌陣適用於安全或財務穩定性的問題，五張牌的牌陣很適合創業、風險、投機或可疑交易相關的問題。六張牌的牌陣能用在回應涉及情感的疑問，七張牌的牌陣適用於夢想和才華的問題，八張牌和九張牌的牌陣很適合重大的問題。至於十張牌以上的牌陣，則是適合業務審查或重要擴張的問題。

191

你應該在當地或網路上,販售產品或提供服務嗎?

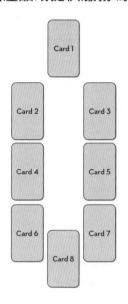

用途或背景知識

當你不確定該怎麼提高銷售額之時。

第一張牌:你應該在當地尋找(開發)合適的場所嗎?**第二張牌**:當地有沒有充足的交易能支持你,或者你應該把目標的範圍定得更廣?**第三張牌**:你應該將商品(服務)轉移到不同的場所或地點嗎?**第四張牌**:該怎麼以最低的成本達到最大的宣傳效果?**第五張牌**:你應該或該怎麼將網路上的銷售管道納入業務中?**第六張牌**:你應該把大部分的心思放在提供網路銷售和服務嗎?**第七張牌**:將兩種方法均等地結合起來,是否更有效?**第八張牌**:你應該透過其他商店或網站,取得特許經銷權或提供商品或服務嗎?

準備的物品

整副牌。

192

提早退休或遭到資遣後,你想創業

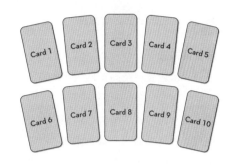

用途或背景知識

當你有閒錢可以用於投資之時。

第一張牌:你應該把資金用在開創新的事業嗎?**第二張牌**:你希望(需要)獲利,還是單純做好玩的?**第三張牌**:你需要額外的研習或培訓嗎?**第四張牌**:你準備好馬上創業,還是你希望或需要慢慢起步?**第五張牌**:有利基市場嗎?還是市場已經飽和了?**第六張牌**:你的獨特賣點是什麼?**第七張牌**:有沒有充足的管道能幫助你起步?或者,你需要在創業之前尋找合適的資源嗎?**第八張牌**:你將獨自創業,還是與其他人合夥創業?**第九張牌**:十二個月內的目標。**第十張牌**:你的五年計畫。

準備的物品

整副牌。

時機

星期六(出現變動後,打下扎實的創業基礎之日)。

193
下個月的商業計畫

用途或背景知識

如果下個月很重要，請將前四張牌從左往右排列。

每張牌代表一週，請在解牌之前翻開這些牌，以便審視整個月的情況。**第一張牌**：代表四週結束前會出現的機會。**第二張牌**：你在這四週結束前，需要的額外資源或意見。**第三張牌**：你在這四週期間，需要克服的障礙或無益的影響。**第四張牌**：運氣或命運的意外因素。**第五張牌**：四週期間的整體預測。

準備的物品

整副牌。

時機

下個月初的前一天晚上。

194
創業

用途或背景知識

經過多年工作或照顧家庭後，你想嘗試創業。**第一張牌**：你準備好要創業了嗎？**第二張牌**：你應該全心投入創業，還是利用業餘時間創業，直到成功？**第三張牌**：你想做的事業是否已經有市場，還是你需要創造新的市場？**第四張牌**：你本來擁有或即將取得的先決條件、設備是否充足？**第五張牌**：未來十二個月，哪些擴張計畫有望成功？

準備的物品

二十二張大牌。

時機

星期三（具備事業心的日子）。

195
開創或發展靈性活動
等療癒的事業

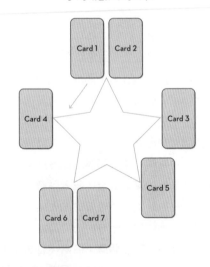

用途或背景知識

當你知道自己有天賦，卻擔心失去市場價值。請使用神祕的五芒星陣形。

第一張牌：你應該先在機構內練習，或用電話

練習嗎？**第二張牌**：你應該先在家裡練習，還是在當地的活動中練習，藉此提升自信心？**第三張牌**：你應該建立屬於自己的網路解牌，或電話解牌的管道嗎？**第四張牌**：你預期會遇到哪些問題？**第五張牌**：什麼事對你有利？**第六張牌**：你應該找一家正規的療癒空間或機構，在那裡專心解牌嗎？**第七張牌**：你該怎麼在網路上和私下提升自己的形象？

準備的物品

整副牌。

時機

滿月的時候。

例子

莉茲（Liz）一直都有通靈的能力，但她在不動產的領域工作，而且早已經對這個行業興致缺缺。公司決定開除她後，她覺得機不可失。

第一張牌是隱士，代表追隨自己心裡的光。莉茲發現自己不想遵循任何組織的準則，即使是靈性相關的機構也一樣。**第二張牌**是錢幣三，圖上有一個人在建造石柱，暗示著透過私交，逐漸累積客戶和建立信心。莉茲有足夠的資金用於緩衝期間。**第三張牌**是權杖二，與前一張牌相關。莉茲打算在成功創業後，將網路直播的解牌影片當作第二種收入來源。靈性團體的兩個朋友，能幫助她經營小型的個人化電話服務。**第四張牌**是寶劍公主（托特）。雖然大多數人都鼓勵莉茲創業，但她懷疑以前在靈性團體裡認識的某位成員，在社群媒體留下了對她不利的評論，因此她懷有戒心。不過，牌面上只是個公主，因此沒有實際的威脅。**第五張牌**是權杖五，代表媒體人脈。當地的廣播節目曾經多次邀請莉茲回答疑問，但她拒絕了。**第六張牌**是錢幣皇后。當地的城鎮有一間水晶專賣店刊登廣告，每週一次提供給通

靈者房間出租，這能幫助莉茲建立人脈。**第七張牌**是戰車。莉茲已建立靈性議題的播客（Podcast），她打算在改造後的花園小木屋內，舉辦研討會。

196
你在父母擁有的公司上班，卻感受到自己的想法和積極態度被忽視

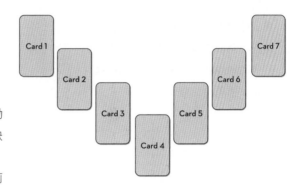

用途或背景知識

當家族企業阻礙你前進的步伐。

第一張牌：雖然你很優秀，但父母是不是把你當成小孩看待？**第二張牌**：你能專注於有彈性的業務部分嗎？**第三張牌**：你應該制定未來五年的商業計畫，證明自己適合擔任重要的職位嗎？**第四張牌**：你能說服父母，要他們多休假嗎？**第五張牌**：你能說服父親或母親讓你承擔更多的責任嗎？**第六張牌**：有任何可以讓你獨自完成的大專案嗎？**第七張牌**：你應該離開，改找其他工作嗎？

準備的物品

二十二張大牌，以及十六張宮廷牌。

時機

當週最後一個工作日的日落時分。

197
恢復或改善業務的五個步驟

用途或背景知識

生意沒有像你預期的那麼好。

第一張牌：是經濟或市場影響力導致了問題嗎？情況會好轉嗎？**第二張牌**：是公司內部的問題，或有人與你作對，導致你需要立即採取行動嗎？

第三張牌：你應該尋求外部支援或建議嗎？**第四張牌**：你應該發起大型的宣傳活動或銷售計畫嗎？**第五張牌**：遵照此牌陣的步驟後，長期的前景是什麼樣子？

準備的物品

二十二張大牌和四十張小牌（每種花色的一號牌到十號牌）。

時機

週末或月底。

198
商業夥伴是你的戀人，但你處處受阻

用途或背景知識

當你覺得無論說什麼話、做什麼事，伴侶都會在業務方面凌駕於你之上。

第一張牌：這表明了你們的感情出現問題嗎？

第二張牌：是事業的狀況或結構導致了問題嗎？**第三張牌**：伴侶會選擇妥協，還是會聽你講道理？**第四張牌**：你不能或不願意在哪些問題做出讓步？**第五張牌**：有客觀的調解人嗎？

第六張牌：在這個事業中，你能勝任其他角色嗎？**第七張牌**：你在這個事業中是重要人物嗎？還是你可以另謀他職？**第八張牌**：你們可以或應該共同經營事業，還是分開經營比較好？

準備的物品

整副牌。

時機

當月的最後一天。

199
你應該讓親戚或知己投資你的事業，或成為你的合夥人嗎？

用途或背景知識

你的心聲告訴你可以，但你也質疑這是不是明智的商業決定。

第一張牌：假設你的親戚或朋友是陌生人，你會讓他們參與事業嗎？**第二張牌**：你能在多大的程度上分配責任，或交出控制權？**第三張牌**：如果發生爭執或意見不合，你們都可以在心理層面保持公正嗎？**第四張牌**：為了有更多的休息時間，你能放心地將業務委託其他人嗎？**第五張牌**：你們該不該有合作的試用期？

第六張牌：你比較喜歡單打獨鬥，還是找一個沒什麼交情的夥伴共事？

準備的物品

二十二張大牌和十六張宮廷牌。

時機

星期五（適合情感交流的日子）。

時機

未來六週或六個月的前一天晚上。

201
把創造力轉化成自主創業

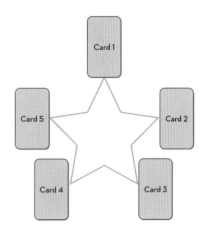

用途或背景知識

當你想發揮自己的才華，做有望成功的生意。

第一張牌：無論是產品或服務，你的創造力能創造出好賣的商品嗎？**第二張牌**：你想把這件事當成全職工作，還是單純想補貼目前的收入？**第三張牌**：為了成功和受到認可，你準備做出什麼樣的犧牲？**第四張牌**：在你成為專家之前，你需要加強、學習任何新的技巧或專業知識嗎？**第五張牌**：過程中，哪些意外因素能幫助你？接著，如果你願意，可以在中央加上第六張牌，並提出何時能實現成功的疑問。

準備的物品

四十張小牌（一號牌到十號牌），以及十六張宮廷牌。

時機

月亮落到你的星座時（每個月會有一次）。

200
六週或六個月：生意成敗的關鍵

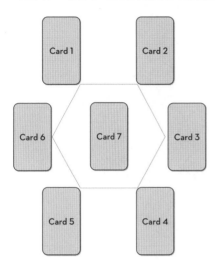

用途或背景知識

展望未來，在重要的時期分辨正確的策略和錯誤的行動。

第一張牌：為了實現未來六週或六個月的明確目標，你必須開始執行什麼事？**第二張牌**：為了在未來幾週或幾個月內有進展，你必須建立什麼基礎，或調整什麼事？**第三張牌**：哪些現有的優勢能克服挫折或障礙？**第四張牌**：為了按照計畫行動或實現目標，你需要改變或放棄什麼事？**第五張牌**：什麼事或誰對你最有幫助？**第六張牌**：什麼事或誰，是你追求進步的潛在障礙？**第七張牌**：成敗的決定性因素。

準備的物品

整副牌。

通往成功的十二個月

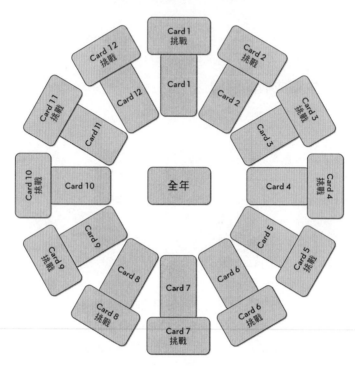

用途或背景知識

對未來十二個月的機遇和挑戰，進行逐月的評估。

想好第一個月的月份後，以順時針的方向發十二張牌，並將**第一張牌**置於牌陣的頂端；這十二張牌能詳細說明每個月的機會，請依序翻牌並解牌。

現在，從**第一張牌**開始，為每個月再發一張牌，並將每張牌橫向地置於代表月份的牌上。請將每張牌翻過來解讀，讓每個月都具有挑戰的意義。接著，請在中央發第二十五張牌；翻牌後，請做出全年的預測。

準備的物品

整副牌。

時機

確認好第一個月份的首日的前一天。

203
你的商業夥伴或員工
缺乏幹勁和熱忱

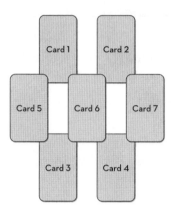

用途或背景知識

無論你提出什麼建議或努力嘗試，對方的反應
很遲鈍或消極。

需要將牌卡疊住的七張牌牌陣。翻開**第一張牌**
到第四張牌，並解牌；接著照樣處理**第五張牌**
到第七張牌。

第一張牌：誰或什麼事，導致了消極或怠惰？
第二張牌：是否有特定的人或團體，助長這
個問題？**第三張牌**：你應該介入干涉，或對質
嗎？**第四張牌**：你改善現狀的最佳策略是什
麼？**第五張牌**：你應該引進新的重要成員，藉
此改變權力基礎嗎？**第六張牌**：你應該大舉改
變方向，注入新的活力嗎？**第七張牌**：如果有
必要，你應該改變職場的結構，資遣沒有價值
的冗員嗎？

準備的物品

整副牌。

時機

在當週的第一個工作日之前。

204
你懷疑員工或供應商欺騙你

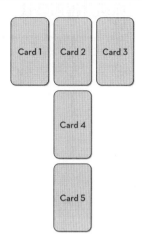

用途或背景知識

你注意到不一致的部分，同時也懷疑自己是否
太多疑。

第一張牌：出現矛盾之處時，是否經常牽涉到
某個人或供應商？**第二張牌**：如果你質疑對
方，他的反應是否過度警覺，或諱莫如深？**第**
三張牌：你的直覺告訴你，有什麼事情不對勁
嗎？**第四張牌**：你應該直接對質，還是等到你
有更多的證據？**第五張牌**：只有某個人或供應
商有嫌疑，還是你應該更仔細的調查相關的每
件事或每個人？

準備的物品

四十張小牌（一號牌到十號牌），以及十六張
宮廷牌。

時機

星期三（偵查騙局的日子）。

205
你的生意進展，沒有
你期待得那麼快

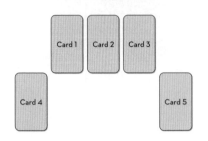

用途或背景知識

你全心投入事業後，卻不明白為什麼生意不興隆。

第一張牌：有沒有外界的力量，或有緩慢的經濟發展阻礙你？**第二張牌**：業務中的哪些缺失因素，可能導致衰退？**第三張牌**：你應該有耐性，並堅持下去嗎？**第四張牌**：你應該發起大規模的宣傳或推廣活動嗎？**第五張牌**：你應該大幅調整方向或管道嗎？

準備的物品

二十二張大牌。

時機

滿月的前一天。

206
有相似的新企業參與競爭

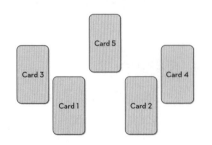

用途或背景知識

有新的企業設法吸引你的客戶。

第一張牌：你必須戰勝對手的主要策略是什麼？**第二張牌**：你的產品或服務有什麼獨特的賣點？**第三張牌**：你該怎麼吸引新的客戶？**第四張牌**：面對這樣的競爭，你該怎麼留住現有的客戶？**第五張牌**：你能提供哪些額外、不同的服務，使你的企業成為首選？

準備的物品

整副牌。

時機

當某個星座轉變成另一個星座時，或某個星期三。

207
你應該冒著大風險去
推動事業嗎？

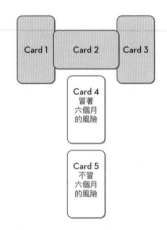

用途或背景知識

當你相信自己正在做的事，可以開創大局。

第一張牌：你最終的野心。**第二張牌**：是什麼事阻礙了企業的發展，而你完全沒有查覺到？**第三張牌**：你應該冒著大風險去達到理想的事

業目標嗎？如果第三張牌不明確，請在第二張牌的正下方加上第四張牌，藉此了解冒著六個月的風險有什麼後果。如果你不想冒著六個月的風險，則是在下方加上第五張牌。

準備的物品

二十二張大牌。

時機

星期日的中午。

關係，產生進一步的情感問題？**第六張牌**：如果有必要，你應該退出，並撥出時間做其他事情嗎？**第七張牌**：你們現在應該規劃一些共同的旅行，然後重新建立感情的基礎嗎？

準備的物品

二十二張大牌和十六張宮廷牌。

時機

殘月期間。

208
你想退出家族企業，
但另一半不贊成

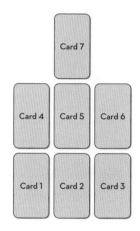

用途或背景知識

當你想花更多的時間去旅行或放鬆，但你的伴侶是工作狂。

第一張牌：你應該慢慢退出，還是馬上退出？
第二張牌：有沒有值得信任的人能接下兼職或全職的工作，讓你不必完全交出控制權？**第三張牌**：你應該考慮將企業長久地出售，或轉交給某個家庭成員嗎？**第四張牌**：伴侶不希望你退出，是因為他認為其他相關的家庭成員不可靠嗎？**第五張牌**：這是否顯示出伴侶或你們的

209
你的企業賣不出去，該怎麼辦？

用途或背景知識

當你的企業已經留在市場上很久了，卻沒有不錯的報價。

第一張牌：交易量低的市場或經濟衰退的現象，能及時得到緩解嗎？**第二張牌**：你應該更換代理商，或在全國或全球打廣告嗎？**第三張牌**：你應該分開出售商譽或企業，以及場地嗎？**第四張牌**：你的企業有哪些優勢或特點，能在推銷的時候提高出售的可能性？**第五張牌**：你充分利用了網路行銷的潛力嗎？

第六張牌：你應該考慮降價嗎？**第七張牌**：你能暫時出租企業，讓自己獲得自由嗎？**第八張牌**：為了擺脫企業，你會考慮設定停損點嗎？

準備的物品

整副牌。

時機

與企業相關的任何重要日子。

210
你想搬遷或擴展商業利益
（跨州、城市或海外）

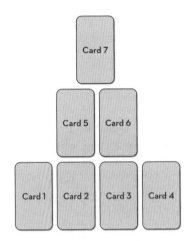

用途或背景知識

當你準備大舉搬遷或擴大業務。

第一張牌：你應該搬遷，或在網路上經營生意，藉此追求發展嗎？**第二張牌**：以你目前的業務能力而言，你能處理範圍多廣的業務擴張？**第三張牌**：你是否預期，或需要增加人員或場地規模？**第四張牌**：這是階段性的擴張，還是明顯跳級？**第五張牌**：這是基於業務的變動，還是你純粹想搬遷？**第六張牌**：你想好新的地點了嗎？能有效的實施嗎？

第七張牌：你是否擁有或能夠取得資金來源，在不久的將來實施自己的計畫？

準備的物品

整副牌。

時機

滿月的時候。

第十七章

名聲與致富的牌陣

此牌陣的幸運牌

大牌：魔術師、戰車、力量、命運之輪、隱士，尤其是伴隨著星星、月亮、太陽、世界等牌卡。

小牌：權杖王牌、權杖三、權杖四、權杖七、錢幣八、權杖八、錢幣九、錢幣十。

宮廷牌：權杖騎士、權杖皇后、權杖國王。

關於名聲與致富的牌陣

五張牌的牌陣能用在涉及冒險或透過媒體做交流的情境，六張牌的牌陣適用於強烈的願望和欲望，七張牌的牌陣很適合實現重要的夢想，八張牌的牌陣可用在加強進展，九張牌的牌陣能用於竭盡全力的情況下，十張牌的牌陣能用來回應關於成就的疑問。至於一張牌和兩張牌的牌陣，則是能讓你獲得快速的答案。

211
你該怎麼做，才能進入才華大賽的決賽？

用途或背景知識

當你需要簡單的指引時，可以採用兩張牌的牌陣。

第一張牌：為了進入決賽，你需要了解什麼？

第二張牌：你該怎麼在競爭中戰勝其他參賽者？

準備的物品

二十二張大牌。

時機

參賽的前一天晚上。

212
你想在電視選秀節目中贏得冠軍

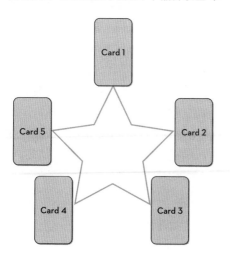

用途或背景知識

別人說你應該參加電視的才藝比賽，但你沒有信心。

第一張牌：什麼樣的表演能讓你脫穎而出？

第二張牌：你習慣在大眾面前展現自己的才華嗎？**第三張牌**：在報名比賽之前，你想在陌生人面前多加練習嗎？**第四張牌**：即使你這次不會獲勝，你還是準備好參賽了嗎？**第五張牌**：你願意持續嘗試，直到獲勝嗎？

準備的物品

二十二張大牌。

時機

當你發現鄰近的地區有試鏡的機會之時。

213
你想當電視真人實境秀的明星

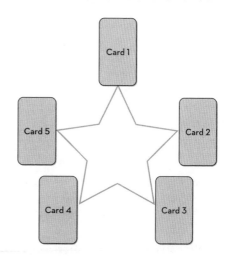

用途或背景知識

當你希望在一夕之間成為媒體上的名人。

第一張牌：你很喜歡成為大眾關注的焦點，並暢所欲言嗎？**第二張牌**：為了獲得潛在的名

聲，你願意犧牲隱私，或讓媒體調查你以前的經歷嗎？**第三張牌**：你的朋友或家人要怎麼接受你經常被偷拍？**第四張牌**：你已經（能夠）建立有影響力的社群媒體形象，或做出讓評審印象深刻的影片範本嗎？**第五張牌**：你能應付那些在節目內外，採取卑鄙手段抹黑你的潛在名人嗎？

準備的物品

二十二張大牌和十六張宮廷牌。

時機

星期日的中午。

214
你希望被星探或製作人相中

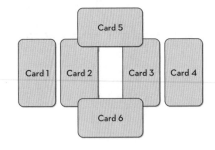

用途或背景知識

你想在表演事業中一炮而紅。

第一張牌：你應該尋找更高檔的場地，藉此提升品質嗎？**第二張牌**：為了成名或對外表演，你應該更常使用社群媒體或YouTube嗎？**第三張牌**：你應該寫一些原創內容，同時表演熱門的主題嗎？**第四張牌**：只要有機會，你應該參加所有的試鏡或才藝比賽嗎？**第五張牌**：你需要籌措資金，用來資助自己的事業嗎？**第六張牌**：你應該帶著影片範本去聯繫經紀公司或製作人，還是靜靜地等機會上門？

準備的物品

二十二張大牌和十六張宮廷牌。

時機

當你非常渴望爆紅的時候。

215
你想成為劇場、電影裡的演員或製作人

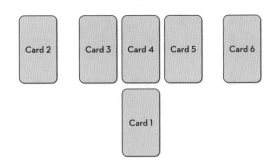

用途或背景知識

其他職業都無法讓你感到滿足。

第一張牌：無論機會多麼渺茫，你能夠把握每一次演出，或策劃表演內容的機會嗎？**第二張牌**：你應該在戲劇學院學習，還是直接登上舞台，靠自己努力往上爬？**第三張牌**：為了試鏡或工作機會，你準備好隨時前往任何地點嗎？**第四張牌**：你願意為了實現夢想而犧牲經濟保障，在兼職表演之餘，另外找工作養活自己嗎？**第五張牌**：你應該搬到知名的劇場區域，還是住在比較能放鬆身心的不知名地區？**第六張牌**：未來五年內，你能成功嗎？你能達到什麼樣的高度？

準備的物品

整副牌。

時機

新年或月初。

216

你應該進軍好萊塢，實現你對電影業的抱負嗎？

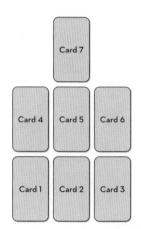

用途或背景知識

當你很渴望有重大突破之時。

第一張牌：為了進軍好萊塢，你應該準備接受任何表演的工作嗎？**第二張牌**：為了建立人脈，你應該在好萊塢接觸演戲或舞蹈、美妝的工作嗎？**第三張牌**：你應該立刻動身前往好萊塢，並在當地研究細節嗎？**第四張牌**：你應該接受任何附加的工作，還是制定具體的對策？**第五張牌**：你應該到製作人、名人聚集的地方，並期待他們注意到你嗎？**第六張牌**：不管機會多麼渺茫，你應該試著找經紀公司給你工作嗎？**第七張牌**：好萊塢是你現在必須去的地方，還是你應該等待一段時間？

準備的物品

四十張小牌（一號牌到十號牌）。

時機

當月期間，月亮落在你的星座時。

217

你想成為名人的化妝師或治療師

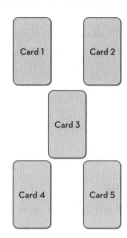

用途或背景知識

你有天賦，但是時運不濟。

請將所有的牌翻過來，並按照發牌的順序解牌。

第一張牌：在你嘗試之前，你需要學習哪些特殊的技能，或取得額外的資格證明？**第二張牌**：為了累積相關的經驗或拿到推薦信，你應該在高檔的美容院或治療中心工作嗎？**第三張牌**：你應該在當地的電視台透過媒體（或特殊療法）曝光，還是去追求更高的成就呢？**第四張牌**：你需要找經紀公司嗎？還是，你應該從一開始就直接應徵短期的工作？**第五張牌**：你準備好，或應該搬到有賺錢機會的地方嗎？

準備的物品

二十二張大牌。

時機

當月期間，月亮落在金牛座的時候。

218
你想成為成功的音樂家或歌手

用途或背景知識

你在當地做兼職的表演，只賺到一點錢後，你想了解接下來的情況。

請將牌卡翻過來，一排一排解牌。

第一張牌：你想達到巔峰的夢想能實現嗎？**第二張牌**：為了達到巔峰，你能夠、適合每天進行必要的練習嗎？**第三張牌**：你需要接受額外的培訓，還是需要更多在施展抱負的場所公開表演的經驗？**第四張牌**：你能夠或應該記錄自己的工作內容嗎？或者，你需要找經紀人？**第五張牌**：你應該參加更多比賽或試鏡，還是擔任巡迴各地的和聲歌手或音樂家？或者，你應該專心在網路上增加曝光率？**第六張牌**：你能夠從音樂相關的工作賺到足夠的錢，不惜放棄正職的工作嗎？或者，你可以在一年內兼顧兩者一段時間？

準備的物品

整副牌。

時機

滿月的時候。

219
你想成為成功的詞曲作者，或創作百老匯音樂劇

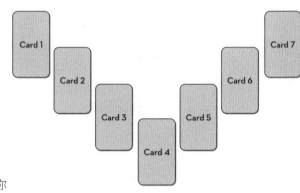

用途或背景知識

當你只知道創作，卻不懂得怎麼推銷自己的成果之時。

第一張牌：你對自己的音樂才華有信心嗎？或者，你覺得自己需要接受更多的培訓或練習嗎？**第二張牌**：你能利用網路或YouTube去推銷自己創作的歌曲或專輯嗎？**第三張牌**：你可以到當地的表演場地或劇場試試看嗎？**第四張牌**：你能透過人脈進入音樂界或演藝圈嗎？**第五張牌**：你需要經紀人嗎？或者，你想直接聯繫不太知名或海外的經紀公司？**第六張牌**：即使不是十全十美，你也應該記錄和推銷自己的作品嗎？**第七張牌**：未來五年內，你能在哪裡大放異彩？

準備的物品

整副牌。

時機

當月的第一個星期日。

220
你想在頂尖樂團中占有一席之地

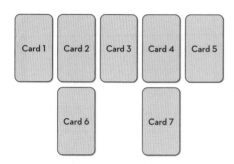

用途或背景知識

你的夢想是靠演奏古典音樂維生。

第一張牌：你應該去學校研習嗎？還是你已經在正規的音樂學院研習了？**第二張牌：**你能通過正式或非正式的必要考試嗎？**第三張牌：**你應該為了公開表演，而組成自己的獨奏、二重奏、三重奏或四重奏樂團嗎？或者，你可以製作YouTube影片來提高自己的知名度？**第四張牌：**即使你必須搬到國外或出差，你也準備好參加任何管弦樂隊的試奏嗎？**第五張牌：**為了自己選的管弦樂隊，你已經參加大師授課的訓練班，或（線上）研習班的演奏了嗎？**第六張牌：**即使在一開始吃了閉門羹，你之後也應該為了自己選的管弦樂隊而再次參加試奏嗎？**第七張牌：**你應該堅持到實現目標為止，還是給自己的抱負設定期限？

準備的物品

二十二張大牌和四十張小牌（一號牌到十號牌）。

時機

當你需要決定全心投入古典音樂的事業，或選擇有保障的教職之時。

221
你想成為有名的舞蹈家

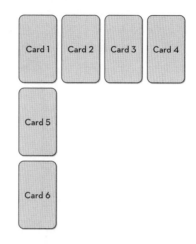

用途或背景知識

你需要決定全心投入舞蹈事業，或把舞蹈當成娛樂活動之際。

第一張牌：你熱愛各種舞風，還是只喜歡某種舞風？**第二張牌：**你應該多把心思放在正規的訓練，還是去舞蹈學院學習各種舞風？**第三張牌：**你準備好了為了聲名大噪，在任何地方的演出中接下各種歌舞團的工作嗎？**第四張牌：**你在編舞或表演方面是否有天賦，能讓你加入舞團或音樂劇的演出？**第五張牌：**即使你必須靠工作養活自己，你每天還是願意花好幾個小時練習嗎？**第六張牌：**你可以繼續把舞蹈當成愉快的愛好，還是你想努力達到一流的程度？

準備的物品

整副牌。

時機

即使不是你的第一志願，但你發現有機會參加舞蹈的試鏡。

222
成為專業的運動員

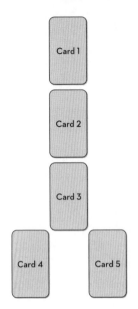

用途或背景知識

當你決心把特定的運動當成職業。

第一張牌：你曾經在不同級別的田賽項目*中贏得幾次冠軍嗎？**第二張牌**：你需要或應該申請新的教練，或贊助商、體育的獎學金嗎？**第三張牌**：你準備好全心投入了嗎？**第四張牌**：如果有加分作用，你會在海外接受培訓、練習或參加比賽嗎？**第五張牌**：你能承受決賽的壓力嗎？還是，你比較喜歡參加壓力較低的比賽，或擔任其他一流運動員的教練？

準備的物品

四十張小牌（一號牌到十號牌），以及十六張宮廷牌。

時機

在你應徵重要的體育職位之前。

*分為跳躍和投擲，包括跳高、跳遠、鉛球、鐵餅。

223
你活在別人口中的「成名夢」當中

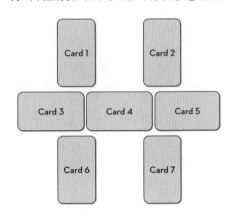

用途或背景知識

通往成功的過程讓你不快樂。

第一張牌：堅持不懈的獎勵是什麼？

第二張牌：堅持不懈的代價是什麼？

第三張牌：誰以及什麼事在推動你走上這條路？

第四張牌：你真正想要的是什麼？

第五張牌：你該怎麼達到目標？

第六張牌：你準備好接受退出之後的衝擊了嗎？

第七張牌：如果你選擇退出，你的長期目標是什麼？

準備的物品

整副牌。

時機

殘月週期結束前的最後幾天。

例子

艾麗（Ellie）從五歲開始，就持續接受父親的培訓。她的父親曾經是該州的少年網球冠軍，直到受傷才被迫放棄。如今，她也成為該州的少女網球冠軍，接下來的目標是追求卓越。不

過,最近她越來越不滿,因為每天都要練習好幾個小時,並在週末到現場看比賽,也無法跟朋友一起玩。她很喜歡動物,也想從事野生動物的保育職業,但父親強迫她一定要成為國際的網球明星。她愛父親,卻也感受到壓迫感。

第一張牌是寶劍八,象徵著艾麗被綁住了,但她可以逃脫。這張牌上的女人看起來不像積極上進的網球冠軍。**第二張牌**是寶劍二,象徵著受到束縛的艾麗在胸前交叉握著寶劍,並沒有發揮她真正的力量。**第三張牌**是聖杯國王。艾麗的父親推她一把,是為了看到她實現自己以前沒有實現的夢想。**第四張牌**是權杖六,圖上有一個人騎著馬迎接勝利。不過,艾麗希望自由的追求屬於自己的夢想。**第五張牌**是戰車,代表勇敢前進。但是,艾麗想在專門研究動物棲息地的林業機構當學徒。**第六張牌**是自由之塔。艾麗知道選擇退出後,會使父親的夢想破滅,但終究能讓他們兩個人得到自由。

第七張牌是權杖四,圖上有一棟在郊外的房子,周圍有許多花朵。艾麗的夢想是住在郊外,而不是待在她目前居住的城市;她也想拯救一些受傷的野生動物。

224
你該怎麼贏得理想大學的獎學金,讓自己在嚮往的專業領域快速起步?

用途或背景知識
請使用兩張牌的牌陣。

第一張牌:你該怎麼在大考或書面報告中,脫穎而出?**第二張牌**:你該怎麼在面試或口頭報告中,留下正面的印象?

準備的物品
二十二張大牌和十六張宮廷牌。

時機
在你參加第一次大考或交出書面報告之前。如果你願意,可以在面試之前重複解牌,並使用這兩張牌來得知你在參與面試或口頭報告之前的資訊。

225
進軍下一屆奧運會的七大步驟

用途或背景知識
當你知道自己在熟悉的領域表現得不錯,但你希望有傑出的巔峰表現。

第一張牌:你已經或即將獲得贊助或頂級的培訓嗎?**第二張牌**:你有足夠的資金,能進行必要的訓練嗎?**第三張牌**:你是否定期與自己所在領域的佼佼者較量?**第四張牌**:你應該搬到有優良訓練設備的地方嗎?**第五張牌**:你已經(即將)建立有用的人脈資源嗎?或者,你要在合適的活動中角逐?**第六張牌**:如果成功站穩排名位置,在奧運會結束後你有什麼打算?
第七張牌:如果你沒有占到名額,接下來該怎麼辦?

準備的物品
整副牌。

時機
當月的第一天。

226
你想在大型足球隊、棒球隊或籃球隊中占有一席之地

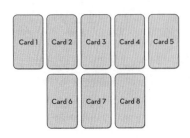

用途或背景知識

當你想成為知名團隊的成員。

第一張牌：你對目前的體育獎學金，或團隊成員的身分感到滿意嗎？還是這些事阻礙了你的發展？**第二張牌：**你的個性適合當團隊成員嗎？或者，你是當隊長的料？**第三張牌：**你該怎麼引起別人的注意，或提高知名度？**第四張牌：**你能在目前的位置有所進步嗎？還是，你應該追求晉升？**第五張牌：**你正在專心練習或訓練嗎？你能達到更高的水準嗎？**第六張牌：**你準備好更高調面對大眾、媒體施加的壓力嗎？**第七張牌：**為了達到你渴望的巔峰，你應該（願意）搬到別的地區或前往海外嗎？**第八張牌：**為了達到巔峰，你能克服所有的障礙或競爭嗎？

準備的物品

整副牌。

時機

當月的第一個星期二（適合採取行動）。

227
你想成為暢銷書作者

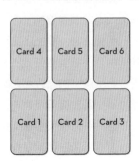

用途或背景知識

當你有極好的點子可以用於寫書，或者你已經寫完小說，並希望看到自己的小說出版。

第一張牌：你的點子或小說在商業方面能有效實施嗎？或者，你寫的書需要針對大眾市場進行調整嗎？**第二張牌：**你能看到、找到自己的書在特定市場中，有哪些需要立即填補的缺漏嗎？**第三張牌：**如果你沒有爆紅，你準備好迎接充滿挫折的漫長過程嗎？**第四張牌：**你應該找代理商，還是直接去找出版商？**第五張牌：**剛開始，你認為在網路上出版比較好，還是獨立出版比較好？**第六張牌：**你能成功嗎？可以的話，多快能看到成果？

準備的物品

小牌（一號牌到十號牌），以及十六張宮廷牌。

時機

月亮在任何一個月經過射手座的時候；你也可以選擇任何一個星期四。

228
你想成為成功的藝術家、工匠或雕刻家

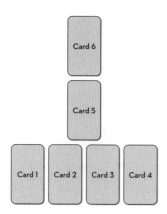

用途或背景知識

你想把自己熱愛的嗜好，轉化為成功的事業之際。

第一張牌：無論是在畫廊、網路，或兩者兼備，你準備好開始展示或銷售自己的作品嗎？

第二張牌：一開始，你需要藉著開設藝術課程，或在畫廊或工藝品商店工作來補貼收入嗎？**第三張牌**：你已經或即將在某處找到適合展示作品的畫廊、商店、網路市場或社交圈？

第四張牌：在你闖出一片天之前，該怎麼擁有充足的時間去創造並推廣自己的成品？**第五張牌**：與其他人相比，你的作品有什麼特點？**第六張牌**：如果你從現在開始著手，你能在五年內靠創造力維生嗎？

準備的物品

整副牌。

時機

下個月的月初。

229
你想成為著名的時裝設計師

用途或背景知識

你不斷為朋友和家人製作特殊場合的服裝後，你發現自己有靠設計謀生的天分。

第一張牌：你設計的服裝有什麼特點？**第二張牌**：你有什麼強項可以發展成品牌（例如婚紗或禮服）？**第三張牌**：你需要在大學接受時裝設計的訓練，還是去時裝商店當學徒？或者，你可以自學成才？**第四張牌**：你應該在網路上和私下收取傭金嗎？還是，你可以把成品賣給商店？**第五張牌**：你準備好當專職的自由工作者，一邊發展自己的事業，一邊靠自己製作和修補服裝嗎？**第六張牌**：你該怎麼透過YouTube或節慶活動的攤位和表演，提供獨特的現成時裝，吸引媒體關注？**第七張牌**：剛開始，你應該把自己設計的作品寄到不太有名的時裝公司嗎？**第八張牌**：你該期待明年有什麼幸運的轉機嗎？

準備的物品

整副牌。

時機

娥眉月（新月前後的月相）期間。

Card 8

Card 7

Card 6

Card 5

Card 4

Card 3

Card 2

Card 1

230
你想成為成功的國際記者，或紀錄片製作人

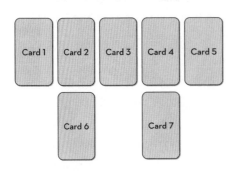

用途或背景知識

你相信自己有新聞相關的天賦，卻不知道該從哪裡起步。

第一張牌：你在網路上已經有部落格或YouTube紀錄短片，而且讀者或訂閱者越來越多了嗎？**第二張牌**：你應該去上媒體的研習課程，還是從電視新聞業的基層做起，然後努力往上爬？**第三張牌**：你會為了有受眾的特約文章或紀錄片內容，而隨時前往指定的地點嗎？**第四張牌**：無論你身在何處，你是否經常跟得上最新消息？還是，你經常在尋找引人入勝的故事或觀點？**第五張牌**：無論多麼沉悶或有風險，你從一開始就準備好在當地的媒體業工作了嗎？**第六張牌**：你應該（已經在）同時進行幾個大型的專案了嗎？**第七張牌**：你什麼時候才可以，或該怎麼在國內或國際間享有假期？

準備的物品

整副牌。

時機

當你在事業方面感到幸運的時候。

231
靠網路名利雙收

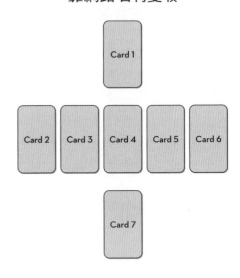

用途或背景知識

當你在網路上漸漸受到關注。

第一張牌：你能提出關於知名播客、網路廣播電台，或新的社群媒體論壇的好點子嗎？**第二張牌**：你需要吸取額外付費的專業知識嗎？需要的話，你能在哪裡找到資源？**第三張牌**：你需要贊助商嗎？還是，你能夠靠自己奮鬥？**第四張牌**：你即將面臨什麼樣的競爭或負面影響？**第五張牌**：你能把網路上的不同企業聯繫起來，藉此提高你的知名度嗎？**第六張牌**：你最大的優勢或價值是什麼？**第七張牌**：你預期在一夕之間發揮影響力，還是漸進式的成長？

準備的物品

四十張小牌（一號牌到十號牌），以及十六張宮廷牌。

時機

星期三（靠科技致勝）。

232
你想和名人、歌手、富豪或體育明星約會

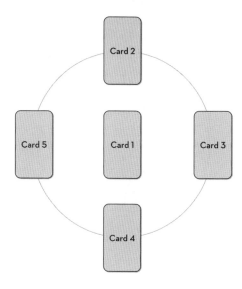

用途或背景知識

你也想跟他們一樣過著上流社會的生活。

第一張牌：你有辦法進入富人和名人社交的場
所嗎？**第二張牌：**你有充裕的時間、金錢，
或有滿滿的動力去維持一開始吸引人所需的服
裝、髮型或身材嗎？**第三張牌：**你能輕易的融
入他們的社交圈、生活方式和做事的習慣嗎？
第四張牌：你準備好做出犧牲，認同並過著他
們高調的生活方式嗎？**第五張牌：**如果你沒有
從他們的身上感受到愛，在情感方面也缺乏安
全感，你會為了跟他們過一樣的生活而勉強過
日子嗎？

準備的物品

四十張小牌（一號牌到十號牌），以及十六張
宮廷牌。

233
你想成為成功的政治家或總統

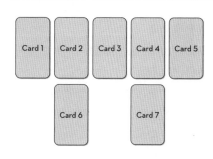

用途或背景知識

你有夢想，但你缺乏資金和有用的人脈。

第一張牌：不管過程有多麼艱辛，或者有多麼
遙不可及，這是你最大的夢想？**第二張牌：**你
已經或能夠在學院、政治、法律或商業領域建
立從屬關係，取得一席之地嗎？**第三張牌：**你
有沒有明確的信念、志業或特點，能讓你受到
贊助商或選民的熱烈支持？**第四張牌：**你有沒
有在集會或和平示威活動中發言，或者在期刊
上發表文章、參加辯論節目，讓媒體更容易注
意到你？**第五張牌：**身為平民百姓的代表，你
能把自己的平凡出身變成有利的條件嗎？**第六
張牌：**為了上位，你願意前往任何地方，或接
受任何候選資格嗎？**第七張牌：**你何時才會轉
運，或該怎麼轉運？

準備的物品

整副牌。

時機

當你準備好以任何的身分參加競選之際。

234
你想靠不動產發大財

用途或背景知識

你正努力在市場上站穩腳跟，或者你第一次擁有屬於自己的不動產。

第一張牌：你參加拍賣或出價收回不動產時，有沒有強烈的直覺告訴你能達成划算的交易？

第二張牌：你能夠（該怎麼）快速取得成交的資金？**第三張牌：**你能夠修繕，或取得價格合理、效率高的修繕服務，使不動產迅速煥然一新嗎？**第四張牌：**你能夠讓自己的房子賣得出去嗎？**第五張牌：**你願意（能夠）在有發展前景的地區發現物美價廉的房子嗎？**第六張牌：**你能取得未來會增加土地價值的自建房屋嗎？

第七張牌：即使你無法立即看到價值，你還是應該投資商用不動產或土地嗎？**第八張牌：**你能在討價還價的時候保持鎮定，也知道應該在什麼時機去爭取有利的條件嗎？

準備的物品

四十張小牌（一號牌到十號牌）。

時機

當不動產的收購唾手可得之時。

235
你想靠股票大賺一筆

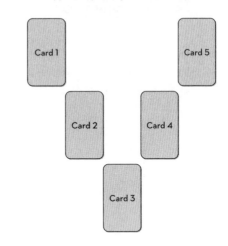

用途或背景知識

你有機會做股票投資的交易，但缺乏信心。

第一張牌：你是否對投機買賣和目前瞬息萬變的國際市場進行了充分的研究，能夠快速做出準確的決定？**第二張牌：**你善於判斷什麼事物在未來的不同時期（長期或短期）有利可圖嗎？**第三張牌：**你應該接受理財的建議嗎？還是，你應該相信自己的判斷力？**第四張牌：**你應該立即進行孤注一擲的投資，把握機會追求高報酬嗎？**第五張牌：**你應該等待，還是慢慢的累積穩定的報酬，逐漸增加利潤？

準備的物品

四十張小牌（一號牌到十號牌），以及十六張宮廷牌。

時機

當你需要快速決定是否全力以赴，或維持現狀之際。

第十八章

美夢成真的牌陣

此牌陣的幸運牌

大牌：愚者、魔術師、皇后、女祭司、教皇、大祭司、節制、月亮、星星、世界。

小牌：聖杯王牌、聖杯二、聖杯三、聖杯七、聖杯十。

宮廷牌：聖杯騎士、聖杯皇后、聖杯國王。

關於美夢成真的牌陣

一張牌和兩張牌的牌陣對直截了當的疑問有幫助，三張牌的牌陣適用於逐漸升溫的幸福感。四張牌的牌陣可用在關於安全或穩定性的問題，五張牌的牌陣很適合冒險、尋找新點子或恢復舊思維的情境。六張牌的牌陣能用於幸福、愛情及成就的主題，七張牌的牌陣適用於選擇及意想不到的正面結果。八張牌的牌陣可用於重新獲得權力。至於九張牌以上的牌陣，則是能用在實現夢想，尤其是涉及做善事，盡顯人情味的疑問。

236
為了擁有成功的職涯，你願意犧牲生活嗎？

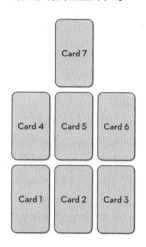

用途或背景知識

當你有機會實現職涯抱負，卻意識到即將失去幸福的私人生活。

第一張牌：為了成功，你必須付出什麼代價？

第二張牌：如果想往高處走，你必須在家庭或社交方面放棄什麼？**第三張牌**：你已準備好專心致志，還是比較想在工作之餘享受高品質的生活？**第四張牌**：如果你一心一意想抓住機會，有什麼長期的優勢？**第五張牌**：你不把握這次機會，有什麼長期的優勢？**第六張牌**：有兩全其美的折衷辦法嗎？**第七張牌**：你的最終目標是什麼？

準備的物品

整副牌。

時機

星期四（思考積極上進的做法）。

237
如果現在開口問，夢中情人會同意跟你約會嗎？

用途或背景知識

一張牌的牌陣能用來評估現在是不是詢問對方的恰當時機。如果答案是否定的，你可以發第二張牌，了解對方以後會不會答應邀約。

準備的物品

二十二張大牌和十六張宮廷牌。

時機

在你打算詢問他的前一天早上。

238
你應該把自己從家族繼承的一部分金錢用於環遊世界，還是幫自己安排重要的長假？

用途或背景知識

當你的成年子女抱怨你自私的把錢花在實現個人的夢想，而不是把錢存起來。

第一張牌：你有資格隨心所欲的花自己的錢嗎？**第二張牌**：如果你追逐自己的夢想，應該感到內疚嗎？**第三張牌**：如果你不去追逐自己的夢想，以後會懊悔嗎？

準備的物品

二十二張大牌和十六張宮廷牌。

239
兒時，因工作或家庭責任而擱置的目標

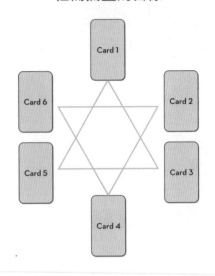

用途或背景知識

隨著歲月流逝，你領悟到機不可失。

第一張牌：你的夢想依舊不變嗎？還是已經變了？**第二張牌**：考慮到已經過去了這麼多年，你現在該怎麼達到目標？**第三張牌**：你已經採取了哪些步驟？或者，你應該採取哪些步驟去圓夢？**第四張牌**：誰或哪些已知的因素，能幫助你實現夢想？**第五張牌**：改變自己的生活方式，能讓你更接近夢想嗎？**第六張牌**：哪些意想不到的因素或機會，能讓你夢想成真？

準備的物品

四十張小牌（一號牌到十號牌），以及十六張宮廷牌。

時機

在繁星點點的夜晚。

240
運用彩虹的七種顏色，了解你的目標是否切實可行

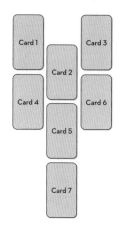

用途或背景知識

當你需要決定為夢想全力以赴，還是等待或調整計畫。

如果你願意，可以在薄紙板上畫出彩虹並上色。每種顏色各放一張牌。第一張牌屬於紅色。請翻牌，並依序解牌。解完一張牌，再翻開下一張牌。

第一張牌：紅色。無論代價是什麼，你想成功的決心有多麼堅定？**第二張牌：橙色。**你真的很渴望實現這個夢想嗎？**第三張牌：黃色。**通往成功的實例和資訊都很合理嗎？**第四張牌：綠色。**你應該慢慢追求夢想，還是不遺餘力的一頭栽進去？**第五張牌：藍色。**你有足夠的信心、知識和經驗去追夢嗎？**第六張牌：靛藍色或紫色。**如果你開始行動，能發現哪些潛在的資源或天賦？**第七張牌：紫蘿蘭色或白色。**即使不會成功，你還是會勇往直前嗎？

準備的物品

整副牌。

時機

當天空出現彩虹，或房間的水晶吊飾折射出七彩虹光時。

241
喚醒你埋藏已久的隱密夢想

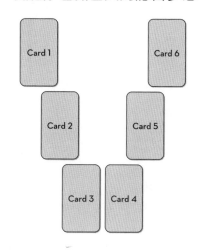

用途或背景知識

當你突然想起自己真正想追求的夢想，卻不曾向別人提起。現在，你想知道是不是已經太遲了。

第一張牌：為什麼你以前沒有向別人透露過，藏在心裡的夢想？**第二張牌：**是什麼事阻礙你去圓夢？**第三張牌：**你現在有動力去追逐夢想嗎？**第四張牌：**有哪些障礙？**第五張牌：**激勵你的因素是什麼？**第六張牌：**你該怎麼或何時，到哪裡去實現夢想？

準備的物品

整副牌。

時機

你的生日，或其他重要的日子。

242
十字牌陣

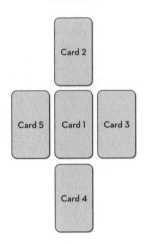

用途或背景知識

當你明白圓夢的條件是必須轉換跑道。
請使用十字牌陣。

第一張牌：你能得到的好處；追尋夢想能帶來改變。**第二張牌**：你即將面臨的損失；做出改變後的壞處。**第三張牌**：你應該努力保住目前的職位，同時慢慢的做出改變嗎？**第四張牌**：孤注一擲；如果你做出改變，你以後會懊悔嗎？**第五張牌**：孤注一擲；如果你不願意改變，你以後會懊悔嗎？

準備的物品

整副牌。

時機

當你處於人生的抉擇關頭。

例子

長久以來琳達（Linda）一直想參加諮詢服務的課程，以及在收容所與女性一起工作。但是如果現在就去做，她以後領到的退休金就會減少，也必須犧牲目前的優渥薪水。

第一張牌是錢幣七，圖上有一個人在累積七枚錢幣，象徵著經由變化而獲得工作滿意度，並在多年後有能力打造安穩的新職涯。琳達一直在存錢，以期未來在接受培訓的期間不會經濟拮据。

第二張牌是錢幣六，圖上有一個人在布施金錢，而琳達的解釋是失去了更多的退休金。不過，與第一張牌一起看的話，她擔任顧問的收穫，是布施的各式各樣黃金。她表示，這份工作能讓她感到快樂，而她目前做的高薪秘書工作無法帶來同樣的感受。

第三張牌是錢幣二，圖上有一個人正靈活操控錢幣。琳達表示，如果她要成功圓夢，就需要專心接受諮詢服務的培訓。

第四張牌是錢幣四，許多錢幣暗示著務實的考量很重要。這張牌代表一個人堅守已擁有的物質。雖然穩定的薪水很重要，但圖上的人無法移動，對琳達的夢想而言是一種限制。

第五張牌是聖杯六，代表十分重要的幸福感和成就感來源。琳達終於去追求自己不曾放棄的夢想。

243
你想開一間水晶專賣店

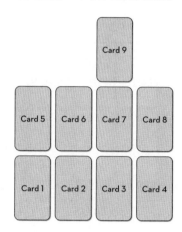

用途或背景知識

當你想實現長期以來的願景，藉此賺錢。

第一張牌：你應該開一家實體店，還是從網路商店著手？**第二張牌**：你能夠（已經）在熱門的城鎮或觀光景點找到營業場地，以便隨時接待顧客嗎？**第三張牌**：在開業之前，你研究過，或能找到當地或海外的可靠供應商嗎？**第四張牌**：你需要一些進貨的資源嗎？或者，你需要提供塔羅解牌之類的服務來幫商店宣傳？**第五張牌**：什麼樣的服務和與眾不同的產品，能讓你找到利基市場？**第六張牌**：你能透過社群媒體、播客、節日活動等管道，吸引潛在的顧客嗎？**第七張牌**：你應該獨自工作，還是找家人或朋友一起工作（合夥關係或從屬關係）？**第八張牌**：你需要克服什麼樣的競爭？**第九張牌**：剛開始，你需要保持目前的工作或做遠端的自由業，才能補貼收入嗎？

準備的物品

整副牌。

244
你的夢想是開一家靈修中心

用途或背景知識

當你想把個人的靈修願景化為現實，並藉此賺到足夠的生活費，但致富並不是你的目標。

第一張牌：你的靈修願景，能否在財務方面達到有發展性的企業基礎？**第二張牌**：你已經擁有（能夠找到）適合企業的營業場地或土地嗎？**第三張牌**：你應該（能夠）購買、長期或短期出租自己的場地嗎？或者，你在初期管理一家現有的靈修中心會比較妥當？**第四張牌**：你能自行建造（改造）現有的營業場地或土地，創造出獨特的視覺效果嗎？**第五張牌**：在你開業之前，需要學習新的技能或療法嗎？**第六張牌**：你應該獨自經營，還是與伴侶或家人

一起經營？或者，你可以請專家或治療師教導或指引不同的領域？**第七張牌**：如果場地是住宅，你能提供什麼樣的靈修環境——豪華、回歸自然，還是簡樸舒適？**第八張牌**：你期望透過節慶、音樂會或儀式來增加收入嗎？**第九張牌**：你能提供哪些有別於其他靈修中心的特殊服務？**第十張牌**：你會以節儉的方式開始著手，將營業場地或土地做額外的用途，直到事業穩定下來嗎？**第十一張牌**：五年後，你的目標有什麼樣的進展？

準備的物品

整副牌。

時機

在你調整時鐘的時候（調成早一點或晚一點）。

245
你想宅在家，享受輕鬆的
退休生活，但其他人說
你應該找新的嗜好

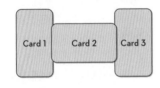

用途或背景知識

你很期待退出江湖，享受著宅在家和接觸園藝的生活，但你身邊的人都勸諫你培養別的嗜好。

第一張牌：你退休後，想做什麼事？**第二牌**：那些鼓勵你接觸新活動的人，有什麼動機？**第三張牌**：別人告訴你應該做什麼事、追求什麼目標而帶來的壓力，你能否抵抗？或為自己保留時間和空間，而不產生不必要的內疚感嗎？

準備的物品

二十二張大牌。

時機

你退休的那天。

246
實現自給自足的夢想

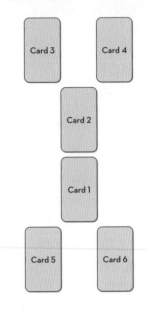

用途或背景知識

你想生活在自己的土地附近，並靠土地養活自己。

第一張牌：你現在準備好邁出這一步了嗎？還是應該等待？**第二張牌**：你願意在不做出重大改變的情況下，透過調整目前的生活方式，讓自己過著更容易持續獨立營生的日子嗎？**第三張牌**：如果你買不起房子和土地，有可能透過租賃的方式，快速實現夢想嗎？**第四張牌**：你追求目標時，應該維持目前的工作或做兼職工作嗎？**第五張牌**：最後，你能透過出售農產品、開辦課程或接待遊客等方式，靠土地賺到

額外的錢嗎？**第六張牌**：為了你自己和你愛的人，這種生活方式足以讓你願意為夢想全力以赴嗎？

準備的物品

四十張小牌（一號牌到十號牌），以及十六張宮廷牌。

時機

季節變換之際。

247
卸下重擔，實現願望和追求幸福

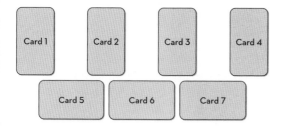

用途或背景知識

為了實現願望，你需要擺脫情感束縛，現實中的負擔或多餘的生活包袱。

第一張牌：在我目前的生活中，是負擔多於好事，還是好事多於負擔？**第二張牌**：我能用來實現願望的主要優勢是什麼？**第三張牌**：阻礙我實現願望的主要負擔是什麼？**第四張牌**：我該怎麼提升自己的幸福感或增加優勢？**第五張牌**：我該怎麼成功克服自己的負擔或劣勢？**第六張牌**：我最大的心願是什麼？**第七張牌**：這個願望如何（何時）能實現？

準備的物品

四十張小牌（一號牌到十號牌），以及十六張宮廷牌。

時機

任何一個夜晚，伴著輕音樂。

248
你的夢想是環遊世界

用途或背景知識

你渴望旅遊，而且非常想要擺脫現狀。

第一張牌：你可以在目前的人生階段，去實現夢想嗎？還是你應該等待？**第二張牌**：你能接受每年一趟國外旅行嗎？**第三張牌**：你能夠（應該）籌集資源，盡快圓夢嗎？**第四張牌**：假設你在半路上突然手頭拮据，該怎麼活下去？**第五張牌**：其他人需要留下來嗎？還是，有人會跟你一起去，或有人在途中相聚、等候你嗎？**第六張牌**：你應該（能夠）為了家人或銷售用途，寫部落格文章、保留相片或製作旅遊的紀錄片嗎？**第七張牌**：你已經（需要）有明確的行程嗎？還是，你想去哪裡就去哪裡？**第八張牌**：如果你不盡快上路，你以後會懊悔嗎？

準備的物品

整副牌。

時機

滿月的時候。

Card 8

Card 7

Card 6

Card 5

Card 4

Card 3

Card 2

Card 1

249
你想長期移居海外

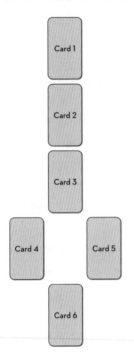

用途或背景知識

當你渴望長期住在文化或地理位置不一樣的國度。

第一張牌：你的家人或祖先，是否與你嚮往的地點有關係，或者你只是希望在那裡悠閒生活？**第二張牌**：你有足夠的技能、收入或資源，讓自己經濟獨立嗎？**第三張牌**：你會在當地創業、從事富有創意的營利事業，還是單純享受當地的生活風格？**第四張牌**：你需要克服文化或語言的障礙嗎？**第五張牌**：你應該融入當地的生活方式或文化，還是住在移居國外者多或國際社區的附近？**第六張牌**：你能接受住在度假屋嗎？還是你想永久定居？

準備的物品

四十張小牌（一號牌到十號牌），以及十六張宮廷牌。

時機

元旦，或任何一個月份的月初。

250
菱形牌陣：你想成為醫學研究員和鑽研致命疾病的療法

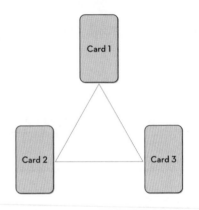

用途或背景知識

你想做出改變，但不想取得有利可圖的醫療職位。

第一張牌：你是否對某個醫學領域很感興趣？或者，你已經是專家了？**第二張牌**：你準備好接受艱苦的長期培訓，並且必須將時間花在其他領域嗎？**第三張牌**：你如何、該在何時做出真正的改變，並找到療法？

準備的物品

四十張小牌（一號牌到十號牌），以及十六張宮廷牌。

時機

在早晨剛醒來的時候。

251
你已經擁有夢想中的生活，但許多人說你很聰明，應該要出人頭地

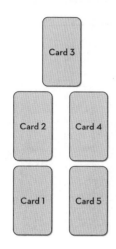

用途或背景知識

你對自己的工作、家庭及人際關係非常滿意，但別人認為你有能力取得更高的成就。

第一張牌：你想改變現在的生活嗎？**第二張牌：**別人鼓勵你往上爬的潛在因素是什麼？**第三張牌：**你現在的生活有哪些優點？**第四張牌：**你應該或需要說服別人相信你過著適合自己的生活嗎？還是，你可以忽略他們的建議？**第五張牌：**你現在或未來最大的快樂來源是什麼？

準備的物品

二十二張大牌。

時機

機會出現時，你不想要或不需要把握。

252
指南針牌陣：你想為大型的和平組織或國際慈善機構效勞

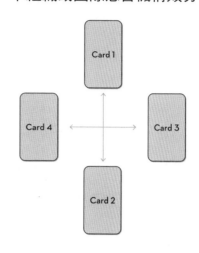

用途或背景知識

你想改善世界的問題，賺大錢並不是你的目標。

第一張牌：只要有機會，你會熱忱的為了志業而籌集資金、參加活動嗎？**第二張牌：**你已具備，或能夠學習必要的專業知識，讓自己有資格勝任職位嗎？**第三張牌：**為了增加經驗，你一開始就準備好做志願性的工作嗎？**第四張牌：**為了立足，你能接受任何條件或願意做任何事嗎？

準備的物品

二十二張大牌。

時機

當你發現有職缺之時。

253
你想成為天文學家，或鑽研太空科學和發現新的星系

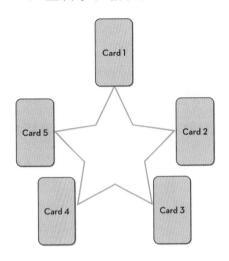

用途或背景知識

你一直對探索太空抱著熱忱。

第一張牌：你真的沒有其他路可以選了嗎？**第二張牌**：你想把鑽研天文學當成一種職業，還是你只想把這件事當成嗜好？**第三張牌**：你是否對外界的任何人或事，抱著開放的態度，並準備好相信直覺，以及按邏輯進行推理？**第四張牌**：為了取到你想要的職位，你會不惜一切代價或到任何指定的地點嗎？**第五張牌**：你如何，或何時有幸運的轉機？

準備的物品

整副牌。

時機

出現罕見的天文現象，例如流星雨來臨之際。

254
你被迫待在家族企業工作，但你想做別的行業

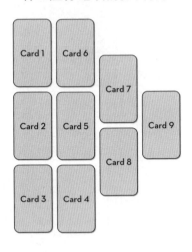

用途或背景知識

你知道自己應該表明立場，卻擔心別人的反應。

第一張牌：你到底想要什麼？**第二張牌**：別人反對你改變的根本原因是什麼？**第三張牌**：在公司或家庭內外，有沒有人支持你改變？**第四張牌**：你現在準備展開自己的新職涯，或（體育、健康等）事業或學習了嗎？還是你需要更多的準備？**第五張牌**：你能慢慢協商或退出嗎？**第六張牌**：你決定孤注一擲嗎？**第七張牌**：你該怎麼面對後果？**第八張牌**：你得和家人同住嗎？還是，你需要離開一段時間去實現夢想？**第九張牌**：理想的長期結果是什麼？

準備的物品

整副牌。

時機

月底。

255
你的家人或鄰居想說服
你與家附近的異性結婚，
但你不想被婚姻束縛

用途或背景知識

大家在談論訂婚或婚禮，但那是父母的夢想，不是你的。

第一張牌：你的家人、隔壁的異性，甚至鄰居真的了解你的感受嗎？**第二張牌：**他們願意聽你說話嗎？還是，你的態度需要更加堅定，或放棄嘗試？**第三張牌：**你有感受到被情緒勒索，有配合別人、避免大吵大鬧或不讓家人或鄰居失望的壓力嗎？**第四張牌：**服從的代價是什麼？**第五張牌：**說出心聲的代價是什麼？**第六張牌：**你應該離開一段時間，直到塵埃落定嗎？**第七張牌：**有其他對象適合你嗎？還是，你想維持單身？**第八張牌：**在家庭或社區內外，有沒有人支持你的想法？**第九張牌：**這是家庭或社區施加很大的心理壓力在你身上，強迫你遵從所導致的問題嗎？

準備的物品

整副牌。

時機

在你的家人開始寄送喜帖之前。

256
十字紀念牌陣：為失去的
摯愛成立慈善機構

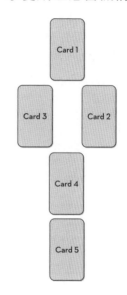

用途或背景知識

你想收集和管理，用於研究或資助受難者的親屬和病人的資金。

第一張牌：目前有沒有你可以聯手合作的慈善機構？**第二張牌：**你想讓慈善機構維持設備齊全的小規模，還是以摯愛的名義，使它成為日益重要的機構？**第三張牌：**你有相關的專業知識，可以應付法律或官方的繁瑣手續嗎？還是，你需要找專家來處理？**第四張牌：**你在網路上的形象足以提高慈善機構的知名度嗎？**第五張牌：**你能不能寫一本書，內容是關於摯愛的人生，並引起媒體關注，使慈善機構增添親

和力？

準備的物品

四十張小牌（一號牌到十號牌），以及十六張宮廷牌。

時機

當你準備好以具體的方式表達悲痛，目標是幫助其他有同樣遭遇的人。

257
你希望在不再年輕的階段，或在失去摯愛後，遇到你的真愛

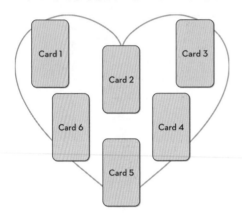

用途或背景知識

當你渴望愛人與你長久的共同生活。

第一張牌：對方出現的時候，你能敞開心扉嗎？還是，你需要更長的療傷時間？**第二張牌**：這段戀情會慢慢從友誼滋生，還是一見鐘情？**第三張牌**：你何時或在何處能找到真愛？**第四張牌**：你要怎麼知道對方是真命天子或真命天女？**第五張牌**：這段戀情能持續到永遠嗎？**第六張牌**：你該怎麼避免，或忽視那些反對你迎接新戀情的人，干涉你的生活？

準備的物品

整副牌。

時機

情人節，或滿月的時候。

258
你想從城市搬到海邊或鄉村

用途或背景知識

當你需要新鮮的空氣、水，以及「慢活」的簡單生活方式。

第一張牌：你很清楚自己想住在哪裡嗎？或者，你願意尋找適合自己的地點嗎？**第二張牌**：你希望早點搬家，而不是等到以後，並擔心搬運的問題嗎？**第三張牌**：有人會強烈反對你的決定嗎？**第四張牌**：你應該妥協嗎？或者，這是生活中孤注一擲的改變？

第五張牌：你應該展開新的職涯，或者創業、在家工作，開始享受全新的生活方式，同時面對理財的問題嗎？

第六張牌：做出改變後的理想結果是什麼？

準備的物品

二十二張大牌和十六張宮廷牌。

時機

假期結束時，你不想回到城市之際。

259
你想發明有價值的東西

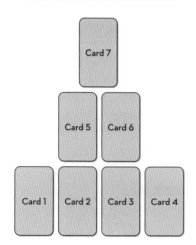

用途或背景知識
當你迷上了發明，並且想開發這項天賦。

第一張牌：你是否天生有創意思維，能夠發現解決問題的不同做法或解決方案？**第二張牌**：有哪些特殊的問題，讓你想透過發明來解決嗎？**第三張牌**：你有興趣申請專利和出售自己的發明物嗎？或者，你的發明物是專門為有需要的個人或已知團體而設計？**第四張牌**：這是你的嗜好，還是你想靠發明謀生？**第五張牌**：你該怎麼找到贊助商支持你的發明，讓你可以專心投入其中？**第六張牌**：未來五年內，你會看到自己的發明有什麼發展？**第七張牌**：你能創造出一種讓許多人的生活變得更好的東西嗎？

準備的物品
四十張小牌（一號牌到十號牌）。

時機
滿月落在雙子座的時候。

260
你想參與海外或貧困
社區的慈善計畫

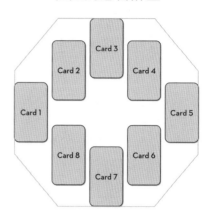

用途或背景知識
你正在為第三世界的慈善機構籌措資金，但你知道自己可以做得更多。

第一張牌：即使你有其他責任，或有人說你不應該去，但你已經準備好上路了嗎？**第二張牌**：你需要額外的培訓或自願性質的度假計畫，才能更了解提供服務的條件嗎？**第三張牌**：你決定為某個國家、社區或年齡層效勞，還是你願意到任何地方安身？**第四張牌**：剛開始，在你收到薪資，能支付開銷或車費之前，你有足夠的資源養活自己嗎？**第五張牌**：你準備好面對官僚體制、繁文縟節或心胸狹窄的獨裁者嗎？他們可能會在你變得資深之後，找你麻煩？**第六張牌**：不管有多少艱難的狀況和風險，你需要在過程中竭盡全力嗎？**第七張牌**：你應該找夥伴一起去，還是你比較想單獨行動？**第八張牌**：這是永久的生活轉變，還是短暫的接案性質？

準備的物品
整副牌。

261
你想在晚年讀書或上大學

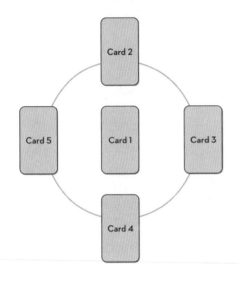

用途或背景知識

當你開始後悔以前沒有在年輕的時候用功讀書，或者你沒有上大學或完成學位。

第一張牌：即使這條路很艱難，讀書能讓你感到快樂嗎？**第二張牌**：你需要（應該）從短期的課程或利用業餘的時間讀書，漸漸重新熟悉學習這件事嗎？**第三張牌**：你還是想上年輕時上過的課程嗎？還是隨著經歷的累積，你的喜好已經改變了？**第四張牌**：你讀書是為了娛樂，還是為了重大的職涯轉變？**第五張牌**：如果你為夢想全力以赴，能成功嗎？

準備的物品

整副牌。

時機

在申請大學的時間截止的前一週。

262
你想開一家動物救援中心

用途或背景知識

你熱衷於拯救和幫助迷路、受虐或受傷的生物。

第一張牌：你想把自己對救助動物的熱忱轉變為全職的工作，還是當成業餘的嗜好？**第二張牌**：在現有的動物慈善機構當志工，或在動物收容所接受訓練，能讓你心滿意足嗎？**第三張牌**：你已經有（能夠取得）合適的土地或營業場地，並以慈善的名義解決開銷嗎？**第四張牌**：起初，你需要做其他與動物相關的工作，才能補貼收入嗎？**第五張牌**：未來一年到五年內，你能靠自己籌募資金嗎？**第六張牌**：你應該（能夠）安排宣傳活動，引起媒體關注，提高動物救援中心的知名度嗎？

準備的物品

四十張小牌（一號牌到十號牌），以及十六張宮廷牌。

時機

聖方濟紀念日（10月4日），或任何星期六（動物保護日）。

263
你想聯繫還沒忘懷的舊愛

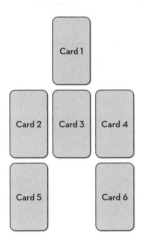

用途或背景知識

你滿腦子都是舊愛。

第一張牌：你是否夢到舊愛，或無意間聽到你們以前聽過的歌，產生了心電感應？**第二張牌**：你能夠（應該）嘗試在社群媒體或透過以前認識的人尋找舊愛，以便得知他是否單身嗎？**第三張牌**：即使你的舊愛不是單身，你應該或依然想要聯繫他嗎？**第四張牌**：無論你的舊愛是否單身，你想跟他培養或恢復友誼嗎？**第五張牌**：你希望透過電話或面對面的交流方式，與他拉近距離嗎？**第六張牌**：如果你們無法培養感情，那麼你認為結束這段關係是值得做的事嗎？

準備的物品

二十二張大牌和十六張宮廷牌。

時機

過了滿月之後。

264
你想在晚年接觸極限運動

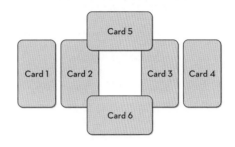

用途或背景知識

當你覺得自己比實際年齡小二十歲，並且很渴望冒險。

第一張牌：你真的很想接觸極限運動嗎？還是，只是希望生活中有更多的刺激感？**第二張牌**：你有特別喜歡的極限運動嗎？或者，有什麼運動能帶給你刺激感？**第三張牌**：恢復健身或加入冒險的行列，這是一個新開端的象徵？**第四張牌**：有朋友或夥伴跟你一起接觸極限運動嗎？還是你打算單獨行動？**第五張牌**：你能享受極限運動的本質嗎？或者，你認為極限運動是重大的生活改變開端嗎？**第六張牌**：下一個階段是什麼？你會回到以前的生活型態嗎？

準備的物品

四十張小牌（一號牌到十號牌），以及十六張宮廷牌。

時機

元旦或月初。

第十九章

家庭的牌陣

此牌陣的幸運牌

大牌：皇后、皇帝、力量、節制、太陽、月亮。

小牌：錢幣王牌、聖杯王牌、錢幣三、聖杯三、權杖四、聖杯六、寶劍六、錢幣七、錢幣九、錢幣十、聖杯十。

宮廷牌：錢幣侍者、聖杯侍者、錢幣公主（托特）、聖杯公主（托特）、錢幣騎士、聖杯騎士、錢幣王子（托特）、聖杯王子（托特）、錢幣皇后、聖杯皇后、錢幣國王、聖杯國王。

關於家庭的牌陣

一張牌和兩張牌的牌陣能用於回應簡單的疑問，三張牌的牌陣適合慶祝活動、增加家庭的幸福感以及家庭出現新成員。四張牌的牌陣適用於關於安全和穩定性的問題，五張牌的牌陣可用在成員之間、世代之間的溝通問題，六張牌的牌陣能用來回應關於親情以及在爭吵後和好的疑問。九張牌以上的牌陣對更複雜的問題，以及解決困難有幫助。

265
克服家庭中的偏袒之舉，或手足爭寵現象

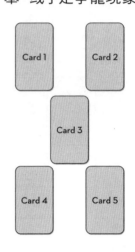

用途或背景知識

你經常為父母或祖父母提供實際的幫助，但毫無貢獻的兄弟姊妹卻備受寵愛。

第一張牌：家庭中的偏袒現象，是否從童年時期就存在了？如果是這樣的話，偏袒現象越來越嚴重了嗎？**第二張牌**：受寵的孩子助長了手足之爭嗎？**第三張牌**：你能要求受寵的兄弟姊妹做更多事，讓他配得起受到的讚美嗎？**第四張牌**：如果年長的親戚知道父母或祖父母偏心讓你很傷心，他們會否認事實，或指責你有嫉妒心嗎？**第五張牌**：你應該暫時（長期）讓大家知道，你以後無法提供協助嗎？

準備的物品

二十二張大牌及十六張宮廷牌。

時機

你付出心力後，卻又遭到忘恩負義的對待。

266
家人把你的付出當成理所當然

準備的物品

整副牌。

時機

當你發現從來都沒有把時間留給自己。

267
恢復家庭凝聚力的圓形牌陣

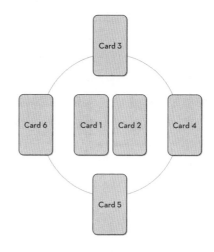

用途或背景知識

家人把你當成客房服務生、可隨意使喚的保母，或全天候開放的提款機。

第一張牌：你的家人只是不懂得為別人著想，而不是刻意表現得自私嗎？**第二張牌**：在成長過程中，他們經常期待你幫忙嗎？**第三張牌**：當你想拒絕的時候，是什麼原因導致你答應了家人的要求？**第四張牌**：當你拒絕的時候，家人的反應很惡劣嗎？**第五張牌**：你需要為家人付出這麼多嗎？**第六張牌**：如果你開始拒絕，誰會支持你？**第七張牌**：一般情況下，你能否做到減少滿足家人需求的情況？**第八張牌**：你不能或不願意拒絕哪些要求？**第九張牌**：如果你滿足了必要的要求，而且家人對你表達感謝，你會比較開心嗎？**第十張牌**：誰能提供你更多幫助？**第十一張牌**：你覺得尋求或接受他

用途或背景知識

你有一個大家庭，每次大家見面時，都會發生爭執。

第一張牌：導致意見不合的主要原因是什麼？**第二張牌**：誰是挑起事端的源頭？**第三張牌**：誰最能緩解氣氛或調解？**第四張牌**：該怎麼事先避免麻煩？**第五張牌**：發生爭執後的行動計畫。**第六張牌**：如何解決長期的根本問題。

準備的物品

二十二張大牌和十六張宮廷牌。

時機

接近殘月週期的尾聲。

268
初次見面時，你會喜歡新加入的家庭成員嗎？

用途或背景知識

發一張牌，翻面後看看結果為「喜歡」或「不喜歡」。

如果答案是肯定的，這代表你會在短時間內喜歡新的家庭成員，而且這種好感會與日俱增。

如果牌義有疑慮，則代表你不會在短時間內對他有好感。你可以決定抽第二張牌，並詢問如何、何時能改善情況。

準備的物品

二十二張大牌和十六張宮廷牌。

時機

你們見面的那天早上。

269
你應該邀請某位親戚參加家庭聚會嗎？

用途或背景知識

當你知道某位親戚的出現會造成麻煩，但你不想冒犯他。

請發兩張牌。先翻開第一張牌，解完牌後，再翻開第二張牌。哪一張牌傳達的訊息最有說服力？是肯定還是否定的答案？

第一張牌：邀請他會引起更多的麻煩嗎？**第二張牌**：如果你不邀請他，會不會造成更多的問題？假設訊息不明確，請在第二張牌後面加上第三張牌，當作最終的決定。

準備的物品

二十二張大牌和十六張宮廷牌。

時機

當你在考慮賓客名單的時候。

270
出現新的家庭成員

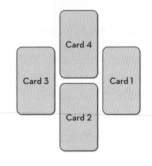

用途或背景知識

當新的家庭成員到來時，例如姻親、祖父母、再婚之後的孩子、晚年得子、養子或養女。

第一張牌：誰最排斥新成員？**第二張牌**：新成員可能會遇到哪些措手不及的問題？**第三張牌**：讓新成員融入家庭的最佳方式是什麼？**第四張牌**：在歡迎新成員的同時，你該怎麼保持目前的家庭凝聚力或認同感？

準備的物品

二十二張大牌和十六張宮廷牌。

時機

在重大的事件來臨之前。

271
你想在安靜的家庭聚會中介紹新歡

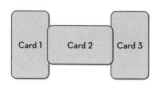

用途或背景知識

如果親戚堅持要帶著吵鬧的孩子、青少年或精力旺盛的動物，而且他無法控管秩序之時。

第一張牌：目前的問題。**第二張牌**：沒有事先處理問題的後果。**第三張牌**：讓大家都滿意的解決方法或妥協方案。

準備的物品

四十張小牌。

時機

在你規劃晚餐之前。

例子

比利（Billy）很擔心在晚餐的聚會上把新歡介紹給家人，因為他的新歡很容易害羞，而且他的姊姊有五個愛吵鬧的孩子；曾在每次的家庭聚會嚴重破壞氣氛。

第一張牌是權杖五，圖上有五個人（代表孩子）。他們不是在打架，而是在爭吵和推擠，而且他們經常在公共場合這樣做。

第二張牌是隱士。比利最擔心的是新歡不願意社交，因此無法了解他的父母。

第三張牌是權杖四，描繪著一對幸福的夫婦站在花園裡。有妥協的辦法嗎？這張牌暗示比利可以在戶外與姊姊和孩子們見面。孩子們可以在遊樂場跑來跑去，而大人能在旁邊談話（權杖五）。

比利在第三張牌的旁邊加上**第四張牌（節制）**。他和新歡在晚上與其他大人一起去吃豐富的晚餐。大家都很開心。

272
某位家庭成員經常為其他人帶來麻煩

用途或背景知識

一個人的搗亂行為，破壞了本來很幸福的家庭氛圍。

第一張牌：這種麻煩一直都存在嗎？或者，惹麻煩的人最近遭遇了創傷或挫折？**第二張牌**：惹麻煩的人是針對特定的家庭成員，還是平常就是個不討喜的人？**第三張牌**：是什麼引起了潛在的衝突局面？**第四張牌**：有其他家庭成員，能對惹麻煩的人產生積極的影響嗎？**第五張牌**：有其他家庭成員故意，或無意間使情況變得更糟糕嗎？**第六張牌**：為了維持家庭和諧，如果有必要，你應該警告惹麻煩的人，並且不讓他參與某些活動嗎？

準備的物品

四十張小牌（一號牌到十號牌），以及十六張宮廷牌。

時機

殘月即將結束的時候。

273
你想深入研究家庭背景，
尋找失蹤的幾代人

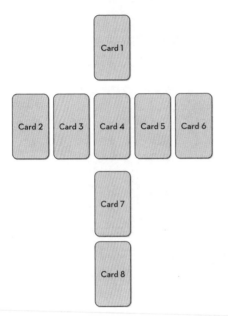

用途或背景知識

儘管有現代技術，但每次你搜尋到某個日期或地點後，仍然一無所獲。

第一張牌：你已經（應該）搜尋網路上所有關於祖先或DNA的資訊，設法找到遺失的環節嗎？**第二張牌：**你應該去家人最後一次住過的老地方，連海外都不放過嗎？**第三張牌：**你應該在網路上和檔案室裡研究證婚的文件記錄，檢查日期或名字有沒有拼錯或寫錯嗎？**第四張牌：**你應該詢問靈媒，或者在一些有可能性的地點使用靈擺問事嗎？**第五張牌：**你應該搜尋孤兒院等機構的救濟名單，以及以前的軍事記錄嗎？**第六張牌：**當你得知最新的情報後，你能憑直覺知道有一段不為人知的關係嗎？**第七張牌：**你能越過缺失的環節，直接從另一個環節尋找過去的資訊嗎？**第八張牌：**你能成功嗎？何時，以及該怎麼辦到？

準備的物品

二十二張大牌和十六張宮廷牌。

時機

星期六（揭開祕密的日子）。

274
維護世代之間的和諧

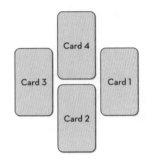

用途或背景知識

兩個以上的世代住在一起，共同工作或經常一起度假。

第一張牌：為了製造和諧的氛圍，需要解決哪些實際的潛在問題？**第二張牌：**你該怎麼在不犧牲內心平靜的條件下，滿足其他人的需求？**第三張牌：**如何盡量和諧分配成員們的共用空間或優先事項？**第四張牌：**多個世代的共同生活環境和生活方式，能帶來哪些共享的好處？

準備的物品

二十二張大牌和十六張宮廷牌。

時機

當你越來越頻繁的扮演裁判的角色之時。

275
讓很難相處的姻親或
再婚家庭接納你

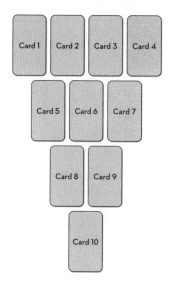

用途或背景知識

你已經嘗試討好他們，卻依舊是頭號公敵。

第一張牌：你遇到的主要問題是什麼？**第二張牌**：誰最排斥你，或最常批評你？他們的動機是什麼？**第三張牌**：有沒有其他家庭成員或親戚願意支持你？**第四張牌**：有哪些妥協或不公正的部分被忽略了？**第五張牌**：你不能或不應該在哪方面妥協？**第六張牌**：你的配偶是不是被造成問題的人情緒勒索了？**第七張牌**：該怎麼突破限制你或配偶的束縛，或內疚因素？**第八張牌**：你能夠，或該怎麼減少聯繫或見面的問題？**第九張牌**：你可以忽視這個問題，並期待問題消失嗎？**第十張牌**：你應該直接面對最惡劣的冒犯者，讓他知道你不會退縮嗎？

準備的物品

整副牌。

時機

滿月的前一天晚上。

276
你想揭開影響到你的家族祕密

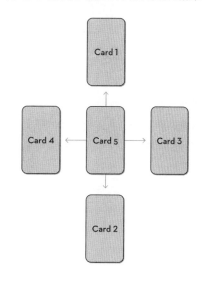

用途或背景知識

家族內部有沉默的陰謀。

請使用指南針牌陣。

第一張牌：與家族歷史有關的人能提供任何線索嗎？**第二張牌**：你應該從網路上和生活中，搜尋所有與不明時期、祕密相關的記錄嗎？**第三張牌**：你應該使用社群媒體或透過拜訪的方式，從下落不明的時間點尋找人或地點嗎？**第四張牌**：你能揭開祕密嗎？**第五張牌**：這樣做會讓你感到快樂嗎？

準備的物品

二十二張大牌。

時機

出現娥眉月（新月前後的月相）的前一天晚上。

277

父母或祖父母年事已高，但他們不希望放棄獨立自主的生活

用途或背景知識

你知道父母或祖父母接下來無法獨自生活太久，但他們也不適合搬過去跟你一起住。

第一張牌：你能安排並監督日常的照顧事項，讓親戚可以待在父母或祖父母的家嗎？**第二張牌**：你或親戚能夠（應該）改造或擴建房子，以便年長者可以在有人保護的情況下獨立生活嗎？**第三張牌**：你或親戚應該建議年長者住在有保障的其他住處嗎？即使他們現在會拒絕，也能先讓他們有心理準備？**第四張牌**：年長者願意和誰談論未來的事？**第五張牌**：如果你已

經付出不少心力，卻沒有感受到年長者滿懷感激的回饋，那麼你應該請親戚或社會照護機構多多關懷嗎？**第六張牌**：假設年長者的態度很嚴苛，你應該暫時退一步思考問題，或減少互動的時間嗎？**第七張牌**：對所有相關的人來說，理想的結果是什麼？

準備的物品

二十二張大牌和十六張宮廷牌。

時機

月亮經過摩羯座的時候，或是星期六（適合年長者的日子）。

278

這次的家族慶祝活動能和諧進行嗎？

用途或背景知識

你擔心本來應該充滿愉悅氣氛的家庭聚會，到時候會出現爭執或緊張的局面。

第一張牌：可能會造成麻煩的人或話題。**第二張牌**：這場聚會的優點，或者能在現場幫忙緩解問題的人。**第三張牌**：確保聚會和諧進行的

關鍵策略。

準備的物品

四十張小牌（一號牌到十號牌），以及十六張宮廷牌。

時機

在邀請函發送之前。

279
維護幸福的家庭

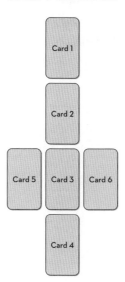

用途或背景知識

你的直系親屬有感到快樂的充分理由，但卻醞釀著嫉妒和怨恨的情緒。

這是另一種圓形牌陣。

第一張牌：他們之間一直都有潛藏的敵意嗎？還是最近的某件事引起不和？**第二張牌**：是誰在偏心，或在玩權力遊戲？為什麼？**第三張牌**：你應該忽視這件事，或者不捲入紛爭嗎？**第四張牌**：你能夠（應該）先個別與家庭成員溝通，並說明互動的規則嗎？**第五張牌**：當下的行動或干涉，能改善狀況嗎？**第六張牌**：情況是否會自然而然的改善？或者，該怎麼及時改善狀況？

準備的物品

整副牌。

時機

星期五（調解日）。

280
家庭成員的嗜好或生活方式，有負面的影響

用途或背景知識

某位成員對家庭生活造成破壞性的影響。

第一張牌：這是新的問題，還是持續性的問題？情況變得更糟糕嗎？**第二張牌**：該成員是否對家庭的負面影響不以為意？**第三張牌**：你應該尋求外界的治療或干涉嗎？如果有必要，你會再試一次嗎？**第四張牌**：你應該尋求外界的幫助，讓其他家庭成員有能力解決問題嗎？**第五張牌**：你應該遠離麻煩的親戚，讓自己的態度變得強硬，才能保護家庭的財務狀況、安全或內心的平靜嗎？**第六張牌**：在你卸下武裝之前，是否需要確認親戚正在努力改變，或已經改善情況了嗎？**第七張牌**：在不危及自己或家人的情況下，你能提供什麼樣的援助？**第八張牌**：你能夠或應該持續定期提供適當的治療管道嗎？還是要置身事外？**第九張牌**：什麼樣的意外因素或做法，能在六到十二個月內改善情況？

準備的物品

整副牌。

時機

家人又食言了，讓你感到失望之際。

281
面對壓力：你得遵從家人的信仰或不適合你的環境

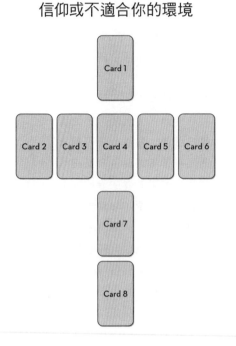

282
某位很難相處的家庭成員與你疏遠了，但你不想斷絕往來

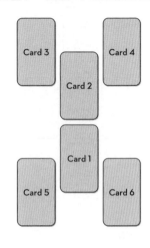

用途或背景知識

你的信仰、生活方式或原則與家人大不相同。

第一張牌：你是不是經常覺得自己和家人不一樣？**第二張牌**：讓你難以適應的主要差異或問題是什麼？**第三張牌**：在家庭或社區中，有人願意為你說好話嗎？**第四張牌**：你能一面與家人共同生活，一面保持自己的信仰嗎？**第五張牌**：有沒有你可以妥協的部分？**第六張牌**：你不能在哪方面妥協？**第七張牌**：你需要暫時或永久搬離原生家庭嗎？如果你願意，請在第七張牌下方加上**第八張牌**：該怎麼解決這個問題？

準備的物品

二十二張大牌和十六張宮廷牌。

用途或背景知識

你擔心漸行漸遠的家人，但對方不願意與你和好。

第一張牌：這是常見的行為，還是近期的創傷引起的異常行為？**第二張牌**：該成員是否不公平的把問題歸咎於家人？**第三張牌**：你已經盡力解決問題了嗎？值得再試一次嗎？**第四張牌**：有任何外人能跟這位家庭成員講道理嗎？**第五張牌**：你應該退一步，從旁觀者的角度思考問題嗎？**第六張牌**：在不對家庭造成負面影響的條件下，你能解決這個問題嗎？

準備的物品

四十張小牌（一號牌到十號牌），以及十六張宮廷牌。

時機

你再度提出和解，卻又遭到拒絕之際。

283
安排順利的大型家庭聚會或大規模的家庭假期

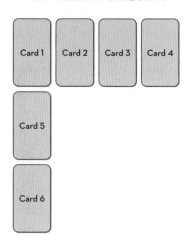

用途或背景知識

當你在安排盛大的家庭聚會，並且希望能順利進行之際。

第一張牌：你能夠（應該）委託別人分擔一些活動安排的責任嗎？**第二張牌**：為了避免發生問題，有沒有一群合得來的親戚會與你共用住所，或圍坐在同一個餐桌？**第三張牌**：有沒有開朗又厚臉皮的家庭成員能搞定很難相處的人？**第四張牌**：你有沒有把自己的休閒娛樂納入整體計畫？**第五張牌**：你是否制定了分擔家務的時間表，才不會讓事情變成都是你在做？**第六張牌**：讓過程順利進行的祕訣。

準備的物品

四十張小牌（一號牌到十號牌），以及十六張宮廷牌。

時機

在你最後確定計畫之前。

284
第一次度過沒有家人陪伴的假期

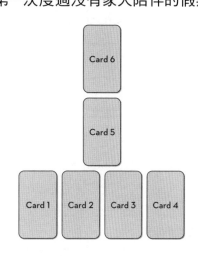

用途或背景知識

你獨自一人，或你和伴侶在沒有家人的陪伴下度假。

第一張牌：你很確定家裡的一切都井然有序，不需要你擔心嗎？**第二張牌**：你已經約定好不談論或不去想家庭、帳單、溝通或工作的事嗎？**第三張牌**：除了緊急情況之外，你們是否禁用行動裝置，才能在私下享有平靜的交談呢？**第四張牌**：大家都知道只有在很緊急的情況下才能聯繫你嗎（包括公司的主管和同事）？**第五張牌**：你應該待在成人專用的場所，或者安排一些兒童不喜歡的活動嗎？**第六張牌**：你準備好重新認識自己或伴侶了嗎？在不貼上母親、父親、祖母或祖父定義的標籤下？

準備的物品

二十二張大牌和十六張宮廷牌。

時機

度假之前。

285
家人用餐時，彷彿在打仗或心不在焉

用途或背景知識

當你覺得自己好像是為家人提供外賣的服務生。

第一張牌：你該怎麼阻止家人只顧著吃各自的食物，而不是一起用餐？**第二張牌**：你該怎麼防止家人在用餐時間頻繁使用電子設備？**第三張牌**：你能夠（該怎麼）安排每週一至兩次與家人共同烹飪，或一起準備的寶貴聚餐時間？**第四張牌**：或者，你可以讓家人挑選自己想吃的食物嗎？**第五張牌**：用餐時，你們缺乏凝聚力是否反映了親情漸漸疏離？還是時間不夠用，或沒有適合的用餐環境？**第六張牌**：你應該定期安排每週外出一次的家庭聚餐，或是與朋友或伴侶一起用餐嗎？

準備的物品

整副牌。

時機

星期五（家人團聚日）。

286
家人因毫無意義的爭吵而分化，你想讓家庭重新團結

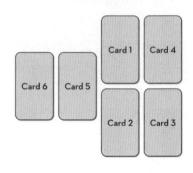

用途或背景知識

某些家庭成員不願意交談，也沒有誰準備好主動破冰。

第一張牌：誰或什麼事是一開始發生爭吵的外在因素？**第二張牌**：這種情況是不是反映出家庭目前有潛在的緊張關係或敵意？**第三張牌**：誰使爭執持續下去，不肯罷休？**第四張牌**：能不能達成妥協方案？**第五張牌**：誰最擅長平息紛爭？該怎麼做？

第六張牌：如何避免未來又發生衝突？

準備的物品

二十二張大牌和十六張宮廷牌。

時機

日出的時候。

287
背黑鍋的牌陣

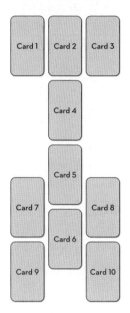

用途或背景知識

你經常被家人指責。

第一張牌：你從小就是家裡的代罪羔羊嗎？
第二張牌：你背黑鍋的時候，誰得到最多好處？為什麼？**第三張牌**：情況能改善嗎？**第四張牌**：在家裡或家外，誰會支持你？**第五張牌**：這種責怪的模式會延續到家庭的新成員身上嗎？**第六張牌**：你該怎麼突破這種模式？**第七張牌**：你的家人否認有這個問題嗎？**第八張牌**：諮詢服務或外界的情感支持，能幫助你應對嗎？**第九張牌**：你應該個別與家庭成員當面對質嗎？**第十張牌**：你應該遠離原生家庭，靠自己創造新的生活嗎？

準備的物品

二十二張大牌和十六張宮廷牌。

時機

當你背黑鍋太多次的時候。

288
家人不允許你擁有屬於自己的人生

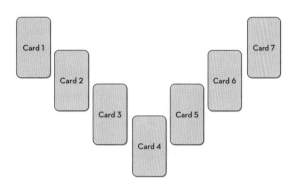

用途或背景知識

家人的心中有愛，但有很強的控制慾，也過度干涉你的生活。

第一張牌：家人經常過度保護你，或深深影響你的生活、人際關係及選擇嗎？**第二張牌**：這代表父母之間有潛在的關係問題嗎？**第三張牌**：如果你向家人保證你很清楚自己在做什麼事，能爭取到更多自由空間嗎？**第四張牌**：你需要從小地方開始表達獨立自主的立場嗎？**第五張牌**：你應該找一個與家人或家庭治療師關係密切的人，幫助你和家人嗎？**第六張牌**：你應該暫時離開或減少聯繫嗎？**第七張牌**：這件事能和平解決嗎？這樣一來，你就可以按照自己的方式過生活，不必苦苦掙扎？

準備的物品

整副牌。

時機

當月亮落在水瓶座的時候。

289
恢復平衡：兩個朋友或家人讓你變成「夾心餅乾」

用途或背景知識

你無法讓雙方都滿意，而且有可能被雙方指責。

第一張牌：你曾經被同樣的人要求選邊站嗎？
第二張牌：未下定論之前，你能分辨兩方的是非對錯嗎？**第三張牌**：雙方都準備好讓步了嗎？**第四張牌**：如果你必須選邊站，你不支持的那一方會責怪你嗎？**第五張牌**：你應該退一步思考問題，並拒絕選邊站嗎？**第六張牌**：不管你有沒有介入，這件事能得到解決嗎？

準備的物品

二十二張大牌和十六張宮廷牌。

時機

黃昏時分。

290
克服家人的偏見：你是同性戀、跨性別者或性別流動者

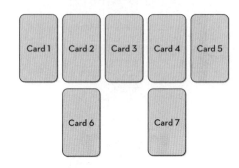

用途或背景知識

第一張牌：你最近出櫃了嗎？或者，家人漸漸察覺到這一點，而他們選擇了忽視？**第二張牌**：有沒有能感同身受的成員能協助家人理解你？**第三張牌**：你需要外界的支持，才能擬定與家人相處的策略嗎？**第四張牌**：你應該帶伴侶或朋友回家，向家人表明你是認真的嗎？
第五張牌：你應該讓家人參與關於生活方式的選擇、你的身體或未來領養孩子的討論或決策嗎？**第六張牌**：如果家人現在不認同你，你準備離開他們嗎？**第七張牌**：他們什麼時候或如何接受「你一直都是原本的自己」？

準備的物品

二十二張大牌和十六張宮廷牌。

時機

在你認為會與家人吵架之前。

291
養家糊口和工作或讀書，你都想兼顧

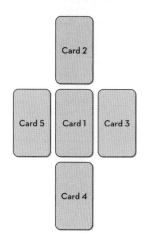

用途或背景知識

你似乎包下了所有的事，卻無法兼顧。

第一張牌：你是否付出太多，需要減少事項或區分優先順序嗎？**第二張牌**：家人都不支持你嗎？該怎麼補救？**第三張牌**：你認為自己的態度應該更堅定，並尋求幫助嗎？**第四張牌**：該怎麼減輕你的負擔？**第五張牌**：你的生活在什麼時候以及如何達到幸福的平衡狀態？

準備的物品

四十張小牌（一號牌到十號牌），以及十六張宮廷牌。

時機

在下一個工作週開始之前。

292
姻親經常在家裡製造麻煩，但配偶不挺你

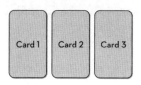

用途或背景知識

干涉行為和缺乏支持，威脅到你的婚姻或家庭生活之際。

請解讀兩張牌，釐清人多勢眾的局面。

第一張牌：成敗的關鍵；堅持要求你的配偶在衝突中支持你。**第二張牌**：在配偶沒有搞清楚狀況的時候，你要仔細思考策略，並找到解決問題的方法。如果答案不明確，請在第二張牌的右邊加上第三張牌，採取迴避和拒絕的策略。

準備的物品

二十二張大牌和十六張宮廷牌。

時機

在他們來訪的早上。

第二十章

適用於嬰兒、兒童及孫輩的牌陣

此牌陣的幸運牌

大牌：愚者、皇后、皇帝、節制、月亮、太陽、星星、世界。

小牌：錢幣王牌、聖杯王牌、權杖王牌、錢幣三、聖杯三、權杖三、權杖四、聖杯六、權杖六、聖杯七、權杖八、錢幣十、聖杯十。

宮廷牌：侍者、公主（托特）、錢幣騎士、錢幣王子、聖杯騎士、聖杯王子（托特）、權杖騎士、權杖王子（托特）、錢幣皇后、聖杯皇后、錢幣國王、聖杯國王。

關於兒童和孫輩的牌陣

一張牌和兩張牌的牌陣適用於簡單明瞭的疑問。三張牌的牌陣可用在關於成長和幸福的問題。四張牌的牌陣可用在家庭和穩定性的主題。五張牌的牌陣很適合健康、旅行、溝通及教育的情境。六張牌的牌陣對有關家庭的疑問有幫助。七張牌的牌陣能用在涉及夢想、克服恐懼和困難的情況。八張牌的牌陣適用於進展方面。九張牌的牌陣適合反霸凌的主題。至於牌數更多的牌陣，則是適合牽涉多個家庭成員的複雜議題。

* 本書把關於嬰兒、生育及青少年的牌陣分成不同章節。

293
你的孩子在學校被霸凌

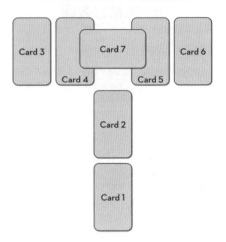

用途或背景知識

當你的孩子害怕上學，但校方不想了解原因。

第一張牌：是哪些人帶頭霸凌？他們平常就是喜歡製造麻煩的兒童嗎？**第二張牌**：你的孩子被霸凌的主要原因是什麼？**第三張牌**：霸凌者也有欺負其他孩子嗎？你能聯繫其他家長，請他們協助嗎？**第四張牌**：你能查明官方的霸凌政策，並確定霸凌者是否遵守嗎？**第五張牌**：校方為了維護聲譽，可能會責怪你的孩子，你能勇敢面對校方的威脅嗎？**第六張牌**：你能夠，或應該透過校長以上的機關去解決這個問題嗎？**第七張牌**：無論發生什麼事，你想讓孩子轉學嗎？

準備的物品

整副牌。

時機

星期二（勇氣之日）。

294
你的孩子在社群媒體被霸凌

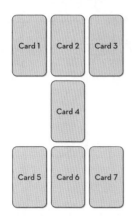

用途或背景知識

當你的孩子讀取訊息時，變得不安，或刻意隱瞞社群媒體的社交狀況。

第一張牌：孩子是不是收到太多訊息了？他讀完訊息後，是否顯得心煩意亂？**第二張牌**：孩子放學後會直接回家，而不是跟朋友一起打發時間嗎？**第三張牌**：孩子看起來很焦慮嗎？他是否經常查看手機的訊息？**第四張牌**：你應該找個安靜的機會，與孩子聊聊網路霸凌嗎？**第五張牌**：在孩子的朋友當中，有人願意和你談論孩子遭遇的事情嗎？**第六張牌**：你應該聯絡學校的輔導員嗎？或者，你可以在孩子有可能看到的地方留下青少年求助專線嗎？**第七張牌**：你應該提供孩子有嚴格隱私設定的新手機（號碼），或社群媒體網站嗎？

準備的物品

整副牌。

時機

星期三（戰勝小人的日子）。

295
青少年沉迷於電腦遊戲或社交網絡，對其他事情不聞不問

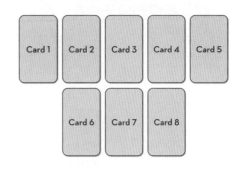

用途或背景知識

你的孩子花太多時間上網或玩遊戲。

第一張牌：這是因挫折造成的新問題嗎？問題越來越嚴重了嗎？**第二張牌**：孩子上網的時間比一般青少年多嗎？**第三張牌**：孩子是否憂鬱、焦慮或被霸凌了？**第四張牌**：你應該重新檢查孩子最近造訪的網站，或聊天室嗎？**第五張牌**：當地有沒有電腦課程、俱樂部、節日活動或集會是你的孩子可能會去社交的場所？**第六張牌**：你應該堅持讓孩子參加家庭郊遊，或聚餐嗎？**第七張牌**：即使孩子的反應是抗拒，你應該多多關心他在網路上的活動嗎？**第八張牌**：你應該鼓勵孩子從事科技、電腦或設計遊戲軟體相關的職業嗎？

準備的物品

四十張小牌（一號牌到十號牌）。

時機

星期三（科技日）。

296
離異的前任拉攏你的孩子，而孩子竟藉著你不給錢，威脅說要和你的前任住在一起

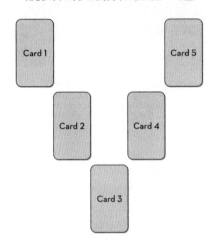

用途或背景知識

離異的前任表現得像聖誕老人，你無法在物質方面勝出。

第一張牌：你能再試一次向前任說明問題，或從中斡旋嗎？**第二張牌**：你能帶孩子出去郊遊，或建立充實又不貴的旅遊體驗，藉此對抗前任的權力把戲嗎？**第三張牌**：你能夠正式或非正式的堅決要求前任給你足夠的經費，好讓你不必苦苦掙扎嗎？**第四張牌**：你應該退出這場競爭，決不落入情緒勒索的圈套嗎？**第五張牌**：如果孩子真的改成與前任一起住，你確定孩子很快就會領悟到金錢與關愛不能混為一談嗎？

準備的物品

整副牌。

時機

你拜訪前任的時候。

297
為孩子尋找合適的學校

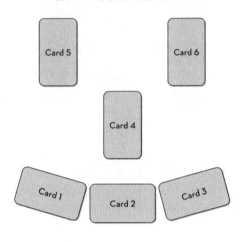

用途或背景知識

你可以選擇，但你猶豫不決。

第一張牌：孩子能從具有挑戰性又活躍的氛圍中受益嗎？**第二張牌**：你應該找一間安靜又從容不迫的小型學校嗎？**第三張牌**：學術成績很重要嗎？孩子能從非正規的自我激勵教學中受益嗎？**第四張牌**：體育或課後的社團有多麼重要？**第五張牌**：對你或孩子來說，就讀理想的學校是否容易？**第六張牌**：你選擇的學校對日後進修、上大學或實習，能產生什麼樣的正面影響？

當你解完牌陣中的六張牌後，請為你考慮送孩子去的每一間學校加上一張牌，讓每張牌代表一間學校。

準備的物品

四十張小牌（一號牌到十號牌），以及十六張宮廷牌。

時機

你已經參觀了當地的合適學校。

298
你的孩子有靈異體質，但他怕鬼

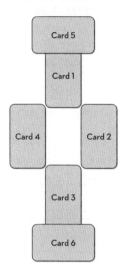

用途或背景知識

當你的孩子談到鬼魂，或不願意獨自待在某些房間。

第一張牌： 孩子曾經見到已過世的親戚，或與天使、仙子等神明說過話嗎？**第二張牌：** 最近有親人去世了嗎？或者，在你們搬進房子之前，有人往生了嗎？**第三張牌：** 如果問題越來越嚴重，是不是朋友或兄弟姊妹講了恐怖故事或分享鬼片而造成的？**第四張牌：** 即使你不相信有鬼，你能讓孩子放心的相信他不會受到傷害嗎？**第五張牌：** 如果孩子的恐懼感在晚上變得更嚴重，你能否創造睡前儀式，並讓祈禱者參與？**第六張牌：** 你準備好邀請值得信賴的靈媒造訪，以便檢查或清除任何負面的能量嗎？

準備的物品

整副牌。

時機

星期一（加百列之日；加百列是孩子的守護者）。

299
你的孩子怕黑

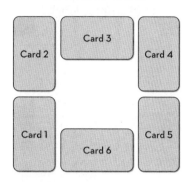

用途或背景知識

孩子害怕一個人睡覺，除非有開燈。

第一張牌： 這種敏感性是持續存在的問題嗎？如果是的話，在生活的其他方面也有同樣的問題嗎？**第二張牌：** 家庭、學校或社交方面，是否有引發恐懼的緊張關係？**第三張牌：** 有沒有新的電視節目、書籍或電腦遊戲讓你的孩子心神不寧？**第四張牌：** 你能改造臥室或照明，幫助孩子減輕恐懼感嗎？**第五張牌：** 你應該讓孩子換房間嗎？**第六張牌：** 孩子的房間是不是顯得幽暗陰沉？你需要用薰香的方式，或者給孩子水晶（水晶天使）當作安慰嗎？（薰香是印第安人的傳統，做法是燃燒乾燥的香草，讓煙霧飄散於屋內，做為淨化）

準備的物品

二十二張大牌。

時機

日落時分。

300
你十幾歲的孩子能申請
到理想的大學嗎？

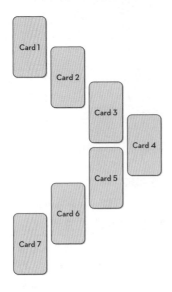

用途或背景知識

你知道孩子已經很努力，但競爭很激烈。

第一張牌：在讀書、準備大考或取得成就方面，家裡的氛圍夠舒適嗎？**第二張牌**：你能確保孩子不會熬夜讀書，或放棄學業以外的興趣嗎？**第三張牌**：你應該尋求其他選項，包括學院和職涯類型的選擇嗎？孩子該不該就讀那一間他夢寐以求的學校？**第四張牌**：你能確保親戚，或目前的教育機構，不會施加過度的壓力到申請孩子身上嗎？**第五張牌**：你能盡量使申請入學到面試的過程，輕鬆自在，並支持孩子嗎？**第六張牌**：這次的申請行動能成功嗎？**第七張牌**：你認為孩子能在長遠的未來取得成就嗎？

準備的物品

二十二張大牌和十六張宮廷牌。

時機

考前衝刺的時候。

301
你應該在家教導十幾
歲的孩子嗎？

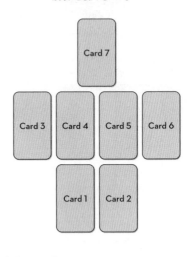

用途或背景知識

你的孩子不喜歡上學。

第一張牌：原因出自學校、其他同學、缺乏自信、過度害羞，或者以上皆是？**第二張牌**：如果學校無法提供幫助，你應該考慮找另一間學校嗎？或者，學校教育本身就是問題？**第三張牌**：在家教育對你的孩子有哪些好處或壞處？**第四張牌**：對你來說，在家授課有什麼好處或壞處？**第五張牌**：在家教育對你的長期生活、長途旅行或假期有好處嗎？**第六張牌**：你該怎麼確保孩子依然保持著與同儕社交的生活？**第七張牌**：孩子有沒有特殊的天賦，可以從另類教育或非學術性的培訓中，脫穎而出？

準備的物品

整副牌。

時機

下個月的月初。

302
你該怎麼幫助十幾歲的孩子，面對功課和考試帶來的焦慮感？

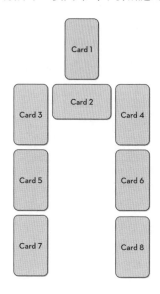

用途或背景知識

你的孩子對失敗有很大的心理壓力。

第一張牌：孩子需要緩解的主要壓力來源是目前的教育機構、競爭激烈的同儕，還是咄咄逼人的親戚？**第二張牌**：你可以鼓勵孩子培養哪些課外的興趣或才華，幫助他減輕學術成績方面的焦慮感？**第三張牌**：如果孩子是天生的完美主義者，你能幫助他適度改善這項特質嗎？

第四張牌：孩子是否在學業上有困難，可能需要額外的教育或諮詢服務？**第五張牌**：目前的教育機構是否過度重視學業成績？你的孩子可以從沒那麼嚴格的教育機構中受益嗎？

第六張牌：孩子的最終目標是什麼？有沒有不同的實現管道或期限？**第七張牌**：還有其他因讀書而感到焦慮的情緒問題嗎？**第八張牌**：焦慮感會自然減輕嗎？或者，雖然孩子能減輕焦慮感，但壓力始終揮之不去？

準備的物品

二十二張大牌和十六張宮廷牌。

時機

新學期開始之前。

303
你的新歡和孩子處不來

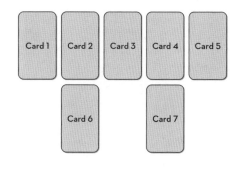

用途或背景知識

第一張牌：當你在現場介入時，情況會變得更糟嗎？**第二張牌**：雙方都在搞權力遊戲，是為了爭奪你的寵愛嗎？**第三張牌**：有人在煽動對立嗎？是其中一個孩子，還是前任或新歡幹的？**第四張牌**：你和新歡能針對合作的策略，達成共識嗎？**第五張牌**：你和新歡能否花時間陪伴孩子，不讓孩子感到被孤立？**第六張牌**：你和新歡能否談妥固定的相處時間，以便你們能專心相處？**第七張牌**：你們何時，或怎麼做才能和諧共處？

準備的物品

四十張小牌（一號牌到十號牌），以及十六張宮廷牌。

時機

星期五（家庭和睦的日子）。

304
你十幾歲的孩子沒有專注在
學業上，只顧著交朋友

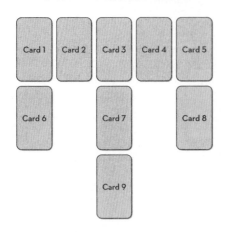

用途或背景知識

孩子的態度有了一百八十度的轉變，幾乎每天晚上都不在家。

第一張牌： 孩子的行為比一般叛逆的青少年更嚴重嗎？ **第二張牌：** 孩子遇到了有影響力又喜歡尋歡作樂的新朋友嗎？ **第三張牌：** 校方注意到孩子對課業的興趣降低了嗎？他們會提供額外的支持，或鼓勵孩子嗎？ **第四張牌：** 孩子很鬱悶，或酗酒、吸毒嗎？ **第五張牌：** 如果你懷疑孩子可能交到壞朋友，你該怎麼在不引起進一步叛逆的前提下干涉？ **第六張牌：** 即使很忙，你能撥出更多時間陪孩子一起活動，或者與孩子共度週末，讓孩子遠離朋友嗎？ **第七張牌：** 你應該鼓勵孩子重新接觸以前放棄的興趣，或很久沒聯繫的朋友嗎？ **第八張牌：** 孩子想從現在的生活中得到不同的東西，或追求不一樣的未來嗎？你該怎麼引導孩子？ **第九張牌：** 如果你不介入，這個階段會自動結束嗎？

準備的物品

二十二張大牌和十六張宮廷牌。

時機

月底的最後一天。

305
有人非常嫉妒兄弟姊妹或新生兒

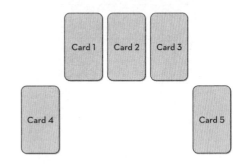

用途或背景知識

無論你說什麼話、做什麼事，對方的嫉妒情緒還是不斷引發爭吵和不良行為。

第一張牌： 假設遭到嫉妒的對象是兄弟姊妹或嬰兒，嫉妒心是長期存在的問題並在惡化嗎？ **第二張牌：** 是某位親戚或年長的哥哥或姊姊，助長了嫉妒心？ **第三張牌：** 你該怎麼處理反社會行為的問題，同時幫助有嫉妒情緒的孩子？ **第四張牌：** 其他家庭成員能花時間與有嫉妒心的孩子相處，幫助孩子建立自信心嗎？ **第五張牌：** 你能不能確保公平對待，增進孩子間的關係？

準備的物品

四十張小牌（一號牌到十號牌），以及十六張宮廷牌。

時機

殘月的週期快結束時。

306
孩子在學業方面有困難，但學校幫不上忙

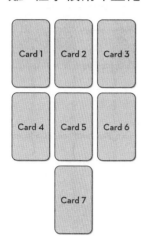

用途或背景知識
你知道學校的建議或專家的援助，能幫助孩子發揮潛力。

第一張牌：你應該試著經由學校，爭取專家的評估，讓孩子得到需要的幫助嗎？**第二張牌**：某個班級或某位科任老師，給你的孩子帶來麻煩嗎？**第三張牌**：如果學校無法滿足學生的需求，你應該找一個更有包容力的學習環境嗎？**第四張牌**：假期的校外輔導能幫助你的孩子跟上進度嗎？**第五張牌**：孩子的困境主要是因為被忽略的生理問題，或是已知的殘疾所造成的嗎？**第六張牌**：是情緒問題、霸凌，或是交不到朋友導致這個困境嗎？**第七張牌**：孩子有沒有其他能建立自信心的天賦？或者，孩子可以在其他方面展現才能？

準備的物品
整副牌。

時機
月初。

307
你十幾歲的孩子退學了，不打算上大學或找工作

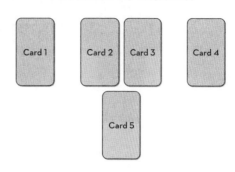

用途或背景知識
孩子睡懶覺，待在自己的房間，或一整天跟朋友混在一起。

第一張牌：你應該在孩子願意配合之前，限制給孩子的零用錢嗎？這樣做會導致孩子為了錢而採取極端的手段嗎？**第二張牌**：在孩子決定自己想做什麼事之前，你應該堅定要求孩子去找工作，無論是當基層人員或當志工都可以嗎？**第三張牌**：你應該每天花時間指導孩子找工作、研究大學課程，或要他寄發申請書嗎？**第四張牌**：你應該限制「客房服務」，或堅持讓孩子做日常家務賺取零用錢嗎？**第五張牌**：孩子是否憂鬱或交到壞朋友，需要接受心理輔導嗎？還是，他只是很懶惰？

準備的物品
四十張小牌（一號牌到十號牌）。

時機
娥眉月（新月前後的月相）和盈月（滿月之前）之間。

308
你十幾歲的孩子愛上了癮君子或魯蛇，還想搬出去住

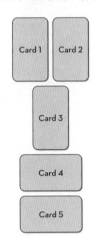

Card 1　Card 2

Card 3

Card 4

Card 5

用途或背景知識

當孩子為了愛情背棄朋友、家人、學業及嗜好。

第一張牌：你應該禁止孩子去見情人嗎？如果有必要，你只允許孩子去學校，其他時段只讓孩子待在家裡？**第二張牌：**孩子願意聽誰説的話？**第三張牌：**你應該邀請孩子的男朋友或女朋友到家裡作客嗎？如果有必要，你可以邀請對方搬過來住，只為了守住他們交往的祕密？

第四張牌：無論你有什麼樣的感受，都不應該評論他們的感情嗎？**第五張牌：**如果你能掌控局面，孩子會在成長的過程中脫離這段感情嗎？或者，這段關係能自然的結束？

準備的物品

整副牌。

時機

月底的最後一天。

例子

蘇（Sue）十六歲，瘋狂愛上了年紀較大還有孩子的大學輟學生。不管父母説什麼，她下定決心要和男朋友膩在一起，並忽略了學業。她經常與男朋友在外面待到半夜，有時候甚至不回家。她表示，如果父母不允許他們見面，他們就會私奔。

第一張牌是權杖八。如果蘇的父母將她禁足，她很可能為了反抗而逃跑。

第二張牌是教皇。蘇一直都和外公很親近。她的外公過著充滿冒險的生活，而且是個很明智的人。但目前，她的父母不讓外公干涉這件事，以免他擔心。

第三張牌是錢幣十。把男朋友帶回家不只能讓他變得更積極，也能幫助蘇從過去的一家團圓背景下，重新看待他。

第四張牌是節制。目前，任何批評已證實是適得其反，因為蘇會奮不顧身的為愛人辯護。因此，適度且溫和的詢問她對男朋友的反社會行為有什麼看法，應該有幫助。

第五張牌是權杖十，圖上有一個人抱著所有的權杖，步履蹣跚的朝著山上走。一旦沒有人表示反對，蘇很可能會冷靜下來，因為她原本就是個很有野心的人，有就讀醫學院的目標。

309
你十幾歲的孩子只想成名，
對其他事情不聞不問

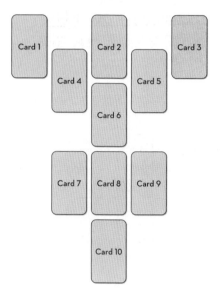

用途或背景知識

孩子痴迷於名人，或想成為電視真人實境秀的明星，或想贏得選秀節目的冠軍之時。

第一張牌：在不讓夢想破滅的前提下，你能建議孩子從事其他提升知名度的「有錢途」職業嗎？**第二張牌**：你應該和孩子一起看真人秀和選秀節目，並在過程中和節目結束後，委婉暗示演藝圈牽涉到負面的影響、嫉賢妒能和侵犯隱私嗎？**第三張牌**：你應該幫助孩子培養參加選秀或真人秀的必要技能，讓他了解風雲際會有多麼困難嗎？**第四張牌**：你們應該一起研究實際狀況，或製作影片範例的方式、報名的流程嗎？**第五張牌**：你能找到一些成名後不久就銷聲匿跡的名人、選秀冠軍的詳細資訊嗎？**第六張牌**：你應該把體育、戲劇、舞蹈團等方面的有趣活動介紹給孩子，彌補他對生活感到厭

倦的因素嗎？**第七張牌**：你應該用演唱會或音樂會的門票鼓勵孩子在學業上考取高分嗎？**第八張牌**：你能提供孩子表演藝術或美容領域的培訓，把他的熱情導向更務實的層面嗎？**第九張牌**：你的孩子能順利成為名人嗎？**第十張牌**：孩子的成名欲望會自然的消退嗎？

準備的物品

整副牌。

時機

某個真人秀或選秀節目占據了孩子的現實生活。

310
你十幾歲的孩子經常待在房
間，甚至在用餐時間不出來

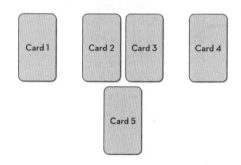

用途或背景知識

原本喜歡社交的孩子突然變得像隱居者。

第一張牌：你能找出愛情、學校或心理創傷的誘因嗎？**第二張牌**：你能監視或阻止孩子在不適當的網站或聊天室的社群媒體上，有過度的通宵聯繫嗎？**第三張牌**：孩子是否感到憂鬱，或者有需要診斷或治療的恐懼症？**第四張牌**：你應該執意要打掃房間，或檢查孩子是否把食物藏起來，或確認孩子有吸毒的跡象嗎？**第五張牌**：這是之後能自然度過的反社會階段嗎？

準備的物品

四十張小牌（一號牌到十號牌），以及十六張宮廷牌。

時機

星期日早上（思路清晰之時）。

時機

當月亮落在射手座（適合冒險的時機）。

311
你十幾歲的孩子想在大學畢業後環遊世界，但你擔心他應付不來

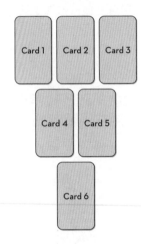

用途或背景知識

孩子打算跟朋友旅行一年。

第一張牌：這是無法順利實現的夢想嗎？**第二張牌**：孩子是獨立又機智的人，還是需要別人照顧起居？**第三張牌**：適當的防護措施能幫助孩子嗎？**第四張牌**：你應該參與孩子的計畫，以免自己太過擔心嗎？**第五張牌**：你應該和孩子一起研究打工度假的學生簽證，或志願性質的工作嗎？**第六張牌**：你有海外的朋友或親戚可以充當避風港嗎？或者，你能安排交流式的拜訪行程嗎？

準備的物品

四十張小牌（一號牌到十號牌），以及十六張宮廷牌。

312
你的成年子女不肯離家，或者在離家後又返回

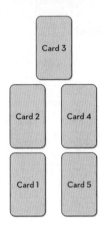

用途或背景知識

當你希望重獲自由時，卻發現自己還在資助和照顧心智不成熟的巨嬰。

第一張牌：你願意不向孩子收房租，讓孩子可以存錢買房嗎？**第二張牌**：你該怎麼限制自己提供居家服務，或是提出合理的餐費和水電費？**第三張牌**：你該怎麼堅決要求公平的分配家務事？**第四張牌**：你應該設定期限，還是提出其他的選擇，例如平分房租或幫忙顧家？**第五張牌**：你該怎麼保護隱私，與孩子和平共享空間？

準備的物品

四十張小牌（一號牌到十號牌），以及十六張宮廷牌。

時機

你們的關係變得很緊張之時。

313
孫輩住在很遠的地方，而你錯過了他們的成長過程

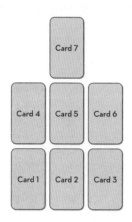

用途或背景知識

你們不常聯繫。

第一張牌：你的餘生是否有需要填補的缺漏，否則會留下遺憾？**第二張牌**：孫輩或你，有沒有機會搬到更近的地方呢？**第三張牌**：你應該定期在孫輩的住處附近預訂住宿，或者買一輛露營車，以便你招待他們嗎？**第四張牌**：孫輩長大後，你能安排共同的旅程，或讓他們跟你一起度過部分的假期嗎？**第五張牌**：你能更充分的利用社群媒體、Skype或電子郵件聯繫嗎？**第六張牌**：你應該創造獨立的生活，或者與伴侶、朋友一起參加新的活動或共度美好的時光嗎？**第七張牌**：你應該把焦點放在自己與孫輩歡聚一堂的好處，並視為是值得慶祝的寶貴活動，而不是把注意力放在損失方面嗎？

準備的物品

整副牌。

時機

在你們無法相聚的重要日子。

314
有惡意的家庭成員不讓你接觸孫輩

用途或背景知識

當一段關係中斷，或有敵意的新歡阻礙你的聯繫之時。

第一張牌：你應該再試一次和睦相處嗎？**第二張牌**：對方阻礙你聯繫的動機是什麼？**第三張牌**：你應該找正規的機構幫忙調解嗎？**第四張牌**：你應該尋求法律管道嗎？**第五張牌**：你應該迎面挑戰阻礙你的人嗎？**第六張牌**：你應該等候解決的方案嗎？**第七張牌**：你應該不請自來參加學校的活動嗎？**第八張牌**：如果對方說謊或退回禮物，其他的家庭成員或朋友能插手干涉嗎？**第九張牌**：不久後，情況能好轉嗎？

準備的物品

整副牌。

時機

特別的生日或週年紀念日。

315
你的孩子和孫輩太忙了，沒空聯繫你

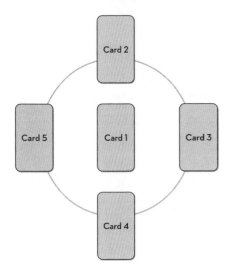

用途或背景知識

你很少收到孫輩的消息，或者你很少收到孩子的邀約。

第一張牌：即使遭到拒絕或被忽視，你也應該多多主動發出邀約嗎？**第二張牌**：無論對方的理由多麼合理，你能夠做到不帶情緒，避免內疚或責備嗎？**第三張牌**：你應該盡量拒絕對方在緊急關頭請你幫忙照顧小孩，或提供資金的要求嗎？**第四張牌**：你應該讓自己的生活豐富多彩，把家人當成有加分作用的獎勵，而不是世界的中心？**第五張牌**：無論孫輩的反應有多麼冷漠，你應該利用社群媒體發消息給他們嗎？

準備的物品

二十二張大牌和十六張宮廷牌。

時機

當你在最後一刻滿心失望的時候。

316
你渴望已久的退休生活，卻被成年子女當成全天候照顧孫輩的免費福利

用途或背景知識

你疼愛孫輩，但你有屬於自己的退休計畫。

第一張牌：你該怎麼避免感到內疚，或落入義務的陷阱？**第二張牌**：你應該在不需要證明或解釋的情況下，聲明自己能提供哪些支援嗎？**第三張牌**：你能夠調整自己的時間表，以便應付緊急狀況嗎？**第四張牌**：你應該規劃重要的假期或搬家，從一開始就做好準備嗎？**第五張牌**：你應該讓配偶或親戚，打消你樂意一整天照顧小孩的念頭嗎？**第六張牌**：你應該在孫輩不在場的情況下，偶爾探望你的孩子、女婿或媳婦嗎？

準備的物品

四十張小牌（一號牌到十號牌），以及十六張宮廷牌。

時機

在你退休之前。

317
你想獨自待在自己的家，但成年的孩子要求你搬過去住，並投資他們的不動產

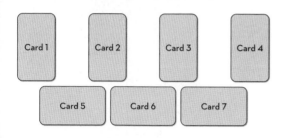

用途或背景知識

你的生活和獨立能力受到管制，但你的身體還很硬朗。

第一張牌：搬過去跟孩子一起住，對你有什麼好處？**第二張牌**：搬過去跟孩子一起住，對你有什麼壞處？**第三張牌**：你幫忙投資或與孩子住得很近，對孩子有哪些好處？**第四張牌**：萬一你或配偶的身體變得虛弱，你有考慮過未來的規劃或獨立生活的支援嗎？**第五張牌**：假設你接受孩子的請求，你應該堅持住在獨立的附屬大樓，還是住在屋內的某一處？**第六張牌**：你能保護自己的隱私，不讓同住的子女和孫輩知道嗎？**第七張牌**：你是否有答應孩子的心理壓力，以至於你可能會忽視投資不動產後的經濟影響？

準備的物品

整副牌。

時機

星期三（頭腦清醒之日）。

318
你想搬到海外或國內的另一端，但成年的子女希望你留在身邊

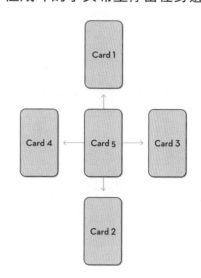

用途或背景知識

你一人，或你和配偶實現人生夢想的時機到了。

第一張牌：如果你經常不在孩子的身邊，該怎麼避免內疚感或受到責備？**第二張牌**：你決定搬家時，能找到充足的房間讓家人定期過去住嗎？**第三張牌**：你應該延遲搬家的日期嗎？你想延後嗎？**第四張牌**：你該怎麼讓家人放心的相信，你一定會在他們需要你的時候現身？**第五張牌**：如果你放棄了夢想，以後會懊悔嗎？

準備的物品

四十張小牌（一號牌到十號牌）。

時機

你在為未來做計畫的時候。

319

你忙著照顧孫輩和年邁的父母,但你也想留一些時間給自己和配偶

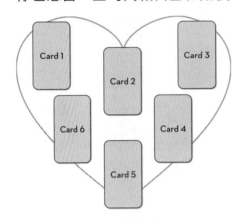

用途或背景知識

當你覺得自己被別人的需求壓得喘不過氣。

第一張牌:為什麼你覺得有義務去滿足大家的需求?**第二張牌**:你照顧的那些人能夠,或應該為自己做更多的事情嗎?**第三張牌**:你能分辨得出哪些是需要優先處理的事,以及哪些事不急嗎?**第四張牌**:你應該考慮為父母安排社會照護或養老院嗎?或者,你可以要求孩子為孫輩安排托育服務嗎?**第五張牌**:你應該優先考慮自己,或把自己和配偶當成維持家庭正常運作的支柱嗎?**第六張牌**:你應該制定規律的休息時間,讓親戚或社會關懷服務在你外出的時候支援嗎?

準備的物品

整副牌。

時機

當你感到壓力很大且不舒服的時候。

320

有惡意或貧窮的成年繼子女,在心理和財務方面敲詐你的配偶

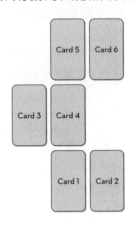

用途或背景知識

當成年的繼子女試圖挑撥你和配偶的關係,或花光了自己的錢。

第一張牌:這個問題一直都存在嗎?繼子女的生活產生變化,導致問題惡化了嗎?**第二張牌**:另一位親生的配偶是否造成了麻煩,或助長了這種貪婪或需求?**第三張牌**:為什麼你的配偶覺得有義務回應不合理的要求?**第四張牌**:你和配偶能攜手合作嗎?還是你得自己處理繼子女的問題?**第五張牌**:你應該積極鼓勵繼子女在經濟和心理層面,更獨立自主嗎?**第六張牌**:這個問題能盡快得到解決嗎?

準備的物品

二十二張大牌和十六張宮廷牌。

時機

殘月期間。

第二十一章

健康與療癒
的牌陣

此牌陣的幸運牌

大牌：魔術師、女祭司、教皇、力
量、節制、太陽、月亮、星星、審判。

小牌：所有的王牌、寶劍王牌（有利
於手術順利）、權杖二、錢幣三、聖杯
三、權杖三、寶劍三（有利於克服擔憂
和恐懼症）、寶劍四（有利於判斷最壞
的情況不會發生）、錢幣五、權杖五、
權杖六、寶劍六、錢幣七、權杖七、聖
杯八、權杖九、權杖十。

宮廷牌：所有的侍者和公主、騎士
和王子（有利於康復）、寶劍侍者和
寶劍騎士（手術後的康復）。

關於健康與療癒的牌陣

一張牌和兩張牌的牌陣適用於快
速的答案和選項，三張牌的牌陣可用
在健康狀況的進展。四張牌的牌陣適
用於穩定度，五張牌的牌陣很適合治
癒、手術及另類療法。六張牌的牌陣
能用於感情的問題，七張牌的牌陣對
出乎意料的結果有幫助，九張牌以上
的牌陣能用來回應重大疾病及複雜的
疑問。

321
手術會順利嗎？

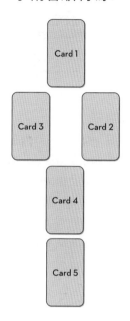

用途或背景知識

你即將做外科手術，而且你很擔心結果。

第一張牌：潛在的好處大過壞處或風險嗎？**第
二張牌**：你應該（已經）跟醫學專家討論過手
術、康復及長期的評估了嗎？**第三張牌**：你對
即將面對的外科醫生、醫院或手術後的護理有
信心嗎？還是你需要探索其他的醫院？**第四張
牌**：你能不能在心理、情感及生理方面都保持
健康，提高手術成功的機率？**第五張牌**：手術
過程能順順利利，還是只有局部的成效？你能
很快康復，還是需要一段時間才能復原？

準備的物品

四十張小牌（一號牌到十號牌），以及十六張
宮廷牌。

時機

星期三（手術順利之日）。

322
你的健康狀況會改善嗎？

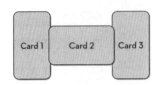

用途或背景知識

你長期生病，但你找不到有效的自然療法。

第一張牌：在你的生活方式中，有任何因素導致過度的壓力嗎？**第二張牌：**你應該探索另類的能量療法，例如針灸、指壓按摩、靈氣、肌動學或冥想課程，幫助自己排除障礙並恢復能量嗎？**第三張牌：**當你的生活處於平衡狀態，健康情況會自然改善嗎？

準備的物品

整副牌。

時機

星期三（健康和療癒的日子）。

例子

桑德拉（Sandra）罹患了能量不足症候群（energy-deficiency syndrome），自從她的母親去世後，她的病情越來越糟糕，醫生也找不出原因。

第一張牌是死神。這張牌不代表桑德拉即將死亡，而是她的母親過世引發了她的生理問題，這是可以理解的傷痛。不過，也許是與死亡有關的其他因素拖累了她。

第二張牌是錢幣二。桑德拉試著讓什麼事保持平衡？她說過，無論她嘗試任何另類的能量療法，都不斷被自己對姊姊的怨恨所干擾，因為姊姊曾經多次欺負她。她們的母親過世後，姊姊拿走了所有的珠寶，但其中有一半是母親答

應要留給桑德拉的。

第三張牌是力量，圖上有一個女人闔上了獅子的下巴，並沒有做攻擊；這張牌是病情好轉的好兆頭。桑德拉只希望取得已故祖母的訂婚戒指和結婚戒指，她即將結婚了，並且很想在儀式中戴上戒指。於是，她直接請姊姊挑選貴重的物品，條件是要把訂婚戒指和結婚戒指留給她。姊姊把戒指交出來後，桑德拉的健康狀況很快就改善了。

323
克服焦慮的牌陣

用途或背景知識

你經常很焦慮，但你不想服用鎮靜的藥物。

第一張牌：你的焦慮感是由外部的環境引起，還是來自內心？**第二張牌：**誰或什麼情況會使你的焦慮感惡化？你能避開這些因素嗎？**第三張牌：**誰或什麼事，有助於舒緩你的焦慮感？

第四張牌：當你感到越來越焦慮的時候，你能即時採取哪些對策？**第五張牌：**改變你的生活方式、地點、職業或人際關係，能緩解問題嗎？**第六張牌：**什麼樣的新活動或理想的情況，有可能消除你的焦慮感？

準備的物品

四十張小牌（一號牌到十號牌），以及十六張宮廷牌。

時機

殘月期間。

Card 6

Card 5

Card 4

Card 3

Card 2

Card 1

324
四個天使的療癒牌陣

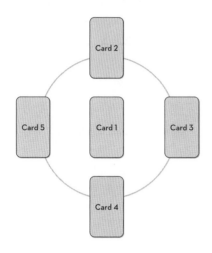

用途或背景知識

當你在尋找療法，或尋求急性、持續性的疾病好轉，無論是身體或心靈方面。

第一張牌（中央）：代表你自己。在未來六個月到一年內，你希望在健康方面達到什麼目標？**第二張牌**：代表薩基爾（Zadkiel）。祂是親切的大天使，有一雙天藍色的翅膀。祂能揭露哪些積極的生活變化即將消除障礙，達到療癒與健康目的。**第三張牌**：代表拉斐爾（Raphael）。祂有黃色的光環和綠色的治療射線，能幫助病人，並且對現有的療法有更佳的反應，有助於治療。**第四張牌**：代表木米亞（Mumiah）。祂是閃爍著微光的白衣天使，掌管傳統和另類的醫療與醫學研究，目標是創造新的療法。**第五張牌**：代表綠翼的雷哈爾（Rehael）。祂能自然的改善免疫系統，或幫助新陳代謝。

準備的物品

二十二張大牌。

時機

星期日的早上（代表太陽大天使米迦勒；新的開端）。

325
你的焦慮感演變成恐懼症，嚴重限制了生活

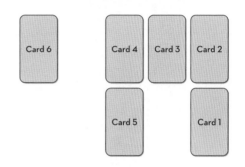

用途或背景知識

幽閉恐懼症、廣場恐懼症或害怕在公共場所進食，影響到你的工作、家庭及社交生活。

第一張牌：誰或什麼事，是這種嚴重破壞生活的恐懼症的潛在原因？**第二張牌**：某個人、情況或地點會引起你的恐懼症發作嗎？**第三張牌**：哪些生活方式的改變或策略，可以減輕恐懼感？**第四張牌**：什麼樣的情感、精神生活的改變或療法，可以緩解這種情況？**第五張牌**：你應該尋求更專業的諮詢服務，例如認知行為或前世的療法嗎？還是，你應該靠自己解決問題？**第六張牌**：你現在有什麼優異的特質或優勢，能幫助你邁向幸福的生活，或預防問題再度發生？

準備的物品

整副牌。

時機

當你收到自己想接受的邀約。

326
克服飲食的問題

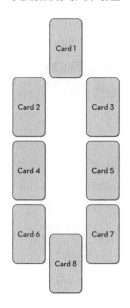

快樂？該怎麼接觸這些事？

準備的物品

整副牌。

時機

當你嘗試節食後，又失敗了。

327
你應該接受外科手術，還是嘗試其他的治病方法？

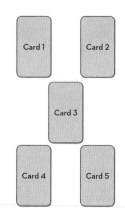

用途或背景知識

暴飲暴食或過度節食、飲食失調對你的生活產生嚴重的影響。

第一張牌：在你的日常生活中，引發飲食問題的因素是什麼？**第二張牌：**什麼事或誰藉著冷漠的言語、取笑或霸凌的方式，讓你覺得自己很差？**第三張牌：**你是不是被媒體散播的完美身材照片嚇到了？**第四張牌：**盛宴、飢餓、體重問題或溜溜球型節食（體重上下快速變化）影響到你的生活嗎？**第五張牌：**你能夠或應該獨自克服這個問題，還是求助於諮詢服務或提倡健康飲食的機構？**第六張牌：**為了彌補暴飲暴食或形象的問題，你是不是已經過度鍛鍊自己的身體？**第七張牌：**你應該擺脫生活中讓你覺得自己很差的那些人或情境嗎？**第八張牌：**不管你的身材和體型如何，什麼事能讓你感到

用途或背景知識

醫生建議你做手術，但是有許多風險和副作用。

第一張牌：你需要馬上接受治療，還是你想慢慢來？**第二張牌：**做手術有哪些好處？**第三張牌：**外科手術前評估的風險，是不是大過手術後的潛在風險？**第四張牌：**關於專業的手術流程，你應該尋求中立的建議？**第五張牌：**在你考慮做手術之前，應該對非外科手術的治療效果設定期限嗎？

準備的物品

二十二張大牌。

時機

月初。

328
你的身體一次又一次有微恙

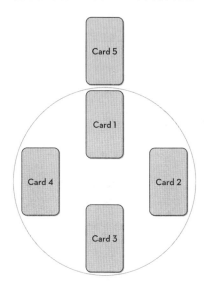

用途或背景知識

你經常感到身體不適。

第一張牌：你的生活中是否有持續性的壓力或情緒負擔？**第二張牌**：你應該做過敏的測試嗎？**第三張牌**：你是否鬱鬱寡歡或焦慮，而這個病讓你能暫時放下一切嗎？**第四張牌**：你應該另外服用飲食的補給品嗎？或者，你應該多做運動，增強自己的免疫系統？**第五張牌**：你應該多曬太陽，或者多照人工光源，藉此增強自己的免疫系統？抑或是，你可以嘗試補充能量的療法或水晶、靈氣，讓身體、理智及心靈保持平衡？

準備的物品

二十二張大牌。

時機

月初。

329
目前的療法適合你嗎？

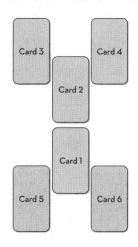

用途或背景知識

你已經接受同樣的療法一段時間了，但病情不見起色。

第一張牌：你應該去找醫生重新評估，順便了解身體狀況越來越差的原因嗎？**第二張牌**：如果醫生對新研究或新方法不感興趣，這代表你該找別的醫生了嗎？**第三張牌**：你已經（應該）在網路上搜尋已證實有效的新療法，然後詢問醫生嗎？**第四張牌**：你需要另外提升自己的新陳代謝，或多多運動、攝取更健康的飲食嗎？或者定期冥想、接觸新的能量療法嗎？**第五張牌**：你需要改善生活方式，或者花更多時間留意自己的需求，其次才是關心別人的需求嗎？**第六張牌**：網路上或當地有沒有遇到同樣情況的團體，能互相交流想法或提供務實的建議呢？

準備的物品

整副牌。

時機

月初的清晨。

330
鼓勵身體有殘疾或罹患衰竭性
疾病的兒童，充分發揮潛力

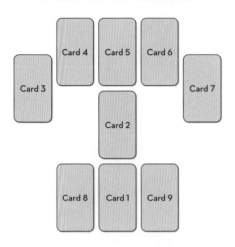

用途或背景知識

你十幾歲的孩子受到設施或資源的限制。

第一張牌：身體、教育及社會方面的哪些限制阻礙了孩子的發展？**第二張牌**：如果有合適的資源或設備，孩子的哪些特殊天賦，能引導他迎向實現抱負的未來或職業？**第三張牌**：你可以要求採取行動的哪些法律或官方規定，遭到忽視了？**第四張牌**：有沒有網站或當地的家長群組也在探討類似的問題？如果沒有，你能建立群組嗎？**第五張牌**：如果有必要，你可以為孩子安排哪些假日活動或居家活動，包括對服務提供者施加額外的壓力？**第六張牌**：你從家庭、社會或殘疾服務中得到了充分支援，因此你既能讓孩子享受樂趣，又能照顧孩子的身體嗎？**第七張牌**：你能帶頭爭取到自己渴求的資源或設施嗎？**第八張牌**：你追求的短期改善項目，主要是什麼？**第九張牌**：關於你為孩子爭取獨立自主又充實的未來，長期目標是什麼？

準備的物品

四十張小牌（一號牌到十號牌），以及十六張宮廷牌。

時機

你遇到障礙後，有人告訴你無法解決。

331
你打算做整容或牙科手術，但
不確定外科手術是否對你有害

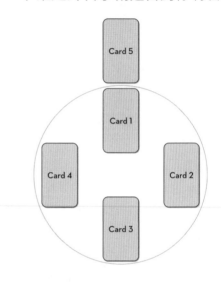

用途或背景知識

當你在改善容貌和擔憂流程之間左右為難。

第一張牌：手術的流程能帶給你足夠的信心，勝過其他的負面影響嗎？**第二張牌**：你真的很擔心手術流程和後遺症嗎？**第三張牌**：如果你不做手術，以後會懊悔嗎？**第四張牌**：你應該等到自己更有把握的時候，再做決定嗎？**第五張牌**：你現在應該把握機會嗎？

準備的物品

二十二張大牌。

時機

你收到了手術日期的通知。

332
你能幫助摯愛克服酗酒或藥物濫用嗎？

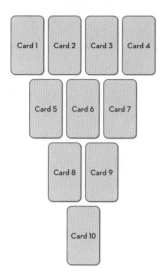

用途或背景知識

摯愛的毒癮讓你很擔心。

第一張牌：他希望得到幫助，或者拒絕任何援助？這只是暫時的困境嗎？**第二張牌**：濫用的行為是否嚴重影響到家庭生活和財務狀況？如果是這樣的話，你該怎麼辦？**第三張牌**：濫用的行為是否妨礙了當事人的工作或日常生活？**第四張牌**：有沒有產生反效果的損友，或者有不良影響的推手？**第五張牌**：你能找到更多支援，或者讓家人更有辦法幫助他嗎？**第六張牌**：他反社會行為造成的影響，現在適合嚴加管教或限制嗎？**第七張牌**：在問題得到解決或他接受幫助之前，你或他應該遠離人群嗎？**第八張牌**：這段關係或信任感，已經分裂到無法彌補的地步了嗎？**第九張牌**：六個月後的實際評估是什麼？**第十張牌**：十二個月後的實際評估是什麼？

準備的物品

整副牌。

時機

禁止濫用的承諾已證實無效之後。

333
你該怎麼成功戒菸？

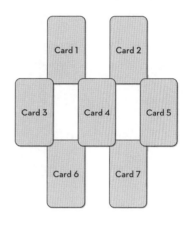

用途或背景知識

你需要戒菸，卻很難實踐。

第一張牌：如果你以前嘗試過，最後失敗了，是什麼原因導致中斷呢？**第二張牌**：生活中的哪些壓力或誘因使你吸菸，或讓你持續吸菸？**第三張牌**：你需要香菸替代品、電子菸或尼古丁貼片嗎？還是你應該快速戒菸？**第四張牌**：你需要（想要）從診所、顧問或相關的團體獲得幫助嗎？**第五張牌**：如何克服中途的復發？**第六張牌**：你這次能成功戒菸嗎？需要多久？**第七張牌**：如何永久戒菸？

準備的物品

四十張小牌（一號牌到十號牌）。

時機

當你的健康受到局部的影響時。

幫助有溝通障礙或社交障礙的兒童,例如自閉症、亞斯伯格症或注意力不足過動症

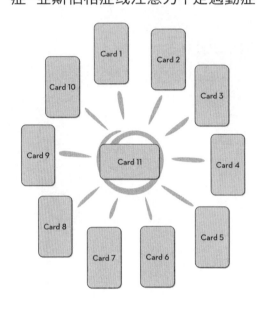

用途或背景知識

當你感到被排擠,並且厭倦了別人對你和孩子的批判。

第一張牌:你對診斷的結果感到滿意嗎?還是你想徵求別人的意見,即便此舉遭到專家反對?**第二張牌**:你是否得到了專業的教育資源或社會資源?還是需要更努力爭取?**第三張牌**:你是否對於收到的藥物或美其名曰「照顧兒童」的騙術感到不滿?你需要研究和索求替代方案嗎?**第四張牌**:如果有必要,你們應該搬到新的地方,讓孩子接觸專業的治療或設備嗎?**第五張牌**:有沒有俱樂部或假日活動,適合有類似問題的兒童?**第六張牌**:你能同時融入或參與社區的活動嗎?**第七張牌**:你能忽略那些批評嗎?還是能讓責備你疏於照顧的人,意識到你需要幫助?**第八張牌**:你能堅守長期的教育或社會救助計畫,讓孩子在成長過程中過著完整的生活嗎?**第九張牌**:你能持續把孩子當成正常人來對待,而不是把他當成是受限制的病人或為他貼上標籤?**第十張牌**:你能安排一些活動來培養孩子的特殊才能嗎?**第十一張牌**:有沒有家人或知己願意協助你,讓你有休息的時間?

準備的物品

整副牌。

時機

你渴望找到解決辦法。

335
你罹患一種經常發作的慢性疾病

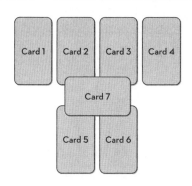

用途或背景知識

無法確定自己能不能在工作或社交場合上表現良好之時。

第一張牌：有沒有特定的壓力情境，或者使情況變得更糟糕的人？**第二張牌**：有任何過敏原導致你的身體失衡嗎？**第三張牌**：你能重新安排日常生活的步調，盡量避開壓力和過敏反應嗎？**第四張牌**：在病情又發作之前，你已經驗證過可以仰賴的藥物或療法嗎？或者，你需要找醫生或治療師協助？**第五張牌**：你應該考慮搬家，並採取更自然的生活方式嗎？**第六張牌**：你需要新的療法或預防措施嗎？**第七張牌**：其他的地區或海外，有沒有專業的診所能治療你的疾病？

準備的物品

整副牌。

時機

日落後的晚上。

336
你罹患消耗能量的疾病（例如纖維肌痛），但別人卻說這是懶惰造成

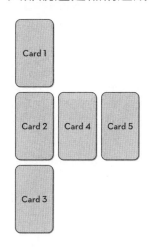

用途或背景知識

你的身體很虛弱，但外表沒什麼明顯的症狀。

第一張牌：某些人的消極態度使你的病情變得更糟糕嗎？**第二張牌**：臨床醫生能理解你的狀況嗎？還是，臨床醫生也是問題的來源？**第三張牌**：你能夠在有壓力的情況下維持良好的工作表現嗎？或者，你應該不顧一切的尋找適合自己的工作？**第四張牌**：你應該利用另類的療法，或找醫生協助你達到身心平衡並更有活力嗎？**第五張牌**：你能找到解決問題的辦法嗎？你多快能找到自然療法？

準備的物品

四十張小牌（一號牌到十號牌），以及十六張宮廷牌。

時機

在你受到不公平的批評之後。

337
為自己的生理缺陷尋求幫助，追求更有意義的生活

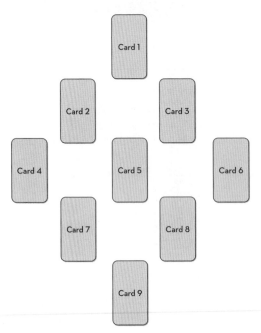

用途或背景知識

即使有相關法規，你的事業、旅遊或社交生活卻因設備不足受到阻礙。

第一張牌：在職業生涯中，阻礙你的主要生理障礙或無以名狀的偏見是什麼？**第二張牌**：如何透過官方管道和對話來解決這個問題？**第三張牌**：在家中，因缺乏管道和適當的技術而造成的主要障礙是什麼？**第四張牌**：在你的社交生活和旅遊規劃中，主要的障礙是什麼？**第五張牌**：如果你施壓，可以取得哪些資源或資金？**第六張牌**：如何克服障礙，使你和其他有同樣生理缺陷的人受益？**第七張牌**：你應該為了改善官方的態度和設備而發起運動嗎？**第八張牌**：關於未來一年的生活各方面，你的主要計畫是什麼？**第九張牌**：未來五年內，你的最終目標是什麼？

準備的物品

整副牌。

時機

你認為很重要的一週的開端（無論運氣的好壞）。

338
你經歷了嚴重的傷害或疾病

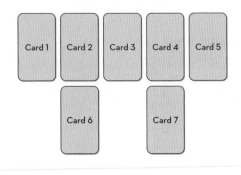

用途或背景知識

當你的生活無法回到過去，未來的路在哪裡？

第一張牌：你能夠爭取補償或特殊的津貼，讓日子好過一些嗎？**第二張牌**：你應該取得什麼樣的額外援助，讓自己能盡量獨立生活？**第三張牌**：這是不是展開新的職業生涯或學習管道的機會？能利用尚未開發的能力？**第四張牌**：你失去了什麼無可取代的東西？**第五張牌**：你有哪些新的優勢，能用來創造充實的新人生？**第六張牌**：你可以達到的短期目標是什麼？**第七張牌**：你要追求的長期目標是什麼？

準備的物品

整副牌。

時機

黎明時分。

339
年長者的記憶力逐漸衰退

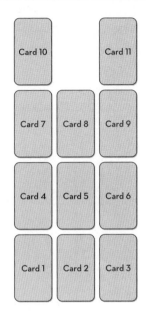

用途或背景知識

不能再忽視惡化的狀況了。

第一張牌：如果年長者獨自生活，或與年齡相仿的伴侶一起生活，記憶力衰退會不會造成安全或行動力的問題？**第二張牌**：日常的照顧或監督，是否對你或主要的照顧者造成了壓力？

第三張牌：有其他的親屬可以幫忙，而不是只有你或年長者的老伴侶承擔嗎？**第四張牌**：無論提出要求有多麼困難，你有機會申請到喘息服務或額外的社會福利嗎？**第五張牌**：還有其他生理問題（例如容易跌倒），讓獨自生活顯得不安全嗎？**第六張牌**：你應該考慮養老院或居家照護的服務嗎？可以的話，你能安排年長者和伴侶住在一起嗎？**第七張牌**：你可以對不關心年長者的家庭成員，採取強硬的態度嗎？

第八張牌：你能拋開內疚感或別人的責備，以務實的角度看待狀況嗎？**第九張牌**：如果年長者需要居家照護，你能找到喚起美好回憶的地點，或充滿愛的個人化照護地點嗎？**第十張牌**：如何在不讓一人獨自承受負擔的條件下，取得居家照護的資金？**第十一張牌**：你能逐步為年長者或他的伴侶做好準備，在這條可能很漫長的路上努力生活嗎？

準備的物品

整副牌。

時機

近期發生的事故讓你有警覺心，或年長者走失了。

340
你幫人治病,應該收費嗎?

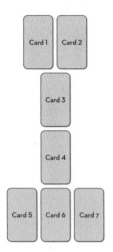

用途或背景知識

有人說你應該無償發揮靈性方面的天賦,但你還是需要支付生活費。

第一張牌:你打算從事和治療相關的職業或生意嗎?**第二張牌**:如果有需要治病的人付不起診療費,你願意免費幫他們治療嗎?**第三張牌**:假設不必保留有支薪的工作,你應該用金錢衡量自己的時間和資源,再決定要付出多少治療的時間或精力嗎?**第四張牌**:反對你的人是從事無償的工作嗎?**第五張牌**:別人會因為付錢給你,而更重視你的天賦嗎?**第六張牌**:你還能透過教學或銷售水晶等方式,賺到可以補充收入的利潤嗎?**第七張牌**:關於那些嫉妒你越來越成功和逐漸有知名度的人,你應該忽視他們嗎?

準備的物品

四十張小牌(一號牌到十號牌)。

時機

星期三(克服遭忌的日子)。

341
你正在接受侵入性治療,
不確定是否該繼續

用途或背景知識

有時,治療方式和副作用似乎比疾病本身更糟糕。

第一張牌:這種療法可以治病或緩解症狀嗎?或者,你無法確定效果能不能持久?**第二張牌**:每次治療後的負面副作用會持續下去嗎?還是有一段減輕病痛的時間?**第三張牌**:你應該和不同的臨床醫生或外科醫生談談,取得關於專業療法的補充意見嗎?**第四張牌**:其他地區或海外有沒有專業的診所,能提供你更好的建議或療法?**第五張牌**:停止治療的預期後果是什麼?**第六張牌**:你不久就能享有高品質的生活,之後會再考慮接受治療嗎?**第七張牌**:不管是來自醫護人員或家人的壓力,你比較希望接受治療還是不治療?**第八張牌**:為了增強自己的免疫系統,你目前有沒有努力保持身體健康(攝取健康的飲食),或使用非禁用的另類療法?

342
灰心喪志之際

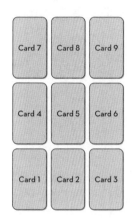

用途或背景知識

當你覺得一切都毫無希望。

第一張牌：你經常飽受憂鬱之苦嗎？還是近期的創傷、嚴重的背叛或挫折引發了你的憂鬱症或讓病情惡化？**第二張牌**：你能不能找到值得信賴的心理學家或醫生，他們不會隨便用處方箋打發你？**第三張牌**：關於你目前接觸的支援、諮詢服務，網路上或私下的關懷團體，好朋友或家人，你感到滿意嗎？還是你需要從別的地方求助？**第四張牌**：你有緊急求助的電話號碼（求助專線，或能隨時聯繫的朋友和家人）嗎？**第五張牌**：有任何人或情況讓你覺得更鬱悶，或使問題變得更嚴重嗎？**第六張牌**：你該怎麼讓這些負面的來源脫離你的生活？**第七張牌**：你能從生活中找到美好的事物，讓自

己在逆境中堅持下去嗎？**第八張牌**：未來六個月內，有什麼目標是你可以在順境和逆境中努力達到的？**第九張牌**：在讀書、職業、整體的健康狀況或健身方面，有哪些重要的改變能幫助你翻轉人生？

準備的物品

整副牌。

時機

盈月（滿月之前）期間。

343
你的身體經常感到疼痛

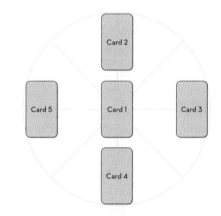

用途或背景知識

當你的生活變成不斷的服用止痛藥。

第一張牌：疼痛的原因可以透過手術、治療或有效管理來消除嗎？**第二張牌**：在追蹤疼痛狀況的診所得到了有效的疼痛控制嗎？還是，你只收到藥效更強的止痛藥？**第三張牌**：你能夠從州際或網路上的新研究，找到更有效的疼痛控制方法嗎？**第四張牌**：針灸、指壓按摩、正宗的能量療法等另類方式，能緩解你的疼痛嗎？**第五張牌**：冥想、想像、正念、靈氣等方法，對你有幫助嗎？

344
過敏症狀嚴重限制了你的生活

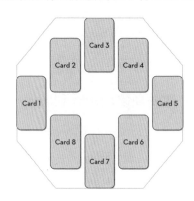

用途或背景知識

有嚴重的過敏反應或多種過敏症，對生活造成嚴重影響之時。

第一張牌：你應該接受充足的過敏原測試嗎？

第二張牌：在你的工作、社交及家庭生活中，其他人知道緩解過敏的辦法嗎？如果你的過敏症狀危及性命，該怎麼處理？**第三張牌**：有沒有可靠的飲食計畫或有效的行程安排，讓你可以維持原本的生活？**第四張牌**：你能找到不錯的過敏專科診所嗎？如果不能，有沒有信譽良好的診斷管道或初步療程？**第五張牌**：你能不能避開很難相處的人（影響情緒的誘因），因為他們會引發不良的反應，或者使你的病情更嚴重？**第六張牌**：你應該考慮搬到遠離汙染源和壓力的其他地點，或改變生活方式嗎？**第七張牌**：你能在明年找到合適的另類療法、自然療法或新研究，幫自己減輕症狀嗎？**第八張**

牌：未來五年內，新的研究或療法能大幅改善你的病情嗎？

準備的物品

整副牌。

時機

在嚴重的復發之後。

345
你是經常筋疲力盡的治療師

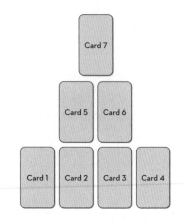

用途或背景知識

當你承受著客戶的痛苦和悲傷。

第一張牌：某些客戶讓你不堪重負嗎？如果有，原因是什麼？**第二張牌**：在你恢復常態之前，或者在事後淨化自己能量時，你有充分關心自己嗎？或者你太過忙碌，根本沒時間照顧自己？**第三張牌**：你應該運用內建守護神（例如水晶）的不同療法嗎？**第四張牌**：你應該減少或遠離治療的程序，直到自己的能量完全恢復嗎？**第五張牌**：你應該將治療與諮詢服務或占卜結合起來，以便降低療程的密集度嗎？**第六張牌**：你應該讓自己的日常生活充滿愉快的事物和活動嗎？**第七張牌**：除了醫治別人，你也應該學會接受治療嗎？

準備的物品

二十二張大牌。

時機

當治療變成了一種負擔，而不是幸事之時。

346
處理遭遇虐待或創傷
後的精神痛楚

用途或背景知識

日子照樣過，但你無法從創傷中走出來。

第一張牌：有任何審判或補償，讓你覺得自己受到重視嗎？**第二張牌**：在你準備好走出創傷之前，你心愛的人或同事有在嘗試鼓勵你向前看嗎？還是你應該多多休息？**第三張牌**：你現在還是會見到傷害你的人嗎？他們依然讓你想起創傷嗎？如果是這樣的話，你應該搬走，還是勇敢面對他們？**第四張牌**：有沒有關懷團體或專業的諮詢師，可以幫助你走出創傷？**第五張牌**：你以後能用自己的經驗幫助或勸告別人嗎？**第六張牌**：雖然你的生活變調了，但還有哪些美好的事物在等著你？

準備的物品

二十二張大牌和十六張宮廷牌。

時機

當你想起了以前的遭遇之時。

347
有人說你是天生的治療師，但
你不知道該怎麼發揮天賦

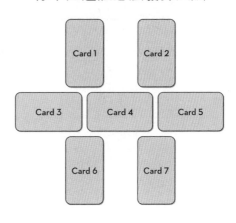

用途或背景知識

你的治療能力不太穩定，有時候甚至令人擔憂。

第一張牌：在你年輕的時候，是不是能透過觸摸或交談的方式來安撫人和動物？**第二張牌**：你想在職業方面發揮，還是在日常生活中運用能力？**第三張牌**：你想參與課程或治療的圈子，還是讓自己的治療能力自然發展？**第四張牌**：你擅長治療孩子、動物還是身體生病或心情低落的人？以上皆是？**第五張牌**：在什麼情況下，你會考慮治病？或者，你考慮宣傳自己，並從事專業的工作嗎？**第六張牌**：你認為自己的療癒能力來自上帝、女神或天使、指導靈或前世，或宇宙的生命力嗎？**第七張牌**：你應該吸引什麼樣的守護者到自己的身邊（天使之光、祈禱者、水晶），或者召喚你的指導靈？

準備的物品

二十二張大牌。

時機

當你無法再忽視流經身體的療癒能量時。

348
你有強迫症

用途或背景知識

你發現自己陷入重複行為的循環，而這些行為正在破壞你的生活。

第一張牌： 在你的生活中，你最需要重新掌控的失控事件是什麼？**第二張牌：** 你可以避免哪些特殊的誘因、人或情況？**第三張牌：** 醫學專家或有同情心的諮詢師對你有幫助嗎？如果沒有幫助，你能尋找對自己有用的支援嗎？**第四張牌：** 冥想、正念或認知行為的技巧，能大幅減少日常生活中的強迫行為嗎？**第五張牌：** 你加入了網路上或私下的關懷團體，而且效果不錯嗎？如果沒有，你能自己組一個嗎？**第六張牌：** 你能想出適合自己的實用應對策略嗎？**第七張牌：** 你能把感受轉移到解決別人生活中的混亂和問題嗎？

準備的物品

二十二張大牌。

時機

當你知道自己在不久之後會面臨病情發作的情況之下。

349
別人看不出你有健康或
情緒方面的困擾

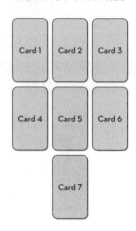

用途或背景知識

沒有人相信你生病了，或者你有難以克服的健康問題。

第一張牌： 你應該向重要人物，或同事、經理、朋友等人解釋，不用擔心其他人的看法？**第二張牌：** 當你急需使用醫療設備時，可以從臨床醫生或官方的支援小組，取得特殊的識別證或徽章嗎？**第三張牌：** 你能不能透過媒體或社群媒體，讓人們了解看不見的症狀並意識到這個問題？**第四張牌：** 你能在網路上或私下安排當地或全國性的活動，為自己和其他患者爭取必要的設施嗎？**第五張牌：** 你應該提高自己的權利意識，以便你在尋求協助或取得資源時不會感到難為情？**第六張牌：** 你能不能為大多數的突發事件制定應對策略，讓問題不過度影響旅遊、社交或工作？**第七張牌：** 有沒有其他的新療法、傳統療法或藉由改變飲食，來緩解你的症狀？

準備的物品

整副牌。

時機

你厭倦了向別人解釋，因為無濟於事。

350
你知道自己能幫人治病，卻發現現在學的課程對你沒有幫助

用途或背景知識

當你試著學習公認的治療技術，但自己的天賦卻受到阻礙。

第一張牌：如果沒人指導，你知道該怎麼辦嗎？**第二張牌**：你有察覺到自己的療癒智慧來自前世、指導靈或天使嗎？**第三張牌**：如果學到的方法都不適合自己，你應該創造屬於自己的治療方法？**第四張牌**：如果你的獨特療法有不錯的效果，你應該相信自己嗎？**第五張牌**：經過一段時間後，你應該創造出特殊的系統，並傳授給其他人嗎？**第六張牌**：你應該向天使、指導靈或祖先尋求指引，而當中有人能夠治病？

準備的物品

整副牌。

時機

當你感受到天使和指導靈的存在。

351
另類療法或藥物的收費過多，但醫生卻說你有這些需求

用途或背景知識

費用不斷增加，但你看不出療效。

第一張牌：你應該問醫生療程需要持續多久，而不是被含糊的承諾敷衍過去？**第二張牌**：為了比較費用，你應該聯絡醫生所屬的協會，或上網查證嗎？**第三張牌**：治療師鼓勵你對他們或療法產生心理上的依賴嗎？**第四張牌**：你應該在同樣的治療領域，徵求其他人的意見嗎？

第五張牌：如果你打算中斷療程，你應該帶親屬或朋友一起去談判，以免醫生對你施壓？**第六張牌**：你應該上網查證類似的療法有沒有投保，或者傳統藥物是否有幫助嗎？**第七張牌**：你應該漸漸降低治療或服用藥物的頻率，尤其在醫生向你推銷許多藥丸和藥水的時候，或請另一位專家確認潛在的副作用？

準備的物品

整副牌。

時機

星期四（真相和資訊公開之日）。

352
你或孩子有一種很罕見的
症狀，卻沒有人支持你們

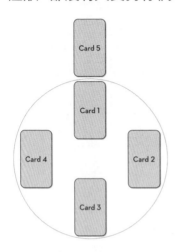

用途或背景知識

你感到求助無門。

第一張牌：你能在其他的地區或國家，找到專門治療這種疾病的治療中心，並保持密切的聯繫嗎？**第二張牌**：你能在網路上找到這個疾病的國際組織嗎？或者你可以建立一個群組嗎？**第三張牌**：你能透過媒體的利益團體，或者寫一本關於這個疾病人為因素的書，提高大家的意識嗎？**第四張牌**：你能不能在當地取得補助金或籌措資金，以便你或孩子能到專業的機構尋求建議或治療？**第五張牌**：你能不能給主治醫生相關研究資料，讓他了解實情，以便他提供有效療法？

準備的物品

五十張小牌（一號牌到十號牌），以及十六張宮廷牌。

時機

月亮經過水瓶座的時候。

353
你有心理健康的問題

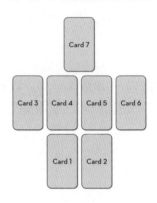

用途或背景知識

你發現某些人對心理健康帶有偏見。

第一張牌：你對目前的醫療支援、藥物或諮詢服務感到滿意嗎？或者，你應該尋求更適當的幫助？**第二張牌**：你能接受冥想、正念或認知行為的療法嗎？有效果嗎？你需要找新的老師或其他支援嗎？**第三張牌**：應該知情的經理、同事或朋友、家人，支持你嗎？**第四張牌**：你在生活中需要遠離對你無益的人嗎？或者，你可以在公司或學校尋求官方資源的支持，抵抗霸凌？**第五張牌**：你取得了自己應該得到的資源或津貼嗎？如果沒有，誰能幫你爭取？**第六張牌**：你能透過社群媒體或媒體，讓人們注意到心理健康的議題，以便消除外行人的偏見或恐懼嗎？**第七張牌**：你應該利用自己的經驗，接受諮詢或心理學、心理治療方面專業或業餘的培訓嗎？

準備的物品

整副牌。

時機

月初。

第二十二章

好運氣的牌陣

此牌陣的幸運牌

大牌：愚者、魔術師、命運之輪、太陽、星星。

小牌：權杖王牌、聖杯王牌、聖杯三、錢幣七、錢幣八、權杖八、錢幣九、錢幣十、聖杯十。

宮廷牌：任何的權杖牌。

關於好運氣的牌陣

一張牌、兩張牌及三張牌的牌陣適合簡短的問題。四張牌的牌陣適用於讓財富穩定下來。五張牌的牌陣很適合幸運的投資活動；在對的時間點以及對的地點，避免上當。六張牌的牌陣對情感問題和增加好運氣的疑問有幫助。七張牌的牌陣能應用在扭轉厄運和迎接渴望的意外好運氣。八張牌以上的牌陣能用來回應徹底扭轉命運以及決定命運的複雜問題。

* 請記住：死神牌不代表厄運，而是新的開端。高塔牌代表不受限制。惡魔牌代表你壓抑著改變的欲望。寶劍牌代表你面對和克服恐懼。

354
你能在短期內扭轉厄運嗎？

用途或背景知識

一件接著一件事情出錯，讓你覺得很倒楣。

第一張牌：你認為自己受到命運擺布嗎？如果是這樣，事實果真如此嗎？或者，這只是你的看法？**第二張牌**：有人造成了你的不幸嗎？**第三張牌**：你該怎麼改變運氣？

準備的物品

二十二張大牌。

時機

星期五或星期六（好運氣）。

例子

莫瑞（Murray）遇到了一件接著一件衰事。他不但弄丟了手機，唯一的一串汽車鑰匙也不見了。接著他的愛犬生病了，他卻忘記申請寵物醫療保險的續約。他帶狗去看獸醫師後，已經過了上班時間。他在跑步的途中滑倒，並傷到了腳踝。他覺得倒楣透頂。

莫瑞抽到的**第一張牌是命運之輪**。這張牌代表命運會朝著更好的方向轉變。更重要的是，這張牌意味著人必須努力避開事情可能會出錯的情況。

第二張牌是錢幣二。莫瑞領悟到自己太忙了，忙到沒有管好自己的物品，因此是他自己造成了不幸，才導致他發現沒有備用的汽車鑰匙，以及他疏忽了寵物保險的續約通知。**第三張牌是錢幣王牌**。莫瑞需要放慢腳步，並仔細審視生活中的細節。他實踐後，厄運就消失了。

189

355
為什麼你的戀情總是不順遂？

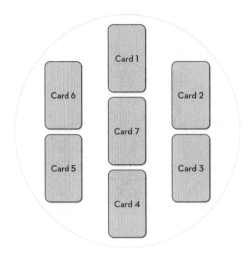

356
你經歷了一件又一件衰事後，很擔心自己倒大楣

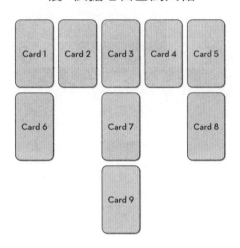

用途或背景知識

你的每段戀情都是在充滿希望的開端之後，以分手收場。

第一張牌：你每次都是很快陷入愛河，然後很快失望嗎？**第二張牌**：你應該專注於友誼和共同的價值觀或興趣，讓一段關係慢慢發展嗎？**第三張牌**：你還沒遇到合適的交往對象或靈魂伴侶，只是退而求其次？**第四張牌**：你每次都是追求符合理想條件的對象，而不是尋找真正讓你感到快樂的伴侶？**第五張牌**：你應該停止尋找愛人，順其自然？**第六張牌**：未來一年內，你能幸運找到愛人嗎？

第七張牌：新的戀情能持久嗎？

準備的物品

四十張小牌（一號牌到十號牌），以及十六張宮廷牌。

時機

星期五（永恆的愛情）。

用途或背景知識

當你對正在發生的不幸事件感到恐懼。

第一張牌：最初展開這個循環的不幸事件是誤判、別人的行為還是隨機的事件？**第二張牌**：你是否因此對自己的判斷力喪失了信心，導致衝動的行為？**第三張牌**：有沒有人對你懷有惡意或嫉妒心？你擔心他們帶來厄運嗎？**第四張牌**：你該怎麼面對那些讓你感到不安的誹謗者、批評者或有惡意的人？**第五張牌**：你應該帶著水晶，或用薰香的方式淨化家園或工作場所（或讓身邊有充足的照明），還是攜帶護身符？（薰香是印第安人的傳統，做法是燃燒乾燥的香草，讓煙霧飄散於屋內，做為淨化）

第六張牌：關於未來的生活或財務問題，你應該採納專家的建議或客觀的意見嗎？**第七張牌**：在愛情和生活中，你應該避開任何可預測的風險（致富詭計）或不明智的誘惑嗎？**第八張牌**：未來六個月內，有什麼好運氣能扭轉局

勢？**第九張牌**：你能夠與幸運的人或快樂的人培養感情，並遠離生活中的負面影響嗎？

準備的物品

整副牌。

時機

月底的最後一天（天黑後）。

357
為什麼你老是缺錢？

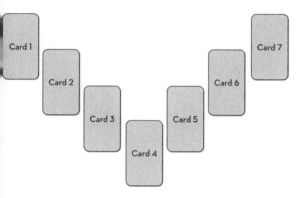

用途或背景知識

你才剛有收入，錢很快就流失了。

第一張牌：你只是花太多錢，不是運氣不好嗎？**第二張牌**：你很容易相信別人訴說的不幸故事嗎？或者，你對朋友和家人太過慷慨了？**第三張牌**：你是否在沒有確認事實和數據的情況下，直接投資或大量買進看似划算的商品？**第四張牌**：如果你曾經遭遇嚴重的虧損，是否可以從經濟衰退、背叛或詐欺的角度來解釋，並非偶然的厄運？**第五張牌**：你應該立即找專業的會計師或財務顧問，讓自己的財務狀況回到正軌嗎？**第六張牌**：未來六個月內，你的財運會變好嗎？**第七張牌**：一旦你的財務狀況恢復常態，你的財運能在短期內保持下去嗎？

準備的物品

四十張小牌（一號牌到十號牌）。

時機

星期六（明智理財之日）。

358
避免在參賽或追求目標之前倒大楣

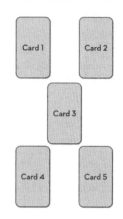

用途或背景知識

只要你感到害怕，就會神經緊繃，然後情況變得很糟糕。

第一張牌：儘管心煩意亂，有什麼技能或專業知識能引導你成功？**第二張牌**：你能參考哪些過去的成功經驗，或順利的培訓經驗？**第三張牌**：你應該避開那些讓你質疑自己的人嗎？**第四張牌**：你能夠創造護身符或慣例，吸引好運氣到你的身邊嗎？**第五張牌**：你這次能擁有好運氣嗎？

準備的物品

二十二張大牌。

時機

在你參與競爭或追求目標的前一天。

359
今天是你的幸運日嗎？

用途或背景知識

你需要決定是否在某一天做出重大決策之時。

第一張牌：這張牌具有積極或挑戰性的一面，可以幫你解惑。

如果你有疑慮，請抽**第二張牌**，並將這張牌放在右邊。

準備的物品

二十二張大牌。

時機

在你醒來的時候。

360
下週是你的幸運週嗎？

用途或背景知識

那一週很重要，充滿了機遇和挑戰；請將抽牌的結果寫在日誌中。

第一張牌：在這個重要的一週裡，請在星期日或第一個工作日觀察這天是否具有挑戰性，或自己是否變得更積極；這能暗示當天的運氣。接下來的幾天，你也要這樣做。

評估那一週是否幸運的方式是：在這七天，觀察正面的牌是否比負面的牌更多？請注意特別幸運的日子。

準備的物品

整副牌。

時機

下週的前一天。

361
為你的生活帶來好運氣

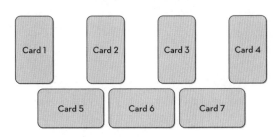

用途或背景知識

生活需要增添好運氣之時。

第一張牌：在你的生活中，哪方面最需要好運氣？**第二張牌**：好運氣多快出現？**第三張牌**：什麼事或誰阻礙了你的好運氣？**第四張牌**：好運氣會先降臨在你生活中的哪個部分？**第五張牌**：你該怎麼盡快擁有好運氣？**第六張牌**：誰或什麼事能幫助你擁有好運氣？**第七張牌**：有什麼祕訣能讓你得到好運氣？

準備的物品

二十二張大牌和十六張宮廷牌。

時機

娥眉月（新月前後的月相）或盈月（滿月之前）期間。

362
你能幸運的中樂透或
抽到大獎嗎？

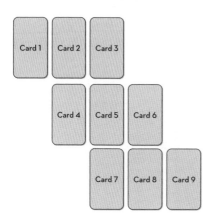

用途或背景知識

這幾年，你不斷玩碰運氣的遊戲，卻運氣不佳。

第一張牌：你現在的當務之急是為了解決所有的問題或實現夢想，而需要中樂透？**第二張牌**：有沒有其他的方法可以讓你達到同樣的目標？**第三張牌**：通常，你在抽獎或抽籤的時候很幸運嗎？或者你中過小獎？**第四張牌**：你應該採用某一種制度或加入財團，藉此增加中獎的機會嗎？**第五張牌**：你應該每週選擇同樣的幸運數字，還是根據家人的生日之類挑選數字？**第六張牌**：你應該只在自己覺得幸運的時候去抽獎，還是挑選不同、隨機數字？**第七張牌**：小贏能讓你感到滿意嗎？或者中頭獎才能滿足你？**第八張牌**：你相信自己不久就能贏錢嗎？**第九張牌**：這一週要進場，還是等待？

準備的物品

二十二張大牌和四十張小牌（一號牌到十號牌）。

時機

在你買彩券之前。

363
你能在比賽中獲勝嗎？

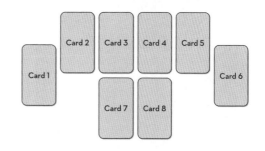

用途或背景知識

你想爭取一個能大幅改善生活的獎項。

第一張牌：你的運氣通常在競賽中不錯嗎？**第二張牌**：這場比賽需要技巧，還是全靠運氣？**第三張牌**：你是否有特殊的方法或幸運數字，可以提高勝算？**第四張牌**：你應該多交一些參賽作品或加入聯盟嗎？**第五張牌**：即使需要花更長的時間，有其他的合法方式可以讓你獲勝嗎？**第六張牌**：你這次能在競賽中勝出嗎？**第七張牌**：如果你這次沒有贏或獲得次等的獎項，你下次會更幸運嗎？**第八張牌**：如果你沒有獲勝，你應該放棄這種有潛在好處的管道，還是要繼續嘗試？

準備的物品

整副牌。

時機

在你參賽之前。

364
你的星座運勢不佳或遇上水逆，能避開厄運嗎？

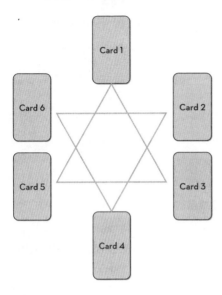

365
你度過的大部分時間都很不幸

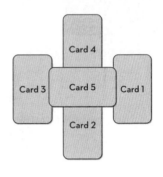

用途或背景知識:

家人說你經常運氣不好。

第一張牌：大多時候都是如此嗎？或者，這只是你對某些事件的消極看法？**第二張牌**：每當有事情出錯，家人就把你當成代罪羔羊嗎？或者，你的家人平常就很悲觀？**第三張牌**：你經歷過哪些成功（好事），是因為你靠自己努力，而不是純粹的好運氣？**第四張牌**：你有哪些優勢或特質，可以為你帶來好運氣？**第五張牌**：你應該讓自己的身邊充滿快樂、幸運的人，並避開那些讓你沮喪或貶低你的人嗎？

準備的物品

二十二張大牌和十六張宮廷牌。

時機

當你決定要更積極地面對生活之際。

用途或背景知識

儘管星座運勢不佳，但你需要好運氣。

第一張牌：可以的話，你應該延遲重大的決定或計畫，直到星座運勢好轉嗎？**第二張牌**：你應該確認自己的星盤，有無與目前的整體消極前景互相抵消的正面影響嗎？

第三張牌：你應該參考網路上的占星預測，還是在每日或每週的記錄中觀察正向事物，將有關你的星座及當天、當週或當月的資訊列入考量？**第四張牌**：你應該運用護身符或儀式，為自己增添好運氣嗎？**第五張牌**：即使星象對你不利，你還是應該堅守原本的計畫，並相信行動和決心讓你更能掌控局面嗎？**第六張牌**：不管星象怎麼樣，你能擁有好運氣嗎？

準備的物品

整副牌。

366
今天是你找工作的好日子嗎?

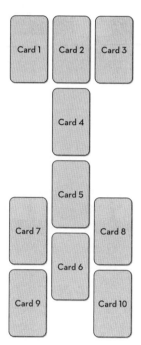

用途或背景知識

你已經找工作一段時間了。

第一張牌:今天適合你找工作嗎?**第二張牌**:今天應該盡全力求職?**第三張牌**:有人忽然離職或無預警曠職,因此你應徵過的職位突然有空缺?**第四張牌**:你投遞的履歷表會在適當的時候被讀取嗎?**第五張牌**:你不久就能收到面試通知嗎?**第六張牌**:你的資歷或經驗是否與即將出現的機會相配?**第七張牌**:你會馬上得到填補職缺的機會嗎?**第八張牌**:你現在需要了解到哪裡找工作嗎?**第九張牌**:你需要為了這個職缺而搬家,或者你需要更長的日常通勤時間嗎?**第十張牌**:為了幸運的轉機,你還需要等一段時間嗎?

準備的物品

整副牌。

時機

在你醒來的時候。

367
面試能順利進行嗎?

用途或背景知識

你收到了新工作的面試邀約。

第一張牌:你和面試官的磁場相近嗎?**第二張牌**:你相信自己能勝任這份工作,或有足夠的經驗和資格嗎?**第三張牌**:你能適當地回答面試官提出的所有問題嗎?**第四張牌**:你能把握說話的分寸、舉止得體嗎?**第五張牌**:在這次面試中,幸運女神與你同在嗎?**第六張牌**:即使競爭很激烈,你最後能得到這份工作嗎?

準備的物品

二十二張大牌和十六張宮廷牌。

時機

面試的前一天晚上。

368
下個月是你的幸運月嗎？

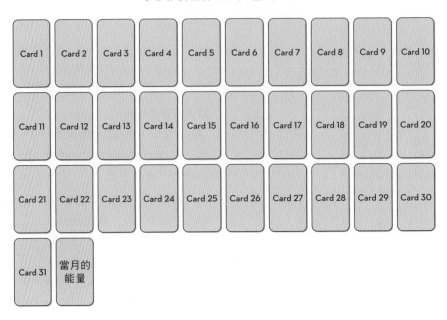

用途或背景知識

下個月很重要，但你需要好運氣。請將抽牌結果寫在你的日誌中，以便你在下個月研究。

請根據下個月有二十八天、二十九天、三十天或三十一天，為每個月發一張牌，從第一天的**第一張牌**開始研究，接著是**第二張牌、第三張牌**，以此類推。與上述牌陣相同的是，你也要做日常觀察，看是不是正面意義多於挑戰方面。請計算下個月有多少幸運日，以及從整體來看，下個月適合放手一搏還是謹慎行事？

準備的物品

一或兩副牌。

時機

上個月的最後一天。

369

一年當中的哪一季最適合新事業順利發展？

第一季	Card 1	Card 2	Card 3	Card 4	Card 5	Card 6	Card 7	Card 8	Card 9	Card 10	Card 11	Card 12	Card 13
第二季	Card 14	Card 15	Card 16	Card 17	Card 18	Card 19	Card 20	Card 21	Card 22	Card 23	Card 24	Card 25	Card 26
第三季	Card 27	Card 28	Card 29	Card 30	Card 31	Card 32	Card 33	Card 34	Card 35	Card 36	Card 37	Card 38	Card 39
第四季	Card 40	Card 41	Card 42	Card 43	Card 44	Card 45	Card 46	Card 47	Card 48	Card 49	Card 50	Card 51	Card 52

用途或背景知識

請將一年分成每三個月一組的四組期限，範圍
是從第一個月的第一天到第三個月的最後一
天。

請為每一季的每一天抽一張牌，順序是從第一
天的**第一張牌**開始。請觀察每一季有沒有特別
幸運或更有挑戰性的日子，並在你的日誌中寫
下每天的抽牌結果，以及標出特別幸運的日子
（代表有大好機會）。

請根據每張牌的牌義，來判斷哪方面特別幸
運。

請觀察哪一季有最多幸運或正面意義的牌，並
注意哪一季最缺乏這種牌。

準備的物品

一或兩副牌。

時機

元旦或季初。

370
今天是你向老闆要求加薪、升職或申請特休的好日子嗎？

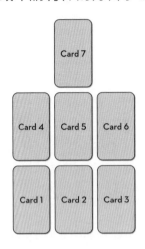

用途或背景知識

抓住時機很重要，因為你的老闆很情緒化。

第一張牌：我今天的運氣很好嗎？**第二張牌**：從上班的那一刻起，一整天都會很順利嗎？**第三張牌**：老闆今天的心情是好是壞？**第四張牌**：我知道什麼時候該提出要求嗎？**第五張牌**：我上次做好的優良報告或績效，能在今天引起老闆注意嗎？**第六張牌**：我說話能恰如其分嗎？**第七張牌**：我應該等到明天嗎？

準備的物品

四十張小牌（一號牌到十號牌），以及十六張宮廷牌。

時機

在你上班之前。

371
你的護身符遺失或損壞，代表你要倒楣了嗎？

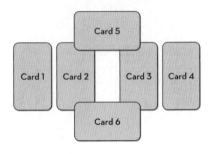

用途或背景知識

你無法隨身攜帶特殊的護身符，感到很害怕。

第一張牌：你應該攜帶替代的護身符，或者挑選完全不同的避邪物嗎？**第二張牌**：你應該把新的護身符放在一些公認的幸運物上，例如佛陀、觀世音菩薩或幸運大象的雕像，以便重新迎接好運氣嗎？**第三張牌**：你應該將替代的護身符帶到你經常感到快樂或幸運的地方，這樣就能重新迎接好運氣嗎？**第四張牌**：其實好運氣就在你的身上，你只需要拿著新的護身符，就可以注入你已經累積的好運氣嗎？**第五張牌**：護身符遺失或損壞，意味著你該探索新的地點和活動，或者吸引完全不同的新運氣嗎？**第六張牌**：舊的護身符耗盡了能量，意味著你需要更加謹慎，或者做出更明智的決定，才能吸引新的好運氣嗎？

準備的物品

二十二張大牌。

時機

滿月、仲夏或星期日。

372
今晚，你能遇到特別的新朋友嗎？

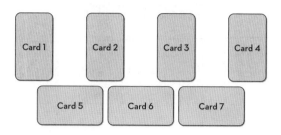

用途或背景知識
你不確定是否接受邀約。

第一張牌：這是適合我社交的幸運時機嗎？**第二張牌**：我要去的地方會出現特別的人嗎？或者，我應該去別的地方？**第三張牌**：我能夠言行得體，留給人深刻的印象嗎？**第四張牌**：對方是單身？如果對方已經有交往對象，他們打算分手嗎？**第五張牌**：如果我約他們出去，我還能保有好運氣嗎？**第六張牌**：如果現在不是我遇到特別對象的時機，我應該去享樂嗎？**第七張牌**：即使不是今晚，這個場合能帶來新的社交管道，讓我很快找到契合的對象嗎？

準備的物品
四十張小牌（一號牌到十號牌），以及十六張宮廷牌。

時機
你收到邀約後不久。

373
今晚適合我嘗試網路交友嗎？

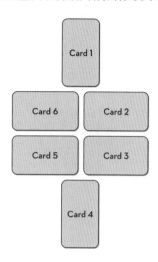

用途或背景知識
你在交友網站上的運氣不佳。

第一張牌：今晚或今天的愛情運特別好嗎？**第二張牌**：你應該嘗試新的網站，還是回到你熟悉的網站？**第三張牌**：你應該相信自己在今晚能抓住時機登入網站，還是要在平常的時間登入？**第四張牌**：你登入網站時，合適的交往對象也剛好登入或第一次登入嗎？**第五張牌**：你能馬上判斷彼此是否適合交往嗎？**第六張牌**：如果要擁有超好的運氣，你應該在今晚試試，還是等到明天？

準備的物品
二十二張大牌。

時機
在你登入之前。

374
明年是你的幸運年嗎？

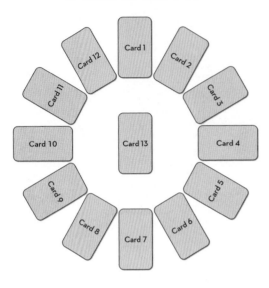

用途或背景知識

過去的一年你運氣不太好，想了解明年的運勢。

第一張牌到**第十二張牌**是以順時針的方向排序。每張牌代表你可以詢問個別的月份，看看是不是你的幸運月。你能根據牌義來判斷每個月特別幸運或具有挑戰性的部分。如果不是特別幸運，這只是意味著你某個月在那張牌強調的生活方面付出更多的心力。請在你的日誌中寫下抽牌結果，並觀察這一年是否幸運，或是你必須辛苦創造成果的一年。位於中央的**第十三張牌**能揭露意想不到的好運氣，包括你輕易獲得（正面的含義）或你必須努力才能實現的好運氣。

準備的物品

整副牌。

時機

月初或元旦。

375
你參加大考的時候，好運氣會伴隨你嗎？

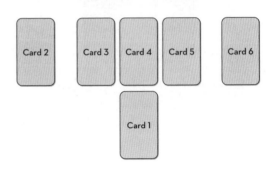

用途或背景知識

雖然你已經盡力做準備，但還是覺得很緊張。

第一張牌：那天是你的幸運日嗎？**第二張牌**：考題是你熟悉的知識範圍嗎？**第三張牌**：你能記住需要的正確資訊？**第四張牌**：主考官或評審是有同理心的人嗎？**第五張牌**：你能通過大考嗎？**第六張牌**：在你參加大考之前，應該注意哪些事項？

準備的物品

整副牌。

時機

大考或初試的前一天晚上。

376
你能通過駕照考試或
實地測驗嗎？

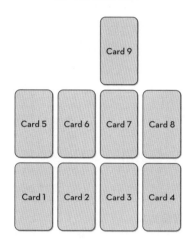

用途或背景知識

你感到緊張，但不想讓情緒破壞自己的機會。

第一張牌：你準備充分了嗎？還是你應該等到下次再報名？**第二張牌**：關於考試日期或應考資格，需要注意哪些事項？**第三張牌**：考試當天，你有充沛的活力嗎？**第四張牌**：主考官或評審的心情好嗎？**第五張牌**：當天的交通或考試狀況會順利嗎？**第六張牌**：你希望有機會展現哪些特殊的技能？**第七張牌**：關於參加考試，你最擔心什麼事？**第八張牌**：為了通過考試，你需要加強哪些專業知識？**第九張牌**：你能通過考試嗎？或者，你付出的努力會有回報嗎？

準備的物品

四十張小牌（一號牌到十號牌），以及十六張宮廷牌。

時機

收到了考試日期通知之際。

377
不久，你就能在自己選擇
的領域中轉運嗎？

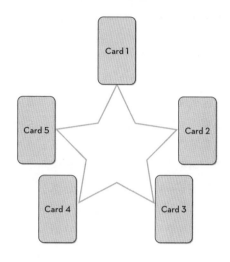

用途或背景知識

你已經探詢了許多方法，但幸運的轉機卻遙不可及。

第一張牌：你能感覺到自己身邊的幸運能量變得更強嗎？**第二張牌**：你能感覺到自己渾身散發期待感和興奮感嗎？**第三張牌**：你應該重新探索舊的管道，或擴大充滿可能性的視野，或到更遙遠的地方激發幸運的能量嗎？**第四張牌**：你能在短期內聯繫到對自己有幫助的人嗎？**第五張牌**：如果你堅持不懈，幸運的轉機就會很快出現嗎？

準備的物品

四十張小牌（一號牌到十號牌），以及十六張宮廷牌。

時機

星期日的清晨。

378

鏡子破碎後,你要承受七年的厄運嗎?

用途或背景知識

你不小心打破鏡子,很擔心發生糟糕的情況。

第一張牌:那只是舊的陳腐觀念,你應該忽略過時的迷信思維嗎?**第二張牌**:你從小在迷信的家庭中成長,潛意識仍有這種思想嗎?**第三張牌**:如果你曾經不信邪,然後運氣不好,那是因為你相信自己會倒楣,才導致厄運嗎?**第四張牌**:你應該用布包裹破碎的舊鏡子,埋到深處,並換另一個漂亮的新鏡子,讓自己感覺好一點,扭轉厄運嗎?**第五張牌**:你應該在充足的陽光下擦拭新的鏡子,為鏡子注入好運氣嗎?**第六張牌**:你應該和那些讓自己覺得愉快、玩得盡興的朋友一起出去,處在好運氣的氛圍中嗎?

準備的物品

整副牌。

時機

當你感到非常害怕的時候。

379

你能在拍賣或網路競標中獲得好運嗎?

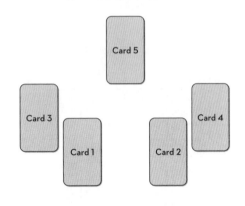

用途或背景知識

當你需要快速做出決定之際。

第一張牌:你能憑直覺判斷何時該出價,以及開價多少嗎?以前這種直覺有效果嗎?**第二張牌**:你應該先觀望,還是先報低價,直到你確定時機成熟了?**第三張牌**:如果有必要,你會為了渴望的某件商品或不動產,而付出比預估更多的錢嗎?**第四張牌**:如果有必要,你應該準備退出,或者等待類似的商品或不動產降價嗎?**第五張牌**:你能幸運勝出嗎?

準備的物品

四十張小牌(一號牌到十號牌),以及十六張宮廷牌。

時機

商品或不動產進行拍賣之前。

380
現在是賭博的好時機嗎？

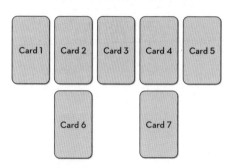

用途或背景知識

你不確定該冒險還是維持現狀。

第一張牌：幸運的能量目前在我身邊嗎？**第二張牌**：我現在規劃的方法或地點很恰當嗎？**第三張牌**：我的運氣能維持到渴望勝利的那一刻嗎？**第四張牌**：當我展開行動的時候，我知道何時該收手嗎？**第五張牌**：如果我的好運氣用光了，會發生災難性的損失嗎？**第六張牌**：我應該先小賭一把，試試運氣，還是要直接下大注？**第七張牌**：時機是今晚，還是改天？

準備的物品

整副牌。

時機

在你賭博之前（網路上或外出）。

381
這會是幸運的投資嗎？

用途或背景知識

當你知道投資可能會帶來可觀的收益。

第一張牌：你在投資或投機活動方面有好運氣嗎？**第二張牌**：憑你的直覺，這是一筆值得的投資嗎？**第三張牌**：你應該盡量蒐集情報或專家的建議，證明自己的直覺很準嗎？**第四張牌**：你應該等待，還是會因此失去機會呢？只能等嗎？**第五張牌**：這次的投資能順順利利，並帶來預期的報酬嗎？

準備的物品

二十二張大牌。

時機

在你決定要投資之前。

第二十三章

不動產的牌陣

此牌陣的幸運牌

大牌：皇帝、皇后、教皇、戰車、命運之輪、正義、節制、太陽、審判、世界。

小牌：錢幣王牌、聖杯王牌、權杖王牌、聖杯二、錢幣三、權杖三、錢幣四、權杖四、聖杯六、權杖六、錢幣七、聖杯八、權杖八、錢幣十、聖杯十。

宮廷牌：錢幣皇后、錢幣國王、聖杯皇后、聖杯國王、權杖皇后、權杖國王。

關於不動產的牌陣

一張牌、兩張牌和三張牌的牌陣適用於簡單明瞭的疑問。四張牌的牌陣能用於財務、不動產或修繕的問題。五張牌的牌陣很適合討價還價和談判的情境。六張牌的牌陣對家庭幸福的疑問有幫助。七張牌的牌陣可用在夢想、租賃及尋找合適的房子。八張牌的牌陣能用來回應搬家，或重新安置的疑問。九張牌以上的牌陣能應用在重大問題，或在慘淡的市場買賣房屋。

382
你應該整修房子，還是直接出售？

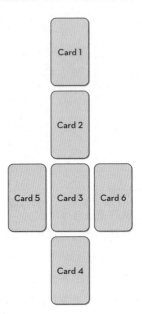

用途或背景知識

你不確定是否要花時間和金錢在裝修上，以期賺到更多收入。

第一張牌：是否能以合理的價格出售？**第二張牌**：如果整修房子，你會開出更高的銷售價格來彌補付出的費用和時間嗎？**第三張牌**：為了省下時間和精力（用在其他地方），你應該接受報低價嗎？**第四張牌**：你應該局部翻修，讓房子更容易賣出嗎？**第五張牌**：你應該全面翻修，並抬高銷售價格嗎？**第六張牌**：你應該保留房子，不出售嗎？

準備的物品

四十張小牌（一號牌到十號牌）。

時機

在你決定推銷不動產之前。

383
你能賣掉房子嗎？

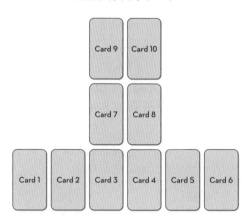

用途或背景知識
你的房子留在市場上一段時間了，卻沒有不錯的報價。

第一張牌：沒有不錯的報價是否有合理的理由，例如經濟不景氣或淡季？**第二張牌**：如果你有耐心，終究能成交嗎？**第三張牌**：與條件類似的房子相比，你定的價格是否不切實際？**第四張牌**：你能強調房子的哪些特點，讓房子比較容易賣出去？**第五張牌**：你應該改變目標市場，例如尋找想整修大房子的買家？**第六張牌**：你應該找新的仲介嗎？**第七張牌**：你應該多在網路上打廣告，或者在異鄉打廣告嗎？**第八張牌**：買家是本地人，還是來自別的縣市或海外？**第九張牌**：房子會在三到六個月內售出，還是需要一年的時間？**第十張牌**：你應該了解如何加快銷售的速度，例如降價或拍賣？

準備的物品
整副牌。

時機
星期三（快速成交之日）。

384
你應該現在搬家嗎？

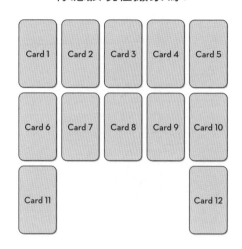

用途或背景知識
當你想換個環境的時候

第一張牌：你很清楚自己想搬到哪個地方？**第二張牌**：你在生活中感到焦躁不安，才引起這種不明確的想法？**第三張牌**：你很不喜歡目前居住的地方，還是你只把住所當成暫時的家嗎？**第四張牌**：搬家能讓你感到快樂嗎？**第五張牌**：你應該現在搬家，還是再等幾個月或更久？**第六張牌**：在短期內搬家的主要好處是什麼？**第七張牌**：搬家有哪些缺點？**第八張牌**：你負擔得起費用嗎？或者你不需要煩惱財務？**第九張牌**：你想搬去的新家位於目前居住的區域，還是你想搬到更遠的地方？**第十張牌**：搬家的過程很容易快速嗎？**第十一張牌**：你能在十二個月內搬家嗎？**第十二張牌**：你應該改善目前的生活或家園，而不是搬家嗎？

準備的物品
整副牌。

385
你可以靠整修不動產賺錢嗎？

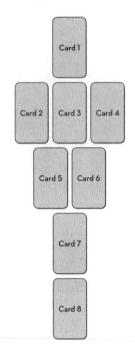

用途或背景知識

你想知道這是不是能賺大錢的事業。

第一張牌：關於物美價廉的商品和未來的銷售潛力，你有不錯的眼光嗎？**第二張牌**：你能輕易取得創業所需的資金嗎？**第三張牌**：你有整修方面的技能嗎？或者你能找到相關技術的人才且收費不高？**第四張牌**：你應該從某個不動產開始做，慢慢累積經驗嗎？**第五張牌**：你應該找人合夥，或者針對不同的整修專案組成企業聯盟嗎？**第六張牌**：你打算把房屋翻修當成事業，還是副業？**第七張牌**：你應該留意哪些無法預料的風險？**第八張牌**：你能成功的從事整修房屋的事業嗎？

準備的物品

整副牌。

時機

月初。

386
你下一次搬遷的新家，是暫時還是長久的住處？

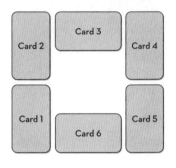

用途或背景知識

你想要定居下來，但不確定這是不是適合的地點和時機。

第一張牌：（潛在的）新家能成全你嚮往的長遠未來嗎？**第二張牌**：地點適合永久居住，還是只有目前符合你的需求？**第三張牌**：如果你把新家當成永久的住所，空間容納得下未來需要的設施嗎？**第四張牌**：這次搬家是迫於情勢嗎？**第五張牌**：新家只是你通往永久居所的跳板嗎？**第六張牌**：如果你覺得新家不適合短期居住，你應該多多比較，直到你找到真正需要的房子嗎？

準備的物品

四十張小牌（一號牌到十號牌）。

時機

在你簽約之前。

387
即使搬遷代表要離開住了大半輩子的家,但還是應該搬到自己想住的地方?

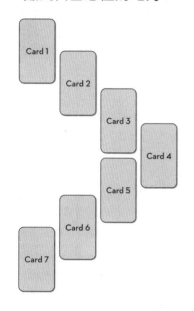

用途或背景知識

你有機會住在自己嚮往的地點。

第一張牌:考量到經濟、人際關係或職業方面,你現在可以搬家嗎?**第二張牌**:在個人的幸福方面,你做出的犧牲值得嗎?**第三張牌**:從情感的角度來看,現在是你搬家的時機嗎?**第四張牌**:考慮到各種因素,你應該等到更合適的時機嗎?**第五張牌**:你需要快速做出搬家的決定嗎?**第六張牌**:你能夠循序漸進,先把一切安頓好嗎?**第七張牌**:如果你拖延或不搬家,以後會懊悔嗎?

準備的物品

二十二張大牌。

時機

滿月或星期一(實現夢想之日)。

388
孩子離家後,你的房子有太多空間,但你不想賣房子

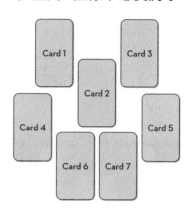

用途或背景知識

其他人逼你賣掉大房子,改住小房子。

第一張牌:有任何合理的急迫理由(例如財務狀況),指出你應該出售房屋?**第二張牌**:待在原地讓你比較快樂嗎?尤其是孩子可能回來住,或者你未來可能有孫子女?**第三張牌**:你考慮出租房間,還是在家創業?**第四張牌**:你很享受寧靜的氛圍,或可以給伴侶更多的空間?**第五張牌**:現在是你考慮改變生活方式的時機嗎?如果是,目前的房子適合你這樣做嗎?**第六張牌**:你希望現在搬家,或以後再搬家,還是永遠不搬家?**第七張牌**:你應該先擱置這件事,幾年後再重新審視這個問題嗎?

準備的物品

四十張小牌(一號牌到十號牌),以及十六張宮廷牌。

時機

你獨自在家的時候。

退休後要住在哪裡？或者你在規劃新的生活方式

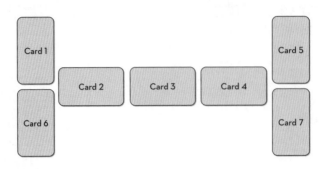

用途或背景知識

當你為了各種因素（伴侶期望）改造建築，而準備做出重大的生活改變。

第一張牌：你應該搬到都市嗎？**第二張牌**：你應該搬到海邊嗎？**第三張牌**：你應該搬到小城鎮或成熟的社區嗎？**第四張牌**：你應該搬到鄉下嗎？**第五張牌**：你應該待在原本的住處嗎？**第六張牌**：你應該在當地搬家嗎？**第七張牌**：你應該搬到海外或別的地區嗎？當然，你可以在牌陣中加上其他的牌，增添額外的選項。

準備的物品

四十張小牌（一號牌到十號牌），以及二十二張大牌。

時機

月初或元旦（新的開端）。

例子

露西（Lucy）是都市人，不希望退休後到荒郊野外生活，因為她很喜歡去音樂會和電影院，也經營著蓬勃發展的藝術機構。此外，她期望自己能在退休後販賣畫作。不過，她的丈夫山姆（Sam）卻渴望住在海邊，因為他每天早上可以在那裡釣魚和散步，也能增添他的礦石收藏品。

第一張牌是太陽，充滿著光明和生機。山姆分享這張牌的牌義，並指出圖像上沒有水。他希望過著遠離都市的寧靜生活，而且是一個不會太熱的地方。

第二張牌是聖杯八，圖像有大量的水，還有一個人的身邊充滿幸福的聖杯。這代表搬到海邊是明智的決定，但露西怎麼會開心呢？

第三張牌是權杖二，象徵著創造力及完美的平衡。山姆和露西都很開心，這代表他們適合搬到小鎮的社區嗎？

第四張牌是寶劍八，圖上有一個女人被綁住了。露西表示，如果她住在鄉下，可能會發瘋；但對山姆來說，鄉下是他的第二個選擇，因為他可以在河邊釣魚。

第五張牌是寶劍四。山姆覺得被困住，因為他厭倦了都市生活。

第六張牌是錢幣二。他們試著在目前的環境中，讓彼此的不同需求達到平衡。但他們都不滿足，因為山姆在都市裡感到焦躁不安；如果山姆不快樂，露西也不會快樂。因此，他們留在原本的住處是行不通的妥協方式。

第七張牌是聖杯十。雖然他們不想到海外住，但搬到別的州也許能滿足他們的需求。

山姆建議，如果他們發現海邊的小鎮有良好的文明生活，也有露西喜歡的藝術家活動中心，那麼居住地點可以選在海邊附近（滿足山姆），同時很靠近小鎮，讓露西能夠一邊工作，一邊為遊客開設課程。露西對這個決定感到滿意，所以他們打算探索海邊附近的文藝小鎮。

390
新家能帶給你好運氣嗎？

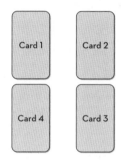

用途或背景知識

當你租或買新的房子，或打算這麼做的時候。

第一張牌：當初看到房子時，是否覺得那棟房子注定屬於你，而且你有合理的理由？**第二張牌**：從談判、付錢到搬家，一切都會順利進行嗎？**第三張牌**：這將是一個健康、幸福及富足的地方嗎？**第四張牌**：你對房子或地點有什麼疑慮嗎？如何解決？

準備的物品

四十張小牌（一號牌到十號牌）。

時機

星期日（新的開端）。

391
在擁擠的市場中尋找待租房屋

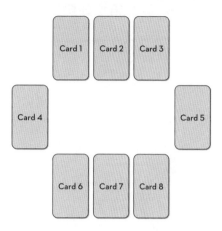

用途或背景知識

你想申請租屋時，已經有人捷足先登了。

第一張牌：即使有些機構看似沒有談判的機會，你還是會盡量聯繫每一家仲介公司，或上網找租屋管道嗎？你有錯過任何機會嗎？**第二張牌**：你有在利用社群媒體的人脈或廣告，讓別人知道你需要什麼嗎？**第三張牌**：你應該考慮把搜尋範圍擴大到通勤時間較長、不太熱門的地區嗎？**第四張牌**：你應該提供看家、照顧寵物（珍貴植物）等服務，讓自己成為更理想的房客嗎？**第五張牌**：你能夠為老人提供照護或陪伴的服務，條件是供你住宿？**第六張牌**：你應該（能夠）跟朋友一起租空間更大或更貴的房屋嗎？**第七張牌**：你會考慮跟朋友一起購買需要整修的房子嗎？**第八張牌**：你會考慮暫時在家工作嗎？

準備的物品

整副牌。

時機

星期三（快速成交之日）。

392
在分居、離婚或失去至親後，你必須找新房子

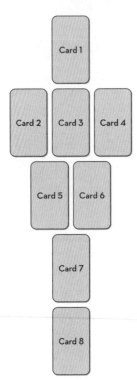

用途或背景知識

當你有需求，或因為不愉快的環境而準備搬家。

第一張牌：你應該（能夠）在時機適當的時候搬家，而不是遵照其他人的日程安排？**第二張牌**：你能夠收集所有應該獲得的資源，並在有必要的情況下展現堅定的態度嗎？**第三張牌**：這是你重新過日子（搬到別處），或成為新角色的機會？**第四張牌**：誰或什麼事能幫助你重新定居，或協助你維持生活中的某些部分？**第五張牌**：如果生活變得艱難，你想要（應

該）捨棄或忽略哪些部分？**第六張牌**：關於幸福的未來，你最想要的是什麼？**第七張牌**：如果不考慮別人的建議或意見，即使很悲傷，你還是能一心一意的為自己創造未來的家園嗎？

第八張牌：新家能為你展開幸福的全新篇章嗎？

準備的物品

整副牌。

時機

當你覺得自己的心願和需求被忽視的時候。

393
你居住的公寓大廈沒有花園，但你希望有

用途或背景知識

沒有花園這件事讓你覺得很失落。

第一張牌：即使通勤時間變得更長，或者房子不太理想，你也應該考慮搬到有花園的住處嗎？**第二張牌**：你能在陽台或窗台打造出室內的花園或香草園嗎？**第三張牌**：你應該加入園藝俱樂部，還是租一塊地或找個荒野的空間，讓自己在都市裡也能造訪？**第四張牌**：你應該盡量在野外或鄉下度過週末和假期嗎？**第五張牌**：你應該改變居住地點、職業或生活方式，讓自己在有自然美景的地方生活嗎？

準備的物品

二十二張大牌和十六張宮廷牌。

時機

星期五（接觸大自然的日子）。

394
你的家被厄運詛咒了？

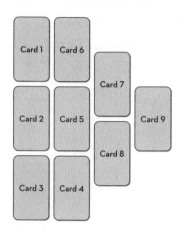

用途或背景知識

你的家住起來陰森恐怖，或者有沉悶的氛圍。

第一張牌：你搬進去後，才開始有厄運？**第二張牌**：是近期的不幸事件引發厄運，而使情況更糟糕嗎？**第三張牌**：厄運與外部環境有關連嗎？還是錯誤的決定導致厄運？**第四張牌**：你用薰香的方式淨化後，家裡還是有一種詭異或沉重的氣氛？（薰香是印第安人的傳統，做法是燃燒乾燥的香草，讓煙霧飄散於屋內，做為淨化）。**第五張牌**：在你搬進去之前，房子有發生過不愉快的事情嗎？或者，那塊土地以前有不好的傳聞？**第六張牌**：你應該請神職人員或靈媒幫你淨化家園，特別是在感受到超自然現象的時候嗎？**第七張牌**：你應該在家中放置象徵好運的物品，或者請專家評估房子和土地的風水嗎？**第八張牌**：你應該思考自己的生活方式或人際關係，是不是問題所在？**第九張牌**：只要你有能力做到，就應該搬家？

準備的物品

整副牌。

時機

當你感到特別不安或害怕的時候。

395
你買的不動產是不錯的投資標的嗎？

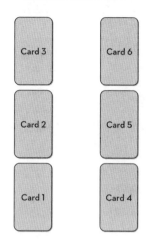

用途或背景知識

你想知道自己買的不動產能不能變成搖錢樹、幸福家園，或兩者兼備。

第一張牌：無論未來的利潤如何，你買的不動產能以幸福家園的形象出售嗎？**第二張牌**：有沒有特殊的原因，促成了不動產的增值超出預期？例如該地區變成高端市場、新產業進駐該地區，或有不為人知的礦產被發掘？**第三張牌**：整修或擴建是否有利可圖？**第四張牌**：拆除並重建，或出售土地，能帶來可觀的利潤嗎？**第五張牌**：這是長期的投資嗎？**第六張牌**：你應該把這項投資當作快速獲利的營收嗎？

準備的物品

四十張小牌（一號牌到十號牌）。

時機

你想把錢投資到牢靠的物件上。

396
你想賣掉大房子，改住小房子

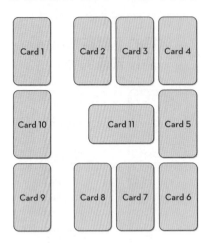

用途或背景知識

現在是你需要做出決定的關鍵時刻。

第一張牌： 延遲做決定會讓這件事變得更難嗎？還是你需要更長的考慮時間？ **第二張牌：** 這是一個靠邏輯或直覺的決定，目的是實現品質更高的生活方式、經濟需求，或兩者皆是？ **第三張牌：** 你能兼顧理性和感性層面嗎？ **第四張牌：** 你知道自己想在哪裡、何時或如何搬進小房子嗎？ **第五張牌：** 這依舊是你或伴侶實現夢想的想法，而且需要釋出部分的資產嗎？ **第六張牌：** 你能夠慢慢探索各種選項，讓搬進小房子的這件事提升生活品質嗎？ **第七張牌：** 改住小房子有哪些好處？ **第八張牌：** 改住小房子有哪些壞處？ **第九張牌：** 無論有什麼障礙，你都應該為夢想奮力一搏嗎？ **第十張牌：** 你會感到快樂嗎？ **第十一張牌：** 如果現在不搬進小房子，你以後會覺得自己錯過時機嗎？

準備的物品

整副牌。

時機

星期二（開拓的日子）。

397
即使價格超出預算，你還是應該買自己喜歡的房子？

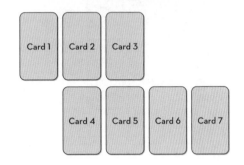

用途或背景知識

你的心聲告訴你「買下去」，但你的理智要求你謹慎的花錢。

第一張牌： 這是你夢寐以求的房子嗎？ **第二張牌：** 你應該堅持要求更低的價格嗎？ **第三張牌：** 談判後，對方會立即接受更低的報價，還是不肯妥協呢？ **第四張牌：** 你有沒有辦法從銷售中得到更多獲利，或另外借錢來增加收益？ **第五張牌：** 如果猶豫不決，讓別人買走了房子，你會準備尋找或等候另一間條件類似的房子嗎？ **第六張牌：** 這是孤注一擲的決定嗎？ **第七張牌：** 你相信自己住在條件更好的地方後，能彌補額外的開銷嗎？

準備的物品

整副牌。

時機

在你需要報價，才能取得理想房屋的前一天。

398
你的家位在漂亮的地方，卻被親朋好友當成免費的度假基地

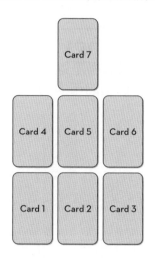

用途或背景知識

你希望獨自一人度過週末，或與伴侶或家人共度週末，不歡迎訪客。

第一張牌：你很好客，但覺得被人占便宜了嗎？**第二張牌**：如果沒有解釋，就直接拒絕訪客，或限制訪客的逗留時間，你會感到內疚嗎？為什麼？**第三張牌**：你應該區分真正的好朋友和只想免費度假的朋友，但這樣做你有可能會失去一些酒肉朋友？**第四張牌**：你能利用社群媒體去說明，如果朋友提早告訴你（願意自行安排食宿，或考慮使用訂房網站），那麼你很歡迎他們造訪嗎？**第五張牌**：你應該在某些週末宣布「不接待訪客」，因為這才是你當初選擇住在那裡的原因？**第六張牌**：如果有人不請自來，剛好你不方便，那麼你應該勇敢說出心聲嗎？**第七張牌**：面對那些占便宜的訪客，你應該採取強硬的態度嗎？

準備的物品

四十張小牌（一號牌到十號牌），以及十六張宮廷牌。

時機

在你害怕週末和國定假日到來的時候。

399
買度假屋

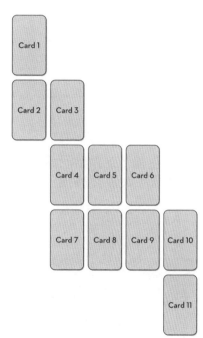

用途或背景知識

你考慮買適合長期持有的度假基地。

第一張牌：有你想買的特殊地區嗎？**第二張牌**：你想把房子留給自己，還是留給朋友或家人？**第三張牌**：賞屋的時候，你能立刻判斷是不是你想要的房子？**第四張牌**：你應該根據邏輯和直覺做出選擇，還是根據房屋的出租潛力？**第五張牌**：你應該（能夠）出租房子一段時間，以便支付一些費用嗎？**第六張牌**：它是

213

一個能悠閒走走又有趣的度假基地嗎？**第七張牌**：你想尋找設計更精緻的房屋，好在未來能永久居住嗎？**第八張牌**：你應該考慮買一輛大露營車，好讓假期方便移動嗎？**第九張牌**：未來在度假屋享受的快樂，比購買成本更重要嗎？**第十張牌**：即使你有負擔，在找到合適的房屋時，應該買下去嗎？**第十一張牌**：你應該繼續靠邏輯和直覺找房子，並謹慎地理財，直到找到理想的度假屋？

準備的物品

二十二張大牌。

時機

你認為現在應該把更多的心思放在休閒方面。

400
該決定整修？或靠自己蓋房子，
還是購買不太需要裝潢的成屋？

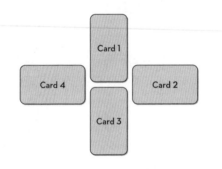

用途或背景知識

你希望把房子改造得更好，卻不知道該怎麼運用錢。

第一張牌：為了擴大空間，你應該整修目前的房子嗎？**第二張牌**：你應該自行建造房子，還是在你購買或擁有的土地上蓋想要的房子？**第三張牌**：你應該購買能立即搬進去的成屋嗎？**第四張牌**：你應該維持現狀嗎？

準備的物品

四十張小牌（一號牌到十號牌）。

時機

月底。

401
你應該考慮進入買房
出租的市場嗎？

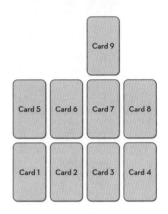

用途或背景知識

當你有閒錢，或有借錢的機會。

第一張牌：你應該花錢修繕自己的房子，或鎖定高端市場，而不是進入租賃市場嗎？**第二張牌**：現在是你投資租賃市場的好時機嗎？**第三張牌**：你應該在哪個地區買房子，才能吸引到自己偏好的房客，如學生、專業人士或合租者？**第四張牌**：如果你先買便宜的房子，接著進行翻修，那麼投資會有回報嗎？**第五張牌**：你買的房子達到預算上限，或者你馬上讓房客搬進去住，能讓投資變得更值得嗎？**第六張牌**：你應該找可靠的租賃代理商，還是靠自己處理呢？**第七張牌**：你應該把出租的不動產當成長期的儲備金來源嗎？**第八張牌**：當你有足夠的資金，應該要多買幾處不動產，才能建立

優良的投資組合嗎？**第九張牌**：對你來説，這是成功的投資活動嗎？

準備的物品

整副牌。

時機

星期三（投機日）。

402
你需要在家裡擁有工作室

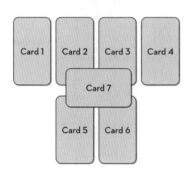

用途或背景知識

你開始創業、在家經營生意或讀書。

第一張牌：在家工作有哪些好處？**第二張牌**：在家工作有哪些壞處？**第三張牌**：你比較希望在別的地方租房間嗎？**第四張牌**：你能夠在家裡擁有一個不受其他人干擾的空間嗎？**第五張牌**：你能夠或應該安排一段不受家人和朋友干擾的工作時間嗎？**第六張牌**：如果有聘請員工，你能夠找到或規劃額外的空間？還是你需要擴大空間或搬遷？**第七張牌**：為了避免讓工作侵占你的家庭生活，你能夠不加班嗎？

準備的物品

整副牌。

時機

星期四（順利為自己工作之日）。

403
你或家人經常發生事故，
或損壞家裡的物品

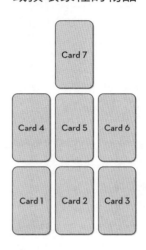

用途或背景知識

你很納悶自己的家是否不吉利。

第一張牌：你和家人經常匆匆忙忙或壓力很大嗎？**第二張牌**：你本來就是手腳不靈活的人嗎？家人本來就很容易發生意外？還是只有一兩個家人有這些問題？**第三張牌**：家裡是不是有很多潛在的意外，是因為有些東西需要修理或固定？**第四張牌**：你應該召開家庭會議，一起討論如何更妥善照顧家園的策略嗎？**第五張牌**：你應該請保全來評估有沒有哪裡潛藏著問題？**第六張牌**：緊張的家庭關係或沒有表達出來的怨恨、嫉妒，是否散發了更容易發生意外的負面能量？**第七張牌**：你應該在家裡用水晶打造出寧靜的區域，帶來更和諧的氛圍嗎？

準備的物品

整副牌。

時機

十三號的星期五，或很多事情出問題的期間。

404
你很想擁有自己的家，但機會渺茫

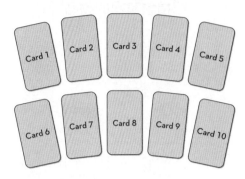

用途或背景知識

你擁有房子的可能性越來越小。

第一張牌：你存錢的主要障礙是什麼？**第二張牌**：你有辦法改善自己的信用評價，或找到獲利更豐厚的工作，以便應付大筆房貸嗎？**第三張牌**：有沒有適合你的便宜房屋，或先租後買的方案？**第四張牌**：你買得起需要進行大規模整修的房子嗎？**第五張牌**：為了買得起房子，你會考慮條件次等的小房子或地區嗎？**第六張牌**：你能說服親屬投資，或暫時幫你付錢嗎？**第七張牌**：你應該搬到價格更低的地區、縣市或海外，讓自己買得起房子嗎？**第八張牌**：未來十二或十八個月內，你有什麼意想不到的好運氣？**第九張牌**：未來十二或十八個月內，你能住在屬於自己的家嗎？**第十張牌**：同時，你該怎麼確保自己或伴侶仍然享受著中等品質的生活？

準備的物品

四十張小牌（一號牌到十號牌），以及十六張宮廷牌。

時機

娥眉月（新月前後的月相）或盈月（滿月之前）期間。

405
為了照顧年長的親屬，
你考慮改造家園

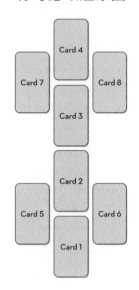

用途或背景知識

當你為了滿足家人的需求，必須兼顧家庭生活。

第一張牌：與年長的親屬同居，對你們都有好處嗎？**第二張牌**：為了減少困擾，你針對家人（家庭生活）做出的調整是否值得？**第三張牌**：你安排的住處，能留給自己隱私空間和獨立使用的設備嗎？**第四張牌**：你理財的方式，能讓所有相關的人分擔，而不是自己一個人扛？**第五張牌**：你應該為親屬安排照護服務或請親戚幫忙，讓自己仍然保有生活？**第六張牌**：如果房子的空間太小，你們應該搬到更大的房子嗎？**第七張牌**：如果你的家屬平常需要有人協助行動，你有內建的保障措施嗎？**第八張牌**：萬一出現問題，或者以後有親戚對你的投資提出索賠，你有適當的法律防護措施嗎？

準備的物品

四十張小牌（一號牌到十號牌），以及十六張宮廷牌。

時機

星期六（處理不動產之日）。

406
孫子女搬到你家住

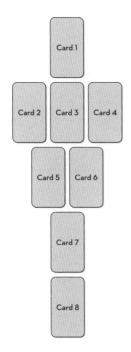

用途或背景知識

你的孩子與伴侶分手或變成單親家長後，帶著你的孫子女搬過去跟你住。

第一張牌：在你的成年子女重新振作之前，這只是臨時的安排？**第二張牌**：你們能調整住宿空間，讓彼此保有自己的隱私？**第三張牌**：你能避免承擔他們該做的家務，並拒絕全天候照顧孫子女嗎？**第四張牌**：他們跟你住在一起，對你有哪些好處？**第五張牌**：你該怎麼盡量減少問題？**第六張牌**：你能確保他們重視家規，或避免家裡的空間幾乎被年輕人占據嗎？**第七張牌**：如果這種住宿安排是長期的，你們應該考慮搬到有各自獨立空間的住處，或空間更大的房子嗎？**第八張牌**：這件事能順利進行嗎？

準備的物品

整副牌。

時機

星期五（親子日）。

407
你住在自己不想久待的地方

用途或背景知識

你很討厭自己住的地方。

第一張牌：即使有重大的生活調整，或者需要花大錢，你有機會搬到讓自己更快樂的地方嗎？**第二張牌**：你能改善目前的住處和生活方式，讓自己繼續忍受下去？**第三張牌**：你未來有機會搬走嗎？**第四張牌**：你能盡快搬家嗎？**第五張牌**：你能在週末外出或規劃一些活動，好讓自己過著平衡的生活？**第六張牌**：你能盡量在目前的住處享有好處嗎？

準備的物品

二十二張大牌。

時機

每個月的第一天。

408
你必須住在員工宿舍

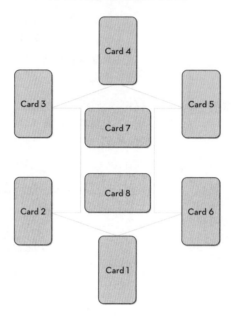

用途或背景知識

你覺得受到束縛,沒有屬於自己的住處。

第一張牌:當你努力存錢或爭取升職,還沒有辦法擁有自己的住處之前,你覺得自由受到限制是值得的事嗎?**第二張牌**:即使可能顯得不合群,你也應該為自己的私人空間劃定界限,讓自己不會經常受到他人侵犯?**第三張牌**:你應該買一輛露營車,或與家人或朋友一起消磨時光,多多參與戶外活動嗎?**第四張牌**:你能不能限制自己的工作時間,不會因為住在員工宿舍而隨時收到需要支援的通知?**第五張牌**:住在員工宿舍的缺點,是否因為有補償?例如不需要通勤,或者公司有提供食物或租屋補助?**第六張牌**:如果缺點很明顯比優點多,你應該找一個離工作地點很近的住處嗎?**第七張牌**:你應該找一份薪水更高且可以住在外面的工作嗎?**第八張牌**:你能在六個月內找到新工作,擺脫困境嗎?

準備的物品

四十張小牌(一號牌到十號牌)。

時機

工作期間的月底。

409
你原本有自己的住處，卻不得不搬過去跟父母住

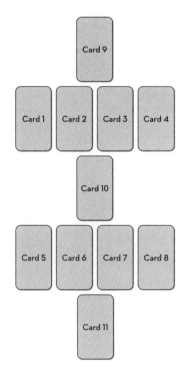

用途或背景知識

在一段關係破裂後，或你剛畢業、待業中。即使之後找到工作，你也無法在一開始賺到很多錢。

第一張牌：如果不想搬回家住，在你嘗試重新振作的時候，能住在其他地方，或與其他人同住嗎？**第二張牌**：如果你搬回家住，你會為自己的停留時間設定期限嗎？**第三張牌**：你住在老家的期間，能為未來的新家或新生活多存點錢嗎？**第四張牌**：你們能夠分配隱私空間，讓彼此都有獨處的空間和生活嗎？**第五張牌**：你該怎麼避免落入父母眼中的孩子角色？**第六張牌**：你嘗試過合租公寓，或與朋友一起買房子，恢復自己的獨立生活嗎？**第七張牌**：如果有人的情緒失控，你們有講好的應對策略嗎？**第八張牌**：即使借到的錢不多，你能向家人借到搬家的錢嗎？**第九張牌**：你適合一直待在父母的家，直到能夠靠自己工作賺錢，或建立穩定的婚姻關係嗎？**第十張牌**：如果與父母同居對你們都有好處，你們會考慮買大間房子（分配空間），或買一塊永久同住的土地嗎？**第十一張牌**：未來六到九個月內，你願意恢復獨立的生活方式嗎？

準備的物品

整副牌。

時機

星期六（盡可能劃分隱私空間）。

410
室友把家當成垃圾場，
也不分擔家務

用途或背景知識

你不得不表現得像父母對待一個心智不成熟的自私孩子。

第一張牌：你應該停止幫忙室友，只買自己要吃的食物，或者只打掃自己的活動區域，看看室友能不能明白你的心情？**第二張牌**：如果你們有義務分擔房租或水電費，你應該事先提醒室友，還是在必要的時候登廣告找新的室友？

第三張牌：如果公寓不是登記在你的名下，你應該找另一個更體貼的室友嗎？**第四張牌**：你是否從小被灌輸要當一個有責任心的人？其他人常會利用你的這項特質？你能否改變態度？

第五張牌：你獨自住在空間更小的地方，會比較快樂嗎？

準備的物品

二十二張大牌和十六張宮廷牌。

時機

資助室友使你的荷包失血，也讓你忿忿不平。

第二十四章

友誼與社交
生活的牌陣

此牌陣的幸運牌

大牌：愚者、魔術師、戀人、戰車、力量、節制、月亮、太陽、星星、世界。

小牌：聖杯王牌、權杖王牌、錢幣三、聖杯二、權杖二、聖杯三、權杖三、錢幣五、權杖五、聖杯六、權杖六、聖杯八、聖杯十。

宮廷牌：錢幣侍者、錢幣公主、錢幣王子、錢幣騎士、聖杯侍者、聖杯公主、聖杯王子、聖杯騎士、權杖侍者、權杖公主、權杖王子、權杖騎士。

關於友誼與社交生活的牌陣

一張牌、兩張牌及三張牌的牌陣適用於發展中的新友誼。五張牌的牌陣很適合關於忠誠和衝突的疑問，六張牌的牌陣能應用在愉快的友誼和認識新朋友，七張牌的牌陣能用來做選擇。八張牌以上的牌陣能用來回應重大的問題，或與朋友一起旅行的疑問。

411
為什麼交朋友那麼難？

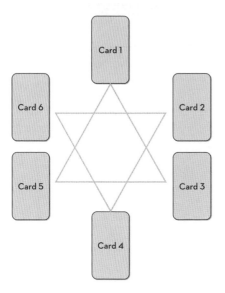

用途或背景知識

沒有人邀請過你參加聚會或社交活動。

第一張牌：你本來就喜歡獨來獨往，不需要別人陪伴，但覺得應該要融入團體嗎？**第二張牌：**你希望結交一些志同道合的朋友嗎？你能在哪裡或該怎麼遇到他們？**第三張牌：**你想多多參加社交活動，但讓你退縮的心聲是什麼？**第四張牌：**你應該在網路上尋找朋友和享受網路友誼，而不是面對面交流嗎？**第五張牌：**你應該去哪裡或參加哪些新活動，能直接認識更多的人？**第六張牌：**你是不是住在不適合自己的地方？應該換工作或搬家嗎？

準備的物品

整副牌。

時機

新的一週或新月份的開端。

412
你搬到新的地區，離開了所有朋友

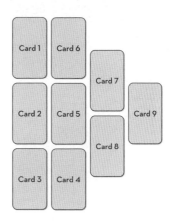

用途或背景知識

你在那裡不認識任何人，感到孤獨。

第一張牌：你能夠用視訊或社群媒體，讓自己適應過渡時期，或者安排家屬來探望自己？**第二張牌：**你能從工作場所或孩子的學校，融入新的社交圈嗎？**第三張牌：**你應該探索鄰近地區的團體，或邀約鄰居？**第四張牌：**你應該加入社區的團體和活動嗎？**第五張牌：**你應該自願參與當地的募款活動，或到慈善機構的分支機構當義工？**第六張牌：**即使你不喜歡運動，也應該加入健身俱樂部或健身房、社交俱樂部，在放鬆的環境中認識當地人？**第七張牌：**你應該參與網路上的論壇或社群媒體，找機會與當地人進行面對面的交流？**第八張牌：**在你展開社交生活之前，你願意花一些時間去探索這個地區和設施嗎？**第九張牌·**你很快就可以認識新朋友嗎？

準備的物品

整副牌。

時機

你在新家安頓下來後。

413
朋友向你借錢、衣服或借私人物品，卻從不歸還

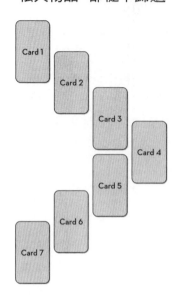

用途或背景知識

你不想再充當銀行和服裝店。

第一張牌：你是不是天生慷慨大方，經常借錢給別人？**第二張牌：**當你要求朋友還錢或歸還物品時，會感到內疚，覺得自己刻薄嗎？**第三張牌：**為什麼你認為自己有義務解決朋友的難題？**第四張牌：**你的朋友平常喜歡利用人嗎？還是只針對你？**第五張牌：**你應該冒著破壞友誼的風險，為未來的借貸開出條件嗎？**第六張牌：**即使朋友遇到不幸的事，你也應該拒絕他嗎？**第七張牌：**你真的想要一個只會索取，卻不給予的朋友？這個朋友願意改變嗎？

準備的物品

二十二張大牌和十六張宮廷牌。

時機

發薪日即將到來。

414
你想和朋友去度假，但你的配偶或家人反對

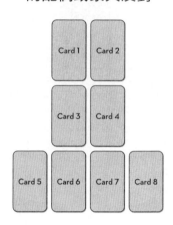

用途或背景知識

度假計畫變成了一場戲。

第一張牌：你應該繼續執行計畫，讓這件事變成既成事實嗎？**第二張牌：**為什麼你想跟朋友在一起時，配偶或家人試著讓你感到內疚？**第三張牌：**為什麼你允許他們讓你覺得內疚？你應該忽視他們的要求嗎？**第四張牌：**你應該提出近期和配偶一起度假（全家出遊）的建議？**第五張牌：**你和配偶之間是否有潛在的緊張關係，使你獨立行動變成一種威脅？**第六張牌：**如果你的配偶過度依賴你或占有慾很強，你應該鼓勵他多交朋友，或也去感興趣的地點度假？**第七張牌：**你應該改變計畫，讓配偶或家人加入你與朋友的旅程？**第八張牌：**你應該放棄旅遊，讓朋友知道你不能去？

準備的物品

整副牌。

時機

你的計畫可能有變數。

415
朋友外出時，從不支付自己的部分，也從不回報你的幫助

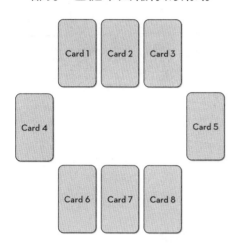

用途或背景知識

你總是單方面付出，或者在危機中伸出援手。

第一張牌：朋友不懂得為別人著想，還是他本來就很自私或刻薄？**第二張牌**：朋友總是找藉口不付錢或不幫忙？**第三張牌**：你變得越來越怨恨？還是依然主動幫別人付錢？**第四張牌**：為什麼你在自己有需求的時候，不開口向別人求助？**第五張牌**：你應該漸漸增加拒絕的次數，或平均分攤帳單，或列出能夠互相幫忙的朋友名單嗎？**第六張牌**：其他的朋友有注意到這個人從不付出嗎？還是只有你被他占便宜？**第七張牌**：你應該改變基本原則，讓相處模式是互相幫助或各付各的，或乾脆老死不相往來？**第八張牌**：你應該把時間花在比較慷慨大方或有用處的朋友身上，因為他們會幫助你擺脫困境？

準備的物品

四十張小牌（一號牌到十號牌），以及十六張宮廷牌。

時機

星期六（謹慎理財日）。

416
你很容易交到朋友，但友誼都不長久

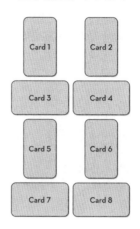

用途或背景知識

你想了解為什麼朋友在你的生活中「來得快，去得也快」。

第一張牌：你們的友誼是不是只與特定的人生階段或喜好有關連，例如：工作場所、健身房或大學？**第二張牌**：你是不是對新的友誼抱著很高的期望，卻很快失望？**第三張牌**：你應該培養一兩段持久的友誼，而不是建立範圍廣泛的社交圈？**第四張牌**：你是不是付出太多了，因此很容易吸引到「利用完就甩到一邊」的假朋友？**第五張牌**：你是不是很容易對有趣或討喜的人有好感，但他們很膚淺？**第六張牌**：你應該重新聯繫已經失聯的好朋友嗎？**第七張牌**：你不該為了尋找新的友誼，而犧牲目前缺乏新鮮感，卻有不少共同點的友誼？**第八張牌**：你是不是暫時對人失去信心，並且需要獨處的時間，學習如何重視自己？

223

準備的物品

四十張小牌（一號牌到十號牌），以及十六張宮廷牌。

時機

在你參與可以認識新朋友的社交活動之前。

417
處理社交生活中的衝突

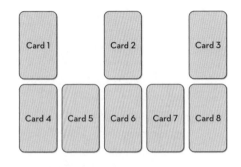

用途或背景知識

有事實證明，維持友誼是很麻煩的事。

第一張牌：誰或什麼事使你的社交生活出了問題？**第二張牌**：有人或派系在設法排擠你嗎？**第三張牌**：在你的社交圈中，有哪些盟友支持你？或者你可以和哪些人培養友誼？**第四張牌**：你應該忽略這個問題嗎？還是期待製造麻煩的人漸漸對你不感興趣？**第五張牌**：你需要直接面對麻煩人物嗎？**第六張牌**：你應該接受現實，準備迎接挑戰嗎？**第七張牌**：無論有沒有決心，你待在同一個社交圈能得到什麼好處？**第八張牌**：對你來說，最好的結果是什麼？

準備的物品

四十張小牌（一號牌到十號牌），以及十六張宮廷牌。

時機

星期三（防備小人的日子）。

418
你的伴侶和朋友相處的時間，比和你在一起更多

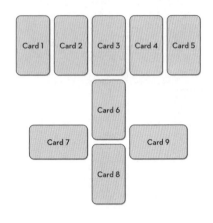

用途或背景知識

這使你們的關係變得很緊張。

第一張牌：你被排除在伴侶的朋友圈之外？還是你和他們沒有共同點？**第二張牌**：你的伴侶已經和這些朋友很熟了嗎？或者他們在某個社交活動或工作上有往來？**第三張牌**：即使你們在一起時，那些朋友是否不斷傳訊息或打電話給他，因此造成了不好的影響？他們占據了你伴侶的大部分時間？**第四張牌**：你的伴侶需要這些朋友來增加自信心嗎？還是他很懷念單身的生活？**第五張牌**：在伴侶的朋友當中，有沒有你可以嘗試結交的對象，這樣你們就可以一起出去玩了？**第六張牌**：其中，有任何朋友的影響力讓你感到不安嗎？**第七張牌**：你們能不能商量預留更多「二人世界」，或者共同規劃一些沒有朋友參與的新活動？**第八張牌**：伴侶不在身邊時，如果你花更多時間與自己的朋友相處，會有幫助嗎？**第九張牌**：有沒有潛在的感情問題需要解決，友誼問題只是一種徵兆嗎？

準備的物品

整副牌。

時機

殘月期間。

419
你的好朋友居住或搬到
另一個城市、國家

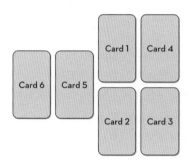

用途或背景知識

你思念朋友，不想失去這段友誼。

第一張牌：這段友誼能經得起距離的考驗嗎？

第二張牌：你能定期透過社群媒體或視訊與朋友聊天，拉進彼此的距離，以便分享重要的生活變化，或交流意見和日常事件嗎？**第三張牌**：你們能不能各讓一步，在假期互相拜訪，以便保持穩固的友誼？**第四張牌**：你應該在當地認識新的朋友，進行日常互動？**第五張牌**：在短期內，你們能住在更靠近彼此的地方嗎？**第六張牌**：即使有障礙，你們永遠都是知音嗎？

準備的物品

四十張小牌（一號牌到十號牌），以及十六張宮廷牌。

時機

你們曾經一起度過的重要時光或日子。

420
你和好朋友的關係變
成「友達以上」

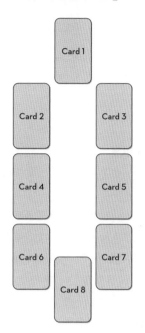

用途或背景知識

你覺得這段友情好像變成了愛情。

第一張牌：你們只是很合得來，沒有參雜愛情？**第二張牌**：你對這個朋友的感情已經變成「友達以上」了？**第三張牌**：有任何跡象表明（你感受到）這種感情是相互的？**第四張牌**：你應該讓這段感情昇華成愛情嗎？**第五張牌**：為了不破壞友誼，你應該慢慢來嗎？**第六張牌**：你應該在什麼時候告白？**第七張牌**：你能告白成功嗎？**第八張牌**：即使沒有成功，你們還是會維持朋友的關係嗎？

準備的物品

二十二張大牌和十六張宮廷牌。

時機

這段友誼的重要日子或情人節。

你們已經是很熟的朋友，但其中一人生了孩子後，這段友誼就變了

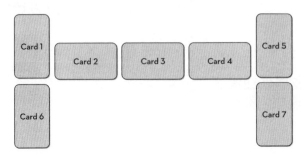

用途或背景知識

你們以前一起做了許多事，卻突然變成活在不同的世界。

第一張牌：你們以前共同經歷過不同的人生階段，也適應了不斷變化的環境？**第二張牌**：這是不是敏感的議題，因為牽扯到生育問題，或其中一人決定不生孩子？**第三張牌**：你或朋友願意幫忙解決困難，並分享自己的成長經歷嗎？**第四張牌**：你們還是要安排沒有孩子參與的聚會或談天嗎？**第五張牌**：你或朋友能不能接受孩子會影響你們優先考慮事情的順序？**第六張牌**：你們的友誼能撐過這次的轉變嗎？**第七張牌**：你們是不是漸行漸遠了？

準備的物品

整副牌。

時機

你們越來越難安排聚會。

例子

梅格（Meg）最近生了孩子，這個孩子經常哭鬧，很少睡覺。她最好的朋友艾絲特（Esther）不能感同身受，也讓她覺得自己做得不夠好。現在，她的日常生活離不開嬰兒，這段友誼注定要結束了嗎？

第一張牌是女祭司。幾年前梅格生病時，艾絲特很生氣，因為她們必須取消度假的計畫。通常，梅格會選擇配合朋友的需求。為了與艾絲特就讀同一間學校，她曾經放棄久負盛名的大學寄給她的錄取通知。

第二張牌是星星。艾絲特專心拚事業，並明確表示過生孩子不在她的未來計畫中。梅格以前也很有潛力，但她後來決定退出江湖，想親自照顧孩子。

第三張牌是隱士。梅格請求艾絲特幫忙照顧孩子，但艾絲特拒絕了，只送上昂貴的禮物。

第四張牌是寶劍八。她們見過幾次面，但梅格實在太累了，無法在外面待到很晚。梅格很難不談到自己的孩子，但艾絲特討厭她提到孩子。

第五張牌是聖杯五，代表轉身離開。艾絲特想和梅格在海外待兩週，而且只有她們兩個人。這是不可能的事。

第六張牌是聖杯六。梅格明白，如果她要維持這段友誼，就必須做出犧牲。

第七張牌是聖杯八。梅格迎接自己的新生活。這次她決定讓艾絲特做出選擇：如果艾絲特想繼續當朋友，就必須付出。

就在解牌後的不久，艾絲特升職了，也認識到許多新朋友，並離開了梅格。

422
你的好朋友有很強的占有慾，不喜歡你和其他朋友在一起

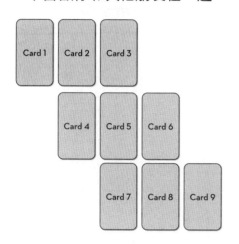

用途或背景知識

你漸漸覺得受到壓制。

第一張牌：這個朋友一直都有很強的占有慾？還是最近的分手或背叛事件讓他沒有安全感？

第二張牌：你能夠幫朋友尋找沒有你參與的其他嗜好或活動嗎？**第三張牌**：你應該把朋友介紹給其他有機會培養友誼的人嗎？**第四張牌**：你應該多邀請其他朋友出席，讓他們認識這個朋友嗎？**第五張牌**：如果你不常邀請其他朋友出席，能避免感到內疚、被操縱或情緒勒索嗎？**第六張牌**：如果這個朋友讓你的生活充滿壓力，應該漸漸疏遠他嗎？**第七張牌**：如果這個朋友不斷把你當成解決問題的顧問，你能引導他去諮詢專家或加入互助團體？**第八張牌**：你從小被灌輸要為別人的幸福負責？過去，你也是這樣對待其他的朋友？**第九張牌**：如果後來你感到很壓抑，應該離開他嗎？而且可以合理推測，他很快就會找到其他人取代你？

準備的物品

四十張小牌（一號牌到十號牌），以及十六張宮廷牌。

時機

月底或年底。

423
好朋友嫉妒你的新歡

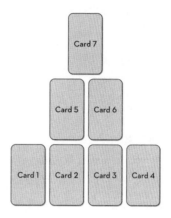

用途或背景知識

當你厭倦了二選一。

第一張牌：好朋友不喜歡你的新歡，是因為你變得不常跟他聯繫，還是因為他擔心你會像以前一樣受到傷害？**第二張牌**：你的新歡和朋友互相看不順眼嗎？為什麼？**第三張牌**：自從你有了新歡，你是不是很少花時間陪伴好朋友？**第四張牌**：你能夠多撥出一些時間，只陪伴朋友，不讓新歡參與嗎？**第五張牌**：你應該優先考慮新歡嗎？**第六張牌**：你能不能讓生活保持平衡，使友誼維持下去？**第七張牌**：如果好朋友不能接受你的新歡，你應該結束這段友誼嗎？

準備的物品

二十二張大牌和十六張宮廷牌。

時機

星期二（做出選擇的日子）。

227

424
你應該參加母校或大學的聚會嗎？

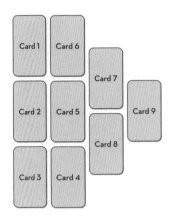

用途或背景知識

你收到了邀請，但很猶豫要不要參加。

第一張牌：你出席後，可能有哪些好處？**第二張牌**：你出席後，可能有哪些壞處？**第三張牌**：在你參加聚會之前，應該先在社群媒體聯絡老同學嗎？**第四張牌**：你希望在聚會中與舊愛重逢？**第五張牌**：如果以前的敵人也會出席，你希望和解，還是只想讓他知道你過得有多好？**第六張牌**：你希望和老朋友保持更長久的交情嗎？**第七張牌**：無論好或壞，你願意接受這個場合帶給你的回憶嗎？**第八張牌**：如果你以前在學校過得不開心，這次的聚會能幫你抹去心中的陰影，或證明某些人當初誤解了你嗎？**第九張牌**：以前的事，最好留在過去嗎？

準備的物品

整副牌。

時機

在你決定要不要接受邀約之前。

425
你遇到一見如故的人

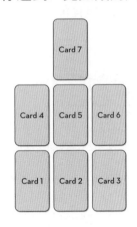

用途或背景知識

你覺得認識到可以相處融洽的新朋友。

第一張牌：有可能是你們延續了前世的緣分嗎？（研究這張牌可以連結到過去的事）**第二張牌**：你相信你們在此時相遇，是為了漸漸顯現的目的？牌卡上有任何線索嗎？**第三張牌**：你們是不是有心電感應，彷彿已經認識很久了？**第四張牌**：這段新的友誼如何與你目前的友誼基礎保持一致？**第五張牌**：這段友誼能改善你目前的生活嗎？**第六張牌**：隨著你們認識的時間越來越久，你們能夠在不破壞親近感的情況下，包容彼此的差異嗎？**第七張牌**：這段友誼會隨著幾年過去而升溫，還是會隨著環境的變化而解散？

準備的物品

二十二張大牌和十六張宮廷牌。

時機

滿月的時候。

426
鄰居是知己，但你們吵架了

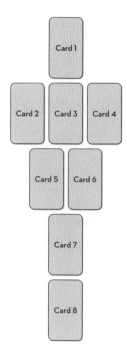

用途或背景知識

爭吵影響到你的日常生活。

第一張牌：你們平常的往來是不是太過密切，需要一點喘息的空間？**第二張牌**：有沒有與家庭、伴侶或家庭相關的競爭優勢需要重新維持平衡？**第三張牌**：這是鄰居之間針對孩子、界限或噪音的糾紛、爭吵，而不是友誼的問題？**第四張牌**：你重視這段與鄰居培養的友誼嗎？**第五張牌**：你準備好妥協，或忘記那些傷人的話嗎？**第六張牌**：如果你不能在友誼方面讓步，還能像普通鄰居一樣和睦相處嗎？**第七張牌**：即使你們私下不再像以前那麼親近，相處的新模式更和諧嗎？**第八張牌**：假以時日，這段友誼能死灰復燃嗎？

準備的物品

整副牌。

時機

星期五（修復爭執的日子）。

427
配偶的好朋友像跟屁蟲

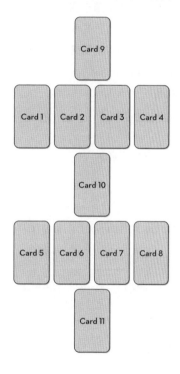

用途或背景知識

你的配偶似乎總是優先考慮好朋友的需求。

第一張牌：配偶的好朋友不懂得為別人著想，對你的暗示不敏感，還是真的想占有你的配偶？**第二張牌**：配偶已經習慣把好朋友當成生活中的一部分，也不認為有問題？**第三張牌**：你是否被排除在他們的友誼之外？或者配偶的好朋友曾經對你表達敵意？**第四張牌**：你應該向配偶說明你希望彼此多點時間在一起嗎？他

229

聽得進去嗎？**第五張牌**：你應該在配偶的好朋友在場時，特地只邀請配偶參與行程嗎？他會答應嗎？**第六張牌**：你應該買兩張票，只跟配偶約定週末的行程或去度假嗎？**第七張牌**：為什麼你的配偶需要好朋友跟著？是習慣、心智不成熟、缺乏安全感等問題？**第八張牌**：你應該讓步或接受現狀嗎？**第九張牌**：配偶能跳脫這種依賴的關係嗎？**第十張牌**：如果配偶仍然鼓勵好朋友出現在自己的生活中，你應該考慮搬家或重新制定基本原則嗎？**第十一張牌**：這段感情適合你嗎？

準備的物品

整副牌。

時機

你覺得自己變成了局外人。

428
你的孩子和朋友的孩子合不來

用途或背景知識

你們的聚會變成了惡夢。

第一張牌：你們該怎麼安排活動，讓兩邊的大人們相見歡，同時讓孩子們專心做自己的事？
第二張牌：你們應該承認有這個問題，並為更和諧的聚會制定策略或基本規則嗎？**第三張牌**：你們應該安排讓乖巧的孩子或年齡接近的孩子一起玩耍，讓他們建立良好的關係嗎？**第四張牌**：你應該在沒有家人出席的情況下去見朋友，或者只和配偶出席嗎？**第五張牌**：情況會隨著時間過去而漸漸改善嗎？

準備的物品

四十張小牌（一號牌到十號牌），以及十六張宮廷牌。

時機

在已經安排好的聚會前一天。

429
好朋友和你的配偶調情

用途或背景知識

你的好朋友在跟你爭奪配偶的注意力。

第一張牌：好朋友本來就是喜歡靠外表博得關注的人嗎？或是靠魅力尋求讚賞的人？**第二張牌**：配偶受到你的好朋友注意時，是覺得很煩，還是受寵若驚？**第三張牌**：你應該鼓勵好朋友攜伴出席或安排約會，這樣他就有屬於自己的觀眾了？**第四張牌**：即使會破壞你們的友誼，你也應該向好朋友説明這種行為必須停止的原因？**第五張牌**：如果配偶不反對調情之舉，或者他也用調情的方式回應，你應該表明自己的立場，還是視而不見？**第六張牌**：好朋友真的是在勾引你的配偶嗎？**第七張牌**：你現在應該要甩掉這個好朋友嗎？**第八張牌**：在你與好朋友相處的關係中，這是你需要克服的弱點嗎？

準備的物品

二十二張大牌和十六張宮廷牌。

430
配偶或孩子的朋友有負面影響

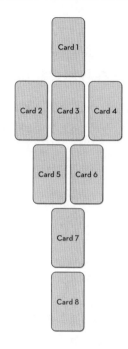

用途或背景知識

你察覺到配偶或孩子誤入歧途。

第一張牌：這些人是故意誤導你的配偶或孩子，還是他們考慮不周、心智不成熟？**第二張牌**：問題變得越來越嚴重嗎？導致了反社會行為、壞習慣或經濟壓力？**第三張牌**：你該怎麼適當的引導配偶或孩子結交更合適的朋友？**第四張牌**：你需要多久的準備時間，才能解除這種束縛？**第五張牌**：你需要透過外界的支持或諮詢服務，幫助配偶或孩子嗎？**第六張牌**：你應該考慮搬到另一個地方，或讓孩子轉學，或鼓勵配偶換工作嗎？**第七張牌**：配偶或孩子從

這段關係中得到了什麼好處，才讓他們繼續和壞朋友往來？**第八張牌**：你應該採取強硬的態度，還是期待他們和壞朋友的關係會自然結束？

準備的物品

整副牌。

時機

殘月期間。

431
導正友誼中因愚蠢而誤解，或引起的冷漠、隔閡

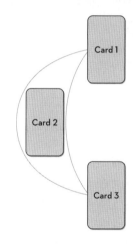

用途或背景知識

你後悔失去一段友誼，但你們兩人都不願意主動和解。

第一張牌：為了恢復曾經的美好友誼，值得你主動去破冰？**第二張牌**：如果對方很固執，你準備好堅持到底嗎？**第三張牌**：這段友誼會恢復嗎？

準備的物品

二十二張大牌和十六張宮廷牌。

時機

星期日早上（新的開始）。

432
你能在新的工作場所交到朋友嗎？

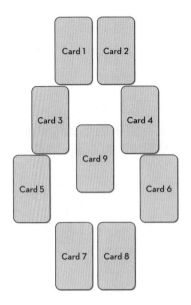

用途或背景知識

你是新手，而大家似乎都已經混熟了。

第一張牌：在社交方面，你應該直來直往，還是保守觀望，或兩者兼之？**第二張牌**：你應該避開一些主要的派系嗎？**第三張牌**：你能快速看清權力的結構或潛規則，以免踩到地雷嗎？**第四張牌**：有沒有人對你很不友善（喜歡排擠新人），之前跟你交接的人是朋友嗎？**第五張牌**：有沒有休閒設施，下班後的酒吧或健身房是許多同事會去的，你可以找機會多多了解他們？**第六張牌**：有沒有關於沖咖啡、採買計畫或茶水間的雜亂傳言，是你需要留意的？**第七張牌**：你能很快適應環境嗎？**第八張牌**：關於辦公室政治或潛在的權力結構，有任何你需要注意的積極面或挑戰嗎？**第九張牌**：有人可以成為你下班後培養交情的好朋友嗎？

準備的物品

四十張小牌（一號牌到十號牌），以及十六張宮廷牌。

時機

你報到後的第一週。

433
和老朋友不歡而散，現在後悔絕交，你應該在社群媒體做聯繫嗎？

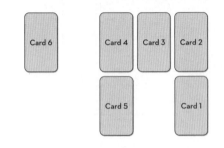

用途或背景知識

你在社群媒體上看到讓你後悔絕交的內容。

第一張牌：剛開始，你應該傳送交友邀請的訊息，或解除封鎖嗎？**第二張牌**：你應該在自己發文的社群媒體上，發表正面的評論嗎？或者幫他的貼文按讚？**第三張牌**：你應該私下傳送訊息，或寄出表示友善的電子郵件，但不提起以前絕交的事情？**第四張牌**：你應該請朋友當調解人，幫助你重新聯繫他嗎？**第五張牌**：你希望與他重新聯繫的過程該如何進行？**第六張牌**：如果根本問題依然存在，讓事情自然發展比較妥當嗎？

準備的物品

二十二張大牌和十六張宮廷牌。

時機

娥眉月（新月前後的月相）或盈月（滿月之前）期間。

434
破解你擔心被利用的網路交友

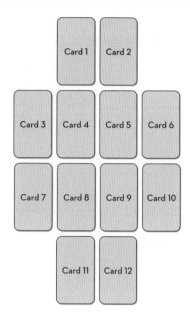

用途或背景知識

你變得越來越依賴在網路交流。

第一張牌：網友能察覺到你的心情或感受，也願意花時間討論你的問題？**第二張牌**：友誼的本質漸漸改變了，還是變得更濃烈，轉變成愛情？**第三張牌**：網友經常找一些聽起來很合理的理由避不見面，但仍繼續許下承諾？**第四張牌**：如果網友在海外，需要財務支援來買機票，或面對重大家庭危機，或取得工作許可證等？**第五張牌**：什麼事讓你起疑心？要匯錢的額外壓力？還是你問太多試探性的問題後，他的反應是退縮？**第六張牌**：你是否因為害怕遭到反對，而對朋友和家人隱瞞了你的網路友誼？**第七張牌**：你應該堅持在安全的環境中與網友見面，絕不出國見面嗎？**第八張牌**：你應該查詢這位網友是否在網路上使用同一張照片，但顯示的名字不同，或者他和許多人同時交往？**第九張牌**：如果你們私下還是沒有見面，你應該減少聯繫，還是斷交？**第十張牌**：你應該同時在私下和網路上結交新朋友嗎？**第十一張牌**：這次相遇是認真的嗎？**第十二張牌**：你們的關係在未來會有進一步的發展嗎？

準備的物品

整副牌。

時機

該見面的時候，他又放你鴿子了。

435
你不善於交際，但別人勸你多交朋友

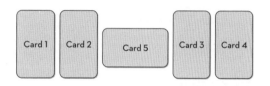

用途或背景知識

別人的勸告給你壓力，而你不確定要不要放手去做。

第一張牌：你應該對目前的社交生活感到知足？**第二張牌**：你不喜歡參加派對，也不喜歡吵鬧的大型聚嗎？**第三張牌**：比起面對面的交談，你比較喜歡透過網路或電腦遊戲與人聊天？**第四張牌**：有一兩個好朋友願意尊重你的私人空間和時間嗎？**第五張牌**：你應該忽略那些告訴你該做什麼事的人，並遵循自己的原則嗎？

準備的物品

二十二張大牌和十六張宮廷牌。

時機

在你悠閒的時候。

436
朋友在公共場合批評或貶低你

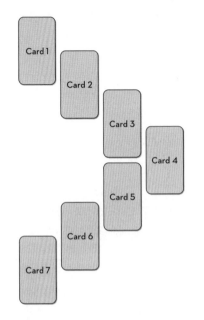

用途或背景知識

朋友奚落你後，你對自己喪失了信心。

第一張牌：朋友只在你參與社交活動的時候才取笑你，還是平常只有你們兩個人的時候也這樣？**第二張牌**：朋友本來就是喜歡冷嘲熱諷的人，還是只針對你？**第三張牌**：你應該強硬起來，並向他說明你受不了這種行為的原因嗎？**第四張牌**：你應該在公共場合用類似的方式回應他，讓眾人跟你一起大笑嗎？**第五張牌**：為什麼你會害怕失去這段讓你難受的友誼？**第六張牌**：不該跟這個朋友出去，你只該和讓你覺得愉快的人相處嗎？**第七張牌**：你應該找一個更忠實的新朋友？

準備的物品

二十二張大牌和十六張宮廷牌。

時機

你和朋友去參加社交聚會的前一天晚上。

437
兩個意見不同的朋友逼你選邊站

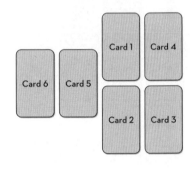

用途或背景知識

你被迫在兩個朋友之間「二選一」，或者他們堅決要求你表態支持哪一方的意見。你擔心做出選擇後，會破壞你與另一個朋友的友誼。

第一張牌：這兩個朋友之前發生過衝突嗎？或者這次是突然爆發的麻煩？**第二張牌**：你有沒有機會調解或鼓勵他們互相讓步？**第三張牌**：你很贊同其中一人的觀點，還是認同兩人的觀點？**第四張牌**：你應該拒絕選邊站，讓雙方生氣也沒關係嗎？**第五張牌**：如果你拒絕做出選擇，還可以與其中一或兩個朋友維持友誼關係嗎？**第六張牌**：他們造成的壓力，是否顯示出他們不值得當你的朋友？

準備的物品

四十張小牌（一號牌到十號牌），以及十六張宮廷牌。

時機

星期六（慎重考慮的日子）。

438
伴侶排斥你的所有朋友

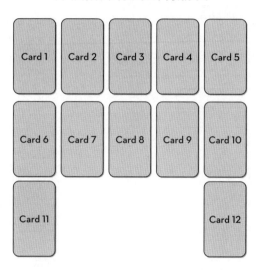

用途或背景知識

你發現自己漸漸脫離以前的社交生活，也疏遠了你結識的新朋友。

第一張牌：伴侶的排擠行為與你們剛結為夫妻有關，還是已經持續很久了？**第二張牌**：為什麼伴侶不喜歡你的朋友？**第三張牌**：伴侶不想讓你和朋友有交集的真正原因是什麼？**第四張牌**：即使伴侶大驚小怪，你也應該堅持與朋友見面或交談？**第五張牌**：你們應該要有共同的朋友，才不會讓伴侶被排除在外了？**第六張牌**：伴侶很孤僻，大多時候很享受獨處嗎？**第七張牌**：你的注意力轉移到別處，才導致伴侶缺乏安全感，變得占有慾強或有妒意嗎？**第八張牌**：你們應該請教顧問，找出伴侶否認的感情問題嗎？**第九張牌**：你們應該互相妥協，讓你可以每週出去見朋友一兩次嗎？**第十張牌**：這種設限的心態影響到了你生活的其他方面嗎？解決辦法是什麼？**第十一張牌**：你能在這段關係中獲得更多的自由空間？**第十二張牌**：如果不能，你應該重新評估這段關係嗎？

準備的物品

整副牌。

時機

當月亮經過水瓶座。

439
在原本不錯的友誼基礎上，克服傷心的經歷

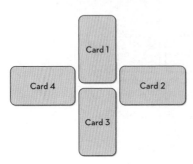

用途或背景知識

你有充分的理由生氣，但你很思念朋友。

第一張牌：你應該原諒他的背叛、卑鄙行為，因為這不像他平常的作為？或是因他在生活中遭遇挫折所引起？**第二張牌：**如果你推測朋友不會求和，你應該採取主動？**第三張牌：**為了自尊，你應該和他討論事情的經過，或要求他道歉？**第四張牌：**你不應該提起之前的事，直接與他重修舊好？

準備的物品

二十二張大牌。

時機

你們平常見面的時間或晚上。

440
朋友不斷對你撒謊

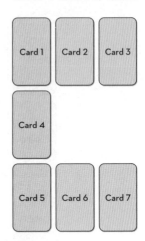

用途或背景知識

朋友的謊言破壞了你對他的信任。

第一張牌：朋友經常說你只想聽的好話，或者他害怕失去這段友誼嗎？**第二張牌：**朋友在生活的其他方面（對其他人）也撒謊嗎？**第三張牌：**即使朋友的謊言無害，你無法信任他後，這段關係會破裂嗎？**第四張牌：**你懷疑朋友對別人說了關於你的謊言？**第五張牌：**你應該冒著破壞友誼的風險，去跟朋友當面對質嗎？**第六張牌：**這個朋友能夠改變，或變得更真誠嗎？**第七張牌：**如果他不改變，你應該結束這段友誼嗎？

準備的物品

四十張小牌（一號牌到十號牌），以及十六張宮廷牌。

時機

星期三（戰勝欺騙之日）。

第二十五章

生育、受孕及求子的牌陣

此牌陣的幸運牌

大牌：愚者、內在小孩、皇后、皇帝、戀人、命運之輪、力量、節制、星星、月亮、太陽。

小牌：所有的王牌（寶劍王牌適用於順利的醫療干預）、聖杯三、權杖三、聖杯六、聖杯七、權杖八、權杖九、聖杯十、錢幣十。

宮廷牌：所有的侍者牌或公主牌（托特）、騎士牌或王子牌（托特）；聖杯皇后、聖杯國王、權杖皇后、權杖國王。

關於生育的牌陣

三張牌的牌陣代表二變三；如果你已經有孩子，可以把三張牌的牌陣用在關於你、配偶及孩子之間的疑問，也可以加上一張牌代表新生兒。四張牌的牌陣能用於安全與自由。五張牌的牌陣很適合做出選擇或醫療干預。六張牌的牌陣對幸福家庭和生育的疑問有幫助。七張牌的牌陣特別適合生育、受孕、懷孕期間及順利分娩的情況。八張牌以上的牌陣能應用在重大的問題。

441
妳懷了雙胞胎或多胞胎

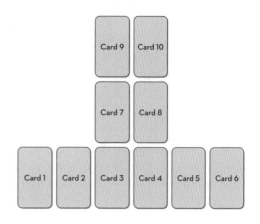

用途或背景知識

妳很興奮，但有點不知所措。

第一張牌：同時擁有幾個孩子的最大好處是什麼？**第二張牌**：妳真正害怕面對的是什麼？**第三張牌**：妳的潛在疑慮是什麼？**第四張牌**：現階段和生產後，妳應該尋求什麼樣的額外幫助？**第五張牌**：對妳或配偶來說，家庭或工作生活的哪些部分需要調整？**第六張牌**：在懷孕期和分娩後，妳應該如何妥善照顧自己或寶寶？**第七張牌**：妳能採取哪些理財方式，減輕額外的成本負擔？**第八張牌**：在懷孕後期和分娩的過程中，妳需要什麼樣的專業護理？**第九張牌**：如果妳在最後一刻需要改變生產計畫，有哪些應急方案？**第十張牌**：妳能健康的度過懷孕期，並順利生產嗎？

準備的物品

四十張小牌（一號牌到十號牌），以及十六張宮廷牌。

時機

懷孕期的任何時間點。

442
妳希望懷孕，卻困難重重

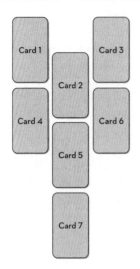

用途或背景知識

妳變得越來越焦慮，但妳很清楚這種情緒沒有幫助。

第一張牌：妳和配偶是否都很健康？或者，你們能否做更多改善生活方式的事？**第二張牌：**為了生孩子而產生的情緒問題，是否需要解決？**第三張牌：**妳應該接觸其他的替代方法，例如冥想、瑜伽、能量療法，或多多放鬆嗎？**第四張牌：現在是妳尋求建議的好時機，還是應該再等幾個月？第五張牌：**妳和配偶應該盡量享受生活（做愛不按表操課、去度假、安排有趣的郊遊）嗎？**第六張牌：**妳遲早都會懷孕嗎？**第七張牌：**妳和配偶能夠將做愛時間安排在受孕機率最高的排卵期？還是妳相信不按表操課，也能自然受孕？

準備的物品

四十張小牌（一號牌到十號牌），以及十六張宮廷牌。

時機

星期五（生育之日）。

443
妳沒有適合生孩子的伴侶，而且快要錯過合適的生育年齡

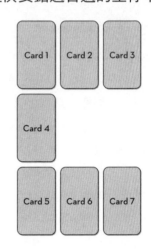

用途或背景知識

妳想要生孩子，也不想再等下去。

第一張牌：妳應該現在去凍卵，還是再等一兩年？**第二張牌：**妳希望在懷孕之前找到適合生孩子的伴侶嗎？**第三張牌：**妳應該現在就建立單親家庭，還是再等一會兒？**第四張牌：**如果妳決定建立單親家庭，那麼以後能找到願意接納單親家庭的配偶嗎？**第五張牌：**建立單親家庭有哪些好處？**第六張牌：**建立單親家庭有哪些壞處？**第七張牌：**如果妳決定建立單親家庭，朋友和家人都會支持妳嗎？

準備的物品

二十二張大牌和十六張宮廷牌。

時機

在做決定之前，妳需要考慮所有的選項。

444
如果妳目前接觸的試管嬰兒都失敗了，應該再試一次嗎？

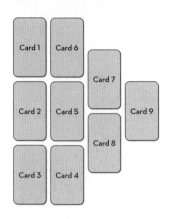

用途或背景知識

妳想放棄，但某些因素使妳不能放棄。

第一張牌：這次不一樣嗎？成功的機率更高了？**第二張牌**：妳應該在接觸試管嬰兒之前，休息一下嗎？還是妳應該去度假，或與配偶度過浪漫的時光？**第三張牌**：如果這個過程讓妳倍感壓力，妳應該在再次嘗試之前，努力保持身心健康？**第四張牌**：在備孕療程之前和期間，妳應該採用其他的方法，例如冥想、想像未來的嬰兒或佩戴水晶，讓自己平靜下來？**第五張牌**：這次，妳應該要不抱任何期待的去做試管嬰兒，順其自然，並接受命運的安排，無論結果是否成功都沒關係？**第六張牌**：不管這次的嘗試是成功或失敗，妳應該繼續嘗試嗎？**第七張牌**：妳對療程或診所感到滿意嗎？還是妳應該找更專業的醫生？**第八張牌**：如果妳注定有孩子（世上確實有奇蹟），妳應該停止做試管嬰兒，並接受宇宙、命運或自然界帶給妳的能量嗎？**第九張牌**：妳這次是遇到了大好的機會嗎？

準備的物品

整副牌。

時機

月初。

445
你和配偶都準備好迎接寶寶帶來的生活變化嗎？

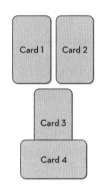

用途或背景知識

你們在討論如何歡迎新的家庭成員之時。

第一張牌：配偶的真實感受是什麼？**第二張牌**：你的真實感受是什麼？**第三張牌**：現在是合適的時機嗎？做為夫妻，你們還有想做的其他事情嗎？**第四張牌**：有孩子的好處比壞處更多嗎？

準備的物品

二十二張大牌。

時機

月圓的時候（民間傳說，這是受孕的好時機）。

446
妳有了孩子後，很難再懷第二胎

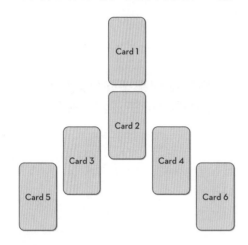

用途或背景知識

醫生找不出妳無法懷孕的原因。

第一張牌：你們其中一人或雙方是否有壓力，卻從來都沒有足夠的時間陪伴對方？**第二張牌：**這是不是現實中的協調問題？妳和配偶經常忙得疲憊不堪，導致做愛受孕是一件苦差事？**第三張牌：**你們應該給自己更多的休息時間，並且讓受孕這件事順其自然？**第四張牌：**自從你們有了第一胎後，生育能力是否下降了，或荷爾蒙的分泌量減少，因此你們需要一些醫療建議？**第五張牌：**妳和配偶真的都想要生第二胎？還是你們不久就會延遲這項計畫，或決定不生第二胎？**第六張牌：**無論有沒有醫療干預，妳會再度懷孕嗎？

準備的物品

四十張小牌（一號牌到十號牌），以及十六張宮廷牌。

時機

娥眉月（新月前後的月相）或盈月期間（滿月之前）。

447
距離懷孕那天還需要一段時間，妳應該去做檢查、接受醫療干預，還是順其自然？

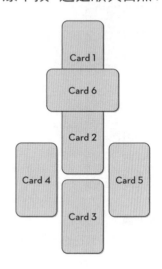

用途或背景知識

妳還沒懷孕，卻變得越來越焦慮。

第一張牌：如果妳每個月都因為還沒懷孕而感到焦慮，做測試或進行醫療干預能讓妳放心嗎？還是妳發現了需要解決的問題？**第二張牌：**現在是尋求建議的時機嗎？還是應該再等一段時間？**第三張牌：**妳和配偶應該專注於「二人世界」，安排特別的假期，重溫彼此的戀愛時光嗎？**第四張牌：**妳應該加強受孕前的護理保養，或服用補品、放鬆或健身？**第五張牌：**如果妳有耐心，順其自然，就會有很高的受孕機率嗎？**第六張牌：**妳和配偶需要重新調整生活方式，讓彼此都能減少壓力，並規律的在排卵期做愛，平常也在安全期做愛嗎？

準備的物品

四十張小牌（一號牌到十號牌），以及十六張宮廷牌。

448
妳想生孩子，但擔心生育和健康的問題，因為已經過了合適的生育年齡

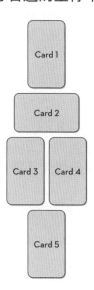

用途或背景知識

妳和配偶試著在晚年生下第一胎。

第一張牌：妳和配偶都很健康嗎？還是你們需要改變生活的方式？**第二張牌**：妳和配偶都相信孩子能改變你們的人生？**第三張牌**：如果有必要，妳會尋求醫生的建議或做醫療干預嗎？**第四張牌**：妳有機會生下健康的寶寶嗎？**第五張牌**：妳必須把握現在的機會嗎？

準備的物品

二十二張大牌和十六張宮廷牌。

時機

滿月的時候。

449
伴侶已經有親生的孩子，但你沒有，而且他不想再多生一個孩子

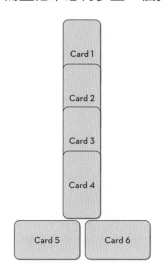

用途或背景知識

你想擁有自己的孩子，讓全家人產生凝聚力。

第一張牌：伴侶的不情願態度，是因為他和前任有過糟糕的經歷？**第二張牌**：伴侶的前任是否說過，他是個不稱職的父親或母親，而且他也這麼認為？**第三張牌**：伴侶親生的孩子是否受到前任的影響，很喜歡操縱別人，甚至挑撥你們的感情？**第四張牌**：如果你繼續等待，伴侶的態度會放軟嗎？**第五張牌**：如果伴侶不同意，你能接受現狀嗎？**第六張牌**：如果你無法接受現狀，而且真的很想生孩子，最好的行動方案是什麼？

準備的物品

整副牌。

時機

你發現這個問題使你們不和睦。

450
伴侶適合當孩子的家長嗎？

用途或背景知識

你無法百分之百確定自己愛的人適合當家長。

第一張牌：他是心智成熟的人嗎？還是他仍需要慢慢成長的時間？**第二張牌**：他會是個有愛心、樂意支援的家長嗎？**第三張牌**：我應該直接跟他生孩子，還是另尋未來的另一半，或建立單親家庭？

準備的物品

二十二張大牌。

時機

你們的話題轉移到嬰兒的時候。

451
妳曾經流產，因此擔心這次能不能撐到足月

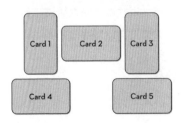

用途或背景知識

妳有合理的擔憂理由。

第一張牌：這次的孕事有什麼不同嗎？**第二張牌**：妳應該重視自己的需求，或者要求其他人愛護妳嗎？**第三張牌**：妳在懷孕期間的重要階段，是否得到了優質的醫療照護？**第四張牌**：妳這次的孕期比較有機會達到足月嗎？**第五張牌**：妳能生下健康的寶寶嗎？

準備的物品

四十張小牌（一號牌到十號牌）。

請記住：寶劍代表恐懼，而非災難。

時機

清晨或娥眉月（新月前後的月相）期間。

452
妳在晚年意外懷孕，但其他孩子已經是青少年或成年人

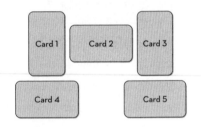

用途或背景知識

妳原本以為不用再養育孩子了。

第一張牌：多生一個孩子有哪些好處？**第二張牌**：在目前的人生階段，妳和配偶多生一個孩子有哪些壞處？**第三張牌**：其他的孩子會如何歡迎新的家庭成員？**第四張牌**：懷孕和生產的過程能順順利利嗎？**第五張牌**：新生兒能讓家人團結起來，是福不是禍嗎？

準備的物品

二十二張大牌和十六張宮廷牌。

時機

星期一（月亮日，適合懷孕的日子）。

453
親屬過度干涉妳的孕事和寶寶的未來生活

用途或背景知識

妳發現自己和配偶都無法掌控懷孕和生產的過程。

第一張牌：受到干涉是不是嚴重影響到了你們的生活和幸福感？**第二張牌**：干涉者的動機是什麼？**第三張牌**：妳和配偶應該團結起來嗎？還是你們已經意見不合了？**第四張牌**：妳應該忽視親屬的過度干涉行為，或堅持自己的立場？**第五張牌**：妳應該直接面對這個問題？**第六張牌**：如果情況很糟糕，妳應該遠離負面的影響嗎？

準備的物品

整副牌。

時機

妳擔心自己會對干涉者發脾氣。

例子

埃斯佩（Elspeth）的配偶喬爾（Joel）是社工，但他有著傳統農民家庭背景。他和埃斯佩一起去探訪他的父母時，經常承受父母的言語壓力。父母要求他回到農耕生活，因為他是獨生子，加上埃斯佩懷了男孩，喬爾的父母認為這是傳承的好機會。他們正在為喬爾整修農場上的房子，但喬爾想留在都市，而且埃斯佩在都市有一份當老師的好工作。喬爾的母親經常對他施壓，因為農場已經在家族傳承了好幾代，但他猶豫不決，而且埃斯佩不可能跟著他搬過去住。

第一張牌是戰車。埃斯佩慌了手腳，她發現自己的未來生活都被規劃好了。喬爾的父母甚至在為最近裝修的房子，添購育兒相關的家具。

第二張牌是皇后。喬爾的母親正在談論埃斯佩到當地的學校工作時，她會如何照顧嬰兒，而且這樣還不夠，她把這個嬰兒當成是再次當媽媽的機會。

第三張牌是錢幣侍者。喬爾允許父母把他當成小孩，而這個問題與新生兒無關。

第四張牌是權杖七。埃斯佩明白，除非她堅守自己的需求，否則她和寶寶都會活在公婆的夢想中。

第五張牌是聖杯二。即使做起來很難，但埃斯佩仍須説服喬爾支持自己，並向他的父母説明整修過的房子比較適合度假，而且他們還沒準備好搬到農場。

第六張牌是聖杯八。喬爾升職了，要前往別的州工作。埃斯佩可以待在家裡，專心照顧寶寶，同時研讀心理學。對他們來説，搬家是對的計畫。他們許下承諾，一旦定居下來，就會經常回家造訪農場。

454
妳的十幾歲女兒懷孕了

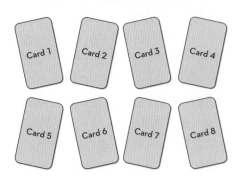

用途或背景知識

妳必須引導女兒度過棘手的局面。

第一張牌：她需要更客觀的諮詢服務，還是最好跟妳聊聊，才能找到繼續前進的積極方式？

第二張牌：在未來的幾個月或幾年內，妳準備為女兒的寶寶做哪些事？**第三張牌**：她想和寶寶的生父保持永久的關係嗎？這是務實的想法，還是一場美夢？**第四張牌**：妳如何讓其他的家庭成員接受新成員的出現，尤其是女兒的父親？**第五張牌**：女兒的寶寶出生後，她要怎麼繼續完成學業？能一邊上學一邊育兒或在家讀書？**第六張牌**：寶寶的生父打算參與妻小的生活到什麼程度？**第七張牌**：寶寶的生父有沒有能夠支援的家人？他們的幫助對妳的女兒有益嗎？**第八張牌**：這種全新的生活方式，如何為妳的家庭帶來福氣？

準備的物品

整副牌。

時機

經過了最初的震驚反應，妳能夠以冷靜又理性的態度跟女兒討論這件事。

455
這是妳的第一胎，妳擔心
自己無法成為好母親

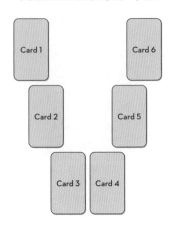

用途或背景知識

妳缺乏自信，也覺得自己無法成為好母親。

第一張牌：妳能否花一些時間與其他的新手媽媽交流，讓自己了解到每個人都有需要調整的地方？**第二張牌**：如果妳或配偶在童年時期處在缺乏關愛的家庭，你們能夠接受自己並不像父母的事實，並且把父母犯過的錯誤當成借鏡嗎？**第三張牌**：有沒有值得信賴的親朋好友，能協助妳喘息一下，或讓妳回家的時候好好休息，但不干涉妳的養育方式？**第四張牌**：如果妳是完美主義者，是否應該提早認清事實？妳沒有閒暇做家務和社交，也沒空做出重大決定，在短期內只能多把心思放在寶寶身上？**第五張牌**：妳應該在網路上加入當地的育兒群組，分享自己的經驗和建立人脈嗎？**第六張牌**：當妳認同自己是養育孩子的最佳人選後，就能擁有改變人生的美好經歷嗎？

準備的物品

整副牌。

456
妳能順利又快樂的懷孕和生產嗎？

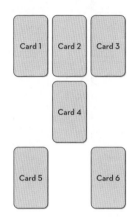

用途或背景知識

醫生說妳沒有健康方面的問題，但妳很焦慮，主因是這是第一胎。

第一張牌：妳能順利度過懷孕期，並生下健康的寶寶嗎？**第二張牌**：即使妳有明確的生產計畫，萬一生產前出現任何變化，妳有備用計畫嗎？**第三張牌**：妳信任那些照顧妳的人嗎？如果妳不信任他們，現在應該要解決關於照顧的煩惱嗎？**第四張牌**：妳該怎麼幫助自己，或者讓身邊的人願意在妳的懷孕期支援？**第五張牌**：妳和配偶對生寶寶的看法一致嗎？如果不一致，要怎麼解決這個問題？**第六張牌**：妳有沒有得到足夠的休息或進行催眠分娩，讓自己在懷孕期或分娩時保持平靜？

準備的物品

整副牌。

時機

懷孕初期。

457
妳們是女同志伴侶，想要有孩子

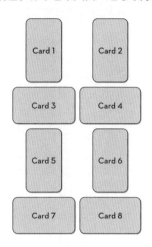

用途或背景知識

妳們試著讓情感層面和共識達到平衡。

第一張牌：妳們都想要生孩子嗎？還是其中一人懷孕時，另一人協助照料？**第二張牌**：如果妳們打算各自生孩子，是在相近的時間生產，還是兩人的懷孕時間有差距？**第三張牌**：妳們想找男性朋友捐贈精子並充當孩子的叔叔，同時進行人工受孕？**第四張牌**：妳們應該使用匿名捐贈者的精子，進行人工受孕或做試管嬰兒手術？**第五張牌**：妳們現在已經有心理準備，還是想再等一段時間？**第六張牌**：妳們的好朋友、家人或有益的當地社區，願意協助妳們和新的家庭成員嗎？**第七張牌**：妳們預期會遇到哪些阻礙，以及克服阻礙的策略是什麼？**第八張牌**：只有其中一人生孩子，還是兩人都會生孩子？

準備的物品

二十二張大牌和十六張宮廷牌。

時機

滿月的時候。

458
妳即將面對剖腹產，但妳希望自然產

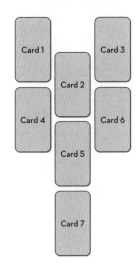

459
配偶得知妳懷孕後，拋棄了妳

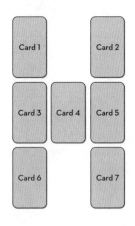

用途或背景知識

妳發現自己無法實現夢想中的生產計畫。

第一張牌：妳能否修改原本的生產計畫，尤其是在剖腹產的過程中保持意識清醒？**第二張牌**：妳應該仔細研究剖腹產，並從許多專家及經歷過剖腹產的婦女那裡蒐集資訊，然後擬定新的生產計畫？**第三張牌**：在生產前後，妳能分別安排與配偶相處的安靜時光嗎？或者妳可以進行冥想，讓自己擁有精神上的體驗，不只是醫療方面的經驗？**第四張牌**：在生產前後，妳能夠讓病房變得更舒適，打造出平靜的空間？**第五張牌**：即使有一兩天不方便行動，妳能夠與寶寶和配偶培養密不可分的感情嗎？**第六張牌**：妳能生下可愛又健康的寶寶，彌補妳最初的失落感嗎？**第七張牌**：妳的下一胎能不能實現自然產？

準備的物品

整副牌。

用途或背景知識

妳只能獨自面對懷孕期。

第一張牌：妳認為他臨陣退縮了？還是他以前和母親之間有尚未解決的問題，而他有辦法解決嗎？**第二張牌**：有沒有更深入的感情問題，或懷孕帶來的不安全感？**第三張牌**：孩子出生後，他會回到妳的身邊嗎？**第四張牌**：他拋棄妳後，妳還希望他回來嗎？**第五張牌**：妳現在應該要為新生兒準備有關扶養費的法律事宜，不要等到孩子出生之後嗎？**第六張牌**：在未來的幾個月誰對妳最有幫助？也許是妳意想不到的人？**第七張牌**：不管配偶是否留在妳的身邊，妳能順利生下孩子嗎？

準備的物品

四十張小牌（一號牌到十號牌），以及十六張宮廷牌。

時機

星期二（掌握個人權力和獨立自主的日子）。

460
配偶對剛出生的寶寶漠不關心，
讓妳獨自照顧寶寶，妳心生不滿

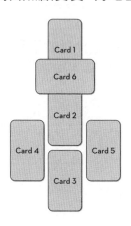

用途或背景知識

本來覺得是幸福的時光，卻完全沒有人支援妳。

第一張牌：配偶毫不在乎的態度或妳的埋怨，是在懷孕期表現出來，還是在寶寶出生後才表達出來？**第二張牌：**配偶是不是因為初為人父的責任而感到憂鬱或不堪重負，需要諮詢服務或醫療援助？**第三張牌：**這是出於純粹的嫉妒心理？也許是因為配偶在童年時期有過父母偏心的經歷，沒有像兄弟姊妹一樣得寵？**第四張牌：**妳應該找人幫忙帶孩子，撥出更多的時間陪伴配偶嗎？**第五張牌：**如果配偶對寶寶的態度不變，妳可以接受嗎？**第六張牌：**妳應該嚴肅的和配偶談談，要求他幫忙照顧寶寶，否則就離婚嗎？

準備的物品

四十張小牌（一號牌到十號牌），以及十六張宮廷牌。

時機

配偶表現得像被寵壞的孩子，而不是有責任心的父親。

461
醫生不看好妳和配偶的受孕機率

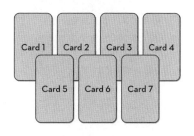

用途或背景知識

醫生說妳的年齡不適合生育，但妳相信自己或配偶還是養得起孩子。

第一張牌：妳可以嘗試哪些新的醫療干預或療法，來克服這個問題？**第二張牌：**妳應該去哪裡尋找更樂觀的醫生，他們不會消極的反駁妳？**第三張牌：**妳應該在其他縣市或海外尋找專業的醫院，尤其是專門解決妳現在遇到的問題嗎？**第四張牌：**妳應該考慮其他的方法，例如人工授精、向捐卵中心求助，或找代理孕母？**第五張牌：**無論成功的可能性有多麼小，妳應該靜候佳音？**第六張牌：**妳應該研究膝下無子的生活型態？**第七張牌：**即使醫生的評估很悲觀，但妳有很高的懷孕機率？

準備的物品

二十二張大牌和十六張宮廷牌。

時機

星期日（充滿希望，新的開始）。

462
妳第一次有外孫，但自己卻不受歡迎

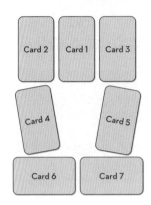

用途或背景知識

妳已經在當地的嬰兒用品店買了許多商品，卻沒有收到親屬的邀請。

第一張牌：妳能否提供實際的幫助，例如烹飪、採買，或當新手媽媽休息時，妳帶著寶寶出去散步？**第二張牌**：妳能否提出短暫的拜訪，讓新手媽媽決定日期和時間，並為她準備小禮物？**第三張牌**：寶寶的父母是不是太累了，因此不歡迎訪客？**第四張牌**：新手媽媽心情很鬱悶嗎？如果妳不想說出可能被誤解成批評的話，應該怎麼幫助她？**第五張牌**：姻親那邊的家人很強勢嗎？妳的最佳策略是什麼？**第六張牌**：妳和姻親之間是不是有緊張的關係，原因也許是新手爸媽的不安全感或占有慾，所以得謹慎應對？**第七張牌**：寶寶長大後，新手爸媽變得輕鬆時，情況就會自然好轉嗎？

準備的物品

四十張小牌（一號牌到十號牌），以及十六張宮廷牌。

時機

娥眉月（新月前後的月相）或盈月（滿月之前）初期。

463
配偶不是寶寶的生父或生母，能與寶寶培養感情嗎？

用途或背景知識

你或配偶採用捐贈者的精子或卵子，或找代理孕母，或是與前任生下這個寶寶。

第一張牌：你們在準備生寶寶之前，討論過所有的潛在影響嗎？是不是還有尚未解決的問題？**第二張牌**：擁有孩子的現實情況，是不是與你們想像中的不同？**第三張牌**：你們能透過討論來解決問題嗎？**第四張牌**：你們需要共同接受諮詢服務嗎？**第五張牌**：即使配偶一開始可能不願意，你也應該要求配偶從寶寶出生後的第一天起協助照顧孩子？**第六張牌**：寶寶漸漸長大後，情況會自然改善嗎？**第七張牌**：如果你仍然有不滿的情緒，能找到妥協的辦法嗎？**第八張牌**：你們打算在孩子長大後，讓他知道自己的身世嗎？還是你們認為自己才是他的真正父母，只有部分的血緣關係也沒差？

準備的物品

整副牌。

時機

你們把寶寶帶回家之後。

464
妳的十幾歲兒子當父親了，卻不知道該怎麼辦

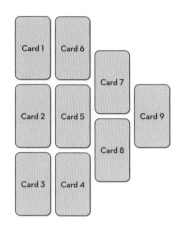

用途或背景知識

妳的兒子不知所措之時。

第一張牌：他和那個女孩是認真在交往嗎？還是偶然的相遇？確定那個寶寶是他的？**第二張牌**：他想參與寶寶的生活嗎？還是，詳細情況，會隨著懷孕的進展而慢慢浮現？**第三張牌**：女孩的父母樂意讓妳和配偶參與寶寶的生活，或樂意與你們討論這件事嗎？**第四張牌**：妳和配偶能協助兒子繼續完成學業，或已規劃的培訓？**第五張牌**：女孩希望妳的兒子陪她度過懷孕期或生產過程？**第六張牌**：他們未來還會繼續交往嗎？**第七張牌**：妳和配偶以及女孩的父母能否達成財務方面的共識，例如妳的兒子利用假期或週末打工，補貼寶寶的生活費？**第八張牌**：如果他們分手了，妳、配偶及兒子能否定期去探望寶寶？**第九張牌**：有轉機嗎？或者兒子的心智很成熟，會讓大家刮目相看？

準備的物品

整副牌。

465
你們是男同志伴侶，想要有孩子

用途或背景知識

你們想要有一個或幾個孩子組成圓滿的家庭。

第一張牌：你們都想透過捐贈者的卵子，當孩子的爸爸嗎？還是只有一人想這樣做？**第二張牌**：如果你們不只想要一個孩子，會找同一位代理孕母生下這些孩子，讓每一胎有時間差距嗎？**第三張牌**：你們願意讓朋友或家人抱孩子嗎？**第四張牌**：你們會從某個組織選擇一位不認識的女人，還是挑選兩個不同的女人協助孩子們和睦相處？**第五張牌**：你們願意收養年紀大一點的孩子嗎？**第六張牌**：你們應該達成共識，把孩子的開銷納入目前的生活嗎？**第七張牌**：你們已經有心理準備，還是不久後就會準備好？或者你們希望再等一段時間，直到完成「交配」的程序？**第八張牌**：你們會有可愛的孩子嗎？

準備的物品

四十張小牌（一號牌到十號牌），以及十六張宮廷牌。

時機

你們在規劃未來幾年的生活之際。

466
妳想進行人工受孕手術，並建立單親家庭

用途或背景知識

妳想擁有自己的孩子。

第一張牌：妳應該與喜歡小孩的對象交往嗎？

第二張牌：採用匿名捐贈者的精子，能讓未來的親子關係更順利嗎？**第三張牌**：妳比較希望接觸私人管道，還是到合格的診所進行人工授精？**第四張牌**：如果第一次進行人工授精不成功，妳準備再試幾次嗎？**第五張牌**：妳準備好擔起獨自養大孩子的責任？**第六張牌**：在這個過程中，誰會鼓勵妳和支持妳？**第七張牌**：誰只會批評或對妳沒幫助？妳能夠遠離他們嗎？

第八張牌：妳打算在什麼時候讓孩子知道妳進行了人工授精？**第九張牌**：到時候，妳需要擔心這個問題嗎？**第十張牌**：這一胎能帶給妳夢寐以求的幸福嗎？**第十一張牌**：現在是合適的時機，還是應該再等一段時間？

準備的物品

整副牌。

時機

妳快要錯過合適的生育年齡，卻還沒遇到契合的對象。

第二十六章

正義、真理、補償及遺產的牌陣

此牌陣的幸運牌

大牌：教皇、正義、命運之輪、力量、節制、太陽、審判。牌陣中的正義牌與審判牌是特別幸運的組合。

小牌：錢幣王牌、權杖王牌、寶劍王牌、錢幣三、權杖三、錢幣四、權杖四、寶劍四（你擔憂的事不會發生）、錢幣五、權杖六、寶劍六、錢幣七、權杖七、聖杯八、錢幣九、權杖九、錢幣十。

宮廷牌：錢幣皇后、錢幣國王。

關於正義的牌陣

一張牌和兩張牌的牌陣適用於基本問題或選項，三張牌的牌陣可應用於真相。四張牌的牌陣很適合回應不確定的財務和不動產問題，五張牌的牌陣對克服不老實和腐敗的情境有幫助。六張牌的牌陣適用於和平的解決家庭問題。七張牌的牌陣可用於潛藏的問題，八張牌的牌陣很適合重大的訴訟案件，九張牌以上的牌陣能用來克服不公正的問題。

467

你能打贏這場官司嗎？

用途或背景知識

你想得到簡單的答案。

第一張牌：審判的結果對你有利嗎？

準備的物品

二十二張大牌。

時機

你要決定官司是否繼續進行時。

468

庭外和解更有利，還是繼續打官司更有利？

用途或背景知識

你打算在庭外和解，以免要付更多的律師費用。

第一張牌：庭外和解有哪些好處？**第二張牌**：庭外和解有哪些壞處？

準備的物品

二十二張大牌。

時機

你收到了庭外和解的最終報價。

469
家人不認同你的伴侶，與你作對

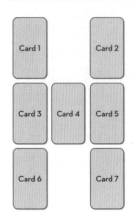

用途或背景知識

你收到了最後通牒，要在家人和伴侶之間二選一。

第一張牌：這種根深蒂固的偏見是基於種族背景、性別、宗教或文化，還是純粹個人好惡？
第二張牌：誰可以幫你調解，例如親友或顧問？你的家人聽得進去嗎？**第三張牌**：伴侶有其他沒有偏見的家庭成員嗎？**第四張牌**：你應該考慮在特殊的家庭場合與家人見面，但不讓伴侶出席嗎？**第五張牌**：即使家人不回應你，你應該透過生日賀卡、電子郵件或簡訊保持聯繫？**第六張牌**：是不是只有「家人愛你，也接受你的伴侶」或「家人失去你」這兩種結果？
第七張牌：如果你堅持立場，以後你有孩子，或到了重要的家庭紀念日時，家人的態度會放軟嗎？

準備的物品

二十二張大牌和十六張宮廷牌。

時機

星期五（與家人和好的日子）。

470
揭露被刻意隱瞞的真相

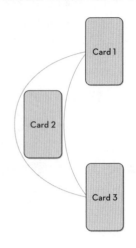

用途或背景知識

你需要了解真相，卻被人否定。

第一張牌：你懷疑別人沒有說出的實情是什麼？**第二張牌**：誰或什麼事正在隱瞞真相？為什麼？**第三張牌**：揭露後的真相是什麼？

準備的物品

二十二張大牌。

時機

娥眉月（新月前後的月相）或盈月（滿月之前）期間。

例子

特麗莎（Trisha）在醫院擔任放射科醫生，她知道醫院幕後的事情，但經理們都默不作聲。
第一張牌是戰車。局勢即將改變，與政府或大型信託機構的重大收購傳聞有關。**第二張牌是教皇**。可能職位比經理更高的權威人物正在阻礙真相被揭穿，但特麗莎需要了解自己的工作是否有保障，因為她背負著龐大的房貸。**第三張牌是聖杯五**，圖上有三個聖杯打翻了，而另

外兩個聖杯維持原狀；這代表特麗莎準備迎接挑戰。她認為目前的工作缺乏保障，因此她應徵了別家私立醫院的職位，並且被錄取。三個月後，她之前服務的醫院與更大的信託機構合併了，她原本待的部門有一半員工被解雇了。

471
各種不公正的案例

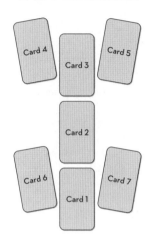

用途或背景知識

這個多功能的牌陣適用於所有不公正的案例，包括私人、家庭或法律案件。

第一張牌：這個不公正事件的影響是什麼？包括潛在和明顯的影響？**第二張牌**：不公正事件涉及的範圍是什麼？包括現在和未來的範圍？**第三張牌**：誰才是真正的罪魁禍首？**第四張牌**：克服不公正事件的策略。**第五張牌**：有待揭露的真相。**第六張牌**：有待揭穿的謊言。**第七張牌**：結果是什麼？

準備的物品

整副牌。

時機

你發現幕後有很多不老實的勾當。

472
你推測能言善辯的前任會在法院為了監護權糾紛或和解費而撒謊

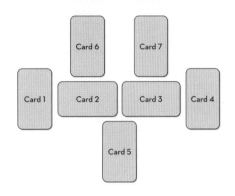

用途或背景知識

擔心沒有人相信你說的話。

第一張牌：前任是否採用了慣用的威脅手段，要讓你懷疑自己？**第二張牌**：你能採用什麼策略讓自己保持冷靜，不被前任的謊言和虛偽所困擾？**第三張牌**：有沒有你信任的人願意在法院替你發聲，保護你免於前任的權力操縱？**第四張牌**：如果法定代表人擬定的折衷方案讓你不滿意，或者他似乎與你的前任產生共鳴，你應該另外找完全支持你的人嗎？**第五張牌**：在出庭之前和期間，有沒有你信任的朋友、家人或顧問能增強你的信心？**第六張牌**：法官或仲裁者能理解你說的話，並看穿前任的虛偽嗎？**第七張牌**：你能得到自己想要的結果嗎？

準備的物品

整副牌。

時機

你得知接下來的出庭日期，或是你上次出庭的日期。

473
賠償或補償

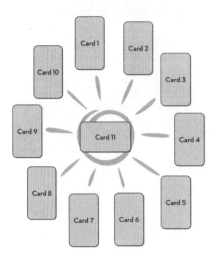

用途或背景知識

這個多功能的牌陣很適合實際的賠償，或你需要導正蒙受的損失，名譽受損的情況下。

第一張牌：你在尋求什麼樣的賠償？潛在因素和實際原因是什麼？**第二張牌**：誰虧欠你？如果是大型組織，有人會承擔責任或推卸責任嗎？**第三張牌**：你很難領取賠償金的官方理由和潛在因素是什麼？**第四張牌**：幕後有沒有不老實的行為、謊言或貪汙行徑？**第五張牌**：你有沒有合適的代理人，特別你需要對抗強大的組織之時？**第六張牌**：誰或什麼事可以推動局勢發展？**第七張牌**：起作用的不明因素是什麼？**第八張牌**：你應該勉強接受局部的補償嗎？**第九張牌**：你能得到自己索求的條件嗎？**第十張牌**：當你取得賠償金、展開新的職涯或改變生活方式後，有什麼計畫？**第十一張牌**：你經歷的這一切會被證明是值得的，正義能獲得伸張，你也能獲得補償？

準備的物品

整副牌。

時機

訴訟程序的任何重要階段。

474
你應該保守祕密嗎？

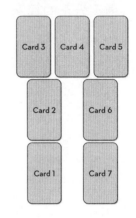

用途或背景知識

有人告訴你一些你寧可不知道的事情。

第一張牌：為什麼你要保守祕密？**第二張牌**：你必須保守祕密多久？**第三張牌**：你可以向哪個值得信賴的人透露祕密？**第四張牌**：誰發現祕密後，猶如晴天霹靂？**第五張牌**：這個祕密會自然的解決，還是繼續成為問題？**第六張牌**：如果你知道怎麼避開私人的雷區，有什麼好處？**第七張牌**：你有沒有辦法在幕後解決這件事，讓祕密不再需要被隱瞞？

準備的物品

二十二張大牌和十六張宮廷牌。

時機

月亮週期的尾聲（月亮沒有出現在天空中）。

475
小蝦米對抗大鯨魚：證明你的清白

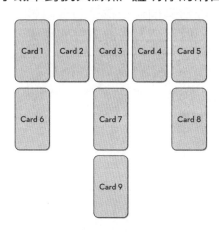

用途或背景知識

有人指責你涉及掩蓋真相。

第一張牌：組織內有沒有盟友、支持者或證人願意為你發聲？**第二張牌**：你有書面證據、文件、電子郵件或簡訊能證明你說的話嗎？**第三張牌**：你能否聯繫工會或勞資糾紛法庭，請他們協助你，或者有官方代表能幫你？**第四張牌**：如果你收到了安靜退場的協議，你會先接受，然後從外界對抗組織嗎？**第五張牌**：你認識哪位之前突然離職的員工嗎？他們能證明自己遭遇過你現在經歷的事情嗎？**第六張牌**：如果你覺得壓力很大，應該先休假，而不是繼續面對每天的鬥爭？**第七張牌**：你應該止損，把握機會進入不同的領域，或者研究如何創業，而且你不需要推薦函？**第八張牌**：你應該訴諸法律諮詢嗎？**第九張牌**：你這隻小蝦米能戰勝大鯨魚嗎？

準備的物品

整副牌。

時機

星期二（對抗恐嚇之日）。

476
證明你的清白：前任向社會服務機構或法院投訴你是「不稱職」的家長

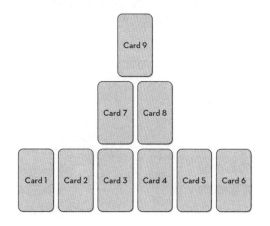

用途或背景知識

前任指控你是「不稱職」的母親或父親。

第一張牌：你知道指控背後的動機是什麼嗎？**第二張牌**：在你的照顧下，孩子最近發生了意外，有沒有相關的醫療支援或見證人能證明你不必負法律責任？**第三張牌**：你有沒有認識的自由工作者、全科醫師或專家能幫助你？**第四張牌**：你能聘請到不錯的律師嗎？**第五張牌**：你能夠蒐集見證人的證詞嗎？或者，你可以聯繫經常與你們互動的孩子的家長？**第六張牌**：如果有人散播「無風不起浪」的說法，你應該置之不理，還是冷靜且實事求是面對造謠者？**第七張牌**：謠言會不攻自破或煙消雲散嗎？**第八張牌**：如果你太輕信，你以後應該多加提防前任嗎？**第九張牌**：即便如此，你能避免在孩子面前批評前任嗎？即使知道很難？

準備的物品

四十張小牌（一號牌到十號牌），以及十六張宮廷牌。

477
無法導正的不公平事件帶給你痛苦，你想忘掉

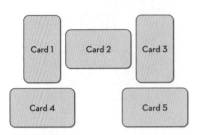

用途或背景知識

過去的不公平事件困擾著你，而且你無法走出創傷。

第一張牌：你有沒有辦法讓罪魁禍首認錯？**第二張牌**：你能不能透過諮詢服務、自助團體或你信任的朋友、人生導師，表達你的怒氣和傷痛？**第三張牌**：你能不能透過社會運動，或在媒體、社群媒體分享你的經歷，防止其他人遭遇到同樣的不公正待遇？**第四張牌**：哪些方法能幫助你奮勇向前？**第五張牌**：你以後能找回快樂嗎？

準備的物品

四十張小牌（一號牌到十號牌），以及十六張宮廷牌。

時機

新年、糟糕的事件滿週年、月初。

478
質疑孩子的監護權或探視權：你發現前任對孩子有危險性，但沒有人相信你說的事實

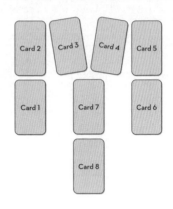

用途或背景知識

你的前任探視孩子時，疏於照顧孩子。孩子回來後非常害怕，也向你描述事情發生的經過，讓你很震驚。

第一張牌：在你們離婚之前，如果你早就知道配偶有吸毒、酗酒或可疑的人際關係，你能堅持對當局施壓，讓探視的過程受到更嚴格的監督嗎？**第二張牌**：你的前任有沒有值得信賴的親屬？你能堅決要求前任必須有這位親屬的陪同，才能探視孩子嗎？**第三張牌**：如果孩子的年齡夠大，你應該帶孩子去見遊戲治療師或兒童心理學家，讓孩子在放鬆的環境中表達煩惱嗎？**第四張牌**：如果有律師在兒童監護權的案件方面有豐富的經驗，你能聘請他代替你發言嗎？**第五張牌**：你應該強硬起來（風險是會顯得太過焦急），並堅決要求政府當局進行調查或突襲查訪，不要相信前任的片面之詞？**第六張牌**：如果孩子不願意見到你的前任，你應該要求前任考量到孩子的擔憂嗎？**第七張牌**：如

果沒有任何補救措施，你應該阻止孩子與前任相見？並期待前任對探視孩子不感興趣，或在私生活中犯下嚴重錯誤？**第八張牌**：這件事能很快得到解決，讓孩子安全無憂嗎？

準備的物品

整副牌。

時機

前任探視孩子的時間到了。

479
有人讓你背上「莫須有」的罪名

用途或背景知識

你感到無助和害怕。

第一張牌：你應該趕快找合適的代理人，請他解釋針對你的控告內容？**第二張牌**：有沒有人可能在關鍵時刻看到關於你的證據，或有錄下來的證據？備用的**第二張牌**：假設這件事涉及詐欺，你已經看過能證明你的清白的相關文件嗎？有沒有遺漏的部分？**第三張牌**：有人蓄意陷害或指責你，而且他是指控者忽略的漏網之魚？**第四張牌**：如果證據不足，這個案件會被撤銷嗎？**第五張牌**：如果這個案件繼續進行，你會被判無罪嗎？

準備的物品

整副牌。

時機

你有可能被正式起訴之際。

480
證明你的清白：匿名原告
聯繫官方機構（如國稅局）
提出不正當的指控時

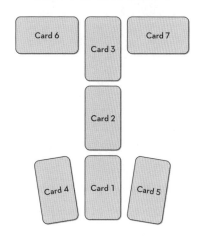

用途或背景知識

你突然被政府機構審查。

第一張牌：你是否質疑指控者的身分和動機，也許他是商場上的對手？**第二張牌**：你應該問清楚控訴的確切性質和依據，尤其是在日期上？**第三張牌**：你有合適的會計能協助你找出實際的錯誤嗎？**第四張牌**：你能夠蒐集相關的資料，藉此反駁指控？**第五張牌**：這個案件會因為實際的錯誤而重新調整，然後撤銷嗎？**第六張牌**：如果這個案件繼續進行，你能證明自己的清白嗎？**第七張牌**：你以後應該特別留意應該記錄的細節嗎？

準備的物品

整副牌。

時機

星期六（處理官方事務之日）。

481
你收到討厭的傳票或惡意來電，或是有無情的金融公司用法律訴訟威脅

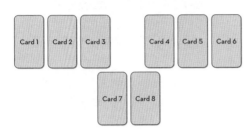

用途或背景知識

無恥的討債者把你的生活搞得一團糟。

第一張牌：你應該趕快向債務諮詢機構求助，而不是花大錢請理財顧問代替你進行談判？**第二張牌：**即使償還的金額很小，你也應該合理還款，這對雙方都有好處？**第三張牌：**你應該避免放債者不擇手段整併債務，以免陷入進一步的糾紛？**第四張牌：**為了避免親朋好友被騷擾，你應該換手機號碼？還是你看到貸方的來電顯示時，不要接就好了？**第五張牌：**可以的話，你應該和朋友或家人同住一段時間，讓自己喘口氣，同時設法解決問題？**第六張牌：**你應該考慮法律途徑，或是透過法院制定正式的還款方案？**第七張牌：**在萬不得已的情況下，你應該考慮宣告破產嗎？**第八張牌：**你能熬過這一關，無憂無慮的過著美好的未來生活？

準備的物品

整副牌。

時機

月亮剛過滿月，或是星期一（能量好轉之日）。

482
克服開發商的恐嚇：他們揚言要把你趕出家園或讓你的企業倒閉

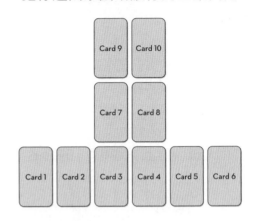

用途或背景知識

威脅你的人做出了近乎違法的行為。

第一張牌：你已經找警察談過，讓他們知道出問題了嗎？**第二張牌：**有沒有支援服務或法律諮詢中心，能針對你的權利提供建議？**第三張牌：**你需要馬上找律師嗎？**第四張牌：**如果你有房屋的所有權，你能接受離開的最低報價是多少？**第五張牌：**不管怎樣，你都要留下來！**第六張牌：**當地有沒有其他的家庭或企業受到類似的威脅？他們願意與你一起抗議或共同起訴嗎？**第七張牌：**你應該把這件事透露給媒體，尤其是在面對生存環境受威脅之際？**第八張牌：**有任何租約條款或區域限制，能阻止針對你的訴訟嗎？**第九張牌：**你能戰勝他們嗎？**第十張牌：**你已經受夠了鬥爭，想退出了嗎？

準備的物品

整副牌。

時機

有人威脅你之後。

483
訴訟案件或索賠因不斷的拖延而沒有結果

用途或背景知識

法律或官方事務已經拖了幾個月或幾年。

第一張牌：是不是有人、有部門導致延誤或拖垮效率？**第二張牌**：如果你的案件被遺忘或資料不見了，你需要再次聯繫某些人或部門嗎？**第三張牌**：有沒有官員或有提供支援的組織（效率高的律師）可以代表你進行干涉？**第四張牌**：未來三到六個月內，這件事可以透過干涉而解決嗎？**第五張牌**：即使沒有人介入，這件事可以在一年內解決嗎？

準備的物品

二十二張大牌和十六張宮廷牌。

時機

你的案件又延後了。

484
你需要快速知道結果或取得許可證、簽證，卻避不開繁文縟節

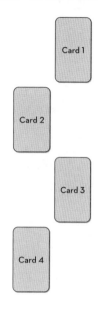

用途或背景知識

你的生活步調被迫暫緩，直到結果出爐為止。

第一張牌：你的申請文件是否被搞丟了，或被擱置一旁？**第二張牌**：你應該有禮貌的向誰或哪個部門施壓，催促他們快速做出決定？**第三張牌**：你應該持續施壓，直到事情有進展嗎？還是應該耐心等待？**第四張牌**：你的申請能在短期內順利通過嗎？

準備的物品

二十二張大牌和十六張宮廷牌。

時機

星期三（快速行動的日子）。

485
你買到有缺陷的昂貴商品，卻無法實行你應有的權利

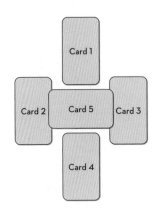

用途或背景知識
你討厭小題大作，但這件商品毫無用處。

第一張牌：你應該確認能換貨或退款的法律權利，讓自己可以在強勢的立場上爭辯？**第二張牌**：即使你消費的店家請你直接聯繫製造商，你也應該堅持找店裡最資深的經理談談？**第三張牌**：如果打電話或寄信給商店的總部，並將你與店員聯繫的詳細情況和得到的回應告訴他們，狀況會讓你更滿意嗎？**備用的第三張牌**：如果你是從網路上購物，比起直接聯絡冷漠又遲鈍的賣家，透過PayPal或Amazon投訴會比較有效嗎？**第四張牌**：如果你對店家的服務不滿意，聯繫消費者保護協會或媒體，能讓店家因擔心你宣傳的負面消息，進而對你釋放好處？**第五張牌**：你能在短期內順利退款或換貨嗎？

準備的物品
四十張小牌（一號牌到十號牌），以及十六張宮廷牌。

時機
你第一次投訴後，就被店家反駁或忽略。

486
你準備要訴諸仲裁或官方判決

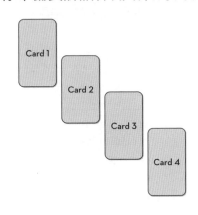

用途或背景知識
官方事務讓你感到害怕，你擔心說錯話或心煩意亂。

第一張牌：你的理想結果是什麼？**第二張牌**：你是否已掌握所有的事實和數據，並且已排練好遭到質疑時的情境？**第三張牌**：你應該請律師，還是單打獨鬥？**第四張牌**：審判的結果對你有利嗎？

準備的物品
二十二張大牌。

時機
在你得知仲裁日期之際。

你遭到不公平解雇後，要處理勞資糾紛，準備向法院控告公司

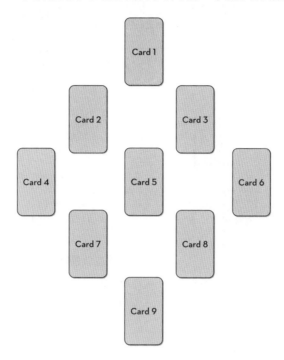

用途或背景知識

雖然你有機會勝訴，但你還是很焦慮。

第一張牌：在什麼樣的情況下，你能接受庭外和解或獲得賠償金，甚至是拿不到錢，但條件是有人寫委任狀？**第二張牌**：獲得正式判決是涉及原則的問題嗎？**第三張牌**：你對代理人、工會或律師的處理方式感到滿意嗎？還是你寧願靠自己處理？**第四張牌**：無論對方的敵意有多麼明顯，你準備好保持冷靜，並如實回答任何疑問或回應指控嗎？**第五張牌**：無論對方怎麼挑釁你，你能夠控制自己的情緒嗎？**第六張牌**：你對見證人有信心嗎（尤其是見證人依然在同一家公司工作）？或者，以前有類似遭遇的已離職員工更合適？**第七張牌**：你能打贏官司嗎？**第八張牌**：你能得到合理的賠償嗎？**第九張牌**：如果敗訴了，你會上訴，還是透過媒體繼續抗爭或止損嗎？

準備的物品

整副牌。

時機

在得知裁決或舉行聽證會的日期後。

488
你遭遇交通或運動上的意外，
保險公司卻駁回你提出的索賠

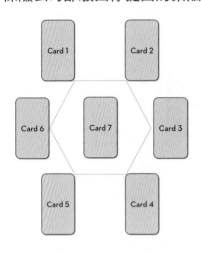

用途或背景知識

保險公司告知，你沒有資格取得醫療賠償金。

第一張牌：你應該堅持讓客觀的第三方和保險公司的醫生進行醫療評估嗎？**第二張牌**：如果有必要，你找得到行車記錄器的證據或事故的目擊者嗎？**第三張牌**：如果保險公司試圖找藉口說受傷的狀況很輕微，藉此逃避賠償，你應該透過保險公司的協會或監察專員提出上訴嗎？**第四張牌**：你能否順利的為目前的開銷或損失，爭取到過渡時期的款項？**第五張牌**：如果保險公司給你帶來額外的壓力，你應該詢問專家的建議，或者找代理人與他們交涉？**第六張牌**：你能得到全額賠款嗎？**第七張牌**：如果你只得到部分的賠款，你應該接受？還是上訴？

準備的物品

整副牌。

時機

星期二（勇氣和勝利之日）。

489
沒有遺囑，導致家人
為了遺產而爭吵

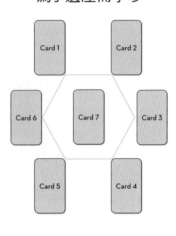

用途或背景知識

家人在爭辯已故親屬的心意。

第一張牌：有人知道已故親屬表達過的心願嗎？**第二張牌**：誰引起的糾紛最多，或要求最多？他總是貪得無厭？**第三張牌**：你應該主動找通情達理的家庭成員討論如何平分遺產嗎？**第四張牌**：你能不能讓貪婪的家庭成員了解，萬一有人將糾紛訴諸法院，你們就得把遺產浪費在律師費和訴訟費上？**第五張牌**：你應該分別與家人溝通，讓他們了解為了紀念已逝的心愛親屬，大家應該要和平的解決問題嗎？**第六張牌**：為了保有內心的平靜，你應該撒手不管，讓他們繼續爭吵嗎？**第七張牌**：家人能夠和平的解決這件事，並重新團結起來嗎？

準備的物品

四十張小牌（一號牌到十號牌），以及十六張宮廷牌。

時機

星期六（解決遺產繼承問題的日子）。

490
尋找合適的律師：你的律師無法有效幫你發聲

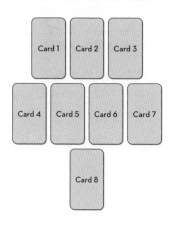

用途或背景知識

你付了費用，卻沒有得到有用的效果。

第一張牌：你認為律師找藉口和用一些法律術語要你嗎？**第二張牌**：你應該變得更堅定和主動，要求律師遵守截止期限和定期報告進度嗎？**第三張牌**：你付的金額是不是與實際結果不相符？**第四張牌**：你應該到處打聽、造訪律師協會的網站或拜訪不同的律師事務所，尋找能滿足需求和達到理想效果的專業律師嗎？**第五張牌**：你不一定要找看起來很奢華的律師事務所，也許小型的律師事務所比較適合你，因為那裡可能有更資深的律師？**第六張牌**：無論你是否找了新的律師，你應該要求他根據預計的時間對未來的費用進行評估，並定期檢閱或更新？**第七張牌**：即使你現在雇用的律師很不錯，但他的個性或處理事情的態度是否與你的期望不符，因此他不是最適合你的律師？**第八張牌**：即使最後的費用更貴，你應該考慮換一個接受「打不贏官司就不給錢」的律師嗎？

準備的物品

整副牌。

時機

當律師又向你收費時。

491
提出索賠：有人撒謊、掩蓋事實或試圖抹黑你

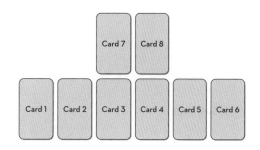

用途或背景知識

當你有權獲得賠償，卻遭到拒絕。

第一張牌：你可以從目擊者的口供或醫療紀錄或警方的報告中，釐清事件發生的明確順序？**第二張牌**：你能夠直接越過那些阻礙你的人，去找樂於迅速且默默解決問題的人？**第三張牌**：如果你明確表示自己不會保持緘默，應當負起責任的人或他們的雇主會希望瀆職行為不被曝光嗎？**第四張牌**：那些撒謊的人會在法院的嚴密盤問下，陷入困境嗎？**第五張牌**：那些抹黑你或駁回索賠的人，是否已經意見不合了？**第六張牌**：他們會採取庭外和解嗎？**第七張牌**：你會獲勝嗎？**第八張牌**：如果你失敗了，你應該透過更高層的法院提出索賠嗎？

準備的物品

整副牌。

時機

你收到很低的報價，或者對方又撇清責任了。

492
你照顧過的親屬過世後，家人要求你離開你們同居的家，以便出售房屋

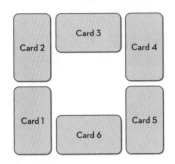

用途或背景知識

親屬曾經承諾過，那間房子是你一輩子的家。

第一張牌：如果遺囑中沒有註明，是否有其他的書面證明？還是關係親近的親友聽過親屬的口頭遺囑，可以用來支持你的論點？**第二張牌：**你應該諮詢律師，確認一下你目前有沒有承租或長期居留的權利，以便至少能延遲出售？**第三張牌：**你能不能付租金給其他索求繼承權的家人，或分享你的其他資產，例如已故親屬的存款或保單？**第四張牌：**有沒有感同身受的親屬能說服其他人給你一些計畫未來，或哀悼的時間？**第五張牌：**如果得接受現實，你應該考慮從這個不動產得到足夠的資金，來為未來自己的住所支付訂金？**第六張牌：**只要你願意，就能夠長久住在老家嗎？

準備的物品

二十二張大牌和十六張宮廷牌。

時機

在你們開始認真討論之際。

第二十七章

各種寵物的牌陣

此牌陣的幸運牌

大牌：愚者（內在小孩，通常是指狗）、力量、節制、月亮、太陽、世界。

小牌：任何有動物或鳥類圖案的牌，例如許多牌組中的權杖六有馬的圖案，而錢幣九有老鷹的圖案。

宮廷牌：有騎士或王子（托特）騎在馬背上的牌；有黑貓的權杖皇后牌。

關於寵物的牌陣

一張牌或兩張牌的牌陣適用於簡單的選擇，三張牌的牌陣能用在健康狀況好轉和多養了寵物的情境。四張牌的牌陣很適合家畜和安全的主題，五張牌的牌陣可用來幫助陷入困境的動物，六張牌的牌陣對家庭中的寵物有幫助。七張牌的牌陣能用來回應選擇、不確定性及失去寵物的疑問（也可以用八張牌）。八張牌以上的牌陣能應用在任何重大問題。

493
選擇適合你的寵物

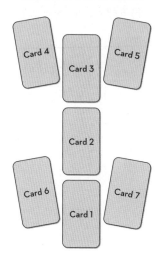

用途或背景知識

你需要確定新寵物很適合你養,而你也很適合
當牠的飼主。

第一張牌:你已經確定自己要養哪一種寵物,
以及品種和年齡了嗎?還是你需要更多的時間
考慮?**第二張牌**:你不只想養一隻寵物,因為
你要讓寵物有伴嗎?這是不切實際的想法嗎?
第三張牌:你已經將選擇範圍縮小到特定的飼
養員或救援中心,還是你應該拓寬範圍?**第四
張牌**:你一看到寵物,就能立刻判斷牠是否適
合你?**第五張牌**:寵物會給你一些暗示,讓你
知道牠和你很搭?**第六張牌**:你猜這次是已故
的寵物轉世或前世的聯繫?會有美好的新關係
嗎?**第七張牌**:你們會幸福在一起嗎?

準備的物品

四十張小牌(一號牌到十號牌)。

時機

在你做出最終的決定之前。

494
你應該買隻寵物嗎?

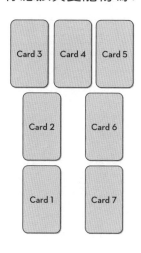

用途或背景知識

你想要養寵物,但你需要考慮這件事是否符合
實際的生活型態。

第一張牌:寵物如何適應你的生活方式?**第二
張牌**:哪一種寵物最適合你的生活安排?**第三
張牌**:如果你讓寵物住在家裡,你的伴侶、家
人或室友會歡迎牠,還是排斥牠?**第四張牌**:
當你度假或外出工作時,誰來照顧牠?還是你
能帶牠一起去大部分的地方?**第五張牌**:你的
生活方式比較適合年紀小的動物,還是救援中
心的年長動物?**第六張牌**:你的新寵物能適應
你現在住的家嗎?還是你需要做一些調整或搬
家?**第七張牌**:你非常想要養寵物,所以願意
想辦法解決任何困難嗎?

準備的物品

整副牌。

時機

星期六(動物之日)。

495
服從訓練能讓你的狗受惠嗎？

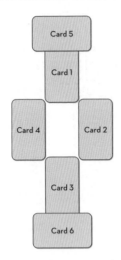

用途或背景知識

你的狗很深情，但牠在公共場合失控，也在家裡吵鬧。

第一張牌：牠是不是需要增加運動量或多到戶外玩耍、加長散步的時間，才能消耗多餘的精力？**第二張牌**：牠可以從實務的課程中受益，變得更有自制力？**第三張牌**：你可以從課程中受益，並與其他的飼主分享經驗，或學到應對失控行為的策略嗎？**第四張牌**：你的狗是不是和人類太親近，甚至把自己當成群體（包括飼主）的領導者？**第五張牌**：你願意善用你們之間的愛，設計出獨特的訓練計畫，以便改善牠的行為？**第六張牌**：無論你採用什麼方法，牠的行為會改善嗎？

準備的物品

整副牌。

時機

牠的行為讓你的生活變得很麻煩。

496
你猜想自己和寵物之間
有特殊的心電感應

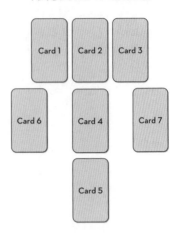

用途或背景知識

你和寵物似乎有通靈的連結關係。

第一張牌：你第一眼看到寵物時，本能的感受到與牠心靈相通？牠立刻適應你的存在嗎？**第二張牌**：即使寵物平常很吵，當你難過或不舒服的時候，牠能感受到並安靜坐在你身邊？**第三張牌**：當你的寵物很悲傷、苦惱或緊張時，即使沒有生理跡象或你不在牠的身邊，你能感應到嗎？**第四張牌**：你的伴侶或家人是否提到過，在你回家前的五分鐘，寵物已經坐在門口等候，就算你每天回家的時間不同，也是如此？**第五張牌**：即使你還沒表現出要出門的跡象，寵物會預料到你何時要出門，或者在不尋常的時間知道你準備帶牠去散步嗎？**第六張牌**：你身邊的這隻寵物能代替已故或前世的寵物嗎？**第七張牌**：即使你的寵物平常很溫馴，但牠會對不可靠的訪客或靠得太近的陌生人表現出敵意嗎？

準備的物品

二十二張大牌和四十張小牌（一號牌到十號牌）。

時機

你的寵物做了一些奇怪的事之時。

497
領養救援中心的寵物或流浪動物

用途或背景知識

你想為遭到遺棄的動物準備一個充滿愛的家。

第一張牌：你通常會吸引到動物界的流浪動物嗎？**第二張牌：**你聽說過、造訪過或支援過特別的救援中心嗎？備用的**第二張牌：**你餵養的流浪動物身上沒有晶片或項圈，當地人也不知道牠來自哪裡嗎？**第三張牌：**你曾經與流浪動物培養過感情嗎？還是，即使救援中心的寵物不是你常會選擇的品種，你也會立刻被牠吸引？**第四張牌：**你有充足的時間和耐心幫助痛苦的動物安頓下來嗎？**第五張牌：**這是你現在唯一的寵物嗎？還是你要對其他的寵物特別有耐心，因為牠們必須適應這隻可能很難相處的新寵物？**第六張牌：**這次的領養會順利嗎？

準備的物品

整副牌。

時機

在你領養寵物的前一兩天。

498
在別人或其他動物面前，
你的寵物很膽小或焦慮

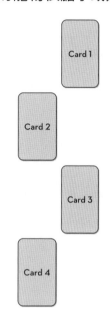

用途或背景知識

不管寵物的體型多大或品種是什麼，牠膽小如鼠。

第一張牌：膽怯是牠的天性嗎？還是某次糟糕的經歷所導致？**第二張牌：**有沒有讓牠覺得放心的人或動物，可以引導牠適應不熟悉的地方，並拓展牠的視野？**第三張牌：**你應該讓牠待在安全的舒適圈，不該強迫牠改變？**第四張牌：**有沒有自然療法能幫助牠緩解嚴重的焦慮感，例如花精、水晶或動物靈氣？

準備的物品

二十二張大牌。

時機

星期一（月亮日，敏感日）。

499
你的孩子都吵著要養寵物，你應該同意嗎？

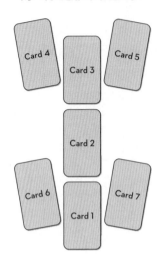

用途或背景知識
只要你幫孩子買一隻或幾隻寵物，他們就會答應你任何事。

第一張牌：你的孩子有足夠的責任心，年齡也夠大，可以承擔大部分的動物照料事宜（但你需要提醒他們）？**第二張牌**：如果孩子無法保持照顧寵物的意願，你有足夠的時間或意願幫忙他們嗎？**第三張牌**：哪一種寵物適合你們的家庭環境或生活方式？**第四張牌**：如果你不買寵物，你的孩子會忘記這件事，並且把注意力轉移到其他事情上？**第五張牌**：如果你的孩子真的很喜歡動物，他們會錯過這次機會嗎？**第六張牌**：你應該現在去買寵物嗎？**第七張牌**：你應該等待幾個月，並觀察孩子是否改變想法了嗎？

準備的物品
四十張小牌（一號牌到十號牌），以及十六張宮廷牌。

時機
孩子吵著要你做出決定的時候。

500
你剛養的毛小孩很容易適應你的家嗎？特別是你家還有其他的寵物

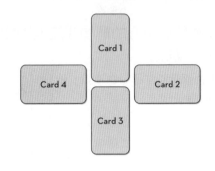

用途或背景知識
你擔心剛養的寵物會思念母親。

第一張牌：如果只養一隻寵物，你應該花一兩天幫助牠適應你的家嗎？備用的**第一張牌**：如果你還有養其他寵物，其中一隻是母的，或者對小動物很友善嗎？還是，你在介紹牠們互相認識之前，需要很小心？**第二張牌**：無論如何，你應該冒著毛小孩養成習慣的風險，讓牠在頭幾個晚上睡在你的臥室嗎？**第三張牌**：你應該保護新加入的毛小孩不受吵鬧的家庭成員、訪客或其他可能有妒意的寵物干擾嗎？或者你可以讓這隻剛養的小狗（小貓）在你的監督下自由活動？**第四張牌**：新來的毛小孩能輕易的融入新環境嗎？

準備的物品
四十張小牌（一號牌到十號牌）。

時機
在你把新寵物帶回家之前。

501
你準備搬家了,寵物能適應新家嗎?

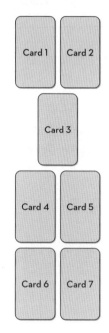

是牠獨自外出時?**第六張牌**:你的寵物能很快適應新環境嗎?**第七張牌**:如果新環境不適合你的寵物,牠與你的朋友或家人長期生活在一起,會比較快樂嗎?

準備的物品

整副牌。

時機

搬家前的幾週。

502
毛小孩是你的全世界,別人都不懂

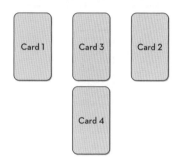

用途或背景知識

你要帶寵物搬到新家。

第一張牌:如果你養的是狗或馬,你應該在搬家之前,帶牠到新的住宅區散步,或帶牠參觀新的圍場,讓牠熟悉環境嗎?備用的**第一張牌**:如果你養的是鳥、貓或其他小動物,你應該讓牠適應稍微待在行李箱中的生活嗎?**第二張牌**:新家有沒有安全又寧靜的避難處,能幫助寵物適應環境?**第三張牌**:你應該先把寵物交給朋友或家人,直到安頓下來,並有時間幫助牠適應新環境嗎?**第四張牌**:你應該讓寵物多待在新家幾天,以免牠試著尋找回老家的路?**第五張牌**:你應該確認新的住宅區或鄰居沒有潛在的危險、侵略性的動物或人,尤其

用途或背景知識

寵物是你的生活重心。

第一張牌:你的寵物有獨特的性格,而且牠能帶給你喜悅?**第二張牌**:如果你有伴侶,你們都深愛著自己的寵物嗎?**第三張牌**:只要有機會,你就會讓寵物進入自己的生活圈?**第四張牌**:你不該理會那些批評你把愛獻給動物的人,也不必向他們解釋?

準備的物品

二十二張大牌和十六張宮廷牌。

時機

星期五或星期六(深愛動物之日)。

503
克服失去寵物的悲傷

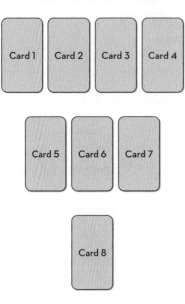

用途或背景知識

寵物過世後，別人似乎都不明白這件事對你的影響有多深。

第一張牌：你內心的感受，以及你需要在幾週或幾個月內度過悲傷的過程。**第二張牌**：你在哪裡緬懷寵物？花園的墓地、牠的專屬墓地，或者把牠的骨灰撒在牠喜歡的地方；把骨灰放在家裡，或是為牠種一棵樹？**第三張牌**：你能感覺到牠的靈魂與你同在嗎？**第四張牌**：你如何回想與牠共度的快樂回憶？翻閱相簿、造訪墓地的紀念碑或看著骨灰罐旁的照片？**第五張牌**：在你準備好之前，無論別人說什麼，都應該休假或哀悼一陣子？**第六張牌**：其他的寵物或家庭成員如何面對這般傷痛？他們能安慰你嗎？**第七張牌**：如果別人缺乏同理心，你應該嘗試解釋或不理會他們，還是認定他們是你現在不想見到的人？**第八張牌**：你的悲傷感減輕後，會考慮再養一隻新寵物，做為紀念舊寵物的方式？

準備的物品

整副牌。

時機

殘月期間（釋放悲傷情緒之日）。

504
發生一些事情後，或你第一次打算和寵物一起旅行、度假

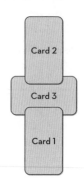

用途或背景知識

你把寵物當成家人，但你可以在度假期間為牠安排照顧的方案。

第一張牌：帶著你的寵物有哪些好處？**第二張牌**：帶著你的寵物有哪些潛在與明顯的壞處？**第三張牌**：關於你該不該帶寵物出門，有一部分的原因取決於前兩張牌的相對優點和挑戰嗎？

準備的物品

二十二張大牌和十六張宮廷牌。

時機

在你做出最終決定之前。

505
治療似乎對你的寵物沒有幫助

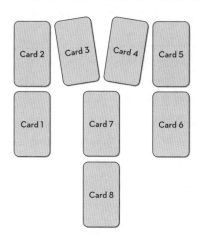

用途或背景知識

檢查的結果沒有說服力，而且你的寵物很討厭看獸醫師；治療既昂貴又無效。

第一張牌：你之前對獸醫師的治療感到滿意嗎？獸醫師換人了嗎？或者，你才剛認識這位獸醫師？**第二張牌**：你應該再帶寵物去看獸醫師，並了解治療不起作用的原因、有哪些替代方案或預計要多久的時間才能康復嗎？**第三張牌**：你應該改找別的獸醫師，也許新的獸醫師擅長治療牠的疾病？**第四張牌**：你應該尋找其他的動物醫療從業人員或治療師嗎？**第五張牌**：你應該研究動物的保健品，包括普通型和天然類型？**第六張牌**：你應該幫牠找簡單的天然飲食和寧靜的空間嗎？**第七張牌**：隨著時間過去，牠就會好起來嗎？**第八張牌**：牠能快速康復嗎？

準備的物品

整副牌。

時機

你又收到獸醫師給你的繳費單了。

506
你的寵物生病了或無精打采

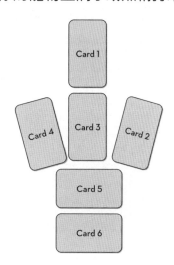

用途或背景知識

獸醫師診斷不出問題。

第一張牌：讓你的寵物覺得壓力大或痛苦的原因，是不是能追溯到與其他的動物，或惡劣的鄰居有關的創傷事件？**第二張牌**：牠是不是需要多到戶外親近大自然？**第三張牌**：你應該幫寵物找更天然的食物，尤其是牠很喜歡吃人類的美食？**第四張牌**：你應該研究天然的保健品，或者只給牠使用天然的產品？**第五張牌**：牠需要待在沒什麼噪音、刺激物不多或遠離家人的安靜地方嗎？**第六張牌**：無論你有沒有讓寵物接受治療，牠能快速好起來嗎？

準備的物品

整副牌。

時機

星期三（恢復健康日）。

507
寵物嫉妒你的新歡，或者 新歡的寵物對你有敵意

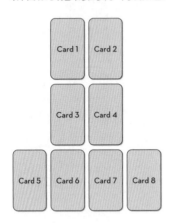

用途或背景知識

平常很友善的寵物把你的新歡當成敵人。

第一張牌：你的寵物是不是害怕自己不再是大家關注的焦點，才試圖趕走「對手」？**第二張牌**：你是否應該讓牠明白，主從順序是根據牠協助人類的行為，而非牠無法隱藏深情的行為？**第三張牌**：如果對這個問題感到矛盾，你的人際關係是否有需要解決的問題？**第四張牌**：厭惡的情緒是雙向的？不全是寵物的錯？如果是的話該如何解決？**第五張牌**：你的新歡應該試著用食物贏得寵物的好感？**第六張牌**：如果安全無虞，你應該讓寵物和新歡待在一起，讓牠學會信任你的新歡？**第七張牌**：這個問題能透過耐心和決心得到解決嗎？**第八張牌**：如果有必要，你或新歡應該著重在彼此的感情，其次才是與寵物之間的感情嗎？

準備的物品

四十張小牌（一號牌到十號牌），以及十六張宮廷牌。

時機

浪漫的家庭之夜，被妒火中燒的寵物破壞了。

例子

琳達非常愛彼得，但她發現很奇怪的是，彼得的大狗睡在床上時，只要她一移動，這隻狗就會朝著她吠叫，讓愛情生活相當掃興，而且彼得還邀請她搬過去住。

第一張牌是聖杯九。自從彼得在五年前離家後，就獨自與狗住在一起，因此他們已經有固定的日常作息。**第二張牌是聖杯侍者。**彼得把狗當成自己的孩子，也把牠寵壞了。**第三張牌是寶劍二。**彼得的昔日戀情都不順利，因為他明確的向交往對象表示：「如果妳愛我，就要愛我養的狗」。**第四張牌是錢幣三。**琳達一直很有耐心，也試著做許多事情要讓狗接受她，因為她非常愛彼得。**第五張牌是錢幣六。**狗接受了琳達給的食物後，仍對琳達吠叫，接著跑到彼得的身後。**第六張牌是寶劍五。**她與狗獨處時，狗把她逼到了角落，直到彼得回家。彼得卻說一定是她惹惱了狗。**第七張牌是聖杯八。**琳達離開了。她明白，如果她搬進去住，情況只會變得更糟糕。**第八張牌是寶劍十。**結局是沒有發生爭執，但彼得依然選擇了狗。

508
有攻擊性的人或動物 威脅你的寵物

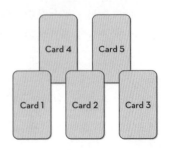

你擔心寵物獨自外出。

第一張牌：你應該讓寵物待在室內一段時間，然後謹慎的見機行事嗎？**第二張牌**：如果你的寵物會單獨外出，應該限制牠在室內待更長的時間？備用的**第二張牌**：你帶寵物去散步或運動時，應該要改變路線，才能避開挑釁者？**第三張牌**：如果危險是來自鄰居或鄰居的寵物，你應該直接處理問題，而不是陷入嚴重的衝突？**第四張牌**：如果有攻擊性的動物飼主對你的接近充滿敵意或恐嚇你，你應該求助於法律諮詢服務，還是向警察報案？**第五張牌**：這個問題很快就能得到解決，讓你可以回到原本的日常生活嗎？

準備的物品

二十二張大牌和十六張宮廷牌。

時機

星期二（勇敢行動與反抗霸凌的日子）。

509
鄰居去上班或外出一整天，而他的狗不停吠叫

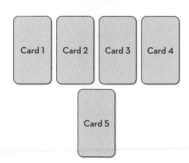

用途或背景知識

噪音使你無法專心做事。

第一張牌：如果鄰居不知情，你應該委婉告知他嗎？**第二張牌**：如果鄰居對你不錯，而且你

剛好有空，你應該偶爾在白天幫他帶狗出去散步嗎？**第三張牌**：如果鄰居的回應很惡劣，你應該聯繫當地政府的噪音投訴單位，交給他們處理嗎？**第四張牌**：如果推測是那隻狗遭鄰居冷落了，你應該聯繫當地的動物福利機構嗎？**第五張牌**：隨著時間過去，情況會出乎意料的好轉嗎？

準備的物品

二十二張大牌和十六張宮廷牌。

時機

殘月期間。

510
你的寵物在打鬥或意外中受傷，牠能很快康復嗎？

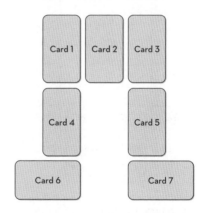

用途或背景知識

雖然寵物的傷口漸漸癒合，但牠變得跟以前不一樣，讓你很擔心。

第一張牌：傷口是否正常癒合？還是有未被發現的感染，導致牠昏昏欲睡或不舒服？**第二張牌**：如果發生的事故造成很大的創傷，牠現在還是驚魂未定嗎？**第三張牌**：牠是不是需要攝取額外的補給品或豐富的天然飲食，才能加強自我修復的系統？**第四張牌**：你應該帶牠去看

寵物治療師，以便刺激牠的自我修復系統？**第五張牌**：你應該保持耐心？還是應該認清治療寵物的心理層面，可能比治療牠的生理傷害需要更長的時間？**第六張牌**：未來三個月內，牠能好起來嗎？**第七張牌**：即使需要更長的時間，牠能康復嗎？

準備的物品

整副牌。

時機

娥眉月（新月前後的月相）或盈月（滿月之前）期間，或星期一。

511
你的寵物討厭所有的獸醫師

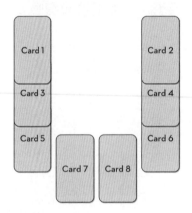

用途或背景知識少一個問

即使是例行的寵物探視，牠還是覺得痛苦和害怕。

第一張牌：這種問題的起因是某個事件，或獸醫師的態度很冷漠？你的寵物以前被陌生人虐待過，後來才被送到救援中心？**第二張牌**：牠不喜歡被陌生人觸摸，還是天生膽小？**第三張牌**：為了讓氣氛更輕鬆，這筆家庭探訪的額外支付費用是值得的嗎？**第四張牌**：你應該經

常與個性溫和的獸醫師打交道，讓寵物可以信任他嗎？**第五張牌**：如果獸醫師定期到你家進行寵物護理，你能將探訪內容限制在使用醫療必需品或寵物的盥洗用品上嗎？**第六張牌**：如果有必要讓獸醫師做探訪，你能提前幫寵物注射溫和的鎮靜劑嗎？**第七張牌**：在舒適的環境中，別的獸醫師會讓你的寵物熟悉非侵入性的療法嗎（例如按摩）？**第八張牌**：有耐心和同情心的獸醫師能克服這個問題嗎？

準備的物品

整副牌。

時機

與獸醫師的預約日期到了，你很擔心。

512
你應該讓年老或生病
的寵物離世嗎？

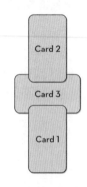

用途或背景知識

你知道寵物快要離開你了，但你很難與牠道別。

第一張牌：你應該停止採用人工延長寵物壽命的療法嗎？**第二張牌**：如果你的寵物很自在，你準備讓牠自然的離開，不考慮獸醫師的評估或別人的催促嗎？**第三張牌**：如果有必要進行干涉，你準備讓牠接受安樂死嗎？

513
你準備搬家或要離家很久,無法帶寵物一起去

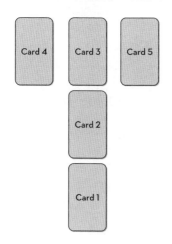

用途或背景知識

關於寵物的未來,你進退兩難。

第一張牌:你能否取消行程?這樣就可以留下來了。你願意不惜一切代價,也要和寵物待在一起?**第二張牌**:不管有多麼困難,你有沒有辦法帶寵物一起去?**第三張牌**:在你回家之前,你能不能找個可靠的管家照顧牠?備用的**第三張牌**:如果你要永久搬離,有沒有知己或家人願意收養你的寵物,讓你以後還能去探望牠?**第四張牌**:在你行動之前,能不能詢問朋友和家人,看看他們有沒有認識可靠的人願意收養你的寵物,讓牠在你離開前認識新飼主?**第五張牌**:你能夠為寵物找到安全的家,讓牠開心的生活嗎?

514
走失的寵物被別人收養了嗎?還是已經過世了?

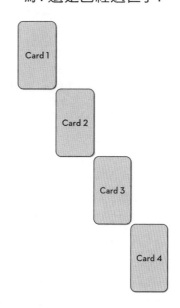

用途或背景知識

你的寵物已經不見很久了。

第一張牌:你能感覺到寵物還活著嗎?還是一想到牠,就覺得空虛?**第二張牌**:你覺得牠現在快樂又自在嗎?**第三張牌**:你應該放棄等待,甚至考慮養一隻新寵物嗎?**第四張牌**:牠會回家嗎?

準備的物品

二十二張大牌。

時機

寵物失蹤後,滿一個月或滿一年。

515
你對馬廄或放牧場很不滿意

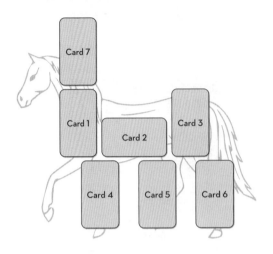

516
你想養特殊的寵物

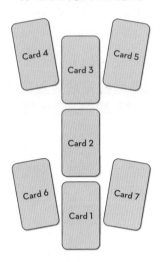

用途或背景知識

你的馬兒待在離你家很遠的馬廄，不確定牠是否安全和受到妥善的照顧。

第一張牌：是不是環境或事件的變化讓你失去信心？或是你經常缺乏安全感？**第二張牌**：如果你説出疑慮、提出策略或提供實際的幫助，能改善情況嗎？**第三張牌**：這只是暫時的缺點，狀況未來幾週就會自然改善嗎？**第四張牌**：你應該盡快為馬兒尋找新的馬廄嗎？**第五張牌**：你有機會在住處的附近買下牧場，以後就可以隨時確認馬的情況？**第六張牌**：如果情況無法改善，你應該找人幫忙照顧你的馬，而答謝方式是允許讓他騎乘？**第七張牌**：除非能天天照顧牠，所以現在是你考慮賣掉馬兒的時機嗎？

準備的物品

四十張小牌和十六張宮廷牌。

時機

你察覺到問題後。

用途或背景知識

你渴望擁有外來寵物。

第一張牌：你很確定外來寵物能適應你的家庭或生活方式？**第二張牌**：你能確定外來寵物來自可靠的來源，或經歷過健康的飼育方式？**第三張牌**：當地的獸醫能教導你如何照顧牠嗎？還是你需要找專家，例如動物園的工作人員？**第四張牌**：寵物的迷人特質能彌補你缺乏的親密感或社交互動嗎？**第五張牌**：你能幫寵物安排合適的居住環境，幫助牠茁壯成長嗎？**第六張牌**：有哪些你意想不到的風險？**第七張牌**：如果你領養一隻外來寵物，並定期到當地的野生動物保護區或兩棲爬蟲動物館探望牠，這樣做比較適合你嗎？

準備的物品

二十二張大牌。

時機

在你購買寵物之前。

517
走失的寵物會回來嗎？

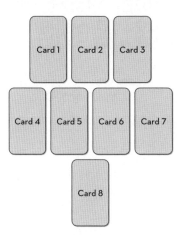

用途或背景知識

你到處刊登告示，也詢問過當地的所有收容所。

第一張牌：你應該在社群媒體上放消息，或者進一步擴大搜尋範圍，因為走失的寵物可能跑到很遠的地方了？**第二張牌**：是不是有什麼事或人嚇跑了你的寵物？讓牠焦躁不安。**第三張牌**：牠曾經走失，並回到你的身邊嗎？**第四張牌**：如果你最近搬家了，即使牠離你很遠，是否會像一般寵物一樣回到你的老家？**備用的第四張牌**：牠決定離開了？是因為牠當初接受過救援？**第五張牌**：有人以為你的寵物在流浪，因此收留牠了？**第六張牌**：當地人對你的寵物很感興趣，因此引誘牠離開了？**第七張牌**：等別人看到你的告示並回應你，只是時間早晚的問題嗎？**第八張牌**：下個月，你的寵物會回來嗎？還是需要等更久？

準備的物品

整副牌。

時機

星期一（月亮日，召喚你的寵物回家）。

518
過世後的寵物靈魂回到你家了嗎？

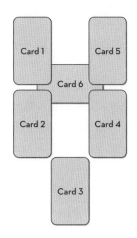

用途或背景知識

你能感覺到寵物回家了，但別人說你在幻想。

第一張牌：你感受到寵物出現在牠生前喜歡逗留的地方，或者你從眼角的餘光看到一道閃光？**第二張牌**：你能感覺到寵物的毛髮輕撫你的身體嗎？**第三張牌**：你醒來後，發現床上有牠睡過的凹痕嗎？**第四張牌**：其他的動物或小孩看到角落出現牠的靈魂嗎？備用的**第四張牌**：以前跟牠很親近的其他家庭成員也感受到牠的存在？**第五張牌**：你很確定寵物回來了嗎？**第六張牌**：在適當的時機，牠會以另一種動物的形式返回，而且牠的行為會讓你認出牠嗎？

準備的物品

整副牌。

時機

你需要用牌卡確認自己不是在幻想。

519
你的寵物嫉妒新加入的寵物

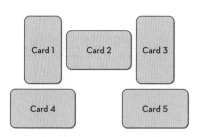

Card 1　　Card 2　　Card 3

Card 4　　　　Card 5

用途或背景知識

你擔心平常很溫順的寵物會攻擊新來的成員。

第一張牌：你目前養的寵物以前是大家關注的焦點，現在牠覺得自己突然被取代了？**第二張牌**：你需要再度強調自己是牠們的領導者嗎？

第三張牌：在保護容易受到傷害的毛小孩時，你能不能用肢體語言讓陪伴你比較久的寵物放心，再逐漸把新加入的成員介紹給牠？**第四張牌**：在有慰藉和警戒的前提下，這個問題能得到解決嗎？**第五張牌**：在新的長幼尊卑制度建立之前，這只是時間早晚的問題？

準備的物品

四十張小牌（一號牌到十號牌），以及十六張宮廷牌。

時機

你強烈懷疑寵物會對新來的成員展現攻擊性。

第二十八章

鄰居、住宅區及社區的牌陣

此牌陣的幸運牌

大牌：教皇、戰車、正義、力量、節制、太陽、審判。

小牌：錢幣王牌、聖杯王牌、權杖王牌、聖杯三、權杖三、錢幣四、權杖四、錢幣五、權杖六、寶劍六、權杖七、權杖八、錢幣九、權杖九、錢幣十、聖杯十。

宮廷牌：錢幣皇后、錢幣國王、聖杯皇后、聖杯國王、權杖皇后、權杖國王。

關於鄰居的牌陣

一張牌和兩張牌的牌陣適用於快速的答案和選擇，三張牌的牌陣可用在加強信譽和凝聚力。四張牌的牌陣能應用在財產、保障和一般住宅區的安全，五張牌的牌陣適合用來應對很難相處的鄰居。六張牌的牌陣對於把鄰居當成朋友，以及調解的疑問有幫助。七張牌的牌陣適用於選擇，例如你要住在哪裡？八張牌以上的牌陣能用來回應重大的問題。

520
你應該搬到某個住宅區？

用途或背景知識

你找到了合適的房子，但不了解附近的風氣。

第一張牌：這個住宅區適合你嗎？（答案取決於你從牌卡獲得正面感受的強度）。

準備的物品

二十二張大牌。

時機

在你為不動產提出報價之前。

521
你搬到新的住宅區後，
沒有人表示歡迎

用途或背景知識

你原本住在友善的住宅區，現在你不確定新鄰居是否很忙碌，或是不與陌生人打交道。

第一張牌：你應該主動拜訪幾戶鄰居，跟他們打招呼嗎？**第二張牌：**你應該等他們主動和你交談嗎？

準備的物品

四十張小牌（一號牌到十號牌）。

時機

你安頓下來後，沒有鄰居與你打交道。

522
你應該待在目前的住
宅區，還是搬走？

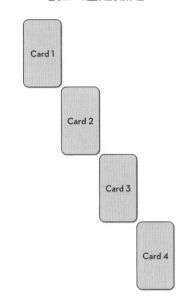

用途或背景知識

你在猶豫是否搬離，在當地搬家或搬到更遠的地方。

第一張牌：你應該留在目前的住宅區嗎？**第二張牌：**你應該在目前的所在地買新房或租屋嗎？**第三張牌：**你應該待在同一個城鎮，差別只是搬到別的住宅區嗎？**第四張牌：**你應該搬到別的地區嗎？

準備的物品

四十張小牌（一號牌到十號牌）。

時機

新月份的開端。

523
你的鄰居很吵

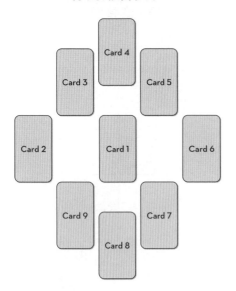

用途或背景知識

鄰居不斷播放很大聲的音樂或用力甩門，或在你家的大門外面經營二手車的停車場；或有經常尖叫的孩子，或經常吠叫的狗。

第一張牌：這種噪音嚴重影響了你的平靜或睡眠，或者只是斷斷續續的干擾？**第二張牌**：你可以忍受的部分是什麼？**第三張牌**：你無法忍受的部分是什麼？**第四張牌**：你再度與鄰居理性地討論你討厭的部分，是值得做的事嗎？**第五張牌**：如果鄰居仍然對你愛理不理或有敵意，你應該錄音，並且把錄音檔寄給當地的噪音管制單位嗎？**第六張牌**：如果問題沒有解決，你應該請教律師嗎？**第七張牌**：萬不得已時，你應該考慮搬家嗎？**第八張牌**：不久後，問題就能解決了？**第九張牌**：你需要花時間、下定決心和堅持到底，才能解決這個問題？

準備的物品

整副牌。

時機

殘月期間。

524
鄰居正在擴建或架設圍欄，
即將擋住你的光線或視野

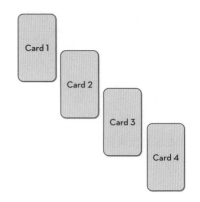

用途或背景知識

鄰居沒有先問你的意見，就直接動工了。

第一張牌：鄰居只是考慮不周。如果你向他說明問題，他就會調整計畫嗎？**第二張牌**：如果鄰居忽略你的需求或對你有敵意，他有施工許可證嗎？如果沒有，你應該通報相關的單位嗎？**第三張牌**：你應該告訴鄰居，你準備走法律途徑？**第四張牌**：你應該接受現實，這件事不值得你費心戰鬥？

準備的物品

二十二張大牌。

時機

你察覺到發生了什麼事。

525
你不認識任何鄰居

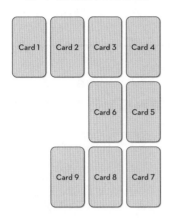

用途或背景知識

你整天都要工作，沒空社交。

第一張牌：你想認識某些鄰居？是那些和你的年齡相近，還是有相似家庭的鄰居？**第二張牌**：你真的想多了解鄰居，還是只想認識點頭之交？**第三張牌**：你待的住宅區是有許多居民長期定居的成熟社區，還是大部分的居民純屬過客或經常不在家？**第四張牌**：你應該在家裡寄出聚會的邀請通知，或者為某個場合安排活動嗎？**第五張牌**：你應該加入社區團體或守望相助的組織，藉此認識鄰居嗎？**第六張牌**：你應該等附近舉辦活動的時候，藉機向鄰居做自我介紹嗎？**第七張牌**：有鄰居對你不友善，讓你想避開他嗎？你會再給他一次機會嗎？**第八張牌**：你會交到一兩個好朋友嗎？**第九張牌**：是否不久之後就不用煩惱社交了，因為你需要經常外出？

準備的物品

整副牌。

時機

盈月（滿月之前）期間。

526
你能和鄰居進一步發展戀情嗎？

用途或背景知識

你們很來電。

第一張牌：你或鄰居已經和前任分手了嗎？**第二張牌**：他和前任交談的時間是否太久，似乎有捨不得離別的跡象？**第三張牌**：你們有沒有共同的興趣，可以讓你們找機會在當地的場所相聚？**第四張牌**：你應該不經意的邀請他到家裡喝咖啡嗎？**第五張牌**：你應該更直接的向他提議，一起去某個地方嗎？**第六張牌**：你應該讓鄰居採取主動嗎？**第七張牌**：你們能發展戀情嗎？**第八張牌**：如果你們當不成戀人，還能當朋友嗎？

準備的物品

整副牌。

時機

滿月。

527
你的孩子不想跟鄰居
的孩子一起玩

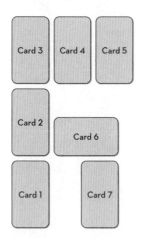

用途或背景知識

你已經試過說服孩子和鄰居的孩子一起玩，但他比較喜歡和家人或學校的朋友相處。

第一張牌：你應該規劃更多的烤肉活動或家庭聚會，並邀請鄰居參加嗎？**第二張牌**：你的孩子天生喜歡宅在家，還是他在不熟悉的人面前容易害羞？**第三張牌**：你應該邀請鄰居的孩子（年齡與你的孩子相近）一起出遊，讓他們在放鬆的環境中互相認識？**第四張牌**：他們是否就讀同一間學校或隸屬當地同一個運動團隊，當中有共同的話題能分享嗎？**第五張牌**：在大人不干涉的情況下，你應該讓孩子按照自己的方式和步調去了解鄰居或其他孩子？**第六張牌**：你是否忽略了鄰居有結黨或霸凌的問題？**第七張牌**：在不同的鄰居家庭之間，終究能發展出友誼關係嗎？

準備的物品

四十張小牌（一號牌到十號牌），以及十六張宮廷牌。

時機

星期五。

528
替社區爭取更好的設施

用途或背景知識

你需要為年長者爭取更好的休閒設施或大自然空間。

第一張牌：為什麼你要親自參與？**第二張牌**：你是很有想法的人，或是發起活動的幕後籌劃者？**第三張牌**：你想要安排募款活動或主導行動委員會、聯繫相關的單位，目的是爭取補助金嗎？**第四張牌**：如果你不喜歡引人注目，會讓其他人掌管和參與嗎？**第五張牌**：你能應付那些想要出風頭和宣揚個人榮耀的人嗎？**第六張牌**：你的努力能帶來應有的成果嗎？

準備的物品

四十張小牌（一號牌到十號牌），以及十六張宮廷牌。

時機

星期日（重要的集體活動之日）。

529
與鄰居建立互助的網絡

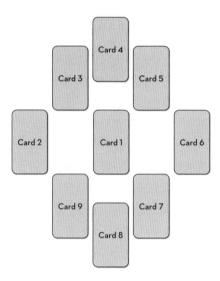

用途或背景知識

朋友和家人都住在很遠的地方，而且你知道有
些鄰居也遇到類似的狀況。

第一張牌：如果和鄰居建立輕鬆的人際關係，
或組成更正式的人脈網，會比較適合你嗎？**第
二張牌**：你應該邀請感興趣的鄰居參加會議，
共同討論想法或實施的方式嗎？**第三張牌**：
鄰居是否由不同的年齡層組成，讓彼此能貢獻
不同的技能，例如相互幫忙照顧孩子、幫年
長者購物、參與手工勞作？**第四張牌**：建立社
區交流的制度，有哪些實用功能或優點？**第五
張牌**：你如何分配人力，不讓某些人承擔太多
事，並只讓一兩個人負責管理？**第六張牌**：你
如何幫助單親家長、老人或殘疾人士，讓他們
享有同樣的好處並貢獻才華？**第七張牌**：你很
快就能提出想法，並讓喜歡安排活動的人來執
行嗎？**第八張牌**：如何和諧解決爭端？**第九
張牌**：建立互助的網絡能帶來不少好處，還是引
來更多麻煩？

準備的物品

整副牌。

時機

你需要幫助，但你不知道該找誰幫忙。

530
你遇到不友善的鄰居

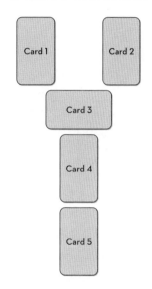

用途或背景知識

鄰居不講道理，你和他談判也無效。

第一張牌：你再也無法忍受什麼事？**第二張
牌**：有什麼事激怒你，但你可以忽略？**第三張
牌**：有沒有「弱連結」或其他通情達理的鄰居
可以幫忙勸說？**第四張牌**：你應該提告或檢舉
他嗎？**第五張牌**：你應該盡快離開那個地方嗎？

準備的物品

四十張小牌（一號牌到十號牌），以及十六張
宮廷牌。

時機

你預期會發生衝突的時候。

531
在善良和隱私之間找到平衡：你的鄰居很善良，但他經常打擾你

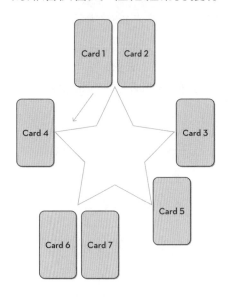

用途或背景知識

鄰居經常在你不方便時登門拜訪，還在你需要做自己的事情時，在你家待很久。

第一張牌： 你太常待在家，例如在家工作，或通常在晚上與配偶或家人待在家？ **第二張牌：** 你是天生熱情好客的人，而且沒有明確區分工作時間和家庭時光嗎？ **第三張牌：** 你的鄰居很孤獨，太過依賴你的陪伴？ **第四張牌：** 你的鄰居是臉皮很厚的人，或是很會增加別人的情緒負擔，並利用你的善良？ **第五張牌：** 鄰居在不合適的時間拜訪你或打電話給你時，你應該明確讓談話變得簡短，態度有禮貌但很堅定嗎？ **第六張牌：** 如果有必要，你打算直言不諱，並冒著失去友誼的風險嗎？ **第七張牌：** 優先考慮自己的需求，會讓你感到內疚？你需要突破這種根深蒂固的反應嗎？

準備的物品

整副牌。

時機

你害怕鄰居又拜訪你，或者又打電話給你。

例子

艾倫（Alan）是單身父親，在家工作。住在他隔壁的保羅已經退休了。保羅每天拜訪他兩三次，或隨時打電話找他聊天，或是在他下廚的時候過來，順便留下來用餐；他的孩子很討厭這種事，因為保羅占據了他的時間。

第一張牌是皇后。 保羅認為艾倫能照顧他。他很討厭看到艾倫的孩子放學回家。**第二張牌是錢幣二。** 艾倫的工作期限很趕，經常要熬夜，因為他無法在白天專心工作。**第三張牌是聖杯侍者。** 雖然保羅退休了，與其說他很孤獨，不如說他變得很黏人。其實，他可以在當地的社區參加許多活動。**第四張牌是錢幣六。** 平時，保羅會找艾倫談論很多看似需要解決的問題。事實上他的身體很健康，也擁有很多錢。**第五張牌是錢幣侍者。** 保羅對艾倫的暗示無動於衷。雖然艾倫不想讓他難過，但他已經嚴重影響到艾倫的工作和家庭生活。**第六張牌是權杖五。** 艾倫知道自己必須向保羅說清楚，讓他明白除非受到邀請，否則不歡迎他的拜訪。**第七張牌是錢幣五。** 這是一張奇怪的牌，代表來自其他人的幫助。艾倫說，他從小就會優先考慮別人的需求。艾倫讓保羅明白以後要減少拜訪後，牌義變得很明確。保羅的反應是暴跳如雷。過了一週後，他就和這條街對面的鄰居搞好關係，並且把大量的時間花在那位鄰居的身上。

有時，你採取了牌卡建議的行動後，牌義才會變得清晰。如果你有疑慮，再抽一張牌吧！

532
剛離婚的鄰居經常找你
的配偶幫忙解決問題

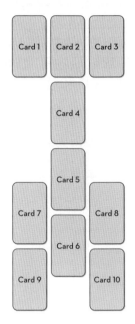

用途或背景知識

剛開始，你的配偶只是幫個小忙，現在卻變成長期被使喚的工具人，同時還要提供DIY或餐食服務。

第一張牌：鄰居要求你配偶拜訪的次數是否增加？逗留的時間是否延長了？**第二張牌：**你漸漸被排除在拜訪之外，或者你無法參與他們的談話？**第三張牌：**配偶變得偷偷摸摸或有防備心，並急著衝到鄰居家？**第四張牌：**在你和配偶的關係中，你很少感到不安和嫉妒？**第五張牌：**你應該告知鄰居，你的配偶有重要的工作或家事要做，但你偶爾很樂意串門子嗎？**第六張牌：**你應該建議鄰居去找專業的顧問，或列出當地DIY的專家名單？**第七張牌：**你應該和配偶安排晚上或週末外出，藉此巧妙轉移配偶

的注意力是不是比較好？**第八張牌：**如果你的配偶或鄰居不明白你的暗示，你應該打開天窗說亮話，即使風險是你看起來缺乏同情心？**第九張牌：**你配偶只是被鄰居的關注所吸引，或者他很容易同情別人，但他對你很專情？**第十張牌：**在你和配偶的關係中，有沒有需要解決的問題？

準備的物品

整副牌。

時機

配偶把時間花在鄰居那裡，忽視了你，讓你覺得不滿。

533
克服鄰居散播關於你
或家人的謠言

用途或背景知識

你變成流言蜚語的焦點，因此你不想出門。

第一張牌：散播謠言的始作俑者是誰，或是什麼事引起的？**第二張牌：**你應該避開哪些假朋友？在誰的面前，你需要謹慎發言？**第三張牌：**你可以信任誰？**第四張牌：**聽到謠言時，你可以透過當面對質，讓講八卦的人閉嘴嗎？**第五張牌：**你不該理會謠言，應該要堅強的等待謠言煙消雲散？

準備的物品

二十二張大牌和十六張宮廷牌。

時機

星期三（克服謊言和閒話的日子）。

534
即使搬家很麻煩，你應該在好學校附近買房子？

用途或背景知識

你認為讓孩子接受優質的教育很重要。

第一張牌：在你想要居住的地區，有合適的房子供出售或租賃嗎？**第二張牌**：即使你目前居住的地區沒有評價很高的學校，但在搬家之前，有反覆確認過附近沒有不錯的學校嗎？**第三張牌**：即使有人推薦好學校，你確定這間學校很適合你的孩子嗎？**第四張牌**：從其他的方面來看，如果該地區能給你們更好的生活環境，搬家的不便之處是否值得？**第五張牌**：如果有必要，你或配偶願意為了住在理想的地點，而花更多的時間通勤或很晚回到家嗎？**第六張牌**：這次搬家有什麼樣的正面結果？**第七張牌**：缺點是什麼？**第八張牌**：整體而言，這個決定能帶給你們所需的成效和幸福嗎？

準備的物品

整副牌。

時機

你必須決定是否要搬到理想的地區，以便有充足的時間準備入學。

535
在解決突出的樹木、臨時的建築工程、停車或寵物等問題時，你能與鄰居保持和睦的關係嗎？

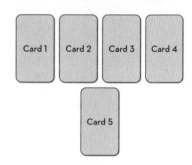

用途或背景知識

平常很友善的鄰居漸漸超越界限，還期望你當個「好人」。

第一張牌：鄰居是不是有意，或欠缺考慮的利用了你的隨和天性？**第二張牌**：你應該提出異議，並且有禮貌的堅持自己的立場？**第三張牌**：被視為「好人」和忍受不便，對你來說更重要嗎？為什麼？**第四張牌**：如果鄰居在生氣時變得很難溝通，你應該為了滿足自己的需求而強硬起來嗎？**第五張牌**：鄰居越界時，你寧可保持和氣，視而不見？

準備的物品

整副牌。

時機

鄰居說：「你不會介意吧？」你很清楚自己很在意。

536
熱門的學校已額滿，但你要為孩子尋找社區裡的合適學校

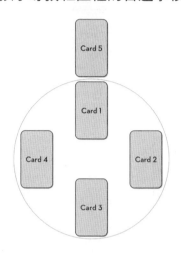

用途或背景知識

你在煩惱自己是否在合適的地區，讓孩子接受優質的教育。

第一張牌：如果你被理想的學校拒絕了，有投訴的管道嗎？這種做法是否有效，值得你嘗試？**第二張牌**：你應該抱著開放的心態去參觀社區裡的其他學校，看看有沒有更適合孩子的個性或符合需求的學校嗎？**第三張牌**：你應該觀察社區附近的其他學校，如果有喜歡的學校就可以考慮搬家？**第四張牌**：你現在居住的地方帶給家庭的整體好處，是否大過教育的問題？**第五張牌**：新學期或新學年開始時，一切都會朝著理想的方向發展嗎？

準備的物品

四十張小牌（一號牌到十號牌），以及十六張宮廷牌。

時機

必須趕快重新考慮原本的計畫之際。

537
對付擾亂社區的蓄意破壞者、小偷及搶劫犯

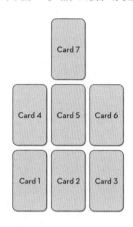

用途或背景知識

你的住宅區出現破壞公物、闖入私宅及搶劫的事件，變得不再安全。

第一張牌：最近，這種情形惡化了嗎？為什麼？**第二張牌**：你的家或個人安全是否有保障，還是你需要詢問專家的建議？**第三張牌**：有沒有良好的守望相助組織，或者你能成立這種組織嗎？**第四張牌**：你能召集其他人對當地的政治家或立法委員施加壓力，要求他們管理住宅區嗎？**第五張牌**：如果你利用新聞稿，或在社群媒體撰寫這項議題，或引起大眾注意此問題，能吸引到額外的資源嗎？**第六張牌**：你能參與助選或加入現有的組織，呼籲年輕人遠離街頭嗎？**第七張牌**：你應該接受這問題太嚴重的事實，因而決定搬家嗎？

準備的物品

整副牌。

時機

發生一連串的暴力犯罪行為之後。

538
你不希望傳統的獨特社區裡有現代的購物中心或速食連鎖店

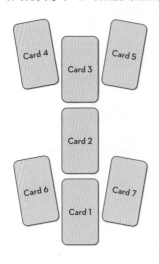

539
順利的社區聚會或活動

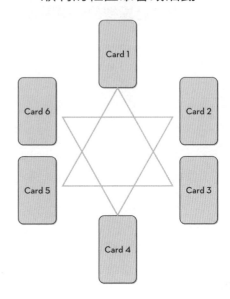

用途或背景知識

媒體報導你的住處附近會有重大改變。

第一張牌：關於你不歡迎的部分，生活在二十一世紀有哪些好處你沒考慮到？**第二張牌**：新的開發計畫會改變當地的基礎設施，或是為目前的設備帶來負擔？**第三張牌**：你願意參與當地的抗議運動，但你不想擔任領導者？**第四張牌**：當地有沒有律師能研究一些限制法規，例如會環境破壞，或有歷史建築所以不能開發？**第五張牌**：你可以邀請當地的媒體參與，或者激勵無動於衷的地方民意代表嗎？**第六張牌**：如果開發計畫照舊不變，你會考慮搬到其他保持原有風貌的地區嗎？**第七張牌**：擬定的開發計畫申請，會不會遭駁回？

準備的物品

四十張小牌和十六張宮廷牌。

時機

已證實傳言有合理的依據。

用途或背景知識

你希望看到社區團結一致。

第一張牌：有沒有當地或國內、國際的活動可以用來召集大家？**第二張牌**：目前有沒有委員會或組織能夠辦活動，而且有可能需要一些新成員來增添活力？**第三張牌**：你想擔任主持人、支援者，還是提出一些想法讓別人去實踐？**第四張牌**：你能提供一些籌措資金的建議嗎？**第五張牌**：你能否克服安排活動的過程中不可避免的瑣碎問題，並把注意力放在成果上？**第六張牌**：這次的活動能順利進行嗎？

準備的物品

整副牌。

時機

距離合適的活動日期還有一兩個月之際。

540
在多元文化的社區追求宗教、社交及文化的和諧

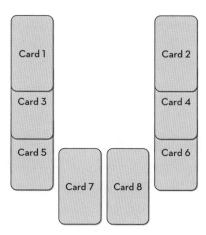

用途或背景知識

你希望看到社區裡的不同派別和諧共處。

第一張牌：有沒有多元信仰的團體活動，能讓你參與籌劃嗎？**第二張牌**：不久後，你就會建立或加入網路上的群組嗎？**第三張牌**：你歡迎來自不同地區的新成員，到你的住宅區定居嗎？

第四張牌：如果別人對你懷有敵意，你應該退一步思考問題，或試著從社區中尋找態度更溫和的成員？**第五張牌**：當地有哪些學校、青年組織、企業、體育活動或工作場所，能讓你更了解各式各樣的人？**第六張牌**：你應該多了解不同的信仰或語言，以便消除隔閡？**第七張牌**：你能邀請到來自不同文化背景的鄰居聚在一起，共同用餐和玩樂，順便認識不善於社交的居民嗎？**第八張牌**：你希望等別人接近你時，再努力消除隔閡嗎？

準備的物品

整副牌。

時機

盈月（滿月之前）期間，或是當地行事曆中的特殊活動日。

541
兩個鄰居都跟你說對方的壞話

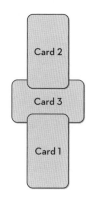

用途或背景知識

你被迫在兩個鄰居的爭端中選邊站。

第一張牌：你應該試著查明事實嗎？**第二張牌**：你不該參與紛爭，並對他們兩個人都保持友善？**第三張牌**：在他們的紛爭平息之前，你應該遠離他們嗎？

準備的物品

四十張小牌（一號牌到十號牌），以及十六張宮廷牌。

時機

你被迫做出選擇之際。

542
鄰居嚇唬了你家的貓？

用途或背景知識

你要帶貓去花園或其他的地方時，牠突然變得很緊張；你知道鄰居不喜歡動物。

第一張牌：你的鄰居是主要原因嗎？ **第二張牌**：附近有其他人或有攻擊性的動物嗎？

準備的物品

二十二張大牌和十六張宮廷牌。

時機

滿月或星期一。

第二十九章

慶祝活動的牌陣

此牌陣的幸運牌

大牌：魔術師、皇后、戀人、命運之輪、月亮、太陽、星星、節制、世界。

小牌：聖杯王牌、聖杯二、權杖王牌、聖杯三、權杖四、權杖六、錢幣十、聖杯十。

宮廷牌：聖杯侍者、聖杯公主（托特）、聖杯騎士、聖杯王子（托特）和聖杯國王、聖杯皇后。

關於慶祝活動的牌陣

一張牌的牌陣適合簡單的答案，兩張牌的牌陣適合做選擇。三張牌的牌陣可用於各種慶祝活動，尤其是與出生有關的疑問。四張牌的牌陣能用於家人和知己的聚會，五張牌的牌陣對命名儀式、畢業典禮、學業成績及衝突的問題有幫助。六張牌的牌陣適用於透過慶祝活動達成和解，或是與愛情和婚姻有關的疑問。七張牌的牌陣能應用在婚禮、週年紀念日等特殊的場合，八張牌以上的牌陣適合更複雜的問題。

543
你和配偶應該幫寶寶取你們喜歡的名字，還是家人取的名字？

用途或背景知識

長輩幫寶寶取了你們不喜歡的名字，或者你們被迫幫寶寶冠上傳統的姓氏。

第一張牌：你們應該幫寶寶取自己喜歡的名字，特別是順應現代潮流的名字？**第二張牌**：把家人取的名字當成寶寶的中間名，能夠表示尊重家人的意見並維持和諧？

準備的物品

四十張小牌及二十二張大牌。

時機

星期一（與嬰兒有關的事宜）。

544
你該怎麼幫寶寶決定合適的名字？

用途或背景知識

你有好幾個名字可以選，但猶豫不決。

第一張牌：寶寶出生或回家後，你就會知道哪些名字比較符合他的個性？**第二張牌**：在名字的選項中，哪個聽起來適合成年人，也適合幼

兒？**第三張牌**：你能抵抗家人施加的壓力，不選擇家人認為很傳統卻不適合現代人的名字？

現在，請在第三張牌的右邊為你喜歡的名字或名字的組合各加上一張牌，並確認哪些牌具有強烈的正面牌義。如果你需要進一步的引導，請參考命理學的牌陣（牌陣808）。

準備的物品

整副牌。

時機

星期日（命名的好日子）。

545
順利迎接寶寶誕生的派對

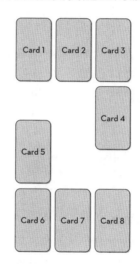

用途或背景知識

朋友或家人快要分娩了。

第一張牌：孕婦比較喜歡舉辦迎接寶寶誕生的派對，還是分批見客？**第二張牌**：孕婦比較喜歡舉辦驚喜派對，還是提前收到通知？**第三張牌**：你應該提早安排聚會，而不是挑在離坐月子太近的日子，以免孕婦提前分娩或很疲勞嗎？**第四張牌**：你應該讓每個人帶自己喜歡的

禮物，還是建議大家送禮券，避免有太多要給寶寶的服飾、固齒器或相同的禮物嗎？**第五張牌**：誰會幫你規劃派對？你應該請一些人負責安排大小事，尤其是在你很忙的時候嗎？**第六張牌**：孕婦待在別人的家或戶外，會比較開心嗎？**第七張牌**：你應該安排輕鬆的聚餐、閒聊或玩遊戲嗎？例如從彼此帶來的嬰兒照片來猜謎？**第八張牌**：這場活動能為出席者帶來快樂嗎？

準備的物品

整副牌。

時機

預產期的前幾週。

546
家人為新生兒籌劃盛大的歡迎派對，但身為新手父母的你們根本不想舉辦派對

用途或背景知識

你的家人是出於好意，但你需要清淨的空間。

第一張牌：有無其他長輩可以向興奮，但搞不清楚狀況的家人說明，你、配偶及寶寶需要休息？或向他們承諾，你們以後會定期分享最新的情況或照片？**第二張牌**：你應該規劃一兩個月後，在你的老家邀請幾位親屬參加慶祝活動，然後再邀請更多的親戚參加命名儀式？

準備的物品

四十張小牌（一號牌到十號牌）。

時機

寶寶出生或回家後，盡快抽牌。

547
你或伴侶的父親和繼父都堅持要護送新娘

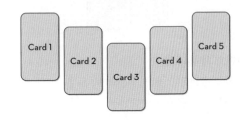

用途或背景知識

兩個家庭之間出現潛在或公開的敵意。

第一張牌：其中一位重要成員有沒有其他的選擇，例如不能在婚禮致詞？**第二張牌**：如果是新娘的母親和新歡、父親和新歡之間在搶風頭，那麼有哪些務實的策略能解決這個問題？**第三張牌**：除非繼父在新娘或新郎的人生中有重要的貢獻，否則生母和生父應該被告知，他們的新歡需要在這一天退居幕後嗎？**第四張牌**：找其他人護送新娘或發表重要的演講，這樣好嗎？例如母親、兄弟姊妹、家人的老朋友、祖父母？**第五張牌**：如果重要的成員都不願意在那天和諧相處，你應該拜託他們不要出席嗎？

準備的物品

四十張小牌（一號牌到十號牌），以及十六張宮廷牌。

時機

重要成員都固執己見，並催促你或伴侶做決定。

548
你想為新生兒舉行洗禮或命名儀式嗎？

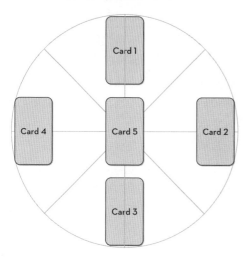

用途或背景知識

許多人紛紛問你洗禮或命名儀式的日期，但你還沒做決定。

第一張牌：你想在家人和朋友出席的慶祝場合，正式為你的新生兒取名嗎？**第二張牌**：即使沒有信奉傳統的宗教，你應該考慮舉行傳統的祝福儀式，歡迎你的孩子來到這個世界嗎？**第三張牌**：無論是非正式或正式，你應該在自己的庭園或露天場地舉行命名儀式？**第四張牌**：在寶寶的人生中，你希望誰擔任負責引導和保護的照顧者或人生導師？**第五張牌**：在你特殊的家庭環境中，幫孩子取名是你、配偶及其他孩子之間的私事？

準備的物品

整副牌。

時機

親朋好友問你日期。

549
你應該幫伴侶或近親籌備驚喜派對嗎？

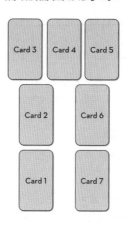

用途或背景知識

有人建議你舉辦驚喜派對，增添趣味。

第一張牌：有重要的轉捩點讓你想在私下與朋友和家人共同慶祝？**第二張牌**：你的伴侶喜歡驚喜嗎？或者，你很享受其中的樂趣？**第三張牌**：比起一大群人，你的伴侶更喜歡小型的祕密活動？**第四張牌**：你的伴侶更喜歡在家裡、小型場地、餐廳、酒店或酒吧舉辦驚喜派對？**第五張牌**：這場聚會可以讓你的伴侶非常滿足，因為他能獲得讚賞？**第六張牌**：這個點子會導致不好的事情發生嗎？**第七張牌**：除非你很確定伴侶的喜好，否則你應該事先詢問伴侶的意見，讓他邀請自己想見的人或選擇場地嗎？

準備的物品

整副牌。

時機

在剛想到舉辦派對的點子，或別人提出這個想法後。

550
你的孩子從大學畢業了，或取得了重要的學術成就

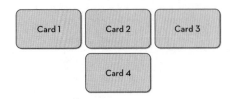

用途或背景知識

你想慶祝孩子努力進取的成果，並給孩子驚喜。

第一張牌：孩子會喜歡朋友或家人出席的大型聚會嗎？**第二張牌**：孩子比較希望你花錢慶祝，還是和同伴一起度過週末？**第三張牌**：孩子寧願與家人共享寧靜的晚餐和收禮物，還是自己花錢買想要的東西？**第四張牌**：孩子是否討厭驚喜，並希望你先詢問他的想法？

準備的物品

整副牌。

時機

在你得知好消息後。

例子

吉姆（Jim）很興奮，因為他的兒子詹姆斯（James）以優異的成績取得醫生資格，並即將加入家族的診所。他打算舉辦盛大的慶祝派對，並邀請他認識的人和兒子的大學朋友。但珍娜（Jenna）更了解兒子的個性，她知道詹姆斯討厭被別人注意，也不喜歡親屬在他的朋友面前大聲叫嚷。

第一張牌是隱士。詹姆斯私下很容易害羞，大多時候都與女朋友在一起，他的女朋友也是個性內向的人。

第二張牌是權杖八。詹姆斯的夢想是和海龜一起游泳，並且在海龜保護區待幾天，他認為和女朋友一起去旅行是很棒的禮物。

第三張牌是錢幣十，代表三代人的家庭。珍娜知道沒有什麼事比詹姆斯和祖父母安靜的共享晚餐，更讓他高興了。這也是他的美好時光，因為他能拿到旅遊門票和觀賞海龜的住宿券。

第四張牌是錢幣王子（托特）。詹姆斯喜歡可預測和有依靠的感覺，因此他以後能當細心且令人放心的模範醫生。

如果詹姆斯抽到的牌是權杖王子（托特），那麼驚喜派對很適合他。

珍娜說服丈夫相信，派對不適合兒子。除了門票，他們也送詹姆斯高級的相機，讓他可以捕捉自己的生活經歷。

551
重要的生日慶祝活動

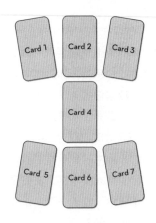

用途或背景知識

適用於十八歲、二十一歲、四十歲、五十歲、六十歲以上，甚至是一百歲以上的壽星。

第一張牌：這是驚喜，還是由壽星策劃的活動？**第二張牌**：根據年齡的不同，誰是最受歡

294

迎的出席者？誰是年輕人或同儕最喜歡親近的人？誰是年長者最喜歡的家庭成員？**第三張牌**：你應該預約壽星喜歡的場地，並邀請餐飲服務，或安排得像家庭聚會嗎？**第四張牌**：壽星比較喜歡去度假，並且在當地慶祝生日嗎？備用的**第四張牌**：如果壽星是老年人，他比較喜歡和認識已久的朋友和家人一起度過「充滿美好回憶」的派對嗎？**第五張牌**：你們會共同送壽星一份禮物嗎？還是各自送不同的生日禮物？**第六張牌**：壽星目前在為特殊的商品存錢嗎？在這種情況下，送禮的人可以準備壽星需要的現金或禮券嗎？**第七張牌**：壽星真的不想慶祝自己的生日？還是他口是心非？（這是很重要的牌。如果你不確定，可以再抽一張。）

準備的物品

整副牌。

時機

生日的前幾週。

552
你想要擁有安靜的婚禮，
而不是熱鬧的場面

用途或背景知識

太過熱情的親屬打算在你的婚禮上喧賓奪主。

第一張牌：你應該鄭重聲明這是你的大好日子，因此婚禮的程序應該按照你喜歡的方式進行？**第二張牌**：如果面臨阻撓（也許你已經習慣讓家人主宰重大的決定），你應該帶著未來的配偶離開嗎？如果有必要，可以不允許某

些親屬參加婚禮，並按照自己的意願完成婚禮嗎？

準備的物品

二十二張大牌。

時機

在你和親屬之間有言語衝突之時。

553
你想舉辦訂婚派對嗎？

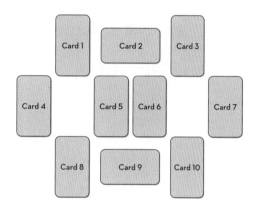

用途或背景知識

在你讓親朋好友知道你要訂婚的消息之前。

第一張牌：你想與朋友和家人一起安靜的慶祝嗎？**第二張牌**：你想舉辦盛大的派對，與許多人分享這個好消息嗎？**第三張牌**：誰來安排聚會？你、未婚伴侶或自願幫忙的家人？**第四張牌**：選定地點後，你應該舉辦正式的派對、烤肉或聚餐嗎？**第五張牌**：如果你的朋友想帶禮物，你願意收下嗎？**第六張牌**：如果賓客想送禮，你能否提早請他們幫你喜歡的慈善機構捐款，或送你有趣的小禮物？**第七張牌**：你和未婚伴侶要私下慶祝嗎？還是你們打算在週末外出，只在喜歡的餐廳吃頓飯？**第八張牌**：即使家人希望場面很熱鬧，你應該抗拒家人施加的

壓力嗎？**第九張牌**：你應該滿足家人的期待，讓他們開心嗎？**第十張牌**：你只想讓少數人知道訂婚的消息，並要求他們暫時保密，因為你還沒戴上婚戒？

準備的物品

整副牌。

時機

在你同意制定任何的聚會計畫之前。

554
難忘的單身派對

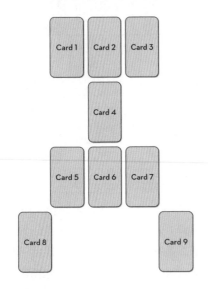

用途或背景知識

朋友制定了許多計畫，但你還沒決定要不要參與。

第一張牌：雖然朋友的計畫聽起來很有新意，但你不想只和少數幾個朋友和家人度過單身派對，享有寧靜的夜晚？**第二張牌**：如果要舉辦派對，你想自己安排？也許你想把聚會的時間定在週末，避免有更極端的因素干擾，使你難堪？**第三張牌**：如果你不想自己規劃，有沒有值得信賴的朋友能依據有限的條件，幫忙安排有趣的活動？**第四張牌**：如果你的朋友或兄弟姊妹有可能逾越分寸，你應該冒著得罪他們的風險，不邀請他們參加派對？**第五張牌**：你能信任誰在聚會的時候照顧你，確保你很安全又不尷尬？**第六張牌**：你們該怎麼支付晚上或週末的費用？除了新娘和新郎，其他的出席者都要平分費用，那麼你們應該向白吃白喝的人收錢嗎？**第七張牌**：假設你猜想朋友正在規劃驚喜，你真的想要有驚喜？**第八張牌**：如果派對中有驚喜，你會很享受嗎？**第九張牌**：這場聚會能順利進行嗎？

準備的物品

整副牌。

時機

朋友暗示你，在你的婚禮前有驚喜。

555
婚禮會如你所願嗎？

用途或背景知識

現在，似乎有無數個障礙擋在你前進的路上。

第一張牌：你能擁有精彩的一天嗎？

準備的物品

四十張小牌（一號牌到十號牌）。請記住：寶劍代表恐懼，不是預測災難。

時機

你在最後關頭感到緊張。

556
快樂的婚禮

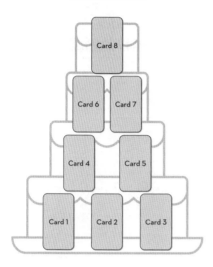

用途或背景知識

你想過精彩的一天。

第一張牌：婚禮的場地和儀式是你和伴侶真正喜歡的嗎？**第二張牌**：你可以讓步，但不該犧牲自己的夢想？**第三張牌**：你對成本很滿意，還是很擔心？如果是後者，你能減少不必要的額外開銷，同時擁有自己想要的婚禮嗎？**第四張牌**：即使你的決定會激怒某些人，你仍會安排自己認為合適的伴娘或伴郎來護送？**第五張牌**：如果你覺得父母和親戚會在婚禮上搶風頭，該怎麼奪回控制權？**第六張牌**：你應該仔細安排賓客名單、座位或喜帖，以免在籌備好的活動中發生爭執嗎？**第七張牌**：在籌備的過程中，有沒有朋友能協助你？**第八張牌**：無論當天的天氣如何，你能度過精彩的一天嗎？

準備的物品

整副牌。

時機

在你確定要執行重要的計畫之前。

557
家人或好朋友沒有邀請
你參加他們的婚禮

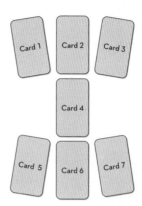

用途或背景知識

覺得很傷心，因為你不明白自己沒有收到喜帖的原因。

第一張牌：即使你沒有錯，無論你要不要參加婚禮，是否有需要彌補的爭執或隔閡呢？**第二張牌**：不管怎樣，你應該送禮物或祝賀即將結婚的新人？**第三張牌**：你應該寫信給最親近的家庭成員，表達你很傷心，並探問原因？**第四張牌**：是否有人數限制或不邀請孩子參加的潛規則？還是這是家庭內部的決定，因此你沒有受邀，但對方不是出於惡意？**第五張牌**：這是否反映了家人在其他方面不重視你，或者家人在暗示以後不再慷慨對你了？**第六張牌**：即使對方改變決定了，你打算以後也不邀請他參加你的婚禮？**第七張牌**：你應該學會放下，並且在婚禮那天到其他地方度過美好的時光？

準備的物品

二十二張大牌和十六張宮廷牌。

時機

你聽說別人受邀了，但他和你的家人沒你熟。

558
第二次或第三次婚禮，
或晚年的婚禮

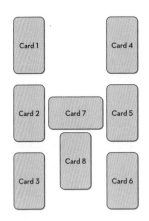

用途或背景知識

即使這不是你的第一次婚禮，你希望度過很特別的日子。

第一張牌：你應該舉辦盛大的婚禮、挑選很多套禮服、安排伴娘或服務生、花童，並選定大型的招待桌或漂亮的場地？**第二張牌**：你偏好小型婚禮，但必要的流程對你的愛情來說有重大意義？**第三張牌**：你應該把婚禮和假期結合起來，例如到國外度過浪漫的時光？**第四張牌**：你想邀請全家人和所有的朋友嗎？還是只先邀請一些特別的人，等婚禮結束後，再邀請其他人參加聚會？**第五張牌**：有哪些人對你的婚禮沒有幫助或有敵意，應該要拒之門外？**第六張牌**：你可以安排哪些流程，確保結婚當天平安順利？**第七張牌**：如果只有幾個重要的證人在場，能讓你和伴侶覺得更幸福嗎？還是你們寧願先在一起，以後再宣布結婚？**第八張牌**：這場婚禮既美妙又難忘嗎？

準備的物品

四十張小牌和十六張宮廷牌。

時機

星期四（明智又穩重的愛情）。

559
愉快的婚禮

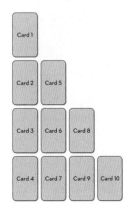

用途或背景知識

你不想舉辦傳統的婚禮。

第一張牌：你以後會懊悔沒有遵循正式的儀式嗎？個性化的婚禮適合你嗎？**第二張牌**：你想找非正式的主持人，還是請朋友或家人來主持婚禮？**第三張牌**：何處是你舉行婚禮的合適地點？森林、海岸或遺址？**第四張牌**：你應該制定流程，還是讓儀式自然的進行？**第五張牌**：觀念較傳統或迷信宗教的家人有異議時，你可以採用什麼策略？**第六張牌**：有沒有正式的請帖可以讓朋友或家人知道地點和時間，或用來邀請想出席的人？**第七張牌**：哪一種招待方式最妥當？根據天氣狀況，選擇野餐、烤肉或待在室內？還是在婚禮結束後，到餐廳或酒吧舉行輕鬆的聚會？**第八張牌**：你應該要求大家帶植物或水晶，在婚禮結束後一起玩「交換禮物」的遊戲？**第九張牌**：有哪些潛在的挑戰？**第十張牌**：你可以從這場婚禮獲得美妙的體驗嗎？

準備的物品

四十張小牌（一號牌到十號牌），以及十六張宮廷牌。

時機

你正在為婚禮考慮不同的選項之時。

560
你在煩惱婚禮的禮物

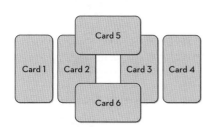

用途或背景知識

你不喜歡傳統的送禮習俗，因為你不希望賓客收到喜帖後，有回禮的壓力或花很多錢送禮物給你。

第一張牌：你應該列出各種平價禮物的清單，交給你信任的親屬確認？如果有賓客問你相關的問題，你可以讓他們參考這份清單？**第二張牌**：你不想列出禮物的清單，只想讓賓客知道，無論他們送什麼禮物都行，因為你認為能夠出席或表達祝福，才是最重要的事？**第三張牌**：你不該在婚禮上陳列禮物？還是應該等到婚禮結束後才打開？**第四張牌**：無論婚禮規模有多大，你應該確保自己寄出的感謝函都是客製化，不只是感謝他們送禮，也謝謝他們願意出席或表達祝福？**第五張牌**：在婚禮結束後的幾週內，（不管你有多麼不喜歡）你應該確認並整理好禮物，包括重複出現的，並將這些禮物陳列在家裡供訪客參觀，絕不把任何禮物送給當地的慈善機構嗎？**第六張牌**：你能否請賓

客捐款給你指定的慈善機構，取代送禮，以便解決你的煩惱？

準備的物品

四十張小牌（一號牌到十號牌），以及十六張宮廷牌。

時機

你正在為婚禮做收尾的安排。

561
愉快的辦公室派對，沒有尷尬的突發事件

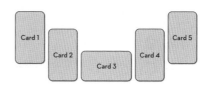

用途或背景知識

你想度過美好的時光，並在隔天記住當晚的愉快回憶，沒有恐懼感。

第一張牌：你以前在辦公室聚會中有過不愉快的回憶？還是你只是擔心自己的言行舉止太隨便？**第二張牌**：你能採取哪些策略，避免別人幫你倒太多酒？**第三張牌**：你應該提前做好計畫，避免你跟某些人透露太多不該說的話，然後在隔天後悔莫及？**第四張牌**：考慮到太衝動會壞事，以及你可能在派對中與同事或主管發生性關係後，懊悔不已，因此你應該克制自己的熱情？**第五張牌**：這場聚會很愉快，對你建立正向的人際關係會有幫助？

準備的物品

四十張小牌和十六張宮廷牌。

時機

在你參加派對的前一天晚上。

562
重要的結婚紀念日：二十五週年、四十週年、五十週年或六十週年

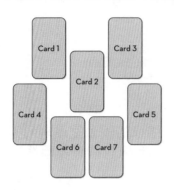

用途或背景知識

你打算為父母或祖父母慶祝重要的週年紀念日。

第一張牌：你能召集家人和朋友一起送寶石或貴重的禮物，例如為四十週年結婚紀念日準備紅酒？**第二張牌**：他們真的想用舉辦派對的方式，慶祝週年紀念日？**第三張牌**：他們喜歡有驚喜的活動嗎？還是他們比較想親口說出自己喜歡什麼樣的慶祝活動？**第四張牌**：這是為老朋友、家人或以前的伴娘精心準備的派對？還是這只是小型的家庭活動？**第五張牌**：在他們初次見面或有美好回憶的地方，買門票或預訂飯店更適合他們嗎？**第六張牌**：如果他們仍然深愛著彼此，你應該幫他們準備永生難忘的活動嗎？**備用的第六張牌**：如果他們在一起並不快樂，你應該低調慶祝嗎？**第七張牌**：如果要保持和諧的氣氛，你不該邀請某些人，或者你需要在活動過程中監視他們？

準備的物品

四十張小牌和十六張宮廷牌。

時機

星期四（成熟的愛情之日）。

563
你十幾歲的孩子想舉辦派對

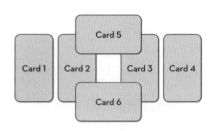

用途或背景知識

你知道孩子有責任心，但你擔心其他的客人和不速之客。

第一張牌：即使你的孩子不甘願，但他願意傾聽你的疑慮，或認同你制定的預防措施和條件嗎？**第二張牌**：即使冒著被孩子討厭的風險，你應該問清楚他邀請誰參加派對？或者，堅決要求他不邀請在社群媒體上認識的網友，以免招來損友？**第三張牌**：即使冒著被孩子討厭的風險，你應該在一開始就審查參加派對的人有沒有不速之客，或是有未成年卻愛喝酒的人？

第四張牌：如果你需要外出，你應該待在當地，並留下緊急聯絡的方式，讓孩子知道萬一需要幫助，你不會責怪他嗎？**第五張牌**：你應該晚一點回家，或者在樓上待久一點再出門，以便能確認沒有吸毒或酗酒的情況？**第六張牌**：你應該小心為上，先移走易碎物品或貴重物品嗎？

準備的物品

四十張小牌（一號牌到十號牌），以及十六張宮廷牌。

時機

在你同意孩子之前。

564
退休派對

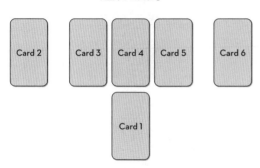

用途或背景知識

你在考慮慶祝退休，或盡快為職業生涯畫下句點。

第一張牌：如果你不打算在工作的最後一天舉辦派對，而且辦公室裡有虛偽的人（但也有真誠的朋友），你應該讓他們都知道你要離職的消息嗎？**第二張牌：**你寧願只邀請捨不得分別的同事或主管參加聚會？**第三張牌：**如果你離職後迅速回家，並且與直系親屬或朋友外出吃一頓慶祝大餐，這樣會讓你更開心？**第四張牌：**如果你離職後，直接到機場、車站或度假區開始迎接假期，這樣比較適合你嗎？**第五張牌：**你想在工作的最後一天，把百感交集的情緒拋在腦後？在你與離別的同事社交之前，你想先實踐自己的退休計畫？你想找時間造訪前公司嗎？**第六張牌：**如果有驚喜派對，你會很高興，還是覺得掃興？

準備的物品

二十二張大牌和十六張宮廷牌。

時機

在退休前的兩週以上。

565
重新許下誓言

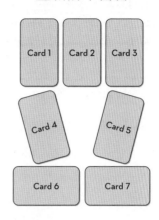

用途或背景知識

你和配偶認識或結婚一段時間了，你想更新彼此的承諾。

第一張牌：回到你們當初許下誓言的地方，是不錯的主意嗎？**第二張牌：**你想舉行宗教儀式，或沒那麼正式的儀式嗎？**第三張牌：**你想在愉快的度假地點，輕鬆的重新許下新的誓言，或找主持人協助這件事？**第四張牌：**你想邀請家人、老朋友或之前參加婚禮的人嗎？還是你想舉辦小型的私人活動？**第五張牌：**為了反映你們的生活經歷，現在許下的誓言，與原本的大不相同嗎？還是幾乎一樣？**第六張牌：**誓言的宗旨是強調美好的部分、克服挑戰，還是兼而有之？**第七張牌：**這個儀式能讓你們迎接美好又持久的新階段，並且不煩惱任何挑戰嗎？

準備的物品

二十二張大牌和十六張宮廷牌。

時機

星期四（永恆的忠貞之日）。

第三十章

鄰居、住宅區及社區的牌陣

此牌陣的幸運牌

大牌：戰車、隱士（單獨旅行）、命運之輪、月亮、太陽、世界。

小牌：權杖王牌、權杖三、權杖六、寶劍六、權杖七、聖杯八、權杖八。

宮廷牌：所有的權杖牌。

關於旅遊與度假的牌陣

一張牌的牌陣適用於「是」或「不是」的問題，兩張牌的牌陣適合簡單的選擇。三張牌的牌陣可用於旅行計畫，或是在三種選項之間做決定。四張牌的牌陣能用於財務和安全的問題，五張牌的牌陣很適合短期、長途旅行，以及在哪裡居住的決定。六張牌的牌陣適用於愉快的假期，以及與摯愛旅遊的疑問，七張牌的牌陣能用來回應海外旅行、詳細的選項、渴望的假期及獨自旅行的疑問。八張牌以上的牌陣能應用在更複雜的問題。

566
你應該去哪裡度假？

用途或背景知識

你有幾個選項，但你不確定該選哪一個。

第一張牌：你最希望從假期中獲得什麼？**第二張牌**：去度假有哪些缺點？**第三張牌**：什麼時候最適合去度假？**第四張牌**：你想去的地方很遠，還是很近？你想在家裡度假嗎？**第五張牌**：你能度過快樂的假期嗎？

現在，請為每個地點的選項抽一張牌。每張牌的優點和正面意義能協助你做出選擇。如果有兩張牌的優點相同，請為這兩張牌再各抽一張牌。如果其中一張牌有負面的意義，但這是你很喜歡的地點，那就再抽一張牌，試著了解原因和該怎麼解決問題。

準備的物品

整副牌。

時機

星期四（認真做計畫之日）。

567
在旅遊或度假方面,如果只有兩種選擇,你會選擇哪一個?

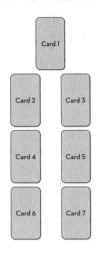

用途或背景知識

你要在兩個不同的日期、飯店或地點之間做選擇,或是決定在兩位家人或朋友之中選擇與誰同行,或是在兩個價格差不多的航空公司、郵輪或都市行程之間做選擇,或者你要考慮七天或十四天的旅行,還是制定昂貴或便宜的預算範圍。

第一張牌:有哪些未知因素,可能會影響每個選項的好處和缺點?**第二張牌和第三張牌**:考慮中的每一種行程或住宿形式的好處是什麼?**第四張牌和第五張牌**:考慮中的每一種行程或住宿形式的缺點是什麼?**第六張牌和第七張牌**:針對不同選項的理想結果。如果有第三種選擇,請再抽第三組牌。

準備的物品

整副牌。

時機

你已經用邏輯推測已知的資訊,而且需要看清願景之際。

568
安全又愉快的旅遊,或獨自度假

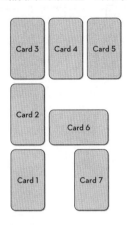

用途或背景知識

你需要評估單獨旅行或度假的利弊。

第一張牌:無論有沒有選擇的餘地,你對獨自旅行這件事感到高興、贊同或害怕呢?**第二張牌**:單獨旅行或度假,有哪些好處?**第三張牌**:如果是一個人度假,你想和有組織的單身團體或年齡相近的人一起去?或獨自一人,或在旅途中隨意的與其他單身者共同旅行嗎?備用的**第三張牌**:如果是一個人長途旅行,你應該提前安排等待轉機時的過境飯店,或在海外機場往返的交通工具,讓自己在任何階段感到安全且沒有壓力?**第四張牌**:獨自旅遊有哪些潛在的艱難挑戰?**第五張牌**:如果你想要的話,你能在旅途中結識新朋友或情人嗎?**第六張牌**:你能帶回什麼樣的知識、難忘的經歷或自信心?**第七張牌**:你的單人旅遊能不能順利,讓你期待下一次的旅遊?

準備的物品

四十張小牌(一號牌到十號牌)。

時機

在規劃單人旅遊之時。

569
有兩個人同時邀請你出去玩，
但你不知道該如何選擇

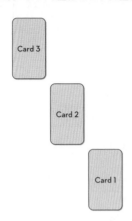

用途或背景知識

你不想讓別人傷心，因此很難做出選擇。

第一張牌：第一個選項。**第二張牌**：第二個選項。**第三張牌**：有沒有折衷方案或第三個選項？

準備的物品

四十張小牌（一號牌到十號牌）。

時機

你在早晨醒來後（思路清晰之時）。

例子

喬（Joe）正在規劃上大學前，與一群高中同學進行為期一個月的野外探險之旅；但他的父母想帶他去歐洲度假，做為他通過大考的獎勵，他該怎麼辦？

第一張牌是權杖三：選擇跟朋友去旅行。這張牌代表樹葉在生長，而權杖和樹葉相輔相成，暗示著這次的冒險之旅能為喬開闢新的視野。喬是很內向的人，他很高興受到團體的邀請，因為他一直都很渴望成為其中一員。

第二張牌是聖杯三：選擇跟父母去旅行。喬的父母付出了許多，因此喬能夠順利進入大學。他是獨生子，父母希望與他共度親子時光。

第三張牌是權杖八。喬要去幾百英里以外的大學就讀。那裡有許多以冒險為主題的社團可供選擇；他無法經常見到父母。另外，他懷疑邀請他出遊的團體只是為了「充人數」，因為有人在最後一刻退出了。為了讓父母高興，他決定去歐洲玩。

570
你不確定要不要買一台露
營車或一間永久度假屋

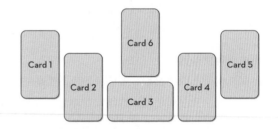

用途或背景知識

假期在你的生活中變得越來越重要。

第一張牌：露營車的優點。**第二張牌**：露營車的缺點。**第三張牌**：永久度假屋的優點（在附近、州際或海外）。**第四張牌**：永久度假屋的缺點。**第五張牌**：你應該折衷，或者買更便宜的露營車或永久度假屋嗎？**第六張牌**：在你做出決定之前，你應該租房子嗎？

準備的物品

四十張小牌（一號牌到十號牌）。

時機

月初或年初。

571
你和配偶第一次不帶孩子去度假

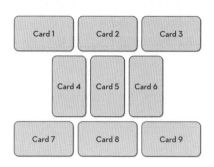

用途或背景知識

你們很興奮，卻缺乏信心，因為早已好幾年沒有進行雙人旅遊了。

第一張牌：關於多年後的雙人旅遊，你們應該去只限成人的場所，還是隨意到處漫遊？**第二張牌：**你們有沒有把住家附近的聯絡人電話留給年紀較大的孩子，這樣你們就不會經常收到孩子的訊息，像是告知家裡沒有食物了？**第三張牌：**你們不想經常打電話給家人或親戚，避免他們不斷向你們傾訴家庭瑣事或煩惱？**第四張牌：**你們不想談論關於孩子、親戚或有爭議的話題，因為只想把休假的時間用來享樂？

第五張牌：如果已經改掉了聚在一起聊不停的習慣，你們應該把時間用來規劃許多行程或活動，創造出不以孩子為中心的新回憶嗎？**第六張牌：**你們有沒有潛在的感情問題，最好留到彼此有默契的時候再解決？還是這個問題在遠離日常壓力或干擾的情況下，會自然的解決？

第七張牌：如果你們的關係漸漸疏遠，應該回到初次相遇的地點，或回到充滿快樂回憶的地方，重新燃起熱情嗎？**第八張牌：**這段假期能奠定未來兩人旅行的初步計畫嗎？**第九張牌：**這段假期能讓你們變得更注重彼此的感情嗎？

準備的物品

整副牌。

時機

預定行程或修改細節的前一天晚上。

572
解決旅遊計畫的衝突

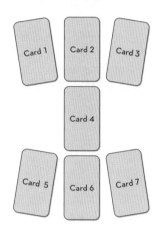

用途或背景知識

你、配偶、旅伴或家人無法在旅遊計畫方面達成共識。

第一張牌：關於你們對計畫抱持的不同意見，主要的難題是什麼？**第二張牌：**妥協方案能解決爭論嗎？**第三張牌：**如果你不同意，你寧願一個人去旅遊嗎？**第四張牌：**有沒有其他的安排或行程是你們都很喜歡的？**第五張牌：**爭議只是在於旅遊計畫，還是有你們需要解決的潛在情緒問題？**第六張牌：**如果你不同意，你會考慮放棄這次的旅行嗎？**第七張牌：**你們能圓滿地解決爭端嗎？

準備的物品

整副牌。

時機

在你們預定行程之前。

573
你想到國外進行背包旅行，但大家都說你年紀大了

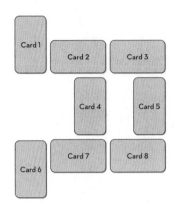

用途或背景知識

你想把握現在。

第一張牌：你有特別想造訪的地方嗎？是想見見當地人？還是想隨意漫步？**第二張牌**：你有背包旅行的經驗嗎？如果沒有，你應該請教專家，特別是要去偏遠的地方需要帶哪些物品？**第三張牌**：你應該考量到，無論攜帶哪些物品，都會在旅途中形成累積重量的負擔？**第四張牌**：你想獨自旅行，在旅途中認識新朋友嗎？還是有值得信賴的朋友希望與你同行？**第五張牌**：如果是獨自一人出發，你已經準備好安全措施、緊急聯絡人的電話號碼，或規劃了你已錯過的行程嗎？**第六張牌**：你如何讓擔心你的人放心，讓他們相信你能照顧自己？**第七張牌**：如果你的行程很獨特，能吸引媒體注意，能從中獲利嗎？還是說，你只想與某些人分享，純粹是私人探險？**第八張牌**：走完這一趟後，你會滿足嗎？

準備的物品

整副牌。

時機

你下定決心要實現夢想之際。

574
短期休假的最佳選擇是什麼？

用途或背景知識

你想外出度假，但你只能休幾天。

第一張牌：你最想從這次的假期中得到什麼？放鬆、放縱、冒險、奢華，還是到野外、海邊或都市度假？**第二張牌**：現在，你真正需要什麼樣的假期？如果答案與第一張牌不同，原因是什麼？**第三張牌**：短暫的休息能讓你重新回到正軌嗎？或者，如果有機會，你需要更長的休息時間嗎？**第四張牌**：你準備花一點時間旅行，到你真正想去的地方嗎？這樣做值得嗎？

第五張牌：你希望或應該一個人去，還是跟一位朋友、一群朋友或家人一起？**第六張牌**：你應該省吃儉用、努力存錢，並在生活中的其他方面減少開銷？**第七張牌**：這段假期會如你所願，甚至更美好嗎？

準備的物品

整副牌。

時機

星期三（短暫的假期）。

575
你想沿著古代朝聖者的路線或熱門的步道，去尋找自我

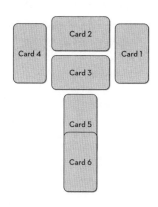

用途或背景知識

你想度過有意義的假期，例如在內華達山脈（Sierra Nevada）進行跨州的徒步旅行，或經過歐洲的聖詹姆斯—德孔波斯特拉（St James de Compostela）路線。你可以為第二張牌的三種選項另外抽牌，並觀察哪一個最適合你。

第一張牌：你想獨自前行，還是與朋友、配偶、家人或有組織的團隊一起出發？**第二張牌（a）**：如果你是獨自前行，你是否為個人安全、緊急情況做好了準備？還是你知道如何在荒野小徑自給自足，並提早預訂了熱門地點的旅社？**備用的第二張牌（b）**：如果要和朋友、親屬或配偶一起出發，萬一你在途中陷入困境，他們是否夠機靈和熱於助人？**備用的第二張牌（c）**：如果你加入徒步旅行團，行程的安排能讓你更輕鬆，還是讓你覺得受到團體需求的束縛？**第三張牌**：你如何記錄這段冒險經歷？保存照片、為後代寫日記、維護部落格、將文章賣給雜誌社？**第四張牌**：你最希望從這段旅程中得到什麼？**第五張牌**：你能達到目標

嗎？**第六張牌**：未來還會有類似的旅程嗎？

準備的物品

整副牌。

時機

在你決定出發前。

576
你在計劃度假，因為你想與配偶拉近距離

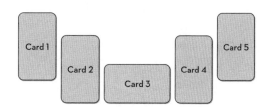

用途或背景知識

你們太忙了，沒有閒暇談心，或是你們在生理和心理方面都很疏遠。

第一張牌：你最想透過這次的旅行得到什麼？浪漫、放鬆、聊天或重溫共同的嗜好？**第二張牌**：無論這是沒有退路的時刻，或是為了克服感情的停滯期，你們最不可能爭吵或最容易維持和諧的地點在哪裡？**第三張牌**：如果配偶不願意去旅行，你應該不顧一切的說服他，期待彼此的感情能升溫？**第四張牌**：無論是藉由有趣活動或放鬆片刻，你應該專注於創造美好的新回憶，而不是擔心找回浪漫情調的問題？**第五張牌**：這次的旅行會對你們的關係產生正面的影響嗎？

準備的物品

二十二張大牌和十六張宮廷牌。

時機

星期日（新的開始）。

577
你想到禪寺或聖地靜修

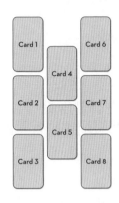

用途或背景知識

你希望脫離世俗一段時間。

第一張牌：印度教、佛教或其他的精神哲學，有吸引你的特點嗎？還是你只是想讓自己沉浸在真誠的精神狀態？**第二張牌**：如果你不確定自己想追尋什麼樣的精神狀態，你應該在所屬的地方或國家造訪不同的據點，待一段時間後，等體悟到某方面有產生共鳴之時？**第三張牌**：如果你想到國外靜修，該怎麼找到最適合自己、最可靠的靜修之地或大師？**第四張牌**：你希望待在西洋化的據點，還是傳統的遠東據點？**第五張牌**：你願意為更舒適的宿舍付費嗎？還是你在追求一般人的基本生活體驗？**第六張牌**：如果是一個人去靜修，你有充分的安全感嗎？你是否做好醫療準備，尤其是出現政治動盪，或當地的疾病種類增加、病毒擴散？**第七張牌**：你期待在那裡發現什麼事，能積極的改變你的生活？**第八張牌**：這一切是你想要和需要的嗎？

準備的物品

整副牌。

時機

娥眉月（新月前後的月相）或盈月（滿月之前）初期。

578
應付麻煩的旅伴

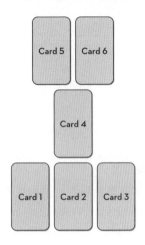

用途或背景知識

你必須和難相處的人一起度假，或者你在旅行團、郵輪或度假飯店中遇到這種人。

第一張牌：你與旅伴，或你與同行的賓客之間，有什麼潛在的緊張關係？**第二張牌**：如果你天生樂於助人，該怎麼保護自己，不會被迫去做你不想做的事？**第三張牌**：你身邊有沒有人能夠搞定很難相處的人？**第四張牌**：你應該規劃一些旅伴不會參與的行程或活動嗎？**第五張牌**：如果暗示和微妙的保持距離沒有用，你應該為了挽救假期而直言不諱嗎？**第六張牌**：即使有這個問題，你還是能享有愉快的假期？

準備的物品

四十張小牌和十六張宮廷牌。

時機

星期五（和諧的人際關係）。

579
你是容易緊張的旅客

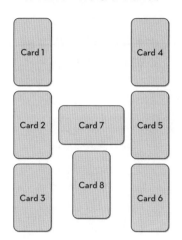

用途或背景知識

旅行讓你覺得緊張，但你必須或想要去旅行。

第一張牌：旅途中有哪一方面的擔心，因此你可以提前規劃，避免危險發生？**第二張牌**：所有的行程都讓你感覺緊張？還是只有搭飛機、乘船或到你不熟悉當地語言的國家，才讓你覺得緊張？**第三張牌**：哪些策略能有效的幫助你解決問題，並享受旅行？**第四張牌**：你比較喜歡找旅伴同行、跟團或找導遊陪同，還是你想按照自己的步調去旅行？**第五張牌**：如果你以前進行過類似的旅行，過程很順利嗎？你從中學到了什麼，能用來做計畫或避開危險？**第六張牌**：諮詢、放鬆、冥想、水晶療法或認知行為的療法，能減輕你的焦慮感嗎？**第七張牌**：一切都會很順利嗎？**第八張牌**：如果無法面對問題，你能夠在不造成重大損失的情況下退出嗎？這樣做是否值得？

準備的物品

整副牌。

時機

旅行的日子即將來臨，你漸漸感到焦慮之際。

580
你與年幼、年長或殘疾的
家人一起搭飛機旅行

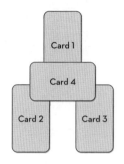

用途或背景知識

為了確保妥善的照顧，行程變複雜了。

第一張牌：你有沒有事先反覆確認所有要求？往返機場的嬰兒車、特殊的餐點、協助行動不便者的服務等？這些需求會在旅途中出現嗎？**第二張牌**：關於幼兒長途飛行，航空公司是否提供充足的活動空間、可容納嬰兒搖籃的座位、兒童的機上娛樂設施或特殊餐點？這些需求會在飛行中出現嗎？備用的**第二張牌**：如果年長者或殘疾者有行動不便的問題，你已經仔細確認過優先登機、無障礙座位、輔助轉機等所有服務了嗎？這些安排真的會在當天用得到嗎？**第三張牌**：你忽視了哪些意想不到的危險或事件？**第四張牌**：你們都能好好享受這次的旅行嗎？

準備的物品

四十張小牌（一號牌到十號牌）。

時機

你認為自己已考慮了所有的可能性，但想再確認一次。

581
你害怕搭飛機，卻避免不了

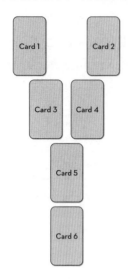

582
你打算把積蓄花在環遊世界的郵輪上

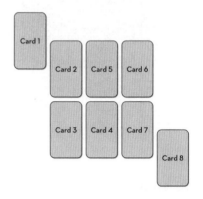

用途或背景知識

你的恐懼感干擾了旅行計畫。

第一張牌：你的恐懼感是出於以前在飛機上僥倖脫險（遇到嚴重的亂流、近期有空難的報導），還是你對飛行這件事感到焦慮？**第二張牌**：你應該預約或再次報名降低敏感度的課程嗎？（某些航空公司有提供）**第三張牌**：如果你懷疑這種恐懼感是來自前世或童年創傷，那麼催眠治療師、諮詢師或前世治療師能幫助你消除恐懼嗎？**第四張牌**：你應該提早嘗試認知行為的策略、冥想或放鬆，幫助自己適應飛行前和飛行中的情況？**第五張牌**：在飛行期間，尤其是起飛和降落時，你能不能與旅伴交談或獨自閱讀、背誦祈禱文，藉此轉移注意力？**第六張牌**：這次的飛行體驗會比你預期的更美好，因此增加你對下次搭飛機的信心？

準備的物品

四十張小牌（一號牌到十號牌）。

用途或背景知識

你渴望在舒適的遠洋郵輪上觀賞世界。

第一張牌：你有辦法花幾個月繞著世界航行？還是你需要在中途改搭飛機？**第二張牌**：如果你沒有搭過郵輪，應該先試著搭航行時間比較短的郵輪，看看自己是否喜歡船上的生活嗎？**第三張牌**：你更喜歡搭客製化的小船，或住在設施齊全的「漂浮城市」，或尋找介於兩者之間的運輸工具嗎？**第四張牌**：你已經找到理想的郵輪，能讓你觀賞所有你喜歡的地方？如果還沒有，你應該繼續尋找，直到你找到夢想中的郵輪？**第五張牌**：為了升級艙房或享有網路上的特價，你是否準備以物易物，特別是在接近郵輪出發日的時候？你能撿到便宜嗎？**第六張牌**：哪些策略能幫助你在郵輪上，達到享有私人時間、認識新朋友、避開很難相處的人，並得到幽閉恐懼症之間的平衡？**第七張牌**：搭乘環遊世界的郵輪，值得你花那麼多錢？**第八**

張牌：這次的旅程能滿足你的旅遊癖嗎？你想開始為下一次的郵輪之旅存錢嗎？

準備的物品

整副牌。

時機

滿月或星期一（月亮和大海的日子）。

583
你第一次與新歡或很喜歡的人一起旅行

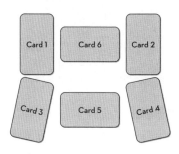

用途或背景知識

你渴望一切順利。

第一張牌：你應該放輕鬆，並認清所有的障礙或差錯都會變成未來可以分享的笑料？**第二張牌**：為了克服一開始的不自在感，你應該找一個有很多景點值得欣賞，或可以參與活動的地點嗎？**第三張牌**：為了保留私人空間，你們應該花一些時間參與各自喜歡的活動嗎？**第四張牌**：即使你們不住在同一間房，你應該提前研究旅伴的怪癖或好惡，以免有不愉快的事情發生？**第五張牌**：這次的旅行會順利嗎？**第六張牌**：這次的旅行是你們迎接未來的美好時光的開端嗎？

準備的物品

整副牌。

時機

星期五（和諧的關係）。

584
你們需要安排蜜月

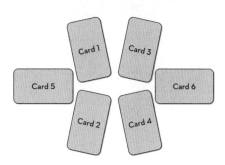

用途或背景知識

你們想在興奮的婚禮結束後，一起度過無憂無慮的難忘時光。

第一張牌：你們希望在婚禮結束後馬上去度蜜月，還是先在家裡放鬆幾天，再去度蜜月？**第二張牌**：你們想利用省下來的錢做一些有用的事，例如在熟悉的環境中度過有異國情調的難忘假期？**第三張牌**：你們的蜜月融合了趣味、刺激及放鬆的氣氛，目的是避免在大喜之日後，緊接著面對煩躁、疲累或無聊的掃興局面？**第四張牌**：你們比較希望飯店或其他遊客不知道你們在度蜜月，或避開香檳、玫瑰花瓣等華麗配件嗎？還是你們很喜歡這些裝飾？

第五張牌：面對每一天時，你們不該抱著十全十美的期望，以便日後遇到障礙時就能一笑置之？**第六張牌**：你們的蜜月幸福感能持續幾天、幾週、幾個月或幾年呢？

準備的物品

整副牌。

時機

規劃的階段。

585
你想享有奢華的生活、健康，或有健身的放鬆時間

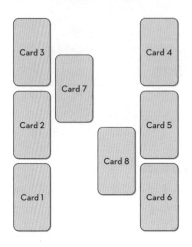

用途或背景知識

你需要寵愛自己，但你覺得縱容的行為很自私，也感到內疚。

第一張牌：這一次，你應該優先考慮自己的需求嗎？**第二張牌**：你想一個人去，還是找志同道合的朋友一起去？**第三張牌**：你認為應該邀請某個人，但他可能會占用你的私人時間？**第四張牌**：你想從休息時間（奢華寵愛自己的生活、健身、瑜伽、太極拳等心靈藝術）或什麼事都不做當中，尋求什麼呢？**第五張牌**：你應該待在本地旅行，以免有不必要的行程？還是你應該到另一個地方或國外的美麗景點，拋開所有的煩惱嗎？**第六張牌**：面對指責你浪費錢，或說你很自私的人時，你能夠避開他們的影響嗎？**第七張牌**：你回來後會變得更有活力，或能輕鬆的為任何事情做好準備嗎？**第八張牌**：你應該試著在自己的生活中，預留一點寵愛自己或健身的時間嗎？

準備的物品

二十二張大牌和十六張宮廷牌。

時機

當你覺得疲憊不堪。

586
你是單親家長，第一次帶孩子去度假，沒有伴侶陪同

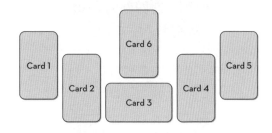

用途或背景知識

你想度過單親家庭的假期，並希望旅途愉快。

第一張牌：你只該帶孩子去，還是可以找同樣有孩子，但沒有配偶的親屬或朋友同行？**第二張牌**：你應該到適合親子的度假勝地，多認識其他的單親家長，還是在露營車或營地展開隨心所欲的冒險？**第三張牌**：你想從假期中得到什麼？想認識新朋友或未來的戀人嗎？**第四張牌**：即使你和前任的關係很糟糕，孩子思念不在身邊的家長時，你有什麼對策？**第五張牌**：你們能度過精彩的假期嗎？這次的假期會激勵你爭取更多的休假？**第六張牌**：關於擁抱世界，你會更了解自己在哪些方面更具備能力？

準備的物品

二十二張大牌和十六張宮廷牌。

時機

學校快放假了。

587
你擔心出國旅行，尤其是你
預訂的度假地區發生動亂

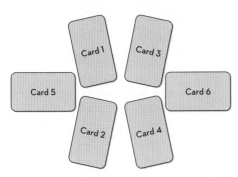

用途或背景知識

已經預訂了，但官方的外交部卻沒有警告你不要前往，而你從媒體報導中得知消息。

第一張牌：即使你的保險公司或旅行社不退款，你應該試著更改旅行日期或憑證，等到動亂結束後才出發？**第二張牌**：你應該持續了解外交部提出的新建議，或可靠的國際新聞機構發布的最新消息，而不是相信危言聳聽的媒體報導嗎？**第三張牌**：如果你焦慮得快要受不了，醫生能幫你的保險開醫療證明嗎？**第四張牌**：你能提前做好計畫，在假日不去擁擠的地方、娛樂場所或熱門的景點嗎？**第五張牌**：旅行時，你能安全無事嗎？**第六張牌**：無論如何，你能度過精彩的假期嗎？

準備的物品

四十張小牌（一號牌到十號牌），以及十六張宮廷牌。

時機

聽說即將造訪的度假地點有安全問題。

588
你擔心在國外度假時生病

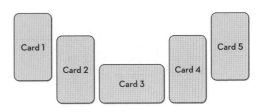

用途或背景知識

你準備到國外旅行，但擔心會生病，尤其是當地發布了關於流行病或潛在疾病的警告。

第一張牌：你預訂後，當地的情況惡化了嗎？有多麼嚴重？大概會持續多久？備用的**第一張牌**：如果該國的衛生狀況很差，你是否在旅行前採取了預防措施，例如接種疫苗、服用藥物或攜帶可能在當地買不到的防蚊用品？**第二張牌**：該國發布了警告後，你應該更改度假地點或日期，尤其是你的旅伴當中有孩子，或容易染病的年長者？備用的**第二張牌**：如果你要去遙遠的國家，能否提前了解那裡有哪些潛在的風險，例如路邊攤的小吃或當地的水源，小心為上？**第三張牌**：你應該在預約飯店前，確認一下衛生標準或風險，並事先搜尋熱門景點的情況，以防萬一？**第四張牌**：採取了預防措施後，你應該做一些輕鬆的活動，例如冥想或按摩？**第五張牌**：你能平安，並玩得開心嗎？

準備的物品

四十張小牌（一號牌到十號牌），以及十六張宮廷牌。

時機

安排了明確的旅遊日期之後。

589
你不曾實現理想中的度假計畫

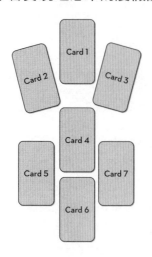

用途或背景知識

你不斷規劃夢想中的假期。

第一張牌：你依然渴望實現夢想中的假期，還是你的想法已經變了？**第二張牌**：哪些已知和潛在的障礙阻礙了你的計畫？**第三張牌**：哪些策略可以用來克服這些障礙？**第四張牌**：如果你付出很多心力，最快能在什麼時候實現計畫？**第五張牌**：你應該先付訂金，並盡量在假期來臨之前賺錢嗎？還是你可以申請一筆負擔得起的貸款，然後將度假日期往後延？**第六張牌**：如果有旅費上的煩惱，你應該考慮接受費用平價的假期嗎？**第七張牌**：如果你沒有追逐夢想，以後會懊悔嗎？

準備的物品

二十二張大牌和十六張宮廷牌。

時機

需要選擇制定計畫或放棄夢想之際。

590
你想透過旅行去尋找祖先

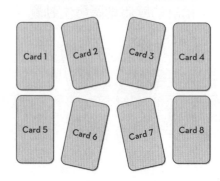

用途或背景知識

你迷上了家族歷史，而且想查明祖先曾經住在哪裡。

第一張牌：有沒有某個地方吸引著你，而且與你有悠久的關聯，例如在歐洲？**第二張牌**：你確認過當地的現代記錄，也知道是否有姓氏與你相同的人住在該地區？**第三張牌**：那裡有文化遺產嗎？如果沒有，當地有沒有能讓你感受昔日世界的博物館？**第四張牌**：在已知（網路上）的家族歷史中，有沒有缺漏的部分？你能夠在當地進行偵查，彌補遺漏的歷史嗎？**第五張牌**：你會遇到不認識的親戚嗎？能夠走進家人曾經住過的舊房子嗎？**第六張牌**：你能夠把得到的情報寫成一本書，供後代閱讀嗎？**第七張牌**：你會找到自己想要知道的資訊，或釐清缺失的環節嗎？**第八張牌**：你希望與配偶、孩子、父母或兄弟姊妹一起踏上旅程嗎？還是你想獨自完成第一次尋找祖先的旅程？

準備的物品

四十張小牌和十六張宮廷牌。

時機

族譜中有你想解開的謎，而且答案就在你選定的地點。

第三十一章

不可抗力或人為因素下，生活變遷和過渡時期的牌陣

此牌陣的幸運牌

大牌：愚者、魔術師、女祭司、戀人、戰車、命運之輪、月亮、太陽、星星、世界。

小牌：所有的王牌、聖杯二、所有的三號牌（除了寶劍牌之外）、權杖四、錢幣五、聖杯六、權杖六、聖杯七、錢幣八、聖杯八、權杖八、錢幣九、權杖九、錢幣十、聖杯十。

宮廷牌：所有的侍者牌或公主牌（托特）、騎士牌或王子牌（托特）。

關於生活變遷的牌陣

一張牌的牌陣適用於「是」或「不是」的疑問，兩張牌的牌陣適合兩種選項。三張牌的牌陣可用在自然的轉變，四張牌的牌陣能用於穩定性。五張牌的牌陣很適合快速決定、做出改變。六張牌的牌陣對人際關係和家庭轉變的疑問有幫助，七張牌的牌陣能應用在不明確的複雜選擇，八張牌以上的牌陣能用來仔細探索變遷。

591
你需要回公司上班，應該把孩子帶到托兒所嗎？

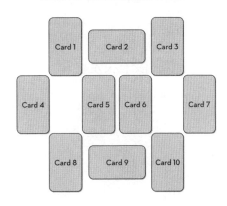

用途或背景知識

你需要幫孩子找到照顧者。

第一張牌：你一定要回公司上班，還是可以在家裡執行目前的工作？**第二張牌**：你應該先以兼職的身分重返崗位，讓孩子接受其他人的照料，並且讓自己減少離開孩子的時間？**第三張牌**：如果財務方面撐得住，你現在應該攻讀跨領域的科系，準備轉換跑道？或者你可以改做自由業或在家創業？**第四張牌**：如果你不想把孩子留在托兒所，有沒有親屬能幫忙照顧孩子？你的配偶能分擔照顧孩子的責任嗎？**第五張牌**：你的孩子喜歡待在托兒所嗎？**第六張牌**：你能找到聲譽不錯的托兒所，讓孩子有回到家的感受嗎？**第七張牌**：你考慮找合適的同居者幫忙照顧孩子嗎？**第八張牌**：如果孩子在你上班的時候生病了，或者他耽誤了你的工作，那麼你需要怎麼做好緊急的安排？**第九張牌**：即使有財務問題，你應該待在家裡陪孩子，直到他的年紀大一點？**第十張牌**：你能同時兼顧孩子和工作嗎？

592
你的孩子決定從軍

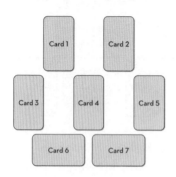

用途或背景知識

你的孩子對軍事感興趣,並表達過入伍的興趣。

第一張牌:這是他長久以來的願望,還是家庭因素或他純粹想投入軍事界?**第二張牌**:他天生積極、膽子大嗎?**第三張牌**:他很喜歡軍事訓練和長途旅行嗎?**第四張牌**:他先申請大學獎學金比較好,還是直接參加軍事訓練比較好?**第五張牌**:他抱持的實際疑慮或潛在疑慮是什麼?這些疑慮很合理嗎?**第六張牌**:這是他的終身職業,還是為了最終從事文職工作而接受培訓的過程?**第七張牌**:即使有合理的疑慮,你的孩子能在軍隊中安然無恙嗎?

準備的物品

二十二張大牌和十六張宮廷牌。

時機

你發現無論你說什麼,只會使孩子更渴望從軍。

593
人生中的重要選擇和轉變

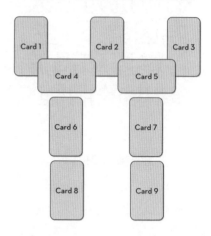

用途或背景知識

重新評估你現在所處的位置,以及你尋求的目標有什麼改變。

第一張牌:你現在處於人生中的哪個位置?你很滿意嗎?**第二張牌**:你遇到了自己想共度未來人生的夥伴嗎?你很快就能遇到他們嗎?還是你比較想獨立自主?**第三張牌**:這是你想要的職業生涯嗎?如果不是,你應該如何改善?

第四張牌:休閒活動能讓你快樂嗎?你想捨棄某些活動,或增加新的活動嗎?**第五張牌**:你保持好身材,身體也很健康,一切如你所願嗎?如果沒有,你該怎麼改善?**第六張牌**:你希望明年的這個時候,成為什麼樣的人?在做什麼事?**第七張牌**:你希望未來五年內,成為什麼樣的人?在做什麼事?**第八張牌**:你希望未來十年內,成為什麼樣的人?在做什麼事?

第九張牌:你藏在心裡的夢想是什麼?能夠實現嗎?該怎麼實現?

準備的物品

整副牌。

有充足的時間擺放和解讀這個牌陣，並思考所有的牌義之際。

594
幫助孩子撐過教育的過渡期

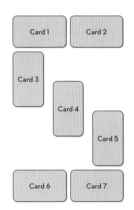

用途或背景知識

你希望孩子在就讀幼稚園到上大學的過程中順利。

第一張牌：無論在哪一個過渡階段，你已經探索了教育領域的各種選項，並確認孩子符合學校的標準，而且他能在那所學校快樂的學習，以及接受優質的教育嗎？**第二張牌**：你應該改變生活方式和居住地嗎？還是為了讓孩子獲得合適的教育，你願意付出高昂的費用？**第三張牌**：你能盡量幫助孩子與朋友保有持久的友誼，使他們能共同面對學校生活的變化嗎？**第四張牌**：如果孩子有特殊的教育需求，或者在學業、體育或音樂方面有天賦，你能得到合適的支援或資源嗎？**第五張牌**：對你的孩子來說，目前的轉變很順利嗎？**第六張牌**：如果你的孩子很敏感，剛開始會出現短暫的不適嗎？**第七張牌**：你的孩子能夠在教育體制中發揮潛力，不只是學業和體育方面，還有控管情緒的能力？

準備的物品

整副牌。

時機

月初或元旦。

595
你想做出重大的生活改變，但你覺得被困住了

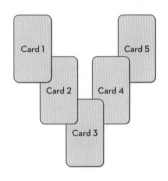

用途或背景知識

無論你如何努力改變生活，卻沒有進展。

第一張牌：哪些實際因素和潛在因素阻礙了你做出改變？**第二張牌**：你是真的想改變，還是純粹認為有必要改變？**第三張牌**：現在是改變的時機嗎？你還有未完成的事情？或還沒準備改變嗎？**第四張牌**：如果你有耐心，外部的環境能帶來你期待的改變？**第五張牌**：如果你不遺餘力的改變，不讓別人和任何事阻礙你，能看到成效嗎？

準備的物品

二十二張大牌和十六張宮廷牌。

時機

滿月，或水星剛結束逆行。

596
你在尋找第一份工作或實習機會

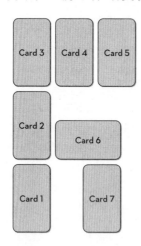

用途或背景知識

你知道自己已經準備好了，卻又害怕競爭。

第一張牌：即使已經申請自己想要的職位，你應該同時申請其他的職位嗎？**第二張牌**：如果更遠的地區有類似的工作機會，你應該做好搬家的心理準備嗎？**第三張牌**：無論是資格或經歷，你相信自己在各方面都能勝任這個職位嗎？你有需要改進的地方嗎？**第四張牌**：你能得到經濟支援嗎？能籌到更多錢，用來維持自己的生活，直到經濟獨立？**第五張牌**：這是長久適合你的領域或跳板嗎？還是為了擁有工作，你願意做任何職務？**第六張牌**：你能得到理想的工作機會嗎？還是職缺很接近你的理想，但不是你的第一志願？**第七張牌**：如果沒有理想的機會，你會選擇跨領域的新機會，還是繼續申請自己真正想要的職位？

準備的物品

四十張小牌（一號牌到十號牌），以及十六張宮廷牌。

時機

在你申請理想的職位之前。

597
你的孩子第一次離家

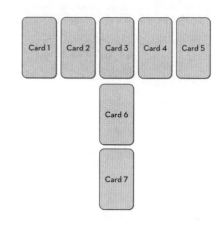

用途或背景知識

孩子在離家很遠的地方上大學、工作或研習。

第一張牌：這是孩子真正想做的事情嗎？地點和設施都很適合他嗎？**第二張牌**：同儕是否激勵了他離家追求更刺激的生活方式？**第三張牌**：實際情況是什麼？例如財務因素、工作或你對孩子付出的貢獻？**第四張牌**：如果你的孩子無法獨立自主，自給自足的速成班能幫助他做好準備嗎？你能說服他住在離你更近的地方嗎？**第五張牌**：如果他不了解當地的文化，你應該在他交出申請書之前到那裡度假，特別是國外嗎？**第六張牌**：他能快樂的度過新生活嗎？**第七張牌**：孩子將來回家時，會對家庭有新的看法嗎？

準備的物品

整副牌。

時機

你們在討論未來的居住地之時。

598
你十幾歲的孩子想要與男朋友或女朋友同居，但你認為他們太年輕了

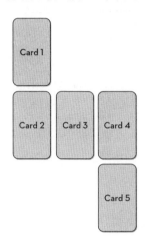

用途或背景知識

你十幾歲的孩子陷入愛河，不聽你講道理。

第一張牌：這是他們第一次陷入熱戀嗎？無論你說出了任何反對戀情的話，只會讓情況變得更糟？**第二張牌**：你應該把注意力放在偏重事實的實際情況嗎？**第三張牌**：無論是否認同孩子的交往對象，你能說服孩子完成重要的學業嗎？**第四張牌**：如果你不信任孩子的交往對象，應該邀請他們跟你住在一起，以便減少潛在的傷害？**第五張牌**：如果你讓他們順其自然的交往，並經歷感情變淡的過程，孩子會漸漸脫離這種激情嗎？

準備的物品

四十張小牌（一號牌到十號牌），以及十六張宮廷牌。

時機

星期六（慎重考慮的日子）。

599
你發現自己不再年輕

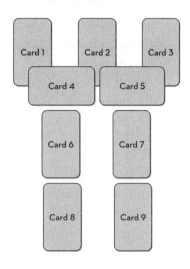

用途或背景知識

你覺得活得很辛苦。

第一張牌：你應該去做健康檢查，以免有任何未知的輕微健康問題，例如讓你感到疲倦或昏昏欲睡的貧血症狀？**第二張牌**：如果覺得自己過勞了，你應該調整一下工作量或家庭生活嗎？**第三張牌**：你有潛在的抑鬱症、焦慮症或金錢煩惱，還是你待在競爭激烈的工作環境？哪些策略對你有幫助？**第四張牌**：你應該規劃出提升生活品質的做法嗎？**第五張牌**：如果你經常對人盡心盡力，你應該開始要求別人多付出嗎？**第六張牌**：你應該撥出更多的時間去旅行、享樂或談戀愛？**第七張牌**：你應該尋找自己喜歡的新活動，擺脫帶給你負擔的事情？**第八張牌**：你能重新找回自己對生活的熱情嗎？**第九張牌**：你應該努力變成智者或顧問的角色，而不是追求成功？

準備的物品

整副牌。

600
你希望伴侶向你求婚

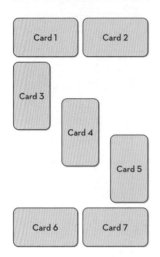

用途或背景知識

伴侶在戀情的進展方面慢了下來。

第一張牌：你有沒有給他暗示？如果有，他沒有拒絕嗎？**第二張牌**：有沒有你們都喜歡的浪漫地點，以及你們不會被打擾的時間點？**第三張牌**：你應該安排浪漫的週末假期，或為重要的時刻做準備？**第四張牌**：你應該在日常對話中，多次提到「永遠」嗎？**第五張牌**：你應該忽略這種小事，自己主動求婚？**第六張牌**：如果他不明白你的暗示，你應該接受現狀嗎？**第七張牌**：你應該考慮換對象嗎？

準備的物品

四十張小牌和十六張宮廷牌。

時機

在你厭倦了等待之時。

601
孩子進入青春期

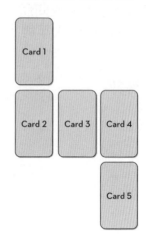

用途或背景知識

你發現孩子不再是兒童了。

第一張牌：不管孩子看起來有多麼世故和有見識，你應該給他什麼樣的精神支持？**第二張牌**：你是否需要注意潛在的危險，或過度的焦慮或憂鬱（或保密行為），或是身材等形象問題，特別是孩子受到同儕的影響？**第三張牌**：如果孩子比同儕更早或更晚進入青春期，你能提供他哪些額外的支持、慰藉或一般的醫療建議？**第四張牌**：你需要採取哪些策略，才能使青春期荷爾蒙引起的情緒和家庭生活之間的界限達到平衡？**第五張牌**：孩子能度過順利的青春期，還是他會經歷大風大浪？你能順利與他溝通嗎？

準備的物品

二十二張大牌和十六張宮廷牌。

時機

盈月期間。

602
在一段分分合合的關係中，你經常感到失望，但你應該給對方最後一次機會？

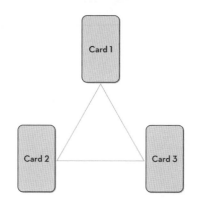

用途或背景知識

你愛伴侶，但擔心他永遠不改進缺點。

第一張牌：你應該再給他一次機會嗎？**第二張牌**：引起你們爭吵的問題還在嗎？**第三張牌**：你應該迎接新的生活，不再回到過去的生活嗎？

準備的物品

四十張小牌（一號牌到十號牌），以及十六張宮廷牌。

時機

你的心聲告訴自己「要給他機會」，但理智卻告訴你「離開他」。

例子

潔西（Jess）與男朋友亞當（Adam）分手了，因為他經常劈腿。她厭倦了亞當每次都回頭承諾說以後會改變，接著再背叛她。

現在，她已經在另一個州展開新的生活和事業，也遇到了新的交往對象。然而亞當突然出現在她家的門口，並保證自己會改進缺點，還邀請她一起搬到別的州同居。她能信任亞當嗎？

第一張牌是權杖十，圖上有一個人抱著許多有葉子的權杖，步履蹣跚。潔西想再度承受她剛擺脫的負擔嗎？這張牌代表權杖擋住了她的視線。

第二張牌是權杖王子（托特），圖上的王子很風趣、時髦又有魅力，但他很不可靠。這位王子代表亞當；潔西確認自己想要的是國王，而不是迷人，但心智不成熟的巨嬰。

第三張牌是聖杯八，圖上有一個人留下了許多聖杯，轉頭朝向幸福走去。潔西也做了類似的事。她領悟到，如果她和亞當復合，那就是把自己推回深淵。因此她拒絕了，並開始創業，不再把精力浪費在亞當身上。

603
你想花一年的時間開車環遊整個大陸，同時親自教導孩子課業

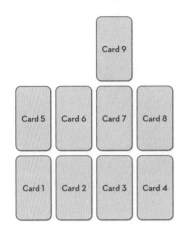

用途或背景知識

你覺得自己錯過了與家人共同冒險和團聚的時光。

第一張牌：現在是你讓孩子離開學校的好時機嗎？還是應該再等一段時間？**第二張牌**：你已經思考過親自教學（收入來源、儲蓄）的可行性，因此不會把錢花光？還是你能夠應對緊急的情況？**第三張牌**：你有辦法在旅途中增加收入，或者做遠端的工作嗎？**第四張牌**：廣闊的戶外環境能彌補狹窄的居住空間嗎？**第五張牌**：你的孩子都支持這個決定嗎？你能讓他們相信這樣做有哪些好處？**第六張牌**：如果十幾歲的孩子都不想跟你去度假，你能安排他們與親戚或你的知己住在一起嗎？**第七張牌**：這是考慮周到的好計畫嗎？**第八張牌**：你應該先嘗試為期較長的旅行，並觀察效果嗎？**第九張牌**：這樣做會導致不好的事情發生嗎？你最好等到不需要為孩子操心的時候，再考慮這種行程？

準備的物品

整副牌。

時機

在進行討論階段之際。

604
面對裁員

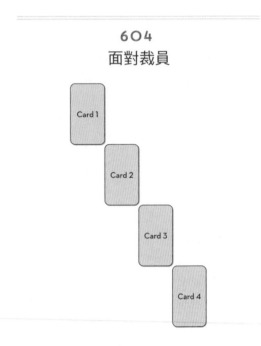

用途或背景知識

曾經是看似有保障的職業，但事實並非如此。

第一張牌：無論是被資遣，或者被迫離職，你能得到什麼好處？**第二張牌**：如果你可以選擇拒絕，或者你想抵抗這個決定，應該反抗嗎？有效果嗎？**第三張牌**：如果你不肯離職，或者在被迫解僱的情況下表示不公平，或是提出有建設性的要求，法律途徑或工會的支援能扭轉這項決定嗎？**第四張牌**：你想留下，還是想爭取到滿意的條件後再離職？

準備的物品

整副牌。

時機

有人提到你被解僱了。

605
你打算搬過去與伴侶同居

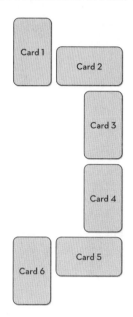

用途或背景知識

你準備要邁出重要的一步，卻又擔心此舉是否適當。

第一張牌：伴侶應該搬過來與你同居，還是你應該搬過去與他同居，或者你們應該找別的住處？**第二張牌**：現在是合適的時機？還是你應該再等一段時間？**第三張牌**：你們打算共同持有不動產嗎？還是你們應該先租房子，然後見機行事？**第四張牌**：同居有哪些好處？**第五張牌**：同居有哪些預期或無法預料的缺點？你能採用哪些解決問題的對策？**第六張牌**：這是你們迎接長久幸福的未來的開端嗎？

準備的物品

整副牌。

時機

在你開始制定明確的計畫之際。

606
你的配偶遇到中年危機

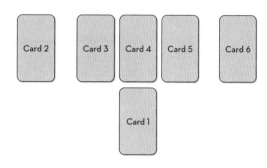

用途或背景知識

你需要重新全面評估自己的生活，避免配偶做出破壞性或自毀的行為。

第一張牌：有哪些你不應該忽視的警告跡象，例如突然很在意自己的外表、過度健身；對工作和家庭生活很不滿、對性事缺乏興致；在外頭待得很晚、無緣無故的鬼鬼祟祟？**第二張牌**：如果他擔心自己變老了，或在職場上被人取代，你能消除他的疑慮嗎？**第三張牌**：你們能不能共同順利進入人生的下一個階段，或規劃有趣的假期、夜晚的時光或運動健身？**第四張牌**：如果他想改變生活或轉換跑道，你們能一起做計畫嗎？**第五張牌**：你應該防患未然，以免他找年輕人共度春宵？**第六張牌**：他能克服這個人生階段，與你一起迎接新的未來嗎？

準備的物品

二十二張大牌和十六張宮廷牌。

時機

你察覺到配偶有欲求不滿的跡象。

607
你發現伴侶一直過著雙重
伴侶的生活或對你撒謊

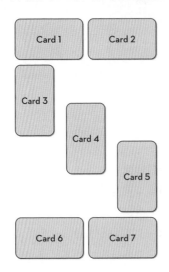

用途或背景知識

你發現伴侶已經和別人結婚或劈腿；有另一個家庭或有私生的孩子。

第一張牌：這是刻意的欺騙，還是他在你們認識之前就已經做了這些事，只是沒有勇氣告訴你？**第二張牌**：你很確定消息來源的可靠性嗎？還是你應該展開調查，查明真相？**第三張牌**：你應該和伴侶當面對質嗎？還是你應該去拜訪另一個家庭，因為對方可能不知道你的存在？你應該先冷靜下來再思考，直到能夠理性的做出合理的決定嗎？**第四張牌**：如果你讓伴侶有選擇的機會，他會選擇你和你的家人嗎？

備用的第四張牌：如果伴侶有私生的孩子，你們能達成共識，讓孩子免於被揭露的痛苦嗎？

第五張牌：你以後不會再信任伴侶，也不希望他在你的生活中出現？**第六張牌**：如果這件事牽涉到孩子或財產，你應該立即尋求法律方面的建議嗎？還是你應該先釐清頭緒，再採取行動？**第七張牌**：你以後會和伴侶過著幸福的生活嗎？或者沒有他的陪伴，你會變得更幸福？

準備的物品

二十二張大牌和十六張宮廷牌。

時機

伴侶又要離開你的身邊，藉口是他需要出差。

608
你決定（提早）退休

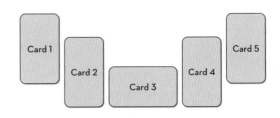

用途或背景知識

你準備進入人生的下一個階段。

第一張牌：從經濟的層面來看，你能夠完全放棄工作嗎？還是即使達到法定的退休年齡，你還需要想辦法增加收入、節省開銷或繼續工作嗎？**第二張牌**：你會選擇改住小房子、搬家或待在原本的住處嗎？**第三張牌**：你或配偶有能力創業嗎？**第四張牌**：你希望在未來的幾年到處旅行嗎？**第五張牌**：現在是你該放棄工作，並思考自己自由後，該如何生活的時機嗎？

準備的物品

四十張小牌和十六張宮廷牌。

時機

在急著認真考慮退休後的生活之際。

609
妳在更年期過得很糟糕

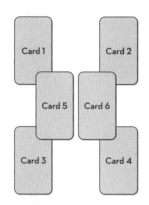

610
你想離開穩定的工作
生活，環遊世界

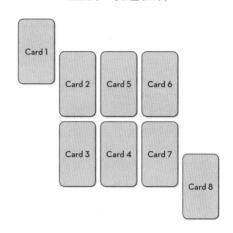

用途或背景知識

妳的生活和健康狀況失去了平衡。

第一張牌：和生理症狀有關，妳是否接受了專業的醫療護理、傳統療法或另類療法？**第二張牌：**妳能不能在生活方式或人際關係中做出適當的選擇，克服自己的不安或勇於改變？**第三張牌：**妳能夠塑造強大的精神生活，或擺脫自己不再需要的部分，藉此控制情緒的波動或強烈的情緒？**第四張牌：**妳能夠善用疲憊的時間，好好放鬆、冥想，享受寧靜的嗜好或重新安排行程，與自己的精力狀況保持一致？**第五張牌：**停經後，妳能夠成為更堅強的人嗎？也許妳會邁向更充實的人生之路？**第六張牌：**在精神層面，妳能夠將人生的轉變當成「蛻變為明智女人」的儀式嗎？

準備的物品

二十二張大牌。

時機

妳覺得自己受到荷爾蒙擺布之際。

用途或背景知識

你在考慮為了冒險活動而犧牲保障。

第一張牌：你可以先申請不支薪的假期，然後去旅行嗎？**第二張牌：**如果不能請假，你從旅程中返回後，可以在自己的專業領域找到別的工作嗎？還是你想等到那時候再煩惱新的工作？**第三張牌：**你能夠將資產變現，得到足夠的資金嗎？還是你能夠在旅途中找到新的工作？**第四張牌：**你應該制定明確的行程或時間表，還是不做計畫比較好？**第五張牌：**你打算一個人旅行，還是找朋友陪同？你會在旅途中遇到真愛嗎？你能發現自己渴望已久的獨立生活是什麼樣子嗎？**備用的第五張牌：**你打算與配偶一起去旅行嗎？如果他無法或不願意跟你去，你們決定每隔一段時間相聚嗎？無論如何，你都要去旅行？**第六張牌：**在你出發之前，你應該為可能發生的事件做好準備嗎？還是你想在旅途中隨機應變？**第七張牌：**你應該馬上出發，還是延到幾個月或一年後再出發？

第八張牌：這趟旅程既安全又能實現你的夢想嗎？

準備的物品

整副牌。

時機

在你的渴望變得比疑慮更強烈之際。

611
為了實現預期的改變，你面臨需要克服的挑戰和障礙

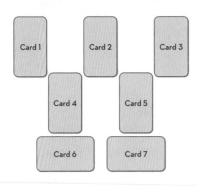

用途或背景知識

別人或情況阻礙了你渴望的改變。

第一張牌：誰或什麼事在考驗你？**第二張牌**：如果你忽視這種情況，一切都會自然的好轉，或者對方會放棄嗎？**第三張牌**：你能夠直接面對挑戰嗎？**第四張牌**：如果你直接面對挑戰，什麼事情對你有利？**第五張牌**：你面對挑戰時，最害怕什麼事？**第六張牌**：你期望或需要實踐的行動是什麼？**第七張牌**：這場行動能通往你想要的改變之路？

準備的物品

整副牌。

時機

月初或元旦。

612
你想買一艘船環遊世界

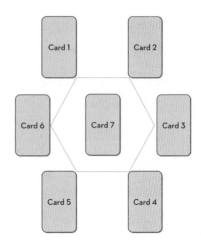

用途或背景知識

你準備去實現夢想。

第一張牌：你想和配偶分享夢想，還是你想獨自追夢？**第二張牌**：如果配偶不願意陪你，你能接受在不同的港口見面嗎？無論如何，你都會去環遊世界，並希望配偶等你回來嗎？備用的**第二張牌**：如果你要獨自環遊世界，能找到合適的室友一起生活在狹窄的空間嗎？還是你想一個人住？**第三張牌**：你已經準備好環球旅行了？還是你需要先實踐更多的長途旅行，讓自己習慣各種突發狀況？**第四張牌**：你會把可動用的資金花在高級的船上，還是先準備好未來返鄉的基地？如果你單身，會想買面積比較小的基地嗎？**第五張牌**：這是多次旅遊當中的第一次乘船環遊世界，還是你打算永久生活在船上的前奏？**第六張牌**：你能發表文章、經營部落格、出書或找到贊助人嗎？還是你只是單純享受這種體驗？**第七張牌**：即使你已經退休了，這次的旅行能幫助你迎接新的航海生涯嗎？

準備的物品

整副牌。

時機

在你滿腦子都是夢想之際。

613
你想移居國外

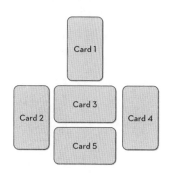

用途或背景知識

你的未來充滿了未知。

第一張牌：無論搬家是你的選擇或迫於情勢，移居有哪些實際和潛在的機會？**第二張牌**：搬家有哪些明顯或潛在的缺點？**第三張牌**：你已經決定搬遷的時間了嗎？你打算在新的地點長久定居嗎？備用的**第三張牌**：如果移民或搬遷不順利，你負擔得起返鄉的費用嗎？有其他的辦法嗎？**第四張牌**：留下來的人會讓你感到不捨或擔憂嗎？有解決辦法嗎？備用的**第四張牌**：如果你是單身，會在新的地點遇到戀人或認識新朋友嗎？**第五張牌**：這次搬家能順利圓滿嗎？

準備的物品

四十張小牌和十六張宮廷牌。

時機

你獲得海外的職位或取得移民簽證。

614
分別多年後，你想聯繫配偶或孩子

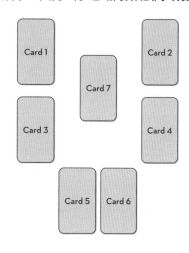

用途或背景知識

你很想打電話或拜訪，卻又臨陣退縮。

第一張牌：如果你還沒準備好，應該接受諮詢服務，讓自己做好心理準備嗎？**第二張牌**：有沒有中間人或親戚能協助你？**第三張牌**：你不該讓配偶或領養孩子的人參與這件事嗎？或者，即使對方有敵意，你也應該讓他們知情嗎？**第四張牌**：你們應該在公共場所見面，以便延長或縮短見面的時間？**第五張牌**：你們見面的過程很順利，並且有機會培養愉快的關係嗎？**第六張牌**：你們之前經歷過太多不愉快的事，所以你最好不要追問私事？**第七張牌**：經過深思熟慮後，你們該不該相約見面？

準備的物品

二十二張人牌和十六張宮廷牌。

時機

你認為有必要了解彼此之間的關係。

615
探索家族的傳統

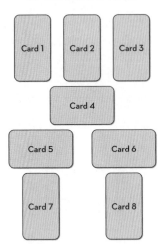

用途或背景知識

你著迷於尋找家族根源，特別是他們在幾個世紀前，從歐、亞、非洲移民過來。

第一張牌：DNA測試或網路上的祖先查詢服務有用嗎？你更喜歡自己透過人口普查或教區的記錄做研究？**第二張牌**：有特別的家族傳說或謎團有待調查嗎？**第三張牌**：你應該回到家人遷移的源頭，去調查真實的記錄或探索博物館之類？**第四張牌**：你想聯繫家族支系的遠親嗎？還是你只想得到情報而已？**第五張牌**：你準備揭開家醜嗎？**第六張牌**：如果有親屬反對你調查，你會繼續進行或不告知他們嗎？還是你會堅稱自己有知道真相的權利？**第七張牌**：你應該蒐集舊照片，然後製作成影片（蒐集家人常用的食譜或療法、與年邁的親屬交談），為後代編纂家族的歷史嗎？**第八張牌**：即使是幾百年前的祖先，是否有某位祖先讓你覺得有親近感，而且你發現他的人生經歷與你很相似？

準備的物品

四十張小牌（一號牌到十號牌），以及十六張宮廷牌。

時機

你發現關於家族的有趣事實，而且你很感興趣。

616
你的配偶被判有罪，而你對此事一無所知

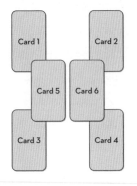

用途或背景知識

當你得知配偶犯罪時，猶如晴天霹靂。

第一張牌：你相信配偶是無辜的，也準備替他戰鬥嗎？**第二張牌**：他曾經違法，並嘗試改過向善嗎？**第三張牌**：你應該支持配偶，或者到監獄探望他，並且在他出獄的那天迎接？**第四張牌**：你們應該分手嗎？**第五張牌**：不管你是否願意等待，為了避開流言蜚語或偏見，你應該為了自己或孩子而搬家嗎？**第六張牌**：配偶這次真的會改邪歸正，能讓你期待未來的生活嗎？

準備的物品

整副牌。

時機

殘月期間。

617
家人加入異教組織後，
與你斷絕關係

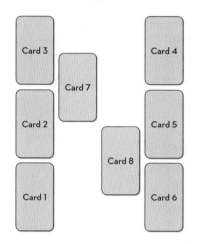

用途或背景知識
你擔心家人被洗腦。

第一張牌：如果你想提早警告家人，能否把緊急聯絡的電話號碼給他，包括預付的計程車公司的電話號碼，並讓他知道你白天或晚上都會去找他，或者勸他不要把這些資訊告訴異教組織？**第二張牌**：如果家人不聽你的話，有沒有任何人（以前退出的異教成員）或網路資訊、顧問、醫生可以發揮影響力？**第三張牌**：如果你的家人是未成年人，或者他有特殊的教育或社交需求，你能夠從當局得到有效的幫助嗎？備用的**第三張牌**：即使受到監視，你能否透過電話、網路或在受到監督下的拜訪，保持與家人聯繫或想辦法聯繫家人，並避免公開的批判？**第四張牌**：如果家人有很多資產要捐給異教組織，你應該爭取代理權或暫時凍結他的資金嗎？**第五張牌**：你能夠向致力於解救異教成員的組織求助嗎？**第六張牌**：如果你的家人

很絕望，他會在一年內選擇退出或逃離異教組織嗎？**第七張牌**：有沒有安全的地方，可以讓你的家人待在那裡幾週，以便斷絕他與異教組織的聯繫？還是有其他更專業的建議？**第八張牌**：即使必須等待，你能讓家人毫髮無傷的回家嗎？

準備的物品
整副牌。

時機
你發現家人參加異教組織的聚會。

618
你想遠離都市的喧囂生活，
改住在與世隔絕的野外

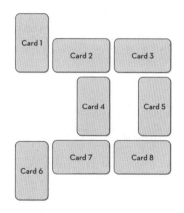

用途或背景知識
你受夠了都市的混亂。

第一張牌：你急著實現這個心願嗎？還是這只是尚未確定的未來計畫？**第二張牌**：你願意和配偶或家人分享這個夢想嗎？或者這只是個人的目標？**第三張牌**：你在自給自足和野外生活方面有經驗嗎？還是你打算「從做中學」？**第四張牌**：如果你想去其他國家的偏遠地區，你能取得必要的簽證或土地權嗎？還是待在所屬

的縣市，或其他更文明的國家比較好？**第五張牌**：如果有必要，你可以自行建造房屋，或清理你已購入的土地、翻修現有的建築物或農莊嗎？**第六張牌**：你有足夠的資金，讓自己保持經濟獨立？或者有哪些資產可以讓你在緊急情況下出售？**第七張牌**：你的新生活能實現你期待的夢想嗎？如果不能，你有備用的人生計畫嗎？**第八張牌**：你應該以溫和的方式滿足你對自由的渴望，或不再觀賞遠離塵世的影片嗎？

準備的物品

四十張小牌（一號牌到十號牌）。

時機

月初。

619
你發現自己的生活缺乏目標，並需要徹底改變生活

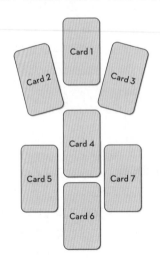

用途或背景知識

你目前是為了工作而生活，而不是為了生活而工作。

第一張牌：即使薪水變低，你能夠展開階段性

的轉變，從事有意義的新工作？**第二張牌**：你想重新接受培訓或學習新事物，準備迎接重大的生活改變？**第三張牌**：搬到你喜歡的地方，能讓你更熱愛生活？**第四張牌**：你需要改善人際關係嗎？你想要找到真愛，還是保持單身？**第五張牌**：你需要改變生活各方面，還是只需要改變一些部分，才能讓你心滿意足？**第六張牌**：為了實現願望，你應該或必須犧牲什麼？**第七張牌**：哪些好處會讓你付出的代價變得值得？

準備的物品

二十二張大牌和十六張宮廷牌。

時機

工作週開始的前一天晚上。

620
你從一場大病中康復後，優先考慮事情的順序改變了

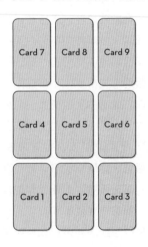

用途或背景知識

每一天都變得很寶貴。

第一張牌：你最重視什麼？如果你沒有得到自己重視的東西，該怎麼爭取？**第二張牌**：你希

望放慢原本很忙碌的生活步調嗎？**第三張牌：**你想去旅行或搬家，還是待在原本的住處並享受生活？**第四張牌：**你能夠運用比收入還少的金額，享有品質更高的生活嗎？**第五張牌：**你希望與某些朋友和家人變得更親近，讓他們知道你有多麼重視他們嗎？**第六張牌：**你希望擺脫某些人、宿怨及多餘的活動嗎？**第七張牌：**你現在應該把傳家寶或金錢送給家人，或送給真心喜歡並懂得其中趣味的人嗎？**第八張牌：**無論你的壽命是長是短，你把每一天都當成寶貴的禮物嗎？**第九張牌：**你認為自己有長久的幸福未來嗎？

準備的物品

整副牌。

時機

在你恢復健康後。

621
爆發嚴重的流行病，性命堪憂

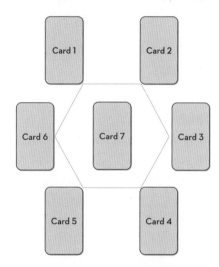

用途或背景知識

世界動盪不安。

第一張牌：你私人的優先事項是否改變了？現在是健康和你愛的人最重要嗎？**第二張牌：**你能適應食物匱乏和資金短缺嗎？你已經領悟到，有些看似是必需品的東西，其實是奢侈品？**第三張牌：**你和你愛的人都有機會存活嗎？**第四張牌：**自我隔離的措施，是否剝奪了你的創造力和靈感？你以後應該繼續開發這些天賦？**第五張牌：**你應該用Skype、Line或其他網路通訊媒體，表達你以前沒有當面說過的愛、感謝及原諒嗎？**第六張牌：**接下來，你會重新評估自己的人生之路嗎？**第七張牌：**疫情結束後，你會開始過著思慮更周延、更快樂又更充實的生活嗎？

準備的物品

四十張小牌（一號牌到十號牌）。

時機

你醒來後，發現自己又幸運的維持健康之際。

第三十二章

占星牌陣之1

占星的幸運牌

占星牌陣大多以（阿爾克那）大牌為中心，這些大牌代表著十二星座或一般所謂的太陽星座，也常是解牌時會抽到的牌。代表你太陽星座的大牌會出現在所有的占星牌陣上，也會在某個牌陣中出現。抽到你的太陽星座牌表示能在所描述的生活領域，擁有莫大的好運氣。

關於十二星座和太陽星座的牌陣

你需要知道的是出生時的太陽星座，我有稍微改變了一些牌陣的順序，因此在發牌之前，你可以先試著了解相關的牌陣詮釋。我已經將十二星座的含義分別列在以下的占星牌陣中。

在這一章，我使用的大牌會與某些星座有關，這是多年來我運用成功的對應和關聯。如果你上網查詢和找書研究，就會發現其他作家、塔羅牌解讀者和我做的聯想結果有所不同。在某些大牌和星座之間，並沒有任何絕對或通用的關聯性。因此，如果你覺得我的方法不適合你，不妨也在十二星座和塔羅大牌之

間制定屬於你自己的關聯性。例如，天秤座有兩種截然不同的層面（正義和愛情），你可以分別為天秤座的這兩個層面抽不同的大牌。同理，水瓶座也有兩個不一樣的層面（獨立和友誼）。

關聯性

以下是代表十二星座的大牌和其意義：

牡羊座：魔術師

金牛座：節制

雙子座：戰車

巨蟹座：月亮或皇后（可選其一）

獅子座：皇帝

處女座：女祭司

天秤座：正義和戀人，即正義和愛情

天蠍座：命運之輪

射手座：世界

摩羯座：審判或教皇（可選其一）

水瓶座：隱士和力量，即獨立和友誼

雙魚座：愚者

622
快速解答太陽星座的牌陣

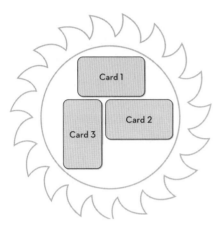

用途或背景知識

你有很重要的疑問，而且需要快速得到答案。
請參考上述大牌和星座的關聯性。

第一張牌：該問題的好處。

第二張牌：該問題的壞處。

第三張牌：行動後的結果。

準備的物品與使用方式

請你挑出第332頁列出的十二張大牌，同時洗
牌。從十二張的迷你牌組中任意抽三張牌後，
就可以回答任何問題。如果你特別幸運，抽到
自己的太陽星座牌，代表你不需要付出太多心
力，問題就能迎刃而解。

時機

滿月。

關於以下14種星座的牌陣，請採用上述的塔羅
牌陣形，並注意對立的牌卡代表，以及和太陽
星座相反的挑戰性特質。

623
牡羊座的牌陣：行動

牡羊座，公羊（3月21日至4月20日）
- 動力和熱情　・達到目標　・勇氣
- 充沛的精力　・行動　・態度堅定

用途或背景知識

適合出生屬於牡羊座的人、在牡羊座期間提出
疑問的人，需要在生活中具備牡羊座特質的
人。

第一張牌：在你的生活中，哪方面最需要你採
取行動？**第二張牌**：關於這方面，你該怎麼堅
持自己的立場？**第三張牌**：哪些優勢或機會能
幫助你實現目標？**第四張牌**：你該怎麼避免或
克服天秤座想要取悅所有人的特質？因為這會
阻礙個人的協調能力。**第五張牌**：意料之外的
因素。**第六張牌**：採取積極行動的關鍵。**第七
張牌**：理想的結果。**第八張牌**：實際的結果。

準備的物品

整副牌。

時機

牡羊座期間，或月亮在每個月進入牡羊座的期
間（大約兩天半）。

624
金牛座的牌陣：和諧

金牛座＝公牛（4月21日至5月21日）
- 美麗　・和諧
- 物質和保障　・耐心和堅持不懈

用途或背景知識

適合出生屬於金牛座的人、在金牛座期間提出
疑問的人，需要在生活中具備金牛座特質的人。

第一張牌：在你的生活中，哪方面最需要你堅
持下去，才能達到和諧？**第二張牌**：你需要在
哪方面有耐心？或者該怎麼保持耐心？**第三張**

牌：恆心或耐心能帶來哪些優勢或機會？**第四張牌**：你該怎麼克服天蠍座想要控制其他人的特質？因為這會破壞和諧。**第五張牌**：意料之外的因素。**第六張牌**：尋求實際解決方案的關鍵。**第七張牌**：理想的結果。**第八張牌**：實際的結果。

準備的物品

整副牌。

時機

金牛座期間，或月亮在每個月進入金牛座的期間（大約兩天半）。

625
雙子座的牌陣：改變

雙子座＝雙胞胎（5月22日至6月21日）
- ·溝通　·學習　·選擇　·邏輯
- ·科技　·醫學　·多才多藝
- ·短途旅行　·搬家　·投機活動

用途或背景知識

適合出生屬於雙子座的人、在雙子座期間提出疑問的人，需要在生活中具備雙子座特質的人。

第一張牌：你最需要在哪方面做出改變，以及該怎麼做？**第二張牌**：在這方面，邏輯和說服力如何發揮最好的效果？**第三張牌**：哪些優勢或機會，能幫助你在適當的時機成功的改變？**第四張牌**：你該怎麼避免或克服射手座好高騖遠又急於求成的特質，因為這會導致失敗？**第五張牌**：意料之外的因素。**第六張牌**：在你的生活中增加新事物和新地點的關鍵，即遵循理智，而不是靠直覺。**第七張牌**：理想的結果。**第八張牌**：實際的結果。

準備的物品

整副牌。

時機

雙子座期間，或月亮在每個月進入雙子座的期間（大約兩天半）。

626
巨蟹座的牌陣：家庭和家人

巨蟹座＝螃蟹（6月22日至7月22日）
- ·家庭和家人　·生育　·母性
- ·保護　·溫柔的愛和養育　·願望

用途或背景知識

適合出生屬於巨蟹座的人、在巨蟹座期間提出疑問的人，需要在生活中具備巨蟹座特質的人。

第一張牌：在家庭或家人方面，你最需要知道什麼？**第二張牌**：什麼事或人引起問題，或者使你有疑問？**第三張牌**：哪些優勢或機會能讓你感到幸福或下定決心？**第四張牌**：你該怎麼避免或克服摩羯座死板又保守的特質？**第五張牌**：意料之外的因素。**第六張牌**：解決爭端的關鍵。**第七張牌**：理想的結果。**第八張牌**：實際的結果。

準備的物品

整副牌。

時機

巨蟹座期間，或月亮在每個月進入巨蟹座的期間（大約兩天半）。

627
獅子座的牌陣：實現抱負

獅子座＝獅子（7月23日至8月23日）
· 名聲和財富　· 領導力　· 權力
· 為父之道　· 感官享受
· 藝術　· 談情說愛

用途或背景知識

適合出生屬於獅子座的人、在獅子座期間提出疑問的人，需要在生活中具備獅子座特質的人。

第一張牌： 在你的生活中，你想要或需要在哪方面發揮領導力或實現抱負？**第二張牌：** 你該怎麼有效的展現自己的才能或實現抱負？**第三張牌：** 哪些優勢或機會能幫助你實現目標？**第四張牌：** 你該怎麼避免或克服水瓶座的懷疑特質，因為這會阻礙你前進的步伐？**第五張牌：** 意料之外的因素。**第六張牌：** 以有效的方式啟發或發展天賦的關鍵。**第七張牌：** 理想的結果。**第八張牌：** 實際的結果。

準備的物品

整副牌。

時機

獅子座期間，或月亮在每個月進入獅子座的期間（大約兩天半）。

628
處女座的牌陣：健康和治療

處女座＝少女（8月24日至9月22日）
· 效率　· 在混亂中維持秩序
· 自我完善　· 健身
· 注意細節　· 健康和治療

用途或背景知識

適合出生屬於處女座的人、在處女座期間提出疑問的人，需要在生活中具備處女座特質的人。

第一張牌： 什麼事讓你擔心自己或你心愛的人

的健康？**第二張牌：** 在你追求健康的過程中，有哪些實際和潛在的障礙？**第三張牌：** 哪些優勢或機會能幫助你維持健康？**第四張牌：** 鑑於雙魚座的對立相會帶來不確定性，你需要考慮哪些替代方案或各種選項？**第五張牌：** 意料之外的因素。**第六張牌：** 採取新做法的關鍵。**第七張牌：** 理想的結果。**第八張牌：** 實際的結果。

準備的物品

整副牌。

時機

處女座期間，或月亮在每個月進入處女座的期間（大約兩天半）。

629
天秤座的牌陣：正義

天秤座＝天平（9月23日至10月23日）
· 正義和法律
· 權衡選項和優先事項　· 和諧與調解
· 魅力　· 浪漫　· 愛情　· 靈魂伴侶

用途或背景知識

適合出生屬於天秤座的人、在天秤座期間提出與正義有關的疑問的人，需要在生活中具備天秤座的正義特質的人。

第一張牌： 不公正或需要補償的部分。**第二張牌：** 誰或什麼事阻礙正義或賠償？**第三張牌：** 哪些優勢或機會能幫助你實現目標？**第四張牌：** 你該怎麼避免或克服牡羊座對別人展現攻擊性或威脅性的特質？**第五張牌：** 意料之外的因素。**第六張牌：** 揭開真相的關鍵。**第七張牌：** 理想的結果。**第八張牌：** 實際的結果。

準備的物品

整副牌。

時機

天秤座期間，或月亮在每個月進入天秤座的期間（大約兩天半）。

630
天秤座的牌陣：愛情

用途或背景知識

適合出生屬於天秤座的人、在天秤座期間提出與愛情有關的疑問的人，需要在生活中具備天秤座的愛情特質的人。

第一張牌：關於愛情的疑問。**第二張牌**：愛情中的阻礙。**第三張牌**：哪些優勢或機會能促成這段愛情？**第四張牌**：你該怎麼避免或克服牡羊座擅自干涉或過度支配的對立相？**第五張牌**：意料之外的因素。**第六張牌**：尋找愛情或維持愛情的關鍵。**第七張牌**：理想的結果。**第八張牌**：實際的結果。

準備的物品

整副牌。

時機

天秤座期間，或月亮在每個月進入天秤座的期間（大約兩天半）。

631
天蠍座的牌陣：轉變

天蠍座＝蠍子（10月24日至11月22日）

- 轉變 ・先見之明
- 激情和性 ・保守祕密
- 野心勃勃 ・在生活中的各方面索取屬於自己的東西

用途或背景知識

適合出生屬於天蠍座的人、在天蠍座期間提出疑問的人，需要在生活中具備天蠍座特質的人。

第一張牌：在你的生活中，哪方面需要復原或轉變？**第二張牌**：在情感方面，什麼事或人阻礙你在一段關係或情況中做出改變？**第三張**

牌：哪些優勢或機會能幫助你轉變？**第四張牌**：你該怎麼避免或克服金牛座的對立相，也就是每次在你嘗試之時，出現阻礙你的物質問題或現實問題？**第五張牌**：意料之外的因素。

第六張牌：轉變或恢復的關鍵。**第七張牌**：理想的結果。**第八張牌**：實際的結果。

準備的物品

整副牌。

時機天蠍座期間，或月亮在每個月進入天蠍座的期間（大約兩天半）。

632
射手座的牌陣：旅行或增廣見聞

射手座＝弓箭手（11月23日至12月21日）

- 樂觀 ・新的觀點 ・長途旅行
- 能發揮創意的事業 ・增廣見聞

用途或背景知識

適合出生屬於射手座的人、在射手座期間提出疑問的人，需要在生活中具備射手座特質的人。

第一張牌：你想要或需要什麼樣的旅行（移動方式）？或該怎麼開拓視野？**第二張牌**：誰或什麼事使你的目標難以實現？**第三張牌**：哪些優勢或機會能幫助你實現目標？**第四張牌**：你該怎麼克服或避免雙子座向別人提出矛盾建議的特質？**第五張牌**：意料之外的因素。**第六張牌**：增廣見聞的關鍵。**第七張牌**：理想的結果。**第八張牌**：實際的結果。

準備的物品

整副牌。

時機

射手座期間，或月亮在每個月進入射手座的期間（大約兩天半）。

633
摩羯座的牌陣：穩定的經濟基礎或職涯發展

摩羯座＝山羊（12月22日至1月20日）
- 慎重　・堅持不懈的實現職涯抱負　・官僚主義
- 忠誠　・取得和保留金錢與不動產

用途或背景知識

適合出生屬於摩羯座的人、在摩羯座期間提出疑問的人，需要在生活中具備摩羯座特質的人。

第一張牌：你渴望或需要什麼樣的額外保障或晉升機會？**第二張牌**：誰或什麼事阻礙你實現目標？**第三張牌**：哪些優勢或機會能幫助你實現目標？**第四張牌**：你該怎麼避免或克服巨蟹座的對立相，也就是情緒化和試圖操縱別人的特質？**第五張牌**：意料之外的因素。**第六張牌**：實現目標的關鍵。**第七張牌**：理想的結果。**第八張牌**：實際的結果。

準備的物品

整副牌。

時機

摩羯座期間，或月亮在每個月進入摩羯座的期間（大約兩天半）。

634
水瓶座的牌陣：獨立

水瓶座＝攜水者（1月21日至2月18日）
- 獨立　・友誼　・獨創力　・獨特的見解
- 變革　・脫離心理壓力　・利他主義

用途或背景知識

適合出生屬於水瓶座的人、在水瓶座期間提出與獨立有關的疑問的人，需要在生活中具備水瓶座特質的人。

第一張牌：你該怎麼保持獨立？或者你該向誰尋求獨立的空間？**第二張牌**：誰或什麼事讓你感到綁手綁腳？**第三張牌**：哪些優勢或機會能使你獲得自由？**第四張牌**：你該怎麼避免或克服獅子座的對立相，即有認同別人說法的心理壓力？**第五張牌**：意料之外的因素。**第六張牌**：獨立自主的關鍵。**第七張牌**：理想的結果。**第八張牌**：實際的結果。

準備的物品

整副牌。

時機

水瓶座期間，或月亮在每個月進入水瓶座的期間（大約兩天半）。

635
水瓶座的牌陣：友誼

用途或背景知識

適合出生屬於水瓶座的人、在水瓶座期間提出與友誼有關的疑問的人，需要在生活中具備水瓶座特質的人。

第一張牌：生活中你最關心的友誼問題是什麼？**第二張牌**：誰讓你有窒息感或壓迫感？**第三張牌**：哪些優勢或機會能促成友誼？**第四張牌**：你是否受到獅子座的影響，進而遭到朋友或派系的控制或排擠？**第五張牌**：意想不到的因素。**第六張牌**：良好友誼的關鍵。**第七張牌**：理想的結果。**第八張牌**：實際的結果。

準備的物品

整副牌。

時機

水瓶座期間，或月亮在每個月進入水瓶座的期間（大約兩天半）。

636
雙魚座的牌陣：在兩個人或兩種選項中做出選擇

雙魚座＝魚（2月19日至3月20日）
・提升心靈意識和直覺
・想像力　・心靈天賦
・實現內心的夢想　・需要在岔路口做出選擇

用途或背景知識

適合出生屬於雙魚座的人、在雙魚座期間提出與友誼有關的疑問的人，需要在生活中具備雙魚座特質的人。

第一張牌：你面臨的主要壓力、潛在壓力或選擇是什麼？**第二張牌**：誰或什麼事阻礙你自由的做出選擇？**第三張牌**：哪些優勢或機會能幫助你自由的做出選擇，例如有第三種選項？**第四張牌**：你能不能抵擋處女座的對立相，即施加在你身上的內疚感和義務？**第五張牌**：意料之外的因素。**第六張牌**：思考問題，並做出自己想要的決定，或者不接受所有的選項。**第七張牌**：理想的結果。**第八張牌**：實際的結果。

準備的物品

整副牌。

時機

雙魚座期間，或月亮在每個月進入雙魚座的期間（大約兩天半）。

637
星座的三步驟牌陣

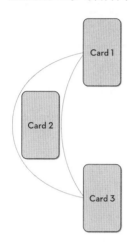

用途或背景知識

生活中有疑惑的時候。

準備的物品與使用方式

請取出代表星座的十四張大牌，同時洗牌（參閱本章第340頁至第341頁的星座列表）。請提出問題；關於你在生活中最想要或最需要的東西，然後參考以下三步驟。

請注意牌義和占星意義，這兩者的組合能給你答案。

第一張牌：開始行動的第一步。**第二張牌**：強化的第二步。**第三張牌**：實現目標的第三步。

時機

當你需要提早做計畫之時。

638
冷靜做決定

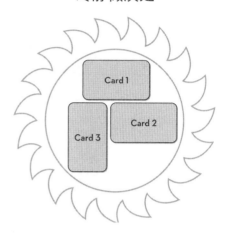

用途或背景知識

在沒有明確答案的情況下，你需要做出重要的決定。

準備的物品與使用方式

請使用所有的七十八張牌。你發出的第一張牌，代表真實的你（在牌陣中的象徵是太陽星座）。你發出的第二張牌，代表你向世人展現的外在形象（在牌陣中的象徵是上升星座，也就是你出生時的第一宮）。

在這裡，你不需要知道自己的上升星座。不過，如果你抽到自己的太陽星座牌和上升星座牌，那就代表十分幸運。

第一張牌：太陽星座的相位；無論別人說什麼或做什麼，你應該傾聽自己的心聲。**第二張牌**：上升星座的相位；為了保住你在世俗中的地位，你需要採取的行動。**第三張牌**：將這兩張牌放在一起解讀後，你可以得出整體的答案。

時機

當別人使你困惑不解之際。

十二宮位的牌陣

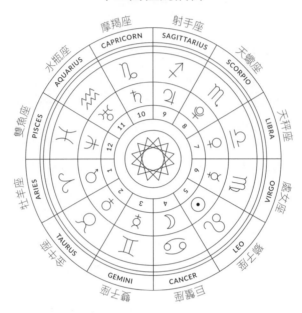

用途或背景知識

這個牌陣很適合做重大決定或人生回顧之時，能幫助你匯集一到五年的生活各方面。

請仔細觀察牌陣，你將在這一篇和下一篇採用同樣的陣形。

每一宮都有其主導星座的特色，但宮位的意義和星座並非完全相同；太陽會在二十四小時期間經過每一個宮。

你應該使用哪些牌，以及使用時機和方式

洗完整副七十八張牌後，請你為每個宮各抽兩張牌：第一張牌象徵太陽星座，也就是真實的自我。第二張牌象徵上升星座，也就是你的外在反應和行動。

從第一宮開始，以逆時針的方向進行，直到每一宮都有兩張牌。你得一邊添加牌卡，一邊解讀每一宮。

如果你抽到自己的太陽星座牌，或抽到你正在關注的宮位所屬的星座牌，那就代表具有正面的重要意義（參閱第332頁）。

第一張牌

第一宮：牡羊座，3月21日至4月20日
　　・自我　　・個體和核心性格
　　・新的開始　　・改變和重新開始

第二張牌

第二宮：金牛座，4月21日至5月21日
　　・財產　　・理財　　・物質和保障

第三張牌

第三宮：雙子座，5月22日至6月21日
與同儕之間的人際關係，包括兄弟姊妹、鄰居，以及與其他人的互動
　　・旅行和溝通　　・學習、讀書及記憶

第四張牌

第四宮：巨蟹座，6月22日至7月22日
・家庭和私人活動　・母親
・年長者，尤其是親屬以及與衰老有關的議題

第五張牌

第五宮：獅子座，7月23日至8月23日
・愛情、情感及熱情
・情緒問題・強烈的感受
・父親、孩子及年輕的親屬

第六張牌

第六宮：處女座，8月24日至9月23日
・健康和生理問題，以及任
何與細節有關的事情
・職場的人際關係，尤其是你
關心的專業人士或下屬

第七張牌

第七宮：天秤座，9月24日至10月23日
・親密的人際關係和合夥關係（婚姻或商業）
・對手的相位和行動　・正義和平衡

第八張牌

第八宮：天蠍座，10月24日至11月22日
・局面結束後，形成新開始
・遺產、稅收及債務
・通靈和神祕的事物　・報復

第九張牌

第九宮：射手座，11月23日至12月21日
・哲學和影響深遠的思想
・長途旅行　・意義深遠的交流
・新的教育領域　・宗教和新的想法

第十張牌

第十宮：摩羯座，12月22日至1月20日
・在公眾場合的外在形象　・職業生涯
・慣例　・傳統　・官僚主義

第十一張牌

第十一宮：水瓶座，1月21日至2月18日
・朋友和團體的影響
・社交活動　・友誼　・超然物外
・個人主義　・希望、原則及理想

第十二張牌

第十二宮：雙魚座，2月19日至3月20日
・克服限制　・前後矛盾的悲傷和困境
・憑直覺的洞察力　・與選擇有關的事情

640
星座的命運之輪牌陣

用途或背景知識

用四張牌快速評估你未來十二個月的命運。

準備的物品、使用方式及使用時間：

這次，請你直接忽略宮位的含義，因為這是比較慢的十二個月評估。因為太陽通過所有的星座必定需要很長的時間，所以只要使用十四張與星座有關的大牌（參閱第332頁）。

請你將圓形的白水晶（大概一枚小硬幣的尺寸）或純白色的石頭扔向天宮圖四次，並將牌卡放在你投擲的四個位置上。

每次投擲前，要先洗牌。每次投擲完，也要洗牌。請思考一下投擲位置的星座含義和牌義。

如果水晶落在某個位置不只一次，這代表該星座有占優勢的意義。解牌時，如果你的太陽星座牌出現在任何一個位置，代表十分幸運。如果有一張牌出現在你所屬的星座位置，也是個好兆頭。

第一張牌：你目前的優勢。**第二張牌：**你目前的劣勢。**第三張牌：**你需要在生活中發展的領域。**第四張牌：**命運之牌，關乎未來的成功。

時機

在你需要了解重要階段的概要之時。

第三十三章

占星牌陣之2：行星牌陣

幸運的行星牌

雖然有十二個星座，卻只有十顆守護星，因為水星控制著雙子座、處女座，金星控制著金牛座和天秤座。如同前一章的太陽星座有其象徵的（阿爾克那）大牌，每一顆行星也有對應的大牌。如果你抽到的大牌，與掌管你太陽星座的行星有關，那麼在牌陣中這張牌就有相當幸運的意思。

從占星學的角度來看，以下的行星在傳統上包括天體：太陽和月亮。至於哪張大牌和哪顆行星有關，你可以從網路和書籍中找到許多不同的建議。過去四十多年來，我採用的做法挺適合自己的，所以想藉此和讀者分享。

如同許多類似的做法，我也是為了一致性，而選用傳統西洋占星的關聯性。因此，我列入了冥王星，但沒有包括凱龍星（Chiron），因為冥王星和星座有關聯。

· 太陽：太陽

· 月亮：月亮

· 水星：魔術師

· 金星：戀人或星星（可選其一）

· 火星：戰車或皇帝（可選其一）

· 木星：正義或命運之輪（可選其一）

· 土星：教皇或隱士（可選其一）

· 天王星：塔或世界（可選其一）

· 海王星：愚者

· 冥王星：審判（重生）或倒吊者（可選其一）

關於塔羅牌和行星

行星的大牌代表世界對我們的影響，包括私人的人際關係、工作及社交情況，也暗示我們能採取哪些策略去應對狀況。

這些塔羅牌陣中的行星，與出現在天空中的行星，其實際位置無關。然而，就像前一章的星座牌，行星牌也能反映出我們與不同行星產生的超自然共鳴。

641
七天的行星牌陣

用途或背景知識

由於最初的七大行星（在天王星、海王星及冥王星被發現之前）都與一週當中的某一天有關（包括太陽和月亮），因此這個牌陣很適合短期的生活回顧。如果你在特定的一天抽到所屬的行星塔羅牌，這代表特別幸運。

準備的物品、使用方式及使用時機

整副牌。從星期日開始，連續七天，每天抽一張牌。解牌後，請將牌卡留在陣形上的指定位置，直到在星期六完成此牌陣之際，並將所有的七張牌卡擺放在正確位置。接著，尋找整體的訊息。

第一張牌：星期日，代表太陽的日子。你最大的潛力或天賦是什麼？你如何表現出來？**第二張牌**：星期一，代表月亮的日子。你目前的夢想或長期的目標是什麼？有辦法實現嗎？**第三張牌**：星期二，代表火星的日子。在通往成功的路上，你最大的挑戰或障礙是什麼？**第四張牌**：星期三，代表水星的日子。你需要學習或開始執行什麼事？**第五張牌**：星期四，代表木星的日子。你該怎麼促成自己的志業發展？如何給別人留下深刻的印象？你能轉運嗎？**第六張牌**：星期五，代表金星的日子。未來的愛情是什麼樣子？你思考的重要戀情是什麼樣子？**第七張牌**：星期六，代表土星的日子。你最大的安全感或穩定感的來源是什麼？需要突破的最大限制是什麼？

642
太陽牌陣：即使你懷疑自己力不從心，也要追求重要的成就

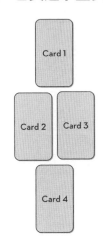

用途或背景知識

太陽

太陽掌管獅子座。

太陽代表基本的自我、風格、個性及特質。

太陽在每個星座停留大約一個月，不但與力量、創造力、願景、健康和生命力有關，也與自負有關。

第一張牌：對你來說，讓大家知道你在準備追求進步，是重要的嘗試嗎？**第二張牌**：哪些特質使你脫穎而出？**第三張牌**：你這次會成功嗎？**第四張牌**：如果不會成功，你知道下次該怎麼做嗎？

準備的物品

二十二張大牌。

時機

星期日。

643
月亮的牌陣：你的生活失去平衡，沒有人能理解

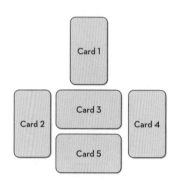

用途或背景知識

月亮

月亮掌管巨蟹座。

月亮代表情緒和性格的潛意識層面。

月亮每個月只在每個星座停留兩天半。月亮與家園、內心的安全感、親情與母性有關，也與恐懼和幻想有關。

第一張牌：誰或哪些外部因素使你的生活失去平衡？備用的**第一張牌**：你是否因為無法放下過去，或者對未來感到恐懼，而在內心失去了平衡？**第二張牌**：你應該暫時避開世俗的喧囂，直到覺得好一些之時？還是應該繼續前行，期待自己能突破困境？**第三張牌**：你應該採取什麼行動，讓自己感覺好一些呢？**第四張牌**：你應該尋找真正理解你感受的人，還是把焦慮感藏在心裡？**第五張牌**：你是否需要改變生活或人際關係，讓自己與契合的人一起生活、工作或社交？

準備的物品

二十二張大牌和十六張宮廷牌。

時機

星期一。

644
水星的牌陣：你還沒準備好面對即將到來的大考、測驗、簡報或面試

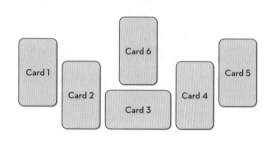

用途或背景知識

水星

水星掌管雙子座和處女座。

水星代表我們在日常生活中說話或表現基本性格的方式。

水星繞著太陽轉一圈，大概需要八十八天，因此水星是移動迅速的行星。水星與心智、科學、技術的能力有關，尤其是電腦、邏輯、溝通和治療，但水星也與不正當的行為有關，尤其是財務。

第一張牌：如果你現在全力以赴，還有可能做好充分的準備嗎？**第二張牌**：什麼事阻礙了你最後一刻的衝刺？**第三張牌**：你可以運用哪些策略，克服因時間不足而造成的障礙？**第四張牌**：這種專心致志的努力，能帶給你理想的結果嗎？**第五張牌**：你應該取消或延期，爭取更多的時間嗎？**第六張牌**：你能擁有好運氣嗎？

準備的物品

四十張小牌（一號牌到十號牌），以及十六張宮廷牌。

時機

星期三或任何一天的早上。

645
水星逆行的牌陣：避開陷阱

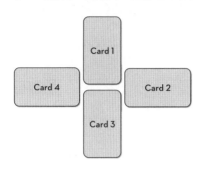

用途或背景知識

每年大概發生三次，持續大約十八天到二十四天。這時，水星會沿著黃道帶繞行，看起來就像是往後移動，造成事情延誤和通訊系統出差錯，特別會影響到旅行、溝通、技術及決策。

第一張牌：在此期間，是否有重大的旅行計畫或不確定的因素，而導致嚴重的延誤？**第二張牌**：有哪些內建的策略能用來避免差錯？**第三張牌**：從長遠來看，任何逆行的耽擱、延遲、拖延或失效的通訊，是有好處的嗎？**第四張牌**：你的運氣和命運是由自己決定？還是你只需要在這段期間仔細檢查細節？

準備的物品

二十二張大牌。

時機

水星即將逆行或處於逆行狀態之時。

646
金星的晨星*相位牌陣：從失戀的陰影中走出來

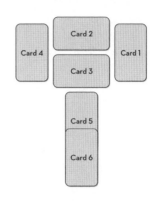

用途或背景知識

金星

金星掌管金牛座和天秤座。

金星代表個人與重要成員互動的方式，例如情人、父母、家庭成員、商業夥伴、朋友。有時，金星被稱為晨星或晚星，因為金星閃耀著燦爛的銀色光澤。金星與愛情、美麗、藝術、所有的人際關係、友誼和財產有關，但也與濫情有關。金星繞著太陽轉一圈，需要225天。

第一張牌：為了療傷，你能夠或應該斷絕與前任的聯繫嗎？**第二張牌**：你依然相信彼此的關係有修復的希望嗎？**第三張牌**：挽回愛情對你有利嗎？還是你應該另尋真愛？**第四張牌**：你能採取哪些積極的措施，讓自己迎接新的戀情和生活？**第五張牌**：你需要獨處一段時間，以便思考自己在有或沒有前任的陪伴下，有什麼樣的未來？**第六張牌**：你能找回快樂嗎？

準備的物品

整副牌。

時機

當你陷入不知所措的境地。

＊晨星：morning star通常指金星，又稱「曉星」。

647
金星落在晚星*的相位：離開施虐或刻薄的情人

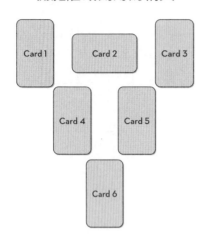

用途或背景知識

你知道這是一段有害的關係，但無法突破和脫離。

第一張牌：離開他後的現實問題或財務問題是什麼？你該怎麼解決這些問題？**第二張牌**：什麼事使你很害怕離開他，導致你依然留在他身邊？這種恐懼感是合理的嗎？

第三張牌：什麼樣的法律援助或官方支持能幫助你搬走，或展開新的生活？**第四張牌**：你能採取哪些策略，讓自己放心離開，並預防自己回到他的身邊？**第五張牌**：你能順利的離開，或展開美好的新生活嗎？**第六張牌**：如果你的情人再度承諾要改變，或者他說一切都是你的錯，那麼你能克制自己不再留在他的身邊？

準備的物品

四十張小牌和十六張宮廷牌。

時機

新月份的開端。

*晚星：evening star特別指金星，又稱「昏星」。

648
天王星的牌陣：說服保守的生意夥伴或配偶做出改變

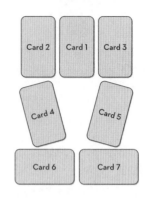

用途或背景知識

天王星

天王星掌管水瓶座。

天王星代表擺脫過去，以及個人和組織為了積極的集體變革而努力。

天王星繞著黃道帶轉一圈，需要八十四年。天王星與突然或必要的變化、獨創性、創造力以及發明有關，尤其是電信，但也與性慾和衝動有關。

第一張牌：你最需要在生活或工作的哪方面做出改變？**第二張牌**：即使你不甘願，你準備在哪方面接受現狀？**第三張牌**：你能運用說服力、事實或數據嗎？還是你只能表達堅持的態度？**第四張牌**：如果你的配偶不願意改變，你能接受現狀嗎？**第五張牌**：你能巧妙、慢慢的向他說明如何做出改變嗎？**第六張牌**：即使你沒有勸告他，他終究會主動做出改變嗎？**第七張牌**：你有期望的改變期限嗎？如果沒有，下一步該怎麼辦？

準備的物品

二十二張大牌。

時機

元旦或滿月。

649
土星的牌陣：減緩資金外流，並累積存款

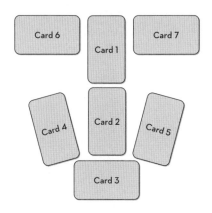

用途或背景知識

土星

土星掌管摩羯座和水瓶座。

土星代表個人展現本身的性格，以及在社會、空間及時間的限制範圍內進行的互動。

土星繞著黃道帶轉一圈，需要二十八年至三十年。

土星與限制、緩慢的進展、困難和現實因素有關，但土星也能透過你的努力和恆心，將挑戰轉化為機會，並且在克服債務、應對官場方面帶給你力量。另外，如果你謹慎行事，土星能帶給你保障和穩定性，尤其是與財務有關。

第一張牌：生活中，你的哪些方面可以在不犧牲生活品質的條件下減少開銷？**第二張牌**：為了阻止資金流失，即使不情願，你可以付出哪些必要的代價？**第三張牌**：哪些資產可以變現？哪些債務可以收回？哪些昂貴的物品可以

用更便宜，卻很耐用的物品取代？**第四張牌**：你有辦法增加每個月的收入嗎？**第五張牌**：為了特殊用途，或為了提升長期的保障，你為儲蓄設定的務實目標是存多少錢？**第六張牌**：未來十二個月內，你能扭轉財務狀況嗎？**第七張牌**：如果你能熬過短期的財務困境，長期的財務狀況就會充滿希望嗎？

準備的物品

四十張小牌（一號牌到十號牌）。

時機

星期六或殘月期間。

650
地球的牌陣：你正在對抗破壞環境的大規模探勘行動

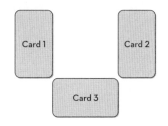

用途或背景知識

你無法再袖手旁觀，眼睜睜看著環境被破壞。

準備的物品與使用方式

請取出本章開頭列出的十張行星大牌，同時洗牌。請先發三張牌，並了解阻止入侵的三個步驟。

第一張牌：你一開始應該使用什麼方法，例如火星的直接式做法？**第二張牌**：如果行不通，你的下一步是什麼？**第三張牌**：你擁有的終極力量。

時機

在你召開重要的規劃會議之前。

651
火星的牌陣：克服職場霸凌

用途或背景知識

火星

火星掌管牡羊座和天蠍座。

火星代表積極主動、獨立的行動，以及在家庭或職場的小團體中，維持與其他人之間的距離感。

火星繞著黃道帶轉一圈，需要將近兩年。

火星與侵略性、行動的速度、野心、競爭力、性的特質、激情和好戰的特質有關。當憤怒和好戰的衝動傾向，是針對不公正的事件或不思進取的人時，火星的勇氣特質具有崇高的精神。

第一張牌：你是被霸凌的唯一受害者或主要受害者嗎？還是其他的員工也受到了威脅？**第二張牌**：霸凌者是否利用身分施壓或冷嘲熱諷，或者不讓你和其他人接觸？**第三張牌**：你應該不予理會，還是當面對質？這兩種做法可能有什麼後果？**第四張牌**：有沒有能幫助你的人力資源部門、工會或資深經理？還是他們不可能支持你？**第五張牌**：你應該盡快另謀出路嗎？**第六張牌**：你應該在思考未來出路的同時，為了減輕壓力而請假嗎？**第七張牌**：即使你還沒找到別的工作，你應該為了自己的健康和幸福而離職嗎？**第八張牌**：你離職後，你希望爭取賠償嗎？還是你應該放下這件事？

準備的物品

整副牌。

時機

你害怕去上班。

652
木星的牌陣：為了取得理想職業的資格，你追求著看似永無止境的進步

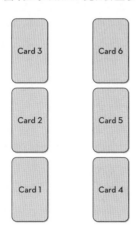

準備的物品

整副牌。

時機

在你學習或接受培訓的過渡階段。

653
海王星的牌陣：你想學習治療或深奧的學科，但你的朋友和家人說你不夠理性

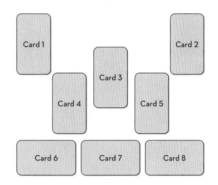

用途或背景知識

木星

木星掌管射手座和雙魚座。

木星代表在廣泛的社會和文化背景下展現個性。

木星繞著黃道帶轉一圈，大概需要十二年。

木星被稱為喜悅的使者，與各種形式的好運氣和成功有關，也與同情、理想、利他主義、更崇高的價值觀、智慧、終生學習、擴張、增加、長途旅行和搬家有關，但也與奢侈和專制有關。

第一張牌：在你追求進步的過程中，是否發現了成效或動力？還是你付出了許多努力，卻沒有收穫？**第二張牌**：堅持到底的好處是什麼？

第三張牌：堅持到底的壞處是什麼？**第四張牌**：如果現在放棄，你目前學到的部分足以讓你開拓不一樣的職涯領域嗎？**第五張牌**：你應該繼續下去嗎？**第六張牌**：你應該停下來思考

用途或背景知識

海王星

海王星掌管雙魚座。

海王星代表對靈魂的探索，以便尋求精神上的啟發和神祕的啟示。

海王星繞著太陽轉一圈，需要一百六十五年，在每個星座停留大約十四年。海王星與所有的情緒、敏感度、直覺、潛在的能力有關，也與未知和神祕的事物有關，但也與優柔寡斷有關。

第一張牌：這種精神上的渴望，是與你近期的生活轉變經歷有關，還是與你漸漸意識到人生的豐富意義有關？**第二張牌**：你有時候覺得自己具備靈性方面的知識，而且只能透過與前世聯繫才能顯現嗎？**第三張牌**：這是個人心靈之

旅的開端嗎？你想讓這段旅程成為新的職涯之旅，或新的人生之路嗎？**第四張牌**：你經常覺得自己和親朋好友不一樣？這段旅程是新的劃分方式嗎？**第五張牌**：你能夠接受彼此的不同之處，並欣賞彼此的共同點嗎？**第六張牌**：你會遇到志同道合的新朋友，並讓自己的精神世界和家庭生活區別開來嗎？**第七張牌**：如果家人或朋友讓你感到難受，你覺得在精神方面很難堅持下去嗎？**第八張牌**：你能夠把人生中的精神層面和家庭生活結合起來嗎？還是你有辦法說服家人和朋友，使他們變得更重視心靈層面？

準備的物品

整副牌。

時機

你覺得被迫在兩種不同的世界中做出選擇。

654
內在的行星牌陣：採取積極的行動

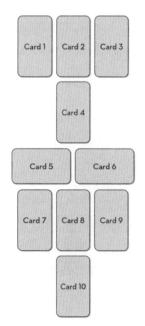

用途或背景知識

你覺得自己受到命運的擺布，而不是按照自己的意願去創造人生。

第一張牌：為了得到應得的認可，你會怎麼表達自己的內在太陽特質？**第二張牌**：你如何相信自己的月亮對真相產生的直覺感受，而不是允許別人對你施加心理壓力？**第三張牌**：為了清楚的陳述你想要什麼並得到它，你如何利用內在水星的邏輯？**第四張牌**：你如何毫不猶豫的跟隨內在的金星，才能獲得充實又持久的感情或愛情生活？**第五張牌**：為了克服障礙和反對意見，你如何善用內在的火星之火？**第六張牌**：為了對外界展現你的權威和領導特質，你如何盡力展現內在木星的專業知識？**第七張牌**：為了讓你的夢想在世上有堅實的基礎，你如何建立內在土星的穩定性？**第八張牌**：為了實現你渴望的外在生活變化，你如何善用天王星的內部變化？**第九張牌**：為了讓在生活的各方面保持協調，你如何從內在的海王星探索隱密的神奇要素，或意想不到的特質？**第十張牌**：你如何透過冥王星的外在形象改變你內在的行星力量，藉此以同樣的方式改變生活？

準備的物品

整副牌。

時機

當你有空好好思考牌義的時候。

655
冥王星的牌陣：你在工作崗位上位高權重，但你對公司的道德規範很失望

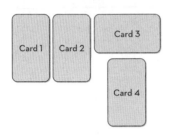

用途或背景知識

冥王星

冥王星掌管天蠍座。

冥王星代表對終極真理的追求，以及透過改善不完美的部分，在既有的各種層面追求完美；冥王星也代表渴望主宰自我和世界。

冥王星繞著太陽轉一圈，需要二百四十八年。由於冥王星的軌道不規律，因此在每個星座停留的時間範圍是十二年至二十年。

冥王星與結束、消除多餘的部分，並預示新的開始，以及潛在和不自覺的能力有關，尤其是通靈能力、在艱困的情況下重新開始的能力，還有精明的理財方式。然而，冥王星有時候也與不愉快的生活方式有關。

第一張牌：你是否越來越不滿了？原因是無法阻止不道德的重大決定嗎？**第二張牌：**如果可以升到更高的職位，你能夠對公司的政策施加多大的影響力？**第三張牌：**你應該準備接受更低的薪資，改到更重視道德的公司上班？**第四張牌：**你應該徹底改變職涯計畫，把目標放在自我實現，而不是追求成功？

準備的物品

二十二張大牌。

時機

星期四（道德日）。

656
二十四小時的太陽牌陣

用途或背景知識

在一天或一週內善用你的機會和成就。

準備的物品、使用方式及使用時機

請你為一天當中的四種太陽變化，從牌組中各抽兩張牌。如果你抽到自己的太陽星座牌，這代表非常幸運；表示你能夠解讀一天之中的所有線索，並用來評估自己該如何面對機會和挑戰。如果你願意，可以連續七天執行此牌陣。你可能會發現獨特的見解，讓你明白命運雖看似漫無目的，但實際上是你的選擇、安排或不抗拒的結果。

第一張牌和第二張牌：黎明，或你醒來的時候。**第一張牌：**你今天遇到最棒的機會是什麼？**第二張牌：**你今天遇到最大的挑戰是什麼？**第三張牌和第四張牌：**中午，或你吃中餐的時候。**第三張牌：**在今天的其餘時間，你還沒完成的目標是什麼？**第四張牌：**什麼事或人阻礙你？你該怎麼克服這個問題？**第五張牌和第六張牌：**日落時分，或你回到家的時候。**第五張牌：**你今天完成了哪些值得做的事情？**第六張牌：**在今天剩下的時間裡，你想要得到什麼或需要什麼？**第七張牌和第八張牌：**半夜，或你睡覺的時候。**第七張牌：**有哪些還沒完成的事情，需要你去解決或明天繼續進行？

第八張牌：你需要捨棄什麼（包括煩惱），讓自己能夠享有平靜的睡眠？

第三十四章

月亮牌陣

此牌陣的幸運牌

大牌：女祭司、皇后、月亮、星星、世界。

小牌：圖片上有水或月亮的小牌。

宮廷牌：侍者或公主（托特）、聖杯皇后。

關於月亮的牌陣

這一章的牌陣分為盈月、娥眉月、滿月、下弦月，以及你從天空中看不到的新月。

時機

當你選擇合適的月亮牌陣時，通常可以依據月亮在天空中的變化，在正確的時機擺放月亮的牌陣。不過，如果想確定月相，你可以買一本所在地區，裡面有註明每天的月相和月亮經過的星座的日記本。當然，你也可以從網站上找到資訊，或從手機下載應用程式。＊我推薦的網站是：https://www.timeanddate.com/

盈月的牌陣

占卜期間是從月亮週期每個月的第三天或第四天開始，也就是你看到天空中的娥眉月時，直到滿月的前一天晚上。你可以提出關於新開端（娥眉月）的任何疑問，或關於如何在盈月期間吸引愛情，達到生意興隆的疑問。

657
娥眉月的牌陣：你正在展開人生的新階段

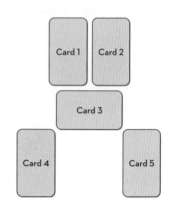

用途或背景知識

你失戀或遭到情人背叛後，你決定搬家、換工作（轉學）或展開新的生活。

第一張牌：面對新的開始，你最大的期望是什麼？包含外在和內在？**第二張牌**：關於人生的新階段，有哪些外在和內在的缺點或疑慮？**第三張牌**：你已經準備好迎接這個新階段了嗎？有忽略掉什麼？**第四張牌**：你想要帶走或留下什麼東西或人嗎？**第五張牌**：不久後，新的開始會帶給你幸福嗎？還是你需要等幾個月？

準備的物品

四十張小牌（一號牌到十號牌）。

時機

娥眉月期間，或是事後接近娥眉月的時候。

658
娥眉月的牌陣：你的生活需要在一個月內有新的財源

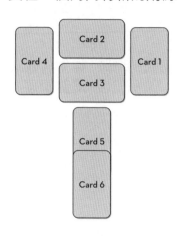

用途或背景知識

你缺錢或需要快速籌到錢。

第一張牌：你能不能透過加班，讓現有的資金來源在短期內增加你的收入？**第二張牌**：有哪些管道或資產可以讓你籌到錢，或者用出售的方式彌補差額？**第三張牌**：與人談判有可能立即減輕你的壓力嗎？**第四張牌**：除非你找到更持久或獲利更高的收入來源，否則你會繼續缺錢？**第五張牌**：未來會有意料之外的支援嗎？**第六張牌**：你能在下次的娥眉月之前籌到錢嗎？

準備的物品

四十張小牌及十六張宮廷牌。

時機

接近娥眉月期間的時候。

659
盈月的牌陣：發展新戀情

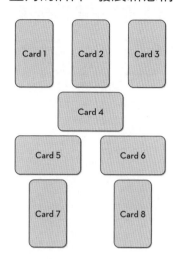

用途或背景知識

你遇到了自己很喜歡的人，或你們已經在約會，卻沒有進一步的發展。

第一張牌：你們之間有熱情的火花嗎？**第二張牌**：他不聯繫你是否有特殊的原因？如果你有耐心，他終究會聯繫你？**第三張牌**：你應該主動跟他說，自己有多麼高興能見到他，或者你希望下次還能和他相聚？**第四張牌**：什麼事阻礙你們聯繫？**第五張牌**：如果他拒絕你或忽略你的期待，最糟糕的情況是什麼？**第六張牌**：能鼓勵你勇於嘗試的情況是什麼？**第七張牌**：你們還會再見面嗎？**第八張牌**：這是短暫的戀情，還是永恆的愛？

準備的物品

四十張小牌（一號牌到十號牌），以及十六張宮廷牌。

時機

盈月期間。

660
盈月的牌陣：在新工作或學習場所中留下好印象

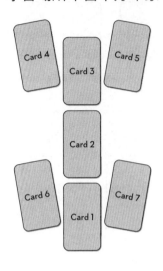

用途或背景知識

在新的工作場所中，有許多雜亂的消息和暗示。

第一張牌：你應該慢慢來或保持低調，同時觀察辦公室裡的互動關係？**第二張牌**：為了精通不熟悉的系統或避免犯錯，你能夠在家裡處理額外的工作或做準備嗎？**第三張牌**：你遇到困難時，有沒有指導員或有同情心的人能幫助你？**第四張牌**：如果你感受到敵意，是對方自然的對你產生戒心嗎？還是他比較欣賞之前把工作交接給你的離職者？或者這家公司的氣氛充滿勾心鬥角，不只是針對你？**第五張牌**：你應該保持耐心，或逐漸讓自己變得有價值，或避免讓自負的人覺得被你比下去嗎？**第六張牌**：在月底之前，你能適應工作環境，或感受到自己屬於團隊的一員嗎？**第七張牌**：你需要等一段時間，並且堅忍不拔嗎？

準備的物品

二十二張大牌和十六張宮廷牌。

時機

盈月期間。

661
盈月的牌陣：你生病或感染病毒後，渴望康復

用途或背景知識

你想要恢復原本的生活，卻心有餘而力不足。

第一張牌：你應該保持耐心，先讓自己的身體恢復健康，再思考如何重新回到原本的生活？**第二張牌**：你是否太急著完成許多事，因此疏忽了照顧自己？**第三張牌**：有沒有其他的補品、醫療建議或另類療法，能讓你的身體恢復健康？**第四張牌**：關於你的長期健康，有沒有尚未解決或未被發現的疑慮，需要你找醫生討論、解決或確認？**第五張牌**：你能恢復原本的力量，或者以不同的方式痊癒嗎？

準備的物品

四十張小牌（一號牌到十號牌），以及十六張宮廷牌。

時機

盈月期間。

滿月的牌陣

嚴格來說，滿月是指月亮變圓的那一秒，但也是指滿月前後的二十四小時。滿月的日子代表完整的力量，但也象徵著不穩定，並能用於迫切的需求、權力、成功、改變運氣、生育、正義等主題的牌陣。

662
滿月的牌陣：繼續追究訴訟案件，不公平的解雇或賠償裁決

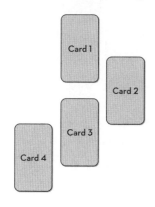

用途或背景知識

有人勸你沉默的離開，不要大驚小怪，但不公正的待遇困擾著你。

第一張牌：這是關於原則和腐敗的問題，就像討債嗎？**第二張牌**：如果你繼續追究，會面臨反對意見、不老實的勾當或恐嚇嗎？**第三張牌**：如果你不繼續追究，以後會懊悔自己沒有為對的事情而戰鬥嗎？**第四張牌**：如果繼續打官司，你能勝訴嗎？

準備的物品

二十二張大牌。

時機

滿月期間。

663
滿月的牌陣：圓滿的愛情

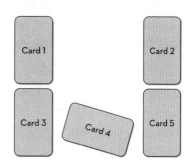

用途或背景知識

你等待已久，因為你知道這是情感和身體交融的重要階段。

第一張牌：你應該讓這件事在合適的地點和時間自然的進行嗎？**第二張牌**：你希望這件事在特殊的場合或浪漫的假期或蜜月中進行，因為這些地點很適合你和伴侶？**第三張牌**：如果你猶豫不決，這是很自然的擔憂嗎？還是在這段關係中有某個因素使你退縮，直到你確定伴侶和你有同樣的想法，才會放心嗎？**第四張牌**：如果你還沒準備好，你應該等待嗎？**第五張牌**：做愛是你們迎接永恆幸福的下一個階段嗎？

準備的物品

二十二張大牌。

時機

滿月期間。

664
滿月的牌陣：用於婚姻或在愛情中做出永久的承諾

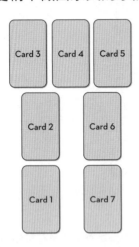

用途或背景知識

你認為這段關係需要進一步的發展。

第一張牌：你們都想要做出承諾嗎？還是其中一人的猶豫不決？**第二張牌**：什麼事拖延了你們的承諾？是關於可行性、財務或更深入的感情問題？**第三張牌**：如果你覺得自己準備好了，應該先主動做出承諾嗎？**第四張牌**：你應該為彼此的未來關係，制定進展的時間表嗎？**第五張牌**：如果有必要，你應該等待嗎？或者你準備好等待了？**第六張牌**：如果你們沒有立即做出承諾的前景，你願意接受現狀嗎？還是你會發出最後通牒？**第七張牌**：你們能做出承諾，並享有恆久的幸福嗎？

準備的物品

整副牌。

時機

你厭倦了不確定性。

665
滿月的牌陣：你的心理或精神受到衝擊

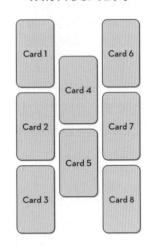

用途或背景知識

你感覺到負面的影響向你襲來。

第一張牌：你知道或質疑受到衝擊的來源和原因嗎？**第二張牌**：這種情況是在你和別人在一起的時候發生？還是你獨自一人，特別尤是在晚上才有？**第三張牌**：你能不能運用心理或精神上的阻斷技巧或祈禱文，阻止這種心靈的操縱或情緒負擔？**第四張牌**：如果你採用通靈或精神上的驅魔技巧（召喚天使或光的力量），是否能更有效的將負面的能量送回源頭？**第五張牌**：你應該盡量避開某個人，大幅減少與他的交流，也不提起他的名字，或不和他有眼神接觸？**第六張牌**：你應該請神職人員、靈媒或諮商心理師，幫助你擺脫這種負面的影響？**第七張牌**：如果對方也在公開場合對你有不利的影響，你應該和他當面對質？**第八張牌**：攻擊者發現你沒有受到影響後，他會停止攻擊你嗎？

準備的物品

整副牌。

時機

滿月期間。

666
滿月的牌陣：決定成
敗的步驟或決定

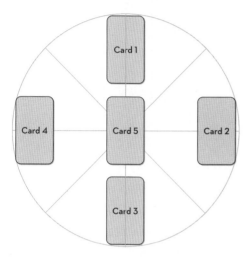

用途或背景知識

你一直在拖延決定或行動，因為你知道自己做的決定會有重大的影響。

第一張牌：什麼事阻礙了你做決定或採取行動？你有可能傷害別人？害怕孤單？還是不得不離開舒適圈？**第二張牌**：為了消除疑慮，你必須付出的代價是否值得？**第三張牌**：你能成功嗎？**第四張牌**：你會失敗嗎？**第五張牌**：不做出選擇比較好，還是當機立斷比較好？

準備的物品

整副牌。

時機

滿月期間。

667
滿月的牌陣：為了懷上孩子，你
們的關係失去了樂趣和激情

用途或背景知識

你們做愛的時間取決於排卵期和生育率高的期間，而非自發性的做愛。

第一張牌：你們應該暫停嘗試生孩子，讓這件事順其自然嗎？**第二張牌**：你們應該把注意力放在享受樂趣、情感連結及身體的親密感嗎？除非你們都願意，否則不該再把重點放在做愛上？**第三張牌**：對你們來說，生孩子很重要，所以你們已經準備好接受不再自然做愛這件事？**第四張牌**：你們其中一人更重視快速懷孕嗎？若是如此，該怎麼調解不同的意見？**第五張牌**：在接下來的幾個月，你有很大的懷孕機率嗎？

準備的物品

二十二張大牌。

時機

滿月期間。

668
滿月的牌陣：你準備接受
手術或重大的醫療干預

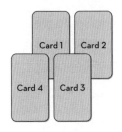

用途或背景知識

你對執行的結果沒有把握；醫生已經向你保證
手術很安全，但當然也有風險。

第一張牌：在感到放鬆之前，你有很多需要解
答的疑問？誰能夠回答這些問題？**第二張牌**：
即使你很擔心，但接下來的手術有可能大幅提
升你的生活品質嗎？**第三張牌**：拖延或不接受
手術的後果是什麼？這些後果比接受手術後的
潛在缺點更糟糕嗎？**第四張牌**：手術會順利
嗎？

準備的物品

四十張小牌（一號牌到十號牌）。

時機

滿月期間。

殘月的牌陣

這期間是從滿月後的一兩天開始，取決於
你感受到滿月的力量有多麼強烈，直到你
從天空中看不到殘月之際。
殘月的牌陣適用於擺脫你不再想要的部
分，或有破壞性的東西，包括痛苦、消極
的人和情況。

669
殘月的牌陣：慢性疾病或
持續的疼痛困擾著你

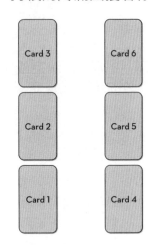

用途或背景知識

你試過了各種療法，都沒有用。

第一張牌：你應該上網搜尋現代的研發機構，
並且在必要的時候籌集資金或出售資產，讓自
己有康復的機會？**第二張牌**：即使目前還沒有
解藥，你應該不讓自己被討厭或小心被騙，並
堅持採取適當的止痛措施，或接受有效的治療
來緩解症狀？**第三張牌**：你能不能申請或爭取
可信賴的臨床試驗機會？**第四張牌**：你應該研
究進一步的另類療法，例如學習自我修復、採
用冥想的策略，幫助自己緩解嚴重的症狀嗎？
第五張牌：如果有其他的心理壓力，你能在生
活中找到有用的資源或支援嗎？**第六張牌**：情
況會好轉嗎？

準備的物品

整副牌。

時機

殘月期間。

670
殘月的牌陣：你不再愛配偶了

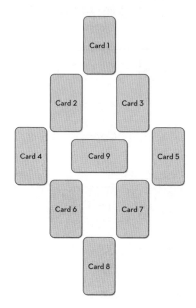

用途或背景知識

你的配偶是討喜的人，但你不想再和他在一起。

第一張牌：隨著時間過去，你漸漸不愛他了？還是有重大的挫折導致你們有嫌隙？**第二張牌**：配偶還想和你在一起嗎？或者他只是習慣你的陪伴？**第三張牌**：你們還有機會重溫愛情和激情，還是已經太遲了？**第四張牌**：你有感興趣的新對象？還是你想恢復單身？**第五張牌**：向配偶提出離婚後，最糟糕的後果是什麼？有溫和的辦法嗎？**第六張牌**：誰會反對、責怪你製造麻煩？你能處理這個問題嗎？**第七張牌**：離婚對你或配偶有哪些正面的影響？**第八張牌**：如果你突然搬出去住或屢次遠離他，並創造出屬於自己的獨立生活空間，這樣比較好嗎？**第九張牌**：對你的未來幸福而言，離開他終究是值得的？

準備的物品

整副牌。

時機

殘月期間。

671
殘月的牌陣：你無法放下過去遭到背叛的事，因此你無法再付出愛

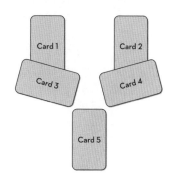

用途或背景知識

你有了新的戀情，但你會先入為主預期未來會出現問題。

第一張牌：在你用情很深之前，你應該給自己一點時間去克服憤怒或因不公平引起的情緒？**第二張牌**：你應該多和顧問或你信任的朋友談談，把對前任的負面想法表達出來嗎？這些想法已經埋藏在你的心裡很久了，因為你承受了不公正的指責？**第三張牌**：你的新歡做過或說過一些讓你質疑的事情？還是你因為擔憂而不斷試探他？**第四張牌**：這段新的戀情能幫助你重新學會信任情人嗎？**第五張牌**：你能從這段關係中得到永久的幸福嗎？

準備的物品

二十二張大牌和十六張宮廷牌。

時機

殘月期間。

672
殘月的牌陣：清除通往成功和幸福的主要障礙

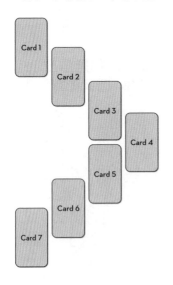

用途或背景知識

你發現自己的未來不斷被一連串的障礙阻撓。

第一張牌：你認為自己很不幸，或者有時候會因為反應遲鈍、恐懼或馬馬虎虎而引起麻煩嗎？**第二張牌**：目前阻礙你實現願望或滿足需求的主要障礙是什麼？**第三張牌**：你有多大的能耐或機會去克服障礙？**第四張牌**：你現在對環境變化的依賴程度有多大？能加快克服障礙的速度嗎？**第五張牌**：誰能幫助你克服障礙？**第六張牌**：在接下來的三到六個月，你能期待意想不到的運氣或轉運嗎？**第七張牌**：你這次能克服障礙，並順利找到幸福嗎？

準備的物品

整副牌。

時機

殘月期間。

673
殘月的牌陣：無論你多麼努力，還是無法持續減重

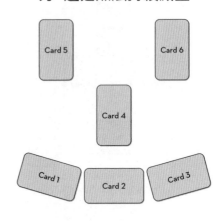

用途或背景知識

你的節食計畫又失敗了。

第一張牌：你真的需要減重，還是你只想變得更健美？**第二張牌**：經過多年的節食後，如果你進食的份量增加，就會有強烈的內疚感？**第三張牌**：問題只和食物有關嗎？還是你有其他的人際關係、形象或童年困擾，進而使食物變成更顯著的問題？**第四張牌**：如果節食讓你覺得受到考驗或有挫敗感，你應該放棄，並且把注意力轉移到健康又快樂的享受飲食上？**第五張牌**：你需要健身教練、顧問或不錯的減重俱樂部，幫助你建立自信心和找回自尊，而不是只顧著減重嗎？**第六張牌**：你這次能成功在自我和食物之間，塑造持久的良好關係嗎？

準備的物品

整副牌。

時機

殘月期間。

新月的牌陣

這期間是殘月結束後的兩天半到三天，此時的月亮離太陽很近，因此我們看不到月亮。

新月的牌陣能用來發現合適的排毒計畫，也適用於性慾、轉變、減少成癮和強迫行為、祕密等主題的牌陣。

同的觀點看待事情，而不是又重回整天忙碌的惡性循環中嗎？**第七張牌**：心靈排毒後，你現在或未來會考慮過著壓力較小的生活嗎？

準備的物品

整副牌。

時機

新月期間。

674
新月的牌陣：你的壓力太大，需要排毒

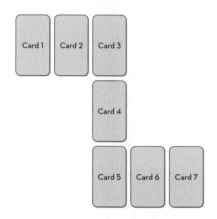

675
新月的牌陣：你或伴侶有性愛的問題

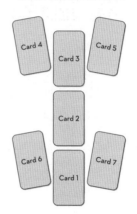

用途或背景知識

你不知道如何減壓，但你知道自己需要放鬆。

第一張牌：你應該待在家裡一段時間，不和任何人見面，讓生活中的壓力消散，同時讓自己徹底放鬆嗎？**第二張牌**：你需要暫時禁食，先讓身體排毒，然後只攝取保健品、水、生菜、水果或清淡的蔬菜料理嗎？**第三張牌**：在養生的水療中心或療癒聖地進行有條理的排毒計畫，比較適合你嗎？**第四張牌**：你可以從有基本住宿或優美環境的避難所中，減輕壓力嗎？**第五張牌**：你把錢花在美容或療法，比較有效嗎？**第六張牌**：回到原本的生活時，你能用不

用途或背景知識

你們之前的濃情蜜意戛然而止。

第一張牌：你們最近有生理疾病或感到疲憊嗎？如果有，去做整體的健康檢查，有可能解決性愛問題嗎？**第二張牌**：如果有工作壓力，或者家人的問題使你們不想做愛，那麼你們應該先解決這些問題嗎？**第三張牌**：如果生活變得像例行公事，或充滿了有關收入和孩子的現實考量，你們兩個人能不能花一些時間相處，讓彼此的情感有交集或享受樂趣？**第四張牌**：如果你們缺乏性慾，也許可以互相表達關愛，不只是把注意力放在魚水之歡？**第五張牌**：你

們應該找性諮商師或情感諮詢師談談，以便解決任何潛在的疑慮嗎？**第六張牌**：如果你們開始放輕鬆的生活，問題就會自然解決嗎？**第七張牌**：這個問題只是幸福生活中的小震盪嗎？

準備的物品

整副牌。

時機

新月期間。

676
新月的牌陣：你服用太多止痛藥或處方藥，因此影響到生活

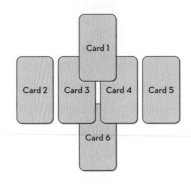

用途或背景知識

你發現自己很依賴藥物。

第一張牌：醫生能幫助你擺脫藥物或更換藥物嗎？還是他只是開了另一種處方藥給你？你應該懷疑這些藥物嗎？**第二張牌**：有沒有另類療法能幫助你減少對藥物的依賴，包括傳統療法、精神療法和自然療法？**第三張牌**：為了重新掌控自己的生活，你在生活中有沒有需要解決的壓力或疑慮？**第四張牌**：如果你服用的是處方藥，你應該遵照醫生的建議，漸漸減少用藥量，而不是擅自採取極端的措施？**第五張牌**：你能不能盡量保持身體健康、內心平靜或營養均衡，讓自己的身體享有妥善的照顧？**第**

六張牌：你能克服這個問題，並再度感覺舒適自在嗎？

準備的物品

四十張小牌（一號牌到十號牌）。

時機

新月期間。

677
你想徹底改變形象

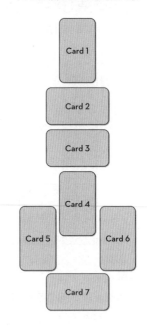

用途或背景知識

你發現自己的生活一成不變，因此想要徹底改變。

第一張牌：你想要或需要改變外表、換造型或買新衣服，還是你在追求更深層的改變？**第二張牌**：你希望快速做出改變，還是循序漸進轉變？哪一種最適合你？**第三張牌**：你需要建議嗎？例如風格和髮型方面的專業知識、新的健身方式或飲食療法？或者你想做不順應潮流的改變？**第四張牌**：這種形象的改變是否與一段

關係的結束或事業上的挫折有關？還是你內心的變化得反映在外表？**第五張牌**：你想留下和扔掉什麼？你想留住和擺脫誰？這些是合理的選擇，還是你應該重新評估？**第六張牌**：改變形象後，你的生活中需要出現哪些新的要素？新戀情、更美好的社交生活、事業得到認可，或從不必要的情緒模式中解脫出來？**第七張牌**：新的形象能為你帶來幸福和成功嗎？

準備的物品

整副牌。

時機

新月期間。

678
你必須保守愛情的祕密

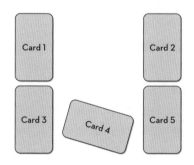

用途或背景知識

你無法自由的表達自己的愛意，因為這樣做會有負面的後果。

第一張牌：如果你們的愛情在家族、宗教或工作場所中遭禁止，你們準備為了在一起而冒險嗎？**第二張牌**：為了在一起，你們準備搬走嗎？**第三張牌**：你們希望繼續私下交往，並期待未來有轉機嗎？**第四張牌**：有人值得你信任，能幫你保守祕密、協助你或保護你嗎？**第五張牌**：有朝一日，你們能光明正大的在一起嗎？

準備的物品

二十二張大牌和十六張宮廷牌。

時機

新月期間。

月亮空亡的牌陣

發生期間是月亮離開某個星座後，移往下一個星座的時候。月亮每個月在不同星座停留大約兩天半，月亮空亡期可以持續幾分鐘，也能長達幾乎一整天。

在這段期間，會議或專案通常會陷入僵局，旅行計畫也陷入混亂。這是擺牌陣的好時機；你可以詢問關於月亮離開某個星座時可能發生的延誤問題（參閱第前一章）。然而無論月亮離開或進入某星座的狀態下，你都可以運用這段過渡期間擺牌陣，並詢問關於預期的延誤或計畫的潛在缺失。如果你生活中有很難相處或不可靠的人，這樣做很有效。

679
月亮空亡的牌陣：觀察不可靠的朋友、潛在的交往對象是否會在重要的事件令你失望

用途或背景知識

你需要某個朋友的支持或陪伴，卻又擔心他到時候不會出現，或不願意在你需要的時候伸出援手。

363

第一張牌：在你們的友誼中，他的缺點是不可靠，但卻有其他讓你想繼續來往的優點嗎？第二張牌：他有可能在這次的場合讓你失望嗎？第三張牌：在這種情況下，你應該擬訂備用計畫嗎？第四張牌：你應該克制自己不要再依賴他嗎？第五張牌：即使他有一些優點，你應該尋找值得信賴的朋友嗎？

準備的物品

二十二張大牌和十六張宮廷牌。

時機

你需要朋友幫忙的時候。

680
在複雜的旅行計畫中，你應該為過境預留更多的時間嗎？

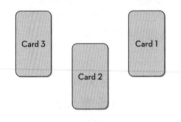

用途或背景知識

對你的這次旅行而言，掌握時間很重要。

第一張牌：即使平常不擔心，你現在是否覺得有可能發生延誤？第二張牌：即使整體的旅行時間比平常更長，為了避免延誤，你應該修改行程嗎？第三張牌：如果你制定的時間表不緊湊，旅途會比較順利，也可以降低壓力嗎？

準備的物品

二十二張大牌。

時機

在你去旅行之前。

藍月的牌陣

週期性的藍月，並不是指藍色的月亮，而是指罕見的月亮。若一個天文季節中會有四個滿月，當中的第三個滿月就是藍月。當某個月有兩個滿月時（一個在月初，另一個在月末），此時的月亮也稱為藍月。藍月平均每2.7年出現一次，這是一種人們你不常使用的牌陣。

681
藍月的牌陣：為你的生活帶來渴望已久的機會

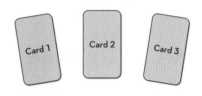

用途或背景知識

你付出了很多努力，但你需要好運氣。

第一張牌：你現在應該冒險，去爭取自己想要的東西嗎？第二張牌：幸運女神與你同在嗎？第三張牌：即使你沒有完全得到自己想要的結果，但在提升形象或讓你了解通往成功所缺少的要素方面，這次的行動是否值得？

準備的物品

二十二張大牌。

時機

藍月期間。

月食的牌陣

月食可分為月偏食和月全食，發生於月球從太陽一端經過地球的另一側，並進入地球的陰影中。月食只出現於滿月期間。大多數的年份都發生過兩次月食，但有時候會出現不只兩次。月食是一般人開始做出改變的好兆頭，特別是在你擺脫恐懼或障礙之後。

682
月食的牌陣：做出你害怕的改變

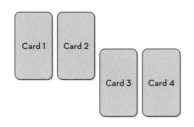

用途或背景知識

第一張牌：阻礙你的不明恐懼因素是什麼？

第二張牌：最糟糕的情況是什麼？**第三張牌**：最理想的情況是什麼？**第四張牌**：你做出改變後，最有可能的結果是什麼？

準備的物品

二十二張大牌。

時機

月食出現後的兩天內。

日食的牌陣

日食通常在每年的新月期間出現兩次，但偶爾出現高達五次。日食可分為日全食和日偏食，後者居多。即使在住處看不到日食，你還是可以在任何日食期間採用此牌陣；適用於重要的決定或改變，也有助於你追逐夢想。

683
日食的牌陣：抓住千載難逢的機會

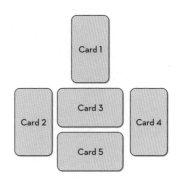

用途或背景知識

一切都準備就緒，但你必須冒著失敗的風險去行動。

第一張牌：為了抓住機會，你已經竭盡全力了？在最後一刻還有要補充的部分嗎？**第二張牌**：你去對地方了嗎？如果不是，必須到哪裡把握機會？**第三張牌**：如果你不嘗試，以後會懊悔嗎？**第四張牌**：如果嘗試了，卻沒有成功，你會後悔嗎？**第五張牌**：無論如何，你應該去爭取機會，並且把過程中發生的任何事件，當成通往終極夢想的重要步驟嗎？

準備的物品

二十二張大牌。

時機

日食出現後的兩天內。

第三十五章

月亮在十二星座的牌陣

滿月在十二星座的幸運牌

如果大牌出現在十二星座的滿月期間（參閱第三十二章），那就代表特別幸運。當你的星座牌出現在與滿月有關的解牌過程時，也代表特別幸運。如同上個章節的月亮牌陣，任何顯示月亮或水元素的牌也代表好兆頭。

關於十二星座和月亮

月亮每個月在不同星座停留大約兩天半的時間，你可以研究每個月的盈月或殘月能量，在某個星座中有什麼變化。

關於重大決定或事件的牌陣，請選擇主題是滿月的牌陣，來結合滿月的力量及其所在星座的能量。滿月每年只在每個星座出現一次左右，因此一旦有很緊急的事情，請你讓滿月的牌陣，成為月亮星座的重點。你可以確認自己的月亮日記本，也可以參考這個網站：https://mooncalendar.astro-seek.com/full-moons-new-moons（每年都會更新資訊）。

牡羊座

盈月落在牡羊座
・勇氣　・獨立　・自食其力
・自主創業　・行動　・健康　・堅定
・發起重大的冒險活動或改變生活
・精力和熱情

684
牡羊座的盈月牌陣：創業

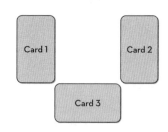

用途或背景知識

你想知道自己能不能成功。

第一張牌：你現在創業有哪些好處？**第二張牌**：你現在創業有哪些壞處？**第三張牌**：你應該放手去做、等待，還是放棄創業的想法？

準備的物品

四十張小牌（一號牌到十號牌），以及十六張宮廷牌。

時機

盈月在每個月經過牡羊座時，兩天半內的任何時間。

滿月落在牡羊座
・為了獨立而全力以赴　・生存
・為了克服巨大的障礙而邁出一大步

685
牡羊座的滿月牌陣：擺脫占有慾強或控制慾強的家人

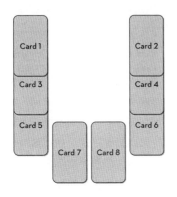

用途或背景知識

家人不斷干涉你的生活方式或決定，讓你覺得難受。

第一張牌：你該怎麼獲得活出自我的力量？**第二張牌**：你受到干涉或被支配時，最糟糕的狀況是什麼？**第三張牌**：有哪些實際的好處使你允許家人繼續控制你，例如財務支援或保障？**第四張牌**：你應該直接說出心聲，同時不屈服在家人的吼叫聲中？**第五張牌**：在你變得更有自信之前，你應該遠離家人或減少接觸嗎？**第六張牌**：你能夠一邊克服問題，一邊維持著自己對家人的愛嗎？**第七張牌**：當滿月再度出現在天空中時，你能夠在邁向獨立的道路上實現什麼目標？**第八張牌**：在下次的牡羊座滿月期之前，你能取得什麼成就？

準備的物品

整副牌。

時機

滿月落在牡羊座，大概一年一次。

殘月落在牡羊座
· 反霸凌，有攻擊性　　· 減少活動

686
牡羊座的殘月牌陣：你十幾歲的孩子被診斷出有過動症

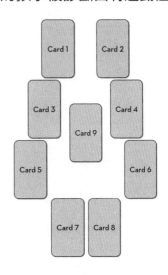

用途或背景知識

你質疑診斷結果，也被迫接受事實。

第一張牌：如果你的孩子非常好動，但他對某件事感興趣時，能夠集中注意力，那麼你應該徵求其他醫生的意見嗎？如果有必要，你可以私下找醫生評估，以便消除你的疑慮嗎？**第二張牌**：如果你對藥物不滿意，應該研究另類療法嗎（例如認知行為的療法）？**第三張牌**：如果學校拘泥於形式，規模大、注重學業成績且課業密集，那麼你的孩子能否待在另一所更安靜、更注重學生健康的學校中才有機會發展天賦？**第四張牌**：你應該進一步探索可能引發疾病的過敏症、閱讀障礙（通常沒有診斷出來）或壓抑的怒氣或恐懼？**第五張牌**：為了恢復自我控制、平衡和協調的能力，你應該考慮一些另類療法和藝術，例如冥想、瑜伽、太極拳、靈氣療法或武術嗎？**第六張牌**：你能夠在教育

367

體制中找到合適的支持或資源,讓孩子充分發揮天賦嗎?**第七張牌:**有沒有輕鬆的運動可以讓你的孩子釋放多餘的精力?**第八張牌:**你的孩子以後能自然擺脫好動的問題嗎?**第九張牌:**他以後能享有充實又卓越的生活嗎?

準備的物品

整副牌。

時機

殘月在每個月經過牡羊座時,兩天半內的任何時間。

金牛座

盈月落在金牛座
・生育　　・愛　　・容光煥發　　・金錢
・物質保障　　・取得美麗的東西

687
金牛座的盈月牌陣:你缺乏自信,需要增添魅力

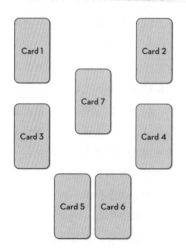

用途或背景知識

你在社交場合缺乏自信。

第一張牌:你覺得最難受的是出席各種社交場合、大型派對,還是有許多你不認識的人的聚會?**第二張牌:**你應該認清自己和幾個人在一起最自在的事實,並且找一兩個熟識的人一起參加活動,藉此逐漸增強你的自信心嗎?**第三張牌:**你應該練習冥想、瑜伽、唱歌或溫和的舞蹈,讓自己的身體、思想及靈魂互相協調嗎?**第四張牌:**你應該避開會動搖你信心或故意讓你感到自卑的人嗎?**第五張牌:**你應該參加自己感興趣的活動,因為出席者有可能志趣相投,還是你對活動中的話題比較有自信?**第六張牌:**你應該在網路上交朋友或加入論壇,藉此提升自信心嗎?**第七張牌:**你應該學會欣賞自己,並展現真實美好,不用擔心是否有魅力?

準備的物品

四十張小牌(一號牌到十號牌)。

時機

盈月在每個月經過金牛座時,兩天半內的任何時間。

滿月落在金牛座
・生孩子　　・許下愛的承諾
・創造美麗又和諧的家庭
・協調嚴重的爭吵或隔閡
・參與大型的投資活動

688
金牛座的滿月牌陣：解決嚴重的家庭爭端

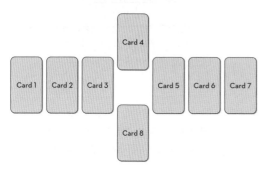

用途或背景知識

家裡有持續的敵意或隔閡，但重要的家庭慶祝活動即將到來。

第一張牌：你要出面調解嗎？還是有其他的家庭成員能夠勸諫爭吵者？**第二張牌**：嫌隙和敵意是從童年時期開始累積的嗎？還是近期的喪親之痛或離婚，導致家人分成不同的派系和關係決裂？**第三張牌**：不管有什麼私人恩怨，你有沒有辦法讓家庭的慶祝活動中立又和平，讓大家願意投入？**第四張牌**：你能夠把這次的活動當成修復裂痕的基礎，為未來的家庭聚會做準備嗎？**第五張牌**：如果有一兩位家人持續不和，你應該提醒他們注意自己的行為，或不讓他們出席活動？**第六張牌**：你應該放棄維護和平的希望，還是只邀請你認為很友善的家庭成員嗎？**第七張牌**：你應該分別安排活動，讓不同的派系分開參與嗎？**第八張牌**：家人能和解嗎？如果這場活動沒有效果，他們在未來幾個月內能和解嗎？

準備的物品

二十二張大牌和十六張宮廷牌。

時機

滿月落在金牛座，大概一年一次。

殘月落在金牛座

· 減重　· 克服占有慾和情緒勒索
· 抵抗債務　· 保護財產

689
金牛座的殘月牌陣：你受到朋友、家人或同事的情緒勒索

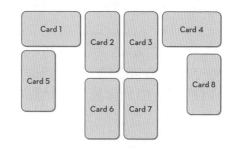

用途或背景知識

如果不幫助他，他就會想辦法讓你感到內疚，而且他從來不靠自己解決問題。

第一張牌：只有你被情緒勒索嗎？還是他平常都用這種方式對待別人？**第二張牌**：為什麼你感到內疚，或覺得有義務幫助他？**第三張牌**：如果你提出一些改善的建議，他是否不願意接受？若是如此，你應該停止浪費口舌嗎？**第四張牌**：當他請教你的時候，他對有益的建議置若罔聞，還是有憤怒的反應？**第五張牌**：如果持續的聯繫使你有情緒負擔，或占用你太多時間，你應該避開他嗎？**第六張牌**：你該怎麼漸漸疏遠他？**第七張牌**：你需要冒著得罪他的風險，才能完全擺脫他嗎？**第八張牌**：如果找不到你，他會把情緒勒索的手段套用在別人的身上嗎？

準備的物品

二十二張大牌和十六張宮廷牌。

時機

殘月在每個月經過金牛座時,兩天半內的任何時間。

雙子座

盈月落在雙子座
· 投機和博弈　· 通過大考和測驗
· 採用手術或醫療干預的方式治療
· 溝通　· 旅行　· 各種調動　· 好運氣

690
雙子座的盈月牌陣:有人邀你入住公寓,位於你喜歡的地點

用途或背景知識

你已經習慣一個人住,也和公寓裡的其他人不熟。

第一張牌:那間公寓還有其他的空間,可以讓你保有隱私或招待朋友嗎?**第二張牌**:你住在喜歡的地點後,好處大於與人同居的壞處嗎?**第三張牌**:你比較想和更熟識的人同住?你能安排這件事嗎?**第四張牌**:你比較喜歡獨居嗎?**第五張牌**:你能找到自己想住的小型公寓嗎?

準備的物品

四十張小牌(一號牌到十號牌),以及十六張宮廷牌。

時機

盈月在每個月經過雙子座時,兩天半內的任何時間。

滿月落在雙子座
· 承擔必要的風險
· 不明顯的健康問題　· 順利與媒體打交道
· 支持合適的人選或志業
· 改變職業,轉換到全新的領域

691
雙子座的滿月牌陣:在中年開始接觸不同領域的職業

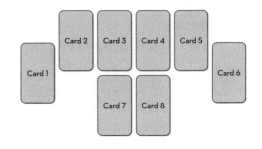

用途或背景知識

你知道自己表現得不錯,但卻對目前的職業喪失了熱情,你想要轉換到不同的領域。

第一張牌:你該怎麼讓新的職業融入目前的生活?**第二張牌**:為了騰出空間迎接新的人生方向,你需要從生活中去除什麼部分?**第三張牌**:你想在工作和生活之間取得平衡,還是把新的職業當成人生的重心?**第四張牌**:你如何以及在何時展開新的職業生涯?**第五張牌**:為了在新的領域闖出一片天,你需要取得新的資源或吸收新知識嗎?**第六張牌**:什麼事或誰會導致兩種不同職業之間的矛盾?**第七張牌**:你應該先完全放棄以前的職業?還是萬一無法在新的領域成功發展,你可以吃回頭草嗎?**第八張牌**:處在前進的新方向,你能大放異彩或在

某些方面做出成績嗎？

準備的物品

整副牌。

時機

滿月在每個月經過雙子座時，大概一年一次。

殘月落在雙子座
・防止欺騙、流言蜚語、謊言
及惡意　・扭轉壞運氣

692
雙子座的殘月牌陣：職場上
流傳著關於你的不實八卦

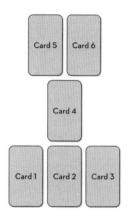

用途或背景知識

你很難專心工作，因為不斷有人說一些對你不利的閒話。

第一張牌：攻擊者的潛在動機是嫉妒你有升遷的契機或受到讚賞，還是主管提供你新的機會？**第二張牌**：你的最佳處理方法是與主謀對質，還是不予理會？**第三張牌**：你向高層投訴會適得其反，甚至會讓情況變得更糟糕嗎？**第四張牌**：你應該在公司內申請調職，或者考慮找新的工作嗎？**第五張牌**：如果這是某個派系的常見問題，你能夠從以前的受害者那裡得

到支援嗎？還是你可以召集一群害怕被刁難的人，共同組成抗議團體？**第六張牌**：這個問題能及時、自然解決嗎？

準備的物品

四十張小牌（一號牌到十號牌），以及十六張宮廷牌。

時機

殘月在每個月經過雙子座時，兩天半內的任何時間。

巨 蟹 座

盈月落在巨蟹座
・家庭・　家人　・母親　・孩子　・忠誠

693
巨蟹座的盈月牌陣：雖然伴侶會
對你調情，但你想知道他是否忠誠

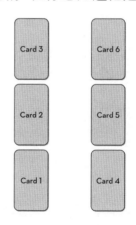

用途或背景知識

伴侶很會調情，讓你很煩惱。

第一張牌：伴侶的調情態度很坦率、很單純（沒有試圖隱瞞任何事情），但你覺得很煩嗎？
第二張牌：調情只是伴侶的開朗性格或社交天性的一部分嗎？你能夠或應該接受到什麼程

度？**第三張牌**：伴侶不在你的身邊時，你會擔心他對別人調情的行為踰矩嗎？**第四張牌**：你有任何不信任伴侶的正當理由？**第五張牌**：你現在應該告訴伴侶，他以後只能對你調情？**第六張牌**：如果他不願意只對你調情，你會去找一個不愛調情的人交往嗎？

準備的物品

四十張小牌（一號牌到十號牌），以及十六張宮廷牌。

時機

盈月在每個月經過巨蟹座時，兩天半內的任何時間。

滿月落在巨蟹座
· 生孩子
，尤其是你們已經嘗試一段時間了
· 克服人際關係的問題或背叛
· 回答關於母親或祖母的疑問
· 重大的家庭問題　· 重要的家庭計畫

694
巨蟹座的滿月牌陣：你想大幅改造自己的家

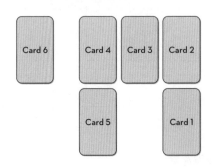

用途或背景知識

你希望家裡變得煥然一新。

第一張牌：既然想做出大幅的改造，你已經制定整體的計畫了嗎？還是你焦躁不安？**第二張**

牌：你想改變結構、重新裝修，換上新的設備和配件，或者以上皆是？**第三張牌**：直接搬到新的房屋住，比較適合你嗎？**第四張牌**：你應該一次只執行一項改造計畫，還是一氣呵成？**第五張牌**：這一切能很快完成嗎？還是直到滿月再度進入巨蟹座時，你才能完成？**第六張牌**：你決定在短期內勉強接受目前的房子，還是你想體驗一下翻修房子後的滋味？

準備的物品

整副牌。

時機

滿月在每個月經過巨蟹座時，大概一年一次。

殘月落在巨蟹座
· 保護家庭和家人
· 關於意外的牌陣　· 有敵意的鄰居

695
巨蟹座的殘月牌陣：討喜的鄰居搬走了，但不友善的人搬過來了

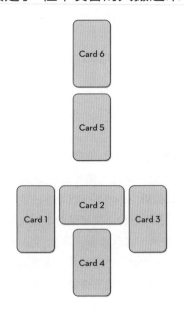

用途或背景知識

噪音或混亂的局面，對你不利的鄰居把你搞得不知所措。

第一張牌：你可以接受哪些事？你無法接受哪些事？你應該專注於對抗後者嗎？**第二張牌**：你應該嘗試溫和的表現出歡迎的態度，並巧妙的在談話中透露你的困擾？**第三張牌**：你應該正面進攻，重新劃分你的地盤嗎？你能順利地占有地盤嗎？**第四張牌**：如果你向噪音管制單位、委員會或其他的當局投訴，會有幫助嗎？還是只會使情況變得更糟糕？**第五張牌**：不久後，鄰居就會搬走嗎？**第六張牌**：如果鄰居不搬走，你應該搬走嗎？

準備的物品

二十二張大牌和十六張宮廷牌。

時機

殘月在每個月經過巨蟹座時，兩天半內的任何時間。

獅子座

盈月落在獅子座
· 追求成功 · 權力
· 領導力 · 名聲 · 生意興隆
· 事業和財富 · 力量和順利分娩

696
獅子座的盈月牌陣：你想申請知名大學，或在大公司實習或工作

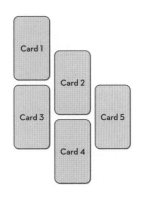

用途或背景知識

你想獲得專業的培訓機會或職業發展的機會。

第一張牌：久負盛名的機構很適合你嗎？**第二張牌**：你在準備面試、簡報或大考時，遺漏了哪些部分？**第三張牌**：你能得到公平的機會嗎？還是某些人比較容易被錄取，因為他們能靠家庭人脈或過去的教育背景？**第四張牌**：你能憑著自己的特質、資格或經驗去克服任何障礙嗎？**第五張牌**：你能取得自己渴望的一席之地嗎？

準備的物品

整副牌。

時機

盈月在每個月經過獅子座時，兩天半內的任何時間。

滿月落在獅子座
· 應徵或獲得管理職位
· 你以前沒有受到重視，現在有機會表現自己
· 克服別人對你的權威或專業知識的挑戰
· 在競賽、才藝表演、有創意或
表演性質的活動中表現優異

697
獅子座的滿月牌陣：新經理或新同事經常挑戰你的權威

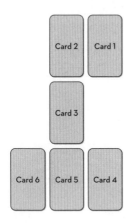

用途或背景知識

對方動搖你的權威後，你漸漸失去信心，開始出差錯。

第一張牌：你對自己的專業知識有十足的信心嗎？還是你需要加強專業知識？**第二張牌**：打壓你的人有什麼動機？是出於不安感還是嫉妒心理？你應該把他當成弱者嗎？**第三張牌**：你的最佳策略是什麼？應該忽視批評、當面對質，或與遇過類似問題的人一起抱怨？**第四張牌**：如果你遭到人身攻擊，應該告訴了解工作狀況的資深經理嗎？或向工會投訴？這樣做會使情況變得更糟糕嗎？**第五張牌**：打壓你的人會離職或被調走嗎？特別是當別人也有同樣的抱怨時？**第六張牌**：你應該離職嗎？

準備的物品

二十二張大牌和十六張宮廷牌。

時機

滿月落在獅子座，大概一年一次。

殘月落在獅子座
· 放棄你無法獲勝的局面
· 擺脫阻礙你通往成功或幸福的恐懼感
· 充分利用你目前擁有的資源
· 為未來的成功清除障礙

698
獅子座的殘月牌陣：選擇看似沒有成效的方案，或根據目前的資源去修改計畫

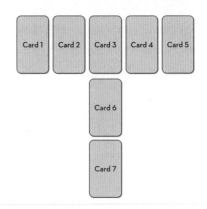

用途或背景知識

長期以來的計畫或你的抱負沒有實現。

第一張牌：你應該再等一段時間嗎？多久才能實現？**第二張牌**：什麼原因導致了延誤？是某個人、一群人，或情勢、財務，還是不明的因素？**第三張牌**：如果你改變策略或竭盡全力，原本的計畫就有機會實現嗎？**第四張牌**：你應該妥協，或勉強接受現有的資源嗎？**第五張牌**：如果你選擇讓步，未來還能實現改良版的夢想嗎？**第六張牌**：你應該放棄嗎？**第七張牌**：即使可能性不大，你還是有機會實現抱負嗎？

準備的物品

整副牌。

處女座

盈月落在處女座
・與健康和治療有關的事物
・動物　・與細節有關的事務
・工匠的技藝　・園藝和環境
・堅守飲食計畫

699
處女座的盈月牌陣:你想在大自然工作

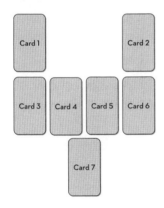

用途或背景知識

你希望靠植物或土地謀生。

第一張牌:為了開創植物或農作物的種植生意,你已經具備相關的常識、專業知識或經驗了?**第二張牌**:你需要在別人的企業工作一段時間,以便獲得更多的專業知識?**第三張牌**:你需要就讀農業學院或園藝學院嗎?還是邊做邊學,或聘請有經驗的員工?**第四張牌**:你需要搬到有土地的地方耕種、租賃或買下現有的種植企業嗎?**第五張牌**:在創業的過程中,

你該怎麼在經濟方面自給自足?**第六張牌**:你能成功嗎?**第七張牌**:你想把這個事業當成嗜好,還是副業?

準備的物品

四十張小牌(一號牌到十號牌),以及十六張宮廷牌。

時機

盈月在每個月經過處女座時,兩天半內的任何時間。

滿月落在處女座
・在專業領域努力表現出色
・在愛情或事業方面追求完美
・克服嚴重的健康問題
・快速將財務安排得井然有序

700
處女座的滿月牌陣:你的稅務很混亂,文件也快到了檢閱的期限

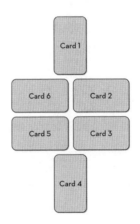

用途或背景知識

你一直在延後處理財務的問題,但期限即將來臨。

第一張牌:不管有多麼難熬,如果你現在只處理文件,能獨自解決問題嗎?還是情況太混亂了,你無法解決?**第二張牌**:你能找到可靠

的會計或簿記員，讓他們在期限之前找出問題嗎？**第三張牌**：如果你知道自己付不起，你能商討延期或分期付款嗎？**第四張牌**：這件事能及時解決，避免被罰錢嗎？**第五張牌**：你能解決以前的干涉問題，或處理進行中的紀錄系統，防止未來出現混亂和恐慌嗎？**第六張牌**：你明年還會擔心這件事嗎？

準備的物品

二十二張大牌。

時機

滿月落在處女座時，大概一年一次。

殘月落在處女座
・揮之不去的嚴重疾病
・整理複雜問題的細節
・各種恐懼症、癮或強迫症
・不靈活的兒童或成年人 ・克服晚年的失業問題 ・個人的安全

701

殘月在處女座的牌陣：你的狀況不好或健康每況愈下，沒什麼好消息

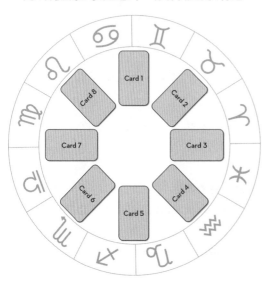

用途和背景知識

你想擁有良好的生活品質。

第一張牌：你該怎麼強化自己現在擁有的優勢或行動力？**第二張牌**：你該怎麼提升幸福感，讓自己盡可能享有良好的生活品質？**第三張牌**：你能探索哪些新的研究或療法，盡可能獲得有效的幫助？如果有必要，你能籌到資金，讓自己變得卓越嗎？**第四張牌**：自然或能量療法，哪種療癒方式能讓你感到寬慰，或至少能延緩症狀惡化？你該怎麼找到這些療法？**第五張牌**：如果健康或行動能力惡化，你是不是應該做長遠的計畫，讓自己用不同的方式工作或生活？**第六張牌**：你應該要改變生活方式，還是規劃現在想做或想了解的事情？**第七張牌**：如果你堅持接受目前的療法，未來就能看到不錯的效果？**第八張牌**：你應該用務實的角度，對自己的未來抱著希望嗎？

準備的物品

整副牌。

時機

殘月在每個月經過處女座時，兩天半內的任何時間。

注意：請掃描或列印牌陣的輪盤，並按照圖片將塔羅牌依序擺放。

天秤座

盈月落在天秤座
・訂婚和結婚
・與你的愛人建立商業夥伴關係
・和平與和諧
・人際關係的問題 ・妥協方案

702
天秤座的盈月牌陣：你在 考慮與伴侶共同創業

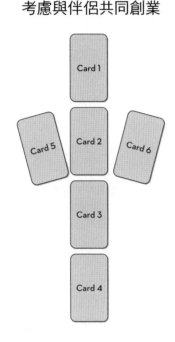

用途或背景知識

兩個人共同生活和工作的想法看似美好，但 是……

第一張牌： 你們能夠把工作和家庭生活區分開 來，不把工作或與工作相關的爭論帶進家裡 嗎？**第二張牌：** 如果其中一人更獨斷獨行，你 們能否安排各自負責的業務範圍？**第三張牌：** 在資金管理或優先事項的安排方面，你們有相 似的想法嗎？如果沒有，你們該怎麼妥協，才 能避免意見不合？**第四張牌：** 你們能不能保有 自己的時間和空間，避免每天都待在室內？**第 五張牌：** 創業能為你們的關係帶來新的觀點， 或更有幫助的思維嗎？**第六張牌：** 現在共同創 業是不切實際的想法嗎？

準備的物品

四十張小牌（一號牌到十號牌），以及十六張 宮廷牌。

時機

盈月在每個月經過天秤座時，兩天半內的任何 時間。

滿月落在天秤座
· 打抱不平　· 勝訴
· 在合夥關係或婚姻危機中
解決問題或恢復平衡
· 尋找理想的交往對象或事業夥伴

703
滿月落在天秤座的牌陣：解 決訴訟的問題，對抗試圖破 壞你的聲譽的大型組織

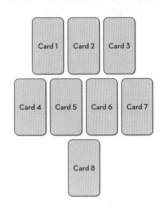

用途或背景知識

你想獲得公平正義。

第一張牌： 你在尋求的理想結果是什麼？**第 二張牌：** 誰或什麼事在阻礙你？**第三張牌：** 個 人對抗大型組織的做法，對你有利嗎？**第四張 牌：** 你遭受到的誹謗言論，之後會被推翻嗎？ **第五張牌：** 關於你的名譽受損和衍生後果，能 得到什麼樣的補償？**第六張牌：** 短期內，你在 證明自己的清白方面有什麼結果？**第七張牌：**

從長遠來看，你在證明自己的清白方面有什麼結果？**第八張牌**：正義會在各方面得到伸張嗎？

準備的物品

整副牌。

時機

滿月落在天秤座時，大概一年一次。

殘月落在天秤座
· 不守承諾的問題　· 配偶不忠
· 有人保持中立，不選邊站
· 訴訟案件或官方的裁決不斷延期

704
天秤座的殘月牌陣：配偶想討好所有的人

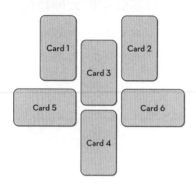

用途或背景知識

無論是涉及孩子或配偶的父母，配偶不曾在家庭糾紛中支持你。

第一張牌：你的配偶平常是喜歡迴避衝突的濫好人？**第二張牌**：這種態度會讓你變成爭端中的壞人？**第三張牌**：麻煩漸漸逼近時，你應該置身事外或搞消失，讓他被迫做出決定或採取行動嗎？**第四張牌**：如果你說明自己的困境，配偶願意改變態度嗎？**第五張牌**：如果配偶無法或不願意改變態度，你能接受這是善良本性

的缺點嗎？**第六張牌**：如果不解決問題，事情會不會變得更嚴重？甚至影響到你們的感情，迫使配偶採取行動，還是你必須發出最後通牒？

準備的物品

二十二張大牌和十六張宮廷牌。

時機

殘月在每個月經過天秤座時，兩天半內的任何時間。

天蠍座

盈月落在天蠍座
· 關於生活轉變的牌陣
· 增強靈性的力量
· 用有效的方式，滿足強烈的欲望或需求
· 關於找回失竊物品的牌陣

705
天蠍座的盈月牌陣：釐清你丟失或放錯地方的物品的所在位置

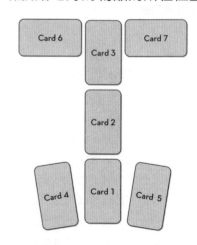

用途或背景知識

你耗盡了邏輯和不斷回想後，需要一點超自然的幫助。

第一張牌：遺失的物品在家裡嗎？第二張牌：你把物品遺留在意想不到的地方嗎？你的談話被別人打斷時，物品就掉到你拿著的東西的下方嗎？第三張牌：物品是不是落在你家外面，例如在工作場所，或物品遺失的那天，你把它遺留在車上或庭院了？第四張牌：是被別人偷走了嗎？若是如此，你懷疑是誰偷的？第五張牌：如果你不去尋找，物品會突然出現嗎？第六張牌：如果你在社群媒體上發布消息，找到物品的人會歸還給你嗎？還是你應該報警，或到你經常使用的運輸工具或失物招領處去尋找？第七張牌：以後都找不回來了嗎？

準備的物品

四十張小牌（一號牌到十號牌）。

時機

盈月在每個月經過天蠍座時，兩天半內的任何時間。

滿月落在天蠍座

· 風流韻事和出軌的誘惑　· 熱情

· 克服強烈的嫉妒心或報仇的欲望

706

**天蠍座的滿月牌陣：你
同時愛上了兩個人**

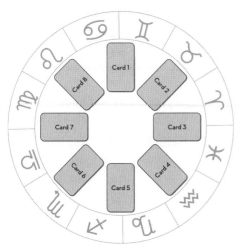

用途或背景知識

你已經有一段穩定的戀情，但卻突然瘋狂的愛上另一個人。

第一張牌：如果你想追隨自己的熱情，要考慮到哪些現實面和感情的後果？第二張牌：在你目前的戀情中，有沒有潛在的問題使你向外尋找愛情，或回應別人的愛意？第三張牌：如果你遵循自己的心聲，新的戀情能夠持久嗎？第四張牌：你能同時保有兩段戀情，而不給自己或其他人造成重大的傷害嗎？這樣做值得嗎？

第五張牌：如果你放棄新歡，以後會懊悔嗎？

第六張牌：如果兩段戀情最後都不能帶給你快樂，你應該恢復單身嗎？第七張牌：你應該冒險嗎？第八張牌：你不應該冒險嗎？

準備的物品

整副牌。

時機

滿月落在天蠍座，大概一年一次。

注意：請掃描或列印牌陣的輪盤，並按照圖片將塔羅牌依序擺放。

殘月落在天蠍座

· 防止遭受身體、情感或精神上的攻擊的牌陣

· 你變成犯罪活動的受害者

· 住所出現偷竊或蓄意破壞的問題

707
天蠍座的殘月牌陣：你遭到肢體暴力、搶劫或偷竊

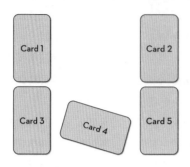

用途或背景知識

你遭到攻擊後，心有餘悸。

第一張牌：你不會再受到攻擊了嗎？你可以尋求什麼樣的保障？**第二張牌**：罪犯被逮捕了嗎？如果他還沒被逮捕，你能指望什麼樣的正義管道？**第三張牌**：你能得到充分的支持或諮詢服務嗎？還是你應該向更多管道求助？**第四張牌**：在你的創傷消失之前，你應該暫時或長期遠離喚起創傷的地方嗎？**第五張牌**：你以後能找回安全感嗎？

準備的物品

二十二張大牌。

時機

殘月在每個月經過天蠍座時，兩天半內的任何時間。

射手座

盈月落在射手座
· 旅遊　· 冒險　· 搬家　· 馬
· 出版和有創意的事業
· 快樂和樂觀　· 好點子
· 運動　· 尋找走失的寵物

708
射手座的盈月牌陣：你寫的書無法出版

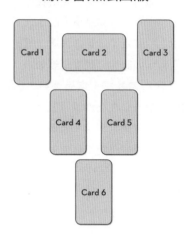

用途或背景知識

你知道自己的創作內容很不錯，但許多出版社都不願意幫忙出版。

第一張牌：你應該繼續嘗試，尤其是找小型的出版社，或專門出版你所屬領域書籍的出版社？你應該找國外的出版社嗎？**第二張牌**：你應該持續嘗試找信譽良好的作家經紀人幫你找機會嗎？**第三張牌**：你應該為自己寫的書架設網站嗎？**第四張牌**：如果你認為出版比收益更重要，你應該嘗試自費出版嗎？**第五張牌**：你應該開始準備寫下一本書或三部曲嗎？**第六張牌**：你會成功嗎？

準備的物品

二十二張大牌和十六張宮廷牌。

時機

盈月在每個月經過射手座時，兩天半內的任何時間。

準備的物品

四十張小牌（一號牌到十號牌），以及十六張宮廷牌。

時機

滿月落在射手座時，大概一年一次。

残月落在射手座
・旅途中的保障及預防迷路的牌陣
・防止寵物走失或遭到偷竊
・培訓或競爭的困境，尤其是與馬有關
・減緩資金流失，或挽回金錢損失

709
射手座的滿月牌陣：你得到重要的海外工作機會，但配偶或家人不想搬過去住

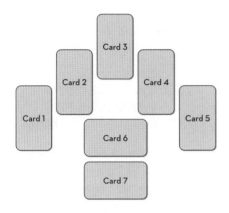

用途或背景知識

你在家庭和理想的工作之間左右為難。

第一張牌：這次的搬遷能對你的配偶或家人有經濟方面的好處？或者你們能共同迎接成功的未來嗎？**第二張牌**：如果你不立即把握機會，以後還有這種機會嗎？**第三張牌**：如果你放棄這次的機會，以後會懊悔嗎？**第四張牌**：如果你把握這次的機會，家人之後會去找你，並且在你的住所度過長假嗎？還是他們有可能長期搬到那裡定居？**第五張牌**：你能夠談妥條件，讓自己可以經常搭飛機返鄉？**第六張牌**：你應該優先考慮家人的需求嗎？**第七張牌**：你最後能找到兩全其美的辦法嗎？

710
射手座的殘月牌陣：你想騎馬參比賽，但有人反對你加入

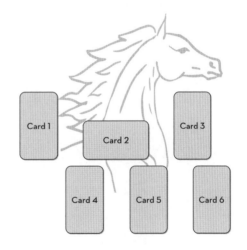

用途或背景知識

非正規的同業聯盟憑著特權，把你排除在外。

第一張牌：你應該堅守自己的參賽權利，或者忽視偏見嗎？**第二張牌**：你應該與反對者當面對質，並明確的表示你不離開嗎？**第三張牌**：你能夠上場並贏得比賽，或者讓他們認可你嗎？**第四張牌**：指揮系統是否有避開反對意見的薄弱環節？**第五張牌**：你應該直接面對國內

或國際間的指揮系統，或者忽視當地的偏見？

第六張牌：你能如願以償的在競賽中獲勝嗎？

準備的物品

整副牌。

時機

殘月在每個月經過射手座時，兩天半內的任何時間。

摩羯座

盈月落在摩羯座
· 在愛情和事業方面的忠誠度
· 財務保障 · 官方事務 · 謹慎行事
· 穩定的升遷和職涯順遂
· 穩定的商業活動
· 堅持不懈，並持續克服障礙

㇔11
摩羯座的盈月牌陣：你不確定該不該信任看起來很友善的同事

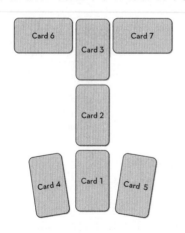

用途或背景知識

你需要判斷某位同事是否值得你信任。

第一張牌：你的直覺是什麼？**第二張牌**：你懷疑他洩露了你私下說過的話？**第三張牌**：他想

摧毀你的聲譽，然後往上爬？**第四張牌**：他表面上對每個人都很友善，卻在背後說不同人的壞話？**第五張牌**：在確定他是可靠的人之前，你應該謹慎發言，或不要告訴他太多情報嗎？

第六張牌：你應該留意他在私下怎麼談論你嗎？**第七張牌**：當話題的內容涉及到信任的人的知心話時，你應該更加小心嗎？

準備的物品

二十二張大牌和十六張宮廷牌。

時機

盈月在每個月經過摩羯座時，兩天半內的任何時間。

滿月落在摩羯座
· 克服難以應付的對象或反對意見
· 在限制範圍內執行事項
· 在失敗或重大的挫折後，重新開始

㇔12
摩羯座的滿月牌陣：在破產後，重新安排生活

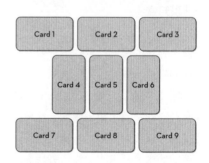

用途或背景知識

你失去了原本的生活方式，也不知道該怎麼重新安排生活。

第一張牌：你如何順利的適應，或在破產帶來的限制中生活？**第二張牌**：為了做出渴望已久的改變，擺脫債務對你有哪些好處？**第三張**

牌：關於你最近失去的人或你現在必須離開的人，誰的回應讓你很失望？**第四張牌**：當你迎接新的生活時，能吸引到哪些願意追隨你的人，包括在預料之中和意想不到的人？**第五張牌**：為了重新展開生活，你應該搬家嗎？**第六張牌**：你現在能加強哪些技能或專業知識？**第七張牌**：現在是你接觸新職業或新生活型態的時機嗎？**第八張牌**：你學到最寶貴的教訓是什麼？**第九張牌**：破產後，你還能享有美好的生活嗎？

準備的物品

整副牌。

時機

滿月落在摩羯座，大概一年一次。

殘月落在摩羯座
·克服憂鬱症和自我懷疑
·釋出滯留資金或有爭議的資金

713
摩羯座的殘月牌陣：遺產糾紛中的滯留資金

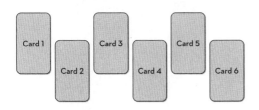

用途或背景知識

法院處理的訴訟案拖拖拉拉，沒有解決的跡象。

第一張牌：即使得到的遺產會比法院判決的更少，你應該縮短流程，並提供建議給爭吵的家人嗎？**第二張牌**：你能和爭吵的家人理性談判，並擬定折衷方案嗎？**第三張牌**：你應該聘

請對此案件感興趣的律師，並交給他處理嗎？**第四張牌**：你付得起聘請律師的費用嗎？還是寧願讓這一切順其自然的解決？**第五張牌**：你最後能贏得自己應得的遺產嗎？**第六張牌**：這件事值得你繼續承受壓力嗎？還是應該放棄？

準備的物品

二十二張大牌和十六張宮廷牌。

時機

殘月在每個月經過摩羯座時，兩天半內的任何時間。

水 瓶 座

盈月落在水瓶座
·獨特的冒險活動　·成功的發明
·關於智力的事務　·人道主義的議題
·友誼　·發展獨特的天賦和才華
·輔助醫學

714
水瓶座的盈月牌陣：你發明了一些有可能獲利的物品

用途或背景知識

你已經為發明物投入大量的時間和資金。

第一張牌：你應該為自己的點子申請專利，以免被別人模仿？**第二張牌**：無論是有人願意合作，或公司願意投資你的點子，你能夠找到贊助人嗎？**第三張牌**：你想讓別人了解你的

點子，還是你有所保留？**第四張牌**：這是一連串發明中的首要部分，可以做為你的事業第二春，或變成你的主要收入來源？還是這是一次性的發明？**第五張牌**：這項發明能成為你的搖錢樹嗎？還是這只是初步的嘗試？

準備的物品

四十張小牌（一號牌到十號牌）。

時機

盈月在每個月經過水瓶座時，兩天半內的任何時間。

滿月落在水瓶座
· 為長期存在的問題提供獨特的解決方案
· 重大的國際救援或和平需求
· 憑著未開發的先天才能，發展事業第二春
· 標新立異

715
水瓶座的滿月牌陣：你對某項志業或議題很感興趣，但似乎沒有人在乎

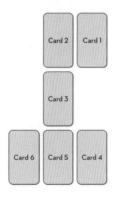

用途或背景知識

你想提高當地人或朋友對某件事的意識，卻處處碰壁。

第一張牌：當地是否普遍缺乏某項志業的資訊？你需要讓更多人了解這個志業？**第二張**

牌：有沒有網路上的團體、國內或國際間的組織能協助你在當地推廣？**第三張牌**：你能夠在住處的附近舉辦引人注目的募款活動，吸引當地媒體的注意嗎？**第四張牌**：你能夠親自參與或架設網站，使這項志業顯得更有親和力呢？**第五張牌**：你應該認清當地人漠不關心的事實，並把目標客群鎖定在全國各地或國際的受眾嗎？**第六張牌**：如果你繼續嘗試，最後能提高當地人的意識嗎？

準備的物品

四十張小牌（一號牌到十號牌）。

時機

滿月落在水瓶座，大概一年一次。

殘月落在水瓶座
· 克服偏執　　· 戒掉壞習慣
· 克服偏見和不平等　　· 排解寂寞

716
水瓶座的殘月牌陣：即使你融入團體，還是感到孤獨

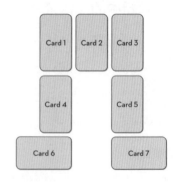

用途或背景知識

第一張牌：自從你搬家或離婚後，經常有這種感受嗎？**第二張牌**：你對自己感到滿意嗎？生活方式、職業或住址的改變使你離群索居？**第三張牌**：你覺得許多人都很膚淺？你應該把交

友的目標鎖定在認識志同道合的人嗎？**第四張牌：**你應該避開大型聚會、派對或閒聊嗎？還是你可以透過自己的興趣去結交新朋友？**第五張牌：**你應該透過社群媒體或網路聊天室去認識別人，以便你們能深入交談？**第六張牌：**你能找到合得來的靈魂伴侶或知己嗎？**第七張牌：**你和新朋友能和睦相處嗎？

準備的物品

二十二張大牌和十六張宮廷牌。

時機

殘月在每個月經過水瓶座時，兩天半內的任何時間。

雙魚座

盈月落在雙魚座
· 新的戀情或分手後的戀情
· 培養音樂和表演藝術方面的才華
· 心電感應
· 在兩種承諾或兩種職業之間取得平衡 · 適應力強 · 結合兩個家庭

717
雙魚座的盈月牌陣：無論你幾歲，你想開始學音樂

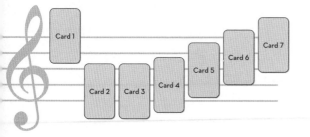

用途或背景知識

你後悔以前沒有學音樂，但擔心現在已經太遲了。

第一張牌：你一直都很喜歡唱歌或跳舞，卻沒空或缺乏機會去發展自己的天賦？**第二張牌：**你應該開始從網路上的唱歌資源或音樂課程中獲得自信嗎？**第三張牌：**你比較喜歡或應該找時間去上課，或參與合唱團或音樂演奏會？**第四張牌：**無論是為了樂趣或參加比賽，你想發展天賦，並在公開的場合表演嗎？**第五張牌：**你會持續把音樂當成有趣的愛好嗎？**第六張牌：**你想進修、就讀音樂學院，或製作YouTube影片或下載歌曲來練習嗎？**第七張牌：**如果你願意，你相信自己還是有可能從事音樂工作嗎？

準備的物品

四十張小牌（一號牌到十號牌），以及十六張宮廷牌。

時機

盈月在每個月經過雙魚座時，兩天半內的任何時間。

滿月落在雙魚座
· 敏銳的直覺 · 證明有靈性力量
· 同時做兩件事，或成功的同時從事兩種職業

ƒ18
雙魚座的滿月牌陣：一邊做全職工作，一邊創業

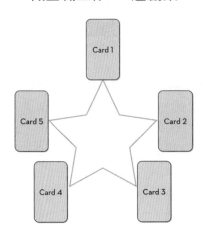

用途或背景知識

你不確定自己是否有足夠的時間和精力兼顧另一個事業。然而若不去做，你知道自己未來會後悔。

第一張牌：為了保留更多的時間和精力，你可以捨棄哪些不重要的事項或別人的要求？**第二張牌**：你很渴望創業，所以你準備投入所需的時間和精力？**第三張牌**：誰或什麼事能幫助你嘗試這種冒險活動？**第四張牌**：誰或什麼事是一種阻礙？**第五張牌**：在滿月再次進入雙魚座之前，你能夠辭掉全職工作嗎？

準備的物品

四十張小牌（一號牌到十號牌），以及十六張宮廷牌。

時機

滿月落在雙魚座，大概一年一次。

殘月落在雙魚座
· 戰勝對手和意見不同的人
· 調解爭吵、監護權或離婚的糾紛
· 克服放縱或失衡的狀況

ƒ19
雙魚座的殘月牌陣：你是不穩定的過度節食者

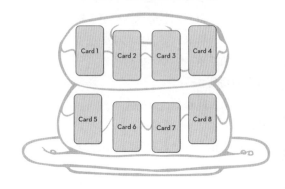

用途或背景知識

多年來你在節食和暴飲暴食之間徘徊，但希望恢復身體的平衡和內心的平靜。

第一張牌：你的生活方式很極端嗎？**第二張牌**：原因在於你的生活型態、天性，還是你過度追求完美？**第三張牌**：你該怎麼在生活中取得更多的平衡，讓食物變成你追求協調一致的一部分？**第四張牌**：是某些人或誘因導致這種惡性循環嗎？你該怎麼預防？**第五張牌**：你應該學會欣賞現在的自己嗎？**第六張牌**：為了恢復自然的生理規律，你應該只在需要的時候攝取自己想吃的食物？**第七張牌**：一旦不在意別人或自己的離譜期望，你就能自然的恢復飲食的平衡嗎？**第八張牌**：你以後攝取的食物會對自己有幫助，不會有害？

準備的物品

二十二張大牌。

時機

殘月在每個月經過雙魚座時，兩天半內的任何時間。

第三十六章

月亮天使的牌陣

此牌陣的幸運牌

大牌：節制（彩虹天使）、月亮、星星、世界。

小牌：圖片上有月亮或水的牌、宮廷牌的一號牌到十號牌。

宮廷牌：尤其是聖杯皇后。

關於月亮天使的牌陣

朔望月的二十九天都是由特定的天使掌管，在傳統上，這幾天可分為八種主要的月相。在上述的章節中，廣泛的牌陣主題包括盈月、滿月、殘月、新月等月相。

至於月亮天使的牌陣，則是結合了天使和月亮的能量，適用於個人議題，例如關於孩子、母親、育兒、生育、健康、治療、愛、戀情的疑問，以及在人生各階段之間的轉變。根據月相，天使分成三組或四組，但有些天使具備額外的角色和輔助的領域，因此祂們有專屬的牌陣。

月亮週期的第一天可視為殘月結束後的第一天。你可以在月亮曆的日記本中，用黑色的圓圈標記第一天，也可以列出每天的月相，或參考網路上的月亮曆（農曆），例如https://www.timeanddate.com/moon/phases/。

720
新月天使的牌陣：經歷受傷、背叛、失戀或生病後的重生

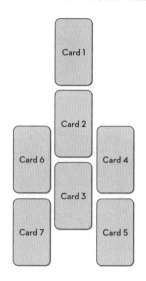

用途或背景知識

接受天使基尼爾（Geniel）、伊尼迪爾（Enediel）及阿尼西爾（Anixiel）的守護，祂們有淡銀色的翅膀和光環。

第一張牌：你應該暫時退隱或置身事外，直到你發覺自己變得更強大嗎？**第二張牌**：你應該永久退出，或不再接觸你當初遇到的人事物嗎？**第三張牌**：關於你下個月即將迎接的新生活，你有哪些計畫或期望？**第四張牌**：關於實施計畫，你在擔心什麼？**第五張牌**：你應該採納建議或求助，還是你寧願獨自完成這些計畫？**第六張牌**：在下一次的新月來臨之前，你的計畫有具體的進展嗎？還是你需要更長的執行時間？**第七張牌**：你能再度找回平靜與和諧嗎？

準備的物品
二十二張大牌。

721
娥眉月天使的牌陣：關於生活各方面，你不確定的新開始

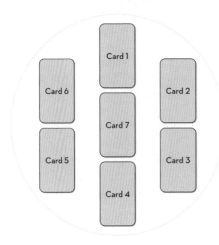

722
上弦月天使的牌陣：你經常覺得時間不夠用，需要制定新的健身計畫

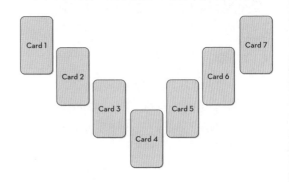

用途或背景知識

接受天使亞撒瑞爾（Azariel）、加百列及德拉基爾（Dirachiel）的守護。除了加百列，祂們都有娥眉月的光環，身邊也散發著柔和的閃爍光芒。

第一張牌：新的開始是朝著適合你的方向嗎？

第二張牌：你應該慢慢起步和累積，還是一開始就果斷行事？**第三張牌**：在初期的階段，你可以找哪些資源或管道支援自己？**第四張牌**：你能採取哪些切實可行的措施，加快新開端的進展速度？**第五張牌**：你必須在一開始就做好迎接新挑戰的心理準備嗎？**第六張牌**：你擔心誰或什麼事阻礙進展？**第七張牌**：在下一次的娥眉月來臨之前，你進步了多少？

用途或背景知識

接受天使安涅迪爾（Amnediel）、巴比爾（Barbiel）、阿迪菲爾（Ardifiel）及納謝爾（Neciel）的守護，祂們的身邊散發著耀眼的銀色月光，也擁有會發光的金色翅膀。

第一張牌：你心情不好、壓力大，或有輕微的症狀，是沒有好好照顧自己嗎？**第二張牌**：你是時間不夠用，還是缺乏精力？或者兩者都是阻礙你健身的原因嗎？**第三張牌**：你需要去健身房（加入會員、聘請私人教練）或制定運動計畫嗎？還是考量到你的生活作息，這些事根本不可能實現？**第四張牌**：你能不能接觸一兩項輕鬆的單人活動或家庭活動，例如散步、騎腳踏車或游泳？**第五張牌**：你需要先改善飲食或休息、放鬆、冥想，不讓自己想太多嗎？**第六張牌**：你應該減少滿足別人的要求，多關心

自己的福利嗎？**第七張牌**：一旦你重新調整生活的重心，你就會變得健康或病情好轉嗎？

準備的物品

整副牌。

時機

盈月週期的第八天至第十一天。

723
上弦月天使安涅迪爾的牌陣：學習輔助醫學與療法

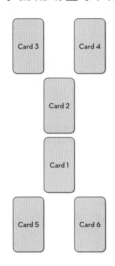

用途或背景知識

安涅迪爾和祂的月亮日對健康和治療特別有幫助，特別是純天然的療法。

第一張牌：你想為自己、家人或朋友的健康，學習輔助療法，並成為健康領域的專家嗎？**第二張牌**：關於生活方式，你崇尚自然的生活和飲食，或天然的藥物治療嗎？**第三張牌**：你打算研究專業知識、參加治療師開設的課程，或開始自學嗎？**第四張牌**：你能感覺到並回想起前世與自然療法的聯繫嗎？還是你有時候能自然明白一些事情，並發現自己的理解是正確的嗎？**第五張牌**：為了不被虛假的資訊或假專家

欺騙，你應該採取哪些防護措施？**第六張牌**：這是適合你努力的方向嗎？

準備的物品

二十二張大牌。

時機

月亮週期的第八天。

724
上弦月天使阿迪菲爾的牌陣：為難以解決的問題尋找解決方案

用途或背景知識

阿迪菲爾對願景、集思廣益以及洞察力的牌陣特別有幫助。

第一張牌：你應該再檢查一遍所有的選項和備用方案，避免有遺漏的部分嗎？**第二張牌**：你應該暫時擱置這個問題，讓自己的大腦清醒一下嗎？**第三張牌**：如果你有耐心，就會發現明顯的解決方案或新的管道嗎？**第四張牌**：如果你祈禱或冥想，天使們會給你答案嗎（特別是阿迪菲爾）？**第五張牌**：如果專家的建議沒有幫助，你應該找朋友或家人共同討論，並且不設限制或不立即駁回建議嗎？**第六張牌**：你應該每天查資料，或搜尋相關的網站、社團及論壇，或在聊天室發問嗎？**第七張牌**：這張牌暗示你尚未考慮的選項是什麼？**第八張牌**：你能及時解決看似難以克服的問題嗎？

準備的物品

整副牌。

時機

月亮週期的第十天。

725
天使吉布斯的牌陣：使你
幸運地找到永恆的愛情

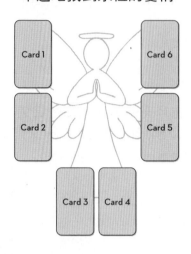

用途或背景知識
接受天使阿布迪蘇爾（Abdizuel）、潔澤瑞爾（Jazeriel）及埃格迪爾（Ergediel）的守護，祂們穿著銀色和金色的長袍，留著白金色澤的飄逸長髮。

第一張牌：你想結識可靠又真誠的人，並拓展自己的社交圈，但卻去了不適合自己的地方？
第二張牌：如果遇到的人不多，你應該根據自己的興趣來選擇交友的網站，而不是憑外表？
第三張牌：你應該加入基於共同興趣的單身團體或旅遊，而不是專注於談戀愛？**第四張牌**：比起尋找理想的伴侶，你應該敞開心胸，並深入了解許多人？**第五張牌**：你應該放輕鬆、享受生活，讓永恆的愛情自然的出現？**第六張牌**：未來十二個月左右，你能遇到契合的交往對象嗎？

準備的物品
四十張小牌及十六張宮廷牌。

時機
月亮週期的第十二天至第十四天。

726
滿月天使亞列爾的牌陣：在市場
或古董展尋找不易察覺的珍品

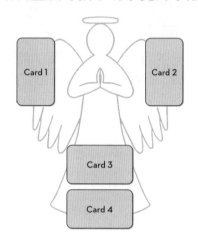

用途或背景知識
無論你是在尋找化石、勘察或培養找到物美價廉的珍品的眼光，天使亞列爾（Atliel）很有幫助喔！

第一張牌：你通常有敏銳的直覺，能輕易找到不易察覺的珍品？**第二張牌**：你會不會到常去的地方尋找珍品，特別是你能夠提早抵達的地點？**第三張牌**：你應該到不同的地點尋找珍品嗎？**第四張牌**：這會是吸引你的下一個市場嗎？你應該在一個月內，再試一次這個牌陣嗎？

準備的物品
二十二張大牌。

時機
月亮週期的第十五天。如果有必要，每個月執行一次。

727
滿月天使的牌陣：與創意和藝術有關的成功

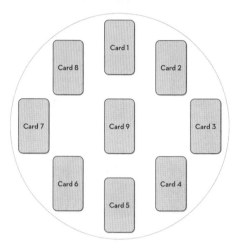

用途或背景知識

天使亞列爾、艾澤瑞爾（Azeruel）、安德列（Adriel）和輝煌的金銀色天使（身上點綴著星星和巨大的星形光環）能夠授權靈感給你。

第一張牌：你已經為創意事業準備好銷售管道了？你需要尋找其他的市場嗎？**第二張牌**：為了辦展覽或設立攤位，你有足夠的創新產品嗎？**第三張牌**：你應該在網路上和私下提供樣品，並收取佣金嗎？**第四張牌**：你需要找經紀人幫忙宣傳或展示創作嗎？還是你比較喜歡獨自控管？**第五張牌**：你需要增加哪些特色，才能從相似的產品中脫穎而出？**第六張牌**：為了提升企業的形象，你能不能成功利用當地的媒體或社群媒體的宣傳活動？**第七張牌**：在自己的專業領域內外，你都能盡量提高知名度嗎？

第八張牌：不久後，你可以靠自己的創作謀生嗎？**第九張牌**：你會遇到大好機會，穩定的通往成功之路嗎？

準備的物品

整副牌。

時機

月亮週期的第十五天至第十七天。

728
宣傳天使的虧凸月牌陣：你依然見到讓你不快樂的人

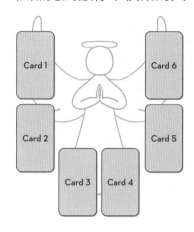

用途或背景知識

埃吉比爾（Egibiel）、阿穆蒂爾（Amutiel）、基里爾（Kyriel）和貝斯內爾（Bethnael）能保護你。祂們是成熟的天使，穿著純白的長袍，閃爍著淡藍色的光環，也擁有淡藍色的翅膀。

第一張牌：無論你的感受如何，如果涉及到孩子，你能不能保持冷靜的溝通，實事求是，並表現得有親和力？**第二張牌**：如果對方挑釁你或試圖操縱你，你能否抵抗得住，直到他漸漸失去力量？**第三張牌**：你能否制定策略，讓自己掌握互動的模式，尤其是你以前在情感方面被人利用過？**第四張牌**：你能不能專注於建立自信心，讓自己的內心不容易受到影響？**第五張牌**：如果有持續的不公正情形，你能夠透過第三方處理嗎？還是你可以避免直接對質，因

為這樣做會引起負面情緒？你也可以減少私下的接觸？**第六張牌**：這種情況會大幅減少，甚至比預期的更快結束？

準備的物品

二十二張大牌。

時機

月亮週期的第十八天至第二十一天。

729
潔澤瑞爾和埃格迪爾的凸月牌陣：擺脫在公共場合出糗的恐懼感

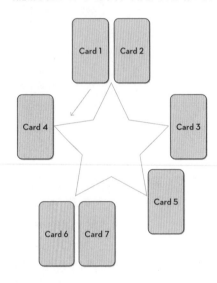

用途或背景知識

這兩位天使對消除恐懼感特別有幫助，特別是在人們掉入自我懷疑的黑洞時。

第一張牌：你融入一群人時，或大家的注意力都放在你身上時，經常感到不安嗎？原因在於，某個事件曾經使你感到尷尬？**第二張牌**：無論是以前或現在，依然有人讓你覺得難為情，或使你失去自信？你該怎麼避免這種情況？**第三張牌**：如果恐懼感破壞了你的社交生活或工作狀況，請教顧問或接受認知行為的療法對你有幫助嗎？**第四張牌**：你應該接觸或學習靈氣療法（能量療法）或運用放鬆技巧，使自己的身心達到平衡嗎？**第五張牌**：你應該考慮參加表演班、歌唱班或合唱團，練習在一群人面前表現自我，或學習交際的技巧嗎？**第六張牌**：你應該為社交活動或工作環境設下限制？只與相處愉快的人來往嗎？還是你可以在幕後發揮才能，讓自己獲得自信？**第七張牌**：你能克服恐懼感嗎？

準備的物品

二十二張大牌和十六張宮廷牌。

時機

月亮週期的第十三天或第十四天。

730
暗月或殘月天使的牌陣：你睡不著或被噩夢困擾

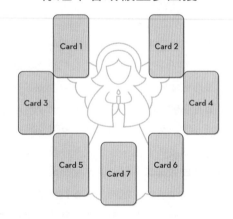

用途或背景知識

塔格列爾（Tagriel）、阿瑟尼爾（Atheniel）和阿姆尼西爾（Amnixiel）能守護你。他們看起來幾乎是透明的，頭飾和銀灰色的頭髮上都有一顆星星。

第一張牌：你經常有睡眠的問題嗎？還是你最近的工作壓力太大，或有人際關係的困擾，還是缺錢？第二張牌：你是否過勞了？沒有妥善的照顧自己？或應該去做健康檢查，解決輕微的生理問題或過敏症？第三張牌：你是否把工作帶回家做？為了放鬆而熬夜看電影？如果你隔天必須早起，應該在睡前的幾個小時避開任何活動？第四張牌：無論起因是什麼，你需要解決生活中的壓力嗎？第五張牌：如果你在睡前使用精油（按摩）或放輕鬆、採用自然入眠的療法，會有幫助嗎？第六張牌：你應該去找專攻自然養生的醫師，或去治療睡眠障礙的診所請教顧問，讓自己恢復身心平衡，建立良好的睡眠習慣？第七張牌：不久後，你能恢復平靜的睡眠狀況嗎？

準備的物品

二十二張大牌和十六張宮廷牌。

時機

月亮週期的第二十七天、第二十八天或第二十九天。

731

下弦月天使的牌陣：家庭成員太多，你需要在家裡尋找私人空間

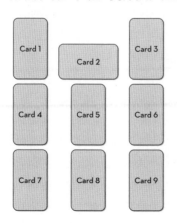

用途或背景知識

格利爾（Geliel）、瑞基爾（Requiel）、阿布納爾（Abrinael）和阿茲爾（Aziel）能守護你，祂們看起來很朦朧，翅膀和光環閃耀著銀色和金色的光芒。

第一張牌：你能否在臥室為自己或配偶創造私人的生活空間，而且不受限制？第二張牌：你的房子有沒有多餘的空間，可以再往上或往外延伸出更多的空間？第三張牌：如果你與青少年或年長者同居，能否幫他們安排獨立使用的設施，或不讓他們干擾你的使用空間？第四張牌：你應該為親子時光、用餐時間或洗澡時段、家務分配制定時間表，盡量降低自己的挫折感，或不再每天照顧家人的起居嗎？第五張牌：你們每週應該找時間聚在一起，心平氣和的發表各自的意見嗎？第六張牌：你或配偶可以在週末外出度假，或買一輛車一起脫離俗務？第七張牌：你與許多家庭成員住在一起，有哪些好處？第八張牌：你應該為空間的使用制定時間限制嗎？你可以幫已經長大的孩子尋找其他的住處嗎？第九張牌：你以後得面臨子女離家的情況嗎？到時候你能欣慰的回顧這段擁擠的時光嗎？

準備的物品

四十張小牌（一號牌到十號牌），以及十六張宮廷牌。

時機

月亮週期的第二十二天至第二十五天。

732
與天使漢魯凡戴相聚的牌陣：和諧的家庭慶祝活動

用途或背景知識

最初，天使漢魯凡戴（Haurvatat）是植物、飲品及創作的袄教神祇，祂的特色是拿著滿月的球體。

第一張牌：如果有很難相處的人會出席，你能不能多找幾位性情溫和的親屬，用人數的優勢維持和諧的氣氛？**第二張牌：**全家人聚在一起，是很重要的事嗎？還是你能安排潛在的麻煩人物或說話尖酸刻薄的人，參加其他的小型慶祝活動？**第三張牌：**有沒有其他的活動、休閒娛樂或自助餐的座席安排，能讓每個人都有事情可以做，沒有心思搞惡作劇？**第四張牌：**這場聚會能和諧又愉快的進行嗎？

準備的物品

二十二張大牌和十六張宮廷牌。

時機

慶祝活動當月的滿月期間，或是最接近活動日期的星期一。

733
下弦月天使瑞基爾的牌陣：固執的配偶怒氣沖沖的離家後，你想說服他搬回家

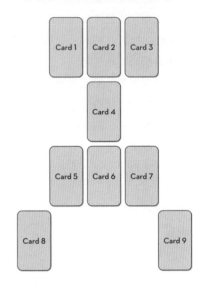

用途或背景知識

天使瑞基爾能協助你使裝腔作勢者（反覆無常者）的態度和行為變得溫和。

第一張牌：配偶平常面對問題的態度都是如此嗎？還是他的壓力太大，才有反常的過度反應？**第二張牌：**你需要主動找他和解，還是等他的心情平靜下來？**第三張牌：**即使相隔兩地並不是你的錯，你希望他回到你的身邊嗎？**第四張牌：**你最好保持中立的立場，或透過網路、傳訊息給他，裝作什麼事都沒發生，到他可能會出現的地方？**第五張牌：**有其他人庇護他、挑起事端，或知道如何處理這件事？**第六張牌：**如果你願意等待，配偶會回來嗎？**第七張牌：**你們以後能共度美好的時光嗎？下次還會發生同樣的狀況嗎？**第八張牌：**你的配偶需要成長的時間嗎？還是他以後會漸漸變得心

智成熟？**第九張牌**：如果他無法改善態度，你會感到厭倦嗎？或者你下次不會再說服他回家了？

準備的物品

二十二張大牌和十六張宮廷牌。

時機

月亮週期的第二十三天。

734
殘月天使阿茲爾的牌陣：保護受到虐待卻矢口否認的親屬

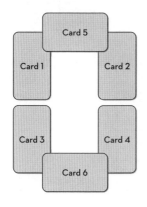

用途或背景知識

阿茲爾守護著處於危險或悲傷中的人

第一張牌：你應該給親屬充足的時間，不逼他講嗎？或者你可以強調無論他需要什麼，你都會協助他？**第二張牌**：不管他有多麼不願意，你能夠設定祕密的溝通管道，讓他可以隨時向你求助，或聯繫已預付車資的計程車嗎？**第三張牌**：你能提供他求助專線的號碼嗎？或者你可以撥打求助專線，詢問如何有效幫助你的親屬？**第四張牌**：如果有孩子處於危險中，這是否比親屬的保密權利更重要？**第五張牌**：他能脫離困境，迎接新的生活嗎？**第六張牌**：在此

期間，他能平安無事嗎？

準備的物品

二十二張大牌和十六張宮廷牌。

時機

月亮週期的第二十五天。

735
月亮大天使加百列的牌陣：你或配偶在懷孕期間感到焦慮

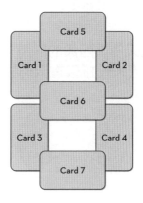

用途或背景知識

加百列是級別最高的大天使（天使長），掌管生育、懷孕、母親、兒童和通靈的力量，祂穿著銀色或深藍色的衣服，披著有星星的斗篷，祂的光環是娥眉月的形狀。

第一張牌：經過艱難的分娩後，你們會擁有第一個孩子嗎？你們會沒來由的擔憂嗎？**第二張牌**：即使你們有超音波掃瞄的問題、未解決的感情問題、事業或財務的問題，目前是否也有潛在的焦慮問題，或嬰兒的健康問題？**第三張牌**：你們應該各自或一起去參加放鬆身心的（按摩）課程，學習不同的分娩技巧嗎？**第四張牌**：你們應該決定適合自己的選項，或忽略不必要的建議嗎？**第五張牌**：如果你們選擇的做法在當時行不通，應該考慮其他的生育計畫

嗎？**第六張牌**：在懷孕期間，你們應該為了提高效率而減少開銷，或者更注重身體健康嗎？

第七張牌：這一切都是值得的嗎？

準備的物品

四十張小牌（一號牌到十號牌），以及十六張宮廷牌。

時機

新月結束後的第五天（起始日是新月的最後一天）、星期一（加百列的特別日）。

736
月亮天使卡西爾的牌陣：你經常遺失或打破重要的物品

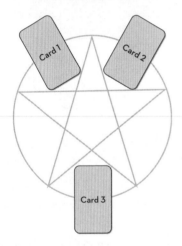

用途或背景知識

卡西爾（Qaphsiel）穿著紫紅色的長袍，他是莊嚴的殘月天使，能照顧我們的財產，並防止意外發生。

第一張牌：你經常遺失物品（忘了把物品放在哪裡）或不小心讓物品掉落？而且情況變得更糟糕了嗎？**第二張牌**：你經常覺得壓力很大（工作量太大）或匆匆忙忙嗎？你應該放慢步調，多檢查幾次，避免事故發生？**第三張牌**：

一旦你在生活中採取更從容、細心周到的態度，問題就會消失或大幅減少？

準備的物品

二十二張大牌。

時機

殘月期間。

737
掌管日食和月食的天使烏烏拉的牌陣：放下關於過去的內疚感

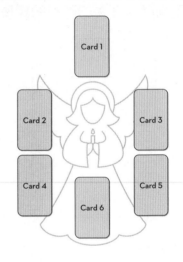

用途或背景知識

烏烏拉（Uwula）能幫助我們改變自己、捨棄多餘的東西，使我們繼續前行，祂戴著銀色的面紗。

第一張牌：你現在有辦法修復傷害嗎？還是說，這件事已經過了很久，無法修復了？**第二張牌**：全都是你的錯？還是有人逼你感到內疚，或逼你承擔與你無關的責任？**第三張牌**：你能否認清事實？因為你當時並沒有像現在一樣，運用後見之明或知識去看待自己的錯誤、疏忽或任務？**第四張牌**：你能不能在目前的生

活中行善，藉此減輕內疚感？**第五張牌**：內疚感使你一直適得其反，阻礙你從過去的錯誤中汲取教訓？**第六張牌**：你該釋懷了嗎？

準備的物品

二十二張大牌和十六張宮廷牌。

時機

日食或月食，或出現娥眉月的前一天晚上。

738
月相變化天使亞哈利的牌陣：你很需要度假或休假

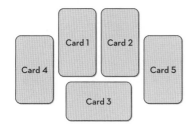

用途或背景知識

你覺得筋疲力盡，但放慢步調會讓你感到內疚。根據月相的變化，天使亞哈利（Yahriel）能散發不同強度的光芒。

第一張牌：你有辦法很快請假嗎？你還有沒休完的假嗎？**第二張牌**：為什麼你害怕休息？你以為世界沒有你，就無法運作？**第三張牌**：你、伴侶或家人應該規劃輕鬆自在的旅行，或待在適合度假的地方，而不是參與複雜的行程？**第四張牌**：如果可以休假，你能好好享受假期嗎？**第五張牌**：這是迎接更優質的生活方式或人際關係的開端嗎？

準備的物品

四十張小牌（一號牌到十號牌）。

時機

月亮進入新階段的任何一天。

739
普埃爾的月亮牌陣：你正在規劃航行或水上運動的假期，但你怕落水

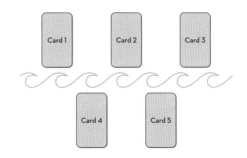

用途或背景知識

有人邀請你去度假，你很想參加。普埃爾（Phuel）經常被稱為月亮之王，祂散發著藍色、綠色及銀色的光芒，特別是在灑滿月光的情境。

第一張牌：你有辦法挑選湖邊或河邊的地點，而且那裡也有陸上活動嗎？**第二張牌**：你有充足的時間去報名游泳速成班，或專門指導初學者的救生課程，讓自己不擔心安全的問題嗎？**第三張牌**：你能不能在出發前，花一個週末的時間觀摩並嘗試一兩項水上活動，讓自己安心一點？**第四張牌**：你應該確認該企業是否提供可靠的設備，以便減輕自己的疑慮？**第五張牌**：即使你無法完全適應水上活動，還能享有美好的時光？

準備的物品

四十張小牌及十六張宮廷牌。

時機

星期一（月亮日）。

月亮大天使奧法尼爾的月輪牌陣：妳接受了醫療干預，並渴望恢復自然的生育節奏

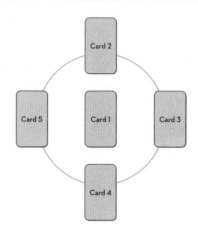

用途或背景知識

奧法尼爾（Ofaniel）每個月轉動一次月輪，祂有一百對銀色的翅膀，也能同時觀察所有的地方。轉動年度之輪使某個新星座成為焦點時，也是祂負責管理。

第一張牌：妳的身體是否需要休息，才能在嘗試受孕之前恢復自然的生育節奏？**第二張牌**：妳應該花一兩個月觀察天空中的月亮，並且讓自己的情緒、身體的健康狀況與月相產生聯繫？**第三張牌**：即使妳需要接受進一步的醫療干預，為了使整個過程成為愛和創造的表現，妳應該盡力找回自發性做愛的快樂泉源嗎？**第**

四張牌：為了適應任何的療程，妳和配偶應該善用放鬆、按摩、冥想與放下雜念的技巧嗎？

第五張牌：你們有機會遇見可愛的新成員嗎？

準備的物品

整副牌。

時機

娥眉月、盈月或滿月期間。

第三十七章

天使和大天使的牌陣

此牌陣的幸運牌

大牌：女祭司、教皇、命運之輪、節制。

小牌：聖杯王牌、聖杯二、聖杯三、聖杯七、聖杯十。

宮廷牌：聖杯公主（托特）、聖杯皇后。

關於天使和大天使的牌陣

　　所有的天使和大天使（天使長）都能在我們的生活各領域提供幫助和指引，不只是精神層面，也包括實際的需求。由於這些牌陣都很特別，你應該撥出足夠的時間，仔細思考自己抽到的牌卡具有的外部與內部含義。天使牌陣很適合解答個人議題，你可以點燃白色蠟燭和散發花香的精油，增添情調。天使牌陣不只能用來回答疑問，也能讓我們與天使的幫助和守護力量產生聯繫。

741
守護天使的牌陣：你感到孤獨或害怕

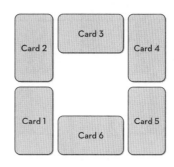

用途或背景知識

無論你是否認識守護天使，當你的生活變得愁雲慘淡，祂能帶給你力量並支持你；你的守護天使閃爍著光芒。

第一張牌：目前，你如何感受到生活中有守護天使的存在？**第二張牌**：在你的日常生活中，守護天使能向你傳達什麼跡象，讓你明白自己並不孤單？**第三張牌**：比起你認定自己的需求是什麼，其實你最需要守護天使幫助你什麼事？**第四張牌**：你能得到世俗的幫助或支持嗎？**第五張牌**：你如何有效的幫助自己？**第六張牌**：守護天使能為你的生活帶來什麼樣的福氣？

準備的物品

二十二張大牌和十六張宮廷牌。

時機

黃昏時分。

742
大天使薩奇爾的牌陣：你只找到短期的工作，但你需要長期的工作

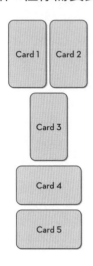

用途或背景知識

你需要工作的保障。據說，薩奇爾（Sachiel）的光環是濃厚的紫色和金色，而翅膀是藍色和紫色，祂是代表木星的大天使。

第一張牌：如果你提出要求，目前的工作單位能提供你更多長期工作的機會嗎？**第二張牌：**你最近的工作表現是否優秀，可以讓你獲得未來的職缺機會？**第三張牌：**你有沒有其他的資歷或專業技能，可以讓你更容易找到長期的工作？**第四張牌：**為了獲得長期的工作，你希望向大天使薩奇爾尋求什麼樣的特殊幫助？**第五張牌：**你能找到長期的工作嗎？

準備的物品

四十張小牌（一號牌到十號牌），以及十六張宮廷牌。

時機

星期四（薩奇爾的特別日）。

743
奇蹟天使巴瑞爾的牌陣：你需要保護房子或不讓自己的企業倒閉

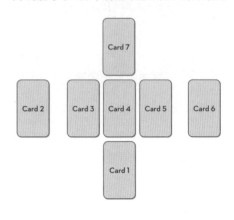

用途或背景知識

如果有更多的時間，你就有機會挽回局面。圖像中的巴瑞爾（Bariel）經常穿著靛藍色或紫紅色的長袍。

第一張牌：為了爭取反抗的機會，你需要延緩對方的行動多久？**第二張牌：**你能不能透過債務諮詢機構、商業協會或直接向債權人求助，以便順利的在最後的關頭談妥協議？**第三張牌：**哪些變化使你能夠制定有效的長期挽救計畫？**第四張牌：**有沒有其他人或未變現的資產（逾期的應收帳款），可以讓你爭取更多時間？**第五張牌：**巴瑞爾能帶給你什麼樣的小小奇蹟，使你能夠長期堅持不懈或挽回局面？**第六張牌：**你是否已經受夠了抗爭，有放棄的念頭？**第七張牌：**你能克服障礙嗎？

準備的物品

整副牌。

時機

緊急時刻，尤其是落在天蠍座的月亮在任何月份變小的時候；天使巴瑞爾掌管的天蠍座期間（10月24日至11月22日）。

守護天使蘇伊爾的牌陣：
應付經常暴怒的伴侶

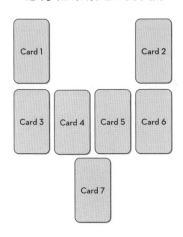

用途或背景知識：

無論你說什麼話或做什麼事，都很容易激怒伴侶。天使蘇伊爾（Suiel）的長袍和翅膀是深紅色和淡棕色。

第一張牌：你的伴侶經常生氣嗎？是從小受到家人的情緒影響？**第二張牌：**他生氣的起因是在什麼情況下？是工作壓力、財務煩惱，還是兒童？**第三張牌：**他和家人或外人相處時，態度不一樣嗎？**第四張牌：**你是否擔心他的怒氣或潛在的破壞力會演變成暴力行為？在這種情況下，你應該盡快尋求什麼樣的支援或庇護？**第五張牌：**他願意承認問題，並尋求憤怒控管或心理方面的幫助嗎？還是他只會怪你激怒他？**第六張牌：**你最想從天使蘇伊爾那裡得到什麼樣的保護和勇氣？**第七張牌：**你應該離開伴侶，直到他改變心態？還是已經太遲了？

準備的物品

二十二張大牌和十六張宮廷牌。

時機

殘月期的尾聲。

天使哈米德的奇蹟牌陣：醫生
評估你的知己或親屬罹患絕症

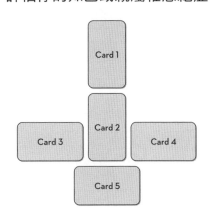

用途或背景知識

你關愛的人得知未來無法得到進一步的治療，只能等死。據說，天使哈米德（Hamied）散發著耀眼的白光。

第一張牌：有可能出現奇蹟，或者有辦法減輕他的病痛嗎？**第二張牌：**無論剩餘的日子是長是短，你如何有效的幫助他度過快樂又充實的日子？**第三張牌：**你知道他在臨終之前的心願嗎？**第四張牌：**如果他不願意放棄、心戰勝病魔或想到特別的地方走走，你能幫助他實現願望嗎？**第五張牌：**關於奇蹟，天使哈米德能帶給他什麼樣的幸運，例如沒有病痛或過著高品質的餘生？

準備的物品

二十二張大牌。

時機

星期日或月初。

746
家庭天使德德凱的牌陣：你經過不愉快的離婚過程後，搬到了屬於自己的住處

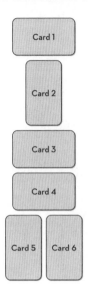

準備的物品

二十二張大牌和十六張宮廷牌。

時機

星期日或月初。

747
天使米哈爾的重拾信任感牌陣：你遭到背叛後，需要修復愛情

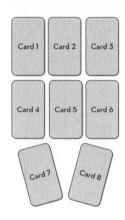

用途或背景知識

雖然不是你期待的結果，但你現在擁有自己的家。天使德德凱（Derdekea）穿著綠色的長袍，提著一籃香草。

第一張牌：既然住在自己的家，你能夠把家裡變成自己喜歡的樣子嗎？**第二張牌**：在財務方面，你擁有更多的權利嗎？還是你已經厭倦了爭吵？**第三張牌**：你需要一點時間擺脫過去的回憶，為自己（和孩子）創造避難所嗎？**第四張牌**：你想把這個家變成永久的居住地，或者只是你重新振作之前的臨時基地？**第五張牌**：關於你以前待過的房子，你最懷念的部分是什麼？你能夠在新家創造出這個部分嗎？**第六張牌**：為了把自己的家變成幸福的基地，你最想向天使德德凱尋求什麼樣的福氣？

用途或背景知識

你很努力經營彼此的感情，卻很難忘記自己被背叛的經歷。天使米哈爾有深綠色的翅膀和光環。

第一張牌：你相信伴侶不會再與第三者聯繫嗎？除非在工作上有需要，否則他不會再與第三者見面？**第二張牌**：你的疑慮是基於他又做出可疑的行為，還是出自你無法再信任他的自然恐懼心理？**第三張牌**：你應該擺脫不愉快的回憶，或者在熟悉的環境中重建感情？**第四張牌**：如果懷疑他，你應該找顧問或值得信任的朋友談論你的憤怒或怨氣，而不是任由疑惑困擾著你，或壓抑自己的感受嗎？**第五張牌**：你們想繼續在一起，並不是為了財務或孩子，而是為了擺脫槁木死灰的舊關係，共同建立一

段更穩固的新關係嗎？**第六張牌：**為了修復感情，你希望從天使米哈爾那裡得到什麼樣的祝福？**第七張牌：**為了起到修復的作用，你能不能接受彼此的感情不再是原來的樣子，而是變得更穩固？**第八張牌：**你能重拾信任感嗎？

準備的物品

二十二張大牌和十六張宮廷牌。

時機

星期四（米哈爾的日子）。

748
大天使卡西爾的牌陣：你處於人生的低谷，需要找回好運氣

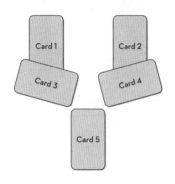

用途或背景知識

你竭盡所能，但現實生活不給你機會。據說，卡西爾（Cassiel）騎著龍，穿著深紫紅色或靛藍色的長袍，身邊的光環閃爍著靛藍色的火焰，祂是代表土星的大天使。

第一張牌：有人或某種情況阻礙了你改變命運的機會嗎？**第二張牌：**你該怎麼消除障礙？你需要幫助嗎？**第三張牌：**新的做法、新的開始或新的地點，能改變你的命運嗎？**第四張牌：**卡西爾能帶來什麼樣的福氣，幫助你改變命運？**第五張牌：**如果你堅持不懈，就能再度找回好運氣嗎？

準備的物品

四十張小牌（一號牌到十號牌），以及十六張宮廷牌。

時機

星期六（卡西爾的日子）。

749
大天使薩邁爾的淨化之火牌陣：辦公室充滿惰性，你的工作量卻很大

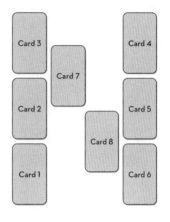

用途或背景知識

你不斷感到壓力大和疲憊不堪，其他人卻很悠閒。據說，火星大天使薩邁爾（Samael）的光環有藍色和紅色的火焰，祂也有深藍色的翅膀和閃閃發光的暗金色大寶劍。

第一張牌：你的工作場所總是充斥著懶散的氛圍？最近是否有人事調動，因此有些員工的工作態度變了？**第二張牌：**如果你不完成手邊的工作，會影響到客戶？你目前在冷漠的企業上班嗎？**第三張牌：**為什麼你覺得有必要為高效率的運作模式負起責任？如果你置身事外，會發生什麼事？**第四張牌：**為了改變工作慣例，或為了要求其他人做好分內的工作，你已經

具備必要的薪資條件、地位或權威嗎？**第五張牌**：如果你還沒具備這些條件，你應該積極爭取嗎？還是有人會協助你爭取？或者你應該要求得過榮譽的人想辦法解決這種情況？**第六張牌**：你應該開始申請還沒休完的特休，迫使公司在沒有你在的情況下，設法改變運作模式嗎？**第七張牌**：你需要從大天使薩邁爾那裡獲得什麼樣的特殊幫助，才能改善這種情況？**第八張牌**：你想繼續留在這家公司？你現在應該尋找薪資合理且重視人才的新公司嗎？

準備的物品

整副牌。

時機

星期二（薩邁爾的日子）。

750
真理大天使薩基爾的牌陣：朋友問你，他的配偶是否有外遇？

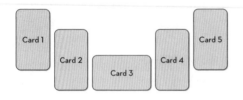

用途或背景知識

你知道真相，但你不想造成進一步的傷害。據說，薩基爾散發著淡藍色的光芒，也有天藍色的翅膀，祂的白色旗子是白底配上祂捍衛的米迦勒紅十字。

第一張牌：你能夠迴避朋友的疑問，反過來詢問是什麼事情讓他懷疑配偶嗎？**第二張牌**：如果朋友的配偶有外遇，你應該說白色謊言，避免他難過或責怪你嗎？**第三張牌**：你應該去找朋友的配偶問清楚，或者請他們自行釐清問

題？**第四張牌**：你應該向大天使薩基爾尋求什麼樣的幫助，盡量讓自己的回覆減少傷害？**第五張牌**：你應該置身事外嗎？

準備的物品

二十二張大牌。

時機

星期四（薩基爾的日子）。

751
動物天使哈瑞爾的牌陣：你想經營動物收容所

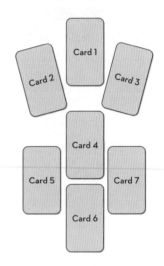

用途或背景知識

你熱愛各種動物，並且想要幫助牠們。

第一張牌：你是否想在住家附屬的土地上經營收容所，並且把這件事當成一種愛好，讓人們在週末到訪和捐贈飼料？**第二張牌**：你想設立動物慈善機構，或者把經營這家機構當成全職的事業？**第三張牌**：你希望讓收容所獲利，並定期安排活動，或設立動物研究中心，研究稀有物種嗎？**第四張牌**：剛開始，你能夠取得創業所需的土地或資源嗎？另外，你還需要為了

收入而找一份工作嗎？**第五張牌**：你需要或想要接受特殊的培訓嗎？或在現有的動物收容所或救援中心工作邊做邊學？**第六張牌**：你希望從天使哈瑞爾（Hariel）那裡得到什麼樣的祝福？**第七張牌**：這是切實可行的想法，可以進一步發展成更有影響力的理念嗎？

準備的物品

整副牌。

時機

星期五（哈瑞爾的日子）。

太陽大天使米迦勒的牌陣：在任何年齡階段獨立生活

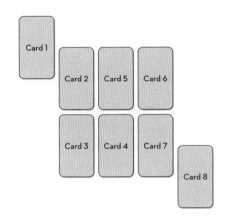

用途或背景知識

你決定快樂的獨立生活，但別人不斷勸你結婚。大天使米迦勒擁有金色的盾牌和寶劍。

第一張牌：你很享受獨立生活的方式，也很重視私人空間？**第二張牌**：朋友打算在晚宴上幫你安排相親時，你應該向他解釋清楚，讓他明白你樂意與對方一起用餐或見面，但你不想與對方交往？**第三張牌**：別人邀請你去度假時，你應該回絕，尤其是他希望你幫忙照顧小孩？還是你可以私下安排行程，到不適合兒童的地點享受刺激的旅行？**第四張牌**：你去度假時，應該避開有求偶意圖的單身者嗎？**第五張牌**：如果有不幸福的已婚男性或女性，想把你當成婚外情的對象時，你能夠有禮貌地拒絕他們嗎？還是你可以向他們的配偶說明，對別人「用過的」配偶不感興趣？**第六張牌**：為了讓自己的獨立生活變得更快樂，你希望從大天使米迦勒那裡得到什麼樣的祝福？**第七張牌**：如果你很喜歡養寵物，不想養孩子，那麼你應該對自己的單身生活感到知足，並且不理會別人同情你而說出的評論，或避開有孩子的人並遠離那些經常誇讚配偶的人？**第八張牌**：你應該保持開放的心態，避免你未來改變想法？

準備的物品

四十張小牌及十六張宮廷牌。

時機

月底。

753
大天使拉斐爾的旅遊牌陣：你需要快速學習其他的語言

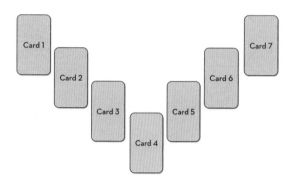

用途或背景知識

你發現自己的腦袋不靈光，但時間不斷流逝。據說，拉斐爾散發著清晨的陽光色彩，祂的光環有綠色的療癒射線。

第一張牌：你應該每天利用網路上的課程加強練習語言？**第二張牌**：你應該在有空的時候，利用下載的軟體或你在課堂上錄音的檔案加強訓練？**第三張牌**：你應該盡快預約面對面指導的課程嗎？**第四張牌**：只要有機會，你就應該運用目前學習到的新語言思考嗎？**第五張牌**：為了提升說新語言的流利度，你最需要拉斐爾提供什麼幫助？**第六張牌**：抵達目的地後，你應該在日常生活中向當地人學習會話嗎？**第七張牌**：抵達目的地後，你應該結交一些會講你的母語的新朋友嗎？

準備的物品

四十張小牌（一號牌到十號牌），以及十六張宮廷牌。

時機

星期三（拉斐爾的日子）。

754
大天使阿納爾的永恆之愛牌陣：你愛慕遠方的某個人

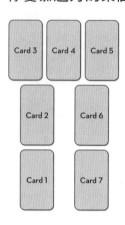

用途或背景知識

你飽受暗戀之苦，沒有動力尋覓新的戀情。據說，阿納爾（Anael）的身邊有玫瑰花和綠光，也有銀色的翅膀。

第一張牌：你愛慕他很久了嗎？還是你最近見到他後，立刻愛上他？**第二張牌**：他單身嗎？你可以在日常生活中進一步了解他嗎？**第三張牌**：你對他表達過愛慕之情嗎？你們有可能交往嗎？**第四張牌**：他對你表達過愛慕之情嗎？還是他的個性很內向，但有注意到你？**第五張牌**：如果你友善的接近他，或與他保持愉快交談，對你有什麼好處？**第六張牌**：最糟糕的情況是什麼？**第七張牌**：你應該另尋戀情嗎？如果這是命中注定，你應該繼續暗戀他嗎？

準備的物品

二十二張大牌和十六張宮廷牌。

時機

星期五（阿納爾的日子）。

喜悅大天使約菲爾的牌陣：你不快樂，但你不知道原因是什麼

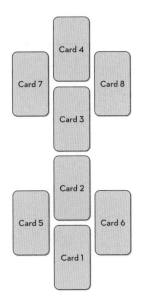

用途或背景知識

生活不如你的預期。據說，大天使約菲爾
（Jophiel）有太陽般的橙色光環，散發著陽光
般的光束。

第一張牌：你已經鬱鬱寡歡一段時間了嗎？
還是你最近遇到挫折或失戀？**第二張牌**：某
個人、某一群人、某個情境或環境讓你不開心
嗎？你能改變情況嗎？**第三張牌**：你經常覺得
身體不舒服嗎？你做了太多事，導致你筋疲力
盡嗎？你應該暫時休息一下嗎？**第四張牌**：你
是否花太多時間取悅別人，卻忽略了自己的感

受？**第五張牌**：即使心情低落，你還是會在別
人的面前表現得很快樂嗎？**第六張牌**：為了更
快樂的生活，你能夠為自己做哪些事？**第七張
牌**：約菲爾可以為你的生活帶來什麼形式的喜
悅？**第八張牌**：你能夠拜託別人做哪些讓你感
到快樂的事？他們會願意嗎？

準備的物品

整副牌。

時機

星期日（約菲爾的日子）。

756
自由大天使亞列爾的牌陣：
你和情人交往好幾年了，
但他不願意和配偶離婚

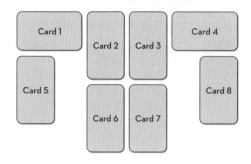

用途或背景知識

你聽膩了他的承諾，也厭倦了獨自度過每個假日。據說，大天使亞列爾（Ariel）有銀色的長髮，披著一件下擺有彩虹的亮白色斗篷。

第一張牌：你們當初交往時，他說不能和配偶離婚，是因為有年幼的孩子等合理的原因嗎？

第二張牌：他當初說的理由是否已經無效，後來他找了似乎沒有結論的藉口嗎？**第三張牌**：你應該要求他明確說出，你們何時能光明正大的交往的話嗎？**第四張牌**：如果他不願意或無法做出承諾，你應該擴大自己的社交圈，不再經常等他打電話給你？**第五張牌**：即使質疑他的答覆，你應該發出最後的通牒嗎？**第六張牌**：如果繼續與他交往，對你比較有利嗎？**第七張牌**：亞列爾會如何帶給你自由，使你和情人自在相愛，或帶你離開他的勇氣？**第八張牌**：你應該去尋找能經常陪伴你的愛人嗎？

準備的物品

二十二張大牌和十六張宮廷牌。

時機

星期五（亞列爾的日子）。

757
慰藉大天使亞茲拉爾的牌
陣：你的愛人去世了，但你
無法與別人訴說悲傷

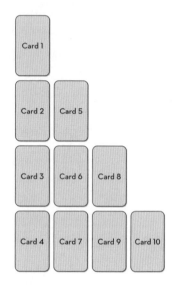

用途或背景知識

愛人的親屬不認識你。據說，亞茲拉爾（Azrael）的光環有深紫色的火焰，祂也有巨大的黑色翅膀，並披著深紅色和紫色相間的斗篷。

第一張牌：你能夠以老朋友的身分去參加葬禮，不引起別人懷疑嗎？**第二張牌**：如果你不能參加葬禮，你可以建立私密的紀念碑、種一棵樹，或是回到充滿快樂回憶的地方？**第三張牌**：有沒有好朋友或家人認識你的愛人？他們能安慰你嗎？**第四張牌**：你應該克制自己想參加葬禮的欲望嗎？你應該回到家人的身邊嗎？**第五張牌**：如果愛人的遺囑有不好的附帶結果，尤其是愛人的親屬不知道你的存在，那麼你應該避開他們嗎？**第六張牌**：即使無法說明真正的原因，但你應該給自己充裕的哀悼時間，或者休假，直到你能夠重新面對這個世

界？**第七張牌**：在你覺得自己變得更堅強之前，應該避開關於共同財產或遺產的重大決定嗎？**第八張牌**：如果愛人沒有留給你任何有形的東西，即使你們曾經在一起很多年，你應該放下這段感情嗎？**第九張牌**：你可以從亞茲拉爾那裡得到什麼樣的慰藉，滿足你的需求？**第十張牌**：你以後能找到幸福嗎？

準備的物品

二十二張大牌和十六張宮廷牌。

時機

星期二（亞茲拉爾的日子）。

758
大天使烏列爾的火焰與保護牌陣：你再也受不了被虐待或漠視

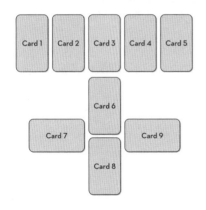

用途或背景知識

你快要發脾氣，準備罷工的時候。據説，烏列爾（Uriel）的光環如同在黑暗中燃燒的明亮火焰，祂有一把火焰聖劍，能散發出閃電般的光芒。

第一張牌：表達你的憤怒，是對抗打壓者的最佳方式嗎？**第二張牌**：長期以來的情況是否變得更糟糕了？還是你剛遇到這種情形？**第三張牌**：為什麼你要承受代罪羔羊的角色？你有別的選擇嗎？**第四張牌**：你經常為別人的事情

盡心盡力？別人是怎麼濫用你的善意呢？**第五張牌**：打壓者是不是考慮不周或自私的人？還是他故意忽視你的需求？**第六張牌**：你應該暫停執行超出負荷的工作，直到對方感謝你的付出？**第七張牌**：你應該冷靜且堅定的説出自己的想法，或説明未來的狀況？**第八張牌**：烏列爾的何種火焰能讓你受到重視或尊重？**第九張牌**：如果情況還是沒有改變，你應該離職嗎？

準備的物品

整副牌。

時機

星期二或星期六（烏列爾的日子）。

759
彩虹天使艾莉絲的牌陣：原諒朋友冒犯了你

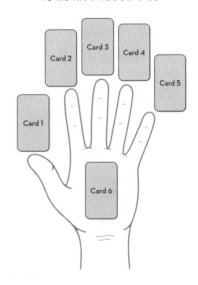

用途或背景知識

你們是多年的朋友，因此你受到的傷害特別深。據説，天使艾莉絲（Iris）有五彩繽紛的翅膀，手裡拿著紫黃相間的鳶尾花和金色的百合花。

第一張牌：你能理解出現問題的原因嗎？例如有第三方干擾你們的友誼，或朋友在生活中有很大的壓力、一時衝動？**第二張牌**：朋友是否嘗試想糾正錯誤，或表達過後悔的情緒，羞愧得不敢再接近你？**第三張牌**：你能主動破冰，談論出現問題的原因，或假裝忘了這件事，重新培養友誼嗎？**第四張牌**：如果朋友要重新取得你的信任，需要一段時間嗎？你以後會經常提防這位朋友嗎？**第五張牌**：你確定以後不會再發生同樣的事情嗎？**第六張牌**：雖然你可以原諒他，但與他斷交是否比較恰當？

準備的物品

二十二張大牌和十六張宮廷牌。

時機

星期五（艾莉絲的日子）。

第一張牌：受到提拔的人選是否在公司內靠著不公平的人脈關係，才得以升遷？**第二張牌**：在不引起更多麻煩的情況下，你能夠往上申訴嗎？**第三張牌**：你願意在受提拔者的底下工作嗎？你的怨氣會表現出來嗎？**第四張牌**：你應該在公司內申請調動，或申請不受升遷者管制的職位？**第五張牌**：如果公司有玻璃天花板*政策，你應該離職嗎？**第六張牌**：你應該多把心思放在工作之外的高品質生活，或開始創業？**第七張牌**：梅塔特隆可以帶給你什麼樣的力量，使你能夠克服這個問題？**第八張牌**：受提拔者會在新的崗位上待不久嗎？**第九張牌**：下次你能夠在這家公司或其他的公司升遷嗎？

準備的物品

四十張小牌（一號牌到十號牌），以及十六張宮廷牌。

時機

星期六。

＊無形的障礙使某些有資格的人無法升遷。

760
大天使梅塔特隆的晉升牌陣：
你沒有得到自己想要的升遷

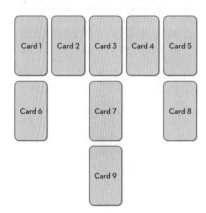

用途或背景知識

面試和評估的過程進行得很順利，但結果不如你的預期。梅塔特隆（Metatron）彷彿是能發出火花的光柱，也擁有三十六對翅膀和太陽般的明亮眼睛。

星座天使的牌陣

十二個牌陣的用途或背景知識

每個星座都有專屬的守護天使，能回應你在生活中遇到的特殊問題。

時機和使用方式

當月亮進入該月份、那個星座期間，特別在你生日當天或進入那個星座時，就能選擇合適的牌陣。在當月或每年的任何時刻，這個小型牌陣也可以讓你快速了解生活中的各方面。請在每一種牌陣中使用一整副牌。

761
武士天使馬基達爾的牡羊座牌陣：行動或發言

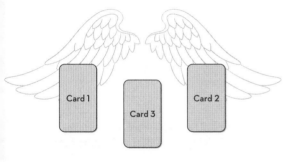

3月21日至4月20日；馬基達爾（Machidiel）有金紅相間的閃亮光環和翅膀。

第一張牌：你需要在哪方面堅持自己的立場，以及如何做？**第二張牌**：為了達到目標，你應該注意哪些挑戰或陷阱？**第三張牌**：馬基達爾如何幫助你取得成果？

762
和諧天使阿斯莫德的金牛座牌陣：別人帶給你壓力時，你要為自己尋求平衡

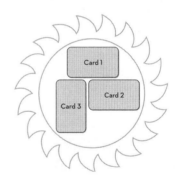

4月21日至5月21日；阿斯莫德（Asmodel）的身邊散發出粉紅色的光線。

第一張牌：別人在製造混亂或麻煩時，你該怎麼讓自己的生活恢復平靜？**第二張牌**：在你找回和諧的過程中，應該注意哪些挑戰或陷阱？**第三張牌**：阿斯莫德如何幫你消除障礙，讓你感到平靜？

763

溝通與旅行天使安伯麗爾的雙子座牌陣：說服別人接受你的觀點

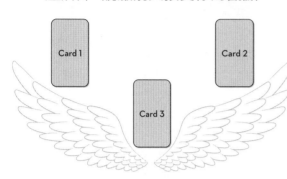

5月22日至6月21日；安伯麗爾（Ambriel）穿著清晨陽光色的服裝。

第一張牌：如何讓別人了解你的想法是解決問題的最佳方案？**第二張牌**：如果發生爭吵，你應該注意自己向別人傳達的話語有哪些疑點或缺點？**第三張牌**：安伯麗爾如何創造出有包容力的氛圍，讓你能夠成功說服別人？

764

幸福家庭天使穆里爾的巨蟹座牌陣：全家人都很忙，需要凝聚力

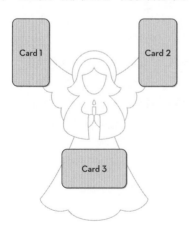

6月22日至7月22日；穆里爾（Muriel）穿著銀色與珍珠色相間的長袍，祂是具有夢想魔毯的療癒天使。

第一張牌：全家人都在忙著處理各自的事務，很少見面時，你該怎麼維護或改善關係，使家庭生活變得更幸福？**第二張牌**：在追求團聚的過程中，你應該注意哪些挑戰或陷阱？**第三張牌**：穆里爾如何使全家人團結一致？

765

成就天使凡基爾的獅子座牌陣：決定追求成功或享受生活

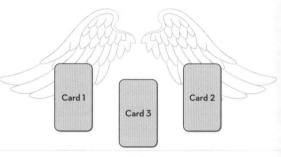

7月23日至8月23日；凡基爾（Verchiel）是美好的歡樂提供者，祂的身邊散發著陽光般的光束。

第一張牌：你應該為成功、名聲及財富打拚嗎？**第二張牌**：如果你想孤注一擲，你需要注意哪些挑戰或陷阱？**第三張牌**：凡基爾如何幫助你找到適合自己的成就感，包括短期和長期的目標？

766
完美天使哈瑪利爾的處女座牌陣：你正在努力完成專案或任務

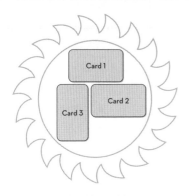

8月24日至9月22日；哈瑪利爾（Hamaliel）的身邊有迷霧般的深綠色妝點。

第一張牌：你該怎麼認清事實？你已經取得不錯的成果，不需要為了達到十全十美的境界而不斷修改？**第二張牌**：有哪些挑戰或陷阱，可能會阻礙你接受別人給你的優良評價？**第三張牌**：哈瑪利爾如何幫助你毫無顧慮的完成任務？

767
理智天使蘇瑞爾的天秤座牌陣：你對急迫的決定猶豫不決

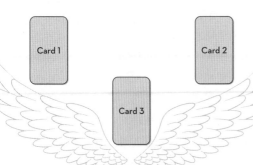

9月23日至10月23日；蘇瑞爾（Zuriel）是散發著淡藍色光芒的天使，在任何情況下，都能帶給你平靜和理性。

第一張牌：你知道正確的決定是什麼嗎？**第二張牌**：有哪些挑戰或陷阱導致了不必要的延誤，例如你害怕造成無法避免的傷害或批評？

第三張牌：蘇瑞爾如何帶給你平靜的自信心，幫助你表達應該說的話？

768
天使巴瑞爾的天蠍座牌陣：從生活中學到教訓，避免重蹈覆轍

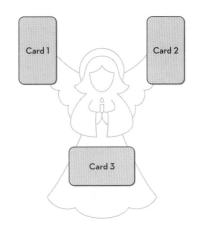

10月24日至11月22日。我們已經知道天使巴瑞爾也能創造小小奇蹟，祂通常穿著靛藍色或酒紅色的長袍，但有時候在圖像中是穿著日落色彩的長袍。

第一張牌：你應該避開哪些舊模式？還是你不該再犯下哪些錯誤？**第二張牌**：什麼原因導致你回到以前的模式，並相信這次的結果會有所不同？**第三張牌**：巴瑞爾能提供你什麼樣的見解和智慧，引導你走向更美好的新途徑？

769
學習與探索天使阿德那基爾的射手座牌陣：在晚年取得重要的學位或去上課

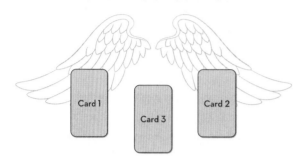

11月23日至12月21日；阿德那基爾（Adnachiel）穿著亮黃色的長袍，並拿著金色的弓箭。

第一張牌：你能順利的學習新知識嗎？**第二張牌**：別人和額外的要求會導致哪些挑戰或陷阱，可能會阻礙你？**第三張牌**：當你心存疑慮時，阿德那基爾能為你的新計畫帶來什麼樣的啟發？

770
天使漢尼爾的摩羯座牌陣：慎重考慮快速賺錢的理財建議

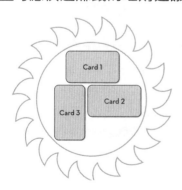

12月22日至1月20日；漢尼爾（Hanael）經常與掌管愛的大天使阿納爾有關聯。關於祂的摩羯座角色，常見的形象是穿著淡褐色的長袍，以及褐色的翅膀。

第一張牌：如果你仔細確認對方的提議並尋求可靠的理財建議，或只在證實很安全的情況下執行，比較妥當嗎？**第二張牌**：你需要排除什麼樣的心理壓力，才能迅速做出決定，以免你被看似一夕致富的誘惑沖昏頭？**第三張牌**：無論你做出什麼決定，漢尼爾能創造哪些明智的制約因素，確保你的財富不流失？

771
守護大天使坎比爾的水瓶座牌陣：保護你不被太多不幸的傳聞動搖

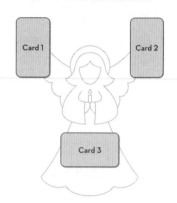

1月21日至2月18日；坎比爾（Cambiel）是高大的神祕大天使。

第一張牌：在你決定幫助別人之前，你應該憑著理智和常識判斷，而不是靠直覺，尤其是同一個人屢次找你幫忙嗎？**第二張牌**：面對需要幫助的人，你有什麼樣的心理壓力？內疚感和義務讓你為了錢而落入圈套？**第三張牌**：坎比爾可以帶給你什麼樣的情感分離能力，去說服對方靠自己解決問題？

772
大天使巴拉基勒的雙魚座牌陣：在你最需要的時刻和地點帶來好運氣

2月19日至3月20日；巴拉基勒（Barakiel）穿著藍色與金色相間的長袍，祂的光環閃爍著閃電般的光芒。

第一張牌：你能夠做哪些事，加快好運氣到來的速度？**第二張牌：**誰或什麼事可能會阻礙你爭取機會？**第三張牌：**巴拉基勒如何創造出你意想不到的有利因素，讓好運氣快速來到你的身邊？

第三十八章

水晶塔羅的牌陣

在二十二張大牌當中，每一張牌都有對應的水晶。我發現，水晶塔羅的關聯性在解讀塔羅牌方面特別有幫助，使用水晶塔羅牌陣有很大的效力，因為它能結合水晶與每張大牌的含義和能量，而且每一種水晶都具有其對應牌的特點。

另外，我在後面也列出了每一種水晶（襯托塔羅牌）的其他特點。

如果你不認同我提出水晶和塔羅牌之間的關聯，你可以自行替換。畢竟，這些關聯性在於是否適合你。

需要使用的水晶都很容易買得到，而且價格不貴。如果你想了解更多關於水晶的資訊，可以參考我寫的另一本書《淺談水晶》（A Little Bit of Crystals），我在這本書中詳細有描述各種水晶相關知識。

水晶塔羅的牌義

塔羅牌	相關的水晶	水晶的意義
愚者	白水晶	樂觀
魔術師	黃水晶或虎眼石	賺錢的才能
女祭司	紫水晶或螢石	完美的內在平衡
皇后	粉水晶	培育的才能
皇帝	綠松石或藍色的白紋石	領導力
教皇	茶水晶或藍紋石	心靈的智慧
戀人	翡翠	忠誠
戰車	金髮晶或彩虹光拉長石	冒險的特質
正義	灰色、棕色或淡黃褐色條紋瑪瑙滾石	真理或脫離腐敗
隱士	褐色光沙漠玫瑰石	遵循心聲
命運之輪	綠色的砂金石	好運氣，特別是投資或投機活動
力量	綠色和黑色的孔雀石	毅力
倒吊者	紅色和綠色的血石	釋放恐懼感
死神	阿帕契之淚黑曜石或煤精	柳暗花明又一村
節制	藍紋瑪瑙、淡藍色與白色相間的天使石	內在的和諧及外在的平靜
惡魔	紅碧玉	克服障礙的勇氣
高塔	豹紋碧玉或圖里特娜瑪瑙	擺脫束縛
星星	青金石	靠天賦實現名利雙收
月亮	微微發亮且半透明的月光石或透石膏	靈性力量
太陽	橙色的琥珀或紅玉髓	喜悅，特別是度過悲傷或成功事件後
審判	有灰色光澤的赤鐵礦或有金銀光澤的黃鐵礦	捨棄不再需要的部分，通往新的成長階段
世界	海藍寶石	一望無垠的視野及新機會

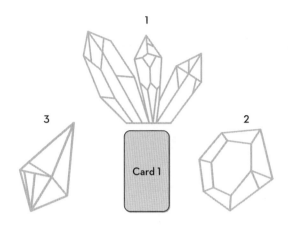

解讀你的水晶塔羅

◆ 請確認二十二顆水晶的尺寸和形狀都很相似。

◆ 從我列出的二十二種水晶塔羅牌陣當中，選擇最接近你提出的疑問或需求的陣形。為了讓每一種陣形都有對應的水晶，請把二十二顆水晶放進有拉繩的袋子或錢包。搖一搖袋子後，請取出三顆水晶，一次取一顆，純粹憑感覺。

◆ 現在，請將三顆水晶排成三角陣形。第一顆水晶在頂端，第二顆水晶在右方，而第三顆水晶在左方（順時針方向）。

◆ 洗完二十二張大牌後，請抽一張牌（不能偷看），並將這張牌放在三角陣形的中央。

◆ 請按照抽取的順序拿起每一顆水晶，並解讀含義。請你先根據相關的塔羅牌義解讀，例如粉水晶與情人有關。當你拿著水晶的時候，請花一點時間去感受水晶帶給你的印象和想法。如前面所說，水晶的基本含義與相關的大牌很接近，但你能透過指尖收到許多額外的訊息。

◆ 現在，請解讀你抽到的塔羅牌，並了解牌義如何回應你的疑問。

◆ 如果你抽到的塔羅牌與牌陣的名稱相同，或者這張牌象徵著你抽取的其中一顆水晶，就代表你非常幸運。

在接下來的二十二種牌陣中，請採用以下的「三顆水晶圍著一張牌」的陣形（牌陣編號是773至794）。

773
愚者的牌陣：你想尋求新的開始

用途或背景知識
- 幸運牌：愚者
- 幸運水晶：白水晶

第一顆水晶：你準備要冒險了嗎？**第二顆水晶**：如果你有服從別人的心理壓力，該怎麼保持真實的自我？**第三顆水晶**：你應該採取哪些行動，迎接新的開始？

第一張牌：你的新開始會有什麼樣的結果？

774
魔術師的牌陣：創業成功

用途或背景知識
- 幸運牌：魔術師
- 幸運水晶：黃水晶或虎眼石

第一顆水晶：你準備好傳達自己的理念了？有遺漏的部分嗎？**第二顆水晶**：剛開始，你需要克服哪些困難？**第三顆水晶**：你應該尋找哪些契機？

第一張牌：你的事業會在短期內成功嗎？還是你需要花更長的時間發展事業？

775
女祭司的牌陣：用自己的方式發展獨特的才能

用途或背景知識
- 幸運牌：女祭司
- 幸運水晶：紫水晶或紫螢石

第一顆水晶：如果你覺得自己與眾不同，你現在應該善用獨特的才能嗎？**第二顆水晶**：誰或什麼事阻礙你展現獨特的才能？**第三顆水晶**：如果你

遵循自己的原則和道德準則，會出現哪些契機？

第一張牌：如果你在公眾場合發揮特殊的才能，並追求自己的人生願景後，會有什麼結果？

776
皇后的牌陣：在懷孕期間保持愉快，並生下健康的孩子

用途或背景知識
- 幸運牌：皇后
- 幸運水晶：粉水晶

第一顆水晶：妳現在應該放慢步調，多關心自己嗎？**第二顆水晶**：妳是否覺得焦慮，需要找人傾訴，才能得到慰藉？**第三顆水晶**：關於第一胎，妳最期待什麼事？

第一張牌：寶寶出生後，妳會發現所有的疑慮或恐懼感都是毫無根據嗎？

777
皇帝的牌陣：在競爭激烈的工作場所中保住地位

用途或背景知識
- 幸運牌：皇帝
- 幸運水晶：綠松石或藍色的白紋石

第一顆水晶：即使缺乏自信，你能不能表現得有信心？**第二顆水晶**：對手利用什麼手段打擊你？

第三顆水晶：你可以運用哪些策略，為自己做的事情贏得讚譽？

第一張牌：你能夠成功、升遷、得到認可或獲得你應得的薪資嗎？

778
教皇的牌陣：突破家庭的傳統，追隨你渴望的職業生涯

用途或背景知識

- 幸運牌：教皇
- 幸運水晶：茶水晶或藍紋石

第一顆水晶：你對自己追求的職業生涯沒有任何疑慮嗎？還是你已經準備好，或正在接受培訓了？**第二顆水晶**：如果這條路不適合你，即使家人對你施壓，你能夠或應該拒絕遵循家族幾代人從事的傳統職業嗎？**第三顆水晶**：你準備引導家人對你追求的職涯之路改觀嗎？

第一張牌：你能成功嗎？家人能領悟到你選擇的道路最適合你嗎？

779
戀人的牌陣：抵制劈腿的誘惑

用途或背景知識

- 幸運牌：戀人
- 幸運水晶：翡翠

第一顆水晶：在你追求新戀情之前，你應該嘗試改善目前的戀情嗎？**第二顆水晶**：如果你進一步對第三者調情，有什麼風險？**第三顆水晶**：你能夠或應該把新的戀情當成無害的調情管道，讓自己變得更有自信，或者讓自己更有能力與伴侶和平相處嗎？

第一張牌：如果放棄與第三者調情的樂趣，你能夠在目前的戀情中感受到幸福嗎？

780
戰車的牌陣：伴侶缺乏熱情，你想規劃大冒險旅程

用途或背景知識

- 幸運牌：戰車
- 幸運水晶：金髮晶或拉長石

第一顆水晶：你已經規劃了詳盡的整體計畫，可以向伴侶說明這次旅行的好處？**第二顆水晶**：為了讓伴侶放心，你能提前克服他的疑慮或缺點嗎？**第三顆水晶**：無論伴侶是否陪同，你都準備好要出發嗎？

第一張牌：他能參與並享受你規劃的旅程嗎？

781
正義的牌陣：年邁的父母忽視你為他們付出的一切，反而不斷讚美缺席或怠慢的兄弟姊妹

用途或背景知識

- 幸運牌：正義
- 幸運水晶：灰色、咖啡色或淺黃褐色的條紋瑪瑙滾石

第一顆水晶：你應該暫停提供幫助，並要求其他的家庭成員多付出一些？**第二顆水晶**：如果你的兄弟姊妹總是備受寵愛，你應該向父母反應不公平嗎？還是你的繼續付出是值得的事？**第三顆水晶**：你能夠認清自己所做的一切，是出自於愛？如果你希望父母得到妥善的照顧，你能夠接受代價就是承受不公平嗎？

第一張牌：隨著時間流逝，當缺席的兄弟姊妹漸漸露出真面目時，父母會變得更加感激你的付出嗎？

782
隱士的牌陣：不捲入持續 的家庭衝突或職場衝突

用途或背景知識

· 幸運牌：隱士
· 幸運水晶：沙漠玫瑰石

第一顆水晶：你經常幫忙調解嗎？這樣做對你有很大的好處？**第二顆水晶**：如果你出面干涉，最後通常都要做出選擇，或被兩邊的人指責？**第三顆水晶**：如果發生糾紛是很常見的事，你應該建議他們請教顧問或找職場調解的專家嗎？

第一張牌：如果置身事外，你的內心就能保持平靜？還是這樣做能讓你與雙方在社交層面上建立關係，而不是建立諮詢服務的關係？

783
命運之輪的牌陣：你想知道現 在是不是投資或賭博的好時機

用途或背景知識

· 幸運牌：命運之輪
· 幸運水晶：綠色的砂金石

第一顆水晶：你已經研究了投資活動或賭博的實際財務影響和應用範圍嗎？**第二顆水晶**：有哪些未知或被忽略的因素，可能使這件事變成糟糕的決定？**第三顆水晶**：在這次的冒險中，幸運女神與你同在嗎？

第一張牌：整體的結果是獲利、虧損或損益平衡？

784
力量的牌陣：你想放棄 一段感情或關係

用途或背景知識

· 幸運牌：力量
· 幸運水晶：孔雀石

第一顆水晶：你應該暫時堅持下去，還是為自己尋求支援？**第二顆水晶**：誰或什麼事阻礙你解決問題？這種情況會改變嗎？**第三顆水晶**：有哪些建議或有利的因素可以突破僵局？

第一張牌：如果你不放棄，最終會有好的結果？

785
倒吊者的牌陣：擺脫沒有 好結果的感情或局面

用途或背景知識

· 幸運牌：倒吊者
· 幸運水晶：血石

第一顆水晶：你已經試過各種方法，但都沒有效果？**第二顆水晶**：關於轉身離開，你最擔心或害怕什麼事？**第三顆水晶**：如果你轉身離開，會發生什麼好事？

第一張牌：如果你還沒準備好，應該等到自己準備好或有正面的事情發生時，再做出決定嗎？

786
死神的牌陣：在重大的損失或挫折結束後，重新開始

用途或背景知識

· 幸運牌：死神
· 幸運水晶：阿帕契之淚黑曜石或煤精

第一顆水晶：山窮水盡之處，即將出現什麼希望？**第二顆水晶**：你還需要一點時間和空間，去處理什麼樣的悲傷或恐懼？**第三顆水晶**：目前，誰或什麼事對你最有幫助？你能聯繫到他們嗎？

第一張牌：當你準備好時，什麼事或誰能引導你找回幸福，並迎接新的開始？

787
節制的牌陣：實現祝福和願望

用途或背景知識

· 幸運牌：節制
· 幸運水晶：藍紋瑪瑙或天使石

第一顆水晶：你現在最需要實現哪些祝福或願望？**第二顆水晶**：為了坦然接受祝福，你應該要卸下哪些負擔？**第三顆水晶**：有哪些機會能幫助你有效地實現這些祝福？

第一張牌：在你的生活中，即將出現哪些長期的好處？

788
惡魔的牌陣：利用你的憤怒或怨恨，轉化為積極的改變

用途或背景知識

· 幸運牌：惡魔
· 幸運水晶：紅碧玉

第一顆水晶：在你的生活中，哪部分讓你最不滿意？**第二顆水晶**：為什麼你覺得有罪惡感，或沒有資格抗議？**第三顆水晶**：你該怎麼冷靜且堅定的轉化負面的情緒，或採取行動，導正不公不義的事情？

第一張牌：關於你接下來的決定或行動，會帶來什麼樣的正面結果？

789
高塔的牌陣：擺脫阻礙你前進的約束性情境

用途或背景知識

· 幸運牌：高塔
· 幸運水晶：豹紋碧玉或圖里特娜瑪瑙

第一顆水晶：你準備好突破生活中的限制，或離開束縛你的情境了嗎？**第二顆水晶**：什麼樣的潛在破壞力，或干擾人的恐懼感，阻礙了你的行動？

第三顆水晶：一旦你採取行動，會出現哪些好處？

第一張牌：你會比預期的早一點解脫嗎？

790
星星的牌陣：時來運轉

用途或背景知識

- 幸運牌：星星
- 幸運水晶：青金石

第一顆水晶：為了轉運，你正在嘗試各種方法嗎？你遺漏了哪些部分？**第二顆水晶**：你應該避開或忽視那些試圖阻礙你的人，或嘲笑你的夢想的人？**第三顆水晶**：屬於你的轉機在何時到來？如何到來？

第一張牌：如果你堅持不懈，就能通往未來的成功之路或得到認可嗎？

791
月亮的牌陣：務實的浪漫

用途或背景知識

- 幸運牌：月亮
- 幸運水晶：月光石或透石膏

第一顆水晶：你有一段愉快的戀情，但你想要的不只是鮮花和甜言蜜語嗎？**第二顆水晶**：你擔心或懷疑愛人不打算做出承諾，或與你長久相伴嗎？**第三顆水晶**：對你的現在或將來而言，目前的戀情已經足夠了？如果你不滿足，你會另尋新的戀情嗎？

第一張牌：這段戀情能不能發展成永久且忠誠的愛？

792
太陽的牌陣：你經常擔心未來，需要享受現在的生活

用途或背景知識

- 幸運牌：太陽
- 幸運水晶：琥珀或紅玉髓

第一顆水晶：如果你的生活、人際關係和職業生涯都不錯，你應該充分利用時間，同時創造快樂的回憶嗎？**第二顆水晶**：有任何事情讓你很擔心嗎？還是你擔心幸福感會突然消失？你現在非常快樂，卻對未來感到不安？**第三顆水晶**：你能夠在快樂時光的基礎上做哪些事，創造出有保障的未來？

第一張牌：雖然每個人都會經歷低潮，但幸福感會在你的生活中延續下去嗎？

793
正義的牌陣：擔心別人不認同你的成就和生活方式

用途或背景知識

- 幸運牌：正義
- 幸運水晶：赤鐵礦或黃鐵礦

第一顆水晶：你對自己的選擇和生活方式感到滿意，卻擔心別人不認同？**第二顆水晶**：你在生活中遇到了喜歡批判的人嗎？你在習慣品頭論足的家庭中成長，因此你很容易質疑自己？**第三顆水晶**：你應該依靠值得信賴和尊重的人肯定你的成就嗎？還是你可以避開或忽視那些誹謗你的人？

第一張牌：你能漸漸對自己的判斷力和決定產生信心，不再在意別人的看法嗎？

794
世界的牌陣：你知道人生中還有許多夢想尚未實現

用途或背景知識

· 幸運牌：世界
· 幸運水晶：海藍寶石

第一顆水晶：有某個夢想在召喚你嗎？你對現在的生活越來越不滿意了？**第二顆水晶**：是什麼因素使你停留在熟悉的圈子裡？金錢、親切感或承諾？你能克服這些羈絆，獲得自由嗎？**第三顆水晶**：旅行或更換地點能解決你的不安嗎？還是你需要徹底改變生活方式？

第一張牌：你的新生活能帶給你滿足感嗎？或者你應該先從改變內在做起？

795
六顆水晶搭配塔羅牌的牌陣：你無法順利地升遷或換工作

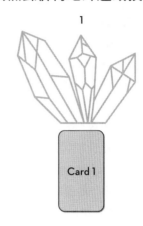

用途或背景知識

這是結合牌卡和水晶能量的好方法，可以應用於六個月的生活回顧，或是在答案不清楚的情況下，你需要憑直覺回答的疑問。

請從袋子裡抽取六顆水晶，一次抽一顆，全憑感覺。

請依照順時針的方向，將抽到的六顆水晶圍成一個圈。接著，在每一顆水晶下方擺放對應的大牌。看著對應的牌卡圖片，有意識的從牌組中抽大牌。記得不要偷看，例如先從袋子裡取出翡翠後，再把戀人牌放在翡翠下方。

六顆水晶或六張牌沒有特定的位置含義，請按照你從袋子中抽取的順序解讀。

請先思考牌義，然後拿著水晶，讓答案揭曉。請勿只順應牌卡的特殊含義來思考，而是憑著你拿著水晶時的感受，以及在腦海中出現的畫面和你聽到的話語來感應。

準備的物品

二十二顆水晶和二十二張大牌，你要從中各抽六張牌。

時機

慢慢來，你在擺放此牌陣時，可以讓水晶的意義漸漸顯現。請點燃喜歡的蠟燭和薰香精油，幫助自己放鬆。接著，請你在日記中做筆記。接下來已經列出例子，讓你可以了解操作的方式。

例子

吉爾（Jill）今年二十歲。最近，她晉升到時裝店的初階經理職位。她從高中畢業後，就持續在這家店工作。她具備了相關的能力、經驗和資格。不過，在該店工作多年的員工都對她有敵意，因為他們不認同年輕人擔任更資深的職位。雖然吉爾熱愛這份工作，但流言蜚語和誹謗迫使她考慮回到原本的職位。

吉爾抽到

第一顆水晶：阿帕契之淚黑曜石（死神，結束後迎接新開始）。吉爾真的能回到以前的生活嗎？她想問的是，能不能回到升遷前的自己？她在工作和社交生活中都很輕鬆愉快。現在，她在這兩方面都飽受煎熬。她看到圖像中的光線穿越黑暗，而半透明的水晶則是她要進入新世界之前必經的入口。她位於出發點，猶豫不決。

第二顆水晶：豹紋碧玉（高塔，脫離限制）。吉爾的腦海中浮現一隻豹在暴風雨中奔跑的畫面，閃電照亮了牠的皮毛。牠跑得很快，不久就離開了叢林，留下吉爾獨自一人。吉爾表示，她在升遷後的幾個月內，欣然迎接挑戰，準備離開充滿愛，卻很拘束的家，另尋一個屬於自己的窩。當你接觸塔羅水晶時，你對塔羅牌的解讀通常會延伸到其他的生活議題，而這些議題會影響，或受到特定的疑問或問題所影響。

第三顆水晶：沙漠玫瑰石（隱士，追隨自己的星星）。吉爾的腦海中浮現一隻蜥蜴，位於沙漠的岩石上。她走進岩石後（閃閃發光的珍品寶庫），突然發現自己本身就具備豐富的資源。

在吉爾升遷之前，雖然不想參加社交活動，但她還是嘗試融入女生的圈子。現在，她已經加入管理階層的團隊，因此她意識到自己必須表現得冷漠一點。她坦承自己曾經想要兩全其美，卻發現這是不可能的事。但變化不只如此，她目前在追求不同的生活；能開發內在潛力的新生活。

第四顆水晶：血石（倒吊者，擺脫阻礙我們的人事物）。吉爾想像朝聖的旅客們走在布滿石頭的道路上。她領悟到自己需要走出舒適圈（離開家鄉）和放棄追求高薪。她最大的恐懼是孑然一身，但若無法獨立生活，她知道自己會停滯不前，永遠像個長不大的小女孩。

第五顆水晶：琥珀（太陽，透過開發獨特的才華致勝）。這顆水晶象徵著美好的仙子。吉爾想像橘色的氣球在天空中升起，越過廣闊的平原和無邊無際的地平線。太陽則是象徵著成功和幸福。

她有機會到總公司工作六個月，但她拒絕了，因為這代表她要搬到一百英里以外的地方，還要自給自足。

第六顆水晶：海藍寶石（世界，開拓各方面的視野）。吉爾拿著海藍寶石時，想像一艘船正在海上航行，把她帶到世界的另一端。她突然感到害怕；領航艇返回港口時，她也跟著。但她站在那裡，看著滿載「渴望」的大船，並知道自己有朝一日會踏上獨特的旅程。

她真的能迎接新的挑戰嗎？這似乎與她當初提出的疑問差很多。她一開始想了解的是，為了避開職場上的惡劣鬥爭，她該不該放棄升遷？即使她現在沒有接受調動，她的內心卻產生一股變革的推動力。或許，她未來會願意調到總部。

第三十九章

預知命運的牌陣

此牌陣的幸運牌

大牌：戰車、命運之輪、星星、月亮、太陽、世界。

小牌：錢幣王牌、聖杯王牌、權杖王牌、聖杯三、權杖三、權杖六、錢幣八、權杖八、錢幣十、權杖十。

宮廷牌：錢幣王子、錢幣騎士、權杖王子、權杖騎士、錢幣皇后、權杖皇后、錢幣國王、權杖國王。

關於預知命運的牌陣

接下來的各種牌陣都具有預測性，也更著重未知的部分，同時探尋最佳決策和如何行動的線索。這些牌陣包括神諭、業力或前世的關聯性、靈擺和命理學。

796
命運的牌陣：四位風神

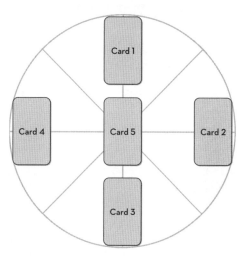

用途或背景知識
事情超出了你的控制範圍，因此你想了解可能的結果，以及你可以做什麼事來改善局面。

第一張牌：北風神波瑞士（Boreas）；如果沒有任何改變，或者你什麼事都不做，實際情況或最有可能的影響是什麼？**第二張牌**：東風神幽魯士（Eurus）；從邏輯的角度來看，你可以做什麼事來形成正面的影響？**第三張牌**：南風神諾特士（Notus）；外界有哪些意外的刺激因素，能緩解目前的情況？**第四張牌**：西風神仄費洛斯（Zephyrus）；什麼事可能使你偏離正軌？**第五張牌**：所有的因素結合在一起的結果。

準備的物品
整副牌。

時機
盡量挑有風的日子，其次是多雲的日子。

797
命運的靈擺牌陣：詢問關於不明確的未來問題

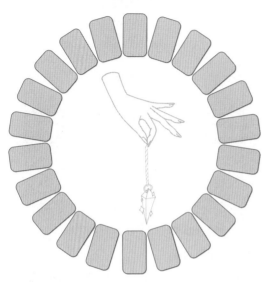

用途和背景知識

請找一個有鍊子的靈擺、水晶或你喜歡的墜子，然後將鍊子拉成一條直線。

洗完二十二張大牌後，將這些牌卡擺放成圓圈，牌面朝下。

當你提出問題的時候，要慢慢的讓靈擺經過每張牌。你會感覺到靈擺有明顯向下的拉力，並在你的手指上產生震動，或是以順時針的方向在牌卡上方擺動，藉此回答你的問題（靈擺回應的波動狀態會稍微不同）。

再把靈擺指定的牌卡翻過來解讀。

準備的物品

二十二張大牌。

時機

你無法靠邏輯，或從已知的事實推論出答案時。

798
你期待的事，會在一年內發生嗎？

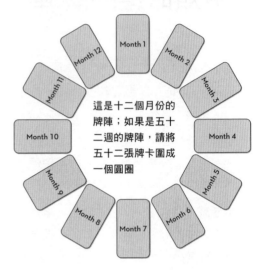

用途和背景知識

這個牌陣是根據靈擺暗示的牌卡位置，指出事件發生前的週數或月份數。你選中的牌義，則是代表事件、優勢或陷阱的相關訊息。

請你先決定要採用週數，還是更明確的月數。

洗完整副牌後，請選擇十二張牌代表當年的月份數，或是代表週數的五十二張牌。將這些牌擺放成圓圈，牌面朝下。

接著，慢慢的讓靈擺以順時針的方向經過圓圈，直到靈擺有往下拉動、震動或轉圈的波動為止。你選中的牌卡在圓圈中的位置，代表正確的週數或月份數。請你把第一張牌當成第一週或第一個月。

如果靈擺沒有暗示任何牌，就代表事件會延期或不會發生。請你採用上一個牌陣提出疑問。

時機

事件可能最先發生的月初。

799
你應該選哪一個？

用途或背景知識

這個多功能的靈擺牌陣，適用在挑不同的度假飯
店或地點、選治療用的精油或療法，或在大學或
未來的工作場所等諸多選項中做出選擇。

你不只可以運用靈擺，憑直覺選擇最適合自己的
選項，牌卡也能提供你額外的訊息，幫助你理解
自己的最終選擇。這種方法比較適合六個以下
的選項。

請先洗牌，然後依照從左往右的順序，為每個選
項抽一張牌。接著，加上一張牌，當作未知的因
素。

請你拿著靈擺，慢慢的讓靈擺經過每張牌的上
方。

如果你感覺到靈擺有明顯向下的拉力或波動，
代表這是明確的肯定答案。如果你的感受不明
顯，可以確認有沒有第二個選項能讓靈擺的反應
更強烈。至於添加的另一張牌，則是能提供額外
的訊息。

準備的物品

先使用整副牌，再從中挑出符合選項數目的牌
卡。

時機

選項的資訊無法讓你做出明確的選擇。

800
業力的牌陣：了解自己引進
哪些要素到生活中，以及
你能夠克服問題的方式

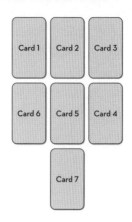

用途或背景知識

你想知道同樣的情況在生活中反覆出現的原因，
這是有效力的牌陣。

第一張牌：你從前世中獲得了哪些優勢？**第二張
牌**：你從前世中帶來了哪些挑戰？**第三張牌**：誰
是你的靈魂伴侶？你在今生見過他嗎？**第四張
牌**：誰是你命中注定的對手？你在今生見過他
嗎？**第五張牌**：你應該在前世遺留哪些負擔或劣
勢？**第六張牌**：你應該在今生加強哪些優勢或特
質？**第七張牌**：你在今生要面對的業力或心靈使
命是什麼？

準備的物品

二十二張大牌和十六張宮廷牌。

時機

你不會受到別人干擾的晚上（這是需要從容擺放
的牌陣）。

801
神諭的牌陣

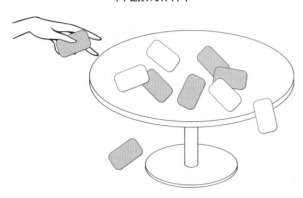

用途或背景知識

在古老的神諭傳統中，你能在某個時間點得到適合自己的資訊。

洗牌後，請從牌面朝下的牌組中抽十張牌。

從遠處把這些牌扔到桌上。一次扔一張牌。請不要刻意讓落下的牌呈現圖片朝上或朝下的狀態，你只需要解讀圖片朝上的牌就好。有些圖片朝上的牌可能會掉到地板上，但請勿撿起。

無論牌卡是落在桌上或地板上，你都不必解讀圖片朝下的牌，只需要將這些圖片朝下的牌收集起來。

你每一天都要持續把剩餘的牌扔到桌上，直到所有落在桌面上的牌都呈現圖片朝上為止。

每一天過去，你還沒解讀過的牌會越來越少，因為大部分的牌都是圖片朝上過。

如果有負面含義的牌在第五天之前出現，請務必解讀這張牌，並注意牌義暗示你會遇到哪些挑戰。

準備的物品

從整副牌中抽出屬於你的十張神諭牌。

時機

每天早上，最多五天，直到你解讀完圖片朝上的牌。

802
塔羅牌與骰子的牌陣：你想知道何者是最有效的行動方針

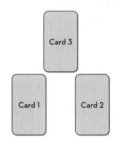

用途或背景知識

這是一種探索未知因素的方法。

請先洗整副牌，然後一次擲出三顆骰子。

從牌面朝下的牌組中，抽出一張與這三顆骰子總數相等的牌。例如你擲出三個6，就要從牌面朝下的牌組中，抽出從上數來第18張的牌卡。

請重複同樣的流程，直到抽出符合選字的第二、第三張牌。請將抽到的牌留下。

第一張牌：選項一。**第二張牌**：選項二。**第三張牌**：選項三。

如果有三個以上的選項，就要分別搖骰子，然後為每個選項各抽一張牌，接著解牌。

最後，請一次搖三顆骰子，再抽一張牌，得出整體的見解。

時機

在你做出決定之前。

803
尋求智慧

Card 9	Card 10
Card 7	Card 8

Card 1	Card 2	Card 3	Card 4	Card 5	Card 6

用途或背景知識

這種九張牌的牌陣適用於沒有明確的疑問，但你想要事先了解最佳的行動方案，以便你做出正確的選擇和決定。

傳統上，9是代表完美和完成的數字，而在這裡是指有九個主要的疑問需要答案。第十張牌代表潛藏的訊息，用途是整合其他的九張牌。

第一張牌：目前，你認為最重要的東西是什麼？

第二張牌：在你繼續行動之前，你需要尋求什麼樣的幫助？**第三張牌：**無論是現在或短期內，誰或什麼事能幫助你獲得繼續前行所需的知識或智慧？**第四張牌：**誰或什麼事阻礙了你獲得必要的知識或智慧？**第五張牌：**你需要採取什麼行動，或說什麼話？**第六張牌：**你應該避免做什麼事，或避免說什麼話？**第七張牌：**你需要針對目前的生活做出哪些改變？你需要改變心態嗎？**第八張牌：**你應該在目前的生活中保留哪些部分，或發展哪方面？**第九張牌：**你必須捨棄或留下什麼？**第十張牌：**潛藏的訊息、獲得必備知識的關鍵、使生活更加協調的智慧，以及關於前程的指點。

準備的物品

二十二張大牌和十六張宮廷牌。

時機

當你可以從容的思考牌義之時。完成後，在睡覺之前把第十張牌放在枕頭下方。

804
命運的十字牌陣

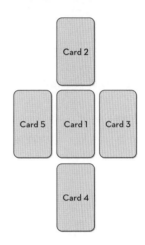

用途或背景知識

當你需要簡短的概述，以便事先了解尚未透露的訊息，藉此做出快速的必要決定。

第一張牌：目前的表面情況。**第二張牌：**實際的情況。**第三張牌：**你應該或能夠改變哪些部分。

第四張牌：你無法或不應該改變哪些部分。**第五張牌：**結合已知和未知的因素，得出理想的結果。

準備的物品

四十張小牌。

時機

在你清醒的時刻。

805
命理學的逐月命運牌陣

用途或背景知識

這種方法是根據你的生日，用塔羅牌找出每個月最相關的資訊。

請先洗完整副牌。

接著，請寫下你自己的生日數字：日、月、西元年。此牌陣不需要出生時間。

請你將日、月、西元年的數字分別加總，以及整體加總，得出最後的個位數。例如：58 = 5+8 = 13 = 1+3 = 4。特殊的數字11和22則是例外。

請從最上方開始發牌並數數，直到你數到出生日子加總後的數字，才翻開塔羅牌；代表**第一張牌**，可以暗示你下個月的契機。

抽出這張牌後，再重新洗剩餘的牌。

同樣的，從牌組的頂端開始發牌並數數，直到你數到出生月份加總後的數字，才翻開塔羅牌；代表**第二張牌**，能暗示你下個月需要克服的挑戰。

從牌組中抽掉第二張牌後，重新洗剩餘的牌，再重新發牌並計數，直到你數到出生年分加總後的數字，才翻開塔羅牌。

此外，像是1984加總後，得出特殊數字22，因此你要數到第二十二張塔羅牌。若是1947則是先得出21，再加總為個位數3，因此你要數到第三張塔羅牌。這張牌代表**第三張牌**，可以暗示你下個月克服挑戰所需的力量。

移除第三張牌後，重新洗剩餘的牌，再從牌組的最上方開始發牌並數數，直到你數到出生日、月、年的整體加總數字，才翻開塔羅牌。

例如出生日期是1984年3月8日，加總後得出個位數6，那麼代表**第四張牌**的是你發牌時數到的第六張塔羅牌。這張牌可以暗示你下個月意想不到的好運氣。

時機

當月的第一天。如果你想了解自己的命運即將出現哪些新的因素，你可以每個月操作這個牌陣。

806
塔羅牌與骰子的三步驟牌陣：完成無趣的重要任務或文書作業

用途或背景知識

洗四十張小牌。

一次擲出三個顆子。從牌面朝下的牌組中，抽出第一張與三顆骰子總數相等的牌。接下來，重複同樣的流程，抽出兩張牌和第三張牌。

第一張牌：你不會受到干擾、最適合處理文書作業是什麼時候？**第二張牌**：你不會分心、最適合處理文書作業的地點在哪裡？**第三張牌**：為了快速又輕鬆的完成任務，你已經準備好所需的工具嗎？你遺漏了什麼？

時機

截止日期即將來臨。

807
智者的牌陣

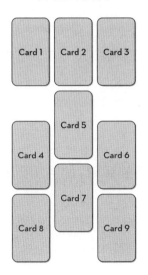

用途或背景知識

你可以運用牌卡的圖片，加上自己的直覺，深入了解哪些指導靈在指引你的命運。如果這樣做沒有用，當你拿著每張牌時，可以試著讓牌上的圖片場景像故事一般展開，在你的腦海中浮現。

第一張牌：現在，有哪位指導靈或守護者與你同在？**第二張牌：**在你的祖先當中，誰與你同在？**第三張牌：**哪位天使與你同在？**第四張牌：**你的心靈使命是什麼？**第五張牌：**阻礙你實現心靈使命的最大挑戰是什麼？**第六張牌：**你該怎麼有效的實現自己的心靈使命？**第七張牌：**你應該在日常生活中尋找哪些跡象，證明指導靈與你同在？**第八張牌：**在你的日常生活中，誰能成為你的人生導師、明智的朋友或老師？**第九張牌：**這個解牌的整體訊息是什麼？

準備的物品

二十二張大牌和十六張宮廷牌。

時機

你需要接受指引之時，請在你時間充裕和環境安靜的條件下，擺放此牌陣。

808
一張牌的命理學牌陣：實現未來一週或一個月的心願

用途或背景知識

此牌陣是運用你的英文拼音全名中的母音，對應的數字。如果這些數字加總之後是二位數，請再將這兩個數字加總成個位數（11和22則是例外）。洗完整副牌組後，在發牌之前抽一張牌。例如：在你的英文拼音全名中，母音對應的數字加總後的個位數是9，你就要取出牌組中的第九張塔羅牌（在此牌陣中代表第一張牌）。這個數字或字母對應的方式，屬於古老的畢氏系統。

1	2	3	4	5	6	7	8	9
A	B	C	D	E	F	G	H	I
J	K	L	M	N	O	P	Q	R
S	T	U	V	W	X	Y	Z	

第一張牌：關於你未來一週或一個月的祕密期望或心願，會怎麼局部實現或完全實現，或者延遲？

時機

如果每週或每個月執行一次，也許你會發現自己的夢想改變了，或者當初的夢想如何在你的生活中逐漸顯現，或暫時停滯。

809
一張牌的外界事件命理學
牌陣：主要會影響未來一週
或一個月的投入或挑戰

用途或背景知識

請加總你英文拼音全名中的母音對應的數字。如果數字是二位數，請將這兩個數字加總成個位數（11和22則是例外）。請採用前述的畢氏數值，並使用整副牌。洗完牌，先從最上方開始發牌，直到出現屬於你的數字所對應的牌卡，接著翻牌。例如：在你的英文拼音全名中，母音對應的數字加總後的個位數是7，你就要停留在第七張塔羅牌並翻開（在此牌陣中代表第一張牌）。

第一張牌：未來一週或一個月內，影響你最深的主要外界事件是什麼？從這張牌的特性來看，你能了解這件事能帶來好處，或是挑戰。

時機

你可以在每週或每個月的第一天提出疑問。

810
一張牌的命理出生時間牌陣：
未來一天出乎意料的特點

用途或背景知識

你可以在「每日解牌」之外操作這個牌陣。如果你認為接下來是具有挑戰性的一天，也可以嘗試此牌陣。如果你同時執行「每日解牌」，請在你擺放牌陣之前，將解牌後的牌卡放回牌組中，並重新洗牌。

如同前面牌陣的做法，請你將出生時間加總成個位數。數字11和22則是例外。洗完整副牌組後，一邊發牌一邊數牌，直到你數到出生時間加總後的數字，才翻開塔羅牌。例如得出的個位數是7，那麼發牌時要數到第七張塔羅牌（在此牌陣中

代表第一張牌）。

第一張牌：未來的某一天有哪些意想不到或不尋常的機遇或挑戰？（是機遇還是挑戰，取決於這張牌）

準備的物品

整副牌。

時機

這是你在早晨做的第一件事。

811
一張牌的牌陣：開啟困難的對話

Card 1

用途或背景知識

幸運牌：任何王牌或數字為1的牌。除了寶劍牌，侍者牌或公主牌（托特）可以當作此牌陣的第一張牌，因為這兩個人物是宮廷牌中的第一張牌。洗完整副牌後，請抽出最上方的牌。

第一張牌：在不冒犯或傷害對方的前提下，你該怎麼表達自己的觀點，或得出你需要的結論？

準備的物品

整副牌。

時機

當週或當月的第一天。

812
兩張牌的牌陣：權衡採取
行動或等待的利弊

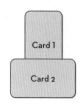

用途或背景知識

幸運牌：第二張牌或數字為2的牌。除了寶劍牌，
王子牌（托特）或騎士牌可以當作此牌陣的第二
張牌，因為這兩個人物是宮廷牌中的第二張牌。

洗完整副牌牌後，請取出最上面的兩張牌。

第一張牌：採取行動後的結果。**第二張牌**：選擇
等待的結果。

準備的物品

整副牌。

時機

當週或當月的第二天。

813
三張牌的牌陣：你在猶
豫要不要生孩子

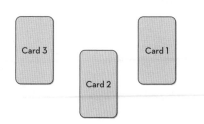

用途或背景知識

幸運牌：第三張牌或數字為3的牌。除了寶劍牌，
皇后牌可以當作此牌陣的第三張牌，因為皇后這

個人物是宮廷牌中的第三張牌。

洗完整副牌後，請取出最上面的三張牌。

第一張牌：現在是你生孩子的好時機嗎？**第二張
牌**：你應該再等一段時間嗎？**第三張牌**：如果你
不久後就嘗試生孩子，能順順利利嗎？

準備的物品

整副牌。

時機

當週或當月的第三天。

814
四張牌的牌陣：你需要精打細算

用途或背景知識

幸運牌：第四張牌或數字為4的牌。除了寶劍牌，
國王牌可以當作此牌陣的第四張牌，因為國王這
個人物是宮廷牌中的第四張牌。

洗完整副牌後，請取出最上面的四張牌。

第一張牌：在短期內節省開銷，足以解決財務的
問題嗎？

第二張牌：你需要更長期或更經濟實惠的理財
方式嗎？

第三張牌：你有辦法增加收入或取得資源嗎？

第四張牌：你該怎麼減少或消除資金外流等不必要的因素？

準備的物品

整副牌。

時機

當週或當月的第四天。

815
五張牌的牌陣：你有通勤的困擾

用途或背景知識

幸運牌：第五張牌或數字為5的牌。

洗完整副牌後，請取出最上面的五張牌。

第一張牌：你可以改變工作時間，進而改變你的實際通勤時間嗎？**第二張牌：**你可以使用其他的交通工具，或者拜託別人載你嗎？**第三張牌：**你可以盡量在家裡工作，或整合不同天的工作時間，讓自己減少通勤時間？**第四張牌：**有什麼方法可以讓你的通勤過程更愉快？播放音樂或有聲書適合你嗎？**第五張牌：**你應該換工作嗎？

準備的物品

整副牌。

時機

當週或當月的第五天。

816
六張牌的牌陣：你希望彼此的關係變得更浪漫

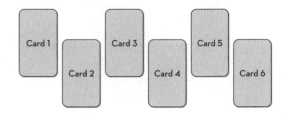

用途或背景知識

幸運牌：第六張牌或數字為6的牌。

洗完整副牌後，請取出最上面的六張牌。

第一張牌：你的配偶一直都不懂浪漫？還是他後來養成了這種習慣？**第二張牌：**你們現在的生活環境不適合搞浪漫嗎？或者你們的工作時間很長、要照顧小孩，或有金錢煩惱？**第三張牌：**你該怎麼自然的增添情趣機會，或增加浪漫的情調，不讓他覺得受到強迫？**第四張牌：**你們有沒有阻礙情趣的潛在感情問題，需要解決？**第五張牌：**你們可以去特別的地方，或重溫當初戀愛時的回憶嗎？**第六張牌：**增添浪漫的情調能改善你們在一起的生活，或者使你們在許多方面變得更親密嗎？

準備的物品

整副牌。

時機

當週或當月的第六天。

817
七張牌的牌陣：公司的文化不鼓勵員工談戀愛

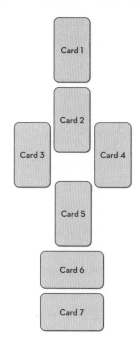

準備的物品

整副牌。

時機

當週或當月的第七天。

818
八張牌的牌陣：你想發表自己寫的詩，但別人卻說你在浪費時間

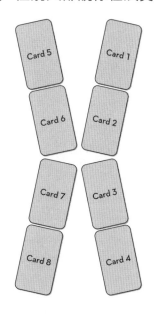

用途或背景知識

幸運牌：第七張牌或數字為7的牌。

洗完整副牌後，請取出最上面的七張牌。

第一張牌：你發現職場戀情越來越難隱藏了？

第二張牌：同事開始懷疑，或聊起你們的八卦了嗎？**第三張牌：**如果你們是在大公司上班，其中一人有辦法調到另一個部門，或是換工作地點嗎？**第四張牌：**你們想換到容許職場戀情的企業嗎？**第五張牌：**現在或不久後的未來，你們有可能一起創業嗎？**第六張牌：**在辦公室內外，隱藏你們的戀情是否帶給你們太大的壓力？**第七張牌：**你們應該向有同理心的人傾訴，或嘗試說服公司改變政策？這樣做太冒險了嗎？

用途或背景知識

幸運牌：第八張牌或數字為8的牌。

洗完整副牌後，請取出最上面的八張牌。

第一張牌：你希望自己寫的詩可以出版，不只是為了賺錢，也是為了成就感？**第二張牌：**無論是在網路上或私下，你應該加入有出版期刊的詩歌協會嗎？或者可以參加詩歌比賽，提高作品的知名度？**第三張牌：**你能安排或參與圖書館或學校的詩歌社交晚會，爭取現場觀眾的回饋嗎？**第四張牌：**你的作品有利基市場嗎？是為了

喜劇俱樂部而寫的幽默詩，還是為了兒童而寫的詩歌？**第五張牌**：你能成功為當地的商店或小型出版社製作電子詩歌書，或自費的作品嗎？

第六張牌：你應該尋找插畫家或攝影師，為兒童製作有文字的圖畫書或賀卡嗎？**第七張牌**：你應該堅持不懈，並鎖定更廣泛的受眾，甚至包括桂冠詩人所屬的協會嗎？**第八張牌**：你寫詩是為了樂趣？還是家人、朋友或後代？

準備的物品

整副牌。

時機

當週或當月的第八天，或日期有數字8的日子。

819
九張牌的牌陣：你想反駁錯誤的決策，因為你的社區會受到影響

用途或背景知識

幸運牌：第九張牌或數字為9的牌。

洗完整副牌後，請取出最上面的九張牌。

第一張牌：社區中是否也有人對決策很不滿？還是大家都漠不關心？**第二張牌**：你能夠安排有感染力的和平示威活動嗎？還是你比較想參與別人安排的活動？**第三張牌**：無論是檯面上或檯面下，決策背後有哪些既得的商業利益或組織利益？**第四張牌**：如果決策受到支持，是否會對環境或社會造成嚴重的後果？**第五張牌**：你能夠有效地贏得當地或全國的媒體支持嗎？或者有哪些獨家專訪或引人注目的宣傳活動，能引起更多人注意？**第六張牌**：在你進行範圍更廣泛的調查期間，你能爭取到保護令或延期的權限嗎？**第七張牌**：該地區受到負面的財務影響是什麼？**第八張牌**：即使展開計畫了，你準備繼續戰鬥多久？**第九張牌**：你能獲勝嗎？

準備的物品

整副牌。

時機

當週或當月的第九天，或日期有數字9的日子。

Card 9

Card 8

Card 7

Card 6

Card 5

Card 4

Card 3

Card 2

Card 1

第四十章

自我覺察、知識與人生規劃的牌陣

此牌陣的幸運牌

大牌：魔術師、女祭司、教皇、隱士、命運之輪、節制、星星、月亮、太陽、審判或重生、世界。

小牌：所有的王牌（包括寶劍）、聖杯二、錢幣三、聖杯三、權杖三、聖杯四、權杖四、錢幣五、聖杯六、權杖六、寶劍六、錢幣七、聖杯七、錢幣八、聖杯八、權杖八、錢幣九、錢幣十、聖杯十。

宮廷牌：除了寶劍牌，所有的公主或侍者牌（前提是皇后牌出現在牌陣中）；除了寶劍牌，所有的王子或騎士牌（前提是國王牌出現在牌陣中）。

關於自我覺察、知識與人生規劃的牌陣

根據牌陣的內容深度，牌卡的數量會有所不同。涉及自我意識和人生之路的牌陣，可以幫助我們理解自己的思想、夢想與真實的自我，並提供我們思考內心世界的方法，也能讓我們明白如何避開受到別人的要求或混亂局勢的不利影響。因此，這個章節的牌陣需要你從容不迫的操作。至於下一章，則是以塔羅牌做為有效的方式，運用我們擁有的通靈能力來探索的主題。

820
過去、現在及未來的業力牌陣

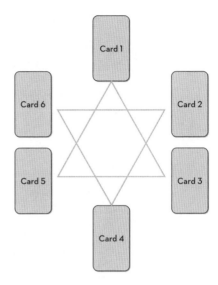

用途或背景知識

你試著擺脫過去，邁向新的生活方式。

第一張牌：你的過去有哪些不再需要的部分？

第二張牌：你從過去中遺忘了哪些能幫助你迎接新生活的優勢？**第三張牌：**關於這輩子的過去，有哪些部分（包括童年和以前的人際關係）可能導致消極的重複模式或感受？**第四張牌：**如果你要突破消極模式和建立積極的新模式，有哪些祕訣呢？**第五張牌：**關於這輩子未來的日子，以及你邁向成功的新路徑，有什麼樣的結果？**第六張牌：**哪些有益的教訓，能讓你前進未來，完美變身？

準備的物品

二十二張大牌和十六張宮廷牌。

時機

任何過渡時段，例如日落時分或月底。

821
十步驟牌陣：了解你的前世

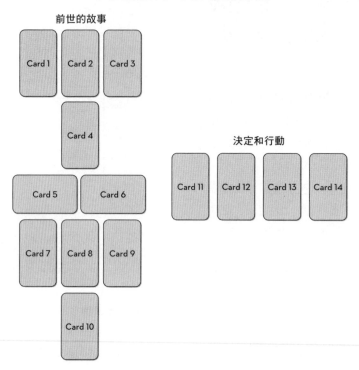

前世的故事

Card 1 Card 2 Card 3

Card 4

決定和行動

Card 5 Card 6

Card 11 Card 12 Card 13 Card 14

Card 7 Card 8 Card 9

Card 10

用途或背景知識

你想靜靜的與前世產生聯繫。

在你洗完牌、抽牌之前，先提出疑問，並注意自己被什麼吸引，是某個世界或你不明白的恐懼感？你也可以讓牌裡的插畫像一則故事般呈現。

請你從牌裡的圖像中，探索你自己和你愛的人。

當你一張接著一張拿起牌卡時，要閉上眼睛，用心感受著圖像、文字和印象。

如果你願意，可以在研究完每張牌卡後，寫下自己的感受。

第一張牌至第十張牌：關於你的前世故事。**第十一張牌**：你可以從前世中獲得哪些優勢？**第十二張牌**：你應該捨棄什麼部分？**第十三張牌**：誰是你的靈魂伴侶？你該怎麼遇見他？**第十四張牌**：誰是你命中注定的對手？你該怎麼戰勝他？

準備的物品

整副牌。

時機

根據你的需求，每個月、經常或偶爾重複執行此牌陣。

822
達到平衡的牌陣

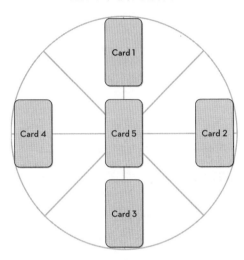

用途或背景知識

外界的事件或人際關係很混亂,你希望自己的生活恢復常態。

第一張牌:是什麼事或人造成了混亂?**第二張牌**:你應該干涉,還是等待風波結束?**第三張牌**:在促成和平方面,誰或什麼事最有幫助?**第四張牌**:如果別人的行為影響到你,你該怎麼恢復內心的平衡?**第五張牌**:你該怎麼防止別人以後造成的混亂,影響到你內心的和諧?

準備的物品

二十二張大牌。

時機

星期五(找回內心平靜之日)。

823
潛藏的自我牌陣

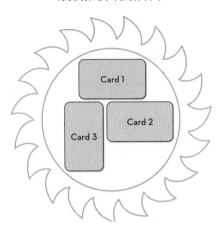

用途或背景知識

你覺得自己展現給世人的形象,阻礙了真實的自我表現。

第一張牌:世人如何看待你?**第二張牌**:世人看不到你的潛藏自我,是哪個部分?**第三張牌**:你該怎麼結合這兩者,讓自己在世界上感到自在,同時不會變得太脆弱?

準備的物品

二十二張大牌和十六張宮廷牌。

時機

娥眉月或盈月週期的初期。

824
你有通靈能力嗎？

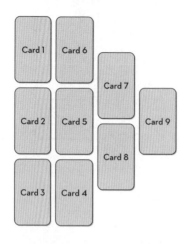

用途或背景知識
你遇到很多奇怪的經歷，想知道到底是怎麼回事。

第一張牌：當你還是兒童或十幾歲的時候，就有通靈的能力？**第二張牌**：在你的生活中，有沒有發生過重大的變化，使你有機會發揮靈性力量？這是自然的覺醒嗎？**第三張牌**：你是否知道某些事情即將發生，或能看到鬼魂，並能證實自己目睹的一切？**第四張牌**：你的靈性力量是隨機出現？特別是對災難的預感，這讓你很煩惱？**第五張牌**：你應該去上課或加入通靈圈，藉此引導自己的力量？**第六張牌**：如果你獨自閱讀書籍，或從網路上的課程學習，這種比較適合你嗎？還是你應該讓自己的靈性力量自然的發展？**第七張牌**：你應該壓制自己的力量嗎？還是你可以將力量轉移到日常生活中，或以後再開發潛能？**第八張牌**：你想接受培訓，成為靈媒或能預知未來的人？還是你只想在私生活中輕鬆的運用能力和幫助別人？**第九**

張牌：如果你的預言實現了，你應該把自己的預言視為巧合或幻想嗎？

準備的物品
整副牌。

時機
任何過渡的時段，日期變換之際、日落時分，季節轉換或時鐘的整點轉換之際。

825
四步驟牌陣：迎向新的幸福生活

用途或背景知識
生活不如你預期的那樣發展，因此你在思考接下來該怎麼辦。

第一張牌：在自我、生活和人際關係的經驗或知識方面，哪些部分可以挽回，並帶進你的未來生活中？**第二張牌**：有哪些以前不可能出現的新事物或新地點，現在對你敞開了機會之門？**第三張牌**：新的幸福生活會如何顯現？**第四張牌**：為了避免回到舊的生活模式，並讓幸福感延續下去，你應該避開什麼事或人？

準備的物品
整副牌。

時機
月初。

826
你是星型人嗎？

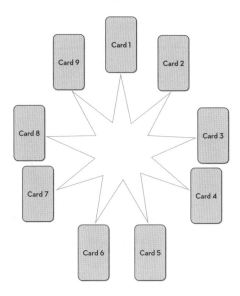

用途或背景知識

對你來說，星星有特殊的意義。

第一張牌：你經常覺得自己和原生家庭不一樣嗎？**第二張牌**：星星經常吸引著你？你喜歡觀賞星星嗎？**第三張牌**：你渴望了解更多關於天文學或占星學的知識嗎？**第四張牌**：你曾經很渴望回家嗎？還是你不知道自己的家在哪裡？**第五張牌**：你是否對那些時空相關的文學作品或電影感興趣，卻又覺得作品遺漏了某部分？**第六張牌**：你感覺到自己這輩子有特殊的使命？還是你不確定自己的使命是什麼？**第七張牌**：你偶爾會遇到氣味相投的人嗎？**第八張牌**：你應該多研究其他星系有無生命存在的可能性？或許，你想研究心靈旅行？**第九張牌**：即使無法證實自己屬於星型人，你有朝一日能展現真實的自我嗎？

準備的物品

整副牌。

時機

滿月期間的任兩天。

827
你能夠治療別人嗎？

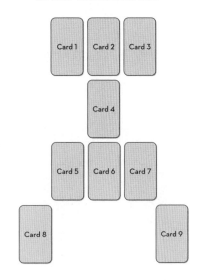

用途或背景知識

別人說你有療癒的能力。

第一張牌：有許多人說過，與你聊天讓他們感覺好多了嗎？**第二張牌**：你有時候能感受到手指有刺痛感嗎？特別是你接觸別人的時候？你對靜電很敏感？**第三張牌**：你經常能安撫動物？野生的鳥類或動物願意靠近你嗎？**第四張牌**：你對水晶有一種自然的感覺嗎？還是你能夠感受到水晶的能量流動？**第五張牌**：你想不想學習能量療法，例如靈氣、水晶療癒、肌動學或精神按摩？**第六張牌**：你想不想接受培訓成為治療師？或是參與治療的圈子？**第七張牌**：讓自己的療癒能力自然的發展，比較適合你嗎？**第八張牌**：你希望幫助別人在日常生活中感覺更健康嗎？**第九張牌**：如果還沒考慮過，你現在會考慮從事與人或

441

動物有關的傳統職業嗎？

準備的物品

二十二張幸運牌和二十二張宮廷牌。

時機

星期三（治療師和療癒的日子）。

過許多前世嗎？

準備的物品

整副牌。

時機

星期六或萬聖節。

828
你經歷過許多前世嗎？

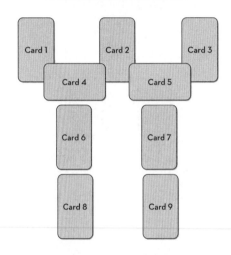

用途或背景知識

你覺得自己活過好幾輩子了。

第一張牌：古埃及、古希臘等某些古文化很吸引你嗎？當你造訪這些地方時，有回到家的感覺？

第二張牌：在觀看歷史電影或閱讀歷史小說時，你能發現錯誤的細節嗎？**第三張牌**：無論走到世界的任何地方，你都能感受到當地文化和古老傳統的關聯性？**第四張牌**：你有沒有經歷過前世的夢境，或是你整天都在做白日夢？**第五張牌**：你是否有原因不明的恐懼或傷疤？**第六張牌**：你曾經很快感受到某個素昧平生的人很熟悉，而且你們一見如故？**第七張牌**：你曾經莫名其妙的和某位陌生人互相討厭嗎？**第八張牌**：你認為前世的經歷是出自幻想，還是巧合？**第九張牌**：你經歷

829
為什麼你經常覺得自己和別人不一樣？

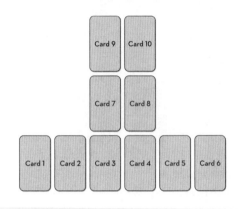

用途或背景知識

當你試著融入別人的圈子，無論你說什麼話或做什麼事，你總是覺得自己是局外人。

第一張牌：即使你融入人群或與朋友在一起，還是經常感到孤獨？**第二張牌**：你的價值觀和夢想，與家人和同儕都不一樣嗎？**第三張牌**：你認為自己很適合研究星星嗎？在年輕人當中，你的心智年齡相對成熟嗎？你從事身心靈相關的工作嗎？**第四張牌**：你被別人排擠嗎？在別人的眼中，你是特立獨行的人？你被迫順從嗎？**第五張牌**：你對惡毒的人和敵對的氣氛非常敏感嗎？你的生理和心理很容易受到他們的影響？**第六張牌**：你應該為自己的獨特性或特殊的才華感到慶幸？**第七張牌**：你很適合創業，或從事發揮創意的工作嗎？**第八張牌**：你

能夠運用自己的孤立感，去幫助與眾不同的人嗎？**第九張牌**：如果你堅持不懈，就能找到重視你的靈魂伴侶或特別的朋友嗎？**第十張牌**：你能運用自己的獨特觀點扭轉乾坤嗎？

準備的物品

整副牌。

時機

滿月或特殊的日子（例如2月29日、每個月13日的星期五）。

830
你認為自己經歷過與外星人相遇的經驗？

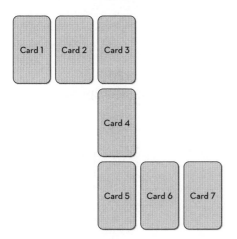

用途或背景知識

別人嘲笑你看太多電影了。

第一張牌：我們並不是宇宙中最有智慧的生物，還有其他的生物在溝通或旅行方面更先進？**第二張牌**：你曾經做過關於外星人的夢，而這個夢似乎很真實，你夢到自己搭乘太空船或與其他的生物交談嗎？**第三張牌**：你醒來後，餘光是否有一圈光暈，或者返回現實後有一種悲傷感？**第四張牌**：你曾經在腦海中

與外星人相遇，就像靈魂出竅的體驗嗎？**第五張牌**：你看過天空中出現太空船，而且現場有證人，當局卻無法解釋？**第六張牌**：你應該從網路上尋找明白事理的群組或研究外星人的團體，並分享自己的一些親身經驗嗎？**第七張牌**：你相信自己這輩子還會遇到類似的經歷嗎？

準備的物品

四十張小牌（一號牌到十號牌）和十六張宮廷牌。

時機

任何月份的最後一天。

831
受害者、龍與救援者的牌陣

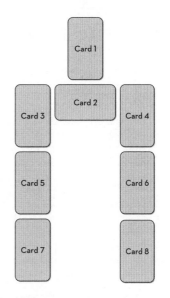

用途或背景知識

這種半神話的方式能用來釐清你在感情困境中的角色，像是每當事件涉及到配偶和配偶的父母時，你總是扮演壞人的角色。

第一張牌：在這種情況下，你通常扮演「龍」，攻

擊有救援者保護的受害者？為什麼？**第二張牌：**你自願擔任這個角色，還是被迫這樣做？**第三張牌：**在受害者和救援者之間，有沒有處理衝突的明顯協議，讓各自承擔特定的角色？**第四張牌：**你是出於愧疚感，才去扮演龍的角色嗎？還是因為你不想激怒任何人？**第五張牌：**在這種情境中，你想成為什麼樣的角色？**第六張牌：**你能夠或如何改變自己的角色？**第七張牌：**你的改變會遭到其他的角色抵制？**第八張牌：**你應該拒絕再玩這種遊戲嗎？

準備的物品

二十二張大牌和十六張宮廷牌。

時機

你再次為不是自己的錯誤而道歉之時。

832
塔中王子或公主的牌陣

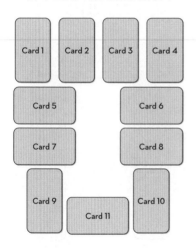

用途或背景知識

這是另一種半神話的牌陣，適用在你覺得被一種情況困住，包括工作、對家人許下的承諾、有害的人際關係。當你翻開高塔牌時，這代表重大的意義：自由即將到來。

第一張牌：誰或什麼事使你感到無助，或者被困在你的高塔裡？**第二張牌：**你最需要或最渴望什麼樣的自由？**第三張牌：**你具備的力量比自己意識到的更強大嗎？這是什麼樣的力量？**第四張牌：**你應該等待救援，或等待情況改變嗎？**第五張牌：**誰會來拯救你？（答案可能是你自己）**第六張牌：**你可以運用什麼方法逃離高塔？你辦得到嗎？**第七張牌：**逃脫後，你要到哪裡去？**第八張牌：**逃離的第一步。**第九張牌：**逃離的第二步。**第十張牌：**你該怎麼充分利用自由的時光？**第十一張牌：**你該怎麼避免再次被抓到？

準備的物品

整副牌。

時機

殘月期間。

833
虛假的愛情牌陣

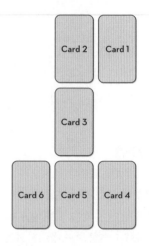

用途或背景知識

你以為自己處於完美的戀情中，後來卻發現伴侶彷彿變成了惡魔。

第一張牌：什麼樣的虛偽魅力吸引著你？**第二**

張牌：未來會有新歡拯救你嗎？如果你想等待，邪惡的伴侶會恢復善良的本性嗎？**第三張牌**：如果你必須想辦法消除誘惑，你內心的恐懼來源是什麼？**第四張牌**：你能夠拯救自己嗎？**第五張牌**：如果人面獸心的伴侶又來找你，你能抵擋得住他的誘惑嗎？**第六張牌**：在找到真正的永恆幸福之前，你需要讓自己變得更迷人嗎？

準備的物品

二十二張大牌和十六張宮廷牌。

時機

你想離開他，卻很害怕的時候。

834
女性的三種月相牌陣：
融合自我的多元面向

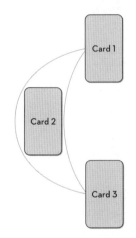

用途或背景知識

任何年齡層的女性都可以發現自己的內在月相，這些月相與月亮的主要週期一致。在相關的月相期間，每一種特性都能輕易感受。男性也可以運用這種牌陣，與心目中的女性形象產生連結。

第一張牌：積極主動的盈月少女時期；妳現在最期待的事情和計畫是什麼？**第二張牌**：富有創造

力的滿月母親（無論是不是生母）；妳如何有效的展現自己對生活產生的影響力和熱情？**第三張牌**：明智祖母的殘月；妳能夠放下哪些事，讓自己順勢而為？

準備的物品

二十二張大牌。

時機

娥眉月期間；你可以在每個月查看牌卡，了解未來一個月的三種月相訊息。

835
男性的新自我月相牌陣：
融合自我的多元面向

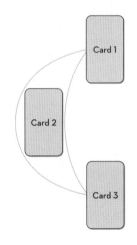

用途或背景知識

任何年齡層的男性都可以發現自己的內在月相，這些月相與月亮的主要週期一致。在相關的月相期間，每一種特性都能輕易感受。女性也可以運用這種牌陣，與心目中的男性形象產生連結。

第一張牌：充滿冒險的盈月青年時期；你打算克服哪些挑戰？**第二張牌**：戰士之王的滿月自我；你需要捍衛哪些原則？**第三張牌**：神職人員的療癒殘月；你可以接受什麼部分，並在哪方面讓

步？

準備的物品

二十二張大牌。

時機

娥眉月期間；你可以在每個月查看牌卡，了解未來一個月的三種月相訊息。

836
解決弱者相對於強者的不公平權力問題

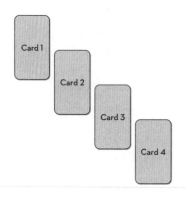

用途或背景知識

有人表現得很無助，並利用內疚感和義務控制你，像是在財務方面操縱你，或要求你持續傾聽他們遇到的問題。

第一張牌：什麼事讓你覺得有義務導正，或彌補對方沒完沒了的麻煩？**第二張牌**：你該怎麼減輕束縛自己的內疚感，因為這會耗盡你的精力或金錢？**第三張牌**：在你的怨氣爆發之前，現在是你設下時間限制、停止消耗精力或金錢，甚至搬家的好時機嗎？**第四張牌**：不久後，對方會去剝削其他人的利益嗎？

準備的物品

二十二張大牌和十六張宮廷牌。

時機

你從天空中看不到月亮。

837
男女主角的探索牌陣：充分發揮自己的潛力

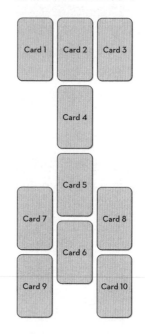

用途或背景知識

根據傳統的神話，大牌是人生旅程中，個人啟蒙和實現生活目的的焦點。我已經為每張牌的疑問列出對應的大牌，你只要在特定的位置抽到這些大牌，就代表特別幸運。

第一張牌：如果選擇迎接挑戰，你在人生中的終極使命是什麼？**第二張牌**：你會追隨愛人的腳步嗎？在你的人生旅程中，尋找愛情是其中一部分嗎？還是你必須先了解自我？（戀人牌）**第三張牌**：你需要轉變心境、學習新的事物或搬家嗎？（戰車牌）**第四張牌**：誰會幫助你，或給你建議？（女祭司或教皇牌）**第五張牌**：你在途中會遇

到什麼樣的意外好運氣？（命運之輪牌）**第六張牌**：即使有障礙，你也會堅持下去嗎？（力量牌）**第七張牌**：為了達到目標，你必須捨棄什麼？（倒吊者牌）**第八張牌**：誰會反對你？什麼事會誘使你放棄？（惡魔牌）**第九張牌**：如果你堅持到底，就能得到自己需要的機會？（星星牌）**第十張牌**：你能發現自己在尋找的東西，並在世界上占有一席之地嗎？（世界牌）

準備的物品

二十二張大牌。

時機

你的生日或元旦。

838
用最大的夢想取代最大的恐懼

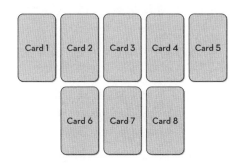

用途或背景知識

恐懼阻礙你實現夢想。

第一張牌：使你退縮的恐懼來源是什麼？**第二張牌**：在這個世界上，你最想得到什麼？**第三張牌**：你害怕的事情有可能發生嗎？**第四張牌**：你的夢想切實可行嗎？**第五張牌**：你應該忽略恐懼感，朝著夢想奮勇向前嗎？**第六張牌**：在追逐夢想之前，你應該面對或處理自己的恐懼嗎？**第七張牌**：你能夠藉著實現夢想，克服內心的恐懼嗎？**第八張牌**：即使很擔憂，你還是能實現夢想嗎？

準備的物品

四十張小牌（一號牌到十號牌）。

時機

一早醒來後，最好是在當月的第一天。

839
榮格心理學的牌陣：了解哪些潛藏的因素影響到重複發生的事件和反覆的模式

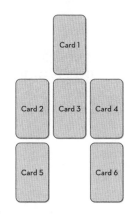

用途或背景知識

這種解牌方法是受到瑞士心理學家卡爾‧榮格（Carl Jung）的啟發，能幫助你了解自己；多年來，即使面對不同的人和不一樣的情境，你仍然處於同樣境地的原因。一旦發現這一點，你就能探索改變的方式。

第一張牌：你的關鍵牌或主導模式的牌；在你的生活中曾經發生過的情況。**第二張牌**：你心目中的男性形象牌；你爭強好勝、堅定自信、合乎邏輯的一面，或者別人具有說服力的論點。**第三張牌**：你心目中的女性形象牌；你關心別人、養育孩子的一面，或是你培育、呵護和壓抑別人所產生的影響力，導致你對別人提出不合理的要求，因此會感到內疚。**第四張牌**：你的陰暗面；面對

生活中的其他人時，你隱藏的恐懼感或怨氣。一旦察覺到自己的陰暗面，你就能釋放隱藏的力量和克服恐懼感的力量。**第五張牌：**你的內在小孩；你的真實本質、真正渴求的事物、擺脫別人的期望和要求。**第六張牌：**關鍵解答。

準備的物品

二十二張大牌和十六張宮廷牌。

時機

你有充裕的時間。

840
三十二張牌的牌陣：過去、現在及未來

用途或背景知識

在你的人生中找到關聯性；此牌陣比編號85的版本更詳細。

第一階段：前二十四張牌

第一排：過去

已過去的事件，以及正在從你的生活中消失的事件，包括一些尚未解決的問題和情況，還有帶給你成功和喜悅的人。

第二排：現在

目前的影響、人際關係、家庭、工作、個人目標和成就。

第三排：未來

可能的途徑。短期內的前景偏向這一排的左邊，而長達十年之遙的未來偏向右邊。

第二階段：八張策略牌

以積極的方式，從現在邁向未來的策略。

重洗剩餘的牌，從左到右發八張牌。發牌位置是，壓在前二十四張牌的中間第二排正上方，讓每張牌都壓在原有的牌卡之上。

這八張策略牌都揭露了如何從現在邁向未來，也與下方的牌義有一些關聯。

841
地、水、火、風的牌陣：你今天應該採用哪一種策略？

用途或背景知識

請使用四種花色的四十張小牌（一號牌到十號牌）和十六張宮廷牌。

每一種花色都有專屬的策略：

錢幣（地）：尋找務實的解決方案。緩慢且謹慎的處理問題。憑著耳朵、眼睛及常識去推理，而不是相信別人的說法。

聖杯（水）：運用你對別人自然產生的同理心，了解別人傳達的意思和感受。如果你有疑慮，可以遵循自己的心聲和直覺。順其自然，並且與別人合作。

權杖（火）：仰賴直覺和靈感。針對現有的問題或挑戰，去尋找新的做法或打破慣例的方法。你要準備說明並傳達自己的想法。

寶劍（風）：相信自己，並運用理智，而不是靠直覺。你要準備好面臨別人反對時的意見。如果你的想法合乎邏輯，也可以忽略批判的言論，特別是你腦海的僵化思維，那麼你就能成功。

使用方式和時機

在你早上工作之前。

先洗牌。

從第一張開始發牌，你的目標是觀察四種花色中的哪一種最先收集好。

每個花色得先從一號牌開始收集，再來是二、三至十號牌。

十號牌之後的排列順序是：侍者、騎士、皇后、國王。

除非拿到其他花色的一號牌，否則不能先收集或堆疊其他花色的牌。

請留意順序，每一種花色的牌卡是從一號牌開始堆疊到十號牌。

拿到四種花色的一號牌之前，收集的順序你可以自己決定。

如果有不能按順序收集好的牌，請將它面朝下，放回等候區中，重新洗牌再繼續發牌。

在發完所有的牌卡之前，若還沒收集好任何一組花色，請捨棄這一局，重新洗牌，再開始發牌。

最先收集好的第一種花色，代表你得到的強大力量，這種力量能指引你運用正確的策略。

842
快速解惑的牌陣：我現在應該採用的最佳策略是什麼？

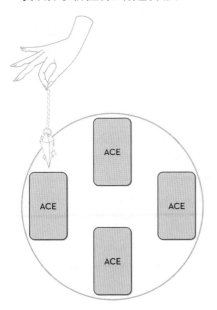

用途或背景知識

這是前一種牌陣的快速版本。你可以在任何時候提出疑問，尤其在你急需知道如何妥善應對某個情況下，你只需要使用四種花色的一號牌。

請先洗好四張一號牌，總共洗九次，讓這些牌的牌面朝下，排成一個圈。

在距離每張牌卡上方的幾公分處，伸出你的慣用手，讓食指（或靈擺）以順時針的方向移動。

當你感受到強烈的波動時，代表下方的那張牌可以提供你正確的策略。

如果你沒有得到回應，請試著延後時間，或暫時不做出決定。

準備的物品

四種花色的一號牌。

時機

你急著得到答案之時。

843
四種要素的牌陣

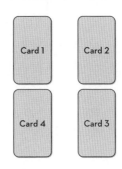

用途或背景知識

請使用四十張小牌。

洗完牌，將這些小牌按花色分成四組。

在沒有明確的線索時，你可以提出任何疑問。

請從這四組花色牌堆中，各抽一張牌。

在所有的花色中，數字最大的牌，可以提供你

應當採取的主要策略。根據牌義，你能了解如何善用該策略。

數字第二大的牌，代表備用的方法。你不必研究數字第三大的牌。至於數字第四大的牌，代表你應當盡力避免的情況。

第一張牌：錢幣牌；你應該實事求是、循序漸進的處理這件事嗎？**第二張牌**：寶劍牌；你應該冷靜、堅定的運用事實和數據來處理這件事嗎？**第三張牌**：權杖牌；你應該快速採取行動，並運用說服力和魅力去解決問題嗎？**第四張牌**：聖杯牌；你應該運用直覺，選用恰當的言辭和行動，並嘗試順勢而為嗎？

844
土元素的牌陣：計畫出錯後，你需要追求實效

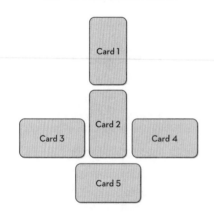

用途或背景知識
慶祝活動或度假的計畫在最後一刻被取消了。

第一張牌：你該怎麼做，才能挽回計畫或找到替代方案，讓慶祝活動或假期繼續進行？**第二張牌**：你能夠或應該更改日期嗎？**第三張牌**：你能夠召集其他人，共同以務實的方式投入必要的新計畫，避免只有你一個人付出？**第四張牌**：如果

計畫被取消不是你的錯，你應該索取賠償，或取得已經自付的款項嗎？**第五張牌**：新的安排和原本的一樣好，甚至更好嗎？

準備的物品
二十二張大牌、十張錢幣牌（一號牌到十號牌）和四張有錢幣圖案的宮廷牌。

時機
當大家都很慌張，抱怨連連之際。

845
風元素的牌陣：你需要讓理性戰勝感性

用途或背景知識
面對你欣賞的人或有生意往來的家庭成員時，你必須保持冷靜和嚴肅的態度。

第一張牌：如果面對的是陌生人，你處理這件事的方式是堅定的採取必要措施嗎？**第二張牌**：你能做到既不貶低對方的自尊，又不被對方「情緒勒索」嗎？**第三張牌**：你有值得參考的日期、事實和數據，能用來客觀的看待這件事嗎？**第四張牌**：有沒有客觀的第三方能夠處理這件事？**第五張牌**：你解決這件事的方式，能夠讓大家都滿意嗎？

準備的物品
二十二張大牌、十張寶劍牌（一號牌到十號牌）和四張有寶劍圖案的宮廷牌。

時機
星期三（合乎邏輯的思維和溝通之日）。

846
火元素的牌陣：為自己而活

用途或背景知識

你一直都是為了取悦別人而活著，但你現在想為自己而活。

第一張牌：在你的生活中，有沒有重大的變化或挫折促使你取悦別人？你漸漸意識到時間過得很快嗎？

第二張牌：你希望漸漸優先重視自己的需求嗎？這是生活中的重大改變嗎？

第三張牌：誰會支持你，或加入你的新生活圈？還是你想默默的獨自改變？

第四張牌：誰會反對你，或批評你變了？你應該不理會或避開他們嗎？

第五張牌：即使這是你的第一次嘗試，你能找回內心的熱情嗎？

準備的物品

二十二張大牌、十張權杖牌（一號牌到十號牌）和四張有權杖圖案的宮廷牌。

時機

星期二（下定決心之日）。

847
水元素的牌陣：追隨自己
的心聲，而不是理智

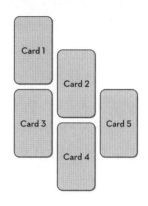

用途或背景知識

你想放棄有前途的事業，把時間花在陪伴孫輩或種花上，但大家都説你瘋了。

第一張牌：你認為金錢和成功不再是生活中的原動力了嗎？

第二張牌：你有足夠的錢，能用來過著自己想要的生活方式嗎？還是你需要暫時找一份做起來很愉快的兼職工作？

第三張牌：你以後不會再工作了嗎？還是你應該留一條後路，以免日後改變主意？

第四張牌：這是意義深遠的初期生活變化，還是你渴望已久的目標？

第五張牌：如果遵循心聲並融入新生活，你能感到快樂又滿足嗎？

準備的物品

二十二張大牌、十張聖杯牌（一號牌到十號牌）和四張有聖杯圖案的宮廷牌。

時機

盈月期間。

第四十一章

結合塔羅牌與靈性力量的牌陣

此牌陣的幸運牌

大牌：魔術師、女祭司、教皇、命運之輪、節制、星星、月亮。

小牌：聖杯王牌、權杖王牌、聖杯七。

宮廷牌：所有的聖杯貴族牌。

關於結合塔羅牌與靈性力量

也許你已經從其他的資訊中了解通靈的藝術，但以下是我發現能夠提升塔羅解牌效果的特別做法。

848

在腦海中觀想你抽到的牌卡，深入理解牌卡與生活中的關聯性

用途或背景知識

透過你的眉心輪或腦海，運用洞察力或靈性力量，詳細詮釋牌義。

提出疑問後，從牌組中抽一張牌。研究牌卡時，要記住細節。接著，請閉上眼睛，在腦海中觀想這張牌；例如沿著牌上圖像的路徑走，或穿越水面，也許你可以與當中的人物產生共鳴。你也能讓文字或印象，進入自己的想像中。

準備的物品

二十二張大牌和三十六張小牌（二號牌到十號牌；一號牌的資訊不夠詳細）。

時機

燭光下的夜晚，你不會受到干擾的時刻。

849

自然書寫的塔羅牌陣

用途或背景知識

提出疑問後，從牌組中抽一張牌。伸出你的非慣用手，拿著牌卡。讓你的慣用手自然的寫字，不要刻意組織詞語。當你的慣用手慢下來時，你可以解讀自己寫下的訊息。如果你願意，可以再抽一張牌，並重複同樣的流程；最多可以使用五張牌，一次抽一張。這些訊息能透露該疑問的未知部分。

準備的物品

整副牌。

時機

某件事有不明的因素之際。

850
觀想前世：你覺得自己在另一個世界與伴侶或知己很熟識

用途或背景知識

彼此並肩坐在燭光下，同時點燃玫瑰或薰衣草的薰香精油。

從牌面朝下的牌組中，由你拿起最上方的牌。你們一邊看著牌，一邊說出：「我們第一次出現在這裡，是在什麼時候？」你們繼續看著牌，並輕鬆談論牌上的圖像如何與前世產生連結。接著，你把牌卡交給伴侶，重複同樣的流程。交談時，不要突然停下來，避免出現邏輯性思考。請持續翻牌，直到彼此交流了六張牌。每一張牌都能為你們的想像，增添內容；插畫精美的牌組能夠引導你們穿越到前世。如果有一個特殊的世界讓你們感受到心靈相通，你們可以使用一副與該世界的傳統有關的塔羅牌。

準備的物品

四十張洗好的小牌（一號牌到十號牌）。

時機

在你們不會受到干擾的時刻。

851
運用靈擺和自然書寫的塔羅牌陣

用途或背景知識

用靈擺調整你的內在智慧。

提出疑問後，隨機抽五張牌，並將這些牌的牌面朝下，擺放成一個圓。距離牌面上方幾公分，讓靈擺慢慢經過，直到靈擺在某張牌的上方產生震動或轉圈。伸出你的慣用手，讓靈擺停在那張牌的上方，並留意哪些訊息以圖片、文字或印象的形式，出現在你的腦海中。

現在，請把靈擺交到另一隻手上，開始下意識的寫字，做法如同前面自然書寫的牌陣，目的是得到答案。如果你需要更清楚的訊息，可以再抽一張牌。

準備的物品

整副牌。

時機

你得到的資訊充滿矛盾之時。

852
用塔羅牌陣接收指導靈、祖先或天使傳達的訊息

用途或背景知識

你想確認自己選擇的指導靈、天使或祖先是否有話要對你說。

請你將牌卡擺成一圈，然後伸出你的慣用手，讓食指或靈擺停留在每張牌卡的上方，並詢問指導靈哪一張牌卡有訊息。當你看著牌卡時，留意一下自己想到了什麼。接著，請用另一隻手拿著牌卡，並在你寫字的同時，請指導靈引導你的手。當你放鬆寫字，可能會感覺到指導靈協助你時，有個溫和的力道產生。

直到你的手部動作慢下來後，請放下牌卡，並解讀你寫下的訊息。然後，你再看一遍牌卡，試著找出圖像中有哪些潛藏的新見解。

準備的物品

二十二張大牌。

時機

在你獨自一人，不會受到干擾的時刻。

853
清晰印象*的牌陣：你需要深入了解牌卡的關聯性

用途或背景知識

此牌陣延伸了前面848和850的觀想的部分。提出疑問後，請面對光線充足的白牆坐下來。請從牌組中抽一張牌，把注意力放在這張牌的細節上，大約三分鐘。接著請閉上眼睛，在腦海中描繪這張牌的細節。你睜開雙眼後，眨一眨眼睛，將腦海裡的圖像投射到牆面上，如同向牆上潑灑顏料一般。即使你只在牆上看到幾秒鐘的圖像，這個過程能喚起你對該疑問相關的未來生活，所抱持的深刻見解。如果沒有效果，你等幾週後再試一次吧！

準備的物品

整副牌。

時機

在答案取決於幾個可變因素之際。

＊清晰印象（Eidetic）是指有不尋常的生動性和鮮明細節，同時保留部分的心理圖像。

854
塔羅牌陣和夢境

用途或背景知識

當我們睡覺時，意識會放鬆下來，所以能夠從夢境中獲得通靈的洞察力。

請在臥室裡點燃一支有香味的蠟燭（放在非易燃性的容器中），並在枕頭上塗抹一些薰衣草精油。提出疑問後，從牌面朝下的牌組中抽一張牌，並將剩餘的牌卡放在床邊。如果你抽到的牌不符合心意，那就再抽一張牌來代替。

請一邊看著牌，一邊編著與疑問有關的故事。你編完故事後，將這張牌放在枕頭下，吹熄蠟燭，閉上眼睛。在進入夢鄉之前，你要在腦海中觀想這張牌。類似的場景可能會出現在你的夢境中。不管做了什麼夢，你要在醒來後將夢境的細節寫下來。如果你無法回想起夢境，那就在醒來後，把腦海中的想法或感受寫下來。

準備的物品

四十張小牌（一號牌到十號牌）。

時機

晚上，你在睡覺前做的最後一件事。

855
塔羅牌陣和清醒夢

用途或背景知識

你在有意識的時候做夢，因此你可以一邊做夢，一邊控制和改變夢境。

請在睡覺前抽一張牌；你只需要拿著牌，不必提出疑問。

在你編織睡前故事時，要結合牌卡的特色，像是在故事中加入聖杯十的彩虹圖像。你還要說出：「我在夢裡看到彩虹時，我知道自己是在做夢，而且我可以去任何地方，做任何事情。」

請把牌卡放在枕頭下面。閉上眼睛，讓彩虹的圖像進入你的腦海。在你睡著之前，要把說出的那句話當成溫和的咒語。如果沒有效果，請拿著同一張牌，編著同樣的故事，說出同一句咒語，直到你在夢境中看到彩虹為止。

此後，你可以在任何一天的晚上使用這種方法，接觸不同的牌卡，並運用圖像編故事。

準備的物品

四十張小牌（一號牌到十號牌）。

時機

在你睡覺之前。

856
塔羅牌陣：探索特定的事件、慶典或會議的進行狀況

用途或背景知識

用抽牌的方式來預測工作面試、會議或活動的進行狀況。要注意的重點包括明確的日期、充分利用機會、盡力減少潛在的衝突，或者找藉口退出。請用數字記下日期和月份，並從牌組的最上方開始數牌。

第一張牌：這張牌位於牌組中的順序，與日期相對應，並代表你在當天的契機。例如日期是當月的12日，對應的是牌組中的第十二張塔羅牌。**第二張牌**：這張牌代表月份的數字，象徵著挑戰。例如當天是9月，對應的是牌組中的第九張塔羅牌。請專心讀牌一到兩分鐘，同時權衡利弊，以便你能夠做好充分的準備。如果利大於弊，你可以嘗試更改日期。

準備的物品

整副牌。

時機

在你確定會議或活動的日期後。

857
決定某個活動、慶典或會議的最佳日期

用途或背景知識

請為特殊的活動挑選多達六個不同的日期，然後把每個日子和月份的數字相加，再將你得出的二位數加總成個位數（1到9，11和22例外）。

從牌組的第一張開始發牌，直到你數到第一個日期加總後的數字，才翻開塔羅牌。例如日期是6月1日，即6＋1＝7，那麼你要數到第七張塔羅牌，而這張牌是用來代表這個日期。

接下來，請你為其餘的日期執行同樣的程序。

請根據牌義，選擇最合適的日期。例如，寶劍七有鬼鬼祟祟的含義，比不上寶劍六的正面含義（進入更平靜的水域）。

準備的物品

四十張小牌（一號牌到十號牌），以及二十二張大牌。

時機

在你需要的時刻。

858
塔羅牌陣：運用聖經占卜或隨閱占卜來做預測

用途或背景知識

隨閱占卜（Stichomancy）是指從易經、印度教經文、莎士比亞的作品或古典詩歌等充滿智慧的書籍中，隨機選擇一些句子來占卜的方式；聖經占卜（Bibliomancy）則是從聖經中擷取句子。將這種方法與塔羅牌結合起來，可以有效的預測結果不明確的情況。

抽一張牌後，隨機翻開你選擇的書籍。從左頁的頂端開始，閱讀第一段完整的段落，然後把這些文字應用到塔羅牌義上，形成預測的結果。如果內容不清楚，你可以再抽一張牌，並閱讀書中的第二個段落。

準備的物品

二十二張大牌。

時機

當你需要深入的預測之時。

859
塔羅牌陣和冥想

用途或背景知識

掃描和印出一大張你抽到的牌卡後,將這張紙貼在乾淨的牆上。請在這張紙的兩側各擺放一支點燃的白色蠟燭。接著,點燃自己最喜歡的薰香精油,播放柔和的音樂,讓自己徹底放鬆。

當你緩慢且輕柔的吸氣和吐氣時,要讓塔羅牌的圖像進入你的腦海中,以便你能在想像中移動。當你冥想時,你可以穿越某個入口,進入其他的領域。

你要讓牌中的世界繼續擴大,充滿腦海,也要讓文字和印象自由的來來去去。當你準備好時,再慢慢的返回現實的世界。這時,你的塔羅牌冥想就完成了。

準備的物品

你「當天的牌」或是你從洗好的大牌和四十張小牌中,隨機抽出的牌。

時機

在你覺得有放鬆需求之時。

860
塔羅牌陣:用愚者牌進行靈魂投射

用途或背景知識

靈魂投射、心靈旅行或靈魂出竅的體驗都會在夢境中發生,它可以是自發性的,也可以運用塔羅牌進行。

請點燃乳香、茉莉花或檀香的薰香精油,並將半圓形的純白色蠟燭或白色的大圓燈,放在印出來、放大版的牌卡後面。接著,研究愚者牌並記住訊息。閉上眼睛,在你的腦海中,跟隨著愚者跳躍或行走的方向。當你離開了代表確定性和限制性的懸崖時,一種飛翔或漂浮的感覺就形成

了。你牽著愚者的手,想飛或飄到哪裡都行;你不會墜落。此外,你能夠抵達神奇的土地,穿越世界,到達前世或穿越宇宙。你要虛心接受愚者教導你的一切,因為愚者是我們能夠成為的真實自我。

漸漸的,愚者會帶你回到懸崖,幫助你輕鬆著地。在你離開之前,看著他的眼睛,並告訴他,你最想了解的事情是什麼。現在,慢慢睜開你的眼睛,在燭光下坐一會兒。

準備的物品

愚者牌。

時機

天黑之後。

861
在靈魂投射中追隨星星牌

用途或背景知識

請使用薰香產品、蠟燭以及星星牌(放大印出來,直立擺放),並記住星星牌上的資訊。閉上你的眼睛,把心思放在星星上,想像一下有十三層閃爍的光明階梯。你沿著階梯往上走,直到抵達第十三層。這時,你處於布滿星星的空間。在星星之間漫步時,你注意到星形的光之窗。你往窗子看進去後,看到了你在夢境中所熟悉的世界。這提醒你,自己是誰,以及你能實現什麼事。

準備好之後,你抓住一顆落下的小星星,上面有你需要追隨的天賦:生命之星。你能看到前方的光明階梯,這時,你沿著階梯走下去,睜大雙眼。你知道閃爍的光芒就在你的心中。

準備的物品

星星牌。

時機

當你的夢想似乎很難實現的時候。

862
塔羅牌和靈魂投射：尋找你的力量動物

用途或背景知識

請你使用有馬或動物圖像的牌卡，做為你的駿馬。例如權杖六（牌上有騎士坐在馬背上），牌上有史芬克斯（sphinx）拉的戰車牌。

點燃薰香產品和蠟燭後，將放大印出的牌卡直立擺放，並播放柔和的鼓曲，營造出一點律動的氛圍。

請記住牌上的資訊，然後閉上眼睛，想像騎馬者讓你坐上他的位置。你騎在馬背上，緩慢的前行。後來，你騎得越來越快，穿越一道樹叢形成的拱門，進入一片草地。當你穿越樹叢時，可以感覺到輕微的旋風。

接著，你看到某隻生物在草地上等著你。在你的人生中，牠是你此時此刻最需要的力量動物。牠是你的守護者，無論牠有多麼凶猛，牠不會傷害你。

動物、鳥類或神奇生物的本質，代表你現在最需要的力量。像是獅子的勇氣、老鷹的專注力。

讓你的力量動物告訴你，或顯現你最需要的特質吧！當你返回現實世界時，你已經具備該生物的力量了。

準備的物品

有馬或動物圖像的牌。

時機

在你需要的時刻。

863
命運之輪的塔羅牌：利用鏡子和蠟燭探索前世

用途或背景知識

除非你想探索過去的具體情境，否則此牌陣的體驗很像靈魂出竅。

請在桌上放一面大鏡子。在完全黑暗的環境中，將三個點燃的茶蠟放在鏡子前面，傾斜擺放，使茶蠟和鏡子之間形成一條通道，並反射出延伸的通道。接著，請拿著命運之輪牌，做為你通往過去的法寶；彷彿穿越鏡子沿著光明路徑走，也沿著鏡子裡的路徑走。前方是命運之輪，以光之輪的形式呈現，你能搭乘它。當輪子停止運轉時，你會進入不同的時空。雖然你只是旁觀者，但你能看到自己融入那個世界。那裡有你認識的人，你也能明白自己需要如何改善目前的現實生活。

一旦你意識到命運之輪的存在，就會知道那時候正是沿著鏡子反射的光明路徑，追溯光之輪的時機了。

現在，請吹熄蠟燭。你可以從鏡子中想像未來命運的樣貌，以及你現在處於命運之輪的位置。

準備的物品

命運之輪牌。

時機

在你需要了解命運的時刻。

864
運用塔羅牌的前世鏡像世界，探索你的恐懼感

用途或背景知識

你有特殊的恐懼感，例如食物問題、害怕封閉的空間。無論是什麼，你都可以追溯到前世，初次出現的恐懼源頭，並且克服它。

請再次採用前一個牌陣863，並利用命運之輪的牌卡，讓自己回到第一次感到害怕的時刻。這次，請你想像自己處於恐懼的境地，像是家人沒東西可吃，或者你被鎖在黑暗的空間。

現在，請把鑰匙遞給前世的自己，引領自己走出地牢，或者在籃子裡裝滿食物，並告訴自己以後不會再發生同樣的事情了。就像做夢一樣，你能夠改變過去，因為你可以改變自己的思想。

找一下屬於你的光之輪，並回到你現在所屬的世界。當你吹熄蠟燭時，眨一眨眼睛，從鏡子中想像前世的自己既快樂又自由。

準備的物品

命運之輪牌。

時機

月亮週期的尾聲。

865
用塔羅牌探索你的氣場優勢和挑戰

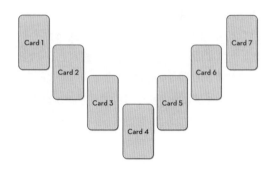

用途或背景知識

抽七張塔羅牌評估七種氣場的相對優勢和挑戰，你能了解自己的氣場優勢牌如何帶來克服挑戰的力量。氣場是由七種彩虹能量帶組成，肉眼看不見。我們在世界中散發出能量帶，再藉著能量帶從世界中吸收正面和負面的影響。即使每張牌具有正面或挑戰性的含義，你都能根據牌義，了解自己需要在哪方面加強克服挑戰的能量帶。有效的正面意義牌卡可以顯示出，你目前的哪一種氣場能量帶占優勢。

第一張牌：氣場的最內層是紅色。正面意義：身體強健、精力充沛、直覺敏銳、能察覺到機會和危險。挑戰意義：易怒、衝動。**第二張牌**：第二層是橙色。正面意義：察覺到自己的需求、夢想及直覺。挑戰意義：不切實際的期望、幻想、過勞。**第三張牌**：第三層是黃色。正面意義：有信心、決心、與眾不同的特質。挑戰意義：完美主義、有工作狂的傾向。**第四張牌**：第四層是綠色。正面意義：平衡且忠誠的愛情、良好的人際關係。挑戰意義：內疚感、占有慾。**第五張牌**：第五層是藍色。正面意義：創造力、清楚的溝通、想法、理念。

挑戰意義：固執己見、傲慢、渴望備受矚目。

第六張牌：第六層是靛藍色。正面意義：想像力、通靈天賦、智慧。挑戰意義：活在幻想的世界中、優柔寡斷、執行力差。**第七張牌**：最外層是白色、紫蘿蘭色或金色。正面意義：身心靈達到平衡、清晰的願景。挑戰意義：不帶感情、不能容忍脆弱。

準備的物品

四十張小牌（一號牌到十號牌）。

時機

每個月一次，或是你心情不好的時候。

866
過去、現在及未來的塔羅牌陣：運用你的出生名字、現在的名字和特殊名字

用途或背景知識

了解你使用的名字、別人稱呼的名字，如何反映出你逐漸變化的心理。

將你英文拼音名字裡的字母找出來，對應、加總後的數字（參考下表），再從整副牌中抽出與數字對應的牌卡。

畢氏系統

1	2	3	4	5	6	7	8	9
A	B	C	D	E	F	G	H	I
J	K	L	M	N	O	P	Q	R
S	T	U	V	W	X	Y	Z	

第一張牌：將你的出生全名，英文拼音中的字母所對應的數字加起來，成為個位數（11和22例外）。這張牌能透露你目前在生活中學到了什麼，可能也包括前世。**第二張牌**：朋友和同事現在稱呼你的名字（也許是綽號），請將

綽號中的字母所對應的數字加總成個位數。它能透露你目前向世人展現的外在形象。**第三張牌**：當你看到真實的內在自我時，可以為自己取的特殊名字（一個以上，請將英文拼音名字中的字母所對應的數字加總成個位數）。這張牌能透露你的潛力。**第四張牌**：將上述名字對應的數字加總起來，成為個位數、11或22。這張牌能透露你的未來。

準備的物品

整副牌。

時機

你不確定自我特質；在你為自己改過兩三次名字之後。

867
塔羅牌陣：探索手掌上的感情線、智慧線、生命線與事業線

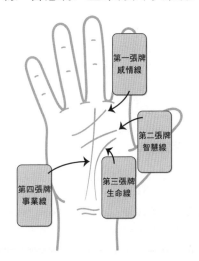

用途或背景知識

用塔羅牌探索更多關於反映在你的手掌上的能量。請將所有的大牌置於雙手之間，讓牌上的通靈印象注入你身上。抽出四張牌後，在解牌

之前依序將這些牌置於雙手手掌之間。

第一張牌：你的感情線印象；在你目前的感情生活、各種人際關係方面，最需要了解什麼事，並且將感情當作明智的指引？**第二張牌：**你的智慧線印象；關於職業生涯、學習過程，你現在需要了解什麼事？同時善用你的邏輯和知識。**第三張牌**：你的生命線印象；代表你的能量、體力、熱情、對冒險的感受或需求，以及為你渴求的生活全力以赴的需求。**第四張**

牌：你的事業線印象；誰現在控制著你的命運？這張牌也代表你的人生計畫、障礙，以及你現在想做出的改變和需求。

準備的物品

所有的大牌。

時機

當你想要調整自我時，可以利用此牌陣進行快速評估，牌卡反映出的能量會有變化。

868
塔羅牌陣：從你的手掌了解自己的動力

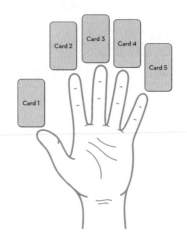

用途或背景知識

將塔羅牌與手指和拇指的能量配對，探索你的動力與你現在看待世界的方式。

伸出你的非慣用手，拿著整副牌，然後用手指在牌卡上滑動，同時注入你的靈性力量。現在請抽出五張牌，將你的拇指按壓在第一張牌。將你的食指按壓在第二張牌。將你的中指按壓在第三張牌。將你的無名指按壓在第四張牌。將你的小拇指按壓在第五張牌。

第一張牌：拇指能透露你現在的意志力、動力和毅力的強度；這張牌代表你最渴望和最需要

的東西。**第二張牌**：食指能透露你如何有效的在世界上取得成就。**第三張牌**：中指能透露你如何適應生活、抵抗並克服權威人物施加的限制。**第四張牌**：無名指能透露你如何運用自己的創造力和聰明才智，將任何挑戰轉化為優勢。**第五張牌**：小拇指能透露你如何說服別人用你的方式看待事情，並從中獲得經濟效益。

準備的物品

整副牌。

時機

在你很關心自己的人生之際。

869
開發你的靈性天賦

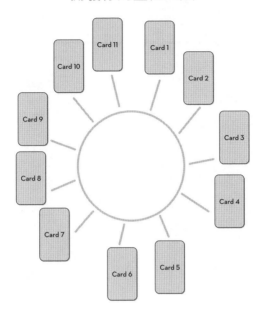

用途或背景知識

當你準備開發或培養自己的靈性力量時,該怎麼做選擇?你可以觀察哪些牌卡最有説服力和具有正面意義。如果你還沒準備好走上靈性之路,那就先探索吧!如果某條路看起來很消極,你可以問自己有沒有任何疑慮,並想辦法解決(最好改天再處理)。也許你會發現,將幾種與心靈有關的途徑結合起來後,你可以全面解決客戶的人生問題。

第一張牌:你應該專攻治療和能量療法嗎?**第二張牌**:你擅長解讀牌卡、神祕的記號或其他的傳統占卜藝術嗎?**第三張牌**:你擅長使用靈擺和尋龍尺,或感知地球的能量嗎?**第四張牌**:你擅長解讀手相嗎?**第五張牌**:你擅長利用大自然、草藥、精油或薰香產品嗎?**第六張牌**:你有魔法的天賦嗎?**第七張牌**:你擅長從感應*、心靈占卜,或從別人的物品、古老的手工藝品接收訊息嗎?**第八張牌**:你是天生的靈媒,或擅長與靈界溝通?**第九張牌**:你是否有靈性藝術的天賦,例如畫出別人的祖先、指導靈或守護天使?**第十張牌**:你與天使或指導靈在一起時,工作效率最高嗎?**第十一張牌**:你天生就會解讀別人的氣場嗎?

準備的物品

整副牌。

時機

滿月期間。

*一種超感官知覺,以超乎常人的方式從物體上取得持有者的個人資訊。

第四十二章

節日與季節的牌陣

此牌陣的幸運牌

大牌：愚者、魔術師、皇后、戰車、太陽、世界。

小牌：所有的王牌、錢幣三、聖杯三、權杖三、聖杯十。

宮廷牌：聖杯公主、聖杯侍者、權杖公主、權杖侍者、聖杯王子、聖杯騎士、權杖王子、權杖騎士。

關於節日與季節的牌陣

每一種牌陣都能善用所屬節日和季節的能量，並揭露這些能量如何與解牌者的內在能量產生連結。整體而言，奇數牌或八張牌的牌陣似乎有最佳的效果，而十二張牌的牌陣適用於探討一整年。古老的地球能量轉變之際，往往為特定的節日帶來力量，因此這些節日也是結合相關主題和解牌的好時機。這一章的牌陣與不同文化的節日有關，隨著文化變得越來越多元，社會也變得更豐富。

870
逐月的牌陣：利用每個月的潛在能量

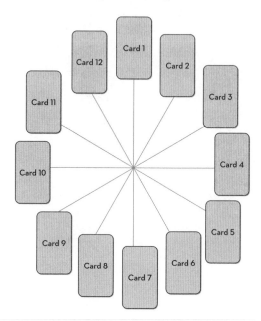

用途或背景知識

探討牌卡如何建議你在每個月善用機會，或避開陷阱。根據牌義，你能了解並跟隨該月的趨勢尋求正面的結果，或是為了成功而需要克服挑戰。

第一張牌：1月；你該怎麼做出明智的投資或理財決定？**第二張牌**：2月；你該怎麼改善自己的社交生活？**第三張牌**：3月；你該怎麼成功的把時間分配給兩位需要你的人？**第四張牌**：4月；即使你認為自己不會贏，也應該參與競爭嗎？**第五張牌**：5月；你應該投入新的養生計畫、健身方法，或接受專業的美容或整容手術嗎？**第六張牌**：6月；你應該接觸自己感興趣的新嗜好嗎？**第七張牌**：7月；如果你每天都需要工作，你應該預留更多時間，與伴侶、家人或朋友共度美好的時光嗎？**第八張牌**：8月；你應該備受矚目、尋求別人

的認同，或爭取應得的獎勵嗎？第九張牌：9月；為了享受生活，並避免犯下粗心的錯誤，你應該學會放輕鬆和放慢腳步嗎？第十張牌：10月；你應該避免捲入別人的爭執，或試著讓身邊的人感到開心嗎？第十一張牌：11月；你應該專心提升自己的心靈層次，或探索靈性力量，保持競爭力嗎？第十二張牌：12月；在新年的開端，你應該報名新課程，或把握機會提升技能嗎？

準備的物品

整副牌。

時機

從當月或次月的第一天開始解牌。

871
四季的牌陣

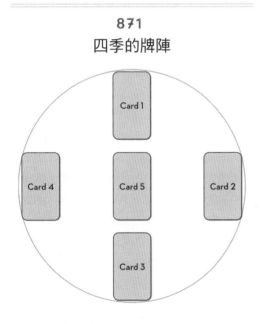

用途或背景知識

將內在變化的能量和一整年變動的能量流連結起來。

第一張牌：春天；在你的生活中，哪方面正在發展或需要進步？第二張牌：夏天；你該怎麼有效的為自己的付出贏得認可或獎勵？第三張牌：秋天；在你的生活中，哪方面表現得不錯，能持續保持卓越？第四張牌：冬天；為了長遠的結果，你需要保留哪些部分？應該捨棄哪些部分？第五張牌：在未來的一年，哪個季節對我最有利？

準備的物品

四十張小牌（一號牌到十號牌）。

時機

從任何的季節轉換之際開始，或是當季的任何時刻。

872
在除夕許下新願望的牌陣

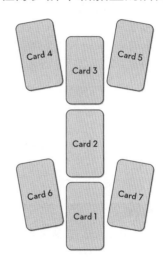

用途或背景知識

為新的一年設定目標和制定計畫。

第一張牌：一年剛結束，你想在新的一年做哪些事？第二張牌：關於過去的一年，你想捨棄哪些部分？第三張牌：你的新年願望是什麼？第四張牌：實現願望的最大挑戰是什麼？第五張牌：你的心聲建議你如何度過美好的一年？第六張牌：你的理智如何建議你？第七張牌：（可選在半夜抽牌）充滿未知的未來是什麼樣子？

準備的物品

四十張小牌和十六張宮廷牌。

時機

情人節的前幾天。

873
情人節前夕的牌陣：你很喜歡某個人，但你不敢送卡片給他

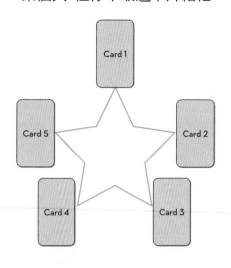

用途或背景知識

你持續找機會在辦公室、健身房或社交場合與某人交談，但你們沒有發展戀情。

第一張牌：什麼事阻礙這段戀情的發展？他的生活中出現了另一個人，或者他很內向？**第二張牌**：你應該寄匿名的卡片給他，期待他能猜到是你寄的，並回寄卡片給你嗎？**第三張牌**：他會寄卡片給你嗎？如果不會，你應該用開玩笑的心態看待情人節，或直接忽略這個話題？**第四張牌**：你應該在下班或健身後，輕鬆的邀請他去喝咖啡或飲料嗎？**第五張牌**：如果他拒絕了，你應該尋找願意為你投入時間的對象嗎？

874
5月1日的牌陣：美麗和魅力

用途或背景知識

傳統上，這一天是在黎明時分，年輕的姑娘會用晨露洗臉，讓自己變得更漂亮。

第一張牌：你喜歡自己現在的樣子嗎？還是你缺乏自信？你嫉妒別人，因此覺得很難受？**第二張牌**：為了讓自己感到滿意，現在是你開始規劃新健康飲食或健身計畫的好時機嗎？**第三張牌**：為了更喜歡自己，你有沒有考慮過美容？**第四張牌**：大幅改變你的外表，能讓你看起來更迷人？你想要得到的外表，真的可以實現嗎？**第五張牌**：你需要改變心態或創造新的生活方式嗎？還是你應該遠離那些批評你的外表的人？

準備的物品

二十二張大牌和十六張宮廷牌。

時機

夏初的鮮花節、北半球的4月30日至5月2日、南半球的10月31日至11月2日、貝爾丹火焰節（Beltane；紀念凱爾特人啟發的神祕傳統）。

875
聖燭節或春季初期的牌陣：古老又神奇的凱爾特曆法

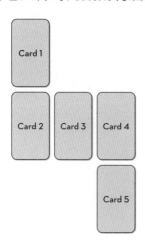

用途或背景知識

有人反對你想實現的計畫，因此你需要化解衝突，或者你想修復一段冷漠或疏遠的關係。

第一張牌：什麼事導致你們之間的冷漠或隔閡？有正當的理由嗎？**第二張牌**：即使不是你的錯，為了得到認可，你準備付出多少心力？**第三張牌**：對方準備與你達成何種程度的妥協方案？**第四張牌**：如果問題無法解決，你願意或能夠在沒有得到認同或和解的情況下，繼續執行計畫？**第五張牌**：只要你有時間和耐心，反對意見和隔閡就會自然減少嗎？

準備的物品

二十二張大牌。

時機

北半球的1月31日至2月2日、南半球的7月31日至8月2日、傍晚時分（日期範圍皆是從第一天的傍晚至最後一天的傍晚）。

876
國際婦女節的牌陣：你在軍隊、保全服務或工作場所中遭受偏見和歧視

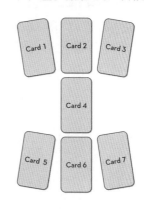

用途或背景知識

這種偏見可能來自其他的女性和男性。

第一張牌：你因性別或種族背景而遭到歧視？還是他們把你的長相當作霸凌你的藉口？**第二張牌**：有沒有其他人遭受類似的待遇，並且願意和你一起抗議？還是他們很害怕說出實情？**第三張牌**：這是有隱患的微妙壓力嗎？他們剝奪了你的特權或機會？如果你知道對方會矢口否認，你能不能整理出證據，提出合乎邏輯的實例？**第四張牌**：公司內部有沒有任何部門負責處理這種問題？還是該有部門，有義務從同理心的角度去解決問題？**第五張牌**：如果遭到人身攻擊或心理創傷，你能得到公正的醫療支援嗎？**第六張牌**：你能運用自己的經驗去幫助別人嗎？**第七張牌**：如果你遠離霸凌的單位或離職，你能不能從外界對抗此問題，並討回公道或得到補償？

準備的物品

二十二張大牌和十六張宮廷牌。

877
情人節的牌陣：你的伴侶沒有送你卡片或帶你去吃晚餐

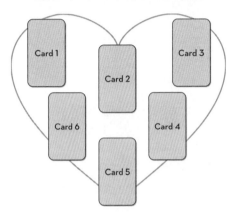

用途或背景知識

你為情人節付出不少心力，卻沒有明顯的回報。

第一張牌：你的伴侶是不懂浪漫的人嗎？還是他只是很討厭商業化的節日？**第二張牌**：他習慣透過行動表達愛意，而不是言語？**第三張牌**：你應該找他好好談一談，並說明自己有多麼傷心，或乾脆忘掉這件事嗎？**第四張牌**：你應該重新思考他的想法是否有道理，他只是考慮不周而已嗎？表達愛意的時間點，也不該只侷限在情人節？**第五張牌**：你們的感情是否有需要解決的潛在問題？**第六張牌**：你能夠引導他變得更浪漫，為下次的情人節做準備嗎？

準備的物品

四十張小牌（一號牌到十號牌），和十六張宮廷牌。

時機

2月15日（請挑一個你比較平靜的時間點）。

878
情人節的牌陣：你想知道自己和愛人的關係能不能天長地久

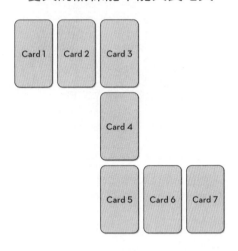

用途或背景知識

情人節很美好，但你仍然擔心自己是否會和愛人長相廝守。

第一張牌：這段戀情和其他的感情有什麼特別的不同之處？如果這是你的初戀，當初為什麼會擦出火花？**第二張牌**：你對這段感情有哪些疑慮？這些是你應該擔憂的事情，還是純粹恐懼感，或你缺乏自信？**第三張牌**：你們為什麼願意在一起？**第四張牌**：誰或什麼事使你們的意見不合？如何解決？**第五張牌**：這是永恆不變的關係嗎？**第六張牌**：你們希望長久地走下去嗎？**第七張牌**：他是你的靈魂伴侶嗎？還是你有其他的靈魂伴侶？

準備的物品

四十張小牌（一號牌到十號牌），和十六張宮廷牌。

時機

情人節晚上的睡前時間或牧神節（Lupercalia），即每年2月15日在羅馬舉行的古老異教節日，也就是古羅馬愛情日的第十五天。

879
復活節早上的牌陣：你很想再生一個孩子

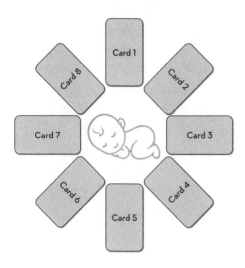

用途或背景知識

你的家庭成員增加了，但你希望有寶寶增添樂趣。

第一張牌：這是你的決定？配偶同意（堅決反對）你的想法嗎？還是他可以被你說服？**第二張牌**：現在是你退出職場或組成自給自足的家庭，專心照顧寶寶的時機嗎？**第三張牌**：你養育其他孩子的時候，經常很忙碌嗎？你覺得自己以前錯過了什麼？**第四張牌**：新生兒帶來的樂趣，能彌補昔日不可避免的變化或阻礙嗎？**第五張牌**：你能調整自己的作息，適應照顧嬰兒的負擔或免不了的限制？**第六張牌**：有沒有其他的方法能讓你感到滿足？在你的生活或人際關係中，是否缺少了什麼？**第七張牌**：你現在就要開始「做人」嗎？還是等其他的家庭成員都達成共識後，你才付諸行動？**第八張牌**：寶寶能讓你感到快樂嗎？

準備的物品

四十張小牌（一號牌到十號牌），和十六張宮廷牌。

時機

復活節的早晨，或任何一週的第一天。

880
復活節的牌陣：迎接讓你又驚又喜的新生活

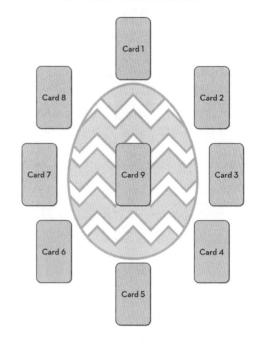

用途或背景知識

生活用你期待已久的方式展開了。

第一張牌：這個新階段將如何開始？**第二張牌**：你期望的部分會不會消失，或暫時延遲？**第三張牌**：初期會出現哪些新的契機？**第四張牌**：你會投入哪些新的活動？在哪裡？**第五張牌**：不久後，你能得到什麼樣的成果？**第六張牌**：哪些事需要你花更長的時間去完成？**第七張牌**：什麼事或誰會浪費你的時間？**第八張牌**：下次的復活節之前，或在你解牌後的十二個月內，你已經完成什麼事？或者你那時候正在做什麼事？**第九張牌**：驚喜。

準備的物品

整副牌。

時機

復活節（星期日）或月初的星期日，或接近月初的星期日。

881
春季的牌陣：以挪威的春季女神名字奧斯塔拉（Ostara）命名，釐清生活中的混亂

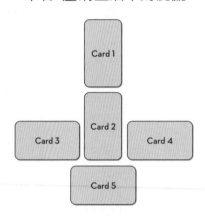

用途或背景知識

你的生活充滿混亂和義務，因此你倍感壓力，綁手綁腳。

第一張牌：生活中，有哪些雜亂的事正在拖延你的進度，或使你沮喪，因此需要清理？**第二張牌**：有哪些你現在已經不喜歡的活動？你可以捨棄這些活動，騰出更多的時間嗎？**第三張牌**：哪些人不再讓你感到開心，或使你沮喪，破壞和諧的氣氛？**第四張牌**：你需要按部就班的整理自己的生活，還是一口氣清理完畢？**第五張牌**：你該怎麼填補可用的空間和空檔？還是你想先留著，以應不時之需？

準備的物品

二十二張大牌和十六張宮廷牌。

時機

北半球的春分（3月21日至23日）、南半球的春分（9月21日至23日）。此時的晝夜等長，之後的白晝漸漸變長。

882
世界地球日、地球療癒日的牌陣：你住在受到污染或垃圾遍地的地區

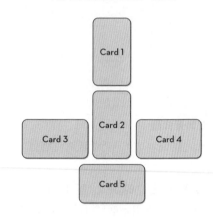

用途或背景知識

你很關心環境，但你居住的地方受到忽視和污染，似乎沒有其他人在乎。

第一張牌：有沒有社區或環保組織能對地方政府施壓，或定期安排大掃除？如果沒有，你能籌劃清潔的活動嗎？**第二張牌**：髒亂的景象是路人、當地的外送餐廳或當地的年輕人造成的嗎？你能不能聯絡當地的學校、商店或青年團體，共同解決這個問題？**第三張牌**：你能創造出屬於自己的美麗空間、盆栽或宜人的庭園嗎？**第四張牌**：當地是否有野生動物區、大自然區域或綠地可用來造景？如果行不通，有沒有閒置的土地能

吸引媒體的注意，有機會改造成美麗的景觀或家庭野餐區？**第五張牌：**即使通勤時間會變得更長，你能夠或應該搬家嗎？

準備的物品

四十張小牌。

時機

世界地球日（3月21日或4月22日）、地球療癒日（8月17日左右）、每個月的第四個星期日。

883
夏末或秋初的收穫節牌陣：你經常為家庭付出

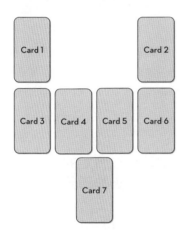

用途或背景知識

收穫節（Lughnasadh）的特色是，把最後一捆已收割的穀物，烤出的第一個麵包當作祭品，相互交換。此牌陣適用於你總是記得別人的生日，但沒有人記得你的生日之時。

第一張牌：你一直都是家庭裡的重要人物，經常負責安排慶祝活動或邀請親友嗎？做這些事讓你很開心嗎？**第二張牌：**是否有一兩位家人占你的便宜？還是幾乎所有人都把你的付出當成理所當然？**第三張牌：**在不違背你的慷慨天性下，你該怎麼要求別人做好分內的事？**第四張牌：**你

應該在自己的生日到來之前，提醒大家注意嗎？你們該怎麼共同為節日做準備，而不是買現成的食品？**第五張牌：**如果有必要，你準備好對自私的成員表現出嚴厲的態度嗎？**第六張牌：**你能不能克服發自內心的內疚感或責任感，而且不退縮？**第七張牌：**你能不能實現幸福的平衡，使家庭活動變成一種共享的樂趣，而不是負擔？

準備的物品

四十張小牌和十六張宮廷牌。

時機

北半球的7月31日至8月2日、南半球的1月31日至2月2日、慶祝穀物在夏末或秋初收割的收穫節（該節日的名稱是受到凱爾特的神祕傳統和公曆的收穫節啟發）。

884
美國獨立日的牌陣：你的工作場所有嚴重的安全問題或腐敗風氣

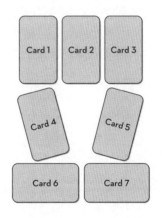

用途或背景知識

有人告訴你，如果你向上級反應問題，你就會失去工作，但你不想再保持沉默了。

第一張牌：有沒有公正的監察機關認真看待你反應的問題？你透露內幕消息給他們後，有哪

469

些風險？**第二張牌**：在你說出實情之前，你需要立刻找另一份工作或搬家嗎？**第三張牌**：在你的工作場所中，有人願意支持你嗎？**第四張牌**：在你反應問題之前（如果你無法投訴），應該仔細記錄自己的參與過程，以免被牽連嗎？**第五張牌**：你應該向當地媒體或時事調查的節目透露內幕消息，並且請他們不要公開你的姓名嗎？**第六張牌**：說出真相後，你會扯上官司嗎？你能伸張正義嗎？還是有人會掩蓋你說的實情？**第七張牌**：你應該趁著危險的事件還沒發生之前，不計後果的揭露真相嗎？

準備的物品

整副牌。

時機

7月4日、美國獨立日前後的幾天、任何一個星期四（伸張正義之日）。

第一張牌：哪些潛藏和已知的因素，使你的伴侶不願意做出承諾？**第二張牌**：什麼原因阻礙你發出最後通牒或認真面對這件事？**第三張牌**：什麼原因讓你們繼續交往下去？**第四張牌**：如果你很努力，這段關係就能順利發展嗎？**第五張牌**：如果他不願意改變，你能接受現狀嗎？**第六張牌**：其實你維持單身或另尋交往對象，會比較快樂嗎？**第七張牌**：如果你有耐心並堅持下去，你們就會相伴一生嗎？

準備的物品

二十二張大牌和十六張宮廷牌。

時機

6月21日至23日（聖約翰節的前夕，也是仲夏節的前夕）、北半球的6月24日（仲夏節）、南半球的12月21日至24日（太陽升到最高點；依照古老的盎格魯－撒克遜曆法；夏至是白晝最長、夜晚最短的時節）。

885
斯堪地那維亞的仲夏牌陣：你已經和某人約會好幾年，但他喜歡獨自生活

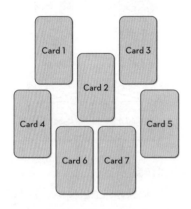

用途或背景知識

你不想在進退兩難的處境中度過餘生，你們之間沒有承諾，但也不是單身。

886
秋季牌陣：在特定的情況下，使獲得或失去的部分達到平衡

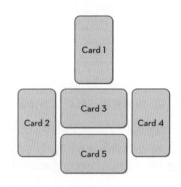

用途或背景知識

你在權衡某項行動方案的利弊，還是你已經展開行動，但你在考慮該不該繼續進行。

第一張牌：短期內，展開行動或繼續進行的好處

是什麼？**第二張牌**：短期內，展開行動或繼續進行的壞處是什麼？**第三張牌**：從長遠來看，展開行動或繼續進行的好處是什麼？**第四張牌**：從長遠來看，展開行動或繼續進行的壞處是什麼？**第五張牌**：整體而言，利益會大於損失，還是損失大於利益？

準備的物品

二十二張大牌。

時機

北半球的9月21日至23日、南半球的3月21日至23日、秋分豐年節（Mabon；紀念凱爾特的神祕傳統；秋分是晝夜等長的時節，此後的黑夜會變長）。

887
國際男人節的牌陣：遭受家庭暴力的男性

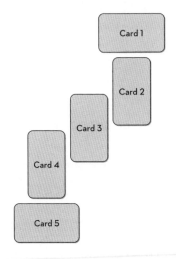

用途或背景知識

你愛的男人在生理或心理方面，受到父母或配偶的虐待。

第一張牌：你能夠或該怎麼幫助他克服尷尬和

恥辱，並尋求緊急的支援，尤其是施虐者是女性？**第二張牌**：即使有人否認家暴的嚴重性，你能不能提供求助專線或家暴防治團體的聯絡方式給受害者，並幫他安排臨時的避難所，以免情況變得更危險？**第三張牌**：你能不能幫他安排心理諮詢，協助他克服內疚感並不再自責？**第四張牌**：他能及時接受幫助嗎？**第五張牌**：他能達到幸福或和平的那一端嗎？

準備的物品

二十二張大牌和十六張宮廷牌。

時機

最好挑在11月19日，或他急迫需要協助的任何時刻。

888
排燈節的牌陣：好運氣和富足

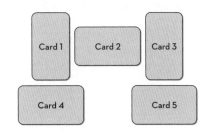

用途或背景知識

排燈節（Diwali）屬於錫克教的傳統慶祝活動，也是印度教的秋季光明節，於十勝節（Dussehra）的二十天後舉行，也就是於阿須雲月份（Asvin；10月至11月）的兩週後起算的第十三天慶祝。每年的排燈節日期都不一樣。這個神聖的節日是為了祭祀女神拉克什米（Sri Lakshmi）。人們在這段期間會向祂祈求財富、繁榮、生育、豐收以及下一年的好運氣。

在排燈節即將來臨前，信奉任何宗教或沒有信仰的人都可以使用此牌陣，並詢問關於排燈節能帶

來的好運氣和富裕。

第一張牌：你需要從生活中捨棄什麼？或需要擺脫原本的心態、不必要的活動或負面的情緒，否則會阻礙你獲得好運氣和財富嗎？**第二張牌**：你該怎麼透過積極的想法和行動，迎接新的機遇？

第三張牌：什麼事或誰能帶給你喜悅，使你的生活充滿希望？**第四張牌**：無論是獨居或與其他人同居，你該怎麼讓自己的家或家庭生活變成力量和好運氣的源頭？**第五張牌**：新的好運氣和財富將從何處、如何進入你的生活？

準備的物品

四十張小牌和十六張宮廷牌。

時機

排燈節前後的任何一天。

889
萬聖節的牌陣：與祖先聯繫

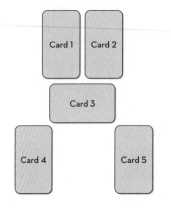

用途或背景知識

根據傳統，當空間維度消失在夜裡，我們可以與接近自己的祖先，產生聯繫。

第一張牌：在世與已故的親屬有哪些未完成的事情困擾著你？你該怎麼妥善解決問題？**第二張牌**：哪位祖先現在最靠近你？**第三張牌**：關於愛情、親情或家庭，祖先傳達什麼訊息給你？**第四張牌**：關於你目前的人生道路或職業，祖先給你哪些建議？**第五張牌**：無論是在世的親屬或已故的祖先，誰的風格跟你最像，而且能在未來的幾個月有效的引導你？

準備的物品

二十二張大牌。

時機

10月31日的晚上，也就是傳統的冬季初期儀式：夏末節（Samhain）的開端；為了紀念凱爾特的神祕傳統，期間是北半球的10月31日至11月2日，以及南半球的4月30日至5月2日。

890
萬聖節的前世牌陣

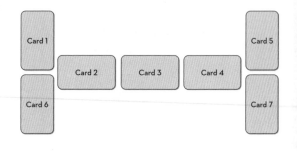

用途或背景知識

萬聖節是自然的神奇轉變之際，因為前世會漸漸靠近你。

第一張牌：哪一段前世與你目前所處的世界最相似？**第二張牌**：你如何透過前世詮釋出一種獨特的才能，而且你今生的家人不具備這項才能？**第三張牌**：你的不明恐懼感或強烈的厭惡感來自哪裡？**第四張牌**：誰在前世是你最親密的靈魂伴侶？他出現在你的今生了嗎？**第五張牌**：你可以追溯到最早的前世是什麼時候？**第六張牌**：如果你最近接觸到的前世，讓你現在擁有靈魂使命，那麼這段前世是什麼樣子？**第七張牌**：當你決定返回現在後，你的下一個化身是什麼？

準備的物品

整副牌。

時機

10月31日的晚上。請你從容的在燭光下擺放此牌陣，讓你的印象慢慢浮現，並記錄下來。在你進行冥想或作夢後，可以仔細思考自己獨特的見解。

891
感恩節的牌陣

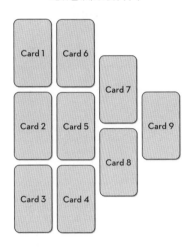

用途或背景知識

專注於你生活中的美好事物。

第一張牌：在你目前的生活中，誰能帶來最積極的影響或啟發？**第二張牌**：在你的祖先或歷史人物當中，誰對你的生活產生最積極的影響？**第三張牌**：你應該感謝生活中的哪些人事物？**第四張牌**：你的生活缺少了什麼人或事？在下次的感恩節之前，你該怎麼找到他們或替代者？**第五張牌**：在下次的感恩節之前，你該怎麼實現生活富足或生意興隆？**第六張牌**：你該怎麼大方的分享自己的財富或成功？**第七張牌**：從現在到下次的感恩節之前，你最希望達到的健康目標是什麼？

第八張牌：你能指望出現什麼樣的好運氣？**第九張牌**：在下次的感恩節之前，你最感激的恩賜是什麼？

準備的物品

整副牌。

時機

11月的第四個星期日，或感恩節的清晨。

892
斯堪地那維亞的將臨期蠟燭牌陣：獲得當季的祝福

用途或背景知識

此牌陣適用於將臨期的四個星期日。按照傳統，要點燃四支紅色的長蠟燭，第一支是在將臨期的星期日點燃，有兩支是在接下來兩個星期日點燃，剩下的一支是在將臨期的第四個星期日或平安夜點燃。請你在第一個星期日抽一張牌，在第二個星期日抽兩張牌，在第三個星期日抽三張牌，以及在將臨期（或平安夜）的第四個星期日抽四張牌。

接著，請記錄初期階段的牌卡，以便觀察這些牌卡的訊息在第四個星期日之前如何產生改變。

第一張牌：此時此刻，你最渴望得到的祝福是什麼？**第二張牌**：在聖誕節之前，這些祝福將如何呈現？**第三張牌**：你現在需要付出什麼，或原諒誰？**第四張牌**：在今年的聖誕節，你想傳達的個人訊息或給家人的訊息是什麼？

準備的物品

整副牌。

時機

11月30日（離聖安德魯日最近的星期日）、接下來的三個星期日、平安夜的第四個星期日。

光明節的牌陣：為你的生活帶來光明和希望

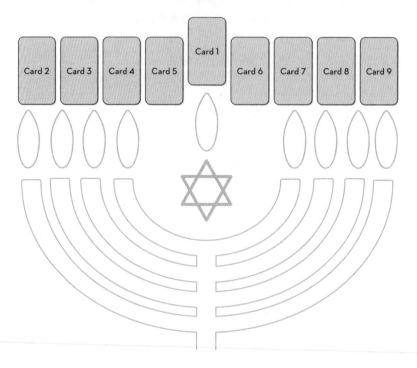

用途或背景知識

光明節是猶太人點蠟燭的節日，起始日是基斯流月（Kislev）的第二十五天，是陽曆的11月至12月期間。在光明節前夕，猶太教燈臺中間的燭臺會先點上，然後這支蠟燭會用來點燃燈臺上的其他蠟燭。該節日一始的八個晚上，每天都要增加一支蠟燭，直到剩餘的八支蠟燭都點燃（若包括中間的蠟燭，共九支蠟燭）；順序是從左向右。

第一張牌（猶太教燈臺中間的燭臺，中央的牌）：你生活中的哪方面最需要光的指引？**第二張牌（最左邊，燈臺上第一根點燃的蠟燭）：**如果事情看起來希望渺茫，你該怎麼追求幸福？**第三張牌**（從左向右）：誰或什麼事能幫助你？**第四張牌：**誰或哪些疑慮或障礙阻擋你？**第五張牌：**你應該採取的第一個行動是什麼？**第六張牌：**你該怎麼保持動力？**第七張牌：**你的生活會出現哪些意料之外的機遇，暗示你走在正確的軌道上？**第八張牌：**你該怎麼充分利用這次的機會？**第九張牌：**你該怎麼實現成果？何時能看到成果？

準備的物品

二十二張大牌。

時機

光明節的初期（每年的日期都不一樣）。

894
聖誕節的十二天牌陣

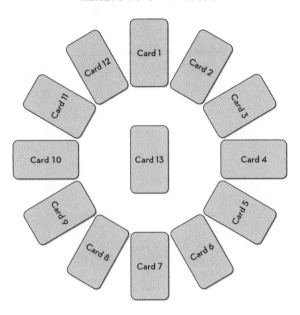

用途或背景知識

原本，和北歐的事件與時間有關。惡劣的天氣導致工作無法順利進行，此牌陣適用於制定新年計畫。

第一張牌，12月25日：你希望在新的一年得到什麼好處？不一定是物質的？**第二張牌**，12月26日：誰能給予你好處？你該怎麼主動爭取這些好處？**第三張牌**，12月27日：在新的一年，你認為最值得慶祝的事情是什麼？**第四張牌**，12月28日：為了尋找最想要的東西，你應該從哪方面（事業或愛情）、哪個地點著手？**第五張牌**，12月29日：在未來的一年，你會遇到誰？你會發現誰對你最有幫助？**第六張牌**，12月30日：在未來的一年，什麼事或誰會在你的生活中安定下來？**第七張牌**，12月31日：在未來的一年，最讓你出乎意料的事情是什麼？**第八張牌**，1月1日：你的新年計畫或決心是什麼？**第九張牌**，1月2日：在目前的生活型態中，你能夠實現自己的決心嗎？你需要改變一些事情嗎？**第十張牌**，1月3日：有哪些讓你興奮的新機會等著你去發現？**第十一張牌**，1月4日：在生理或職業方面，有任何計畫之外的重大變動嗎？**第十二張牌**，1月5日：你該怎麼在新的一年確保自己維持身體健康？**第十三張牌**：屬於你未來一年的獨特能量。

準備的物品

整副牌。

時機

聖誕節前後的十二天。如果你願意，你可以在這十三天的每天各抽一張牌，然後將你抽到的牌放回牌組。重複執行，具有重要的意義。

895
聖誕節前奏的牌陣：你沒有感受到歡樂

用途或背景知識

在一年當中的冬至期間，大家似乎都很開心，只有你是例外。

第一張牌：如果你不想參加公司舉辦的聖誕派對，或者不想與鄰居喝一杯，你能找合理的婉拒藉口嗎？**第二張牌**：如果你正在籌備聖誕節，你現在應該列出清單或分配家務嗎？還是你應該認清自己已經買太多東西了嗎？**第三張牌**：你現在應該制定基本規則，例如先把私人恩怨放一邊、分配任務，讓你有可以喘息的時間？**第四張牌**：你希望從聖誕節得到什麼？即使聖誕節快到了，你該怎麼爭取自己想要的東西？**第五張牌**：你現在應該規劃明年的聖誕節；在熱帶島嶼、飯店或郵輪上慶祝，做為送給自己的聖誕禮物嗎？

準備的物品

四十張小牌和十六張宮廷牌。

時機

聖誕節的前奏，特別是北半球的12月21日至23日，南半球的6月21日至23日（在古諾斯曆法中，冬至通常稱作耶魯節）。

第四十三章

聖人的塔羅牌陣

此牌陣的幸運牌

大牌：女祭司、教皇、力量、節制、星星、月亮、太陽。

小牌：聖杯王牌、權杖王牌、權杖二、權杖三、聖杯八、錢幣九、聖杯九。

宮廷牌：聖杯皇后、聖杯國王。

關於聖人的塔羅牌陣

這些牌陣是根據與不同聖人相關的特殊優勢和特質而設計。除了聖人本身具有的宗教意義，祂們在更廣泛的西方民間傳統中，也象徵著日常生活和需求中展現的特質，以及更多的心靈議題。三張牌、四張牌、五張牌、六張牌和七張牌的牌陣都有顯著的效果。

896
聖女貞德的牌陣：決定繼續尋求正義或接受妥協方案

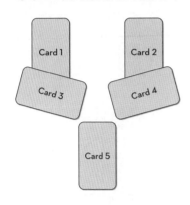

用途或背景知識

有戰鬥精神的聖人。此牌陣適用在你為了打官司而花光資金，而你現在擔心讓步後，會演變成姑息養奸。

第一張牌：如果你堅持到最後，打贏了官司，能不能在證明自己清白的同時，爭取到更多補償金，彌補已支出的費用？**第二張牌**：如果敗訴了，你會因為訴訟成本而遭受嚴重的財務損失嗎？**第三張牌**：你應該去找接受成功酬金協議*的律師？即使你找不到願意接受此協議的律師，你會去找已認識且值得信賴的律師？**第四張牌**：如果某部分的賠償金可以在法院外協商，這足以向世人證明你是有理的一方嗎？**第五張牌**：你應該勇於冒險嗎？

準備的物品

二十二張大牌和十六張宮廷牌。

時機

星期二（勇氣）或星期四（正義）。

*如果案件敗訴，律師不可以收費；如果案件勝訴，律師可以從賠償金中按比例收費。

897
聖瑪爾大的屠龍牌陣：對付很難相處的親屬，但不造成嚴重的親情嫌隙

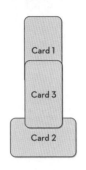

用途或背景知識

慈母般的聖瑪爾大（St. Martha）殺死了一條龍，但不是用劍，而是將聖水灑在龍的身上。原因是位於法國亞維農（Avignon）和亞爾（Arles）之間的隆河，其古老防禦城鎮塔拉斯孔（Tarascon）的人民受到龍的威脅。同理，你知道很難搞的親屬只是心情不佳，並沒有惡意。

第一張牌：你能夠或應該處理導致問題的不幸原因，或試著一勞永逸解決問題？**第二張牌**：有人在私下製造麻煩，同時把責任推卸給別人嗎？**第三張牌**：這是長期存在的問題，因此你必須尋找暫時的解決方案，避免隨時受到干擾？

準備的物品

二十二張大牌和十六張宮廷牌。

時機

根據傳統，你可以在星期二請求聖瑪爾大的幫助。

898
聖約瑟的木匠牌陣：你在失業率高的地區或職缺很少的領域找工作

用途或背景知識

傳統上，許多人請求聖約瑟（St. Joseph）提供各式各樣的就業機會，特別是在遇到困境或長期失業的時候。

第一張牌：為了脫穎而出，你需要學習哪些其他的技能？**第二張牌**：你應該考慮搬到有更多機會的地方嗎？**第三張牌**：如果有必要，你應該先接下任何工作，在不熟悉的領域中接受培訓，讓自己適應就業市場？**第四張牌**：如果你有耐心和毅力，你能在幾週或幾個月內找到工作嗎？

準備的物品

四十張小牌（一號牌到十號牌）。

時機

星期三（傳統上，許多人求助於聖約瑟的日子）。

899
蘇格蘭的聖安德魯節前夕牌陣：確定異地戀

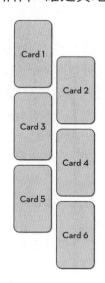

用途或背景知識

你們已經交往一段時間了，但不常見面。據說，聖安德魯（St. Andrew）會在節日當天的半夜，將你的情人帶去見你。

第一張牌：異地戀比較適合你們其中一人嗎？為什麼？**第二張牌**：偶爾的會面，使你們很難保持親密的情感嗎？還是你很喜歡浪漫的重逢和暫別？**第三張牌**：你需要制定明確的計畫，讓彼此變得更親近嗎？**第四張牌**：如果你們無法確定戀情，癥結是什麼呢？**第五張牌**：如果你們的關係在短期內沒有進展，你能接受現狀嗎？**第六張牌**：如果你無法接受現狀，你準備尋找一段能與新歡經常見面的新戀情嗎？

準備的物品

四十張小牌（一號牌到十號牌）和十六張宮廷牌。

900
庇護者聖猶達的牌陣：生意陷入困境，扭轉絕望的局面

用途或背景知識

據說，聖猶達（St. Jude）不曾迴避任何挑戰，許多人在艱困的情況下請求祂緩解壓力。

第一張牌：這件事是否值得你再試一次，看看能否延緩進度，讓自己能從容的東山再起？**第二張牌**：援助或資源會在最後一刻出現嗎？**第三張牌**：還有脫困的希望嗎？**第四張牌**：你能扭轉局面或想出折衷方案，不讓自己失去一切嗎？

準備的物品

二十二張大牌。

時機

10月28日（聖猶達的特別日）或星期六（控制損失之日）。

901
聖安東尼的帕多瓦牌陣：你遺失了重要的文件，而且急需找到它

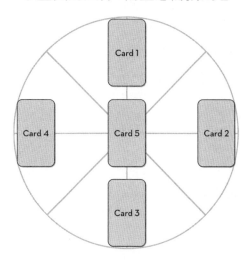

用途或背景知識

傳統上，許多人請求聖安東尼幫忙尋找遺失的物品，包括放錯地方或被偷走的物品。

第一張牌：你有沒有備份？或者你能從官方機構快速找到副本嗎？**第二張牌**：你能不能想起自己最後一次把文件收起來，緊接著注意力被轉移的時候？**第三張牌**：你是否把文件交給你信任的人保管，但你忘記這件事了？**第四張牌**：如果重新檢查可能漏掉的地方，你會在第二次確認的時候，發現要找的文件和其他的文件混在一起，或放錯文件匣嗎？**第五張牌**：如果你放輕鬆，會不會突然想起自己把文件放在哪裡？

準備的物品

四十張小牌（一號牌到十號牌）。

時機

6月13日（聖安東尼的特別日）或星期一（適合未知或不確定的事情）。

902
聖艾格尼絲的愛情牌陣：你結過婚，卻很猶豫要不要再婚

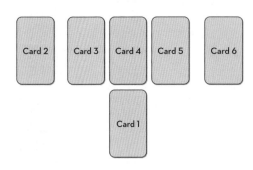

用途或背景知識

聖艾格尼絲（St. Agnes）是羅馬聖人，象徵著已訂婚，但對愛情沒有信心的人。此牌陣適用於你因為以前的經歷而害怕犯錯。

第一張牌：關於未來的配偶、你自己或婚姻狀況，你有哪些疑慮？**第二張牌：**你需要更長的時間去療傷、認識自己或重新建立信心嗎？**第三張牌：**在你全心投入這一段感情之前，你的上一段感情有任何需要解決的問題嗎？**第四張牌：**在你們結婚之前，這段新戀情有任何需要解決的問題嗎？**第五張牌：**你們應該同居一段時間，共同建立新的生活模式嗎？**第六張牌：**如果你們繼續在一起，未來能幸福的相守到老嗎？

準備的物品

整副牌。

時機

傳統上，聖艾格尼絲節的前夕（1月20日，晚上十點）是愛情占卜的時機；星期五也適合人們在愛情方面冒險。

903
聖加大肋納的牌陣：你突然瘋狂的愛上「不是你的菜」

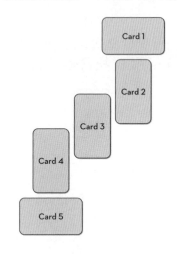

用途或背景知識

傳統上，人們會在屬於聖加大肋納（St. Catherine of Alexandria）的節日清晨，到屬於祂的神聖泉水旁向祂祈求愛，因此祂很適合做為出乎意料的愛情牌陣主題。

第一張牌：這是個性互補的吸引力，或心靈相通，能彌補你缺乏的特質嗎？**第二張牌：**你目前在尋找愛情，所以你很容易沉溺在浪漫和激情的氛圍嗎？**第三張牌：**你應該慢慢來、冷靜思考，或互相從日常生活中了解彼此嗎？**第四張牌：**這是超乎預期的真愛，可以使愛情提升到新的層次？**第五張牌：**這種情況會持續下去嗎？還是這只是你人生旅程中的某個階段？

準備的物品

四十張小牌（一號牌到十號牌）和十六張宮廷牌。

時機

11月25日（聖加大肋納的特別日）或任何月初的清晨。

904
醫護騎士聖朱利安的牌陣：很久沒有收到去遠足的年輕親屬的消息，你很擔心

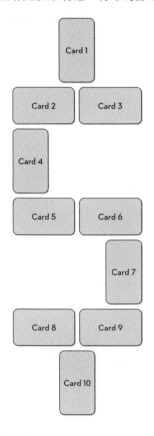

用途或背景知識

他很久沒有打電話給你或傳訊息給你，讓你很擔心。朱利安（Julian）是公元一世紀初期的比利時聖人，與遠離家鄉、尋找安全避難所的旅客有關。

第一張牌：他現在很安全嗎？**第二張牌**：你的親屬常會有一段時間不聯繫、不回電或不回信給你，但你猜想他安然無恙嗎？**第三張牌**：他去了偏遠的地方嗎？那裡的訊號可能很差，或收不到訊號？**第四張牌**：他經常把手機摔壞、弄丟手機或筆電的充電器，因此你聯繫不到他？**第五張牌**：如果你追蹤他的旅程記錄，能查到他上次停留的地方嗎？**第六張牌**：你應該在國內詢問他的朋友，自從你們上次聯繫後，他們有收到任何消息嗎？**第七張牌**：你應該匯錢到他旅行專用的提款卡，以免他把旅費花光了？**第八張牌**：你應該聯繫或確認他上次造訪的大使館網站，看看有沒有旅遊限制的資訊或最新消息？**第九張牌**：他很快就會聯繫你，並對你的擔憂感到訝異嗎？**第十張牌**：即使要花很多錢，你能不能想出簡單易懂的方法，讓他以後能夠聯繫你？

準備的物品

四十張小牌（一號牌到十號牌）。

時機

你開始擔心之時或聖朱利安節（2月12日）。

905
盧爾德的聖伯爾納德牌陣：協助家人在重大事故結束後恢復獨立

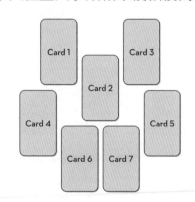

用途或背景知識

1858年2月，聖伯爾納德（Saint Bernadette）第一次看到聖母瑪利亞引導人們進入盧爾德的岩洞，創造出許多治癒疾病的奇蹟。

第一張牌：你該怎麼有效幫助家人迎接獨立自主的新生活？第二張牌：你該怎麼協助家人在必要的時候爭取到所需的資源，或得到移居新住所的經濟補貼，進而實現獨立生活？第三張牌：你該怎麼幫助家人尋找培訓的新機會，或適應目前的工作環境？第四張牌：在他絕望的黯淡時刻，需要哪些策略、外界的支援或救助團體？第五張牌：哪些現有的資源可以幫助他參與社交活動或旅行，以免他覺得孤立無援？第六張牌：他能找到高品質的新生活嗎？第七張牌：在艱困的階段，你能為自己找到什麼樣的精神支持？

準備的物品

整副牌。

時機

4月16日或2月18日（聖伯爾納德的節日；法國的部分地區）或任何星期三（治癒的日子）。

906
聖希爾達或惠特比的牌陣：辦公室或住宅區有小人陷害你

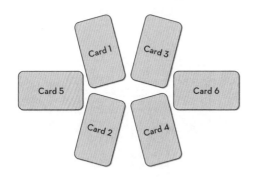

用途或背景知識

據說，聖希爾達（St. Hilda）為了清理修道院的土地，將所有的蛇都趕到懸崖，後來這些蛇變成美麗的菊石，至今仍然留在海邊。

第一張牌：這些人很惡毒嗎？他們特地找你麻煩？第二張牌：你應該直接找主謀對質，因為他有可能在沒有親信陪同的情況下讓步嗎？第三張牌：你應該和主謀的一些邊緣成員交朋友，或挑撥離間嗎？第四張牌：如果他們的指控有潛在的破壞性，你應該揚言採取正規的法律行動嗎？第五張牌：你應該忽視他們，並告訴自己：「大人物不會浪費時間在小人身上」嗎？第六張牌：如果你不做出回應，也不為自己辯解，他們的邪惡把戲就會失去意義了嗎？

準備的物品

整副牌。

時機

11月17日（聖希爾達的節日）或任何星期三（杜絕惡意之日）。

907
耶穌的祖母聖安妮的牌陣：妳的年紀比校園裡的大多數家長更大

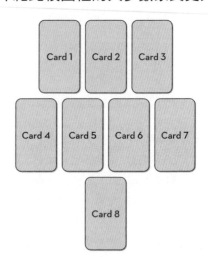

用途或背景知識

妳厭倦了別人問妳是不是學生的祖母。據說，聖安妮（St. Anne）懷上瑪麗時，已經過了適合生育的年齡。

第一張牌：在晚年生孩子，有哪些好處？**第二張牌**：在晚年生孩子，有哪些壞處？妳該怎麼適應，或把心思放在好處上？**第三張牌**：妳該怎麼善用自己的人生經歷或更穩定的生活型態，為孩子提供有保障的生活環境？**第四張牌**：妳應該讓其他的家長慢慢明白，妳很慶幸自己是年長的家長？而不是試圖向他們證明，在晚年生子是正確的決定？**第五張牌**：妳該怎麼歡迎其他的家長到妳家作客？除非妳願意，否則妳到他們的家中作客時，要怎麼避免強迫自己融入年輕家長的生活方式？**第六張牌**：如果妳決定在晚年獨自撫養孩子，能否從網路上或私生活中找到處境相似的人，共同分享育兒經驗？備用的**第六張牌**：如果你們是年長的夫婦，或其中一人的年紀比較大，你們能不能結識不同年齡層的家長，互相交流想法，並且從彼此的生活方式中學習？**第七張牌**：妳感到壓力很大時，或妳出差錯時，能認清問題不在於自己的年紀大，而是對任何年齡層而言，撫養孩子是很困難的事嗎？**第八張牌**：妳應該享受現在，不該擔心二十年後會發生什麼事嗎？

準備的物品

整副牌。

時機

7月26日（聖安妮的特別日）或任何星期五（多元家庭日）。

908
聖克里斯多福的牌陣：你彷彿是家人的司機，而且你受夠了

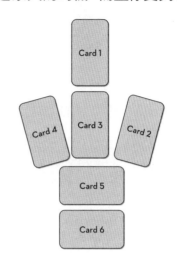

用途或背景知識

聖克里斯多福（St. Christopher）是旅行者的守護神，尤其與通勤和旅途中的必需品有關。如今許多人在旅行時，仍然會佩戴祂的紀念章，以保平安。

第一張牌：你是怎麼淪為家人的司機？即使家人不需要你載，他們已經習慣接受你的服務了？**第二張牌**：無論天氣如何，家人希望你能放下手邊的事情，或在深夜開車接送他們？**第三張牌**：配偶經常拜託你，開車到聚會的場合接他回家嗎？**第四張牌**：除了緊急情況，你應該開始漸漸婉拒家人，或要求他們提早告知你？**第五張牌**：你應該鼓勵家人存錢買車，或要求他們去搭真正的計程車或預約搭車服務？**第六張牌**：問題並不是出在運輸本身，而是家人忽略了你的需求嗎？

準備的物品

四十張小牌（一號牌到十號牌）和十六張宮廷牌。

時機

7月25日（聖克里斯多福的節日）或任何星期三（短途旅行的日子）。

909
聖彼德的牌陣：通往升遷之路

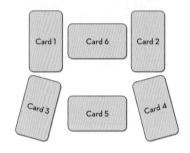

用途或背景知識

根據聖經，這位使徒被授予天國的鑰匙，因此祂是與權威有關的聖人。此牌陣適用於你想處在具有權威的地位。

第一張牌：在沒有幕後偏袒的情況下，你應該相信自己有機會得到具有權威的新職位？**第二張牌**：如果有機會，你能在面試或簡報中有效說明自己會在這個職位上，做出積極的改變？**第三張牌**：哪些有影響力的人或因素對你有利？**第四張牌**：誰或什麼事會阻礙你？**第五張牌**：你能得到這個職位，或其他具有同等權威的職位嗎？**第六張牌**：這個職位是你在未來通往升遷的關鍵嗎？

準備的物品

二十二張大牌和十六張宮廷牌。

時機

6月29日（聖彼德的節日）或任何星期四（具領導力之日）。

910
愛爾蘭的助產士聖人聖布麗姬的牌陣：妳害怕分娩，卻想生孩子

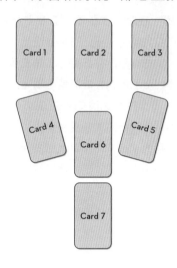

用途或背景知識

妳很害怕生產的過程，卻又渴望擁有孩子。據説（不是事實），聖布麗姬（St. Brigid）是五世紀的聖人，是耶穌的助產士。後來人們將祂與育兒、懷孕與平安分娩聯想在一起。

第一張牌：什麼事引發了妳的原始恐懼？前世的經歷？或小時候看過或聽過分娩的過程，還是許多人分享可怕的分娩經驗？**第二張牌**：心理諮詢、催眠療法或前世回溯的方法，能消除妳的恐懼感嗎？**第三張牌**：在懷孕之前，妳應該找時間與助產士討論生產、止痛、剖腹產或催眠分娩的選項嗎？**第四張牌**：妳應該研究關於懷孕或嬰兒出生後的最初幾個月，可能有哪些潛在的恐懼因素，讓自己明白分娩只是其中一部分嗎？**第五張牌**：妳應該在懷孕之前，確保自己身體健康，以便做好分娩的準備嗎？**第六張牌**：有更深層的問題嗎？妳目前不打算生

孩子？**第七張牌**：如果妳現在執行生孩子的計畫，一切都會很順利嗎？

準備的物品

二十二張大牌和十六張宮廷牌。

時機

2月1日或2月2日（聖布麗姬的節日）、星期五或星期日（生育日）。

911
安條克的聖瑪格麗特牌陣：專心致志，實現你的願望

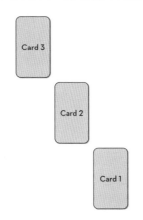

用途或背景知識

據說，這位屠龍聖人是繼聖女貞德之後，經過許多世紀後的啟發性人物之一，祂為自己的信念而戰。

第一張牌：在這個世界上，你最想要為自己爭取什麼？**第二張牌**：為了實現目標，你準備好付出許多代價了嗎？**第三張牌**：只要你專心致志，就能達成這個目標？

準備的物品

二十二張大牌。

時機

聖瑪格麗特的節日期間、7月20日、東方國家的7月13日或任何星期一（實現願望之日）。

912
聖布倫丹的航海家牌陣：你的度假預算有限，卻又想去旅行

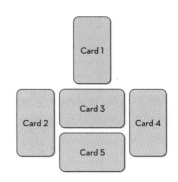

用途或背景知識

聖布倫丹（St. Brendan）是凱爾特聖人。祂經常坐小船旅遊（用條編製造的小圓船，上面覆蓋著防水材料，需要用槳推動），從愛爾蘭划到蘇格蘭、赫布里底群島、布列塔尼和威爾斯。據說，他在虛構的旅程中抵達亞速爾群島附近的聖徒島（Island of Saints）。

第一張牌：如果不考慮預算，你的理想旅程是什麼樣子？**第二張牌**：你能不能接受簡單的陸路旅程或平價住宿？**第三張牌**：在不同的地點停留時，你能不能順便打工，賺一些旅費？**第四張牌**：為了享受舒適的旅程，你想等到有充足的旅費才出發嗎？**第五張牌**：不管有沒有困難或預算的限制，你都要去旅行嗎？

準備的物品

四十張小牌（一號牌到十號牌）。

時機

5月16日（聖布倫丹的節日）或任何星期四（大冒險之日）。

屠龍者聖喬治的牌陣：你有特殊的需求，公司卻刁難你，因此你想對抗公司

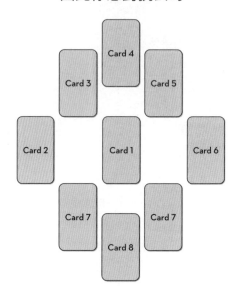

用途或背景知識

聖喬治（St. George）是英格蘭的守護神，他曾在現今的土耳其擔任士兵，為英格蘭的羅馬皇帝君士坦丁效勞。經過許多世紀後，祂成為十字軍戰士的守護者，人們將祂與屠龍的功績聯想在一起，象徵著對抗迫害和不公平。

第一張牌：問題出自於考慮不周、惰性或預算的考量，而不是惡意造成的嗎？**第二張牌**：公司是否為了規避法律，承諾一切已在掌握中，但事實並非如此？**第三張牌**：你應該和其他同樣面對不利處境的員工，一起直接去找職位最高的管理者嗎？**第四張牌**：如果公司不回應你，你應該聯繫相關的反歧視單位嗎？**第五張牌**：如果你小題大作，就會發生微妙的差別待遇，或出現失業的威脅？**第六張牌**：你應該接受現狀，或者去找素質更高的雇主嗎？**第七張牌**：這是一個你必須爭取的原則問題嗎？**第八張牌**：你能克服障礙嗎？**第九張牌**：你的努力能引導其他受到同樣影響的員工，一起對抗公司嗎？

準備的物品

整副牌。

時機

4月23日（聖喬治節）或任何星期二（勇氣和勝利之日）。

914
愛爾蘭的聖派翠克牌陣：克服過去的阻礙

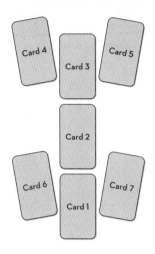

用途或背景知識

聖派翠克（St. Patrick）曾克服以前是奴隸的艱辛往事，後來成為愛爾蘭的守護神。當你發現自己很難放下悲慘的童年回憶，或年輕時承受虐待或有害的人際關係，祂是不錯的榜樣。

第一張牌：包括法律、財務或加害者承認對你做了不道德的事，你能夠為過去發生的事討回公道嗎？**第二張牌**：即使無法釋懷，你應該擺脫內疚感和挫敗感，專注於自己取得的成就嗎？**第三張牌**：你需要和朋友或諮商心理師聊一聊過去的事嗎？還是你可以透過音樂、作文或藝術，用有創意的方式表達內心的苦楚？**第四張牌**：你能不能以全新的方式向自己證明，你的生命具有重要的意義？**第五張牌**：你能不能經由與配偶、子女或孫輩培養感情，彌補過去的傷痛？**第六張牌**：你能不能透過非正規的自助團體或專業培訓，幫助其他有同樣悲慘遭遇的人？**第七張牌**：你的未來生活既幸福又充

實嗎？

準備的物品

二十二張大牌和十六張宮廷牌。

時機

3月17日（聖派翠克的節日）或任何星期日（新的開始）。

915
聖艾克斯普特的牌陣：你急需用錢，以便應對緊急情況

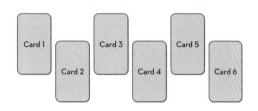

用途或背景知識

聖艾克斯普特（St. Expedite）是緊急情況和急迫需求的守護神，尤其是財務和法律方面。

第一張牌：在籌集資金的時候，你能不能暫停一些事情或延遲付款？**第二張牌**：你有沒有可變現的資產或可售出的商品，能快速籌到資金？**第三張牌**：有沒有官員、有聲望的人、朋友或家人，可以暫時幫你擺脫財務困境？**第四張牌**：你能不能在短期內快速賺錢，直到你還清虧欠的錢？**第五張牌**：如果你無法還清債務，該怎麼降低後果的嚴重性，或協商長期的有效付款方式？**第六張牌**：你該怎麼避免讓這個問題再次發生？

準備的物品

四十張小牌（一號牌到十號牌）。

時機

星期三晚上。

916
聖莎拉的牌陣：你的生活變得單調乏味

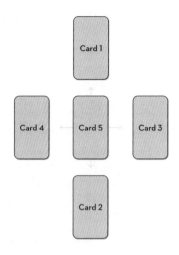

用途或背景知識

聖莎拉（Saint Sara）可說是最迷人的神祕聖人。祂是羅姆人的聖人，人們在法國東南部的濱海聖瑪麗（Saintes-Maries-de-la-Mer）為祂設置聖壇。據說，祂曾從海上救出一艘船，而船上載著瑪莉－撒羅默（Marie-Salomé）、瑪莉－雅各（Marie-Jacobé）、聖瑪爾大和抹大拉的馬利亞（Mary Magdalene）。有些歷史文獻提到他們那時帶著耶穌的孩子，因為他們在耶穌受難後逃離迫害。

第一張牌：如果被常規困住了，你能做出細微的改變，讓自己的生活漸漸變得更隨意嗎？**第二張牌**：你想要或需要做出重大的改變，開始享受生活或展現真實的自我嗎？**第三張牌**：如果你的生活風格變得更自由，誰願意接納你？**第四張牌**：誰會反對或阻礙你追隨自己的心聲？**第五張牌**：現在是你追求願望、規劃何時執行計畫的好時機嗎？

準備的物品

整副牌。

時機

5月24日（聖莎拉的節日；她的聖壇每年都會舉辦盛大的羅姆人節）或任何星期三（發自內心做出改變）。

917
聖芭芭拉的牌陣：你在忍無可忍的時候，需要說出自己的想法

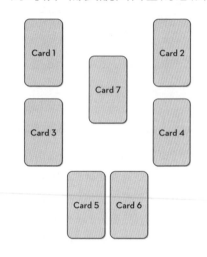

用途或背景知識

祂是與閃電、炮兵、女人、拆除炸彈、工程師、煙火和礦工有關的聖人。

第一張牌：你平常很有耐心和包容力，但最近在家裡或辦公室中被逼得太緊嗎？**第二張牌**：你該怎麼表達合理的怒氣，而不是情緒失控或委曲求全？**第三張牌**：你希望導正哪些具體的不滿？同時可以為此採取哪些步驟？**第四張牌**：你最好堅持解決最緊迫的問題，而不是發牢騷，因為你的抱怨可能會被對方忽視？**第五張牌**：如果抗議沒有效果，你準備訴諸於制裁並堅持到底嗎？**第六張牌**：如果情況沒有

改變，你想轉身離開，還是接受現狀？**第七張牌**：即使需要堅持下去，你能得到自己需要的結果嗎？

準備的物品

四十張小牌（一號牌到十號牌）和十六張宮廷牌。

時機

12月4日（聖芭芭拉的節日）或任何星期二（行動之日）。

918
聖鄧斯坦的牌陣：戒掉壞習慣或毒癮

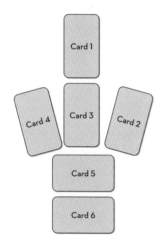

用途或背景知識

這位十世紀的英國聖人通常被稱為鐵匠聖人，因為祂是技術嫺熟的金屬工匠，也是音樂家、藝術家和教堂鐘的製造商。據說，祂的主要功績是把魔鬼釘在由祂鍛造的牆上。也有人說，祂曾用熾熱的鉗子夾住魔鬼的鼻子。

第一張牌：什麼事迫使你繼續陷入有害的習慣或毒癮？**第二張牌**：誰或什麼事能幫助你克服這個困難？**第三張牌**：有沒有更深入的疑慮或

問題使情況變得更嚴重，因此你應該求助？**第四張牌**：為了克服壞習慣或毒癮，你最好努力尋找快速又有效的辦法嗎？**第五張牌**：如果你採用緩慢卻很溫和的排毒方法，可以更有效的解決問題嗎？**第六張牌**：你這次能不能克服問題，如同聖鄧斯坦把問題釘在牆上？

準備的物品

整副牌。

時機

5月19日（聖鄧斯坦的特別日）或任何星期六（能擺脫有害的部分）。

919
亞西西的方濟各牌陣：你在考慮收養被嚴重虐待的動物

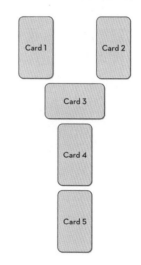

用途或背景知識

方濟各（St. Francis）是十三世紀初期的義大利聖人，祂曾為了幫助窮人，放棄奢華的生活。祂有治癒動物的天賦，也能吸引需要治療的野生動物靠近祂。

第一張牌：這隻動物深得你心，而且一般受到

悉心照顧的小貓或小狗都比不上牠的吸引力嗎？**第二張牌**：你準備或能夠投入大量的時間與牠相處，也許會長達幾週或幾個月，直到牠康復？**第三張牌**：如果牠有許多還沒解決的健康問題，你付得起更高昂的寵物保險或獸醫費用嗎？**第四張牌**：你能否處理牠難以改變的反社會行為，以免影響到你的社交生活？**第五張牌**：為了讓牠變得快樂又安全，牠值得你付出嗎？

準備的物品

四十張小牌（一號牌到十號牌）。

時機

10月4日（方濟各的節日）或任何星期五和星期六（適合各種動物的日子）。

920
里修的聖德蘭牌陣：面對要求過多，卻很脆弱的年長親屬

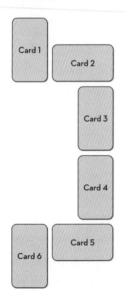

用途或背景知識

聖德蘭（St. Térèse）喜歡花園，獲尊稱為小德蘭（Little Flower）。祂的短暫人生在十九世紀末結束，但祂相信，溫柔和善良的特質是通往未來的方向。

第一張牌：要求過多的親屬，帶給你的最大負擔是什麼？**第二張牌**：有沒有專業人士、志工、當地的教會或家人，可以協助安排出遊、社區活動或喘息服務？**第三張牌**：你可以找誰傾訴無法表達沮喪的心情？**第四張牌**：你應該溫和且堅定遠離他不合理的要求？**第五張牌**：你具備哪些優點或才華值得受到鼓勵？你能否善用這些特質，並發揮創造力，或將才華為後代留記錄、與當地學校分享？**第六張牌**：你應該認清自己並不是聖人？如同對待苛求的孩子，你應該劃清界限或偶爾婉拒需求？

準備的物品

整副牌。

時機

10月1日（聖德蘭的節日）或任何星期五（耐心之日）。

第四十四章

提升幹勁的牌陣：健康、健身、休閒等體育活動

此牌陣的幸運牌

大牌：愚者、魔術師、皇帝、戰車、力量、太陽、星星、世界。

小牌：權杖王牌、權杖二、權杖三、權杖六、錢幣八、權杖八、權杖九。

宮廷牌：任何權杖牌。

與水有關的牌卡、有水上運動的圖像，代表這是幸運牌。圖像有馬，代表騎馬者很幸運。

關於體育活動的牌陣

根據問題的複雜程度，牌卡的數量有所不同，尤其是基本問題的背後有深入的情感問題，因為健身和體重的問題可能牽涉到潛藏的情緒因素或缺乏安全感。三張牌、四張牌和五張牌的牌陣，可用來回應簡單的計畫問題。不過，如果健身問題涉及生活的轉變或需要克服重大障礙，則需要更多的牌卡。八張牌或九張牌的牌陣特別適合果斷的行動。

921
體育和健身的牌陣

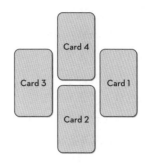

用途或背景知識

你在考慮要為了健身和體育活動付出多少努力。

第一張牌：你應該為了成為專業人士，而接受嚴格的培訓嗎？**第二張牌**：如果只是為了健身或加入團隊的樂趣，你會比較快樂嗎？**第三張牌**：對你來說，為了滿足感和健康而進行的溫和運動，只是眾多消遣活動中的一部分嗎？**第四張牌**：如果要追求卓越，你能功成名就（小有成就）或很快樂嗎？

準備的物品

整副牌。

時機

星期三（適合養生、健身和競爭）。

例子

尼古拉（Nicola）從小時候就開始接受游泳訓練。經過幾年後，她贏得了許多游泳競賽冠軍。父親是她的游泳教練，每天都鼓勵她練習好幾個小時，包括週末。然而身為十幾歲的少女，卻很想花一點時間與朋友相處，而且無法再從游泳競賽中得到樂趣，但她也不想讓父親失望，因為父親為了幫助她成為國際游泳選手，已經付出不少心力。

第一張牌是錢幣二，尼古拉需要兼顧生活中的各方面，她認為自己沒有妥善處理各種事情；這並不是具有競爭力的牌。

第二張牌是錢幣七，展現尼古拉取得了多少成就，但這張牌不代表追求卓越。她原本只是想享受游泳本身的樂趣，後來卻登峰造極。這張牌的圖像有七枚錢幣，而非十枚。

第三張牌是皇帝，游泳不再讓尼古拉開心，因為她只是在實現父親的夢想。即使有讓父親傷心的風險，她現在應該要說出自己的想法。

第四張牌是權杖十，只要她下定決心追求卓越，就能夠成功。但這張牌上的人物承受著太多權杖的重量，步履蹣跚。

922
你想加入健身房的會員，卻又顧慮自己的身材不完美

用途或背景知識

你擔心健身房裡的人都看起來很苗條，顯得你很突兀。

第一張牌：你應該挑人很少的時段，或找朋友一起去健身房嗎？你應該請專員引導，或示範健身器材的使用方式嗎？**第二張牌**：你應該尋找適合初學者健身的分級課程嗎？**第三張牌**：你應該先嘗試溫和的團體課程，幫助自己獲得自信，像是水中有氧運動或瑜伽？**第四張牌**：你應該找私人教練進行一對一的課程，讓他了解你的煩惱，或者請他設計一套包含飲食安排的健身計畫嗎？**第五張牌**：無論如何，你應該堅持不懈，專注於保持身材苗

Card 5

Card 4

Card 3

Card 2

Card 1

條，並且不和別人比較嗎？

準備的物品

四十張小牌（一號牌到十號牌）。

時機

月初。

923
大筆的休閒開銷

用途或背景知識

你有機會善用閒暇時光，但需要從幾個選項中做決定。也許你有自己的喜好，但你可以用自己的想法取代我列出的建議喔！

第一張牌：用於休閒的露營車。**第二張牌**：一艘船。**第三張牌**：長途旅行。

如果你有更多的選項，像是在野外或海邊度假，請你在第三張牌的右邊再加一張牌。做法同上。

你可以觀察哪一張牌最適合自己。如果答案不明確，請你再加上一張牌，讓自己更容易區別選項。

準備的物品

整副牌。

時機

在你知道不同選項的價格後。

924
擔心別人對你的外表有意見，因此想開始健身

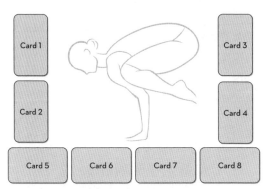

用途或背景知識

你不喜歡自己的身材，並在尋找提高自信心的方法。

第一張牌：你現在對自己有什麼看法？你認為自己的哪方面不夠好或缺乏魅力？**第二張牌**：在你以前的童年或青少年時期，有什麼事使你懷疑自己的吸引力？**第三張牌**：在你目前的生活中，經過修飾的媒體形象或哪些人，使你對自己沒有信心？**第四張牌**：是別人缺乏安全感，因此他們希望動搖你的信心嗎？你應該不理睬這種負面思維嗎？**第五張牌**：讓自己變得更苗條，是你提高信心的第一步？**第六張牌**：誰或什麼事可以幫助你實現這個目標？**第七張牌**：關於第二張牌和第三張牌的那些人，他們設法打擊你的信心嗎？**第八張牌**：如果變得更苗條，你對自己和生活會變得更有信心嗎？

準備的物品

四十張小牌（一號牌到十號牌）和十六張宮廷牌。

時機

你在考慮採取行動，例如：加入健身房的會員。

925
減重會讓你的生活變得更好嗎？

用途或背景知識

衣服變得不合身，因此你討厭出門社交。

第一張牌：這是持續性的長期問題，還是因為情感挫折、生孩子或生病而導致體重增加？**第二張牌**：你需要加入互助團體、健身俱樂部，或面臨類似問題的社交群組嗎？還是你想獨自減重？**第三張牌**：你應該先接觸溫和的運動或家庭活動，讓自己獲得動力嗎？**第四張牌**：你想快速藉著飲食計畫，或減少攝取熱量高食物，循序漸進減重嗎？**第五張牌**：生活中，有人能幫助你更有效減重嗎？**第六張牌**：生活中，有人會妨礙你執行減重計畫嗎？你該怎麼避免受到他們的影響？**第七張牌**：如果你有潛在的悲傷、憤怒或人際關係的問題，應該考慮接受心理諮商嗎？**第八張牌**：如果你經常違反自己的計畫，是否該思考減重這件事為何讓你害怕？**第九張牌**：你能夠變得更苗條或更有自信，進而想要改善生活的其他方面嗎？

準備的物品

整副牌。

時機

任何月初。

926
為了促進幸福感，你不只需要改善飲食和運動

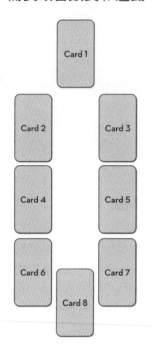

和潛藏的障礙？**第六張牌**：你希望在哪裡實現幸福的生活？該怎麼實踐才能保持幸福感？**第七張牌**：如果工作壓力很大，你應該換工作，或者從放鬆的活動中減輕壓力嗎？**第八張牌**：你能獲得美滿的幸福感嗎？

準備的物品

整副牌。

時機

娥眉月或殘月期間。

927
你選定運動項目後，成功訓練的五大步驟

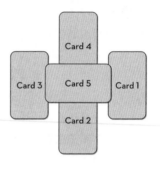

用途或背景知識

你希望達到各方面協調一致，卻不確定該從哪裡著手。

第一張牌：為了整頓身邊關於心靈、情感和物質的空間，你需要擺脫哪些部分，例如負面的能量或人？**第二張牌**：哪一種方法最適合你現在執行，例如排毒、養生飲食、運動，或冥想等使心靈達到平衡的練習？**第三張牌**：你能夠或應該待在健康水療中心或療癒聖地，還是去學習瑜伽、太極拳或定期參與能量療法的課程（按摩或靈氣），展開促進幸福感的計畫嗎？**第四張牌**：有任何不知道的因素，可能會阻礙你的進展，導致你放棄或破壞計畫嗎？**第五張牌**：在實現目標的過程中，你該怎麼克服外部

用途或背景知識

無論是為了培養專業或獲得樂趣，你希望接受訓練，卻找不到合適的機會。

第一張牌：你無法得到合適的訓練機會，主要原因是什麼？**第二張牌**：你能在哪裡找到每週或每天訓練的課程（培訓學院），或假日期間的寄宿學校？**第三張牌**：你打算參與多久的培訓（週末課程），或業餘、專業團隊的競賽？未來想從事這方面的職業嗎？**第四張牌**：為了達到渴望的水準，即使費用很高，你能夠付得起必要的開銷或訓練費嗎？**第五張牌**：無論低調點或野心勃勃，你能完全實現夢想或略有小成嗎？

準備的物品

四十張小牌（一號牌到十號牌）和十六張宮廷牌。

時機

星期三（進展順利之日）。

928
在你成功加入某團隊之前，有哪些挑戰？

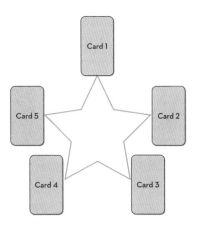

用途或背景知識

你知道自己很優秀，卻沒有得到試用或培訓的機會。

第一張牌：你缺少了哪些條件，導致你受到忽略？**第二張牌**：有哪些特殊的訓練計畫或場地，可以讓你有機會被理想團隊的星探看見？**第三張牌**：關於你想加入理想的團隊，關鍵是你認識誰，而不是你能夠做哪些事嗎？如果是這樣，你能不能找到有影響力的人幫助你得到認可？**第四張牌**：如果你堅持不懈，能得到認可嗎？**第五張牌**：在此期間，你能獲得更好的出路，或申請加入其他的團隊，做為跳板或不錯的替代選擇嗎？

準備的物品

二十二張大牌和十六張宮廷牌。

時機

在你遇到挫折後。

929
與一流的運動員比賽時，你能大獲全勝嗎？

用途或背景知識

第一張牌：你曾經與優秀的運動員競爭，卻以失敗告終？那次是你第一次嘗試嗎？**第二張牌**：在生理上，你已經準備好應戰了嗎？還是需要額外的衝刺訓練？**第三張牌**：問題在於你缺乏自信，還是別人使你懷疑自己？**第四張牌**：你能夠或應該專心加強鍛鍊，不去煩惱輸贏的結果嗎？競賽的刺激感能使你的表現更出色嗎？**第五張牌**：如果得到第二名或第三名，你會感到滿意嗎？還是只要能打敗對手，你就很滿足了？**第六張牌**：你這次能大獲全勝嗎？**第七張牌**：如果你這次沒有贏，反而會激勵你下次一定要取得勝利嗎？**第八張牌**：你認為勝利是最終目的，還是只是你通往成功之路的墊腳石？

準備的物品

四十張小牌（一號牌到十號牌）。

時機

你懷疑自己是否有可能獲勝。

930
健身的牌陣：你從學校畢業後就沒有規律的運動

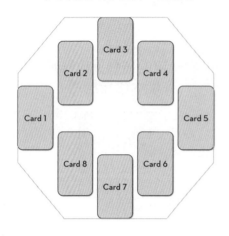

用途或背景知識

你決定開始健身，卻不知道該從哪裡著手。

第一張牌：你的動力是什麼？注重健康？或工作需要久坐，所以你想多走動？還是伴侶或家人要你嚴守健身計畫？**第二張牌**：哪些運動曾經或依然帶給你樂趣，例如跳舞、游泳、騎腳踏車或跑步？你該怎麼讓這些運動融入自己的生活？**第三張牌**：你需要去上課？或加入團體、找朋友和家人一起鍛鍊？還是觀看網路影片、獨自鍛鍊？**第四張牌**：你該怎麼捨棄不必要的活動，或撥出時間去接觸新的運動，而不是把空檔都花在額外的瑣事？**第五張牌**：你想按照自己的步調設定健身目標、享受運動，或參加比賽、加入團隊？**第六張牌**：關鍵在於你對自己的信心或你的自知之明？**第七張牌**：開始運動後，你會漸漸對其他的活動感興趣，甚至想要塑造健康的生活型態？**第八張牌**：運動能讓你變得更健康，還能改善你的社交生活和人際關係嗎？

準備的物品

四十張小牌（一號牌到十號牌）。

時機

許下新年願望之際、任何星期日（新的開始）。

931
你渴望從事雜耍的職業或馬戲團的表演藝術

用途或背景知識

別人嘲笑你，並勸你成熟一點，但你的夢想是成為馬戲團的表演家。

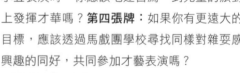

第一張牌：你應該先從網路上的影片學習基本的戲法，以及馬戲團的雜技，包括變魔術嗎？**第二張牌**：你應該參加馬戲團在許多大城市舉辦的研討會嗎？你可以根據自己的體能，學習基本的特技或扮小丑嗎？**第三張牌**：當你練到精通，並且能創造簡單的把戲或小丑表演時，你應該毛遂自薦，到兒童的派對上發揮才華嗎？**第四張牌**：如果你有更遠大的目標，應該透過馬戲團學校尋找同樣對雜耍感興趣的同好，共同參加才藝表演嗎？

準備的物品

二十二張大牌和十六張宮廷牌。

時機

星期三（不同凡響的藝術）。

932
你想學游泳，卻很怕水

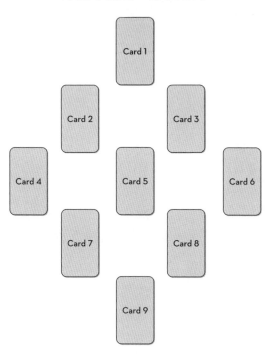

用途或背景知識

你發現自己錯過了在假日游泳的樂趣，或者你已組成家庭，需要學游泳，以防萬一。

第一張牌：你對水的恐懼感可追溯到童年，年輕時的某次水上活動事故，或前世的記憶嗎？

第二張牌：你是否需要求助，例如催眠療法、心理諮商、前世回溯？還是你比較想慢慢適應水性？**第三張牌**：你應該到附設有趣的淺水池的水樂園，讓自己把水和樂趣聯想在一起嗎？

第四張牌：你應該找擅長幫助初學者克服怕水的私人教練，並預約一對一的游泳課嗎？**第五張牌**：如果當地的游泳池沒什麼人，而且有附設淺水池，你應該把握練習游泳的機會嗎？

第六張牌：當你變得更有自信後，你應該嘗試接觸水中有氧運動，或者到有一些兒童玩水的區域嗎？**第七張牌**：你應該嘗試享受一般的水療，或體驗豪華水療的設施嗎？**第八張牌**：你應該吸收基本的水上安全常識，以免未來不知所措嗎？**第九張牌**：即使你經常保持警惕，你能慢慢喜歡碰水，或變得更有自信嗎？

準備的物品

四十張小牌（一號牌到十號牌）和十六張宮廷牌。

時機

滿月期間（與水的關聯最強烈）。

933
你很喜歡跳舞，卻羞於
在公共場合跳舞

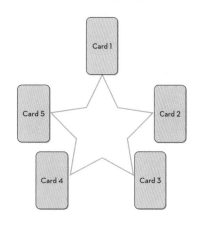

用途或背景知識

你跳了幾年的舞後，突然不跳了。

第一張牌：為了恢復自信，你應該在獨自一人時隨著音樂起舞，享受純粹的樂趣？**第二張牌**：如果你在公開場合跳舞之前，一邊觀看YouTube影片，一邊練習喜歡的舞步，會變得更有自信嗎？**第三張牌**：你應該參加自己喜歡的舞蹈課程、舞會，或當地社區的跳舞活動

嗎？**第四張牌**：如果你想在戲劇中表演，應該加入為當地劇院提供跳舞服務的舞蹈學院，或直接向當地的業餘戲劇公司應徵音樂劇的舞者嗎？**第五張牌**：如果只是為了享受樂趣，你應該學習編舞，組自己的舞團或參與兒童舞團，參加才藝比賽，創造獨特的舞蹈動作嗎？

準備的物品

四十張小牌（一號牌到十號牌）。

時機

星期四（表演藝術）。

934
你從小就想要一匹小馬，也一直很喜愛馬

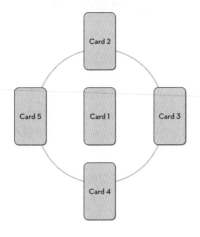

用途或背景知識

你付得起學費或馬的費用，但你不確定現在追求兒時夢想是否太遲了。

第一張牌：你應該找私人教練教你騎馬，並嘗試實現兒時夢想？**第二張牌**：你應該安排適合初學者騎馬的假期，並評估自己是否還喜歡接觸馬？**第三張牌**：你應該考慮養馬和馬廄費用的經濟負擔嗎？你比較想定期在當地馬場，騎

自己喜歡的馬嗎？**第四張牌**：如果決定買馬，你應該徵求專家的建議嗎？如果你沒有設備或空檔，應該先確定自己想在哪裡安置馬廄嗎？**第五張牌**：你比較想把夢想留在童年時期？還是安排一個騎馬的假期或定期參觀當地的馬廄？

準備的物品

四十張小牌（一號牌到十號牌）和十六張宮廷牌。

時機

星期二或星期三（活動日）。

935
你想進入賽馬界，但缺乏資金

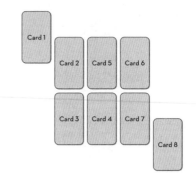

用途或背景知識

小時候，你經常在馬秀上觀摩參賽者，並渴望成為一分子。

第一張牌：你能不能在馬場發揮價值，換取騎馬或練習三日賽*的機會？**第二張牌**：如果你擅長騎馬或三日賽，能否找到有養馬的贊助者，或把馬當成地位象徵卻不想騎馬參賽的指導者？**第三張牌**：為了申請到與馬有關的獎學金，你應該研究關於馬的所有知識嗎？**第四張牌**：無論一開始有多麼艱辛或乏味，你應該到訓練場或養馬場應徵工作，逐步晉升後再換到

更知名的機構嗎？**第五張牌**：為了累積經驗，你能否在當地的馬或動物救援中心工作？或者你可以到獸醫診所當志工，有機會接觸到許多與馬有關的事務？**第六張牌**：你應該接受培訓，成為獸醫助理或獸醫嗎？或是你可以建立相關的人脈，嘗試靠關係進入賽馬界？**第七張牌**：你應該為騎馬課付出許多費用嗎？還是你可以先在任何領域找到高薪的工作，直到賺到足夠的錢才買馬？**第八張牌**：你能突破萬難，成功進入賽馬界嗎？

準備的物品

整副牌。

時機

殘月期間。

＊包括盛裝舞步、越野障礙賽和場地障礙賽的馬術比賽。

936
在建立商業人脈方面，打高爾夫球是不錯的運動嗎？

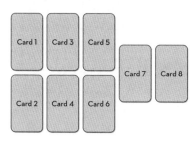

用途或背景知識

你不曾在遊樂場玩過迷你版的高爾夫球，但你發現很多生意都是在高爾夫球場上成交。

第一張牌：如果你要和商業夥伴一起打高爾夫球，應該先去報名課程嗎？**第二張牌**：你應該先觀看現場的高爾夫球賽或網路上的採訪影片，或閱讀相關的書籍，以便你了解正確的術

語和高爾夫球場上的禮儀嗎？**第三張牌**：你應該拜託認識的人帶你到不同的高爾夫球場，幫助你認識一些對生意有利的人嗎？**第四張牌**：你應該尋找贊助人，請他資助購買昂貴的球具等，讓你不必抵押或貸款？**第五張牌**：你應該參加各種社交活動或募款活動，藉此提升自己的形象嗎？**第六張牌**：在擴增業務的人脈方面，這些付出值得嗎？**第七張牌**：你應該關注國際高爾夫球錦標賽，或者在假期觀看重大賽事，讓自己保持消息靈通？**第八張牌**：從好處的方面來看，因為有奮鬥的目標或可以組成俱樂部，所以你很享受打高爾夫球嗎？

準備的物品

四十張小牌（一號牌到十號牌）和十六張宮廷牌。

時機

星期三（結合商務和社交）。

937
當健身變成一件苦差事

用途或背景知識

你覺得自己需要多運動，但你不熱衷運動。

第一張牌：你真的需要變得更苗條嗎？這是別人施加給你的壓力，逼你接觸不喜歡的運動？**第二張牌**：哪些運動能帶給你樂趣，例如騷沙舞、瑜伽、衝浪？**第三張牌**：你能不能把運動融入目前的生活？你需要安排事情的優先順序，讓自己擁有更多的私人時間，不被別人提出的要求搞得太累嗎？**第四張牌**：你能不能改

變生活方式，例如養成更健康的飲食習慣，上班時爬樓梯而不搭電梯，或外出度假以參加活動為主，其次才是健身？**第五張牌**：從好處的方面來看，新的運動能改善你的社交生活，或幫助你認識新朋友，甚至是情人？

準備的物品

整副牌。

時機

在你還沒開始健身的早晨。

938
為了達到體育界的巔峰，你準備不惜任何代價嗎？

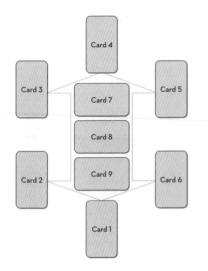

用途或背景知識

你在體育方面有優異的表現，但還是割捨不了日常生活。

第一張牌：為了達到巔峰，你終究得付出什麼代價？**第二張牌**：為了成為一流的人才，你必須捨棄或遺留哪些部分？**第三張牌**：你希望全心全意投入，還是想慢慢來？**第四張牌**：如果你一心一意把握機遇，短期內的優勢是什麼？

第五張牌：誰或什麼事能幫助你更輕鬆追求目標？哪些新朋友與你有共同的經歷？**第六張牌**：過程中會出現哪些選擇或替代方案？**第七張牌**：你能成功嗎？**第八張牌**：如果失敗了，你會後悔當初嘗試嗎？**第九張牌**：如果你不採取行動，以後會懊悔沒有嘗試過嗎？

準備的物品

整副牌。

時機

星期四（平步青雲的日子）。

939
你想在馬或與動物的表演、活動或競賽中成名

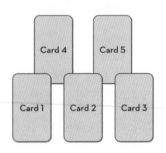

用途或背景知識

這是你的終生夢想。

第一張牌：關於贏下比賽，你有對策嗎？或者你想把握所有的參賽機會？**第二張牌**：你的動物處於最佳狀態嗎？你需要付出更多努力，或尋找能取得勝利的特殊動物嗎？果真如此的話，你找到這種動物了嗎？**第三張牌**：你能不能找到合適的贊助者，或從獎金中賺到足夠的資金，並用來創業？**第四張牌**：你比較想把這個夢想當成熱衷的嗜好，還是去找一份相關的工作？**第五張牌**：你能不能實現擴張的長期計畫，或開設訓練場和飼養中心？

準備的物品

整副牌。

時機

星期三（在比賽中獲勝）。

940

在運動團隊取得一席之地，或獲得海外的培訓機會

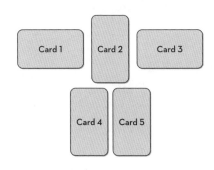

用途或背景知識

你希望在海外接受培訓和參賽。

第一張牌：哪些設施或機會是你無法在自己的國家或縣市取得的？**第二張牌：**你是否具備可爭取培訓機會的成績記錄，或必要的技能、團隊經驗，或有贊助者提供的資金、體育獎學金？**第三張牌：**最吸引你的是培訓機會、就業機會，還是參賽的地點？你願意妥協嗎？**第四張牌：**你能進入理想的團隊，或得到贊助嗎？**第五張牌：**你能否在自己的國家抓住機會，凱旋而歸？還是你想盡可能待在海外？

準備的物品

二十二張大牌和十六張宮廷牌。

時機

在你交出申請函的前一天早上。

941

你現在應該接觸新的嗜好和社交團體，還是待在你熟悉的圈子？

用途或背景知識

你在熟悉的休閒活動中感到無聊和煩躁，卻不知道還能做些什麼。

第一張牌：你是否長期在同樣的時段，與同樣的人一起做著同樣的事，卻沒有任何新鮮事？**第二張牌：**你應該建議那些你仍想繼續往來的人，一起去嘗試新鮮的事物，或去不一樣的地方嗎？**第三張牌：**如果你進入不同的人生階段後，不想再和某些人往來，那麼你應該嘗試一些新的休閒活動或運動類型，多認識新朋友嗎？**第四張牌：**內心的不安需要你做出更廣泛的私生活改變，而不是追求外部環境的改變嗎？**第五張牌：**你能找回內心的熱忱嗎？

準備的物品

二十二張大牌和十六張宮廷牌。

時機

月初。

942
你沉迷於健身

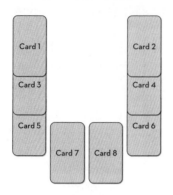

用途或背景知識

你覺得有必要強迫自己達到更困難的目標。

第一張牌：你健身的地方是否有許多身材很好的人？你加入競爭激烈的團體或健身房，導致你有追隨他們的壓力？**第二張牌**：考慮到你的生活方式和其他方面的投入，你是否設定太多目標了？**第三張牌**：你是否擔心別人如何看待自己，也很在乎自己的形象？有哪些潛在的人際關係問題，使你的理智失控了？**第四張牌**：在生活的其他方面，你習慣追求完美？**第五張牌**：你應該暫時停止鍛鍊，把心思放在自己喜歡且不必達成目標的活動嗎？**第六張牌**：如果健身變成一種問題，你應該找客觀的運動顧問討論如何調整計畫，並談論你逼自己承受的心理和生理壓力嗎？**第七張牌**：為了重拾健身的樂趣，你應該找新的私人教練，或改去競爭沒那麼激烈的健身房？**第八張牌**：你能解決這個問題，讓自己的生活回到正軌嗎？

準備的物品

二十二張大牌和十六張宮廷牌。

時機

月底，或在你筋疲力盡時。

943
你想在退休後實施健身計畫，但配偶不感興趣

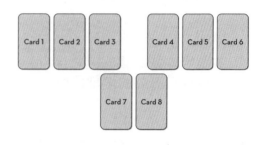

用途或背景知識

你正在規劃健康的退休生活，卻無法說服配偶參與。

第一張牌：配偶是否也跟你一樣在適應退休生活，因此你不該強迫他加入不感興趣的健身活動？**第二張牌**：他打算去旅遊或參與有創意的新活動，因此健身不是他目前的優先事項？**第三張牌**：你能不能將一些愉快的活動加進旅程或週末的行程，例如跳舞、打網球等，不一定要健身？**第四張牌**：如果配偶最近的運動量並不多，他會不會擔心自己變胖？特別是你的身材還很好？**第五張牌**：關於退休生活，你有其他的疑慮嗎？有沒有需要解決的人際關係問題？**第六張牌**：你能參與配偶的個人退休計畫嗎？**第七張牌**：你應該或能夠自行準備（外出享用）營養餐食，慢慢改善體態嗎？**第八張牌**：你應該獨自健身，還是邀請配偶一起參加彼此感興趣且可以社交的健身活動？

準備的物品

四十張小牌（一號牌到十號牌）和十六張宮廷牌。

時機

在你們爭論不休時。

944
某位教練或培訓師經常讓你覺得難受

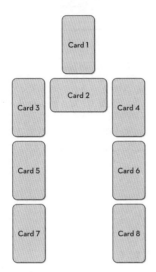

用途或背景知識

無論你多麼努力，都無法得到他的肯定。

第一張牌：這是彼此的個性衝突嗎？他對大家的態度都一樣嗎？這是只針對你的私人恩怨嗎？**第二張牌**：其他人有注意到？如果他們都知情，這讓你有什麼感受？**第三張牌**：你認為根本原因是什麼？**第四張牌**：你應該有禮貌且堅定的迎面解決問題嗎？這樣做會產生反效果嗎？**第五張牌**：有資深人員能代表你出面干涉嗎？**第六張牌**：當你的才華得到別人的認可，或者你在重要的賽事取得成就後，情況就會好轉嗎？**第七張牌**：這位教練也會欺負別人嗎？他即將被調離或被解雇了嗎？**第八張牌**：你應該申請轉調到其他的團隊或訓練機構，找到賞識你的教練嗎？

準備的物品

整副牌。

時機

殘月期間。

945
你想用體育獎學金資助自己進修

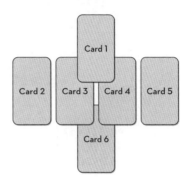

用途或背景知識

你正在規劃長期的體育生涯。

第一張牌：你很清楚自己想從哪裡獲得體育獎學金嗎？只要機構在體育或教育方面有良好的聲譽，你就能接受？**第二張牌**：你不只擅長一項運動，還是你只熱衷某項運動？**第三張牌**：你的學術成績和體育成績一樣好，所以你很有可能錄取？**第四張牌**：即使最後無法實現全職運動員的理想未來，你仍希望攻讀體育相關學位，未來在找體育界的工作嗎？**第五張牌**：你已經規劃好未來的計畫了？還是你想把握任何機會？**第六張牌**：你能得到渴望的獎學金，並感到快樂嗎？

準備的物品

四十張小牌（一號牌到十號牌）和十六張宮廷牌。

時機

你做喜歡的運動的日子。

946
健身房或健身俱樂部
有拉幫結派的風氣

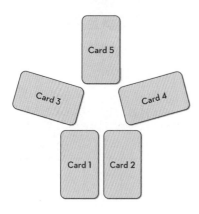

用途或背景知識

你是健身房或俱樂部裡的新成員,但大家都不願意跟你交談或不歡迎你。

第一張牌:他們已經互相認識一段時間了,而新成員通常都會因為覺得不受歡迎而離開嗎?

第二張牌:你應該保持耐心和友善的態度,期待有一天融入團體嗎?**第三張牌**:你不該理會拉幫結派的氛圍嗎?你能善用優質的設備加強自己的訓練嗎?**第四張牌**:如果教練也是搞黨派的一員,你應該向經營者投訴,或直接忽視問題?**第五張牌**:無論如何,你應該要求退款並離開那裡,改去氣氛友善的健身房或俱樂部?

準備的物品

四十張小牌(一號牌到十號牌)和十六張宮廷牌。

時機

月底。

947
你能透過體育活動找到真愛嗎?

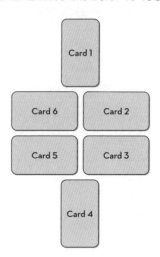

用途或背景知識

你是運動迷,正在尋找志趣相投的人。

第一張牌:在你目前接觸的體育活動中,有沒有你喜歡的人?你們有機會進一步互相認識嗎?**第二張牌**:如果俱樂部或健身房有許多年齡相近的單身者,你想加入會員嗎?**第三張牌**:如果你感興趣的對象經常慢跑或攜帶運動裝備,你應該觀察他去哪裡運動嗎?你要加入會員,在他運動的地方接近他嗎?**第四張牌**:你應該多多參加吸引你的體育活動嗎?**第五張牌**:如果你住的附近沒有感興趣的對象,你應該在網路上尋找喜歡運動的人,並安排約會嗎?**第六張牌**:在未來六至十二個月內,你能透過體育活動找到真愛嗎?

準備的物品

四十張小牌(一號牌到十號牌)。

時機

星期一(適合調查之日)。

948
你在健身房看上的人也
對你有意思嗎？

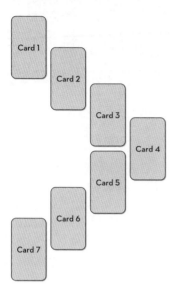

949
你對運動一竅不通，但
情人非常喜歡運動

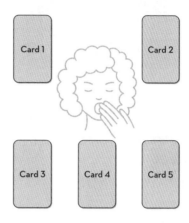

用途或背景知識

你對他很感興趣，需要盡快了解他。

第一張牌：如果你知道他何時會去健身房，你應該挑在這些時段出現嗎？**第二張牌**：你應該從與教練的閒聊中或社群媒體上，了解他是否單身，是否是你的菜嗎？**第三張牌**：你應該增加與他談話的機會，或了解你們之間有多少共同點嗎？**第四張牌**：如果你猜想他缺乏自信，你應該直接請他喝咖啡嗎？**第五張牌**：你應該等到有募款活動的時候（或你自行規劃活動），藉機請他幫忙嗎？**第六張牌**：你們會變成戀人嗎？**第七張牌**：如果你們不來電，你還會在健身房發現更吸引你、態度更直爽的對象嗎？

準備的物品

二十二張大牌和十六張宮廷牌。

用途或背景知識

你墜入愛河，卻不喜歡運動。

第一張牌：你應該和情人一起做運動，或在一旁加油打氣、等他做完運動，再共度美好的時光？**第二張牌**：你應該在私下報名他感興趣的運動課程或速成班，然後在他嘗試指導你的時候，讓他刮目相看嗎？**第三張牌**：你應該先忙自己的事，等他做完運動再見面？**第四張牌**：你們應該討論折衷方案，讓他也嘗試接觸你的嗜好？**第五張牌**：如果運動占據你們太多的閒暇時間，也許你應該重新思考他是否適合你？

準備的物品

四十張小牌（一號牌到十號牌）和十六張宮廷牌。

時機

你不想再等待（情人做完運動）時。

950
你想創辦充滿冒險活動的學校

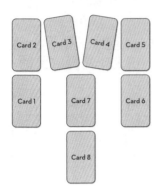

用途或背景知識

這是你畢生的夢想。

第一張牌：你具備極限運動或野外訓練的必要專業知識嗎？你想聘請其他具備特殊技能的人才嗎？**第二張牌**：如果你的經驗不足，應該先到類似的機構工作，累積業務方面的經驗嗎？**第三張牌**：你負擔得起土地收購、租賃或保險費嗎？你想從成本低的DIY設備或基本住宿開始著手？你想成立庇護所，做為課程的一部分嗎？**第四張牌**：你需要找贊助者嗎？你能否取得企業補助金或稅收減免？**第五張牌**：你鎖定的目標客群是哪些人？感到無聊的都市人、企業的團隊成員、單身漢、女性團體、個人或喜歡互相競爭的朋友圈？**第六張牌**：你能不能在創業後的一兩年內，運用更精密的設備擴展業務？還是只想顧好企業生存的基本？**第七張牌**：你想等到有充足的資金，才開始創業嗎？還是只要有一點錢，就會開始創業？**第八張牌**：你能大獲成功嗎？

準備的物品

整副牌。

時機

你的生日、元旦或私人的重要日子。

第四十五章

選擇不同的生活方式、做自己喜歡的事和活出自我的牌陣

此牌陣的幸運牌

大牌：愚者、戰車、節制、月亮、世界、月亮、世界。

小牌：所有的王牌、除了寶劍三之外的三號牌、權杖四、聖杯六、聖杯七、權杖八、錢幣八、錢幣九、聖杯九、聖杯十。

宮廷牌：公主（托特）或侍者牌、聖杯公主（托特）或聖杯騎士、追求自由的權杖牌。

關於選擇不同生活方式的牌陣

兩張牌、三張牌和七張牌的牌陣適用於不同的選項。四張牌的牌陣適合涉及財務的狀況，五張牌的牌陣對實現夢想的疑問有幫助，六張牌的牌陣可用在與幸福有關的問題。至於牌數更多的，能用來探索複雜或情感豐富的問題。

506

951
你想把一生奉獻給治療領域

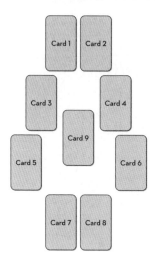

用途或背景知識

你認為自己的使命是成為治療師。

第一張牌：你能在日常生活中治療別人嗎？

第二張牌：你相信自己在前世是治療師嗎？**第三張牌**：你希望發揮治療天賦的途徑是接受培訓，並成為護士、醫生或獸醫，或是在傳統醫學的範疇中治療別人嗎？**第四張牌**：輔助醫學的某些療法是否吸引你？你具有這方面的天賦嗎？**第五張牌**：你想加入某個信仰團體的治療圈嗎？**第六張牌**：你想從事專業的治療工作，還是無償治療別人？**第七張牌**：在你免費治療別人的階段，有哪些財務限制？**第八張牌**：你需要離開或搬離目前的生活圈，並成為治療社群的一分子嗎？**第九張牌**：對你來説，治療能使你的生活更豐富，或徹底改變你的生活嗎？

準備的物品

整副牌。

時機

在你的生活中，任何重要的日子。

952
突破阻礙你通往另類
生活方式的壁壘

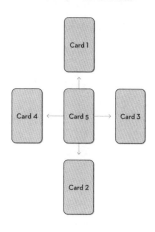

用途或背景知識

你需要尋找渴望已久的自由和獨立。比起前面提到的九張牌的自由之塔牌陣，此牌陣是淺顯易懂的簡潔版。第一張牌、第二張牌、第三張牌、第四張牌分別代表一面牆。每解完一張牌，要將這張牌從牌陣中移走。

第一張牌：傳統的障礙（童年時期的陳舊觀念）依舊透過別人的反對，阻礙著你？**第二張牌**：經濟穩定的壁壘。如果你辭掉穩定的正職工作，改靠自己的積極態度和聰明才智賺錢，你會如何理財呢？**第三張牌**：潛藏的恐懼。由於你沒有探討、面對或克服，導致有什麼事偶爾阻礙你？**第四張牌**：萬一生病了，你該怎麼做好實際的安排？賣掉房屋、尋找新的住處？找一艘船或露營車或規劃目的地？**第五張牌**：通往自由之路。

準備的物品

整副牌。

時機

當你下定決心做出改變。

953
團體內出現緊張的局勢

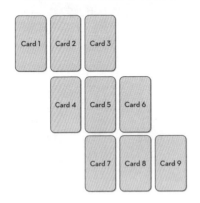

用途或背景知識

集體生活不如你期待的那麼和諧。

第一張牌：某個人或某些家庭在做出重大的決定或安排事情時，是出於私利？**第二張牌**：你應該或能夠直接找他們談談？他們會採納你的意見，並改變做法嗎？**第三張牌**：有沒有正式的爭端處理程序，或引起關切的非正規管道？現在是運用這些方法的時機嗎？**第四張牌**：有人支持你嗎？其他人都試著保持現狀，或拉幫結派嗎？**第五張牌**：你能不能忽視緊張的局面？這些問題會妨礙到你的福利嗎？**第六張牌**：如果要讓團體恢復平靜，最佳辦法是什麼？**第七張牌**：這件事能和平解決嗎？**第八張牌**：如果無法解決，你應該平靜轉身離開，但要做好鬥爭的準備嗎？**第九張牌**：你還想尋找適合居住的團體（組織）嗎？還是你想獨立生活？

準備的物品

整副牌。

時機

集體生活的壞處變得比好處更多。

954
你想融入充滿陌生人的團體

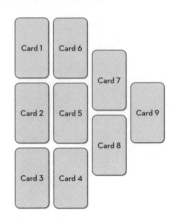

用途或背景知識

你受到集體生活的吸引。

第一張牌：在財務、親疏關係、獨立程度或風氣方面，你最想從團體中得到什麼？**第二張牌**：你的心中是否有理想的團體樣貌、特定地點或美麗的鄉村環境？**第三張牌**：你想不想在能滋養心靈的地方工作和生活，像是手工藝工作坊、有機園藝中心？**第四張牌**：在收購或租賃保障方面，你需要獲得法律、財務或地產的哪些保障措施？**第五張牌**：你能不能接受團體做出重大決定、解決紛爭或重視隱私的做法？**第六張牌**：在你融入該團體（機構）之前，應該多參觀或交流幾次，或採取短期方案，觀察運作狀況或研究退出策略，以免你未來想離開？**第七張牌**：若說到原則或具體的團體條件，你認為集體生活的最大劣勢和優勢是什麼？**第八張牌**：你應該到不同的公社環境度假，並觀察這種生活是否適合你嗎？**第九張牌**：當你考慮到團體的潛在影響後，你目前和未來是否能適應集體生活？

準備的物品

四十張小牌和十六張宮廷牌。

時機

星期五（社交日）。

955
你創辦夢想中的企業後，卻漸漸虧損

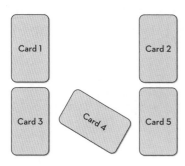

用途或背景知識

你知道自己創辦的企業具有價值，卻沒有獲利。

第一張牌：你應該認清自己已經盡力了，然後設停損嗎？**第二張牌**：你應該進行最終的奮力一搏，或採取大膽的做法，試著籌到資金或吸引別人關注嗎？**第三張牌**：你能不能找到緊急的外部支援、補助、貸款或贊助者，或向特定組織求助、企業合作？**第四張牌**：你或配偶應該暫時找一份有支薪的工作，共同度過難關嗎？**第五張牌**：只要你堅持下去，就能發現柳暗花明又一村？

準備的物品

二十二張大牌和十六張宮廷牌。

時機

你收到最新一期的帳單後。

956
你與朋友或大家庭的成員，想共同住在大房子或同一區

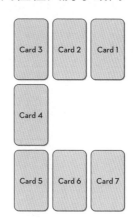

用途或背景知識

與你熟識的人住得近一點、共同分攤開銷以及共享資源，似乎是個好主意。

第一張牌：你們有共同經營的企業（例如農業或家族企業），所以彼此很容易在生活中達成共識？**第二張牌**：在大多數情況下，你能與家人相處融洽嗎？還是你們在近距離接觸時，氣氛容易變得緊張？**第三張牌**：有朋友或家人在你的身邊，對你的社交生活、精神支持方面有哪些好處？**第四張牌**：主要的缺點是什麼？你能不能先解決這些問題，或互相協調？**第五張牌**：你有隱私空間嗎？在私事方面，你能自由的做決定嗎？**第六張牌**：假設沒有財務虧損、地產損失或親情破裂等重大問題，但同居的計畫卻進行得不順利，你們有簡單的解散對策嗎？**第七張牌**：你們能順利辦妥這件事嗎？

準備的物品

整副牌。

時機

在你們討論的階段。

957
你想加入宗教團體

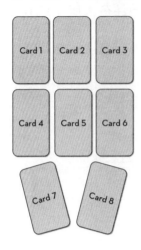

用途或背景知識

你覺得自己已經準備好脫離世俗的生活，並投入宗教志業。

第一張牌：長期以來，你深深受到信仰吸引？還是最近有你需要先解決的創傷，這個原因是你想脫離世俗生活的理由嗎？**第二張牌：**你想不想加入某個教派、宗教機構、寺廟或修道院？你需要探索不同的選項，特別是能持續與世人保持聯繫，或與世隔絕的？**第三張牌：**接受培訓後，你打算為這個社群服務嗎？你想保留目前的職業，同時住在修道組織嗎？或希望在餘生學習、祈禱和冥想？**第四張牌：**在全心投入之前，你願意接受培訓嗎？你希望在人生的各個階段做出不同的選擇？**第五張牌：**你想在餘生全心投入，還是只投入幾年？**第六張牌：**如果過程不順利，你可以隨時離開，而且沒有壓力嗎？還是你不考慮這個問題？**第七張牌：**在做出決定之前，你想花更多時間靜修、享受心靈之旅或到修道院、佛寺度假嗎？**第八**

張牌：這是你想要的新生活嗎？在你目前的生活中，有沒有培養或表達靈性的其他方式呢？

準備的物品

二十二張大牌。

時機

與你選擇的信仰有關的冥想日或宗教慶典日。

958
有人給你動物避難所或本土野生動物中心的經營計畫大綱

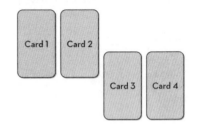

用途或背景知識

這項計畫能讓你的夢想成真，卻需要不少資金和規劃能力。

第一張牌：即使該計畫需要不少時間和資源，才能開始實施和經營，你有辦法接手嗎？**第二張牌：**如果你拒絕這次機會，然後去尋找適合改造的土地或建築物，會更容易實現你的夢想藍圖嗎？**第三張牌：**你應該把握這次機會，同時不辭掉正職工作？你應該制定期限，盡力創造出有發展性的企業嗎？**第四張牌：**你想拯救野生動物的夢想，終究會實現嗎？

準備的物品

四十張小牌（一號牌到十號牌）。

時機

你評估財務狀況和可行性後，遲遲無法做出決定。

959
你想成為專業的海外救援人員

用途或背景知識
你的夢想是成為國際間的救援人員。

第一張牌：如果你想為國際組織服務，你是否具備符合資格的學歷或語言技能？還是你能達成這些條件？**第二張牌**：你應該在自己所屬的城市或國家做志願性質的救援工作，累積必要的經驗？**第三張牌**：你應該利用網路直播或募款，提高自己的知名度嗎？**第四張牌**：你應該參加與你追求的救援領域相關的會議或研討會嗎？或者無論何時何地，你應該盡量在小型的活動或社交圈內發言？**第五張牌**：剛開始，你應該在國內的機構擔任與慈善有關的職位嗎？還是為了進入這個行業，你可以接受沒什麼名氣的海外職位？**第六張牌**：如果你堅持下去，就能實現夢想嗎？

準備的物品
四十張小牌（一號牌到十號牌）。

時機
元旦、與你喜歡的慈善機構有關的日子或你的生日。

960
你是養子或養女，而你的生母還沒見過你就去世了

用途或背景知識
你現在想聯繫生母，已經太遲了。

第一張牌：如果知道親生父母的住址，你能巧妙的問出對方是否知道你的身分嗎？他們會很高興你主動聯繫嗎？**第二張牌**：如果你認為有人不希望看到你（擔心你翻舊帳），你應該盡力查明生母的生活細節，或者用自己的方式悼念她嗎？**第三張牌**：你能夠或希望搜查生父的下落嗎？還是你想放下過去，只關心收養你的家庭？

準備的物品
二十二張大牌。

時機
月底或你得知生母去世的消息後。

你打算和異國的伴侶結婚,並搬到他的國家定居

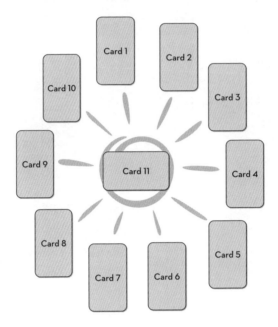

用途或背景知識

你已經拜訪他好幾次,也發現彼此的生活方式截然不同。

第一張牌:面對生活方式的改變、學習新的語言或得皈依不同宗教、轉換職業生涯時,你該怎麼做好充分的準備?**第二張牌**:在目前的生活型態中,你該怎麼維持重要的部分?你的伴侶能適應嗎?**第三張牌**:他期待你適應不同的家庭結構嗎?如果你們打算生孩子或聚集彼此的孩子,能夠順利維持新的家庭結構嗎?**第四張牌**:這是永久的搬遷嗎?或者你會定期安排返鄉,或在兩個國家之間分配時間?**第五張牌**:如果有問題出現,尤其是涉及到兒童的問題,你能尋求什麼樣的法律管道或保障措施?

第六張牌:現在是你們結婚的好時機嗎?還是應該再等一段時間?**第七張牌**:搬遷是否有潛在的障礙或反對意見?**第八張牌**:當你抵達伴侶的國家後,能在當地交到願意支持你的朋友嗎?**第九張牌**:你該怎麼順利適應過渡階段?

第十張牌:伴侶應該與你一起住在你的祖國,只有在假日的時候才返鄉嗎?**第十一張牌**:在你還沒確定要搬遷之前,不應該在異鄉永久定居,先暫時試住比較好嗎?

準備的物品

整副牌。

時機

在你確定搬遷計畫之前。

962
脫離異教組織後，他們不讓你拿回資金和資產

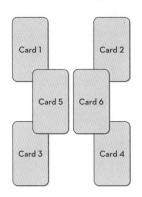

用途或背景知識

你很高興逃離異教組織，但他們仍然控制著你的財務。

第一張牌：有人強迫你回到異教組織，或阻止你聯繫其他人，包括還待在該組織的家人？**第二張牌**：以前脫離該組織的成員能保護你嗎？你可以從網路上尋求建議或支援嗎？**第三張牌**：如果該組織無情的對待你，你能得到警察的幫助或保護嗎？在受到該組織脅迫方面，你可以找到有經驗的律師嗎？**第四張牌**：當你提出索賠後，應該避免與該組織接觸嗎？**第五張牌**：你能不能從銀行的對帳單或信用卡的款項中蒐集證據，證明你把哪些款項交給了他們？**第六張牌**：你能拿回屬於自己的東西嗎？

準備的物品

二十二張大牌。

時機

星期日（公開的行動和誠實）。

963
搬到別的國家後，你能融入當地的生活和文化嗎？

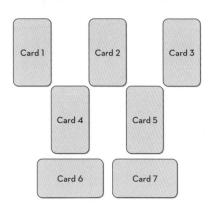

用途或背景知識

你想體驗不同文化的生活。

第一張牌：你能否先學習當地的語言或吸收海外知識，了解海外工作者如何保護自己？**第二張牌**：即使要搬到國外的社區，你能不能透過工作結識當地人，邀請他們到你家或讓他們邀請你到家裡作客？**第三張牌**：你願意在當地的傳統市場購物或參加節慶活動、品嚐在地美食嗎？**第四張牌**：如果國際學校的某些同事或家長不認同你，而且生活方式與你不同，你可以視若無睹嗎？**第五張牌**：你能否在安全的限制範圍內，請當地的導遊帶你參觀特殊的景點，讓你了解該國的真實樣貌？**第六張牌**：你能否找到志同道合的外籍人士，共同安排跨文化活動或成立俱樂部？**第七張牌**：這次的經歷使你渴望進一步探索世界嗎？

準備的物品

整副牌。

時機

在你確定搬遷計畫之際。

964
你想住在遙遠的島嶼

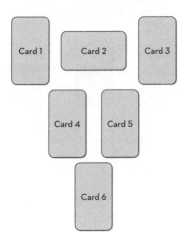

用途或背景知識
住在島嶼上一直都是你的夢想。

第一張牌：你應該到附有基本設施的偏遠島嶼度假，並觀察那裡的生活是否適合你嗎？**第二張牌**：你能不能在偏遠的島嶼找到工作？還是你能在海鳥保護區找到管理員的職務嗎？**第三張牌**：你能不能經營播客、透過衛星連線出售文章等，適應島嶼上的職業生涯？**第四張牌**：你有沒有共同追夢的夥伴？或者這是你的個人冒險？**第五張牌**：你應該先存錢，直到有足夠的資金能用來租賃（買下）偏遠的島嶼或建造自己的住所，過著自給自足的生活？**第六張牌**：這是美好的夢想，能促使你過著更崇尚自然的生活方式嗎？

準備的物品
整副牌。

時機
你希望將夢想融入日常生活。

例子
達米安（Damien）對海鳥非常感興趣，也渴望擁有一座屬於自己的島嶼。他可以在島嶼上安靜抒寫創作，遠離喧囂的城市生活。

第一張牌是節制。達米安經常在島嶼上度假，那裡有一間他很喜歡的小屋；他最近迷上了這座島嶼。

第二張牌是隱士。達米安向世界各地的偏遠島嶼申請看守人的職位，並獲列入候補名單，後來他成為海鳥保育的專家。

第三張牌是聖杯六。達米安的另一個夢想是，為兒童撰寫以大自然為主題的冒險故事。有出版商對他的夢想感興趣，但他還沒開始實踐。

第四張牌是戀人。達米安最近遇到一位有同樣夢想的伴侶，而且他們都不想生孩子。

第五張牌是錢幣十。這五年來，達米安研究如何自給自足時，也慢慢在荒島上存到足夠的資金。

第六張牌是星星。在島嶼上生活是達米安的最終夢想。對他來說，沒有其他事比這個夢想更重要。

就在達米安解牌後的不久，他和伴侶都受邀擔任島嶼的看守人，負責追蹤瀕臨絕種的海鳥之遷徙或築巢習慣。他打算利用最初三年的合約，實現自給自足的生活，而他的最終目標是購買或租下荒島。

965
度假時，你失控的愛上當地人，而他希望你留下來

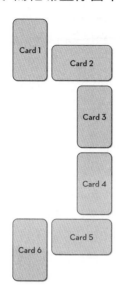

用途或背景知識

你明白事理，但愛情使你神魂顛倒。

第一張牌：你能不能把假期延長一到兩週，並觀察自己的愛意是否依舊？**第二張牌**：你應該先回家釐清頭緒，將簽證或工作的事務安排好，以便你能夠搬家？**第三張牌**：從實務和財務方面來看，如果選擇在度假地點定居，你該怎麼安排生活？**第四張牌**：你見過情人的家人嗎？你需要克服語言或文化的障礙嗎？**第五張牌**：你應該盡快返鄉、規劃另一個假期，或安排情人拜訪你，與情人在社群媒體上保持聯繫嗎？**第六張牌**：他是你一生的摯愛，或只是短暫的戀愛對象？

準備的物品

二十二張大牌和十六張宮廷牌。

時機

在你做出改變人生的決定之前。

966
你或配偶正在服兵役或有工作，而其中一人需要定期到別的區域或海外

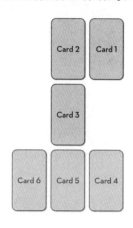

用途或背景知識

你們漸漸失去抵達新地點的興奮感。

第一張牌：如果你們的職業或職責不一樣，能不能讓彼此的職涯發展保持一致，或任職地點很接近？**第二張牌**：你們可以增加利益結合的好處嗎？如果不行，你們該怎麼實踐，盡量減少衝擊？**第三張牌**：如果還沒下定論，你們應該為假期或派駐期間的空檔，買下一個團聚的據點嗎？你們最希望據點位於何處？**第四張牌**：這種生活型態是遙遙無期，還是有結束的一天？無論如何，你們都想安頓下來嗎？**第五張牌**：你們希望在哪裡尋找長期的職位，或換工作？**第六張牌**：其中一人更渴望長久的穩定性嗎？若是如此，你們該怎麼妥善解決這個問題，才能維持或恢復愉快的感情？

準備的物品

整副牌。

時機

派駐或合約的期限即將來。

967
離開自己的國家多年後，返鄉照顧生病或年邁的父母

用途或背景知識

你只是回來探親，而且你已經在異鄉有穩定的生活。

第一張牌：如果有必要，你能夠長久待在自己的國家嗎？**第二張牌**：如果你已婚或有工作，你有回到異鄉的期限壓力嗎？**第三張牌**：你應該永久回到自己的國家居住嗎？**第四張牌**：在你出發或抵達目的地之前，你能不能與某些人保持聯絡、重逢或建立關係？**第五張牌**：待在自己的國家並沒有時間壓力？但從長遠來看，你的生活會出現巨大的變化或調整嗎？**第六張牌**：你應該在哪裡定居？或者你的新住處在哪裡？

準備的物品

四十張小牌（一號牌到十號牌）。

時機

星期四（旅途平安的日子）。

968
婚姻破裂或家庭問題出現後，你獨自撫養孫子女

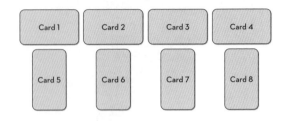

用途或背景知識

你充當孫子女的代理父母。

第一張牌：孫子女定期與父母（或其中一人）見面嗎？若是這樣，你會捲入衝突嗎？**第二張牌**：如果家長把孩子當成爭吵中的棋子，或藉機榨取你的錢，你該怎麼保護自己和孫子女？

第三張牌：這是長期的安排嗎？其中一位家長安頓下來後，你就不必照顧孫子女了嗎？還是充滿未知？**第四張牌**：你有哪些權利？你需要為孫子女做決定，並安排照顧事宜和理財？**第五張牌**：你應該從社會關懷機構或法律管道獲得援助，才不會陷入得不償失的境地？**第六張牌**：你需要從其他的家庭成員或可靠的某位家長那裡，得到什麼樣的支援或慰藉，才能讓你扮好代理家長的角色？**第七張牌**：在你的干涉下，孫子女感到快樂嗎？**第八張牌**：這個問題能圓滿解決，讓你再度感受到當祖父母的樂趣嗎？

準備的物品

四十張小牌（一號牌到十號牌）和十六張宮廷牌。

時機

勞動節結束後，九月的第一個星期日、祖父母節或星期五（溫馨的家庭之日）。

969
你想從海外領養孩子

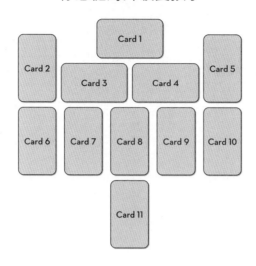

用途或背景知識

你有餘力，可以收養海外的孩子。

第一張牌：一旦了解國際領養的規定後，你應該從某些國家尋找不同的領養機構，並找到你覺得能愉快相處的兒童嗎？**第二張牌**：有哪些特別吸引你的國家？你應該去當地度假，或找時間參觀孤兒院，或透過代理機構去體驗真實的互動方式？**第三張牌**：你可以忍受代理機構或移民署，以冒犯隱私的調查方式嗎？**第四張牌**：當你通過審核後，應該花一點時間了解自己是否喜歡即將領養的孩子，或到孤兒院觀察兒童玩耍並培養感情嗎？**第五張牌**：由於有些嬰兒或兒童本身的營養不足，或是有一些輕微的毛病，你能不能在領養孩子前的拜訪過程中，降低自己的期望？**第六張牌**：無論是需要面對官員或與兒童溝通，你應該在拜訪他們之前學習當地的語言嗎？**第七張牌**：你能否克服發展遲緩或阻礙？你應該帶孩子去做健康檢查，以便了解他有什麼問題？你能負擔起委任優秀律師的費用嗎？**第八張牌**：對你來說，帶他到新家是一件興奮的事，但他會害怕嗎？當他見到新的家人後，會很高興嗎？**第九張牌**：你可以從他的出生地文化尋找當地人，並建立友誼嗎？還是你能夠教他說兩種語言，幫助他在成長的過程中，保留出生地文化的自我認同感？**第十張牌**：這將是你一生中最棒的經歷？**第十一張牌**：你認為自己以後還會領養更多的孩子嗎？

準備的物品

四十張小牌和十六張宮廷牌。

時機

你確定自己很適合領養海外的孩子。

970
你與同性伴侶同居，但你的親生孩子無法接受

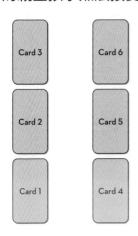

用途或背景知識

離開異性戀婚姻後，你希望孩子們能明白你的想法。

第一張牌：你應該獨自探望孩子，慢慢讓他們理解你的想法，同時不傷害你的新歡？**第二張牌**：如同許多離婚事件的後果，孩子是否受到你前任影響，對你的忠誠度較低？**第三張牌**：你應該漸漸介紹你的同性伴侶給孩子認識，或邀請他們一起去度假，讓他們在心情放鬆的情況下互相了解？**第四張牌**：你們應該接受家庭的心理諮商，共同解決未知或潛在的問題嗎？**第五張牌**：未來幾個月或幾年內，孩子會漸漸接受你的新伴侶嗎？孩子的心智成熟後，會變得不那麼挑剔嗎？**第六張牌**：如果孩子還是無法接受，你會繼續獨自探望他們嗎？還是會跟孩子說「如果你們愛我，就要愛我的伴侶」？

準備的物品

四十張小牌（一號牌到十號牌）和十六張宮廷牌。

時機

娥眉月或殘月期間。

971
你在考慮找代理孕母

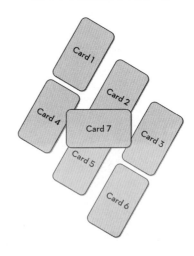

用途或背景知識

為了得到渴望已久的孩子，代孕似乎是你的最佳途徑。

第一張牌：你探討過所屬地區或國家，有哪些會影響到法律或經濟因素嗎？有情感的潛在影響嗎？**第二張牌**：你應該選擇費用更高的代理機構，或考慮用更便宜的方式找到代孕管道，但風險更高？還是到別處尋找，並避免未來在分娩後與她聯繫？**第三張牌**：你對捐贈者的卵子或精子是否感到滿意，尤其是捐贈者是代理孕母或親屬？**第四張牌**：你或你與配偶願意在懷孕、超音波掃描或分娩過程中，投入多少參與度？代理孕母同意接受飲食護理嗎？**第五張牌**：即使你找得到不錯的律師，但代理孕母生下孩子後，改變心意的可能性有多大？**第六張牌**：即使這個孩子不是你和配偶生的，你們會

為他的出生感到喜悅嗎？**第七張牌**：如果你無法接受代理孕母生的孩子，會考慮領養孩子嗎？

準備的物品

整副牌。

時機

在你考慮不同的選項時。

972
你應該領養孩子嗎？

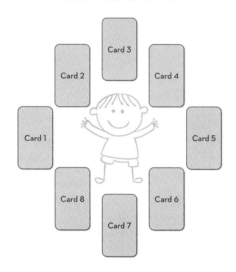

用途或背景知識

你想給有需要的孩子一個有愛的家。

第一張牌：你或你親生的孩子是否有足夠的安全感？或者你的家是否安全，可以為你即將領養的膽小或有問題的孩子提供合適的家？**第二張牌**：如果他是問題兒童，你的家庭會因為他的到來而受到影響嗎？**第三張牌**：如果你想短期或臨時領養孩子，能不能先準備好迎接他的流程，才不會在他剛適應新環境時，就讓他走失？**第四張牌**：你比較想長期領養，還是只想領養幾個月或幾年？**第五張牌**：你領養他幾個

月或幾年後，能讓他在道別時不感到痛苦，或與他保持聯繫嗎？**第六張牌**：如果他有父母，你能不能處理家長對他造成的負面影響，或不讓他與父母接觸？**第七張牌**：你對有特殊需求的孩子有信心嗎？**第八張牌**：領養孩子適合你嗎？你能成為稱職的養父母嗎？還是你比較想在托兒所或領養機構工作？

準備的物品

整副牌。

時機

看到領養機構的廣告後，你開始思考要不要領養孩子。

973
你找到了生母，但你想與生父聯繫

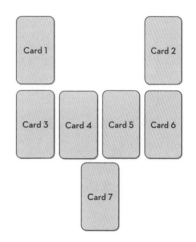

用途或背景知識

你有其中一人的照片，你想探索自己的根。

第一張牌：生母願意向你透露生父的下落嗎？**第二張牌**：生父認識你嗎？如果不認識，你應該聯繫他嗎？**第三張牌**：為了找到生父，你願意花多少時間？**第四張牌**：你能找到生父嗎？**第五張牌**：如果你們見面了，這會是一件愉快

的事嗎？**第六張牌**：如果他不願意見到你，或你無法見到他，那麼了解自己的根源依然對你有好處嗎？**第七張牌**：如果尋找生父或相見並沒有好兆頭，與其為這種事情難過，還不如放下？

準備的物品

二十二張大牌和十六張宮廷牌。

時機

你的生日、你被領養的日子或你認為很重要的日子。

974
你愛上孫輩年紀的人，但大家都說你被騙了

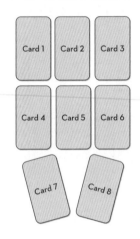

用途或背景知識

你神清氣爽，感覺年輕了五十歲。

第一張牌：你的朋友擔心什麼？年齡差距、對方不適合你、對方是否想生孩子，還是未來的財務問題？**第二張牌**：你也在煩惱這些問題嗎？你和情人該怎麼解決問題？**第三張牌**：與他在一起時，你真的感到快樂或玩得愉快，還是充滿熱情、感覺變年輕，你能體驗到以前錯

過的部分嗎？**第四張牌**：你想要或需要與情人談論更長遠的未來，還是順其自然？**第五張牌**：如果你們要結婚了，應該去找專業的律師處理財務、遺囑、婚前協議等問題，以防萬一嗎？**第六張牌**：你應該慢慢將情人介紹給有包容力的家庭成員，或是將結婚證書拿給他們看嗎？**第七張牌**：如果別人不祝福你們，那是他們的問題嗎？**第八張牌**：無論是短期內或長遠的未來，你們能幸福的在一起嗎？

準備的物品

整副牌。

時機

星期四（晚年的愛情）。

975
你想領養年紀較大的兒童、幾個兄弟姊妹或生活艱辛的孩子

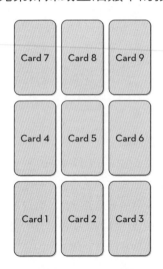

用途或背景知識

你想領養孩子，也知道世上有許多孩子需要一個家。

第一張牌：你已經了解領養機構、申請領養的

520

流程，或在家輔導的實況等繁文縟節，而你依然想領養孩子嗎？**第二張牌**：你願意領養幾個兄弟姊妹、年紀較大的兒童或生活艱辛的孩子，而且能接受他們曾經被其他人領養過？**第三張牌**：在和你即將領養的孩子見面之前，你能夠認清這就像第一次約會，你們都可能很緊張，想表現出自己最好的一面，所以你應該降低期望嗎？**第四張牌**：為了迎接孩子的到來，你該怎麼做好妥善的準備？如果他的年紀夠大，你可以先問他希望房間如何裝飾？或是他想在房間放哪些熟悉的物品，好讓他覺得舒適？**第五張牌**：你即將面臨哪些挑戰？並準備用什麼樣的溫和方式去克服挑戰？**第六張牌**：剛開始，你能得到怎樣的支持，尤其是你領養有殘疾、跨種族的孩子？他需要接觸出生地的文化或語言嗎？**第七張牌**：你想採取開放式領養*嗎？雖然你可以做決定，但若孩子的親生父母希望聯繫，你們會覺得受到侵犯嗎？在他的成長過程中，你會幫他收集原生家庭的紀念品嗎？**第八張牌**：孩子有任何潛藏的問題嗎？什麼事或誰能幫助你支援孩子？**第九張牌**：通往幸福的新家庭有什麼祕訣？

準備的物品

整副牌。

時機

新月份的開端。

*孩子與領養者住在一起，同時可繼續與親生父母保持聯繫。

第四十六章

激情與誘惑的牌陣

此牌陣的幸運牌

大牌：魔術師、戀人、命運之輪。

小牌：聖杯王牌、權杖王牌、聖杯二、聖杯三、權杖三、聖杯五、聖杯六、權杖六、聖杯七、權杖八、聖杯十。

宮廷牌：所有的聖杯牌和權杖牌。

關於激情與誘惑的牌陣

有時，簡單的「非此即彼」疑問可以用兩張牌或三張牌的牌陣得到答案，例如：「我應該、不應該……？」、「……有哪些風險？」四張牌的牌陣則是能應用在關於安全感的疑問。但在一般情況下，關於性愛的疑問背後有更深入、未解決的情緒問題，也許是愛情和人際關係中的根本問題，因此需要用六張牌、七張牌，甚至更多張牌。

976
情人不曾留下來過夜

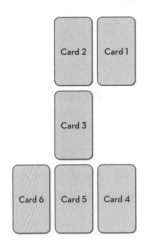

用途或背景知識

你覺得被情人利用了。

第一張牌：如果你知道情人有複雜的戀愛關係，你能接受現狀並願意付出代價嗎？**第二張牌**：如果你們的戀情需要保密，你應該設下期限，以免你失去耐心？**第三張牌**：他有承諾過很快就會陪你過夜？他會實踐諾言嗎？**第四張牌**：這段戀情是否給你很大的自由，大多時候讓你感到滿足嗎？**第五張牌**：你應該尋找白天和晚上都有空陪你的新歡嗎？**第六張牌**：眼前的情人是你要長久交往的對象，或只是通往真愛之前的短暫伴侶？

準備的物品

四十張小牌（一號牌到十號牌）。

時機

元旦或你們見面的重要日子。

977
你和伴侶的知己很來電

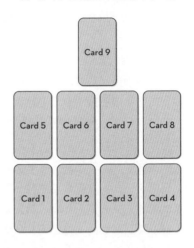

用途或背景知識

你漸漸發現自己很期待伴侶邀請知己出席。

第一張牌：你們之間一直都有吸引力，還是日久生情？**第二張牌**：他也和你的伴侶一樣有良好的特質，還能帶給你缺乏的興奮感？**第三張牌**：為了淡化情感的濃烈度，你們應該在其他朋友的陪伴下見面嗎？**第四張牌**：你應該鼓勵伴侶和他的知己單獨出去？**第五張牌**：這只是你和伴侶的知己在享受調情的樂趣嗎？有其他風險嗎？**第六張牌**：伴侶察覺到你們很合嗎？伴侶發覺你很喜歡他的知己後，他很高興嗎？

第七張牌：為了填補你和伴侶之間所缺乏的刺激感，你能為彼此的感情增添趣味嗎？**第八張牌**：你希望發生什麼事？如果不迴避，接下來會發生什麼事？**第九張牌**：你能不能避免傷害任何人，包括你自己？

準備的物品

四十張小牌和十六張宮廷牌。

978
伴侶要暫時離開幾週或幾個月，而舊情人或前任願意陪伴你

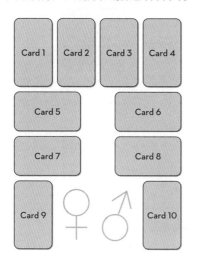

用途或背景知識

你知道自己在冒險，因為你很愛現任的伴侶，但卻受不了孤獨。

第一張牌：你和舊情人之間還是有火花？如果你以前就知道彼此不合，你現在只是想從他的身上找到刺激感嗎？**第二張牌**：你很重視和現任伴侶的感情，所以你不想破壞這段關係，而且你絕對不會讓自己在感情和性愛方面不忠嗎？**第三張牌**：如果和現任伴侶的關係有潛在的問題，你們能想辦法解決嗎？**第四張牌**：你相信舊情人不會洩露祕密嗎？**第五張牌**：你能不能搬到靠近現任伴侶的住處，或經常拜訪他，或在期間安排共同的度假行程？**第六張牌**：你能不能嘗試做其他的事來打發時間，像是學習新知、居家裝修、跟朋友出去玩、發展自己的事業？**第七張牌**：屈服於舊情人的誘惑，對你有哪些好處？**第八張牌**：與舊情人重逢，對你目前的感情或內心的平靜會造成什麼樣的威脅？**第九張牌**：你應該冒險，還是避開舊情人？**第十張牌**：如果決定冒險，你應該先和現任的伴侶分手嗎？還是你期待這段風流韻事能改善你和現任伴侶的關係？

準備的物品

整副牌。

時機

你感到孤獨的時候。

979
這段關係只有性，沒有愛

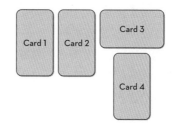

用途或背景知識

你們經常在約會後上床，但這段關係沒有進展。

第一張牌：你對目前或短期內的互動方式感到滿意嗎？**第二張牌**：你希望多多與情人相處或去度假，但他沒空？**第三張牌**：你想在這段關係中索求更多，並寧可冒險嗎？**第四張牌**：你厭倦了這段純屬感官娛樂的關係，也看不清共同的未來？

準備的物品

十六張宮廷牌。

時機

你的興奮感減弱了之時。

980
你們的關係失去了激情

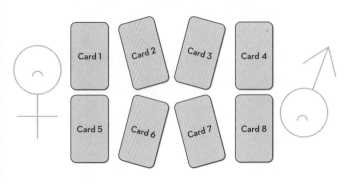

用途或背景知識

你們已經在一起很久，也生了孩子，互動方式卻變得像陌生人。

第一張牌：缺乏激情是你們在這段關係或環境中的無奈跡象？像是因為要面對孩子、工作壓力、財務煩惱，或照顧年長的親屬？**第二張牌**：你們還能重新點燃潛藏的愛情之火嗎？**第三張牌**：你們能不能在外過夜，或在週末一起享受美好的時光，漸漸培養發自內心的激情？**第四張牌**：如果在家裡有隱私的問題，你們能夠或應該制定夫妻專屬的時光或空間嗎？**第五張牌**：你們希望或需要向外界求助，解決輕微的健康狀況或性愛問題，或諮詢潛在的感情問題嗎？**第六張牌**：你們應該或希望以適合自己的方式，恢復浪漫的情調或激情嗎？**第七張牌**：你們的感情漸漸升溫後，就能自然找回激情嗎？**第八張牌**：你們的關係能經得起各方面的考驗嗎？

準備的物品

整副牌。

時機

這段感情中的任何重要日子。

981
你們應該發生一夜情嗎？

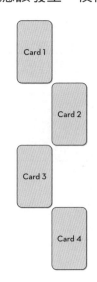

用途或背景知識

你離家時遇到了不錯的對象，但他只適合和你發生一夜情。

第一張牌：即使沒有人會發現你們的性關係，你們也應該上床嗎？**第二張牌**：即使有人會發現你們的性關係，你們也應該上床嗎？或如果你單身，同事等人可能會發現並散播流言？**第三張牌**：如果你們發生一夜情，你以後會懊悔嗎？**第四張牌**：如果你們沒有上床，你以後會懊悔嗎？

準備的物品

二十二張大牌和十六張宮廷牌。

時機

你需要在飯店的房間裡快速做出決定。

982
企業老闆或資深管理者在工作時，對你做出不當的行為

用途或背景知識

你聽說過類似的事件，但沒有人投訴。

第一張牌： 即使知道作惡者以後會在工作方面刁難你，你應該清楚的告訴他，你不會容忍這種行為嗎？

第二張牌： 如果你向同事或主管透露這件事，會被貼上「惹是生非者」的標籤，那麼你應該向工會、婦女協會或人力資源部提出正式的申訴嗎？**第三張牌：** 你能否説服其他人揭穿真相？**第四張牌：** 你應該盡快找新工作嗎？你應該等到跳槽後才投訴嗎？**第五張牌：** 即使必須等待幾個月或幾年，你應該先將投訴的內容存檔、保留相關的影片或錄音證據，以便在事情最終暴露的那天揭穿真相？**第六張牌：** 你能伸張正義嗎？

準備的物品

二十二張大牌和十六張宮廷牌。

時機

滿月期間。

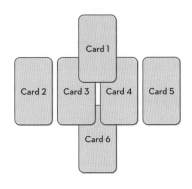

983
你對同事有愛意，而且你們要一起參加週末的會議

用途或背景知識

這是一種越界的誘惑，還是你們有機會觀察彼此是否來電？

第一張牌： 你能發現他是否也對你有意思？你對此滿懷希望？感到興奮？或很害怕，還是百感交集？**第二張牌：** 你應該主動接近他，還是順其自然呢？**第三張牌：** 在人際關係方面，你在週末表現出熱情的樣子，會影響到其他人嗎？職場上會出現這方面的八卦嗎？值得嗎？

第四張牌： 你很期待與他培養長久的感情，或只是短暫的激情？**第五張牌：** 如果你繼續追他，無論進展如何，你在辦公室的人際關係會變得更好還是更壞？**第六張牌：** 你能如願以償嗎？

準備的物品

四十張小牌（一號牌到十號牌）和十六張宮廷牌。

時機

你在週末外出的前一天晚上。

你對大學講師、顧問或醫生有意思,而且你認為對方也喜歡你

用途或背景知識

你確定這不是迷戀,但你不敢說出自己的感覺。

第一張牌:如果正式場合的限制妨礙到你們私下接觸,有沒有能讓你們互動的其他活動或地點?**第二張牌:**如果你們意氣相投,他是否不自覺的讓私人關係和工作的界限模糊不清?**第三張牌:**他已經有交往對象了嗎?你能不能從八卦、漫不經心的評論或社群媒體中,推測他目前的感情是否幸福?**第四張牌:**你想要一段可能會對職業生涯不利的婚外情嗎?你追求的不只是這樣?**第五張牌:**如果你說出自己的感覺,但他沒有同等的回應,這會損害到你們之間的關係嗎?**第六張牌:**你應該改找別的醫生或顧問,或參加不同的課程,以便他可以在不影響職務的情況下聯繫你?**第七張牌:**對方身上的特質,有可能出現在能夠自由的愛你的未來伴侶身上嗎?**第八張牌:**你想保持現狀、期待他對你表達內心的感情?或僅享受彼此的聯繫?

準備的物品

整副牌。

時機

你從天空中看不到月亮時。

你已維持異性戀婚姻很多年,但你後來愛上同性別的人

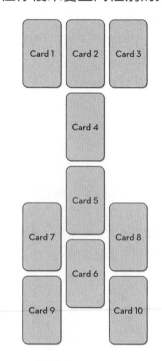

用途或背景知識

你彷彿生活在謊言之中。

第一張牌:配偶注意到你的情感變化了嗎?你為了隱藏真實的感受,付出不少代價了嗎?**第二張牌:**你有可能是雙性戀者?你能繼續維持婚姻,同時與同性別的人培養深厚的友誼和精神交流嗎?**第三張牌:**如果你對某人有性愛和情感的興致,或想去夜店、上網找新歡,你應該誠實告訴配偶嗎?**第四張牌:**如果配偶想維持婚姻,尤其是你們有孩子,那麼你能同時享有探索真實自我的自由嗎?**第五張牌:**在確定未來的生活之前,你需要搬出去住,或獨居一段時間嗎?**第六張牌:**如果孩子或父母很保

守，你該怎麼說服他們認同你依舊是那個深愛他們的人？**第七張牌：**你準備好接受熟人的譴責，做為展現真實自我的代價嗎？**第八張牌：**你或配偶需要求助專線或面對面的諮詢，才能適應過渡階段嗎？**第九張牌：**你以前還年輕時，就了解自己的性傾向嗎？你被迫遵循傳統嗎？**第十張牌：**你能找到幸福嗎？如果願意，你能找到新歡嗎？

準備的物品

整副牌。

時機

季節或月份轉換之際。

986
你搞不懂新歡是否願意上床

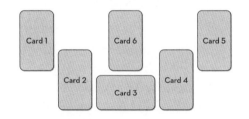

用途或背景知識

你已經表達想做愛的意願，而新歡看似滿心期待，卻沒有實際的行動。

第一張牌：新歡的個性很內向，不習慣表達愛意？**第二張牌：**新歡經歷過糟糕的戀情，或曾被前任背叛嗎？**第三張牌：**你應該主動引導新歡嗎？**第四張牌：**你應該安排週末度假，讓彼此住在同一個房間嗎？**第五張牌：**你應該經常和新歡談論性愛的話題嗎？這樣做反而會使他遠離你？**第六張牌：**如果你們的感情很融洽，但卻他認為性事是做出承諾的重要一環，那麼你該等他做好心理準備嗎？

準備的物品

四十張小牌（一號牌到十號牌）和十六張宮廷牌。

時機

在你們見面的前一天晚上。

987
你的約會對象經歷過許多風流韻事，但他向你保證這次不一樣

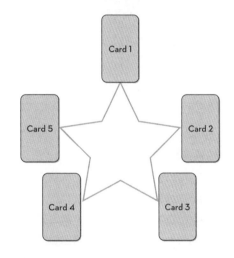

用途或背景知識

別人提醒你，你的新歡很擅長調情，但你相信自己可以「馴服」他。

第一張牌：吸引到有魅力的伴侶，讓你很興奮？還是你很欣賞他更深層、敏感的那一面？**第二張牌：**你有懷疑他的理由嗎？**第三張牌：**你有信任他的理由嗎？**第四張牌：**他會讓你傷心嗎？**第五張牌：**他真的改變了嗎？

準備的物品

二十二張大牌和十六張宮廷牌。

時機

你們交往一個月以上，感情也很順利之際。

988
你們第一次在週末外出做愛，卻不順利

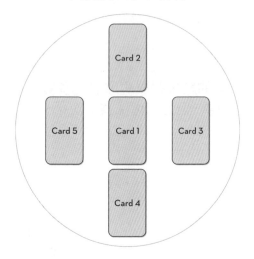

用途或背景知識

現場有香檳，床上有玫瑰花瓣，環境充滿浪漫情調，但你們的做愛過程不順利。

第一張牌：你的期望太高了嗎？**第二張牌**：週末的行程是經過精心安排嗎？**第三張牌**：這段關係還能維持下去嗎？**第四張牌**：你能夠不帶批判的談論這件事嗎？你以後能夠對這件事一笑置之嗎？**第五張牌**：你們應該盡快安排下一次的行程，但主要目的並不是為了做愛，以便你們培養發自內心的激情？

準備的物品

二十二張大牌和十六張宮廷牌。

時機

這件事發生後的隔天。

第四十七章

悲傷與失落的牌陣

此牌陣的幸運牌

大牌：女祭司、教皇、戰車、正義、力量、太陽、審判。

小牌：任何的王牌（新的開始）、錢幣五、寶劍六、錢幣七、錢幣九、錢幣十。

宮廷牌：錢幣皇后、錢幣國王、聖杯皇后、聖杯國王。

關於悲傷與失落的牌陣

這些牌陣主要與情緒有關，也需要比較長的解題時間，因此六張牌以上的牌陣會有顯著效果。其中，與古代傳統有關的牌陣，也能提供你從失去獲得重生的建議。另外，我想推薦自己特別喜歡的兩種牌陣：古埃及牌陣、受到古北歐文化啟發的牌陣，用途是迎接新的開始。至於三張牌和四張牌的牌陣，則是可以在地產和財務方面提供明確的答案。

989
你被責任和擔憂壓得喘
不過氣，看不清前程

用途或背景知識

你不知所措之際。

第一張牌：什麼事或誰是你最大的負擔？**第二
張牌**：出於善意或內疚感，你背負了哪些不必
要的負擔？**第三張牌**：你可以輕易又快速擺脫
哪些負擔？**第四張牌**：你不能卸下哪些負擔？
第五張牌：無論是個人或組織，誰能快速的幫
助你，讓你可以喘息？不管有多麼困難，他們
都願意支援你？**第六張牌**：你該怎麼避免被未
來的責任壓得喘不過氣，或確定別人願意分擔
責任呢？

準備的物品

二十二張大牌和十六張宮廷牌。

時機

當週的最後一天或月底。

990
親屬離奇死亡，而你
無法伸張正義

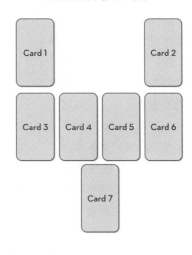

用途或背景知識

警方堅稱這起案件是自殺或意外，但你知道事
實沒那麼單純。

第一張牌：死亡的情形是否與親屬的行為模式
不相符，或是他受到莫名其妙的傷害？**第二
牌**：逝者在生前樣貌是否有疑慮，卻不解釋原
因？還是有可疑的朋友？接到奇怪的電話？與
毒品扯上關係？**第三張牌**：警方已不堪重負，
因此他們只做簡單解釋？有人掩蓋真相嗎？**第
四張牌**：你希望伸張正義，或請記者媒體幫
忙？還是準備請偵探調查？**第五張牌**：雖然別
人勸你不要再管這件事，但你下定決心伸張正
義嗎？**第六張牌**：你想搬走嗎？你希望逝者就
這樣安息？**第七張牌**：如果堅持下去，就能伸
張正義嗎？

準備的物品

整副牌。

時機

沒有人把你說的話當一回事時。

991
未婚夫或未婚妻在婚禮的前幾週宣布取消,卻沒有解釋

用途或背景知識

未婚夫或未婚妻傳訊息說無法與你結婚,並打算離開。

第一張牌:為什麼會發生這種情況?婚禮前出現了什麼問題嗎?他太緊張,還是有其他原因?**第二張牌**:你該怎麼盡快聯繫他?**第三張牌**:如果你願意溝通,他會改變主意或同意舉行婚禮、改期嗎?**第四張牌**:即使他回心轉意,你還能信任他嗎?他該怎麼做,才能讓你相信他?**第五張牌**:誰能協助你取消或延後婚禮?未婚夫或未婚妻應該怎麼做,而不是逃避?**第六張牌**:你能挽回任何事嗎?你應該和朋友或親屬到蜜月的地點度假,純粹是為了挑釁未婚夫或未婚妻,還是你想保持頭腦清醒?**第七張牌**:你能夠不把這次的經歷當成個人的失敗,而是把責任歸咎於對方在最後一刻退縮嗎?**第八張牌**:如果他沒有回到你的身邊(或你不希望他回來),你能找到真愛,或與你信任的人找到幸福,最後舉行你渴望的婚禮嗎?

準備的物品

整副牌。

時機

在你收到壞消息後不久,需要規劃妥善的應對措施之際。

992
你的存款和退休基金都被騙走了,擔心沒有補救辦法

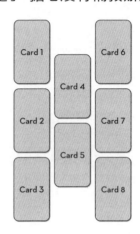

用途或背景知識

你努力賺到的錢都不見了。

第一張牌:即使你同意對方拿走一些錢,但他卻聲稱你的存款都是他的,你可以找到監察專員申訴,或透過銀行爭取賠償嗎?**第二張牌**:如果這是影響到許多人的騙局,有沒有法律管道或刑事賠償?**第三張牌**:你有沒有可以變現、再投資或縮減的資產?**第四張牌**:如果你還有工作,能否延長工作年限,直到你累積足夠的預備金?**第五張牌**:你有沒有創業的想法,讓自己在未來繼續賺錢?**第六張牌**:家人能不能在短期內支援你,直到你有足夠的財力?**第七張牌**:即使未來的變化與你規劃的不同,或者你的資金比原本預期的更少,你能熬過這個階段,並找回安全感嗎?**第八張牌**:你能討回公道,或至少拿回一些錢嗎?

準備的物品

整副牌。

時機

你發現自己被騙了,而金融機構也幫不了你。

993
親屬或知己在事故中喪命

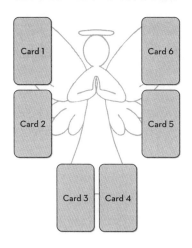

用途或背景知識

事情發生得太突然，而持續哀悼似乎是在浪費生命。

第一張牌：關於意外的發生原因、過程或肇事者，你得出結論了嗎？**第二張牌**：如果沒有結論，該怎麼伸張正義？如果有必要，你能不能對官方施壓，要求他們進行調查？**第三張牌**：你該怎麼記住關於逝者的美好回憶（收集錄音、影片或照片、製作回憶錄），讓晚輩和未來的新成員了解他？**第四張牌**：逝者可能喜歡什麼樣的紀念碑？你應該將紀念碑設置在案發地點，或他最喜歡的地方嗎？或應該放上他得過的獎項或獎盃嗎？**第五張牌**：如果意外是發生在危險路段，或是工作場所缺乏安全措施，你可以發起什麼樣的社會運動，預防類似的事故？**第六張牌**：為了實現逝者在生前的心願，你能夠在生活中做哪些事？

準備的物品

二十二張大牌和十六張宮廷牌。

時機

星期日，太陽再度升起時。

994
失去父母或祖父母

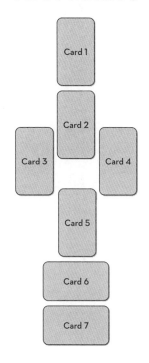

用途或背景知識

一家之主離開人世了。

備用的第一張牌：你有機會道別嗎？如果沒有，你能去特別的地方，讓自己釋懷嗎？**第二張牌**：如果你的父母或祖父母在意料中逝世，他們生前有機會安排一些解決家人之間爭端的和解方案嗎？**備用的第二張牌**：如果他們去世是出乎意料，一切都能按照預期的安排嗎？**第三張牌**：你應該避免有內疚感、責備別人，或不讓家人的責備影響到你哀悼？**第四張牌**：你夢到或感覺到已故親屬在你的身邊，或守護著家人嗎？如果沒有，你能認清強烈的悲傷情

緒，已經混淆了親屬的存在感嗎？**第五張牌：**你應該準備一個箱子，放入能喚起美好回憶的紀念品、回憶錄、格言或筆記食譜嗎？**第六張牌：**你應該花一些時間好好哀悼，而不是匆忙回到原本的生活，或在別人的面前故作堅強嗎？**第七張牌：**剛開始，你應該拒絕倉促處理地產或財務問題？你應該堅決要求家人緬懷祖父母或父母，先擱置爭奪財產的事情嗎？

準備的物品

整副牌。

時機

葬禮結束後。

995
家裡的孩子過世

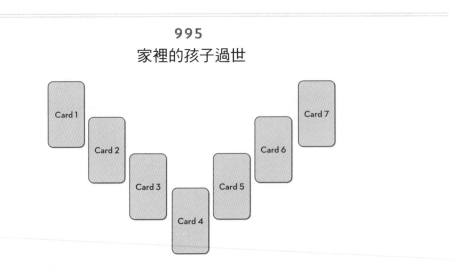

用途或背景知識

無論是胎死腹中、蹣跚學步的兒童往生、青少年因疾病或事故而喪命，結局是以悲劇收場。

第一張牌：你能夠提供什麼樣的實際支援，讓逝者的父母過得更輕鬆，例如幫忙照顧兄弟姊妹、分擔家務等？**第二張牌：**如果有必要，你能否在接下來的幾個月謹慎發言？當逝者的父母想談論他時，你可以讓他們依照自己的方式面對憤怒或沮喪的情緒嗎？**第三張牌：**如果有人說逝者是天使，被帶回天堂了，或者出於好意說些老生常談，但卻在傷口上撒鹽，你能否保護逝者的父母不受到傷害？**第四張牌：**如果死亡與疏忽有關，即使最後徒勞無功，你能否協助逝者的父母投訴，緩解他們的無助感？**第五張牌：**你能不能說服家裡的其他孩子相信，他們很安全？**第六張牌：**你以後還會提起逝者嗎？即使過了一段時間，有人假裝逝者不曾存在過，你仍會記住逝者的生日和忌日？**第七張牌：**雖然失去親人是悲傷的事，但你能否在逝者的父母準備走出創傷時幫助他們？

準備的物品

二十二張大牌和十六張宮廷牌。

時機

孩子往生後。

996
配偶去世了，而你已經為退休生活安排許多計畫

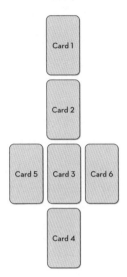

用途或背景知識

你一直很期待兩人一起自由的旅行，共同迎接新的生活，但這個願望無法實現了。

第一張牌：無論家人和朋友是否出於善意，你應該抵抗他們施加的壓力，並且在你做好心理準備之前，對未來的計畫做出堅決的決定嗎？

第二張牌：哪些計畫還來得及挽回？你想去旅行，或搬到你很嚮往的地方？或離孫輩更近的地方？**第三張牌**：你該怎麼將這些計畫調整成適合一人執行？**第四張牌**：有哪些你長期渴望做的事情或想去的地方，以前要顧慮到兩人而擱置一旁，但現在可以獨自實踐？**第五張牌**：你最後會對新的生活感到滿意嗎？**第六張牌**：當你旅行或更改景點後，能認識新朋友嗎？如果你願意，未來能遇到新的愛人嗎？

準備的物品

四十張小牌（一號牌到十號牌）。

時機

新月份的開端或新年。

997
夥伴或近親即將面臨人生的終點

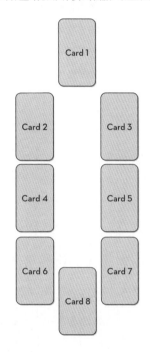

用途或背景知識

你正在為朋友或親屬安排後事。

第一張牌：他想知道自己快要離世的事實，還是寧可抱著希望撐到最後，因為他相信奇蹟？

第二張牌：他想停止接受侵入性治療，或改成紓緩護理*嗎？你該怎麼支持他的決定？**第三張牌**：他想接受居家照護，或住在安寧病房嗎？在實務和情感方面，你該怎麼有效幫他得到最好的照顧？**第四張牌**：可以的話，你能夠確保他對臨終關懷的期望得到滿足嗎？你能不能接受他在世時提出想改變的法律部分？

第五張牌：為了提升生活品質，他想去見宗教

大師、精神治療師，或接觸精神療法、靈氣療法、按摩或精油嗎？**第六張牌**：如果你必須為身邊的人保持堅強，你能夠為自己找到實務面和精神上的支持嗎？**第七張牌**：時機成熟時，如果你的夥伴或近親願意並做好心理準備，你能夠鼓勵他放下一切（慢慢釋懷），迎接人生的終點嗎？**第八張牌**：事後，你能不能給自己一點時間和空間，在你需要之時尋求支持，讓自己接受這次的重大轉變？

準備的物品

整副牌。

時機

你的夥伴或近親顯然不太可能康復之際。

＊讓無法痊癒的病人得到人性化的照顧，並尊重病人意願的治療方式。

998
面對家人的自殺事件

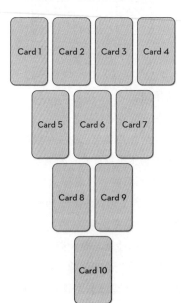

用途或背景知識

家人選擇結束自己的性命，造成其他人的心理創傷。

第一張牌：逝者曾經揚言或嘗試過自殺嗎？這是大家意想不到的事件嗎？**第二張牌**：你知不知道他自殺的原因？是精神疾病、憂鬱症、遭到霸凌或遇到難以解決的情況，例如債務累累、被人恐嚇或有還款壓力？**第三張牌**：如果他在生前過著多災多難的日子，你認為他現在反而得到平靜了？你希望向有同理心的神職人員或靈媒尋求安慰嗎？**第四張牌**：如果有驗屍調查，你認為程序很公正，能揭露真相嗎？逝者的朋友或敵人知道他自殺的真正原因嗎？**第五張牌**：他求救時，出了差錯嗎？他根本就沒有自殺的意圖嗎？**第六張牌**：如果他在自殺前留下遺書，內容是否表達他的憤怒或絕望，卻忽略了愛他的人嗎？**第七張牌**：你能否處理好自己的情緒，或面對家人的複雜心情，避免不必要或毫無意義的內疚感，也不讓「假設性的推測」影響到你的生活？**第八張牌**：你能否用適當的方式，紀念逝者在生前擁有的美好事物或快樂的回憶？**第九張牌**：心理諮商對你們有幫助嗎？你可以妥善與家人或獨自處理情緒嗎？**第十張牌**：你能找回通往幸福的路徑嗎？

準備的物品

四十張小牌（一號牌到十號牌）和十六張宮廷牌。

時機

適合深思的寧靜夜晚。

金字塔牌陣：你認識多年的伴侶拋棄你，因為他想追求規劃多年的新生活

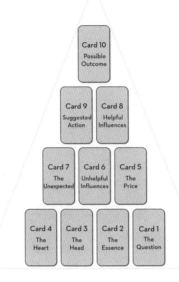

用途或背景知識

有時，古埃及的金字塔結構被視為神祕物理現象的寶庫，以及宇宙能量的轉換器。因此當你的生活變得很糟糕時，很適合用這個牌陣來追求好轉跡象。

第一張牌：疑問；為什麼你信任的伴侶變得狡詐和精於算計？**第二張牌**：事情的本質；你忽略了警訊？你不該那麼信任他？你應該多關心自己嗎？**第三張牌**：理智或邏輯面的考量；即使對他的態度必須比以前更冷酷，你該怎麼確定自己不會因此產生經濟問題？**第四張牌**：核心問題；他真心愛過你嗎？他找到新歡了嗎？第三者一直都在他的身邊？**第五張牌**：做出決定後的代價（財務和情感）；為了得到你應得的東西，你準備用法律管道對付伴侶到何種程度？**第六張牌**：消極的影響；知情卻保持沉默的朋友或家人，那些認為他會離開是你的錯的人。**第七張牌**：意想不到的部分；無論是好是壞，伴侶在新的生活中可能遇到什麼事？**第八張牌**：有益的影響；能幫助你度過這場危機的朋友、家人或專業的律師。**第九張牌**：建議你採取的行動；為了創造新的生活，你能夠或應該做什麼事？如果新生活不順利，你希望伴侶回來嗎？**第十張牌**：可能的結果；你熬過這場危機後，可以創造什麼樣的幸福未來？

準備的物品

整副牌。

時機

在你度過了最初的衝擊之後。

1000
四大智慧支柱的牌陣：你喪失信心並認為自己在浪費生命

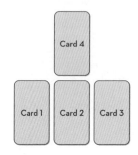

用途或背景知識

你的職業生涯沒有進展，感情生活也很空虛，連夢想都是虛幻的泡影。

第一支柱牌：在職業方面，你能做出的第一個改變是，加強你沒有使用的技能。**第二支柱牌**：你能做出的第二個改變是，改善你的愛情或社交生活。**第三支柱牌**：如果你願意求助，你仍然有機會實現夢想。

第四支柱牌：一旦你開始行動，會出現哪些你意想不到的機會？

準備的物品

二十二張大牌。

時機

星期四（傳統智慧）。

第四十八章

1001牌陣

目前為止，我已經在這本書列出了一千種不同的解牌方法，以及我發現效果不錯的許多牌陣。花了四十多年，我才創造或改編出這些牌陣。

當然，你可以在塔羅牌日誌或這本書的空白處寫下自己的想法和替代方案，也可以改良我的建議。

這本書能幫助你建構獨特的塔羅牌智慧根基。除了自己使用，你也可以教導別人，或寫書做記錄，或建議別人運用我列出的一些牌陣。每個牌陣都是依據我在世界各地旅行時執行的解牌方式。如你所見，我將這本書分成了不同的主題，讓你可以根據特定的需求去操作。

我跟你一樣，依然在探索和學習用更有效的方法去解讀塔羅牌。希望以後，我還能在新的書籍中，與你分享我得到的新見解。

在新冠病毒爆發後的封鎖期間，我寫下了這本特別的書。這場疫情讓許多人充滿不確定感，也奪走了許多壯志未酬的生命。我同時領悟到，生命是多麼寶貴，也開始體會到，所有的智慧都應該要流傳出去；除了塔羅牌，還有生活中的各方面。知識和經驗並不是一成不變，應該要綿延不斷的發展和分享。我希望自己獲得的塔羅牌知識，能使你的智慧和傳統文化變得更豐富，並啟發你在引導自己和別人的生活時，用新的方式玩塔羅牌。

如果你讀過我寫的《一千零一種咒語》（1001 Spells），可能會發現有些儀式可以讓你增強能量，而有些塔羅牌陣可以揭露潛藏的可能性。此外，《一千零一種咒語》有一大部分是在探討以塔羅牌做為焦點的咒語。但我也在這本1001的書中列出了使用塔羅牌的各種方式，讓你可以探索不同的靈性藝術，以及使用水晶和靈擺來提升解牌的效果。

	一月	二月	三月	四月	五月	六月	七月	八月	九月	十月	十一月	十二月
財務	財務	財務	財務	財務	財務	財務	財務	財務	財務	財務	財務	財務
職涯、事業及創造力	職涯、事業及創造力	職涯、事業及創造力	職涯、事業及創造力	職涯、事業及創造力	職涯、事業及創造力	職涯、事業及創造力	職涯、事業及創造力	職涯、事業及創造力	職涯、事業及創造力	職涯、事業及創造力	職涯、事業及創造力	職涯、事業及創造力
健康	健康	健康	健康	健康	健康	健康	健康	健康	健康	健康	健康	健康
休閒、友誼及鄰居	休閒、友誼及鄰居	休閒、友誼及鄰居	休閒、友誼及鄰居	休閒、友誼及鄰居	休閒、友誼及鄰居	休閒、友誼及鄰居	休閒、友誼及鄰居	休閒、友誼及鄰居	休閒、友誼及鄰居	休閒、友誼及鄰居	休閒、友誼及鄰居	休閒、友誼及鄰居
家庭生活	家庭生活	家庭生活	家庭生活	家庭生活	家庭生活	家庭生活	家庭生活	家庭生活	家庭生活	家庭生活	家庭生活	家庭生活
愛情和人際關係	愛情和人際關係	愛情和人際關係	愛情和人際關係	愛情和人際關係	愛情和人際關係	愛情和人際關係	愛情和人際關係	愛情和人際關係	愛情和人際關係	愛情和人際關係	愛情和人際關係	愛情和人際關係

第一張牌	第二張牌	第三張牌	第四張牌
整體的主題	出乎意料的事	機會	挑戰

第1001個牌陣
專屬於你的未來一年

第1001個牌陣架構出一個綜合牌陣的樣貌，著重未來一年的每個月，生活中的六種方面。不必在一月才開始進行，除了元旦，在你購買這本書後的下個月第一天都是理想的起始日。你可以在每個月記下你對這六個面向的見解，並在這些月份提醒自己當月的六張牌有哪些重要的特色；請使用整副牌。

每個月都有六張牌，分別代表健康；愛情和人際關係（包括親情）；家庭生活；職業生涯、商業或有創意的冒險活動；休閒、友誼及鄰居；財務。

當你分別翻牌，並拿著牌卡時，要試著運用這六張牌上的圖像、文字和留給你的印象去詮釋牌義。

這些牌能幫助你深思六大生活方面。如果你願意，可以在月初從牌組中再抽一張牌，觀察是否能添加其他的訊息，讓你去審視一整年。

如何安排牌卡

由於有六個面向和十二個月，所以6×12＝72，因此使用整副牌七十八張時，還剩下六張牌。

在你動手之前，要先拿掉死神和魔鬼兩張牌，因為這兩張牌在未來十二個月的評估中沒什麼用處。如果在之後某個月的月初又抽一張牌，做法同上。因此，你還剩下四張牌。

剩下的**第一張牌**代表你的一整年主題。**第二張牌**代表你在未來一年意想不到的事情。**第三張牌**代表你在未來一年遇到的特殊機遇。**第四張牌**代表你在未來一年需要克服的挑戰。

如果你知道當月的某一天或兩天特別重要，該怎麼做呢？

在任何一個月份，只要你知道某個日子很重要，就可以從整副牌組中抽一張牌。這張牌能讓你了解那一天的資訊。

另外，這張牌能凸顯你需要知道的部分。如果你願意，你可以指明某個領域，例如你要去做健康檢查，就可以指明健康領域。如果你想指明兩個重要的領域（像是職業生涯和財務），你可以從牌組中抽兩張牌。

塔羅牌和魔法咒語

◆ 在月初或任何月份的重要日子你要多抽一張牌，或當你在某個領域需要特殊的能量或好運氣時，就能得到額外的能量和保護，而這張牌能傳達與那一天或該月最相關的訊息。

◆ 假設你很擔心職業生涯和財務的問題，你可以抽一到兩張牌，然後將牌卡放在桌子的中央。

◆ 在朝向北方的位置（面對桌子時，離你最遠的位置）放上一盤鹽，當作接收土元素的能量。此做法象徵著塔羅牌中的錢幣牌。

◆ 在朝向東方的位置（你的右手邊）放上薰香產品。你可以從這本書尋找適合當天的香味和顏色，或選擇用途廣泛的薰衣草或玫瑰。此做法代表風元素攪動著能量，象徵著塔羅牌中的寶劍牌。

◆ 在朝向南方的位置（你的正前方）放上適合當天色彩的蠟燭，或選擇通用的白色蠟燭（安全起見可以使用深色隔熱架）。此做法代表能提升力量的火元素，象徵著塔羅牌中的權杖牌。

◆ 在朝向西方的位置（你的左手邊）放上一小碗水或玫瑰香水。此做法代表水元素，象徵著塔羅牌中的聖杯牌，可以讓魔法的各種能量融合在一起，創造出第五種元素：空界（Akasha），也就是魔法發生的空間。

◆ 請將這四件物品放在牌卡的周圍，形成一個圓圈。

◆ 點燃蠟燭和薰香棒。

◆ 現在，請你從北邊開始，以順時針的方向沿著四件物品的圓圈外圍撒上鹽巴，同時唸九次：「我用土的力量召喚。」無論你的牌卡代表什麼意義，都可以這樣做（例如你抽到太陽牌，而你煩惱職業生涯的問題，那麼這

張牌代表面試順利）。九是象徵著完成和完美的數字，經常應用在魔法中。

◆ 把鹽放回原處。現在，請從擴香瓶取出薰香棒，謹慎握好。然後，請從東邊開始，以順時針方向沿著四件物品的圓做螺旋狀繞行，同時唸九次：「我用風的力量召喚。」

◆ 把薰香棒放回原處。請拿起蠟燭，從南邊開始繞行圓圈四周，同時唸九次：「我用火的力量召喚。」

◆ 把蠟燭放回原處。請端起那一碗水，從西邊開始沿著圓圈的外圍灑水滴，同時唸九次：「我用水的力量召喚。」

◆ 把這一碗水放回原處。

◆ 現在，請你繞著桌子走九圈，同時以越來越快的速度拍手和吟誦：「土、風、水、火，請帶來我想要的東西。」反覆這樣做，直到拍手和吟誦的速度無法再加快。

◆ 漸漸放慢吟誦和拍手的速度，你聲音也越來越小，直到你站在原地和安靜下來。

◆ 現在，請你吹熄蠟燭，同時說出：「我完成魔法了，獲得力量了。一、二、三，力量就在我的身上！」

◆ 讓薰香棒繼續燃燒，並用水龍頭的水沖掉鹽巴和那一碗水。

◆ 請你將加持過的塔羅牌隨身攜帶一整天。你可以運用這本書列出的任何牌陣執行這些事，將牌陣中最重要的牌卡放在圓圈的中央，並根據解牌的主題調整吟誦的句子。

願你的解牌過程和生活都很美好
並富有意義

卡桑德拉・伊森，2020年5月

作者簡介

卡珊德拉·伊森 Cassandra Eason

卡桑德拉有長達四十多年的寫作生涯，出版過一百多本書，如《淺談水晶》（A Little Bit of Crystals）、《淺談塔羅牌》（A Little Bit of Tarot）、《兒童的超自然力量》（The Psychic Power of Children）及《每日一咒》（A Spell A Day）等，部分書籍在世界各地連載並翻譯成十三種語言，包括中文、俄文、日文、希伯來文、葡萄牙文、德文、荷蘭文和西班牙文。

卡桑德拉為專業教師出身，同時撫養五個孩子，並擁有心理學榮譽學位。原本打算再成為專業教育心理學家的她，卻因為兩歲兒子傑克（Jack）經歷了原因不明的通靈體驗，促使她開始做靈性研究；在英國，更是兒童與靈性議題著作豐富的作家之一，也曾多次出現在電視和廣播當中，甚至在節目裡擔任解夢師。

這幾年卡桑德拉專職寫作，並定期舉辦巡迴講座、療法研討會和靈性培訓課程。目前，每年會有幾個月的時間在澳洲做巡迴演講，也擔任靈性顧問；文章更在美國報刊雜誌上刊登，以超自然療法等靈性議題專欄的定期撰稿人，活躍於全世界。

譯者簡介
辛亞蓓

曾任雜誌編輯和美語教師，曾獲英國杜倫大學 Best Final Essay 獎。合著《英語搭配詞隨身祕笈》，譯有《天才小醫生的人體實驗課》、《甜粥》等繪本有聲書系列及水畫本。

2APV52

作　　　　者	卡珊德拉‧伊森（Cassandra Eason）	
翻　　　　譯	辛亞蓓	
責 任 編 輯	蔡穎如	
封 面 設 計	兒日設計	
內 頁 設 計	林詩婷	
行 銷 企 劃	辛政遠	
	楊惠潔	
總 編 輯	姚蜀芸	
副 社 長	黃錫鉉	
總 經 理	吳濱伶	
首 席 執 行 長	何飛鵬	
出　　　　版	創意市集	
發　　　　行	英屬蓋曼群島商家庭傳媒股份有限公司城邦分公司	
	Distributed by Home Media Group Limited Cite Branch	
地　　　　址	104 臺北市民生東路二段141號7樓	
	7F No. 141 Sec. 2 Minsheng E. Rd. Taipei 104 Taiwan	
讀者服務專線	0800–020–299 周一至周五09:30～12:00、13:30～18:00	
讀者服務傳真	(02)2517–0999、(02)2517–9666	
E－m a i l	service@readingclub.com.tw	
城 邦 書 店	城邦讀書花園www.cite.com.tw	
地　　　　址	104臺北市民生東路二段141號7樓	
電　　　　話	(02) 2500–1919　營業時間：09:00～18:30	
I　S　B　N	978–626–7336–51–9（紙本）/ 978–626–7336–50–2（EPUB）	
版　　　　次	2024年2月初版1刷	
定　　　　價	新台幣1200元（紙本）/ 港幣400元	
製 版 印 刷	凱林彩印股份有限公司	

＊完全圖解指南＊
1001 TAROT SPREADS
1001 塔羅牌陣
THE COMPLETE BOOK OF TAROT SPREADS FOR EVERY PURPOSE

國家圖書館預行編目(CIP)資料

1001 塔羅牌陣，完全圖解指南 / 卡珊德拉.伊森 (Cassandra Eason) 著；辛亞蓓譯. -- 初版. -- 臺北市：創意市集出版：英屬蓋曼群島商家庭傳媒股份有限公司城邦分公司發行，2024.02
面；　　公分
譯自：1001 tarot spreads : the complete book of tarot spreads for every purpose
ISBN 978–626–7336–51–9（精裝）

1.CST: 占卜

292.96　　　　　　　　　　112018425

香港發行所　城邦（香港）出版集團有限公司
九龍九龍城土瓜灣道 86 號 順聯工業大廈 6 樓 A 室
電話：(852) 2508–6231
傳真：(852) 2578–9337
信箱：hkcite@biznetvigator.com

馬新發行所　城邦（馬新）出版集團
41, Jalan Radin Anum, Bandar Baru Sri Petaling,
57000 Kuala Lumpur, Malaysia.
電話：(603) 9056–3833
傳真：(603) 9057–6622
信箱：services@cite.my